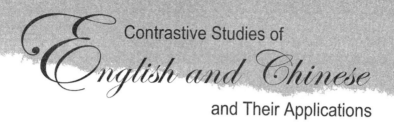

Contrastive Studies of
English and Chinese
and Their Applications

尚新 王蕾 编

英汉 对比与应用

第 二 辑（上）

上海三联书店

本书出版得到上海海事大学学术
创新团队建设平台资助

序

  中国英汉语比较研究会曾先后于 2009 年 12 月和 2015 年 10 月在上海海事大学举办了首届和第二届全国"英汉对比与翻译研究学科建设高层论坛",由上海海事大学外国语学院承办。呈现在读者面前的即是这两届论坛的论文合集。我曾全程参与了首届论坛的策划、筹备和组织工作,对第二届论坛的组织和举办也曾给予了具体的帮助。论文合集出版之际,主编尚新教授向我索序,我觉得正可借此机会交代一下学会举办学科建设高层论坛的来龙去脉,回顾一下两届论坛的概况,并就学会今后的学科建设谈几点想法。

  中国英汉语比较研究会成立 20 余年来,几任会长都对学会的学科建设十分重视,把它视为学会建设和发展的头等大事。尤其是已故杨自俭老会长更是对学会的学科建设做出了巨大的贡献。杨自俭先生博览群书,好学勤思,在哲学人文社会科学诸多领域有着广博的知识和深厚的学养。作为学会的元老以及连续两届(1998—2006)的老会长,他不仅自己身体力行,刻苦钻研,就学会涵盖的英汉对比语言学、对比文化学和翻译学三大学科各自的性质、定位、研究对象、目标和任务,以及学科的理论框架和研究方法等理论问题发表了一系列重要论述(详见《杨自俭文存》),而且还每次都把学科建设问题列入年会主要议题,并在开幕词、闭幕词或大会专题报告中加以阐发和论述。但由于年会议题相对分散,加之人数众多,兴趣各异,不可能集中讨论学科建设问题,后来他就萌生了举办高层论坛专题研讨的念头。2008 年 11 月,在参加学会南昌会议返回青岛之后,他的身体已经十分虚弱,但他还念念不忘学会的学科建设问题,特地向时任会长潘文国先生郑重提议举办一次综合性学科建设高层论坛,并建议就由上海海事大学外国语学院承办。不仅如此,他还就论坛的组织、议题、会议形式,以及邀约人选等提出了具体的建议。他提出,会议议题一定要有前沿性,要在《英汉对比与翻译研究》系列文集(1—8 册)的基础上,做到三个领域都有所突破,即以文集有关分册所论述的理论与方法为靶子、为超越的对象;与会者以邀约为主,邀约对象必须是某一领域的知名专家,而且熟悉学科发展前沿状况,对某些问题有独到见解;在安排议题以及邀请专家的时候,必须照顾到三个学科领域的比例,等等。

正是遵从了杨自俭先生的遗愿并参考了他的具体意见,学会在上海海事大学先后举办了两届学科建设的高层论坛。两届论坛分别以"探讨如何在英汉对比语言学、对比文化学和翻译学各领域与各层面的研究中实行中与外、古与今、理论与实践、微观与宏观、个性与共性、思辨与量化相结合的原则"和"文化自觉视域下的英汉对比与翻译研究学科建设"为主题,并都围绕主题提出了若干中心议题,供与会者参考选择。首届论坛共邀约了 40 余位对学科发展前沿状况比较熟悉的知名学者参加,其中除了学会三大学科的带头人和主要骨干外,还有多位在国内乃至国际语言学界和翻译界都享有较高声望的学者,包括胡壮麟、沈家煊、刘宓庆、屈承熹、陆丙甫、胡庚申、张德禄、姜望琪、谭慧敏等,显示了相当强大的阵容。二届论坛同样邀约了一批三大学科领域的知名专家与会，只是在年龄上调整为以中青年为主，意在为学科新秀提供展示平台和锻炼机会，同时也体现学科人才的新老更替。

总体而言，两届论坛由于都聚焦于学科建设，与会者又多为熟悉学科前沿的知名专家，事先既准备得比较充分，临场又能以一种自由抒发和平等对话的心态积极参与，因而都取得了较大的成功。与会者通过发言、点评、质疑和论争等多种形式参与讨论，尤其在如何正确处理中与外、古与今的关系的问题上加深了认识。以首届论坛的大会发言为例。10 位专家的发言虽然涵盖了语言对比、文化对比、翻译学以及语言理论和方法等多个领域，而且也基本上覆盖了论坛主题所提出的多对关系，但大部分发言还是集中在中与外和古与今两对关系上，也就更多地激发了与会者对这两对关系的探讨兴趣和热情，自然也加深了他们对如何处理这两对关系的认识。在我看来，在所有涉及中外和古今两对关系的大会发言中，潘文国和姜望琪两人的发言尤其触到了中国语言学界的敏感点，也更能掂量一个人在对待中外和古今两对关系上的倾向，因而也更富有启迪。潘、姜两人的发言，一个对比英汉两种语言的语言研究史，一个从中西对比的视角谈论汉语语法，谈论的题目并不一样。但两人的发言却在如何看待西方语言学理论和中国语言学理论这一点上不谋而合：汉语研究自有自己的传统，自有自己的理论体系，不能把西方语言学理论强加到汉语研究上面。对于潘文国的观点，刘宓庆先生在点评中给予了高度评价，并作了进一步的发挥："……，总的来说西方的话语霸权是伴随两次鸦片战争闯进中国的，造成了'一树梨花压海棠'的局面，'梨花'就是西方强势理论，'海棠'就是中国传统语言学。……，中国的语言理论需要改造，可以中西合璧地改造，但是一定要以中国的语法为主。"周流溪先生在点评中则对姜望琪关于把"语法"仅仅解释为"词法和句法"，完全是西方的观念以及汉语语法应该是篇章语法，而不是像印欧语那样的句子语法的观点提出了异议，认为语法包括词法和句法，已经得到国际语言学界的普遍认可，我们不妨接受这样的语法学科框架。他同时还指出，有必要处理好语言学理论国际化这个"大一统"和民族化这个"小特区"二者的关系。为此，他赞同人类语言学家关于不能把一些欧洲语言里的语法范畴之类强加到被研究的语言头上的观点，主张在更大范围内考察人类语言，考虑各语言的范畴和结构，再来探讨怎样才能得到一种概括性更强的理论框架。事实上，在如何看待西方语言学理论和中国语言学理论这一点上，也正如上面两位点评者的点评在一定程度上所反映出来的那样，国内学界还存在着不小的分歧。毋庸讳言，潘文国和姜望琪两人的发言所代表的观点在目前还处于相对弱势的地位。但是，随着国人文化自信心的加强，相信这一局面会逐步得到改善。至于周流溪先生提出的关于在更大范围内考察人类语言，从尽可能多的语言中提取语言共性范畴以建立一种概括性更强的理论框架的观点，我也很赞同，但前提是对有关语言的比较深透的研究，否则就很难奏效，仍然容易把强势的西方语言学理论当作普通语言学理论而强加到研究得还很不深透的语言如汉语上面。《马氏文通》问世100多年来，尽管我们借鉴西方语言学理论在现代汉语语法研究方面取得了很大的成绩，但在词、词类，句子、句子成分，词类划分和句法成分的对应关系，甚至什么是基本语法单位等一些最基本的问题上还存在着严重的分歧，至今拿不出一个为大家所接受的行之有效的语法体系来。面对这种局面，学界有识之士如徐通锵、潘文国等提出改变思路，调整方向和格局，从中国语言研究的传统出发，同时参照西方语言学理论，建立汉语自身的语言学,也就在情理之中了。当然,道路还很崎岖。其中一个主要障碍便是我们在语言理论方法方面的"本土资源"不足,势将成为建立汉语语言学的"瓶颈"。关于这一点,王宏印先生在论坛闭幕辞中也有比较深刻的论述。例如,他提到,"仅仅强调汉语的特殊性也是不够的(只可能导致狭义的"汉语语言学",而不可能由此建立普遍的语言学理论)。其中对于中国语言学资料的研究,是否能从中提出具有世界普遍性的语言研究范畴,是汉语研究和中国的语言学研究能否走向世界的关键步骤。"又如,在论及究竟在哪个层面上借鉴西方语言学理论的问题时,他认为:"深究西方现代语言学的学理,掌握其研究方法比较困难,应成为我们谋求突破的重点所在。"王先生的这些论述,无论对于汉语研究和中国的语言学研究,还是对于学会三大学科的理论建设,都有着实际的指导意义,值得我们好好领会。

两届论坛比较,也各有亮点和不足。首先就主题而论,首届论坛主题涉及三大学科各领域研究中中与外、古与今、理论与实践、微观与宏观、个性与共性、思辨与量化等多对关系和矛盾的处理,可谓多角度,全方位,无所不包。这样的主题,虽然提供了与会者自由选题之利,却不免存在过于宽泛之弊。黄国文先生在感言中指出,"如果这次会议的大会发言所探讨的问题能更加集中的话,那效果可能会更好。"这实际上也就是对论坛主题过于宽泛提出了委婉的批评。相比之下,第二届论坛限于讨论"文化自觉视域下的英汉对比与翻译研究学科建设",主题就比较集中。主题既集中,发言也就集中,对于问题的认识也就比较深刻。在论坛上,潘文国先生以《文化自信与学术范式转型》为题作了主旨讲演。他提出,我国改革开放之后 30 多年来,随着我国综合国力的大幅提升,由于对自身文化定位和文化比较的认知不同而形成了三个明显的发展阶段,即"文化回归"期(上世纪80年代中期到90年代初),"文化自觉"期(90年代中期至本世纪开头10年)和"文化自信"期(始于2011年胡锦涛"七一讲话"中提出"文化自信"概念,至今方兴未艾)。基于这样的分期,他进而提出,我国的人文社会科学研究必须改变长期以来的"西化"研究范式,重新确立中国文化自信,调整学术研究的方向和格局。潘先生的发言观点鲜明(于不言之中还对论坛的主题提出了异议),论说充分,引起了与会者的强烈共鸣和热议。

而就学术氛围的浓厚程度而言,首届论坛则更胜一筹。论坛上无论是大会发言,还是小组交流,发言者、点评者和提问者都抱着华山论剑、真诚切磋、平等交流、相互尊重的心态积极投入,从而形成了一种各种观点激烈碰撞,而气氛始终热烈友好的学术氛围,成为本届论坛的突出亮点。对于这一点,不少与会者都在感言中给予了高度的评价。例如傅惠生教授点赞道,这是"一次少有的学术氛围浓厚的高层论坛。学术是十分需要自由争论和抒发自己的独特见解的,而我所看到的正是自由抒发的状态"。另如杨晓荣教授也表达了类似的感受:"这次会议给我留下印象最深的,说实在的,还不是最新的思想和理论,而是多学科交汇给人的启发——这是我们学会的独特之处——和各种不同观点的交流和碰撞。当今的国内学术界尤其缺乏这种真诚的交流和碰撞。没有真诚,学术会虚伪而无效,而没有交流和碰撞,思想的火花会暗淡很多。我很高兴碰撞的各方都经受住了这个检验,证明了我们的正直和真诚,也证明了中国学界有希望。"

学会两届学科建设高层论坛的成功举办无疑是学会建设中的大事。但是,举办论坛本身并不是我们的目的,而是为了推进学科的建设和发展。下面我想再就学会今后的学科建设提几点设想。

学科建设历来是学会建设和发展中重中之重的大事,学会也为之做出了不懈的努力,包括每次把学科建设列入年会的重要议题,并在大会上作为"老生常谈"反复论述、反复强调;以学会或其下属学科委员会的名义举办高层论坛专题研讨;编写出版各个系列的论文集,借以不断总结学科建设的成绩,寻找存在问题,提出今后发展方向和研究重点,等等。总之,高度重视学科建设已经成了学会的一个优良传统;为了学会的持久兴旺和发达,我们必须继续高举学科建设的大旗,把学会三大学科的建设不断推向前进。

从目前情况看,学会对学科建设中一些重大事项的处理,包括年会或论坛主题和议题的确定,对会议取得成果及存在问题的总结梳理,关于今后研究重点的构想的提出,以及各类高层论坛的举办等,都还存在一定程度的随意性和盲目性,缺乏必要的规范和可操作的办法。初步设想,在具体操作上,学会的学科建设由会长总抓,并由一名副会长具体分管,属下的三个学科委员会则分别负责英汉对比语言学、对比文化学和翻译学三个学科的建设。作为一项重要的基础工作,三个学科委员会可以建立起本学科建设的资料档案库,内容包括历任会长以及知名学者关于本学科建设的重要论述(包括论文、专著和文集),学会历次年会和高层论坛涉及本学科建设的重要议题、重要发言和论文,会议开幕词和闭幕词中涉及本学科建设的内容,以及学会组织编写的各个系列论文集中有关本学科建设的论述,尤其是《英汉对比与翻译研究》系列文集总序以及各分册主编所撰关于本学科建设的综述。由于以上各种资料基本上都已收录在由学会编写的各个系列的论文集中,所以,搜集上述资料基本上也就是搜集学会编写的这些论文集,所需做的不过是把其中有关本学科的那部分资料分离出来而已。值得指出的是,在由学会组织编写的各个系列的论文集中,《英汉对比与翻

7

译研究》系列文集(全 8 册)"是对改革开放三十年来,我国在英汉语言对比、文化对比和翻译研究三个领域所取得的进展的一次全面检阅,也是对三十年甚至一百年以来这三个领域的发展的一次全面梳理和总结,具有划时代的意义"(引自潘文国在首届论坛所致开幕词)。所以,这套文集应是资料库中到目前为止最为重要的资料。当然,如有条件,还可以搜集国外和港澳台地区的有关资料,用以充实各自的档案库。三个分档案库建成以后,汇总起来也就成了学会的学科建设资料总库。有了这样的一个档案库,学会在各个阶段在学科建设方面都做了些什么工作,都取得了哪些成绩,解决了哪些问题,还存在哪些问题尚未解决,如此等等,便都一清二楚了。有了这样的档案库,我们便可对存在问题进行梳理归类,看哪些问题虽未解决,但对其认识已有不同程度的深化;哪些问题关涉多个学科,需要多学科协同攻关;哪些问题涉及学科的基础核心概念,适合举办高层论坛专题研讨;哪些问题属于老大难,必须下大力气解决,并做好长期作战的思想准备,而其中又有哪些问题更为关键,可以选作突破口,等等。有了这样的一个档案库,学会无论是确定年会或高层论坛的主题和议题,还是总结梳理会议取得的成绩和存在的问题,并对今后的研究和建设提出构想,便都有了比较可靠的依据。而从资源共享、促进学术繁荣的角度考虑,这个资料库还可以挂在网上,不仅向学会会员开放,而且向全社会开放,供学界同仁开展科研参考。

《英汉对比与翻译研究》系列文集编辑出版至今也已快 10 年了。近 10 年来,不仅国内英汉对比语言学、对比文化学和翻译学又已取得了较大的发展,而且学会自身在学科建设方面也做了不少的事情,包括举办了 4 次全国学术研讨会、两届全科性的学科建设高层论坛和若干次单科性的高层论坛,编辑出版了 4 本全国学术研讨会的论文集和两辑按以书代刊形式出版的会刊等。此外，学会近年来又接纳了相当一批与学会的三大学科既不是直接相关而又有亲密关系的二级机构，这些二级结构既给学会增加了不少新鲜血液，同时也给学会的学科建设带来了新的课题。我以为，学会一方面可以考虑在《英汉对比与翻译研究》系列文集的基础上组织续编一套系列文集(今后不妨每10年左右编写一套)，借以梳理总结近10年来国内英汉对比语言学、对比文化学和翻译学三个学科的成绩与发展状况，寻找存在问题，提出今后研究和建设的构想，另一方面也可以考虑调动发挥新加盟的二级机构的积极性，整合新成员的研究力量，让新成员一起参与到学会的学科建设中来，做到不同学科之间的相互渗透，相互借鉴，相互补充，共同提高。

　　学科建设是学会建设和发展的永恒主题。回顾过去，学会在刘重德、杨自俭、潘文国等几任老会长的先后领导下已经在学科建设方面取得了巨大的成绩；展望未来，相信学会现任领导罗选民会长一定能审时度势，不断开拓进取，在学科建设方面取得更大的成绩，为振兴中华、实现中国梦而做出实实在在的贡献。

　　以上赘言，权充为序。

王菊泉 2016/8/30 于浦东家中

编者的话

中国英汉语比较研究会曾先后于2009年12月和2015年10月在上海海事大学举办了首届和第二届全国"英汉对比与翻译研究学科建设高层论坛"，本辑为两届论坛的论文合集。第一届论坛结束后，由于多种原因，主要是部分与会者优先考虑把会议论文投送至刊物发表，所以编辑出版会议论文集的事就一直拖了下来。后来学院正好又负责承办第二届论坛，我们就索性合二为一，选编了这部论文合集。

两届论坛共收到论文83篇，入选本论文集的共计42篇。大部分入选的论文都已在刊物发表，或选编入论文集出版，在学界产生了一定的影响，能够反映近十年来英汉对比与翻译领域对一些重要理论问题的思考与认识、对研究方法的探索与创新、对研究问题的开拓与尝试，以及对人才培养的探究与讨论。

本论文集按照论文内容分为四个栏目：语言理论与方法、学科建设与人才培养、英汉对比研究和翻译研究。需要说明的是，入选论文有的是在首届论坛上提交的，有的是在二届论坛上提交的，文末都有注明，但在编排上不以论坛先后为序。其中有些作者因故未能与会，但事先递交了论文，如屈承熹、洪兰星等，这些论文也编入论文集中，以飨读者。

目 录 | *Contents*

语言理论与方法

学科建设与人才培养

英汉对比研究

翻译研究

首届英汉对比与翻译研究学科建设高层论坛开幕式

首届英汉对比与翻译研究学科建设高层论坛与会代表合影

首届英汉对比与翻译研究学科建设高层论坛大会现场

首届英汉对比与翻译研究学科建设高层论坛小组讨论

第二届英汉对比与翻译研究学科建设高层论坛开幕式

第二届英汉对比与翻译研究学科建设高层论坛与会代表合影

谈谈"摆事实和讲道理"

沈家煊

摘要：本文通过两个研究实例阐释了语法研究中"摆事实"和"讲道理"的关系：1)摆事实是讲道理的基础，事实摆到了位，要讲的道理也就在其中了；2)没有一定的理论意识和理论眼光，有些有意义的事实就看不到，摆事实就摆不到位；3)摆事实和讲道理是一件事情的两个方面，是一件事情而不是两件事情。

关键词：语法研究方法；摆事实；讲道理

做研究无非是摆事实和讲道理，我想用两个例子来说明摆事实和讲道理之间的关系。

1. 话题"李白"和"杜甫"的引入

1.1 摆事实和提问题

朱鸿写的《大时代的英雄与美人》(文汇原创丛书之一)，其中

1

最后一篇是《诗人多难》,讲唐代诗人的生存状态。全文共 25 段,每一段讲一个或两个诗人,按其出生先后排序。除首尾两段,其余每段都是开头第一句引入一个要讲的诗人,诗人通过这一句而"出场",现照录如下:

[1]　(二)大约在王绩出生四十年之后,骆宾王出生于婺州义乌一个书香之家。

(三)大约在骆宾王出生十年之后,卢照邻出生了。

(四)大约在卢照邻出生之后十四年,王勃和杨炯问世。

(五)在王勃和杨炯六岁那年,宋之问呱呱坠地。

(六)在宋之问出生之后五年,陈子昂降临人间。

(七)在陈子昂出生十八年之后,张九龄出生。

(八)王之涣小张九龄七岁,是公元 688 年出生的。

(九)孟浩然小王之涣一岁,是襄州襄阳人。

(十)王昌龄小孟浩然一岁,生于公元 690 年。

(十一)大约在王昌龄出生十年前后,王维出生。

(十二)李白小王维一岁,是公元 701 年下凡的。

(十三)高适小李白一岁,大约出生于公元 702 年。

(十四)大约在高适出生之后十年,杜甫出生。

(十五)岑参小杜甫三岁,是南阳人。

(十六)在岑参出生三十六年之后,孟郊出生于湖州武康。

(十七)孟郊出生之后十八年,韩愈登陆于河南河阳。

(十八)韩愈出生五年之后,刘禹锡和白居易问世。

（十九）柳宗元小刘禹锡与白居易一岁，是早逝。

（二十）柳宗元出生之后六年，元稹和贾岛出生。

（二十一）元稹和贾岛出生十二年之后，李贺出生。

（二十二）李贺出生十四年之后，杜牧闯入人间。

（二十三）大约杜牧出生之后十年，李商隐出生。

（二十四）大约李商隐出生之后二十年到三十年之间，黄巢一声啼哭，来到曹州冤句一个商人之家。

这些让待讲诗人"出场"的句子使用以下两个句式，以李白和杜甫为代表：

[2]　a. Y 小 X n 岁。（李白 Y 小王维 X 一 n 岁）

　　　b. X 出生之后 n 年 Y 出生。（高适 X 出生之后十 n 年，杜甫 Y 出生）

我首先想到的是，让李白出场的句子为什么是 a 而不是 a'，让杜甫出场的句子为什么是 b 而不是 b'，尽管 a'和 b'也都是语法上合格的句子。

[3]　a. 李白小王维一岁。

　　　a'. 王维大李白一岁。

　　　b. 高适出生之后十年，杜甫出生。

　　　b'. 杜甫出生之前十年，高适出生。

这个问题好回答，出场者是陈述的对象，让李白出场就是让李白成为话题，让杜甫出场就是让杜甫成为话题。话题通常充当句子的主语而不是其他成分，而 a' 和 b' 里的"李白"和"杜甫"都没有充当句子的主语，这两句分别在讲王维怎么样和高适怎么样，而不是在讲李白和杜甫怎么样。

然后想，让李白和杜甫出场的句子为什么也不是 a'' 和 b''，尽管"李白"和"杜甫"都是句子的主语和话题：

[4]　a''. 李白大高适一岁。

　　　b''. 岑参出生之前三年，杜甫出生。

这个问题也好回答，因为作者通篇采用的讲述顺序是一般采用的"由古及今"的顺序，而不是"以今溯古"的顺序：

a 和 b 的表达方式跟这一讲述顺序一致，而 a'' 和 b'' 的表达方式跟这一讲述顺序相反。（方向象似 direction iconicity）

接下来就琢磨，也是我最感兴趣的，作者交替使用 a 和 b 这两种句式，其中有什么规律没有？先想是否作者开始习惯用 b 式，后来嫌冗长而改用较简单的 a 式？显然不是，后面段落用 b 式的很多。又想是否诗人的名气越大越倾向用某一式？也不是，李白（十二）用的是 a 式，杜甫（十四）用的是 b 式。那么，是不是作者只是为了避免单调划一，随意地参差使用这两种式子呢？仔细观察后发现不是，而是跟前后两个诗人相差的年龄有关系：

1）相差 1—3 岁的，都用 a 式。（共 6 句，占 26%）

2）相差 10 岁以上的，都用 b 式。（共 12 句，占 52%）

3) 介于其间的 a 式和 b 式混用。(共 5 句,占 22%)。

如果将相差 1—3 岁的改用 b 式,或者将相差 10 岁以上的改用 a 式,语法上当然还是合格的,但是在这篇文章里读起来就有点不自然,这属于语用上的不合适,例如:

[5] ? 在王维出生一年之后,李白问世。

? 孟郊小岑参三十六岁。

这两个句式的使用,总的趋向是:出生先后相隔短的用 a 式,相隔长的用 b 式,不长不短的两式混用。设 ABCD 是作者按出生先后顺序叙述的四位诗人:

$$A——B—C—D$$

B 和 C 相隔短,用 a 式;A 和 B 相隔长,用 b 式;C 和 D 相隔不长不短,二式兼用。

现在可以进一步追问,为什么会出现这样的使用情况?

1.2 讲道理

我的解释是,这是语言组织"距离象似"(distance iconicity)的原则在起作用。简单地讲,象似性是指"语言的结构象似于或对应于人所认识的客观世界的结构"。具体到上文的例子,有三个层次上的距离大小是互相对应的,这三个层次分别是:客观时间,心理达及,话题接续。

客观时间的距离　　　年龄差距小　　　年龄差距大

| 心理达及的距离 | 达及距离小 | 达及距离大 |
| 话题接续的距离 | 接续距离小 | 接续距离大 |

实际年龄的差距，是相差 1 岁 2 岁还是 7 岁 8 岁，这是客观的存在。当然"时间距离"的说法也是对"空间距离"的摹拟，因为 A 和 B 之间的空间距离大，由 A 到达 B 的时间也就长。反过来，如果 A 到达 B 的时间长，我们也可以推断 A 和 B 之间的空间距离大。

"心理达及的距离"是指人从记忆库中提取或从周围环境中识别某一个指称或陈述对象的难易程度，这种难易程度可以用提取或识别所需的时间来衡量。作者的记忆库中有唐代的各位诗人，作者要开始讲述一位诗人，也就是要从记忆库中提取某个讲述对象。在作者的记忆库中出生前后相继的两个诗人相隔的时间距离不一样，有的大有的小，就如 A——B—C — D 那样，由此可以推断 A 和 B 存储的位置隔得比较远，B 和 C 存储的位置挨得比较近。因此，作者在讲述完诗人 A 之后转而讲述 B，要提取 B 就比较难，花费的时间较多，而在讲述完 B 之后转而讲述 C，要提取 C 就比较容易，花费的时间较少。

上面关于记忆提取难易程度的描述只是我们的假设，有没有心理学方面的证据呢？有。首先，有实验证明，信息在头脑中的存储有两种方式，构成一个序列的信息以线性的方式存储，例如语词信息，不构成序列的信息以意象的方式存储，例如地图上的信息。不管是哪一种存储方式，又都有实验证明信息点 A 到 B 之间的距离越大，由 A 达及 B 的时间就越长。有一项数字序列实验，主试人让被试人先记忆一些数字序列（每个序列含 3 至 7 个数字），然后给被试人一个探针数字，要他尽快说出排在其后的那个数字。例如先记忆的序列是 38926，给出的探针数字是 9，被试人应该回

答的数字是 2。实验的结果是：序列越长，探针数字的位置在序列
中越靠后，则被试人做出回答的时间就越长。这表明被试人在做
出反应的时候从序列的头一个数字开始朝后搜索，找到探针数字，
然后说出其后的那个数字。重要的是，从头一个数字到探针的距
离越长，则达及探针所需要的时间也越长。表明这一实验结果的
数据图表如下：

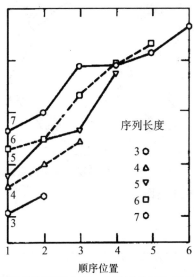

图 1：说出数字序列中下一个数字的反应时间随顺序位置
和序列长度而变化(Sternberg 1969)

意象方式的存储，有一项实验是先向被试人展示一张虚构的
岛屿地图，岛上有茅屋、树、石堆、井、湖、沙地和草丛七样事物，让
他们先熟记这些事物在地图上的分布，直到他们能在空白地图上
准确地标出这些事物的位置。然后主试人大声说出一个事物的名
称，要求被试人在心理地图上聚焦于那个事物。5 秒钟之后再说
出另一个事物的名称，要求被试人转而聚焦于第二个事物，并以按

钮表示聚焦完成。实验结果表明：两个事物在地图上相隔的距离越大，被试人在心理地图上转移聚焦点所用的时间越长。这一实验采用的地图如下。

图2：Kosslyn et al. (1978)用来测量意象中两点之间心理扫描时间的虚构地图

实验的结果数据如下：

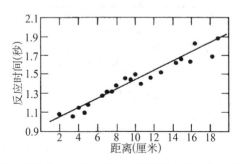

图3：在图2中两点之间的扫描时间随两点之间的距离增大而增长

最后，"话题接续的距离"是指作者在行文中从一个话题接续

另一个话题时是直接的还是间接的,当然是直接的距离小,间接的距离大。再来比较 a 和 b:

[6] a. 李白小王维一岁。

b. 高适出生之后十年,杜甫出生。

单从形式上看,a 句"李白"放在句子头里,而且"李白"和"王维"挨得比较近;b 句放在句子头里的不是"杜甫"而是高适,而且"杜甫"和"高适"隔得比较远。在讲述完王维之后要开始讲李白,上来第一句"李白小王维一岁","李白"放在头里,这是李白直接登场,李白接续王维的距离小。在讲述完高适之后要开始讲杜甫,上来第一句"在高适出生之后十年,杜甫出生",这是通过高适间接引入杜甫,"高适"放在头里,杜甫接续高适的距离大。另一方面,接续距离小的用的是紧缩的形式 a,"李白"和"王维"挨得近;接续距离大的用的是松散的形式 b,"杜甫"和"高适"隔得远。显然,跟这两种形式对应的正是上面说明的两种不同的时间距离和不同的心理距离。

第一个层次"客观时间"属于物理世界,第二个层次"心理达及"属于心理世界,第三个层次"话题接续"属于语言世界。如果光从语言看问题,那么第一和第二两个层次都属于语言的意义层次,不过一个是客观意义(时间距离),一个是主观意义(心理距离),第三个层次是语言的形式层次(话题的接续距离)。这样的话,这种对应关系也可以说成是语言的意义和形式之间的象似。这样说的好处是比较简便,不好之处是容易让人忽视中间那个心理层次。

确实有人忽视"心理达及"这个中间层次,他们会问这个层次是否有必要。那么能不能直接在"客观时间的距离"和"话题接续的距离"之间建立象似关系呢？回答是不能。从客观的距离讲，相差 10 岁比相差 3 岁的距离大，但是主观上不一定如此：

> [7] 他们两个差 3 岁才相配。（相差一两岁不够）
>
> 他们两个差 10 岁就相配了。（不用相差二三十岁）

用"才"表明说话人认为相差 3 岁的距离大，用"就"表明说话人认为相差 10 岁的距离小。

上面曾说明这篇文章中以下的语用对立：

> [8] 王维小李白一岁。
>
> 岑参出生三十六年之后，孟郊出生。
>
> ? 在王维出生一年之后，李白问世。
>
> ? 孟郊小岑参三十六岁。

如果把后面两句分别加上表达"主观量"大小的"就"和"才"，读上去就比较自然了：

> [9] 在王维出生一年之后，李白才问世。（主观上认为李白的达及距离大）
>
> 孟郊就小岑参三十六岁。（主观上认为孟郊的达及距离小）

同样一段实际距离，由于其他因素的影响，人感觉到的长短会不一样，实验心理学已经有证明，例如：

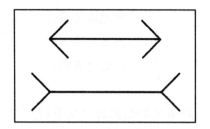

图 4：Muller-Lyer 错觉图形

这是有名的错觉图形,两条平行线实际一样长。所以,就杜甫和高适的年龄差距来说,下面两种说法都很自然:

[10] 在高适出生之后十年,杜甫才出生。(李白只比王维小一岁呀。)

杜甫就小高适十年。(孟郊要比岑参小三十六岁呢。)

这表明,心理达及的距离是以客观时间的距离为基础的,而且通常跟客观时间的距离相一致,但是并不总是一致,在不一致的情形下还得以心理达及的距离为准。因此"心理距离"这一层是不可或缺的,也千万不可小看。如果有人拿上面四句当证据,来证明距离象似的原则不成立,那只能说明他是站在狭隘的客观语义学的立场上看问题。

坚持"物体的大小只能按客观标准"的人发问,整体总是比部分大,怎么可能部分比整体还大呢?那就不妨建议他看一看下面的一首诗、一段话和两张图片:

结庐在人境,

11

而无车马喧。

问君何能尔,

心远地自偏。

"鸿渐一眼瞧见李先生的大铁箱,衬了狭小的船首,仿佛大鼻子阔嘴生在小脸上,使人起局部大于全体的惊奇,似乎推翻了几何学上的原则。"(钱锺书《围城》)

图5:小孩大脚图

图6:狗的俯视图

知觉并不总是外部世界的复制,人的期待、信念和动机等内部信息都可能对知觉产生微妙的影响,因此知觉是一个建设性很强的过程,知觉者在不断地构建外部信息的假设。这一点得到神经生理学证据的支持:各种动物,从青蛙到人,其视觉系统对外部信息的提取都是有选择的。例如青蛙只提取四种外部信息,即静态边界,动态边界,亮度变化,圆形小物体的移动。研究表明青蛙的神经系统也只有四种视觉细胞,分别处理四种外部信息的刺激。这是为生存而进化的结果,面对蒙娜丽莎的画像青蛙毫无反应,但看到一个圆形小物体的移动,它就会眼睛发光,舌头外伸。目前,尽管不同的知觉心理学家的研究取向有所不同,有的偏重外部信息,有的偏重内部信息,但是知觉是内部信息和外部信息的结合这一点已得到大多数知觉心理学家的认同。

我想用这个例子说明,如果光是摆事实,把每一段开头第一句罗列出来,大家一定不满足,甚至会奇怪,问摆这些事实干什么。摆事实也要讲究个摆法,而讲究摆法就是在试图讲道理。我最后选定的摆法(1到3岁为一式,10岁以上为另一式,中间的二式混用)算是摆到了位,而摆事实摆到了位,要讲的道理也就在其中了。

我那篇文章发表之后有一种不同意见,认为只根据一个人的一个语篇很难证实所说的规律,人们选用哪一种句式很可能是随意的,这个语篇只是一种偶然情形。我同意在更大的范围内验证这一规律的适用性,但是不同意说这个语篇的情形是偶然的。举例来说,一个池塘里有一群龟,其中1到3年的小龟占26%,10年以上的大龟占52%,小龟和大龟合起来占78%,4到9年的中龟只占22%。发现所有小龟无一例外都只吃小颗粒的饲料,所有大龟无一例外都只吃大颗粒饲料,只有中龟是大小颗粒混吃的。仅就这一个池塘的分吃现象我们是不是值得问一个为什么?还是根本不值得问,说这完全是出于偶然?如果我们说其中的规律是龟的大小和饲料颗粒的大小之间有一种对应关系,当然可以拿更多的池塘来验证,但是要推翻这一规律的话只是发现有的池塘里龟不分大小都是混吃的,或者是小龟只吃小颗粒而大龟是混吃的,这是不够的。要推翻这一规律必须在同等条件下发现一个池塘,里面的小龟都只吃大颗粒而大龟都只吃小颗粒。谁主张,谁举证。要推翻我们提出的规律,必须举出一个语篇来,年龄相差1到3岁的都只用b式而年龄相差10岁以上的都只用a式。

2. 先秦的"之字结构"和"之"的功能

2.1 提问题和摆事实

[11]　a. <u>民之望之</u>，若大旱之望雨也。(《孟子·滕文公下》)

　　　b. <u>民望之</u>，若大旱之望云霓也。(《孟子·梁惠王下》)

　　　a. 是故愿<u>大王之孰计之</u>。(《史记·张仪列传》)

　　　b. 是故愿<u>大王孰计之</u>。(《史记·苏秦列传》)

之字结构和主谓结构可以前后并列：

[12]　<u>戎之生心</u>，<u>民慢其政</u>，国之患也。(《左传·庄公二十八年》)

　　　<u>人之爱人</u>，求利之也；今<u>我子爱人</u>，则以政。(《左传·襄公三十一年》)

　　　子曰："不患<u>人之不己知</u>，患<u>不知人</u>也。"(《论语·学而》)

"之"到底起什么作用？一种回答是加"之"使得主谓结构"词组化"、"名词化"或"指称化"。问题是，既然不加"之"的主谓结构一样能做句子的主语和宾语，有什么必要这样"化"一下呢？并列的结构为什么一个要"化"一个不"化"呢？一种回答是"之"起"粘

连"主语和谓语的作用,但是不加"之"主语和谓语不是也粘连在一
起而且粘连得更紧密吗?一种回答是这里的"之"已经成为定语标
记,而"王之诸臣""侮夺人之君""贤圣之君"这些常例("之"后头是
名词)里的"之"还是指示词。但是有人指出,之字结构出现在战国
金文、《尚书》和《诗经》中,春秋战国时代已经存在,在这种"之"产
生并开始广泛运用的时代,说常例的定语标记"之"反而未曾成熟,
还可视为指示词,这是说不过去的。一种回答是"之"表达语气,
"之"到底表达什么语气?也有说用"之"是表现"典雅"风格的,这
个说法对于后来"之"衰退之后的行文还适用,对于先秦时期不适
用,特别是无法说明之字结构和主谓结构并列和交替使用的情形。
还有一种回答是"之"起协调音节的作用,使前后语段的音节数都
为奇数或都为偶数,但是有许多实例表明加"之"后反而破坏音节
的协调,例如:

[13] 德之不修,学之不讲,闻义不能徙,不善不能改,是
吾忧也。(《论语·述而》)
丹朱之不肖,舜之子亦不肖。(《孟子·万章上》)
众之为福也,大;其为祸也,亦大。(《吕氏春秋·
决胜》)

最后还有一种回答是"之"表示"较高的可及性","可及性"就
是"可达及性",已知信息的可及性高,倾向用之字结构,未知信息
的可及性低,倾向用主谓结构。这种说法提出了"可及性"这个概念
倒是不错,但是用信息的新和旧来判定可及性的高低有问题,例如:

[14] 禄之去公室五世矣,政逮于大夫四世矣,故夫三桓

15

之子孙微矣。(《论语·季氏》)

"禄之去公室"和"政逮于大夫"都是话题,都是已知信息,怎么会一个加"之"一个不加呢?

对文本作细致的分析,发现三个"前用后不用"。

1) 在并列结构里,总的倾向是之字结构在前,主谓结构在后。

[15] 戎之生心,民慢其政,国之患也。(《左传·庄公二十八年》)

人之爱人,求利之也;今我子爱人,则以政。(《左传·襄公三十一年》)

尔之许我,我其以璧与珪,归俟尔命;尔不许我,我乃屏璧与珪。(《尚书·金滕》)

伯有闻郑人之盟己也,怒;闻子皮之甲不与攻己也,喜。(《左传·襄公三十年》)

君之视臣如手足,则臣视君如腹心。君之视臣如犬马,则臣视君如国人。君之视臣如土芥,则臣视君如寇雠。(《孟子·离娄下》)

子曰:"政之不行也,教之不成也,爵禄不足劝也,刑罚不足耻也,故上不可以亵刑而轻爵。"(《礼记·缁衣》)

战势不过奇正,奇正之变,不可胜穷也。奇正相生,如环之无端,孰能穷之?(《孙子兵法·势篇》)

仁人之得饴也,以养疾待老也;跖与企足得饴,以开闭取楗也。(《吕氏春秋·异用》)

若事之捷,孙叔为无谋矣。不捷,参之肉将在晋

军,可得食乎?(《左传·宣公十二年》)

德之不修,学之不讲,闻义不能徙,不善不能改,是吾忧也。(《论语·述而》)

丹朱之不肖,舜之子亦不肖。(《孟子·万章上》)

众之为福也,大;其为祸也,亦大。(《吕氏春秋·决胜》)

2)前后两部文献里指称同一个事件的两个词语形式,总的倾向是之字结构在前,主谓结构在后。

[16] a. 秦穆之不为盟主也,宜哉!(《左传·文公六年》)

b. 秦缪公……不为诸侯盟主,亦宜哉!(《史记·秦本纪》)

a. 夫差!而忘越王之杀而父乎?(《左传·定公十四年》)

b. 阖庐使立太子夫差,谓曰:"尔而忘句践杀汝父乎?"(《史记·吴太伯世家》)

a. 君子是以知秦之不复东征也。(《左传·文公六年》)

b. 是以知秦不能复东征也。(《史记·秦本纪》)

a. 惠公之在梁也,梁伯妻之。(《左传·僖公十七年》)

b. 初,惠公亡在梁,梁伯以其女妻之。(《史记·晋世家》)

a. 寡君之使婢子侍执巾栉,以固子也。(《左传·

僖公二十二年》)

b. 秦使婢子侍,以固子之心。(《史记·晋世家》)

a. 丕郑之如秦也,言于秦伯曰：……(《左传·僖公十年》)

b. 邳郑使秦,闻里克诛,乃说秦缪公曰：……(《史记·晋世家》)

a. 楚子问<u>鼎之大小、轻重</u>焉。(《左传·宣公三年》)

b. 楚王问<u>鼎小大轻重</u>。(《史记·楚世家》)

a. <u>父母之爱子</u>,则为之计深远。(《战国策·赵策》)

b. <u>父母爱子</u>,则为之计深远。(《史记·赵世家》)

3) 同一文献里指称同一个事件的两个词语形式,一般情形是之字结构在前,主谓结构在后。

[17]　a. <u>国之将兴</u>,明神降之,监其德也。将亡,神又降之,观其恶也。(《左传·庄公三十二年》)
　　　b. <u>国将兴</u>,听于民。将亡,听于神。(同上)

在《庄公三十二年》中 a 记述在先而 b 记述在后。

[18]　a. <u>善人之赏</u>,而<u>暴人之罚</u>,则家必治矣。(《墨子·尚同下》)
　　　b. <u>善人赏</u>而<u>暴人罚</u>,则国必治矣。(同上)
　　　c. <u>善人赏</u>而<u>暴人罚</u>,天下必治矣。(同上)

《墨子·尚同下》在"同一天下之义"的话题下依次讲 a 治家、b 治国、c 治天下。

[19]　a.　(刘邦)曰:"吾入关,秋毫不敢有所近,藉吏民,封府库,而待将军。所以遣将守关者,备<u>他盗之出入与非常也</u>。"(《史记·项羽本纪》)

　　　　b.　(樊哙)曰:"……今沛公先破秦入咸阳,毫毛不敢有所近,封闭宫室,还军霸上,以待大王来。故遣将守关者,备<u>他盗出入与非常也</u>。"(同上)

在《项羽本纪》中,先是 a 记述刘邦约见项伯,要项伯去劝说项羽,然后 b 记述的是鸿门宴,项庄舞剑,意在沛公,樊哙进来对项羽说了同样的话。

[20]　a.　是故愿<u>大王之孰计之</u>。(《史记·张仪列传》)

　　　　b.　是故愿<u>大王孰计之</u>。(《史记·苏秦列传》)

拿《张仪列传》和《苏秦列传》比,看不出名堂来,应该比较同一列传里的先后两种表达:

[21]　a.　是故愿<u>大王之孰计之</u>。(《史记·张仪列传》)

　　　　b.　愿<u>大王孰计之</u>。(同上)

[22]　a.　此三策者,<u>不可不孰计</u>也。(《史记·苏秦列传》)

　　　　b.　故愿<u>大王孰计之</u>也。(同上)

《张仪列传》中，张仪说楚怀王，一段一段地讲道理，用"愿大王之孰计之"结尾的一段在前，用"愿大王孰计之"结尾的一段在后。《苏秦列传》中，苏秦说赵肃侯，也是一段一段地讲道理，以"不可不孰记也"结尾的一段在前，以"愿大王孰计之"结尾的一段在后。

特殊情形下面再谈。

2.2　讲道理

事实摆到这里，要讲的道理已经蕴含在其中。"之"的作用是什么呢？是提高指称词语的"指别度"，也就是提高所指对象的"可及度"。一个指称对象的"可及度"定义如下：

说话人推测，听话人听到一个指称词语后，从头脑记忆中或周围环境中搜索、找出目标事物或事件的难易程度。容易找出的可及度高，不容易找出的可及度低。

在通常情况下，可及度高低由搜索目标的客观状态决定，例如周围环境中体积大的比体积小的可及度高，头脑记忆中近期储存的比很久前储存的可及度高，新搜索的目标跟刚找出的目标相似的比不相似的可及度高，找出过的目标再搜索一次时可及度较高，但是可及度的高低最终是由说话人主观认定的。

指称词语的"指别度"的定义如下：

说话人提供的指称词语指示听话人从头脑记忆中或周围环境中搜索、找出目标事物或事件的指示强度。指示强度高的指别度高，指示强度低的指别度低。

在通常情况下，指别度高低由指称词语的客观状态决定，例如带指示词的比不带指示词的指别度高，人称代词比一般名词的指别度高，限定词语多的比少的指别度高，重读的比不重读的指别度高，但是指别度的高低最终也是由说话人主观认定的。

"指别度"和"可及度"的联系是：指称目标对听话人来说可及度低，说话人所用指称词语的指别度应该高；指称目标对听话人来说可及度高，说话人所用指称词语的指别度可以低。提高了指称词语的指别度也就提高了指称目标的可及度。举例来说：

〔23〕 a. 把杯子拿走!

　　　　b. 把这只杯子拿走!

〔24〕 a.（光口头说）把这只杯子拿走!

　　　　b.（还用手指）把这只杯子拿走!

头两句说话人觉得要人拿走的那只杯子对听话人来说可及度高，就只需说 a，无需说 b；相反，说话人觉得那只杯子对听话人来说可及度低，就需要说 b，不宜说 a。作为指称形式，b"这只杯子"的指别度高于 a"杯子"。同样，下面两句说话人觉得要人拿走的那只杯子对听话人来说可及度高，就只需说 a，无需像 b 那样再加上手指；相反，说话人觉得那只杯子对听话人来说可及度低，就需要像 b 那样加上手指。作为指称形式，b"这只杯子"加上手指（身势语）的指别度高于 a 光说"这只杯子"。

区分"可及度"和"指别度"是为了将说话人和听话人区别开来，将"能指"和"所指"区别开来：可及度是对听话人而言，指别度是对说话人而言；可及度是就指称目标（所指）而言，指别度是就指称词语（能指）而言。

正如指示词"这"和手指起到提高指别度的作用，"之"字也是起提高指别度的作用。提高了指别度也就提高了可及度，"鸟之双翼"是提高了所指事物的可及度，"鸟之将死"是提高了所指事件的可及度。当说话人觉得一个主谓结构所指称的事件可及度比较低的时候，就加上"之"来提高它的指别度，就形成之字结构，例如：

[25] 孔子曰："<u>禄之去公室</u>五世矣，<u>政逮於大夫</u>四世矣，故夫三桓之子孙微矣。"

上面说过，新搜索目标跟刚找出的目标如果相似就可及度高，此句先指称"禄去公室"这个事件，说话人推测这个事件的可及度低（尽管是已知信息），所以加"之"来提高指别度，接着又指称"政逮於大夫"这个事件，它跟前面刚说出的事件是相关的、平行的，说话人推测前面那个事件达及后这个事件的可及度就不低了，所以不再加"之"。

图7：斯特鲁色词测验

（"红"字为绿色，"绿"字为红色）

这样的解释有没有心理学的证据呢？有。心理学里有一个经常提到的"斯特鲁色词测验"（Stroop Color Word Test），向被试人呈现用绿色写的"红"字和用红色写的"绿"字：

被试人在念出字来的时候不受什么干扰，但在说出字的颜色的时候受干扰，容易把"红"字说成红色的，把"绿"字说成绿色的。这表明，在概念"红"被激活的时候同类概念"绿"也容易被激活，因而产生干扰。

所以并列结构里前用"之"后不用的现象实际是一种"斯特鲁效应"，在"禄去公室"这个事件被激活后，同类事件"政逮於大夫"就容易被激活了。上面讲的道理有没有反例呢？并列结构看似反例不多，主要是两种句子，一种是"犹"、"若"比拟句，一种是肯定否定对举句：

[26] <u>民归之</u>，由<u>水之就下</u>。（《孟子·梁惠王上》）

> 皆<u>患其身</u>不贵于国也，而不患<u>其主之不贵于天下</u>
> 也；皆<u>患其身之不富</u>也，
> 而不患<u>其国之不大也</u>。(《吕氏春秋·务本》)

这两种句子其实不是真正的并列句，真正的并列句没有语义重心的偏向，而这里有语义重心，一般落在后项上。

两个时代的同指形式，有的不好判定记述先后：

[27]　a. <u>昔尧之治天下也</u>，使天下欣欣焉人乐其性。
　　　　(《庄子·在宥》)
　　　b. <u>昔尧治天下</u>，吾子立为诸侯。(《庄子·天地》)

这两句不好比较记述的先后。但是《在宥》篇"昔尧之治天下也"是首次提到"尧"和"尧治天下"，作为新的话题是后文陈述的对象，所以要提高"尧治天下"的指别度。《天地》篇在出现"昔尧治天下"前已经有十次提到"尧"，其中包括"尧治天下"，可见"尧"和"尧治天下"的可及度都已经很高。

[28]　a. 抉吾眼县(悬)吴东门之上，以观<u>越寇之入灭吴</u>
　　　　也。(《史记·伍子胥列传》)
　　　b. 必取吾眼置吴东门，以观<u>越兵入</u>也。(《史记·
　　　　越王勾践世家》)

这里也不好比较记述的先后，也应该对语篇做仔细分析。《伍子胥列传》里伍子胥是主要记述对象，是主角，主角说的话很重要，是他一生故事的一部分，要详细记载，也需要提高所指事件"越寇入灭吴"的指别度。《越王勾践世家》里伍子胥不是主要记述对象，不是主角，非主角说的话记载不必太详细太突出，司马迁在下笔的时候会认为关于伍子胥的完整故事读者可以从《伍子胥列传》获得，所以就加以简化，将"悬吴东门之上"简化为"置吴东门"，将"越寇之入灭吴"简化为"越兵入"。所以这一例也遵循上面的规律。

还有一些看似反例的情形也都可以按我们讲的道理做出解释，例如：

[29]　a. （沛公）曰："……愿伯具言臣之不敢倍（背）德也。"（《史记·项羽本纪》）

　　　b. 张良曰："请往谓项伯，言沛公不敢背项王也。"（同上）

b 张良对沛公说的话在先，a 沛公对项伯说的话在后，记述先后也是如此，好像违背了规律，其实不然，因为说话的语境不一样。张良教沛公对项伯说"沛公不敢背项王"，沛公听后不是问为什么要这样说，而是问"君安与项伯有故?"。可见"沛公不敢背项王"这个说法在沛公意料之中，对沛公来说可及度是高的，所以不加"之"。而沛公对项伯说同样的话，对项伯而言很可能在意料之外，可及度低，所以加"之"。

下面这个例子看上去也包含一个反例：

[30]　周颛曰："固欲天下之从也，天下从，则秦利也。"路说应之曰："然则公欲秦之利夫?"（《吕氏春秋·应言》）

主谓结构"秦利"在前，之字结构"秦之利"在后。其实这也不是真正的反例。指称语的指示对象除了事物和事件还可以是话语自身,指称话语自身的指称语叫"话语指称语",简称"话语指"。"话语指"应该区分"话语复指"(anaphora)和"话语直指"(discourse deixis),例如:

[31] 她经常胃痛,胃痛就不吃东西。

[32] 女儿:我又胃痛了。
妈妈:"胃痛"那你还吃冰激凌!

[31]里后面的"胃痛"复指前面的"胃痛",是"话语复指语",它的作用与其说是"指"不如说是"代",一般不能重读。[32]里妈妈说的"胃痛"是直指或引述女儿说的"胃痛",是"话语直指语",书写时加引号,口语要重读,后面还可以加"那"。话语直指语是要将听话人的注意力引向所指话语的意义(命题内容或言外之意)而不仅仅是起个指代作用。说话人直指或引述一段话语还往往是为了对这段话语表达一种主观态度,如反对、讽刺等(上例是妈妈在反讽)。重读、加引号、加"那"都是为了引起听者读者的注意,注意所指话语的意义和说话人的主观态度。总之,话语直指语在语篇中是语义重心所在。上面周颇说的话正好表明先秦汉语的指称语在指称话语自身时也可以用"之"来提高指别度。"天下从"是话语复指语,只是指代前面的"天下之从",不是语义重心,所以是主谓结构,而"秦之利"是话语直指语,是路说引述周颇说的话"秦利"并让周颇注意它的意义,同时表达自己对这种说法的反对态度,它是语义重心所以用之字结构。

3. 结束语

综合上面两项研究,我对摆事实和讲道理之间的关系,也就是描写和解释的关系,有下面几点体会。第一,摆事实是讲道理的基础,要十分重视摆事实。事实摆到了位,要讲的道理也就在其中了。第二,没有一定的理论意识和理论眼光,有些有意义的事实就看不到,摆事实就摆不到位。第三,摆事实和讲道理是一个铜板的两面,是一件事情而不是两件事情,摆事实的时候往往也在讲道理,讲道理的时候也离不开进一步地摆事实。

最后,有必要区分一下"语言现象"和"语言事实"。我们说"发生了这个现象",不说"发生了这个事实",我们说"靠事实说话",不说"靠现象说话"。"事实"是从"现象"中截取下来为讲道理服务的,是讲道理的时候"摆"成的。

参考文献

1 沈家煊,"李白和杜甫:出生和"出场"——论话题的引入与象似原则[J],《语文研究》,2008(2)。

2 沈家煊、完权,也谈"之字结构"和"之"字的功能[J],《语言研究》,2009(2)。

(本文提交于首届英汉对比与翻译研究学科建设高层论坛,修改后收录于《语法六讲》,沈家煊(著),商务印书馆,2011)

对语言象似性和任意性之争的反思[*]

胡壮麟

摘要： 近二三十年来，国内就符号和语言的任意性和象似性问题时有争论。本文认为许多问题有待梳理和深入研究。例如，任意论者所谈的符号是语言符号，而象似论者所谈的符号具有包括语言符号在内的元符号性质；就语言而言，前者着重语音和口述语言，后者还兼及文字和书面语言；就象似性而言，前者承认为数较少的高度的拟声性，后者扩展至拟象性、隐喻和有理据性。本文还进一步讨论了这场争论为什么迟至上世纪 80 年代后展开，从汉语的发展重新解读索绪尔的语言任意性和线性特征，以及我们如何正确对待传统与创新的关系。

关键词： 任意性；象似性；符号；索绪尔；皮尔斯

0. 引言

近二三十年来，国内就符号和语言的象似性和任意性问题在

---

* 谨以此文缅怀已故许国璋先生。

会议上和刊物上时有争论,偶尔脸红脖子粗。参加讨论的两方不少是我道上的老相识,非师即友,前者如已故的许国璋先生,后者恕不一一指名。我在随后的文章中,统称为任意论者或象似论者(当然也有折中论者),有时干脆称为任意论和象似论,对事不对人。在这场争论中,我置身局外,很少公开发表意见,因为从我接触语言学起,完全接受过索绪尔任意性的观点。后来,我认为语言中既有任意性,也有象似性。不料情况发生了变化,国际符号学会原会长 Bouissac 教授邀请我参加在加拿大多伦多大学召开的符号学会议,会议的主题为象似性。我给他报了几个选题,他最后选定要我谈汉语中的象似性问题。这样,在阅读有关材料中,我发现事情远为复杂,许多想法有了变化,对我来说,不是先忙着站队划线,而是把一些问题好好清理一下。由于不少学者已先我一步深入研究,作为后学,这里只能谈谈我的困惑,也谈谈我对一些问题的思考。

1. 对符号的认识和界定

就符号而言,我发现任意论者所谈的符号与象似论者所谈的符号在内涵上大相径庭。

先从索绪尔(Saussure, 1857 - 1913)谈起。索绪尔认为符号包括"音响形象"和"概念",这两者是互不分离的,但两者构成符号关系是任意的。这说明,索绪尔所谈的是语言符号。由此产生的对应的"所指"和"能指"的区别从逻辑上说也只能是用来说明语言符号(第 66 页,引自 *Course in General Linguistics*,下同)。从《教程》来看,索绪尔没有举例具体说明"音响形象"以外的"能指"。索绪尔还指出,"语言符号连接的不是事物和名称"(第 98 页),因而

对语言象似性和任意性之争的反思◄◄◄◄

"音响形象"和"概念"是一个心理学概念。其实,"事物"和"概念"是一个不同视角的问题,当我们谈某事物时,在心理上必然有该事物的概念的反映;当我们在心理上出现某个"概念"时,必然联系到客观世界的某事物。这两者应是共存的。不管怎样,"概念"这个提法仍是可取的,因为"概念"不仅包括具体事物,也包括世界上不存在的事物,如"神"、"上帝"、"真主"、"天堂"、"地狱",以及中国的"龙"、"麒麟"等。概念也可以包括某些抽象的或难以观察的情况,如"关系"、"价值"、"光阴"、"先进"等。不过,索绪尔有时自己说漏了嘴,如他谈到过符号的任意性意味着"理论上可自由确定声音和思想之间的联系"(第110页)。这时,他用了"声音"二字。按他自己的界定,作为心理上的"音响形象"(sound image)或"声音范式"(sound pattern)同作为实体的"声音"(sound)不是同一个概念。尽管如此,我们仍可把"音响形象"和"概念"的任意关系作为索绪尔的真实思想。相比之下,象似论者所谈符号的内涵要宽得多。与索绪尔同一时期的美国的皮尔斯(1839—1914)关心的不是如何区分"词"和"符号",而是考虑意义是如何表达的。他把符号分为三个成分:事物,概念和词(Peirce,1960)。皮尔斯的高明之处是他观察到在人们用一个事物代表某一事物时,这种自然联系的紧密性是有不同程度的,如第一性,第二性,第三性。这样,人们在具体应用中,相应地区分"图象符号"(icon,iconic sign),"标示符号"(index,indexical sign),和"象征符号"(symbol,symbolic sign)。图象符号完全以自然的相似性为基础,如图1中的正冒烟的烟卷和中间的斜线表示"禁止吸烟"的意义。标示符号以"邻近性"为基础,意义需要在有关成分中作一定的延伸或逻辑推理;如图2中有一男一女的图象,你要利用你的经验去捉摸原来这是供人们方便之处,它有时还可精确地也传达这样一个信息,男卫生间在左,女

29

卫生间在右。象征符号则在两个不同的意义域之间建立联系，如图 3 是象征符号，将买卖中使用的磅秤用来首先表示买卖要公平，最后进一步表示司法公平的概念。这样，对皮尔斯三分法的符号概念，人们根据象似程度又分别称之为象似符号（iconic sign），拟象符号（diagrammetic sign），和隐喻符号（metaphoric sign）。索绪尔虽也谈到图 3 的内容，但这不是他所要讨论的语言符号。

图1　　　　　　　　　　图2　　　　　　　　　　图3

　　以上讨论表明，象似论的符号具有"元符号"（meta-sign）性质，它概括所有的符号，可以包括语言符号，更包括其他符号。鉴于象似论的符号，不是索绪尔的研究对象，我们没有必要让索绪尔来回答有关符号的所有问题，因为索绪尔早就通过二分法中的"音响形象"来表明他研究的是语言符号，不完全是人类生活中所有的交际符号。这样，我们在讨论中应当容许人们有自由在"走独木桥"和"走阳关道"之间进行选择，不必强求一致。这里，我要说明的是尽管索绪尔不研究符号学，他还是预见到建立这么一个学科的重要性。索绪尔强调要建立一门新的学科——符号学（semiology）是可能的，这门新的学科研究社会生活中的符号。它要研究符号的本质，制约符号的法则。这样一门学科可以存在、有权利存在（第 33 页）。索绪尔也许内心中想把语言符号的模式扩展成为适用于所有符号的模式，如他在第 100—101 页曾谈及如果符号学真的建成后,各种系统仍将依据符号的任意性原则,在他认为完全是任意的符号是最理想的符号化过程。这里,我们可以不谈这个问题。

由此可见,学界对两者常称之为符号学的"二元说"和"三元说"只是从一个视角比较。从对符号的内涵看,两种学说分指不同的对象,一个是语言符号,一个是元符号,很难比较。因此,象似论者在和任意论者讨论时,应当紧紧围绕语言问题,而任意论者在讨论时应当避免跨越语言这个界限,不然很容易使自己处于被"群起而攻之"的境地。

2. 对语言的认识和界定

鉴于象似论和任意论在符号内涵上有不同的认识,能否把象似论和任意论所讨论的范围限定在同一个对象上,譬如说"语言"呢?我曾经尝试这么想过、做过。

在讨论"语言"时,我们要抛开诸如聋哑人语言、舞蹈语言、音乐语言、数学语言、计算机语言等概念,具体明确要讨论的是本义的语言,人类用嘴说出来或用笔写下来的语言。不然,讨论又是没法进行的。对此,我认为象似论和任意论都会接受这个要求。另一个需要建立的共识是我们讨论的语言应当不仅仅是英语或法语或德语或汉语,因为这是一个普通语言学的命题。按理说,接受此点也是没有问题的。遗憾的是,在真正讨论语言符号时,我们仍然面临一个"语言"的内涵问题。

首先,从人类本义语言的界定来说,它在不同文明时期的所指不全一样。例如,今天较多的人类学家把人类文明区分为三个时期,即口述(orality)时期、读写(literacy)时期和超文本(hypertext)

时期,这三个时期实际上是按人类使用语言的样式区分的。口述时期的语言就是指口述语言,那时人类文明是通过口口相传一代一代传递的。读写时期的语言起自文字的产生。这时的语言既包括口述语言,也包括书面语言。由于书面语的产生,原来储存在大脑中的知识可以外化,储存于龟甲、羊皮、绢、纸等实物中。自1989年互联网正式使用后,不少学者认为这标志着第三时期的开始,即超文本时期,人们不一定非得通过口述语言或书面语言交际,还可通过其他交际方式进行。例如,打开电脑,在屏幕上首先出现的是几十个图标。总之,人们对语言的定义在不同文明时期是不一样的(Whitehead,1996;胡壮麟,2004)。

为了便于讨论,我们不妨从近而远,逐次审查。超文本的第三时期可先行排除,因为索绪尔和皮尔斯在上世纪初已经谢世,他们没能生活到电子化、数字化的今天,一个象似性和理据性必然得到强调的时代。

第二个读写时期在文明史上占时约6000年。那么,我们要讨论的语言该是6000年中的哪一段?从逻辑上说,索绪尔所指的语言应当是他所处时代的语言,因为他是讲究共时语言学的,只有在共时的条件下,我们才能讨论各个符号彼此对立和互动的符号系统;也只有在共时条件下,我们才能接受语言具有三个层次的观点,即语义层、词汇句法层、语音/文字层。在这个认识基础上,不难发现索绪尔把符号界定为"音响形象"和"概念"之间联系的说法有些单薄,因为除"音响形象"外,"文字形象"和"概念"的联系也可表达意义,特别是索绪尔自己也谈到"文字中使用的符号是任意的"(第165页),但他没有做更具体的论述。就这句话来说,他的有关文字的论断未免有些绝对。至少汉字的发展不是任意的,这在下面还要谈到。尽管索绪尔也谈到语法和词语,"语法"和"词语"作为"约定俗成"的产物,已经不是任意论所能解释的了。

考虑到索绪尔的符号能指是"音响形象",在讨论时任意论最理想的是拿这个理论来说明第一时期,即史前时期的口述语言,因为在通常情况下,任何语言都是先有口述语言,后有书面语言。相形之下,象似论尽管可以举许多句法象似性、数量象似性、序列象似性等等研究成果,它不能回避对史前时期的口述语言究竟是象似的,还是任意的问题做出回答,并提出更多的例证。

麻烦的是当我们把分析对象限定于人类的"初始语言"时,我们对这个持续约 3 万—5 万年的人类文明时期的语言的了解基本上是一片空白。不论是象似论或任意论所做的工作都只能是"假设",拿当今世界上的语言去假设和构拟人类祖先的语言,其困难程度可想而知。

索绪尔对任意性立论的基础是比较英语中的"sister"和法语的"s-ö-r",英语的"ox"和法语的"b-ö-f",从而得出"没有人会争议语言符号是任意的"(第 100 页)论断。恰恰在这个问题上它引起不少争议,因为用索绪尔所处时代的两种语言的不同来推论口述时代语言的任意性只能是一个假设。其次,历史比较语言学早就证明英语和法语,以及许多欧洲语言有不少共同之处,最后追溯到原始印欧语系的构拟。这就是说,索绪尔可以用这两个例子或其他例子去探索原始印欧语系在时间的长河中是如何因音变和其他原因而分化成英语、法语、德语的,效果将会更好。尽管索绪尔受到严格的历史比较语言学的训练,但把当代共时的语言跳到史前时期的口述语言,时代跨度未免太大。如果他把印欧语系的一种语言和汉藏语系的一种语言作为任意性的理据也许会更具说服力。即使这样,他还得面对人类起源的问题,这关系到人类最初是讲一种语言,还是多种语言同期产生。

象似论在讨论中也涉及史前时期的口述语言。他们通过现存的语言发现各语言中存在着"拟声语"(onomatopoeia)的现象。索绪尔本人对此也有察觉,且承认语言中存在拟声语和惊叹语(exclamations)的提法,并对上面自己有关任意性的提法作了修正,他说:"不是所有的符号是绝对任意的。"(第 181 页)虽然这仍是假设,但这个假设是象似论和任意论都能接受的。

象似论除索绪尔所接受的拟声语和惊叹语外,在发现联觉(phonaestheme)词语具有象似性方面的工作是应该肯定的。至于对读写时期各种语言的数量象似性、时间象似性、空间象似性、句法象似性、距离象似性、标记象似性、隐喻象似性、语篇象似性等等的工作更应该肯定,但在与任意论讨论时,一定要弄清楚与任意论讨论的是哪一时期的语言。这又与下面的讨论有关。

3. 象似性和理据性

象似性(临摹性,拟象性,相似性)和理据性,严格地说,是两个不同的概念。前者是能指与所指之间存在着自然相似的关系,尽管索绪尔把能指具体为"音响形象"更多一些;后者旨在说明能指与所指之所以构成符号关系、能表示意义是有理可据的,是可以论证的。

象似论认为人类对符号,包括语言符号的构建都具有一定动因,拟声词的出现和存在便是有理据的。这样,象似论必然接受理据性。与此同时,象似性的任何发现,又可成为理据性的最好依据。久而久之,两者几乎给人以同义词之感,而任意论被看作是无理据的。在讨论中,有的任意论者一不经意,把自己与无理据说对上了号。其实情况远为复杂。

索绪尔力图对任意性做出解释,符号是任意的,而"信号"(signal)或"象征"(symbol)是有理据的,按照他的观点,就意义来说,能指(音响形象)和所指(概念)在现实中没有自然的联系(第101页)。但索绪尔在不同场合也说了如下一些话,难免使人把握不住:

"任意性要加上一个注解。它不应该使人想起能指完全取决于说话者的自由选择。……我们的意思是说,它是没有理据的,即对现实中跟它没有任何自然联系的所指表示是任意的。"(第101页)

"符号在某种程度上是可以有理据的。"(第181页)

"但是如果句法分析更为直接,其成分单位的意义更为明显,理据也更为突出。"(第181页)

"不存在完全没有理据的语言。"(第183页)

"语言总是表示两种特征:本质上是任意的,相对的来说是有理据的——但其比例差别很大。"(第183页)

按照索绪尔的上述各种补充,他似乎想说明任意性不完全等于理据性,或者说,任意性可以容忍一定的理据性。希望任意论在讨论时对这些问题有清楚的阐述。

另一个复杂情况是在索绪尔谈到符号时突出两个原则,符号的任意性特征和符号的线性特征(第101—103页)。对后者的立论他提出以下的认识:符号占有一定的时间空间;这个时间空间可以通过一条线来测算它的一个维度。索绪尔试图用这个理论来说明语言符号在结构上不同于其他符号,如视觉符号(船上的旗帜)。语言符号的元素是一个一个呈现的,是线性的;视觉符号是多维的,可以是非线性的。这个陈述表明索绪尔承认其他符号的存在,但他重点研究的是语言符号。

我在这里试图大胆提出一个看法:索绪尔的线性原则本质上

是象似性的,因为人们说话的确是把音一个一个说出来的,听话时也是把语音一个一个听进去的,写字时是把字一个一个写出来的。这里,线性原则不是模拟了自然条件下使用语言的实际情况吗?不但是象似性,而且是有理据的。人类在表述世界和实际生活时,必然要求复杂符号的使用,便要对多于一个的符号进行排序;同时,解剖学表明,人类发音器官进化后,便可以发出连续的音了,这也是理据。线性特征不单是有理据的,而且是可以论证的或验证的,即我们在说话,自己说,别人说,一看就清楚。如果用现代的语音分析仪器在图片上都可以显示音波的移动。这样,如果我这一解读能够接受的话,那么,索绪尔符号观中两个特征,一个特征是任意的(指能指与所指关系),一个特征是象似的(指符号的呈现)、是有理据的、是可以论证的。

在这个问题上,象似论不能高兴得过早。因为象似论研究的是符号学的符号,不仅仅是语言符号。如果是符号学的符号,我认为它既具有线性的特征,也有非线性的特征。在人类的口述时期,人类的祖先会用口述语言传达信息,但在利用身势、舞蹈、神情等方面也是得心应手的。但从读写时期开始,线性语言养成了人类线性思维的习惯。现在有人认为电子时代使人类既保持线性的信息传递方式,也增加了非线性的信息传递方式,最终丰富了人类的思维方式,这将进一步加速创新思维,加速人类文明的发展。这方面的研究需要我们密切注意。(胡壮麟,2004)

4. 这场论争展开的时机

在第二节中我们可以看到索绪尔的任意说在 20 世纪初已经形成了。倡导三元说的皮尔斯与索绪尔活动在同一时期,但两人并未出现激烈争论,保持和平共处的局面。而且,长时间内索绪尔的符号理论处于统治地位,无人持有异议。那么,为什么过了七八十年,竟然有人敢于冒天下之大不韪要起来质疑和挑战任意论呢?这也是我思考的问题。我目前想到这么几个原因。

1)《教程》问世后,它有关符号系统和线性理论的论述为多数学者接受,从而推动了各个语言理论和流派的出现,如日内瓦学派、布拉格学派、哥本哈根学派、伦敦学派、俄苏的形式主义学派,以至美国的结构主义学派。即使乔姆斯基在"革命"后还得沿用从线性原则发展起来的"系统"和"结构"的概念。这就是说,索绪尔开创的现代语言学理论完全处于"如日中天"的兴旺时期,那时的确没有多少人对任意论产生怀疑。

2) 问题出在美国的乔姆斯基起来闹语言学的"革命",他颇有些像搞"极左"思潮那样,把索绪尔的以语言结构为基础的"语言系统"的思想推向了极端,认为语言的"表层结构"都是从"深层结构"转换而来的,而这个"深层结构"又是人类生而有之的"普遍语法",而这个普遍语法又与所谓的"语言习得机制"(LAD, language acquiring device)有关。这就导致了 George Lakoff 等人从形式主义学派内部,Brown, Berlin, Kay, Slobin, Rosch, Mervis, Barsalou, Devalois, McNeil 等人从外部的反对。这些后生的共同思想认为对词语和概念不宜采用形式逻辑的方法,而应该基本上是体验的,与人类经验有联系的。"概念是由感觉肌动系统、神经结构和身体经验形成的。""语言由概念结构和音系结构之间的直接联系构成,这些结构又是通过感觉肌动系统,情感系统等体验的"(Lakoff, 2001)。这些理论和相应的实验结果必然导致与乔姆斯基似有理据但尚未能验证的假设决裂,最后导致对索绪尔任意说的质疑(Kemmer, 2007)。

3) 与此同时,美国的功能主义者,如 Joan Bybee, Bernard Comrie, John Haiman, Paul Hopper, Sandra Thompson, Tom Givon 等也起来发难。他们认为,语言是一个交际系统,对思维结构有直接影响。此外,历史语言学家 Elizabeth Traugott 和 Bernd Heine 对"语法化"的研究,也不支持任意说。所有这些理论都持有语言不能离开认知的、体验的和社会的语境的观点(Kemmer, 2007)。

4) 具有讽刺意义的是,认知语言学的研究最早是由乔姆斯基自己倡导的。乔姆斯基的一些假设,如语言先天性和语言习得机制,都需要认知科学和认知语言学的研究验证。在有关乔姆斯基的介绍中,他的一个头衔便是"认知学家",因为乔姆斯基在当时挑战了行为主义,并对心理学中的认知革命做了贡献(Wikipedia, 2009)。也正是乔姆斯基 1977 年安排 Lakoff 从事"认知语法"的研究(Peeters, 2001)。

事与愿违,这些血气方刚的第二代认知语言学家认为人类对世界的认知往往从自己身体周围的事物出发,向上下、左右、前后的空间扩展。在这种体验主义的新哲学观的影响下,象似性在符号学和语言学研究的平台上大显身手。人们在研究符号,初始的符号(如结绳记事、呼喊、舞蹈等)和初始的语言(拟声语和惊叹语等),都力图探索这些符号与客观世界和内心世界的联系。在这个背景下,提出了语言符号象似性的观点,一场任意论和象似论之间的大讨论终于在 20 世纪末展开了! 第二代认知语言学家 PK 第一代认知语言学家!

2000 年,作为第一代认知语言学家据点的 MIT 出版社在所出版的《认知科学百科全书》只字不提 Lakoff 等人的研究。这又成为第一代认知语言学家 PK 第二代认知语言学家! 为此,

Lakoff 撰文列举未被提到的近 140 篇的研究文章,公开质疑"百科全书"的权威性、全面性(Lakoff,2001)!

令人费解的是我国的象似论和任意论在讨论时都习惯于把象似说与认知科学和认知语言学挂上钩,这比较笼统,精确地说应该说是第二代认知语言学。与此同时,任意论在讨论中很少从认知科学和认知语言学的视角分析问题,所持立场比较模糊。话又得说回来,任意论有理由把讨论限制在语言符号之内。

5. 从汉语的发展看象似论和任意论

正当人们为象似论和任意论之争闹得不可开交之时,重读许国璋先生 1988 年的文章颇有启示。许先生说:"中国传统的语言文字之学,其中心思想即是找出能指和所指之间的理性联系。"我在多伦多国际符号学会议上宣读论文内容便是介绍中国历代和当代有关象似性的研究(Hu Zhuanglin,2009)。近的不说,单以先秦时期的《易经》就有如下的记载:"古之包牺氏之王天下,仰则观象于天,俯则观法于地,观鸟兽之文与地之宜,近取诸身,远取诸物,于是始作八卦,以通神明之德,以类万物之情。"(李学勤,1999)这就是说,我们的祖先在先秦时期已经谈到了今天第二代认知语言学有关体验主义的论述。之后,在东汉时期注疏的"六书"中,象形和形声完全立足于纯象似性,而会意、转注、指事和假借都是说明程度不一的拟象符号(百度百科,2009)。即使任意论经常引用的荀子的"约定俗成"说,经过近人的考证和许国璋先生的解释,没有完全理解荀子的原话。荀子一再强调"俗成"的"适宜性"。又如,刘勰在《文心雕龙》中说"仰观吐曜,俯察含章,高卑定位,故两仪既生矣。惟人参之,性灵所锺,是谓三才。"这个立论也是以象似性为基础的。

从逻辑上说，符号不应是自由决定的。符号只有在使用者之间达成默契才具有符号的价值，也就是说，没有"约定"，不成其为符号，"约定"必然要求理性的选择。即使"俗成"，也不是各说各的，而要根据每人通过五官思考对世界的认识。由于民族和文化的不同，初民的认知和认知的结果也会不同，但都会有一定的理据的，只是不全面而已。我这里举"盲人摸象"这个寓言为例，人们习惯于对这个寓言做负面的解读，四个盲人各摸大象一个腿，对大象做出至少四种片面的解释，因而我们应当学会全面考虑问题。但是，我认为这个寓言也有一定的可贵之处，除了教导人们全面观察问题外，还在于它肯定了人们在认识上的一个真理，即四个盲人都是根据自己摸到的那条腿下结论的，是有一定的那怕是片面的"理据"的。他们不是不想提出更好的理据，而是因为生理缺陷，不得已而为之。这个寓言对回答语言符号的不同也有启示，当我们问既然是象似性，为什么不同族群说的话很不相同呢？这就受制于人们的认知水平，有不同认识，便做出不同解释，就每个族群来说，他们都是有自己"理据"的。

从汉语汉字的发展情况来看，索绪尔的任意性帮不了忙。除他有关"声音形象"的任意性的总体论述已在上面讨论过外，他曾对汉语有过专门评论。他先论述语言系统有两种相反的趋向，一种是使用词汇方法的倾向，它好用没有理据的符号；一种是使用语法方法的倾向，它好用有规则的结构。接着，他说英语比德语在非理据性方面更为明显。汉语是词汇方法的极端，而原始印欧语和梵语最强调语法（第184页）。显然，索绪尔一方面肯定语法在语言中的理据性，一方面否认词汇发展的理据性。我对前者可以接受，但对后一观点则认为明显与汉语的事实不合。我国以"六书"

和"说文解字"为代表的训诂学传统是无法接受索绪尔这一论述的。当然索绪尔可以辩称：世界上有这么多语言，我不能让汉语或日语改变任意性的结论。那么，我们不禁要说：索绪尔首先要对普通语言学另下定义，普通语言学可以不包括汉语和日语！我们还要问，世界上有数千种语言，索绪尔又究竟调查了多少语言呢？总之，这一方面反映索绪尔对汉语和其他民族的语言了解不多，另一方面反映他立论多少具有"欧洲中心主义"的倾向。

由此引发我一个新的问题：既然以训诂学为代表的象似论在我国有数千年的传统，为什么任意论竟然在我国语言学界统治了近一百年？这有待汉语界、语言学界和符号学界一起来回答。我初步的看法是我国汉语界是有人坚持象似论这个传统的。典型的例子是王力先生1999年的《同源词典》。如果王力先生从内心中信奉任意论，他编不出这部辞典。但我也不否认我们这一代接触较多的是国外语言学的理论，何况索绪尔被公认是"现代语言学之父"？再一个原因是汉语界和外语界两张皮的老问题，前者不了解外面的情况，后者不熟悉国内的情况。

再进一步说，我认为不光是任意论，象似论也有人认为是进口的，是第二代认知语言学的产物。这好像"八卦"本来是中国的思想产物，却成了邻国的国旗，成了人家的"精神文明遗产"；其实，中国人搞象似论至少有两三千年的历史，却让国外兴起的第二代认知语言学抢拔头筹。这令我唏嘘不已。

7. 正确对待传统与创新

在本文即将打住之前，顺势再说上几句。

第一个问题是本文中多次提到索绪尔，而皮尔斯谈得不多。

这是自然的，因为索绪尔是"现代语言学之父"，皮尔斯没有这个殊荣。索绪尔所产生的巨大影响和所做的贡献是世人公认的。我们从 20 世纪当代语言学研究的结构主义、形式主义和功能主义的重大发展都能找到索绪尔的影子。这个历史是不能改变的。当代语言学科的任何进展必然涉及对索绪尔理论的重新解读和讨论。

从中连带的问题却是我想费些笔墨的，那就是一个非常好的理论、一个划时代的理论，人们对它的认识在一定情况下也会发生分化或改变。在宗教上这表现为原教旨主义和新教之争；在政治上，这表现为某一革命理论和"修正主义"之争；在学术上，这表现为老一代学派和新生代之争，受乔姆斯基影响的 MIT 出版社对 Lakoff 等人的封杀便是一例；在中国则有"唯师命是从"的传统，不然要被逐出门庭。现在时代变了，我认为立论者要容忍不同声音，要鼓励年轻人超越自己，对"离经叛道"之声要有分析，是否有理？牛顿的某些理论被爱因斯坦的相对论超越了，不必大惊小怪，也不必担心牛顿的历史地位会因此滑落。谁都清楚，没有牛顿，就没有爱因斯坦。同时，也没有必要让爱因斯坦倒退二三百年。牛顿如能活到今天，也许会比爱因斯坦做得更好。同理，索绪尔如能听到更多的声音，接触更多的语言，也许会以另一个面目出现在语言学平台上。谈到此处，我曾多次提出乔姆斯基有可爱之处，他敢于否定别人，也敢于不断否定自己，一次一次修正自己的模式，从经典理论到扩展理论，从管辖论到最简方案，力图使自己的理论更为"完美"。从当今我国中生代、新生代的学者来说，对前人的工作应当肯定，但又要力求把本学科向新的高度发展，才有创新，才能臻于完美。像"姜是老的辣"和"后生可畏"这些话语都不是凭空说出来的，是人类社会发展经验的总结。在这方面，中生代、新生代的学者们不妨向奥运健儿们学习，一项纪录多年没被打破，终究不是好事。同理,毕竟这一百年中我们对语言的认识有了这样那样的变化,许多现象不能强求一百年前的理论都能做出完美的回答。

再一个问题是我们应该倡导跨学科的研究。一个学科中出现的问题,往往与其他学科互有联系,受到启示,互相搭界。上面提到的认知科学和认知语言学便是一例。此外,在弄清楚人类的初始语言时,人类学家告诉我们,原始人类要学会直立行走,才能从肺部通过喉管发出多种声音。中国有句古话"站着说话不腰疼",间接传递了一个类似的但不乏科学性的人类体验。又如,基因学家会告诉我们与语言能力相关的基因是 FOXP2。鉴于最近从尼安德特人化石中发现这个基因,因此原始人类尼安德特人已经具备说话的条件了(《科技日报》,2007)。不论是尼安德特人,还是现代人,还是智人,他们说话是象似的,还是任意的? 他们说话是一开始只能发出咿咿呀呀的单音节,还是立即进入索绪尔所设想的完整的符号系统? 还是有一个过渡时期? 这些学科的任何进展都将为我们的研究讨论提供理据。在这个意义上,任意论和象似论的朋友们,让我们继续苦思吧!

让我们追求超越,追求创新,追求完美!

参考文献

1 百度百科,《六书》[Z],http://baike.baidu.com/view/633.htm,2009。

2 胡壮麟,口述·读写·超文本——谈语言与感知方式关系的演变[J],《外语电化教学》,2004(6)。

3 胡壮麟,*Iconicity in the Chinese Language*[R].多伦多大学国际符号学会议发言稿,2009。

4 《科技日报》,原始人类尼安德特人可能也会说话[N],《科技日报》,2007.10.26。

5 李学勤,《周易正义》[M],北京大学出版社,1999。

6 刘勰,《文心雕龙》[M],http：//baike. baidu. com/view/40343. htm,1999。

7 王力,《同源词典》[M],商务印书馆,1999。

8 许国璋,语言符号的任意性问题——语言哲学探索之一[J],《外语教学与研究》,1988(3)。

9 Kemmer，S. *About Cognitive Linguistics：Historical Background* [A]. http：//www. cognitivelinguistics. org/cl. shtml. Updated 28 July，2007.

10 Lakoff，G. As advertised：A review of The MIT Encyclopedia of the Cognitive Sciences [J]. *Artificial Intelligence*，2001(130)：195 - 209.

11 Peeters，B. Does Cognitive Linguistics Live up to its Name [A]. In D. B. H. René & S. Esra（eds.）. *Language and Ideology. Volume* 1：*theoretical cognitive approaches* [C]. John Benjamins Publishing，2001.

12 Peirce，C. S. *Collected Papers of Charles Sanders Peirce. Volumes I and II* [M]. Cambridge：Harvard University Press，1960.

13 Saussure，F. de. *Course in General Linguistics* [M]. 北京外语教学与研究出版社/Gerald Duckworth & Co. Ltd，2001。

14 Whitehead，J. *Orality and Hypertext：An Interview with the Hypertext Culture* [M]. Online，1996.

15 Wikipedia. Noam Chomsky [Z]. Last modified on 22 February，2009.

（本文提交于首届英汉对比与翻译研究学科建设高层论坛,载于《北京大学学报(哲学社会科学版)》2009 年第 3 期）

从理论形态的一般特征到创造

——兼论该不该讨厌"形而上"

钱冠连

摘要：本文首先指出了理论形态的一般特征及形而上学的意义，进而在此基础上提出需要在中国语境中重建研究者对理论应有的态度，并讨论了不利于理论原创的几种研究者现状及社会评价机制。

关键词：理论形态的一般特征；形而上；理论创造

0. 缘起

"跟着外国理论转"，是吕叔湘很早就指出的存在于我国语言学界的一个痼疾。此病可能在其他人文领域里也有。为什么老是跟着隔壁人家转？回答应是：自家的理论贫乏。追问：为什么自己的货色少？有许多原因，其中一个被许多人忽视的原因是：对理论形态的一般特征不理解，害怕从而讨厌"形而上"。

对理论形态的一般特征不理解，甚至理解有误（王文斌认为"我们这支队伍缺少前期的哲学熏陶，由此缺少哲学素养"），直接导致了中国的语言研究者对理论的拒斥心理，认为理论让人生畏。这种心理增加了接受、普及与推广理论的难度，且不说自主地去进行理论原创劳动了。对理论异常渴望实用的现代中国，每当正常的理论发展势头稍旺时，每每有人担心、提醒并批评"理论不应该是空对空，必须指导实践，必须有用"。这是误解了理论形态的代表性说法。

本文讨论理论形态的一般特征、确认形而上（学）的意义，重建研究者应抱之理论态度，从而也顺便地找到了我国人文理论（包括语言研究理论）中"跟着外国理论转"的深层原因，并且略说对策。

1. 了解理论形态的一般特征与形而上学的意义

与（可）观察句子相反，理论构造或者理论术语（我宁愿称之为"理论形态"）的一般特征是：不可观察性（unobservable）和假定性（postulated）（Pap，1963：26）；理论术语具有不能被还原为观察术语功能的其他功能。但理论术语是科学成长的必要条件（Hempel，1958：49）；思辨与实践活动相区分（这乃是理论与实践对立的起源）；思辨高于实践理性，是最有价值的生活，它提供了完满的人类幸福，虽然亚里士多德也是推荐实践德性（practical virtue）的。理论科学的目的在于自身，而不是为了实践的目的或功用（Aristotle，1177a：17-8）。

理论形态还有其他一些特征（如抽象性等等），本文无法一一列举。

平心而论，以上理论形态的特点不独为西方所特有。卓越的中国古代思想家们，以老子庄子为代表的道家、以韩非子为代表的法家、以孔子孟子荀子为代表的儒家、以程颢程颐朱熹为代表的理学等诸理论形态中,都兼有可观察性与不可观察性和假定性,其中道家的不可观察性与假定性以及玄想,还相当地突出,使后代几千年的文人们忙于解释而不得其妙。

可是,中国哲学精神此后的发展却变得越来越不利于形而上(不可观察性和假定性为其主要特征)。林语堂对这种情形有着深刻的观察。他说:"中国哲学家对生活的思考后来变得令人惊讶地简约。或曰,对形而上不耐烦,对给生活本身不能产生实用结果的那种知识追求不耐烦";"中国哲学先天具有现实主义且深为不信逻辑与思维力本身,中哲遂变成对生活本身亲知亲觉这样一回事,同时它拒绝以任何系统形式构建自己"(Lin,1937/1998:11)①。哲学对生活贴近本身是好事,一过头,就另伏着厌弃形而上学的危险:认为一切理论必须现蒸热卖,点石成金,呼风来风,唤雨来雨,如其不然,便是空谈,便要排斥。对理论抱这样态度的民族能有什么发展的后劲呢?这个疑虑是自然的。

对理论的"如不能现蒸热卖,就立即排斥"的态度,到了近代愈演愈烈。鸦片战争后的中国先贤们,急于救国,现代中国人又忙于现代化,专拣立即见实效的理论推广与普及(这是多么地司空见惯,而且完全可以理解!),及至现代中国的理论形态表现出了过重依赖于可观察性、归纳法、经世致用性(即理论与功用捆绑状态)、

---

① 原文为:"The problems of life for the Chinese philosopher then become amazingly few and simple. It means also an impatience with metaphysics and with the pursuit of knowledge that does not lead to any practical bearing on life itself." "Gifted with this realism, and with a profound distrust of logic and of the intellect itself, philosophy for the Chinese becomes a matter of direct and intimate feeling of life itself, and refuses to be encased in any system."

吹糠见米(立即越过理论对象本身看到功利)式的功能性、直观原则、实证性、人类幸福的物质性,如此等等的理论观念、习惯和方法,与理论形态的思辨性如不可观察性、假定性刚好相反。因此,反复出现上面所提及的现象:每每有人担心、提醒并批评"理论不应该是空对空"。在现代中国语境中,提倡理论创造举步维艰,就不难理解了。

所以,迈开原创的创造步伐之前,一定要把下面这个问题(与不了解理论形态的一般特征是同时出现的)弄清楚:形而上学该不该抗拒?

西方哲学家在 19 世纪的末期至 20 世纪 70 年代出现的分析哲学潮流,造就了语言哲学,其主要特征就是拒斥形而上。可是事到如今,形而上还是打回了西方哲学这个老家,"形而上学已经恢复了它的中心地位"[①]。看来形而上并不是一个坏东西。分析哲学大家 Peter Strawson (1959)指出,形而上学应当是启发人们智慧的思维方式。以往的形而上学之所以引起哲学家们的反感,是因为它们都违背了人们日常的思维方式,以某种生搬硬套出来的概念体系当作人们的智慧模式,完全不顾我们自然的思维活动。但形而上学本身并没有错。"描述的形而上学能够满足我们关于世界的思想结构的描述","描述的形而上学的观念可靠地解决了怀疑论","它旨在揭示我们概念结构的最一般特征,能够比有限的、局部的概念探究更具合理性"(斯特劳森,2004:2)。可见对形

---

① 见苏珊·哈克为斯特劳森所著《个体:论描述的形而上学》之"总序一"(江怡译,北京:中国人民大学出版社,2004)。至于分析哲学运动造就的语言哲学,还是受到后来人深深的怀念,还在吸取着语言哲学的智慧与营养,因为有那么多的语言学源头来自哲学。好些语言学家睡在哲学家编制的摇篮里多年,却不知道这摇篮是谁做的,还对语言哲学多有拒斥。

而上的评论还要往上提一步：它是个有用的东西。江怡在中西语言哲学研究会主办的 2009 年夏日语言哲学书院（威海）的报告《语言哲学与形而上学》中指出："现代意义上的形而上学是指：一、通过命题分析揭示世界结构（Wittgenstein）与概念结构（Strawson）；二、承认对象的存在为'权宜之计'"（Quine）；三、与知识论问题密切相关，如经验还原、感觉经验与物质对象之关系、意义与理解、真与知识等等；四、形而上学是分析的。"江怡概括的这四个方面，哪一方面对我们认识世界都是有意义的。据我理解，形而上是在这个意义上使用：它是超出经验的思考，因为对世界本质（不是经验现象）的思考必然是超脱出经验的。它超出经验，却并不高高在上，并不藐视人世（在这一点上，它与笛卡尔以来的唯理主义传统相反），却关心人世并观照形而下（即经验）。说形而上是个有用的东西，并不为过。

2. 重建研究者的适当的理论态度

在认识了理论形态的最一般特征及形而上的本来面目之后，下面的问题自然是，研究者应该抱何种理论态度才能适应上述理论形态的特征与形而上呢？

我们必须在中国语境中重建一种适当的理论态度，它应该包括以下三点：（1）在心理上，不畏惧并应习惯于不可观察性的思考与思辨，把思辨当作一种难得的幸福；（2）在方法上，采取多样科学方法（大约八法）并举，不偏执一样；（3）在价值观念上，将理论的价值与理论的功利区分开来，前者在于深刻地认知研究的对象本身，而理论的功用在于后续开发。

在心理上，人们对思辨不畏惧，来自于对理论形态的深切的了解与早期的充分准备。决心从事理论研究的人们，就必须面对不可观察性、假定性等特征，这是与学者终生相伴的东西。习惯于思辨，就会收获三大快乐：（1）收获创造性劳动过程中迸发出的智慧；（2）收获成功的满足感；（3）收获失败以后的教训，也是一种伟大的乐趣，因为教训会为下一次的或者别人的研究，创造接近胜利的条件。谁能否认庄子、老子等先贤兼收了这三种乐趣呢？

在方法上，不偏执一端。我们此前的方法论意识淡薄，误以为写成了一篇文章自然就是有了研究方法。令人惊讶的是：西方的研究方法比较完备，本该是"跟着转"的却不跟着转了。常有这种情形：一文或一书写完、发表、上市了，作者本人还不知道是采用了什么方法完成的，这样能有理论上的重大建树吗？方法直接导致研究的成与败，故必须对研究方法清醒。对外国的理论结论不可抄袭，而获取理论的方法、工具是可以大大方方照搬的。没有明晰的方法论意识，就等于企图用筷子拈掇油炸黄豆，或者以步行登月球。因此，归纳、演绎、证实、证伪（首先猜想然后反驳）、提出假说（hypothesis）、大胆猜想（等待证实或证伪）、假设推理（abduction）、归谬法（*reductio ad absurdum*，还原为荒谬）等八法，不说精确知晓，至少要懂。方法论上糊涂，会直接威胁结论的价值，还谈什么原创性理念？

在价值观念上，承认理论的价值是绝对的，而理论功利是相对的、后续的（这是专门家后续的任务）。理论的绝对价值有二：一是深刻地认识研究对象（如理论语言学的结论只涉及语言的形而上），二是使人明白与睿智起来。理论的功利（相对性）只有一：对人有功有利（如应用语言学的结论在形而下）。具有讽刺意味的是，那些要求理论具有吹糠见米式的功利的人们，往往悟察不到理论使人明白与睿智起来就是大价值。王文斌认为："思辨是哲学的主要内在特性,一个没有广度与深度思辨的民族必将是一个精神贫血的民族。我们所做的点点滴滴理论思辨,其终极目标是'to exercise our minds'(操练我们的心智),而不是直接关怀我们的日常生活(尽管这种关怀有时是必要的)。"老子曾说:"道冲,而用之或不盈。"(《道德经》之"道经"第四章)——意思是道有空虚无形[冲]之性,然而其作用却无穷无尽。公元前570年之后的八十年间,老子看到了无形的道却用之不盈,如今的人们没有了这般深邃的心境了。关于哲学的大价值,听了老子的,我们还要听听罗素怎么说的:"如果学习哲学对哲人以外的人确有价值的话,那一定是间接的,是通过哲学对于哲学学习者一生的影响实现的。于是,哲学的价值必定首要地在这种影响里体现出来"(Russell,1951:153)。他又说:"那些讲究'实效的'(practical)人,顾名思义,是只认物质需求的人,只认人必须有食物养身,但忽略了心智也得有营养。……惟有在心智的营养中,哲学的价值必现"(Russell,1951:154)。他还说:"哲学的价值,也许是主要的价值,是体现在它所思考的诸种目标的宏大之中,体现在得益于思考而从狭隘的、个人的目的之中解放出来。"(Russell,1951:157)罗素断言:"总而言之,哲学的价值在于,它仅供研习,非为回答哲问而得肯定之答,因为按其规律,无一肯定之答是公认为真的,而是为问而问(for the sake of the questions themselves);因这些问题,扩大了我们有关可能性的概念,丰富了我们的智力想象,减少了封闭心智亦有损想象的死教条。之所以为问而问,还因通过哲思宇宙的宏大,我们的心智也变得伟大起来,也变得能与生成了至善的宇宙合而为一。"(Russell,1951:161)(楷体为引者所置)从以上可以看出,罗素对哲学的价值(可以扩充到一切理论的价值)给予了异乎寻常的肯定,即理论与其价值可以改变人,使人变得伟大。罗素对哲学的价值的异乎寻常的肯定,与他对哲学的功利的明明白白的否定——"功利不属于哲学"(Russell,1951:153),形成了鲜明的对照,特别地发人深省。哲学对心智的好处竟是如此巨大,而我们的某些学者见物不见智,是何等地可惜!因为他们习惯地把价值统统当成是有形的、具有物质状态的,从而对无形的、精神状态的价值便无从把捉(物质形态的功利,本应该是派给技术发明去做的。技术发明才是真正的实对实)。

为了与物质带来的幸福相对,我在重建一种适当的理论态度中,加上了"思辨是一种难得的幸福"这一条。

我认为,不了解理论形态的一般特征,认为形而上是个坏东西,造成研究者对理论所抱的态度不适当,是我国人文理论缺少原创的开端性失误。一旦了解了理论形态的一般特征(不可观察性、假定性与抽象性等等)与形而上的意义,一旦了解了中国理论的近代向实用的转变历史,就不会再要求理论一律并立即实对实了。应该说,西方哲学研究的对象绝大多数是抽象对象。仅举几例:著名的抽象对象有:集合、数、函数、几何图形、计量单位、观念、可能性(Quine,1960:118-124);属性、范畴、命题、关系、可疑对象、可能对象;四项假想对象:缘故、计量单位、未实现的可能事物与事实;无穷小概念、极限理论、理想对象如质点、无摩擦表面与孤立系统(Quine,1960:243-251)。没有对抽象对象的研究,哲学也就真的"空"了。可是哲学给了我们那么多的智慧,谁也舍不得摒弃它们。如果把不能满足实际功利叫"空"的话,哲学就是"空对空"。一般理论只要是深刻认识了对象,这本身就是它的价值之一了(还有一层价值是使人明白与睿智起来),而不管眼下是否有功利("理论科学的目的在于自身,而不是为了实践的目的或功用"!)。这就是说,确实存在着不能满足实际功利的理论,即"空对空"的理论。所以罗素认为"功利不属于哲学"。让我们举一个语言学领域的例子。一方面,语法、语音学、词汇学、母语习得理论、外语教学理论、词库建设理论、统计理论等等是为了更好更快地学好母语或外语,具有明显的功利性,可通称之为应用语言学。另一方面,可通称为理论语言学的语义学、语用学、Chomsky 句法、序位语言学、索绪尔语言理论、认知语法、配价语法、系统语法、语言全息论……的建立,都将更快更好地把习得母语或者学习外语这样的功利抛之于脑后。但你不能否认这些理论建立本身就有了价值:它们旨在深刻地认识对象,它们分别把世界、宇宙、哲学的千年老题、物体运动形态、系统、认知规律、身体经验、物质结构(钱冠连,2002)当作对象来阐明了。难道精神层面的价值就不算价值? 难道说这些理论不是从某一方面都给了你观察世界与宇宙的利器,使你多了一层智慧的眼光? 因此,应用语言学与理论语言学(正如实用物理与理论物理的区分)的区分是合理的,既满足了人们对功利的需要,也满足了人们对任何世界对象进行思辨、求知与求智的精神需要。

一旦将理论的绝对价值与理论的功利分开,我们既解放了人自己的对理论的紧张心理,也解放了理论,让其舒展自如地呈现,原创性也就随之而来。

一旦将这种适当的理论态度推广开来,迄今对于理论的偏见、苛求会有较大的改变,对理论的畏难情绪将会较大地缓解,我国人文科学理论的自主创造的积极性将会大步提高。在我国,原创理论更受人欢迎的局面,有望在不久的将来出现。

可以预见,以上这种适当的理论态度的重建,对我国人文理论与语言研究的理论从跟着外国转到创造的转变,具有决定性的意义。

重建一种适当的理论态度,从哪一种人群中做起? 一个国家,按人群与理论需要的关系来说,有"生活人"(只为了过日子,其职业不需要与理论接触)、受教育者(主要是中小学生)、大学人、知识界与专家群、思想家这五个层次。这五个层次中,大学人中的硕士、博士研究生与青年教师,是重建一种适当的理论态度的基础队伍。也就是说,要培养对理论一般特性的了解、兴趣,要清除对理论误解、清除对理论厌恶或惧怕心理,最好从硕士、博士研究生与青年教师开始。即是说,大学人是将来理论担当、思考担当的基础人群,他们当中最优秀的分子将成长为一个国家、一个民族的理论担当者、思考担当者——思想家。

3. 不利于原创的几种研究者现状需要改变

我国人文理论缺少原创,还归咎于下面两个尚未解决的重要方面。

(1) 二传手观念:外语学人天职就是接住外国理论这个"球",往国内传,创造理论是别人的事。应该建立发球手观念:多一门外语就是为理论创造多开了一扇门,多了一种资源,从而为外语学人自己当发球手——发出一个理论新"球"——创造了条件。

学一门外语的过程,用于语言形式上的操练、掌握与运用,费时长,耗力大,所以迟迟无法进入理论上的操练与尝试。这个过程可以有限度地缩短。但是,不要等到这个过程结束了才进入理论尝试。语言文字的熟练运用延于人的一生,理论建设从学习到尝试到创立自己的学派,更是一生的事。两个一生的事业应该同时进行,本不该分开。

(2) 急于评职称与急于成名导致理论肤浅。以最短时间内凑够论文数量为计,介绍现存的外国理论最抄近路,另起炉灶创造理论乃路漫漫兮,觉得成功渺茫。对于功名利禄,如不急取、不巧取、取之有度,尚可稳取;如急求、多求、滥求者,势必遗祸。惟不愿当功名利禄的奴隶的人们,才有望将理论创造干下去,纵使无大成,亦充实与愉悦。

人文学者在 50 岁(据我的观察估之)之前难以完成创造所必须的理论积累,即理论奠基,因此,理论上主要是跟着转。倘能在 50 岁前好好积累,拒绝浮躁,至少不要蝇营狗苟,就是为此后进入理论创造旺盛期打下了基础。提请留意:"读书数量多,虽然很重要,但不是著述的前提。著述的前提是独创性思想的冲动。……未读过的永远比读过的多得多……年纪轻阅读数量不多,虽然也阻碍了写作,但不是写作的首要障碍,写作的首要障碍是缺少独创性思想的冲动。"(钱冠连,2008)

知识结构上吃偏食。外语学者不愿花时间读语言(学)之外的自然科学、人文科学、哲学、逻辑、美学等外文文献,导致知识结构不合理、不科学,理论创造难以触发。针对性的办法:吃全食。

4. 社会评价机制必须与研究者的理论态度相适应

以职称吊胃口强迫人人搞理论研究。这种一刀切,否认人的天资、气质本有别,既分散了投入外语教学的精力,又使不感兴趣者于艰难竭蹶中聊以卒岁,此乃理论绑架人,不叫以人为本。应该采取的上策是:尊重外语教师的选择自由,赞成那些自己坚持认为没有理论兴趣的教师集中精力搞好外语教学,虽然可以引起他们对理论感兴趣,但是必须从政策上认可他们搞好教学的成就。

现行学术评价机制只鼓励数量到位,不鼓励理论创造。评价机制应着眼于鼓励理论自主创新:凡有重大理论建树者,一文即可定教授。学者本人宜放长眼光,创造有难处,无非是评职称推延一两年,损失不大。

几千年中国文化传统不准许文人有自由思想,必然导致陈陈相因,遂无理论分辨力,只好跟着别人转。现代中国,对人文理论创造的容忍度放宽了,鲜有"枪打出头鸟"之事。同行之间,宽容之心也开始有了,印度甘地说的"Live and let others live."也有普及之势。有趣的是,另外一种"宽容"冒出来了:面对一种新理论出世,或者不理不睬不褒不贬,或者赐以毫无理论可信度的溢美,这可称之为:"隔靴搔痒式的宽容"。

国人不习惯批判精神,闻批评则忧,是理论出彩的大碍。应以批判精神灌输国家与全民。习惯于批评、反思的民族才是有出息的。健康的、求是的真正的批评,是理论创造的催化剂。根据认知的短桥原理,重要的理论突破都是在一点一滴的批评、反驳、磨擦、碰撞的基础上升华出来的。无批评断无理论的发展与进步。

在现阶段的我国,科技空前的发展与道德良心的空前丧失,二者并存,人文学科领域内著作出版数量空前上涨与原创理论相当缺乏,也同时并存。这两种并存,反差极大:"空前发展"对"空前丧失","空前上涨"对"相当缺乏"。究其原因,科技发展可以以需求作为撬动杠杆,而需求既可以是人的良性需求(诸如小康生活与加强国防实力),也裹挟了恶性需求(诸如人的无限的贪婪欲望);同理,著作出版数量空前上涨既包含着人的良性需求(诸如求真求是的人文理想与学术兴趣),也夹带着人的不良需求(诸如急功近利,不顾道德的追名逐利)。不言而喻,人的恶性需求必须扼制,人的不良需求必须引导向良性需求的方向。

5. 结语

我国语言学甚至其他人文领域缺少原创理论,失误在起跑线上,即不了解理论形态的一般特征,讨厌与害怕形而上,造成研究者对理论所抱的态度不适当。为了很好地走上理论的原创之路,首先,我们应该了解理论形态的一般特征与认识形而上学的本来面目;第二,重建研究者的理论态度;第三,不利于原创的几种研究者现状需要改变;第四,社会评价机制必须与研究者的理论态度相适应。

重建一种适当的理论态度是指:(1)在心理上,不畏惧并应习惯于不可观察性的思考与思辨,把思辨当作一种难得的幸福;(2)在方法上,采取多样科学方法(大约八法)并举,不偏执一样;(3)在价值观念上,将理论的价值与理论的功利区分开来,前者在于深刻地认知研究的对象本身,而理论的功用在于后续开发。

深入理解理论形态的一般特征与形而上学的本来面目,是创造新的理论的良好开始与基础。

在我国,原创理论更受人欢迎的局面,有望在不久的将来出现。有铺天盖地的硬件出口是大国,有影响全球的思想观念出口更是大国。国家因硬件多而硬,国家因理论强而强。硬件多的国家可以立世于一时,硬件多加上理性强的国家则立世于久安。理论是高地,理论是未来,理论有长期的价值。

参考文献

1 钱冠连,研究型读书法[J],《中国外语》,2008(6):105—107。

2 钱冠连,《语言全息论》[M],北京:商务印书馆,2002/2003。

3 斯特劳森著,江怡译,《个体：论描述的形而上学》[M],北京：中国人民大学出版社,2004。

4 Aristotle. *Nicomachean Ethics* [M]. See Bunnin, N. & Yu, J. *Dictionary of Western Philosophy* (*English-Chinese*) [Z]. Wiley-Blackwell, 2004.

5 Hempel. *Minnesota Studies in the Philosophy of Science*, *vol. ii* [M]. See Bunnin, N. & Yu, J. *Dictionary of Western Philosophy* (*English-Chinese*)[Z]. Wiley-Blackwell, 2004.

6 Lin, Y. *The Importance of Living* [M]. Beijing：Foreign Language Teaching and Research Press, 1937/1998.

7 Pap. *An Introduction to the Philosophy of Science* M]. 1963. See Bunnin, N. & Yu, J. *Dictionary of Western Philosophy* (*English-Chinese*) [Z]. Wiley-Blackwell, 2004.

8 Quine, W. V. O. *Word and Object* [M]. Cambridge/ Massachusetts：The MIT Press, 1960.

9 Russell, B. *The Problems of Philosophy* [M]. London/New York/ Toronto：Oxford University Press, 1951.

10 Strawson, P. *Individuals*：*An Essay in Descriptive Metaphysics* [M]. London：Methuen, 1959.

（本文提交于首届英汉对比与翻译研究学科建设高层论坛,修改后收录于《英汉语比较与翻译(9)》,潘文国(编),上海外语教育出版社,2012）

语言的共性、类型和对比

——试论语言对比的理论源泉和目的

许余龙

摘要： 语言的共性研究、类型学研究和对比研究是三种不同类型的语言学研究，然而这三种研究之间又有着密切的联系。根据国内外对比语言学研究的一些新趋势、新进展和新观点，本文将首先从这三类研究在整个语言学研究领域中的位置出发，分别讨论语言共性研究和语言类型学研究的基本性质和特点及其与对比研究的关系。

我们认为，语言共性研究是语言对比研究的理论源泉和基本目的之一，而语言类型学研究则为语言对比研究提供了最为基本的对比分析框架。在此基础上，我们将提出和讨论对比研究的一般研究路径和方法。

关键词： 语言共性研究；语言类型学；对比语言学

0. 引言

在许余龙(1992：2；2002：2)中，我们根据在进行语言学比较

图1：四大类不同的语言学比较

时所比较对象的不同,将整个语言学研究领域划分为如图1所示的四个象限,区分了四大类性质和目的不同的比较。各象限中的一些语言学分支如表1所示。其中,同属于象限 IV 的语言学研究包括如下三类：1)语言共性研究,2)语言类型学研究,3)对比语言学研究。

表1　四个象限内的语言学分支

	历时	共时
语内	象限 II 词(语)源学 古今比较语法学 ……	象限 I 描写语言学： 语音学 词汇学 语法学 ……
语际	象限 III 历史比较语言学 ……	象限 IV 语言共性研究 语言类型学研究 对比语言学研究

　　这一分类体系显示,语言的共性、类型和对比研究既有密切的联系又有所区别。

　　对于上述分类,以及对语言学各分支学科的目标定位,特别是对对比语言学的目标定位的讨论,潘文国等(潘文国、杨自俭,2008：222—223)指出,其优点是具有"全局观、总体观","论述十分清晰……使人一目了然、印象深刻";但不足之处是"难免有点简单化,表现在共时历时之分并非绝对,共时的对比研究有时须以历时作补充"。

为了弥补这一不足,杨自俭(2004:6—7)提出了如下一个对比语言学的定义:"英汉对比语言学是语言学的一个分支学科,它兼有理论语言学和应用语言学的性质,其主要任务是对英汉两种语言进行共时和历时的研究,描述并解释英汉语之间的异和同,并将研究成果应用于语言和其他相关的研究领域"。根据这一定义,历时对比研究的作用不仅仅只是如许余龙(1992:6;2002:5)所说的,是"从历史语言学的角度,对[某]一现象在两种语言中的现时状态的异同提供一种解释",而其本身可以作为一项对比研究的主要内容。

从国内外语言对比研究的最新发展来看,虽然有些研究者(如König, 2008)仍坚持认为对比语言学所从事的是语言之间的共时比较研究,但是杨自俭的上述补充是合适的,因为有些对比研究确实本身是一种历时对比研究,如 Noël & Colleman(2009)。

本文将从上述分类体系出发,吸收杨自俭定义中的补充,进一步讨论语言的共性研究、类型学研究和对比研究这三类研究之间的关系,并在此基础上提出一个将三者融为一体的语言对比研究一般操作线路图。

1. 语言类型学研究:(理论)对比研究的基本分析框架

语言类型学是语言学的一个分支学科,其主要目的是研究世界上各种语言在基本结构形式上的差异,根据这些差异对世界上的语言进行类型学上的分类,探讨差异的内在规律并试图对其做出解释。与对比语言学研究一样,语言类型学研究最基本的一项理论假设是语言之间的可比性。根据 Song(2001/2008：4)，语言类型学研究需要分如下四个步骤来进行：1)确定需要研究的语言现象；2)对该现象进行类型学分类；3)对分类作概括性的表述；4)对概括做出解释。

对比语言学和语言类型学同样都是研究语言之间的差同，两者之间的主要区别在于，"对比语言学一般致力于两种语言详尽的对比研究。语言类型学的特点是研究较为广泛的语料，举例时引用语言的范围一般要广泛得多"(Comrie，1986/1988：105)。两者之间的密切联系早就引起国外语言学家的注意，他们的一些观点也介绍到国内来。如 Гак(1974/1983)和 Comrie(1986/1988)都用具体实例来说明如何在语言类型学视角下开展语言对比研究，旨在表明，"在某些方面对比语言学和类型语言学之间可以有卓有成效的合作"并"希望在这两个领域从事研究的人将继续各自从对方获得启迪"(Comrie，1986/1988：105)。从上述语言类型学研究的基本程序步骤及其所反映的研究方法和内容来看，我们觉得，语言类型学研究成果对语言对比研究的启示作用主要体现在如下三个方面。

首先，语言类型学研究成果可以为我们提供一套可供对比研究的语言学问题。正如沈家煊(2009：111)所指出，做语言学研究"一定要有问题意识，要找对真正的问题，你的精力才不会白费"。在做语言对比研究时，一些研究生也往往诉苦说找不到可以研究的题目。语言类型学研究的第一步是确定需要研究的语言现象，这与我们提出的对比语言学研究程序中的第一个步骤是一致的，即确定对比范围，包括对比的语言层面、对比的语言单位(或现象)和对比的语言学内容(许余龙，1992：59；2002：52)。而且，由于语言类型学研究所确定的语言现象在世界各语言中均有表现，或者说具有跨语言可比性,因而非常适合两种语言之间的对比研究。

其次,语言类型学研究成果可以为语言对比研究提供一个扎实的研究基础和基本分析框架。这一点可能更为重要,因为找到一个研究问题之后,最为关键的就是确定分析和研究这一问题的方法,即找出或设计一个能较全面系统地描述分析这一问题的框架。由于语言类型学致力于研究某个(或一组相关的)语言现象在世界上所有语言中表现出来的差异,并对这种差异进行总体分类概括,因此语言类型学总结概括出来的关于语言之间差异的分类体系及其表现形式,为进一步详尽研究两种语言之间的具体差异提供了一个理想的基本分析描述框架。

最后,语言类型学对语言类型差异的解释可以为我们解释两种语言之间的差异提供方法和方向上的启示。

另一方面,深入细致的双语对比研究反过来又能促进语言类型学研究向精细化方向发展,并可以直接检验语言类型学对语言类型差异所做的分类和概括是否符合所对比语言的实际情况,检验语言类型学所做出的解释是否适用于所对比语言。基于此,Comrie(1986/1988:135)指出,"详尽研究语言间差异的对比语言学和能够概括各别差异的语言类型学之间有可能实现富有成效的合作。"

近年来,被直接用作英汉对比研究基本分析框架的一个例子是 Talmy(1985,1991)提出的对运动动词的类型学分类。根据运动事件在不同语言中的表达方式,世界上的语言可以分为卫星框架(或附加语构架)语言(satellite-framed language)和动词框架语言(verb-framed language)两大类。前者的运动动词在表达某物运动的同时,还典型地表达运动的方式或原因;而后者的运动动词在表达某物运动时,典型地兼表运动的路径,而不是方式或原因。

前者包括除罗曼语以外的印欧语、英语、芬兰—乌戈尔语和汉语等；后者包括罗曼语、闪语、波利尼西亚语、日语和韩语等；如果并不典型地具有其中某一类的特征，那么称为并列框架语言（equipollently-framed language）。严辰松（1998）、邵志洪（2006）、罗杏焕（2008）等都借用这个类型学分类进行了英汉对比研究。罗杏焕（2008）还主要根据沈家煊（2003：17）对汉语动补结构研究所得出的"汉语不是典型的附加语构架语言"的结论，认为汉语"更接近于并列构架的语言"（罗杏焕，2008：32—33）。

目前大多数语言类型学的研究是有关形态句法方面的，下面举一个篇章对比研究方面的例子。

在书面篇章中，如不计偶尔使用的语音手段，语言中的话题标示（topic marking）手段总的来说可以分为两大类，一类是句法手段，另一类是形态手段。根据 Givón（1990：第 17 章；另见 Givón，2001：第 16 章）对世界上许多不同语言的研究，从语言类型学的角度来说，话题标示的句法手段有：1）存现结构（existential-presentative construction）；2）Y-移位（Y-movement）；3）左偏置（left dislocation）；4）右偏置（right dislocation）；5）与格移位（dative-shifting）；6）提升（raising）等。话题标示的形态手段包括使用不同类型的名词短语。在许余龙（2007）中，我们从这个分类体系中选取与话题引入直接相关的各种句法形态手段作为基本分析框架，研究了叙述体书面篇章中话题引入与篇章回指之间的关系。

研究表明，英汉两种语言在将新实体作为（潜在）话题引入篇章时，所采用的形态句法手段有同有异。主要相似之处为：1）在英汉篇章中，用作存现宾语的无定名词短语不仅是引入重要话题的主要手段，而且还意味着它们所引入的实体是篇章下文相关回

指语最为可及的回指对象;2)英汉语中都有一个无定指示形容词
this 和"这么",与上述话题引入手段配合使用,进一步强调所引入
话题的重要性。英汉两种语言最主要的差别是:1)在汉语篇章
中,存现结构中的无定名词短语似乎是引入一个最为重要和可及
的篇章话题的唯一形态句法手段;而在英语篇章中,除了这一手段
之外,用作间接宾语的有定名词短语和用作主语的专有名词也可
以用于引入一个相对重要的篇章话题。2)在英语篇章中,还有另
外一个标示重要话题的附加手段,即以 one 代替 a,以便进一步强
调所引入话题的重要性。

2. 语言共性研究:(理论)对比研究的理论源泉和根本目的

语言共性研究的目的是研究世界上所有语言所共有的属性和
运作规律。这与普通语言学的终极研究目标是一致的。正如
Fromkin & Rodman(1998:19)所指出:"语言学家的目标是发现
'人类语言的规律',就像物理学家的目标是发现'物理世界的规
律'一样。毫无疑问,作为人脑产物的语言,其复杂性意味着这一
目标将永远无法完全达到。但是所有的理论都是不完善的;新的
理论假设会提出,用以解释更多的语料。随着新发现的产生,理论
会不断改变。"

Chomsky(1965:27—30;另见 Radford,1981:28—29)认为。
按其内容来说,语言共性可以分为实体共性(substantive
universals)和形式共性(formal universals)两大类。前者是指语
言中可以区分的单位、成分等,例如我们可以假设在任何语言中都
可以确立句子、名词短语、动词等语言实体。后者是指语言结构在

65

形式上的一般特点和规律,例如我们可以假设 Chomsky 原则-参数语法中的原则和参数具有共性。按其普遍程度来说,语言共性又可以分为绝对共性(absolute universals)和相对共性(relative universals)两大类。前者是指所有语言都毫无例外地共有的某一种属性。后者是指语言中的某种一般趋势,代表了语言中的无标记(unmarked)现象,而与这一趋势不一致的例外情况,则称为有标记(marked)现象。

由于语言类型学不仅关注个别语言现象在语言中的孤立表现,还关注相互有关的一些语言现象之间的联系,因此提出了另外两大类语言共性,即蕴涵共性和非蕴涵共性。前者的表现形式为"如果……则……",比如,如果一种语言的基本语序是动词首位,那么这种语言采用前置词(而不是后置词)。后者不是像前者那样根据一种属性来推断另一种属性,而只关注语言的一种类型属性,比如,"所有的语言都有将肯定句转换成否定句的手段"便是一种非蕴涵共性(Song,2001/2008:8)。

Song(2001/2008)指出,"总的来说,语言类型学家的主要任务是确定和解释使人类语言之所以成为如此的那些属性"(p.3),而这些属性"在语言类型学中通常称为语言共性"(p.6)。"事实上,语言共性研究是在语言类型学的基础上发展的。这是因为,为了发现语言共性,语言类型学研究者首先需要有类型学分类作为工作的基础。因此,语言类型学'为语言共性的确定提供了材料'(Mallinson & Blake,1981:7)。"(p.8)由此可见,语言类型学研究与语言共性研究密切相关,并与普通语言学的终极研究目标是一致的。

科学研究的根本目的是研究事物的本质与运作规律。语言学研究也不例外,其根本目的是研究语言的本质与运作规律,从某种意上来说，也就是找出语言的共性。各种普通语言学的理论，无论是形式主义的理论还是功能主义的理论，都是关于语言本质与运作规律的假设。

在形式主义语言学研究中，为了检验和修正某一假设，一个重要的手段是采用所谓"跨语言论证（cross linguistic argumentation)"的方法，这实际上也就是通过对比分析，用另一种语言中的语言事实，来检验在对某一种语言（通常是英语）所做分析的基础上建立起来的假设（语法理论）是否合理。

语言类型学对跨语言形式结构差异的研究，通常是建立在语义、语用功能和认知的基础上的。由于语言类型学同时研究许多语言，因此对语言差异所做的类型学分类和概括往往是粗线条的，需要通过对个别语言的深入研究和详尽的双语对比研究来进行检验，在此基础上对世界上的语言做出更为精确的类型学分类和概括，促进语言共性的研究，推动语言学理论的发展。

从这个意义上来说，正如赵元任先生所指出："所谓语言学理论，实际上就是语言的比较，就是世界各民族语言综合比较研究得出的科学结论。"（转引自杨自俭、李瑞华，1990：1）或"什么是普通语言学？普通语言学是拿世界上的各种语言加以比较研究得出来的科学结论。"（转引自潘文国、谭慧敏，2006：149）这一说法与洪堡特"普通语言学亦即对比语言学"（潘文国、谭慧敏，2006：9）的观点也是一致的。

3. 三者之间的关系：对比研究的基本操作线路图

综上所述，语言的共性、类型和对比研究是为了实现同一个目标而开展的分工和重点不同的研究，至少其理论意义如此。

国内英汉对比研究学界一个长期争论的问题是对比研究的出发点问题，即对比研究究竟应该从外语出发还是从汉语出发。外语出身的研究者通常较多从外语出发；而汉语出身的一些研究者则呼吁，汉语研究和外汉对比要摆脱印欧语法框架的束缚，从汉语自身特点出发来进行研究。在这个问题上，我觉得沈家煊（2009）的观点或许更为可取一些。他认为，"摆脱印欧语的眼光当然比照搬印欧语的语法框架好，但是还有一个更高的境界，那就是语言类型学。在这个更高的境界里，我们不仅有汉语自身的眼光，还要有印欧语的眼光，非洲土著语言的眼光，美洲印第安语的眼光。"（沈家煊，2009：1）

虽然他的上述论述是就如何开展汉语研究而言的，但我觉得同样适用于语言对比研究。同时，这一观点也与德国著名语言对比研究学者König（2008）的观点相似。König认为，对比研究是在语言类型学的基础上开展的，其成果可以启发我们开展更深层次的语言类型学研究。

在此基础上，我们可以进一步认为，语言类型学的研究可以使我们对语言的本质和规律有更深入的了解，这也是对比研究最终可以对语言学理论所做出的贡献。

因此，就理论性对比研究而言，语言对比通常可以在语言类型异同的基础上进行，其成果可以引发更深层次的语言类型学研究，最终使我们对语言的本质和规律（即语言共性）有更深刻的了解，其关系和研究路径如图2上半部分由带箭头的实线所连接起来的菱形所示。

应用性对比研究则通常是由外语教学和翻译等一些应用领域中遇到的某个具体问题触发的，通过对比研究可以对这个问题提供某种解答，最终将其应用到外语教学和翻译等实践中去，其关系

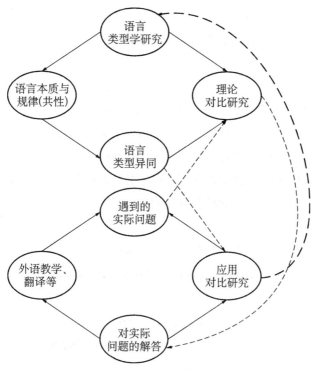

图2：对比研究的类型和路径

和研究路径如图 2 下半部分由带箭头的实线所连接起来的菱形所示。

当然，有时在语言类型异同的基础上，我们也能进行应用性的对比研究；或受外语教学和翻译等一些应用领域中遇到的某个具体问题的启发，而开展理论性的对比研究。同时，理论对比研究的成果可以应用于解答外语教学和翻译等一些应用领域中遇到的某个具体问题；应用对比研究的成果也能启发我们开展深层次的语言类型学研究。这些研究路径如图 2 由带箭头的虚线所示。

69

今后,在这两大对比研究领域还有许多全面深入的对比分析可做。那么,如何开展全面细致深入的语言对比描述呢?关于这一问题,我觉得König(2008)的观点同样值得我们参考。他强调,对比语言学是对语言差异的概括,而不是零星孤立的观察。也就是说,我们做对比研究的目的是尽可能对语言之间的差异做出概括性的表述,并使得这种表述是可以证伪的。为此,我们通常需要选择语言中的一些微系统(microsystems)来进行深入的对比研究。他举例说,德语中的介词 bis 在用于表示时间的时候,对应于英语中的两个不同的介词 until 和 by,如:

[1]　a. Darf ich das Buch bis Montag behalten?

　　　b. Can I keep the book until Monday?

[2]　a. Schicken Sie mir Ihre *abstracts* bis Montag.

　　　b. Let me have your abstracts by Monday.

在这个介词微系统中,一些语言(如挪威语和芬兰语)和英语一样,有两个不同的介词;而另一些语言则和德语一样,只有一个(如汉语中的"到"和克罗地亚语中的 do)。如何来解释这一现象呢?某种语言中两个介词表达的意思可以在另一种语言中用一个介词来表达,这一语言事实本身便说明,这两个介词表达的语义既有联系又有区别。König 提出的概括性表述是,这个介词微系统用于表达对时间的一种量化,英语微系统中的两个不同介词 until 和 by 进一步区分了两种不同的量化,即全称量化(universal quantification)和存在量化(existential quantification)。也就是说,下面的[3]、[4]两句,

[3] I'll keep the book until Monday.

[4] I'll let you have my abstract by Monday.

分别意为:"在到星期一结束的整个时间段里,在每一个时间点上我都将持有此书"和"在最迟到星期一结束的时间段里,存在着一个时间点,在这个时间点上我将把论文摘要交给你"。

我们相信,今后要提高理论和应用对比研究的水平和质量,在很大程度上要开展更多的此类微系统对比研究。

参考文献

1 罗杏焕,英汉运动事件词汇化模式的类型学研究[J],《外语教学》,2008(3):29—33。

2 潘文国、谭慧敏,《对比语言学:历史与哲学思考》[M],上海教育出版社,2006。

3 潘文国、杨自俭,《共性·个性·视角——英汉对比的理论与方法研究》[C],上海外语教育出版社。

4 邵志洪,英汉运动事件框架表达对比与应用[J],《外国语》,2006(2):33—40。

5 沈家煊,现代汉语动补结构的类型学考察[J],《世界汉语教学》,2003(3):17—23。

6 沈家煊,想起了高本汉[J],《中国外语》,2009(1):1、111。

7 许余龙,《对比语言学概论》[M],上海外语教育出版社,1992。

8 许余龙,《对比语言学》[M],上海外语教育出版社,2002。

9 许余龙,话题引入与语篇回指——一项基于民间故事语料的英汉对比研究[J],《外语教学》,2007(6):1—5。

10 严辰松,运动事件的词汇化模式——英汉比较研究[J],《解放军外语学院学报》,1998(8—12)。

11 杨自俭,序,载王菊泉、郑立信编《英汉语言文化对比研究》[C],上海外语教育出版社,2004:1—11。

12 杨自俭、李瑞华,英汉对比研究述评[A],载杨自俭、李瑞华编《英汉对比研究论文集》[C],上海外语教育出版社,1990:1—17。

13 Chomsky, N. *Aspects of the Theory of Syntax* [M]. Cambridge, MA: MIT Press, 1965.

14 Comrie, B. ,沈家煊译,对比语言学和语言类型学(Contrastive linguistics and linguistic typology)[J].《国外语言学》,1986/1988(3):105—109、135.

15 Fromkin, V. & Rodman, R. *An Introduction to Language* 6th ed. [M]. Fort Worth, TX: Harcourt Brace College Publishers, 1998.

16 Гак, В. Г. ,董政民摘译,语言的对比研究和语言的类型学 (Сопоставительное изучение языков и лингвистическая типология)[J].《国外语言学》,1974/1983(4):41—42。

17 Givón, T. *Syntax: A Functional-Typological Introduction.* Vol. II [M]. Amsterdam: John Benjamins, 1990.

18 Givón, T. *Syntax: An Introduction*, Vol. II. [M] Amsterdam: John Benjamins, 2001.

19 König, E. Reviving contrastive linguistics: A programmatic sketch [A]. Plenary speech at the 5th International Contrastive Linguistic Conference, Unviersity of Leuven, Belgium, 2008.

20 Mallinson, G. & Blake, B. J. *Language Typology: Cross-Linguistic Studies in Syntax* [M]. North-Holland: Amsterdam, 1981.

21 Noël, D. & Colleman, T. The nominative and infinitive in English and Dutch: An exercise in contrastive diachronic construction grammar [J]. *Languages in Contrast*, 2009(9): 1,144-181.

22 Radford, A. *Transformational Syntax* [M]. Cambridge: Cambridge

University Press，1981.

23 Song，J. J. *Lingustic Typology：Morphology and Syntax* [M]. Beijing：
Peking University Press，2001/2008.

24 Talmy，L. Lexicalization patterns：Semantic structure in lexical forms
[A]. In T. Shopen (ed.). *Language typology and syntactic
description. Vol. 3：Grammatical categories and the lexicon* [C].
Cambridge：Cambridge University Press，1985.

25 Talmy，L. Path to realization：a typology of event conflation [A]. In L.
A. Sutton，C. Johnson & R. Shields (eds.). *Papers of the Seventeenth
Annual Meeting of the Berkeley Linguistics Society* [C]. Berkeley：
Berkeley Linguistics Society，1991：480 - 520.

（本文提交于首届英汉对比与翻译研究学科建设高层论坛，载
于《外语教学》2010 年第 4 期）

本土化的合璧式创新

——以语言体验性和隐喻认知观为例

王　寅　王天翼

摘要： 学术界经常论及的"洋为中用"和"中西合璧"具有辩证统一的关系，前者为后者的基础，后者为前者的升华。外语界学者不仅要引进国外前沿理论，更应在此基础上与我国的实情和理论相结合，走扎根本土的中西合璧式创新之路。英汉对比不能仅停留在语言事实上，也应注意中西语言理论的比较，特别是语义理论，这也是当前语言研究中的一个新增长点。本文还以语义理论中的"语言体验性"和"隐喻认知观"为例，说明我国古代学者早有类似论述，以提醒外语界同行不能仅将目光盯在外国学者的论著上，还当注意挖掘本土文化中的宝贵财富，加强与汉语界学者的交流，以拓宽我们的研究视野。

关键词： 认知语言学；体验哲学；中西合璧；新增长点

0. 序言

我国的外国语言学经历了较长时间的建设，特别是改革开放后的 30 年,取得了迅猛发展,学科建设渐趋成熟,各路学者快马扬鞭,科研成果硕果累累,从引进到本土开发,从宏观建构到微观透析,从理论框架到实践运用(包括开发教材,建立各类数据库),出版了大量专著,发表了无数文章,难怪很多研究生要发出感叹,好像能说的都已经被说完了。

当然这一感叹就"学无止境"的学理而言是站不住脚的,但其中也反映出一个值得思考的问题,中国的外国语言学下一步研究"路在何方"? 引进介绍不属科研范畴,低层次重复他人成果(俗称"炒冷饭")难以登堂入室,改写他人成果或作简单应用离"自主创新"尚远。那么,英汉对比界的学者下一步该如何拓宽自己的领域,扩大自己的视野,不断为科研注入新鲜血液,努力寻找新增长点,实现可持续性发展? 近年来,很多有识之士在这方面做出了很好的反思,提出了很有远见的想法,如发展国外前沿理论,加强创新研究(胡壮麟,1999;沈家煊,2007;徐盛桓,2006、2007;钱冠连,2005、2007b①),借助语言哲学的老枝生新芽(钱冠连,2007a;王寅,2005),加强跨学科之间的联姻(张后尘,2008),深化英汉对比研究(杨自俭,2006;潘文国,2006、2007)等等。我们认为,在"条条大路通罗马"的选择中,还有一条可供我们所选之路:坚持不渝地走"扎根本土的中西合璧式创新"之路。

1. 洋为中用和中西合璧

我们所倡导的"扎根本土的合璧式创新"主要包括两个层面的

---

① 钱先生关于加强建立学派意识的观点首先刊登在《汉语学报》2004 年第 2 期上,后《光明日报》连续两文响应,又被 2004 年首创的《中国学术年鉴》收录,尤其（转下页）

内容:"洋为中用"和"中西合璧"。

1.1 洋为中用

"洋为中用"是学术引进的第一步,只要能将国外的前沿理论介绍到国内来,能为中国学者所用,就基本做到了这一点,我们认为《国外语言学》早期所做的贡献功不可没。有人认为这很简单,照直翻译即可,这显然是门外汉之见。我们倒要为从事引进的学者说句公道话,能将这第一步走好也是一件功夫活,没有一定的语言素质和理论修养,能读懂国外前沿学科的论文谈何容易!这看似简单的翻译"引进活"也不是人人都能干的,弄得不好还可能出现理解上的偏差。[①] 我想,汉语界同行是能理解的(其实汉语界也有很多学者从这些人的引进文章中受益匪浅,给汉语理论研究带来了很多新鲜空气)。难怪受后现代哲学思潮影响的翻译界学者提出"翻译是再创作"的观点,这其中还是有很多值得玩味的深层内涵。

我们也注意到,外语界学者在对国外有关理论的理解上尚存在较大差异:有单纯引进者,也有引进加介绍者;有消化正常者,也有食洋不化者;有深入者,也有浅尝者;有理解者,也有误导者,等等。但不管怎么说,他们都在努力推动着我国的学术繁荣,当可划归"洋为中用"之列。

近年来,不仅外语界学者有引进之功,汉语界也涌现出一批外语水平较高的学者,特别是有国外留学经历的学者,他们也能直接

(接上页)是后来又被教育部蓝皮书《中国高校哲学社会科学发展报告2005》所收录,这充分说明这篇论文的分量,值得我们认真学习和深入思考。

① 汉语中有一成语"食古不化"就点明了这一道理,当然了,这里可采用仿拟法将其改说为"食洋不化"更为妥贴(参见潘文国,2007)。

阅读外语原文资料,从中直接吸取营养,结合自己较为雄厚的汉语功底,用其来分析汉语事实或进行汉英对比方面的研究,取得了十分可喜的成就。另外,我国近年来还出现了部分两栖类研究生,即外语界本科生(硕士生)考上汉语界硕士生(博士生),或汉语界本科生(硕士生)考上外语类硕士生(博士生),这也是一支不可忽视的生力军,也为我国语言学的"洋为中用"做出了一份贡献。

1.2 中西合璧

"洋为中用"对我国外语界学者来说并不陌生,此为常规操作,驾轻就熟,大家在这条路上已行进多年。所谓的"外国语言学"就是以外国学者关于语言学方面研究成果为目标,因此"引进"对于这一领域的学者来说,也是不可或缺的一步,或可算作"初级阶段"[①]。但是我们也早已认识到"纯粹引进"只是第一步,只能算作一种浅层次上的"用",尚不能视为真正的科研。若能在这个基础上做出一些较为到位、画龙点睛式的点评,才能称得上向"科研"迈出了半步。当然,这也是值得称赞的半步,因为能做到这一点也绝非易事,必须具有较好的理论功底和综合能力才能下笔。

引进加评价,离"真正创新"还有一段距离,若从更高层次上理解"应用",就得"活学活用",站在西方学者的肩膀上能有所发展,对其做出一定修补,或提出自己的理论模型,这才是可取之举,堪称上策,也只有这样才能接近或达到"中西合璧"的境界。

[①] 汉语界有个别学者对其似乎存有误解,说外语界只会跟在外国人后面走,其实教育部给我们所规定的学科名称就叫"外国语言学",目标就是要瞄准外国人的有关研究。再说句实话,能瞄准上了,将人家的研究弄明白了,这也并非易事。不跟随某方向研究若干年,何谈理解?这也是当前国内有关文章对国外有些理论说得不到位的主要原因。

从以上分析可见,"洋为中用"与"中西合璧"之间存在一种辩证统一的关系,前者是后者的所需前提和初步基础,后者则是前者的自然发展和必要延伸。可行之举当为:必须将前者视为起点,经数年苦思后而能实现一个新飞跃,在理论上能做到有所发展,在"反思与超越"的过程中大胆尝试,有所进步,且能让其扎根于中国的土壤上,这才能达到"合璧式"的效果。

回顾一下外语界(包括英汉对比界)大多有成就者,都是在掌握国外有关新理论之后,能将其消化吸收,并以其为基础提出新观点,建立新框架,尝试解决国内相关问题,诸如:运用国外有关新观点阐释传统方法所不能解决的现象,提出适合分析汉语事实的方案,解决我国语言教学实践中的问题等等。这些学者能够追踪最新动态,瞄准前沿成果,实践着"与时俱进"的思路,国内外语界有成就者当属这一类型,近期出现的一批很有见地的专著和论文,以及质量较高的博士论文,就是实践这一思路的结果,确实为推动我国的语言理论和教学实践做出了重要贡献,这是本文所要强调的"合璧式创新"。

因此,本文所说的"合璧"是指以"扎根本土"为基础的高一层级体现,在避免"食洋不化"、"水土不服",正确理解国外前沿动态的前提下,在理论上有所建树的升华,这是就两者关系的总体论述。在"合璧"的具体研究层面上,我们认为包括以下两个含义:

1)准确掌握国外前沿理论,有效吸收其精华,并能恰到好处地将其用于分析汉语、英语等事实,进行英汉语言用法的对比研究,并能做到有所发现,提出适合中国国情的语言教学方案。

2)不能仅停留在掌握国外理论的层面上,还要注重吸取我国先贤的有关成果,对比中西语言理论,实现理论上的贯通和融合。

从国内这些年的研究成果来看,很多学者在第一点上下了很多功夫,专著论文逐年递增,质量也在不断提高,取得了很多令人欣慰的成果。但是,第二点的"合璧"形势不容乐观,参见下文。

1.3　中国有无语言学理论之我见

谈到中西语言学理论的合璧问题,这里还涉及到一个中国有无语言学理论的问题,这在汉语界也有较长时间的争论(参见何九盈,1995:4)。有人认为"有"(起始于汉代的三大著作:扬雄的《方言》、许慎的《说文解字》、刘熙的《释名》);有人认为"没有"(因其缺乏独特的研究对象,无系统的分析方法,未能形成一个独立的学科体系),各执其词,都有道理。

持后者这种"自我轻蔑论"的学者,或许是站在西方学说的立场上,以"西方中心论"为参照点发出的悲哀。如仔细阅读王力(1962)《中国语言学史》、何九盈(1995)《中国古代语言学史》、赵振铎(2000)《中国语言学史》、濮之珍(2002)《中国语言学史》、李恕豪(2003)《中国古代语言学简史》等著作就会发现,我国古代学者就语言方面的论述历史悠久,内容广泛,史料翔实,著作丰富,这是不争的事实,但他们的进路、方法等确实不同于西方学者。但不能因为体系不同、内容各别、方法存异,就简单得出结论说我国没有语言学理论。

我们认为,我国不仅有语言学理论,且历史还很悠久,有些古代学者在某一方面的论述还要大大早于西方学者,甚至有些观点即使到了今天也不为过时(参见第3部分)。我们认为较为符合历史事实和国情的说法当为:我们所没有的是像西方学者那样建构起来的理论体系和分析方法。天各一方,中西有别,语言结构和表达系统本身存在较大差异,以不同对象所建立起来的理论取向当有不同,这也是在情理之中的,符合人们的认知规律,不足为怪。

这里仅举一个汉英"意合法"和"形合法"的例子作为说明。我们知道,这一区分最早是由王力先生(1944/1984：89 - 90)在《中国语法理论》一书中指出的："中国的复合句往往是一种'意合法',在西文称为 parataxis。因为在平常的语言里不用连词的时候比用连词的时候更多"。而英语主要特征为"形合法",即将两个分句联结为一个复合句时,其间一般都要用连接性词语。笔者(1996：51)将其进一步扩展为：在形态变化上需要合乎严格语法规则的现象①,因此西方学者在语法体系中早就形成了词法和句法两大板块。而汉语主要特征是"字无定类"、"组句多样",常靠"词序"和"虚词"等语法手段表示词间关系和语法意义,而不拘泥于具体形态上的要求,也不强求分句在形式上的连接,与下面注释中所列英语"形合"要求出现了较大差异,似有"跟着感觉走"之势,这些现象可统称为"意合法"。这样,汉语就与英语在对形态的要求上形成了鲜明对比,我们(1996)以此为依据扩展了传统上"意合法"和"形

---

① 如英语在行文组句时在具体形式上有如下一些规定：

1）词或词组之间、各种分句之间多用恰当的连接形式才可合用组句。

2）注重主谓(宾)结构在形式上的完整性,凡是句子一般就须有主语(祈使句和省略句除外。其实祈使句的主语多是明显的第二人称),无主句较少。如是及物动词,后就须有个宾语。

3）词性与句法成分之间有较为严格的对应关系,如主语、宾语要用名词短语或相当于名词短语的成分;谓语要用动词短语。

4）主语与谓语在人称和数上须保持形式一致关系。

5）可数名词有复数形式。

6）形容词和副词有比较级和最高级的变化形式。

7）代词有主格、属格、宾格的变化形式。

8）非谓语动词有体、态的变化形式。

9）谓语动词还有时、体、态、式的变化形式。在英语中以动作在时段中的分布方式(一般体、进行体、完成体等),在不同的时间(现在时、过去时等)发生,反映不同的主谓逻辑关系(主动态、被动态),运用不同的语气(陈述式、祈使式、虚拟式)表述,就会采用相对应的谓语形式,这都是注重形态屈折变化语言的典型特征。

合法"所含内容。想想汉英两种语言存在如此之大的差异,基于其
上所建立起来理论体系和分析方法,倘若一致了,那倒会使人感到
奇怪了。

我国古代早就有了自己的语言学和逻辑学等方面的论述,且
在很多方面还很深入,但总的来说,在传统"经世致用"的文化取向
影响下,在某种程度上忽视了对理论体系的建构,没能形成像西方
那样的语言学和逻辑学理论体系。因此,笼统地说我国没有语言
学或逻辑学,那是不妥的。

2. 合璧式创新之再思考

近年来,在汉语与外语的具体语言事实方面所进行的对比性
研究较多,翻开近三十多年来我国外语类期刊,此类文章几乎俯拾
即是,类似内容的论文集也很多,但真正能对中西语言理论做出深
入对比的尚不多见。虽有些对比语言学专著在这方面进行尝试,
但对中西语义理论方面做出尝试者则更少,或尚为空白,急需大力
加强。

我们知道,近三十多年来汉语界的语义研究进入了一个高潮
阶段,仅于上世纪80年代就出版了近30本训诂学专著,这可谓史
无前例。在这期间,外语界一批学者也引介了很多西方语义学家
的理论,出版和发表了十几本专著和大量文章。但是英汉两界人
士尚缺少对话,认真对比中外语义理论的问津者更少,多半还是在
各自的学术圈中"画地为牢"、"自说自话"。长期以往,在我国出现
了一个汉外两界互不往来,无甚交流的尴尬局面,两界人士自守一
亩二分地,素来"各行其道"、"自有一套",吕叔湘先生将这种中国
独特的现象称为"两张皮"。

针对这一局面,吕叔湘先生于上世纪 70 年代末就提出要大力加强两界之间的对话,但近年来灾情虽有减缓,但效果并不理想。笔者曾于 2005 年在《中国外语》上以"二山之石,必可攻玉"为题撰文论述了相关问题,潘文国先生(2007)在"关于外国语言学研究的几点思考"一文中做出了精辟透彻的解析,道出了"两张皮"难以消除的原委。我们经过认真学习,仔细思考,现阐发以下几点心得体会。

1) 外语界人士中文不济,更不用说用汉语语言学理论武装自己了,这其中自有客观原因,又有主观原因。客观原因是:对于从事外国语言学研究的人士来说,能较好掌握一门外语(听说读写译等能力全面发展谈何容易)阅读原版文献就需花费多年时间,弄懂一种国外理论也颇费精力,此时已无暇顾及汉语界的语言理论;而且外语类本科和研究生教学与培养大纲的设计者,也似乎无此远见(少数对比语言学专业除外),未能考虑汉语语言学理论对日后学术生涯的重要性。主观原因是:更多的人对浩如烟海的汉语史料不愿涉足,望而生畏;而且还有一部分学生是为"戴学位帽子"而来,并未打谱为语言研究和教学贡献终身。

2) 外语界确实存在某些"鹦鹉学舌"的现象,仅满足于"引进",错把手段当目标,未打谱以引进为手段,并以其为基础达到创新之目的,这就是张后尘先生(2008)所说的"最终目的是为了挖出金矿,而不是为了发明挖出金矿的工具"。更有甚者,有时亦有"学舌走样"的现象,就是上文所说的"食洋不化",这也难怪汉语界学者要给外语界人士贴上"随波逐流"、"拾人牙慧"此类的标签。

3) 国外理论翻新速度过快,用"日新月异"似乎有点夸张、但"应接不暇"还是基本符合事实的。此时,节奏稍慢就可能落伍,即便是一直在苦苦追随,迫使自己逼近前沿的学者,倘若一不留神也会落个"疲于奔命"、"与时不能俱进"的下场。而且,在这些国外学者中标新立异者也大有人在,总使人感到他们在"故意挑刺","标榜自我","为创新而创新",有"做秀"之嫌,这也自然会使得汉语界学者顿生不愿与其为伍之感。

4) 汉语界人士外语较差,成天钻在古书堆中自得其乐,身陷其中而无法自拔,难以跳出。更多的情况是,一旦陶醉其中,就会深感外语和外国理论解决不了自己的问题。况且,从上文分析可见,汉语属孤立语,以广义的"意合法"为主要特征,是一种较为特殊的语言;西方语言主要是屈折语,以广义的"形合法"为主要特征,两者差异甚大,因此不少汉语界学者认为,基于西方语言建立起来的国外理论再好,当用来分析汉语时总会有"捉襟见肘"、"隔靴搔痒"之感,不免会发出"于事无补"、"忙而无功"之叹,个别学者自然会滋生出一定的"排外"情绪。

5) 再加之汉语理论所涉范围面大量广,文字学、音韵学、训诂学有约两千年的发展史,资料堆积如山,论著浩如烟海,一人终其一生能弄透冰山之一角,就算很有成就了。模仿西方"葛朗玛"建立起来的汉语语法学才有一百多年的历史,其中很多观点还尚无定论,分歧较大,莫衷一是。在这样一个庞大而又封闭的体系中就有做不完的学问,外面的世界尽管很精彩,而我亦可独斟自酌,自我陶醉,足以告慰人生。这不乏为一种可行之路,抓住主要矛盾,其他诸如外语等枝节问题自不在其视野之内。

出自两界各自的客观原因和主观原因,造成了两界之间长期沟通不畅,对话欠缺的现象。在此状况下,两界理论都很精通者就少之又少了,真可谓,人生苦短,难以两全!而在这众多的不能"两全兼备"中,语义理论的对比性研究更是"两张皮"的"重灾区"了,这可从近年来英汉对比方面的作品可见一斑。因此,本世纪进行中西语义理论的对比研究刻不容缓,已成当务之急。

我们曾在全国性学术会议上多次疾呼,语言理论研究(包括语义、隐喻等方面)绝不是西方学者的专利,外语界学者切切不可仅将眼睛盯住西方学者的论著,而忘却宝贵而又丰富的中华祖先的研究成果。西方语义学家也不可忽视我国学者在语义研究方面的丰硕成果,不将炎黄先贤对语义研究做出的贡献纳入他们的视野,在"全球化"大潮的今天,就不能算作一位真正的语义学家。这些年来,我们(2007b)曾在这方面做了点滴尝试,出版了一本小册子《中西语义理论对比研究初探——基于体验哲学和认知语言学的思考》,仅只是"初探"而已。我们也在《中国外语》2005年第二期上发表"二山之石,必可攻玉"的文章,强调了中西合璧的研究进路,这都意在引起国内同行的关注。若能以"拙砖"引出众家之"贵玉",我们便自感心满意足。

3. 以语言体验性和隐喻认知观为例的论述

3.1 语言体验性

体验哲学和认知语言学的一个核心观点是:人类的范畴、概念、推理和心智,都是基于对客观外界进行互动体验,并经过认知加工之后而形成的,语言符号也是这样,我们常用"现实—认知—语言"这样一个表达式来概括这一基本原则。

在互动体验过程中,人们首先用身体来认识自己所生存的空间(包括地点、方向、运动等),形成了一个空间意象图式结构,以及对应的内在性空间逻辑,再通过人类的理性思维和想象力(主要是隐喻转喻能力)发展出其他若干新概念(如时间概念、抽象概念等），这一认知过程经过若干年的沉淀和积累后，逐步形成了我们今天的知识体系。语言体验性这一特点可从英语和汉语中找到很多很多例证，包括语言的各个层面，如：语音、词汇、词法、句法、语篇等（本文略）。

国外很多学者对语言体验性做出了有力论证，包括 Herder，Malinowski，Bühler，Lyons，Gruber，Jackendoff，Lakoff，Johnson，Langacker，等等（王寅，2007a：286－294）。由于"介词"主要用于表示空间关系，它也就成了认知语言学研究的核心对象之一，"介词语义学"应运而生（Zelinsky-Wibbelt，1993）。我们完全可以说，没有哪一个学派对介词的研究成果能超过认知语言学，这是由该学派的基本指导思想所决定的。[①] 近年来，我们在国内正式提出"语言体验性"的观点，并已发表了十几篇论文对其进行了多层面、多方位的论述，这当算是对语言众多特征的一个重要补充。

我们据此还提出"体验性普遍观"，人类之所以能获得许多普遍性概念，语言中之所以存在不少普遍现象，这是因为，我们面对着一个相同或相似的客观世界，我们有相同的身体结构，其功能也相同，这就决定了我们的思维和认知的基础部分（或许是较大部分）是相通的，否则人类就不能相互沟通。这是对乔姆斯基的"天赋性普遍观"的反动。

根据语言的体验性，以及"现实－认知－语言"这一基本原则，我们自然就能得出"语言具有象似性"这一重要的语言性质。既然语言是互动体验和认知加工的产物，语言就不是天赋的，不是头脑里固有的，它就会象似于"现实"，象似于"认知方式"（尤其以此为

---

① 我们也可以说，没有哪个学派对连接词的研究成果能超过系统功能语言学的，因此该学派主要基于"衔接机制"来论述"语篇连贯"。

主)，语言形式(包括语音、语形、结构)与所指意义[包括外部意义(含上文表示式中的"现实")与内部意义(含表达式中的"认知")]之间存在象似性关系，这是由认知语言学所坚持的基本原则所决定的。或者说，认知语言学就是要解释语言表达背后的认知机制，发现两者间的象似性关系。

其实，关于语言体验性也不是外国学者的独特新发现，我国古代学者早有论述，最早谈及这一特征的当算《周易·系辞下传》，原文说："古者包牺氏之王天下也，仰则观象于天，俯则观法于地，观鸟兽之文与地之宜，近取诸身，远取诸物，于是始作八卦，以通神明之德，以类万物之情。"这段话的意思是：远古时的伏羲氏治理天下，仰头观察天上的现象，低头俯视大地的形态，观察鸟兽身上的纹理和适宜于地上的种种事物，从近处取法人体的形象(据郭沫若解释，《易经》中所用阳爻(一)和阴爻(--)这个符号是模仿男女生殖器的符号)，从远处攫取万物的形象(如水卦为 ☰，则象似于水流动时的情形，将其竖过来书写，就是汉字的"水")，于是才创制了八卦用来融会贯通神明的德性，以分类比拟万物的情状。按照郭沫若的观点，汉语起始于八卦，这段话就已点明汉语言文字具有"近取诸身，远取诸物"的特征了(详见王寅，2007b：34)。

特别是荀子，在《正名篇》中充分体现出了语言的体验认知观，而并不像国内汉语界部分学者所认为的那样，他是"唯名论"的代表(详见王寅，2007b：99)。刘勰在《文心雕龙》中对语言的这一特征也有很多精彩的论述。另外，还有一大批先贤都持类似的观点，如庄子、公孙龙(参见王宏印，1997)、扬雄、王夫之、程瑶田、段玉裁、王念孙、章太炎、黄侃、陆宗达、王宁、戴浩一等都述及了相同或类似的观点。

近来，戴浩一(1989)也基于人类对空间和时间的认知能力，结合一般交际原则,证明了"汉语结构象征现实"的重要观点。他认为,语言的表层结构不是来自什么深层结构,而是直接来自语义结构(即概念结构),语义结构又直接来自于人类的身体经验。他据此提出了用时间顺序原则(时间顺序对汉语语序有直接影响)、整体—部分关系(汉语中常把整体放在部分前面)、空间词语的比喻用法(表示空间的词语可引申来表示其他概念)、突显原则(采取有标记用法突出说话人的兴趣、涉及的焦点)、信息中心原则(句子的前提在前,断言在后,已知信息排在新知信息之前)来论述汉语语法结构。我们也于 1990 年论述了汉语的句序与时序之间存在较高对应性的现象,这就叫顺序象似性原则,而且还指出,英语可根据交际需要运用或不用这一原则,当可称为"蒙太奇式"语言,而汉语主要运用该原则来组句,当属"绘画式"语言,这在某种程度上具有语言类型学上的意义。

3.2　隐喻认知论

自 Lakoff & Johnson 于 1980 年出版了《我们赖以生存的隐喻》一书以来,越来越多学者接受如下观点:隐喻不再像亚里士多德所认为的那样仅是一种修辞手段,而是一种认知方式,它在本质上是一种思维现象,人类在认识新兴事物、建构概念体系,以及语言表达中,一定要"用一件事体来喻说另外一件事体(to say one thing in terms of another)",别无他选,这就是两位教授取这一书名的含义之所在。这一隐喻观就叫"概念隐喻论"(或叫"隐喻认知论"),已成为当今认知语言学的一个核心内容。

正如"语言体验性"不是西方学者的特有专利一样,隐喻认知论也绝非西方学者的独特领地。在中西语义理论对比过程中,我们也发现我国古代学者不仅早已认识到"隐喻对于语言表达的重要性,而且也谈及隐喻与思维的关系。《诗经》中常用的"赋、比、兴"三种表达手段,后两种就大致相当于隐喻。孔子也提出了"能近取譬"、"引譬连类"的观点。有学者也将"兴"理解为"引譬连类",认为它不只是一种修辞技巧,而更接近于一种类比联想、思维推理的方法,只要两种事物之间在某一方面具有相似性,便可将它们同化为一类现象,这种触类旁通式的思维方式和表达技巧得到了孔子的充分肯定,并将引譬连类视作思维的典范,这可谓隐喻认知论的先声。

另外,先秦时期的墨子、庄子、惠施、荀子等也有类似的论述,都认为要用知道的事体来喻说不知道的事体,隐喻的作用是为了使对方明白,易于理解,这是对譬喻功能最概括的解释。两汉时期的郑众、郑玄、刘安、董仲舒、王充等对之亦有论述。王逸还曾对《离骚》中的隐喻进行了归纳。魏晋南北朝时期的代表人物为刘勰,他在《文心雕龙·比兴》中对隐喻作了较为全面的研究。唐宋时期的皎然、朱熹也认识到了隐喻的重要性。特别是陈骙在《文则》中较为详细地论述了譬喻,并最早以《诗经》为语料对象进行了统计分析,将其分为十大类型。元明清时期的戴侗对隐喻从理论上进行了总结,在实践上进行了运用。明代还出现了汇编隐喻的专书,如徐元大的《喻林》、清代吕佩芬的《经言明喻编》,都对各类隐喻进行了较为详尽的收集、整理、归纳和分类。

特别值得一提的是,我国汉语界的张明冈于 1985 年也谈到隐喻的认知功能。曹先擢、苏培成于 1999 年编撰出版了《汉字形义分析字典》,共收常用字 7000 多个,较为详细地注明了多义字意义引申的隐喻性途径,这就类似于西方认知语言学家对多义词"OVER"、"ON"意义链扩展途径的论述。但到目前为止,西方还没有编出一本类似的词典。这都说明我国学者在语义学某些方面的研究并不比西方学者落后,其中不乏精彩论述,有些地方甚至超过他们。

但我国汉语界这方面的发展整体尚不平衡,有人开拓,有人守成,各有风格。如孔子等先贤所论及的隐喻认知观未能得到延续和发展,很多学者还是将隐喻视为一种修辞手段,如在 1999 年出版的《辞海》中对隐喻的定义还为:比喻的一种,本体和喻体的关系比之明喻更为紧切。这一定义与 1989,1979 年版的完全相同,还局限于传统的"修辞观"[①],仅多了一个本体与喻体之间可表示偏正关系的例子,这确实令人感到有点遗憾!

4. 结语

通过初步对比可见,中西方的学者虽出自不同的社会背景和政治环境,研究进路各有所长,所用语言也千差万别,但很多思想却有不少相通之处。当我们站在当代人类认识发展的高度来回顾往昔,观察历史,审时度势,我们完全可以超越时空限制,运用对比的方法将全人类有关的同类观点、相关理论进行综合研究。此时若要考虑到时间因素的话,那就是西方思想中很多精彩观点在我们老祖宗的文本里早有表述,正是这些闪亮的思想火花构成了中国国学的精华部分,也是世界文化宝库中的一个重要组成部分。当然了,我国古代学者有关语义的论述与西方学者的有关观点,是

---

① 这一观点反映在语言教学大纲或教学实践中,更倾向于将其归入修辞学,应属语言能力之一种,因而并没有将其视为语言教学中的一项重要内容来认真考虑。目前受到隐喻认知理论的影响,国内外已有不少学者提出在教学中要注意培养学生的"隐喻能力",并将这种能力单独列出来,与语言能力、交际能力并列为三大能力(参见王寅,2007a),这就将隐喻上升到"认知"这一高度来认识。

出自不同的生活环境和历史背景，各路学者所考察的对象各有所重，研究目的也存在不少差异，时间也相差多年，立论基础和论述内容有很多不同，但这并不是说两者就不可相互比较，如当前哲学界所进行的庄子与海德格尔的对比研究就是一个很好的例证。

通过上述对比我们自然就能发现，我国古代学者的语义研究，特别在体认观、概念隐喻等方面，确实要早于很多西方学者，且不乏精彩之处。我们所得出的这一结论，并不是要刻意抬高我国古代学者的贡献，无端抒发民族自豪感，而重在以史料为根据，以文本为基础，分层次分对象地进行了对比，因此得出上述有关结论是有根有据的，具有较大的说服力。这一事实也说明，外语界语言学者的眼光不能仅盯住西方，而忘却宝贵的本土文化。正如荀子所言"不闻先王之遗言，不知学问之大也"。英汉两界学者应当站在世界范围的高度，携手并进，兼收并蓄，理清思路，放眼全球，纵观古今，互补长短，为在语义研究中实现真正"扎根本土的合璧式创新"的理想局面做出我们应尽的努力，彻底摆脱"中不通西，外不兼中"的分封割据现象。

我国很多学者在这方面做出了很多贡献，可喜可贺！只有坚持走"洋为中用和中西合璧"之路，才能使我们站在时代的前沿，肩负强烈的责任感，一方面深入挖掘中华文化之深刻内涵，扬我之长，另一方面也全面考察西方语义理论中合理内核。我们坚信，两条腿走路总比一条腿会走得更稳、走得更快、走得更好。我们也希望汉语界同仁能够更多地关心和支持我们的学习和研究，加强两界的有效交流和真正沟通，确实能使我国的语言理论，特别是语义研究，真正走上洋为中用、中西结合的道路。

这话说起来似乎十分容易，但真正落到实处，则需付出艰辛的劳动，"坐得板凳冷，少闻窗外事，耐得清平乐，方能悟真谛"。另外,长期在一种理论框架中研究的学者确实难以跳出其划定的陈规雷池,"理论定势"与"兼听则明"时常难以两全,这也需要一种开拓精神,需要摆正"千人诺诺"与"一士谔谔"之间的落脚点,掌控"顺着说"和"接着说"之间的辩证法(徐盛桓,2007),注意吸收各类新思想,不断强化创新性思考,广纳百家之言,兼听不同见解,才能真正做到"与时俱进"!

参考文献

1 戴浩一,叶蜚声译,以认知为基础的汉语功能语法刍议(下)[J],《国外语言学》,1991(1):25—33。

2 何九盈,《中国古代语言学史》[M],广州:广东教育出版社,1995。

3 胡壮麟,科学理论新发现和语言学新思维[J],《外语教学与研究》,1999(4):1—6。

4 黄国文,关于"外国语言学及应用语言学"的思考[J],《外语与外语教学》,2007(4):4—7。

5 李恕豪,《中国古代语言学简史》[M],成都:巴蜀书社,2003。

6 潘文国,关于外国语言学研究的几点思考[J],《外语与外语教学》,2007(4):1—3。

7 潘文国、谭惠敏,《对比语言学:历史与哲学思考》[M],上海:上海教育出版社,2006。

8 濮之珍,《中国语言学史》[M],上海:上海古籍出版社,2002。

9 钱冠连,《语言:人类最后的家园》[M],北京:商务印书馆,2005。

10 钱冠连,西语哲在中国:一种可能的发展之路[J],《外语学刊》,2007a(1):1—10。

11 钱冠连,以学派意识看外语研究——学派问题上的心理障碍[J],《中国外语》,2007b(1):29—30。

12 沈家煊,关于外语界做研究的几点思考[J],《中国外语》,2007(1):

19—20。

13 王宏印,《白话解读公孙龙子》,[M],西安：三秦出版社,1997。

14 王力,《中国语法理论》[M],见《王力文集(第一卷)》[C],济南：山东教育出版社,1944/1984。

15 王力,《中国语言学史》[M],太原：山西人民出版社,1980。

16 王寅,英汉语言宏观结构区别特征[J],《外国语》,1990(6)：36—41。

17 王寅,《英汉语言区别特征研究》[M],北京：新华出版社,1996。

18 王寅,二山之石,必可攻玉[J],《中国外语》,2005(2)：32—36。

19 王寅,《认知语言学》[M],上海：上海外语教育出版社,2007a。

20 王寅,《中西语义理论对比研究初探——基于体验哲学和认知语言学的思考》[M],北京：高等教育出版社,2007b。

21 徐盛桓,思维方式与创新——创新共斟酌之二[J],《中国外语》,2006(1)：4—5。

22 徐盛桓,"照着讲"和"接着讲"——当代语言学研究自主创新问题的思考[J],《中国外语》,2007(1)：7—12。

23 杨自俭,学会·学风·学理·学问·学派·学人[A],载杨自俭编,《英汉语比较与翻译》[C],上海：上海外语教育出版社,2006。

24 张后尘,语言学研究与现代科学发展[J],《中国外语》,2008(1)：23—26。

25 赵振铎,《中国语言学史》[M],石家庄：河北教育出版社,2000。

26 Lakoff & Johnson. *Metaphors We Live By* [M]. Chicago：The University of Chicago Press, 1980.

27 Zelinsky-Wibbelt, C. *The Semantics of Preposition* [M]. Berlin：Mouton de Gruyter, 1993.

（本文提交于首届英汉对比与翻译研究学科建设高层论坛,曾载于《中国外语》2008 年第 6 期）

文化自信与学术范式转型

潘文国

摘要：十八大以来习近平总书记提出的"文化自信"强国战略包含四个内容。一是对本民族文化的自信；二是正确处理传统文化和现实文化的关系；三是正确对待不同国家和民族的文明；四是文化的弘扬和传播。"文化自信"信念的确立，必将带来学术研究范式的转型，从根本上看，就是改变学术研究的立足点，由一百多年来的由西向中变为立中观西，从中国文化出发来观察世界文化，由此推动新的世界文明的建立。上述四个内容我们简化为三个方面，一是正确认识自己，二是正解处理古今传承和中西交流，三是文化的向外传播，分别与英汉语比较研究会的三大研究领域相联系，看看在文化自信视阈下，学术研究应如何开展。"认识自己"将以中西文化对比为例，"中西交流和古今传承"将以语言对比为例，向外传播将以翻译和翻译研究为例。

关键词：文化自信；文化自觉；文化比较；语言对比；翻译研究

1. 从"文化自觉"到"文化自信"

文化自信视阈下的学术研究是个重大的课题，也是一个富有挑战性的课题。

20 世纪以来中国的学术研究，几乎都与"文化"相关。而谈到"文化"，必定是中西比较视阈下的"文化"，而不是泛泛的"文化"。"五四"前夕杜亚泉与陈独秀的东西文化之争，拉开了文化问题的序幕。其后 20 年代的科学玄学之争，吸引了胡适、梁启超等的参与，直接导致了胡适"整理国故"研究范式的提出，造就了 20 世纪中国的学术版图。中华人民共和国成立以后，由于闭关锁国，中西文化问题也归于冷寂。发展到"文化大革命"，这个以"文化"为名的运动所最最欠缺的恰恰就是"文化"。据说，从 1949 年到 1979 年，国内只出版过一本关于"文化"的书，可见这三十年间"文化"的冷落。文化冷落，不是没有文化，而是缺少了对照，变成自言自语，这正是与外界隔绝的表现。"文革"以后文化问题重又引起了兴趣，并且愈演愈烈，正是国门打开，中外，特别是中西两大文化再次接触、碰撞的结果。由于对自身文化定位和文化比较的认知不同，形成了三个明显的发展阶段。

第一阶段是 80 年代中期到 90 年代初，可称之为"文化回归"期，其特点是重新感知到中西文化的异同，引起了比较的兴趣。由于改革开放，国门重新打开，西方事物、西方文化、西方思想潮水般涌入中国，年轻人和赶时髦的人趋之若鹜，对中国当时的文化造成了极大冲击。同时，"文革"中被扫荡了的传统文化也出现了复苏的景象。学术界讨论文化问题一时成为热点。回过头去看，那场文化热深度有限，实际上不过是上世纪初中西文化之争的延续，讨论的核心还是中西文化的优劣,当然也涉及到古今文化的传承。这场文化热反映到语言学上则不仅是中西之争,还是科学主义与人文主义之争,出现了申小龙等人力主、其后产生相当大影响的"文化语言学"。

第二阶段是 90 年代中期以后至本世纪开头十年,可称之为"文化自觉"期,其特点是重新感知到自身文化在世界文化中的独立地位和价值。"文化自觉"的概念是费孝通先生提出来的。指生活在一定文化历史圈子里的人对其文化有自知之明,并对其发展历程和未来有充分的认识。换言之,是文化的自我觉醒,自我反省,自我创建。费先生还以他在八十岁生日所说的一句话作为"文化自觉"历程的概括:"各美其美,美人之美,美美与共,天下大同"。文化自觉的提出导致了对中国文化主体性认识的加强。反映在语言学上则是对汉语独特性研究的重视。这是汉语"字本位"理论产生的文化背景。2012 年中国英汉语比较研究会全国研讨会以"全球化与语言文化自觉"为会议主题也得益于这一背景。

第三阶段开始于五年前,至今还方兴未艾,这一新阶段可称之为"文化自信"期,其特点是不仅感知到自身文化的独立性和价值,还看到它的优越性、强大性和幅射力。"文化自信"的概念最早是胡锦涛在 2011 年的"七一讲话"中提出来的,但习近平作了最有力的阐释和强调。印象最深刻的是下面一段话:"体现一个国家综合实力最核心的、最高层的,还是文化软实力,这事关一个民族精气神的凝聚。我们要坚持道路自信、理论自信、制度自信,最根本的还有一个文化自信。"(2014 年全国两会期间,习近平参加贵州代表团审议时的讲话)这实际上是把文化自信放在著名的"三个自信"之上,处在国家实力最底座位置上。这可以说是前所未有的。这个论断必将对中国各方面事业的发展产生广泛而深刻的影响。

习近平对文化自信的意义、内容有过极其精彩的表述。从他这些年来的多次讲话来看，"文化自信"包含以下四个方面：

一是对本民族文化的高度自信。他说："站立在960万平方公里的广袤土地上，吸吮着中华民族漫长奋斗积累的文化养分，拥有13亿中国人民聚合的磅礴之力，我们走自己的路，具有无比广阔的舞台，具有无比深厚的历史底蕴，具有无比强大的前进定力。中国人民应该有这个信心，每一个中国人都应该有这个信心。我们要虚心学习借鉴人类社会创造的一切文明成果，但我们不能数典忘祖，不能照抄照搬别国的发展模式，也绝不会接受任何外国颐指气使的说教。"（2013年12月26日，习近平在纪念毛泽东同志诞辰120周年座谈会上的讲话）

二是对继承发展传统文化的自信，他说："科学对待文化传统。不忘历史才能开辟未来，善于继承才能善于创新。优秀传统文化是一个国家、一个民族传承和发展的根本，如果丢掉了，就割断了精神命脉。我们要善于把弘扬优秀传统文化和发展现实文化有机统一起来，紧密结合起来，在继承中发展，在发展中继承。"（2014年9月24日在纪念孔子诞辰2565周年国际学术研讨会暨国际儒学联合会第五届会员大会开幕会上的讲话）

三是在文化交往中的自信，正确对待不同国家和民族的文明，对外来文化既开放又包容，不傲不卑："文明特别是思想文化是一个国家、一个民族的灵魂。无论哪一个国家、哪一个民族，如果不珍惜自己的思想文化，丢掉了思想文化这个灵魂，这个国家、这个民族是立不起来的。本国本民族要珍惜和维护自己的思想文化，也要承认和尊重别国别民族的思想文化。"（同上）

四是对文化弘扬和传播的自信："提高国家文化软实力，要努力展示中华文化独特魅力。在5000多年文明发展进程中，中华民族创造了博大精深的灿烂文化,要使中华民族最基本的文化基因与当代文化相适应、与现代社会相协调,以人们喜闻乐见、具有广泛参与性的方式推广开来,把跨越时空、超越国度、富有永恒魅力、具有当代价值的文化精神弘扬起来,把继承传统优秀文化又弘扬时代精神、立足本国又面向世界的当代中国文化创新成果传播出去。"(2013 年 12 月 30 日,在主持中共中央政治局就建设社会主义文化强国着力提高国家文化软实力第十二次集体学习的讲话)

三个阶段,文化的自觉程度、自信程度一个比一个高。这与中国三十年来经济、政治、军事力量的快速发展是相适应的,也是经济社会发展的结果。而经济社会的发展,也会对文化发展提出要求。"文化自信",就是这个时代的文化最强音,它必将对当代中国文化的建设和"中国梦"的实现带来巨大的影响,也将是从事各项人文社会科学研究的最宏大背景。从事语言文化比较的研究更是题中应有之义。

2. 文化定位与学术研究范式

前面说过,20 世纪以来,凡谈文化,必是在中西文化比较的背景之下。因此对文化的不同定位,必然会影响到学术研究的不同趋向,从而形成学术研究的不同范式。

在文化回归阶段,虽说文化很热,但人们对什么是文化其实都说不大清楚。那时引用得最多的一句话,便是据英国文化学家泰特勒的统计,说有过 200 多种关于文化的不同定义,因而可以各说各的。因此讨论得尽管热闹,但大都泛泛而言,广而不深。一些不同主张,如全盘西化、儒学复兴、西体中用、中西结合等,都谈得不甚深刻。而对各具体学科的学术研究的影响,则是各学科的研究都自觉地以"文化"或者社会历史作为大背景。如文学研究拓展到了文化研究,语言研究产生了文化语言学,翻译研究也出现了文化翻译学的提法等。二语教学更出现了跨文化交际的提法,后来成了一门显学。

在文化自觉阶段,中西文化对比的深入使人明确意识到文化之间的差异,意识到自身文化与他文化不同的特质。由于20世纪以来中国的整个学术体系是在西学东渐的思路下自觉地逐渐建立起来的,各门现代学科无不打上浓厚的西方色彩。有人更指出这些人文社会学科从理论、体系、概念、术语、方法直到争论的焦点、主题几乎无不来自西方。因此,在与西方的对话中,几乎没有我们的话语权。所谓从事学术研究就是不断重复西方人说过的话,引用西方层出不穷甚至稀奇古怪的理论,然后想法塞上一些中国例子。中国学术几乎成了西方学术的附庸。"文化自觉"使人们强烈地意识到了这些多年来视而不见的问题。因此这一阶段研究的最大特点是反思和重建。特别是结合"世纪之交"这个契机,对20世纪的本学科发展进行反思,寻找其中存在的问题,探索发展的途径。一时间,"重写××史"成为热门。在语言学界,字本位理论就是在这一背景下产生的,其前提就是对20世纪汉语研究史的反思。

文化自信是文化自觉的提高升级版,不仅意识到中国文化的特殊性,而且意识到中国文化的优越性;在中西比较中,更看到了西方文化的缺陷和不足之处,意识到中国文化有可能对之做出纠正和弥补,从而对世界、对人类做出较大的贡献,甚至可能引领今后若干年世界文明的发展。这个认识将是对一百多年来中西文化认识的颠覆,具有极大的挑战性。许多人会不习惯、不接受甚至抵触。二十多年前,当具有前瞻性的大学者季羡林先生提出"三十年河东、三十年河西"论之时,就曾遭到抵制、反对以至嘲笑。谁也不会想到,仅仅过了二十年,这一假设已有可能变为现实。在"文化自信"视阈下,学术研究也必然会出现巨大的甚至"逆转"性的变化。一百多年来,我们已经习惯了"西学东渐"、以西为师、以俄为师、由西观中,现在可能要学会由中观中、由中观西、中西互观。很多人可能还来不及转过弯来。但这却必然会发生。

3. 文化自信与学会三大领域的研究

文化自信带来的学术研究的转型,从根本上看,就是改变学术研究的立足点,由一百多年来的由西向中变为由中向西,从中国文化出发来观察世界文化,由此推动新的世界文明的建立。它具体表现在三个方面,一是正确认识自己,二是正确处理古今传承和中西交流,三是文化的向外传播。下面以学会三大研究领域为例,看看在文化自信视阈下,学术研究应如何开展。"认识自己"我们以中西文化对比为例,"中西交流和古今传承"我们以语言对比为例,向外传播我们以翻译和翻译研究为例。

3.1 文化对比研究

文化自信是对本民族文化的自信,在这个立场下进行文化对比首先要真正了解自己的文化并建立自信。这是非常重要的,而且现在变得相当困难。困难表现在两个方面。一是由于百年来的西化大潮,厚今薄古、崇西贬中,中国人,包括知识分子在内奉行民族虚无主义,对自身民族的优秀文化已经不甚了了。二是由于百年来在西方文化的强大压力下,中国文化自我矮化,自卑自贱,自我否定到了极其严重的地步。七十年前毛泽东曾批评党内一些人说，"言必称希腊，对自己的老祖宗，则对不住，忘记了"，现在则是对西方理论、概念如数家珍，什么主义，什么理论，说起来一套一套的，而说到中国的，就只剩几个例子。建立自信，首先要从不自卑开始。然后要认真学习，发掘中国的优秀文化。我们要认真补好这门课。在这方面习近平为我们做出了榜样，他在谈到"中国优秀传统文化中蕴藏着解决当代人类面临的难题的重要启示"时，一口气举出了15条：

关于道法自然、天人合一的思想，关于天下为公、大同世界的思想，关于自强不息、厚德载物的思想，关于以民为本、安民富民乐民的思想，关于为政以德、政者正也的思想，关于苟日新日日新又日新、革故鼎新、与时俱进的思想，关于脚踏实地、实事求是的思想，关于经世致用、知行合一、躬行实践的思想，关于集思广益、博施众利、群策群力的思想，关于仁者爱人、以德立人的思想，关于以诚待人、讲信修睦的思想，关于清廉从政、勤勉奉公的思想，关于俭约自守、力戒奢华的思想，关于中和、泰和、求同存异、和而不同、和谐相处的思想，关于安不忘危、存不忘亡、治不忘乱、居安思危的思想，等等。

这是十分令人惊讶的。一位党和国家主要领导人，对中国优秀传统文化竟然如此熟悉，足以成为文化研究者的楷模。但作为研究者，我们不能停留在知道这15条上。因为这15条还仅仅是关于哲学、政治、道德、伦理等方面，还有更多的其他方面有待我们去发现，如最近屠呦呦获得诺贝尔奖，引起了世界对中医中药问题的关注。有人说这是中医中药得到了世界的认可，有人说这跟中医没什么关系，是西医方法的成果，我们能说得清吗？还有文学、艺术、科学、技术等等。习近平提出了个"讲清楚"的要求："讲清楚中华优秀传统文化的历史渊源、发展脉络、基本走向，讲清楚中华文化的独特创造、价值理念、鲜明特色，增强文化自信和价值观自信。"(2014 年 2 月 24 日，在主持中共中央政治局就培育和弘扬社会主义核心价值观、弘扬中华传统美德进行第十三次集体学习的讲话)但要真正讲清楚是非常不容易的。这是开展新形势下文化对比的第一项任务。

其次在文化自信基础上正确开展与西方文化的比较。以前我们的比较是一个方向，由西往东。从西方出发看东方、看中国。由此形成西方的一切都是好的，中国的一切都是愚昧的、落后的、需要改造的。上个世纪初，中国人自惭于男人梳辫子、女人裹小脚，改革开放之初，把性自由等洋垃圾当作西方先进文化引进，这且不去说它。即使在学术研究中，我们对西方理论的熟悉远远超过对中国自身理论的熟悉，所谓研究，往往成了贴标签游戏。例如在文学研究中，当我们的头脑中充塞着诸如古典主义、浪漫主义、现实主义、自然主义，以及什么达达主义、野兽主义、立体主义、女性主义、后现代主义等概念时，碰到要研究中国作家时，就只能一一对号入座，如李白是浪漫主义，杜甫是现实主义，某某是神秘主义，某某是颓废主义，等等。这种比较恐怕谈不上是真正的比较。文化自信下的对比，是在了解了中国自身的文化传统之后，去观察西方的文化并加以比较。还是以价值观为例。在了解了上面 15 条里包含的中国人自身的价值观以后，再去看西方的"民主、自由、人权"等及其发展演变，就会有新的感受。同样，我们了解了中国文艺批评有许多与西方不同的概念，如姚鼐的"阳刚""阴柔"、司空图的《二十四诗品》(特别是西方闻所未闻的"雄浑、高古、冲淡、飘逸"等)、王渔洋的"神韵"等，再去读并比较西方康德、黑格尔、叔本华等的美学理念，也会有新的感受。如果能尝试用中国这些概念去品评西方具体的作家作品，也做一下"贴标签"的实验，可能更会有别样的体会。这才是平等的文艺对话。

文化对比还有一个目标,那就是争夺话语权。所谓21世纪的竞争是文化的竞争,归根到底是话语权的竞争。西方主宰世界几百年,除了靠经济、军事、科技等的实力之外,还靠"软实力",主要就是文化的话语权。近些年的"普世价值"说更是美国称霸世界的工具。它打着"民主、人权"的旗号,在全世界为所欲为。如果不作文化对比,人们会受惑于其的貌似有理。在进行对比之后,就会发现它的历史性和局限性。比如在18世纪法国革命时,他们的口号就不是"民主、自由"而是"自由、平等、博爱",更没有"人权大于主权"这样赤裸裸的侵略性口号。很多人没有注意到、中国政府好像也没有刻意强调,今年9月习总出席联合国大会提出了一个新的"普世价值"观:"'大道之行也,天下为公'。和平、发展、公平、正义、民主、自由,是全人类的共同价值。""和平、发展、公平、正义"是中国传统文化的重要思想,而又使用了西方人最熟悉的术语,把它们置于美国人标榜的"民主、自由"之前,可说是提出了中国式的普世价值观,一定会对今后国际关系的发展、国际秩序的建立产生重要影响。而在这前面,又引了孔子的话:"大道之行也,天下为公",这是堂堂正正地向外宣传了中国的价值观。相信这句语录,今后一定会响彻天下。另外值得注意的是,这个排序,本身也是对中国传统文化概念的一个重新组合,对国内社会的发展恐怕也是合适的。

4. 语言对比研究

语言说到底是一种文化,因此,语言对比,说到底也是一种文化对比。刚才说的文化对比的一些原则,如认识自己、平等对话、争取话语权等,也适合文化自信视阈下的语言对比。但因为语言研究是我们的主项,因此值得单独提出来说一说。

中国现代语言学是典型的西化学科,是西学东渐的产物。表现在:

1) 建立:其产生的标志《马氏文通》就是模仿拉丁语法的结果。建立的代价是对汉语研究传统的否定和置换,由以训诂为中心、文字和音韵为两翼的小学传统转为以语法为中心、语音和词汇为两翼的现代语言学传统和以句法为中心、语义和语用为两翼的当代语言学传统。文字研究更被踢出语言研究的大门之外。

2) 体系:现代汉语研究几乎所有的概念、术语、体系、理论均来自西方。属于中国学者自创的寥寥无几,如赵元任的"五度标调法"。

3) 发展:自建立那天起,就将自身绑在西方语言学战车上,随西方语言学的发展而发展。说好听些是"跟上国际语言学发展的步伐,与时代同步",说不好听点就是吕叔湘批评的"跟着转"。中国语言学发展的每一步背后都有西方语言学的影子。从马建忠的词类本位、黎锦熙的句本位、朱德熙的语素和词组本位,到邢福义的小句中枢(小句本位)背后都可找到西方某家语言学的影子。

4) 困惑:中国语法学界津津乐道的几次"大论战",说到底都是西方理论到中国水土不服的产物,第一次词类问题,第二次主语宾语问题,第三次单句复句问题,第四次析句方法问题,几乎无一不是如此,而且几乎都没有结果。

5) 无奈:中国学者中其实不乏看到这一现象的头脑清醒者,如吕叔湘,如张志公,如朱德熙。但他们的感觉是无奈。朱德熙的话最典型。他说:"有一些语言学者企图摆脱印欧语的束缚,探索汉语自身的语法规律。尽管他们做了不少有价值的工作,但仍然难以消除长期以来印欧语语法观念带来的消极影响。这种影响主要表现在用印欧语的眼光来看待汉语，把印欧语所有而汉语所无的东西强加给汉语。"（《语法答问》序）朱先生看到了"印欧语的眼光"的影响，但又无力摆脱，因此无奈地引用王羲之《兰亭序》中的话说，"后之视今，犹今之视昔"，今天我们批评前人是印欧语的眼光，安知后人不会也这样批评我们？

由此可见，只要自西观中的西化研究思路不变，中国语言学不会有什么出路。"文化自觉"使我们注意到必须重视汉语特色，"文化自信"更使我们看到，汉外对比研究必须改变思路，从中文和中国语言研究传统出发，以西方语言和西方语言学为参照，才能真正发现汉语的特色，建立汉语自身的语言学。

从汉语出发与西方语言如英语作比较，我们就会发现汉语几个最重要的特色：

1）文字不仅仅是文字单位，而且是语言单位。

2）汉语的"字"与英语的 word 相当，是建立各自的语言学研究体系的基础。西方语言研究传统起于形态学，汉语传统语言研究起于六书理论，二者有对应性。

3）英语语法学的核心是在主谓一致基础上的句法，词类划分、句子成分、句法关系等均为此而设。汉语没有英语那样的 sentence，所以将英语语法套到汉语上来始终是方枘圆凿，这不是枝枝节节的修改可以弥补的。

4）口语与书面语的距离比任何语言都大，文言改白话没有从根本上改变这一情况。

5）古今汉语一脉相承，不像英语那样有明显的断代。

6）现代汉语的形成过程中，受到了英语通过翻译所产生的相当大的影响，这是可以在一定程度上利用英语研究成果的基础。

其他当然还有。在这些新认识的基础上开展汉外对比研究，一定会使汉语语言学呈现完全不同的面目。事实上，自上面讲的四次语法大论战以后，语法界已挑不起什么新的论战（近来沈家煊先生提出的"名中有动"说，也好像没有引起太大的波澜）。而上世纪80年代以来的文化语言学论争和本世纪以来的字本位论争，却已带有了文化自觉和文化自信的色彩。

5. 翻译研究

在中国文化的传承与传播问题上，最重要的途径是翻译。在文化自信视阈下，翻译方面最值得注意的是以下几个方面：

1）中文自信。翻译有向内和向外的不同。向内是以汉语为媒介，介绍、引进国外的文化，需要的是对中文的自信。20世纪初那种伴随着全盘西化而来的对汉语汉字丧失信心、非要彻底改之而后快的历史应该不会重演了，但对汉语汉字缺乏信心、挟洋自重的心态并未绝迹。其中最突出的表现，一是外来语问题，二是翻译腔问题。前者近年来有过不少争论。这个问题需要从文化层面去破解。后者不仅涉及译作的可读性，而且影响到当代中文的文风和写作，是个需要认真对待的问题。

2）两译结合。雅可布逊提出有三种翻译：语际翻译、语内翻译、符际翻译。我们一般只关注第一种。其实后两种也很重要。第三种可用于公示语翻译和中国文化意象翻译，而第二种在讨论中国典籍翻译时特别重要。很多人没有注意到，传统文化的翻译其实是个双译合一的过程，第一步是古文今译，第二步才是中文外译。《大中华文库》采用三种文本对照的方式在这方面表现得特别明显。中国传统文化都是由文言记载的，由于种种原因，现在的中国年轻人阅读文言的能力很差，在外语学者中这种情况尤为普遍，常常得依靠白话文的翻译才能从事外译的任务。但很少有人想过，就好像中译外总会有很多不尽如人意甚至走样译错的地方，古文今译同样有这样的问题，有时甚至更严重。要找一个好的古文今译译本是极其困难的事情。最理想的文化外译最好由一个人来完成，这就要求我们提高阅读、理解古文的能力。只有自己了了，才能使人昭昭。对翻译者提高中文水平的要求从没有现在这样迫切。

3）译作译史研究。做任何研究都需要做好盘清家底的工作。中国典籍外译如果从明末传教士算起已有四百年，历时之久，参与者之广、之杂都值得专门从事研究。在 20 世纪中期以前，绝大多数的中籍外译是由外国人在做的。由于文化的不同，产生过许多我们意想不到的问题。还不仅是语言欠通的问题，如庞德之译李白，还有中西文化之别的问题。最近我读到原燕京大学哈佛燕京学社引得编辑处主任洪业的文章《我怎样写杜甫》，他提到早年法国传教士钱德明（Jean Joseph Amiot，1718－1793）写过一篇《杜甫传》，其中胡编了许多杜甫的"逸事"，写得有声有色，淋漓尽致，结果影响了西方一百多年，连大名鼎鼎的翟理斯（Herbert Allen Giles，1845－1935）在写第一部《中国文学史》的时候，也采用了他编的故事。更荒唐的是法国女诗人戈蒂埃（Judith Gautier，1845－1917）编译了一本唐诗集《白玉诗书》（后改名《玉书》，*Le Livre de Jade*），其中选了杜甫 14 首诗，却有 12 首是这位女郎自己的创作。而这部书是西方凡写中国文学史都要提到的。这种明显"作假"的情况大约在中国不大有（我在英国也看到过《孔子语录》，不少我根本猜不到原文是什么，估计也是瞎编）。至于用西方思维方式或价值观对中国传统著作进行曲解就更多了。这些，在我们需要认真对待中国文化传播的时候不得不予以关注。

4）传播方式研究。理想的文化传播以及翻译最好是自然状态，特别是要由输入的一方来选择和确定，但这也会带来一些问题。比如我们开放几十年来引进的东西并不都是西方主流文化和正面价值观，很多亚文化乃至一些腐朽没落的东西也被当作先进东西引进来了。传出的东西也是这样。据说卫慧的《上海宝贝》在国外有十多种语言的译本，为中国当代文学外译之最，而莫言等最多只有五六种。而获得诺贝尔奖的莫言的作品，也不能代表当代中国文学最好的作品，而是其独特的写作手法满足了猎奇的西方读者的需要。因此对传播过程进行适当干预还是需要的，要以文艺批评和翻译批评为手段进入。内容之外，传播方式也需要研究。以《大中华文库》为代表的中译外工程取得了很大的成绩，但有两个根本问题。一是贪大求全。其实译介的过程应该是渐进的，一下子推出"全译"，有点像狂轰滥炸，未必合适。二是对象不明。更多地像是给国内学英文的学生和同行看的，而不是外国的读者。这个情况必须从根本上扭转。可以考虑鼓励合作翻译等等。

5）话语权问题。文化传播的根本问题是话语权竞争。对于中国文化的传播更应理直气壮地把话语权把握在我们手里。我想提出一个要求：注重首译。因为译名的习惯力量很强，首译即使不妥甚至是错误的，但一旦已流传开来，是很难纠正的。最典型的例子是把英文的 John 译成"约翰"，说是音译，其实完全不像；说是由德语或法语的读音而来，听下来也不像。结果习非成是，谁也无可奈何。孔子和孟子最早由传教士用拉丁文译成 Confucius 和 Mencius，后来种种欧洲语言都循此不变，尽管与老子庄子不相配。最近的一个例子是"一带一路"，刚出来时译成 One Belt and One Road，后来发改委同外交部、商务部等进行规范，建议译成"the

Silk Road Economic Belt and the 21st-Century Maritime Silk Road"，"一带一路"简称译为"the Belt and Road"，英文缩写用"B&R"。甚至简称还可灵活说成"the land and maritime Silk Road initiative"。但看来敌不过最初的译法。这次习近平访问英国，英国报刊中用得最多的还是 One Belt and One Road。在中译外过程中，中文术语的规范是个大问题，必须从一开始就紧紧抓住。

（本文提交于第二届英汉对比与翻译研究学科建设高层论坛）

作为文化史的语言研究
——英汉语的语言研究史对比

潘文国

摘要: 不仅在语言对比中存在着三个层面,在语言研究的对比中,也存在着三个层面,这就是语言理论层面、语言思想层面,和语言文化史层面。一定的语言观、语言理论,甚至语言研究方法论必然是特定时代、特定条件的产物。而不同的语言,由于其历史文化条件不同,其语言理论也必然表现出种种的差异。对比不同语言的社会和文化发展,对于解释其语言研究的不同发展道路有着重要的意义。文章提出可以从语言研究的发生、语言研究的成熟、语言学各分支发展的不同步和语言研究的影响与传播这四个方面着手对比不同社会文化历史条件对语言研究的影响。

关键词: 语言理论对比;语言思想对比;语言文化史对比

在英汉对比研究中,刘宓庆先生最早提出了三个层面的思想:结构层面、表达法层面、认知或心理层面。他分别称之为"语音-词语系统""表现法系统"和"思维方式"。① 这一思想极大地推动了我国对比语言学的发展与深入，得到了广泛的认同，是中国对比语言学的宝贵财富，也是中国学者对世界对比语言学的贡献。②

随着对比研究的深入，我们想提出另一种三个层面的思想。如果说老的三个层面思想（姑且说"老三层"）主要是就语言本身着眼的，则新的三个层面的思想（不妨说"新三层"）是从语言研究的角度着眼的。我们感到，不仅在语言对比中存在着三个层面，在语言研究的对比中，也存在着三个层面，这就是语言理论层面、语言思想层面，和语言文化史层面。第一个层面对比两种语言各自的语言研究理论和学科体系，例如英汉语的语法体系对比、英汉语的语言学理论体系对比、英汉语的语言学教材体系对比③，甚至印欧语的语言学架构与传统汉语的小学研究架构的对比④。第二个层面则对比两种语言的语言研究理论背后的语言观和语言思想，例如古希腊的语言哲学思想与先秦诸子的语言哲学思想的对比、西方各时代语言哲学家和中国历代语言哲学家语言思想的对比⑤，或者东西方语言哲学专题对比⑥。第三个层面则是在前两个层面

---

① 见刘宓庆：《汉英对比研究与翻译》，第 5 页。

② 参见潘文国、谭慧敏《对比语言学：历史与哲学思考》，第 157—158 页。

③ 钱冠连先生曾写过一篇《语言学理论框架的跨国对比》，载刘重德主编：《英汉语比较与翻译》(2)，上海：上海外语教育出版社，2006 年。就是这一性质的研究。

④ 林语堂先生在《英文学习法》一文中指出"说文等于文法，音韵等于发音学，训诂等于语汇"，可说就是这一研究的滥觞。该文可见英凯、李静滢主编：《比较·鉴别·应用—英汉对比应用研究》第 35 页。

⑤ 许国璋先生做了非常出色的引路工作，我们从《许国璋文集》(1)中可以看到很多相关的文章，研究西方和中国古代的语言哲学，只是他还没有将它们直接进行对比。

⑥ 如"道"和 Logos 的对比，姚小平先生作过很好的研究，如《Logos 与"道"——中西古代语言哲学观同异谈》一文。

对比的基础上,对比两种语言的语言文化史,即不但要知道两种语言的研究家们提出了什么样的语言研究理论和方法,是在什么样的语言观和语言思想指导下提出这各种不同的理论的,还要进一步研究这些理论和思想背后的东西,其产生发展的历史动因。如果说,第一层是"然"的对比,第二层就是"所以然"的对比,是对造成第一层差异的原因的对比;第三层则更是"所以所以然"的对比,是对造成第二层的差异的原因的对比。我们一直认为语言学理论是解释语言现象的,后来发现语言学理论受语言思想的支配,是不同语言观的产物。现在又发现,语言思想和语言观的产生受到历史和文化的制约,是一定时代物质条件和精神条件的产物。说到底,语言研究史是社会文化发展史的一个组成部分。

这种"新三层"的观点,以前没有人提出过,但第一、第二层的工作已经有人在做。只有第三层的对比,以前似乎还没有人认真地进行过。以前我们常说,语言的背后有文化;现在我们发现,语言学的背后也还有文化。以前我们认为,语言是语言学产生的物质条件,什么样的语言会产生什么样的语言研究传统,例如印欧语产生了语法学传统,汉语产生了小学传统。现在看来,光这样的认识仍然是不够的,这会导致某种意义上的"语言决定论",即认定某种语言必然会产生什么样的语言理论,而且只能产生这样的语言理论。这显然不能解释同一种语言里,为什么会产生这么多不同的语言理论和方法,如同样在英语里,先后产生了传统语言学、结构语言学、生成语言学、功能语言学、认知语言学……等;也不能解释语言理论在各种不同语言、有时是差异极大的语言之间的传播和影响,如汉语、日语等为什么在 19 世纪末都欣然接受了来自印欧语的语法学;更不能解释各种语言理论的产生和发展过程,如既然汉语必然会产生小学研究传统,但为什么其训诂学、文字学、音韵学、文章学的发生发展却是不同步的?[1] 英语的语法学研究传统中,其词法学、句法学、篇章学的发展也是不同步的。[2] 要解释这种种现象,只有从社会文化的发展上找原因。我们可以把它归结为"时""势"二字。也就是孟子说的,"虽有智慧,不如乘势;虽有镃基,不如待时"[3]。"时"是时代和机遇,"势"是该时代提供的条件,包括物质条件和精神条件。"时势造英雄",时势也造就语言学,一定的语言观、语言理论,甚至语言研究方法论必然是特定时代、特定条件的产物。而不同的语言,由于其历史文化条件不同,其语言理论也必然表现出种种的差异。对比不同语言的社会和文化发展,对于解释其语言研究的不同发展道路有着重要的意义。

根据我们的初步设想,对比不同社会文化历史条件对语言研究的影响,可以从以下几个方面着手:

一、语言研究的发生

语言是各个民族都在使用的,有语言就会产生对语言的研究,这是必然的、没有例外的。但语言研究何时发生? 在什么情况下发生? 以什么形态发生? 各种语言由于历史和文化条件的不同,却不尽相同。比较东西方的语言研究,我们发现,语言研究都起源

---

[1] 文字学起源最早,大约在周初(公元前 11 世纪),但其成熟的标志为东汉许慎的《说文解字》(公元 1 世纪末)。其次是训诂学,起源于春秋后期,以《左传》为代表,其积累的成果是产生于战国时期(公元前 3 世纪)的《尔雅》。音韵学肪始于三国魏李登的《声类》(公元 3 世纪),成熟的标志是隋陆法言的《切韵》(7 世纪初)。文章学成熟于南朝刘勰的《文心雕龙》(6 世纪初)。

[2] 19 世纪以前,英语的语法学可说主要是词法学的天下,句法得到重视是 19 世纪末、20 世纪初的事。而篇章学的产生是 20 世纪 70 年代以后的事。

[3] 出自《孟子·公孙丑》。

于语言教育、都起源于对语言传授的需要。但同样的需要，在中国和西方却表现出了不同的形态。中国的语言教育，起源于对儿童的识字教育，因为识字就意味着有文化，就可以继承并传承祖先的文化。中国从上古时代起，先有巫和史，后来是贵族，都是特权阶层，其特权之一就表现为垄断文化、垄断识字权。贵族要培养子弟继承自己的特权就要从教授识字开始。因而中国最早的语言研究是从对字的分析开始的，也就是"六书"的理论。《说文解字·叙》所谓"周礼八岁入小学，保氏教国子，先以六书"，说的就是这件事。尽管六书的名称和内容见于汉代的文献，但这段话说明其实在周代就已开始有了这样的分析。这就开创了中国独特的语言研究传统。

在古埃及、古巴比伦以及稍后的玛雅人那里，也许也有过类似古代中国那样的祭司阶层，他们通过文字，垄断着文化特权，因此在那里可能有着同中国一样的文字研究传统，但由于他们的历史中断，我们没法知道其详情。从古希腊的情况看来，书面语并非他们关注的重点。而由于欧洲商业活动频繁、语言众多，口语交流是个大问题，因而外语教育成了语言教育的重点。西方的语言教育传统是从教外语开始的。由于古代印欧各语言都是形态复杂的屈折语，因而语法就成了语言研究的重中之重。印欧诸语言一开始就把语言研究的重点放到了语法上，就不奇怪了。

语言研究发生学上的差异，形成了不同的语言研究传统。这对后来语言研究的发展有着重要的意义。

二、语言研究的成熟

语言研究的发生学之外，语言研究的成熟，或者说，语言研究何时被看成是一门学问，有专门著作问世，也是我们感兴趣的一个问题。同样，我们发现，语言研究之成为系统，或者说语言学科的诞生都与国家强大统一、希望实现某种程度的规范有关。同样，由于历史与文化的不同，不同国家表现出来的形态也是不一样的。在中国，这一规范的要求发生在秦汉时期。"书同文"由第一个中央集权制的秦王朝提出，我们并不奇怪；令我们感到惊讶的是，秦始皇二十六年灭六国，完成了统一天下的任务，当年就发布了"车同轨，书同文"的政令。在今天看来，简直有点迫不及待的样子。正是由于对书同文的迫切要求，催生了东汉许慎的《说文解字》一书的诞生，使文字学成了中国最早最成熟的语言学学科。而大一统的国家，要求古今方俗的语言能够便利交流，又催生了《尔雅》《方言》等著作的产生和训诂学的成熟。在英国，尽管英语的历史从公元5世纪就开始，但整个古英语（500—1066）和中古英语（1066—1500）时期的一千年里，却没有什么像样的语言研究。英语语言研究作为一门学科可说是从现代英语时期开始的，语法书和英语词典的编纂都是这个时期的产物，其背后的原因也是因为国家强盛，统治者有了规范语言的愿望。英国历史上第一个辉煌的时期是亨利八世（1509—1547 年在位）和伊丽莎白一世（1558—1603 年在位）相继统治的时期，而最早最著名的语法书，如学习拉丁语的《亨利八世语法》[①]和研究英语的《英语语法》（本·琼森，1640 年）就诞生在那时及稍后的时期。英国历史上第一本词典 Robert Cawdrey 编的 *A Table Alphabeticall* 出版于 1604 年，而英国历史上第一本伟大的词典约翰逊博士（Dr Samuel Johnson）的《英语词典》（*Dictionary of the English Language*）发表于 1755 年，也距那个时代不远。

---

① 又名《利利语法》，利利（William Lyly）著。书成于 1513 年。1542 年英王亨利八世下令定为学校标准用书。

三、语言学各分支发展的不同步

我们发现，即使在同一个语言里，它的语言研究的各个分支学科并不是同步产生或成熟的，其发生发展的条件取决于文化的需要、物质条件乃至其他学科发展提供的条件。在中国，各学科的发展顺序大体是：文字学—训诂学—方言学—音韵学—文章学—语法学。上面说到的社会政治条件也许人们已经注意到，但除此之外，物质条件和其他学科发展的因素也不容忽视。例如在中国，音韵学的成熟与魏晋南北朝诗歌的发展有关，又与东汉以后佛教传入、印度声明学的影响有关。文章学的成熟首先当然与文章自身的发展有关，而文章的大量产生却与汉末造纸工艺的成熟、写作条件大大改善、创作得以蓬勃发展有关。在英国，各学科的发展顺序却是：形态学—句法学—词汇学—语音学—篇章学，其发生发展条件也都与历史条件有关。例如形态学之所以发展最早，那是由于拉丁语法的传统影响所致；句法学的发展是英语自身特点发现的需要，主语、谓语、宾语等名称起源于莱恩（A. Lane）的《文章术解秘》（*A Key to the Art of Letters*，1700）；词汇学是随着 19 世纪英语向外扩张，成为"日不落帝国"，英语词汇急速膨胀而应运产生的；语音学的产生于 19 世纪末，语言研究的潮流从书面语转向口语有关；篇章学的产生则是由于对传统句法研究局限性的不满；等等。而在所有这些语言文化条件之外，物质条件起了至关重要的作用。就如造纸术的发明和改进大大促进了魏晋南北朝的文学、语言学、书法、绘画等等一样，印刷术的引进促进了英语由中古走向现代，也使英语语法和词汇的追求规范成为可能。1476 年，William Caxton 在伦敦设立了第一家印刷所，直接促成了"现代英语"的产生。1549 年，第一部英语版的《祈祷书》(*Book of Common Prayer*)出版，使英语得以普及，英语的研究和规范也才成为可能。

四、语言研究的影响与传播

19 世纪末以来，语言学实现了世界范围的大传播、大流动，在某些国家，语言理论研究一个高潮接着一个高潮。但如果仔细加以研究，可以发现，这些理论的产生和变化，都不是空穴来风，而是事出有因。如历史比较语言学的产生与医学（比较解剖学）的发展有关，其成熟与达尔文的进化论有关；索绪尔的结构主义可能受到化学发展（如门捷列夫元素周期表）的影响；美国描写语言学是调查印第安人语言需要的催生物；而转换生成语言学显然与电子计算机的发明、机器翻译构想的提出有关。语义学、语用学的诞生跟哲学研究的语言转向大有关系，甚至本来就是哲学催生的。语言研究还在不同国家、不同文化之间流动与传播，有的是平等交流，有的是从强势语言流向弱势语言；有的产生了积极影响，有的则产生了消极影响。如果仔细加以分析，无一不"有据可查"。如东汉以后的佛经翻译对中国语言研究产生了巨大影响，音韵学的成熟与对印度声明学（语音学）的借鉴有关，南北朝文体学的发展受到佛经分类的影响。[1] 19 世纪末，中国和日本不约而同地引进了西方式的语法，构建了自身的语法体系[2]，而在此之前，它们却都只

---

[1] 据《梁书·刘勰传》，刘勰在著《文心雕龙》之前，曾在锺山定林寺呆了十余年，"博通经论，因区别部类，录而序之"。对佛经典藏的分类是他在做文章分类之前的一次重要的实践。

[2] 日本有大槻文彦(Fumihiko Otsuki)的《日本文典》(1897)，中国有马建忠的《马氏文通》(1898)。

有文章学而没有语法学。至于 20 世纪以来,中国的语法研究跟着西方理论亦步亦趋,就更是众所周知的了。

以上四种情况,本文都只是大致举例。如要仔细研究,都有很多文章可做。本文的宗旨,是希望引起大家注意,语言现象不是孤立的,语言学现象同样不是孤立的,而是与周围世界有着千丝万缕的联系。那种把语言看作单纯的工具、把语言理论的产生看作是某个天才脑子一拍的产物的想法早已过时了。语言研究、语言对比研究都有必要在更宏观的背景下开展,这样才能显示出一幅又一幅鲜灵生动的画卷。

参考文献

1 林语堂,英文学习法[A],载刘英凯、李静滢主编《比较·鉴别·应用—英汉对比应用研究》[C],上海:上海外语出版社,2009。

2 刘宓庆,《汉英对比研究与翻译》[M],南昌:江西教育出版社,1991。

3 潘文国、谭慧敏,《对比语言学:历史与哲学思考》[M],上海:上海教育出版社,2006。

4 钱冠连,语言学理论框架的跨国对比[A],载刘重德主编《英汉语比较与翻译(2)》[C],上海:上海外语教育出版社,2006。

5 许国璋,《许国璋文集》(1)[C],北京:商务印书馆,1997。

6 姚小平,Logos 与"道"——中西古代语言哲学观同异谈[J],《外语教学与研究》,1992(1):34—45。

(本文提交于首届英汉对比与翻译研究学科建设高层论坛,载于《英汉对比与翻译》(2012))

弘扬学会文化，做培养学科人才的有心人

王菊泉

摘要： 本发言稿紧密联系学会文化，谈了发言人在培养学科人才方面的一些做法和体会。

关键词： 学会文化；人才培养

0. 引言

论坛组委会要我在论坛的学科建设与人才培养沙龙上做一个发言，谈谈学科建设中的人才培养问题。学会连续两届都把人才培养列入论坛的中心议题，充分体现了对人才培养的高度重视，值得称道。下面我就联系学会文化和本人的工作经历谈谈自己在培养学科人才方面的一些做法和体会。

1. 人才培养是学科建设的题中应有之义

无论哪个学科，只要想得到发展和取得成就，就得进行学科建设。而学科建设除了学科理论建设（包括对学科的性质、研究对

象、目标任务，以及学科的理论体系等根本问题的研究探讨）和具体的科学研究外，一个不可或缺的方面就是人才的培养，因为说到底，无论是学科的理论建设，还是具体的科学研究，都得靠合格优秀的人才来进行，都得由一茬一茬的人才来承担。由此可见，人才培养是学科建设的题中应有之义。就高校和科研院所的学科建设而论，其内容一般都包括学科定位（包括学科方向）、学科队伍、科学研究、人才培养、学科基地、学科管理等要素。在这些要素中，人才培养包括在内自不待言，而学科的队伍建设其实也与人才培养密切相关。联系我们学会的三大学科，即对比语言学、对比文化学和翻译学的学科建设，虽然建设的任务和内容与高校和科研院所不完全一样，但无疑也应包括人才培养和队伍建设方面的内容，只是具体情况和实施的条件不完全一样罢了。我的看法是，作为学会成员，不管是高校教师，还是科研院所的研究人员，完全可以把本单位的学科建设与学会的学科建设紧密结合起来，通过本单位的教学科研平台为学会所涵盖的三大学科的建设做出贡献。

2. 学会文化概述

学会成立二十余年来，始终坚持和大力弘扬已故创会老会长刘重德先生开创倡导的、已故继任老会长杨自俭先生进一步提炼和发扬光大的学会文化，在学术界赢得了良好声誉。

学会文化涵盖学风会风、学术规范、学会管理等诸多方面，而尤以学风最为关键。早在1996年第二次全国学术研讨会上，刘重德先生就专门谈了学风问题，指出"学风端正与否是一个学会成败存亡的关键"，并具体提出了他主张的学风："品学兼优，既自尊自爱又尊重别人爱护别人，以文会友，以友辅仁，互相学习，取长补短。我们著书立说,实事求是,决不夸夸其谈,哗众取宠,沽名钓誉;对中外文化遗产,糟粕要扬弃,精华要继承,并使之发扬光大,有所前进,有所发展,为三个有关学科的建设,为弘扬中华文化而贡献自己的一份力量。"

2004 年第六次全国研讨会上,杨自俭先生重申了刘老开创的学会文化,并把其思想精髓概括为:"高尚的道德与情操;科学的精神与方法;民主的思想与作风。"并再一次强调:"我们学会倡导的学风是:崇尚科学,刻苦钻研,严谨治学,实事求是,谦虚谨慎,相互切磋,取长补短。我们学会反对的学风是:浮躁草率,粗制滥造,弄虚作假,骄傲自大,沽名钓誉,拉帮结派。"2006 年第七次全国研讨会上,杨自俭先生进一步对刘重德老会长所开创的学会文化的内涵做出了具体诠释:"其内涵是:为人为学为人在先,学术为重,淡泊名利,大公无私,严以律己,宽以待人;为学崇尚科学精神,勇于创新,追求真理,尊重规律,严谨治学,学风端正,反对急功近利,粗制滥造,弄虚作假;学术面前人人平等,会员要品学兼优,自尊自爱,尊重爱护别人,相互学习,取长补短;领导班子成员不是'学官',学术上要以身作则,潜心研究,著书立说,工作上要大局为重,团结协作,诚心理学会之事,常理学会之事,无私奉献自己的时间与精力;要善于集中大家的智慧,民主决策,严守规章,制度管理,坚决反对沽名钓誉,拉帮结派,搞小圈子。"并郑重指出:"这是我们学会的灵魂,是我们学会得以生存与发展的生命力之所在,我们一定要认真继承并发扬光大之。"

在两任已故老会长精心培育、大力弘扬的学会文化的指引下,中国英汉语比较研究会在学会文化建设的各个方面都取得了引人瞩目的成绩。

首先在学风建设方面,学会的"崇尚科学,刻苦钻研,严谨治学,实事求是,谦虚谨慎,相互切磋,取长补短"的学风已经深入人心。在这一纯正学风的引导下,学会通过举办各种学术会议和出版会议文集,培养、造就、影响了一大批人,形成了为人在先,学术为重,以文会友,切磋学问,勇攀学术高峰的良好氛围,学会队伍不断壮大,并涌现了一批后起之秀。值得一提的是,鉴于时下国内学术风气败坏,各种学术腐败现象蔓延滋生的态势,2006 年 11 月,学会第七次全国学术研讨会特地通过决议,郑重向学会全体会员以及全国学界同仁发出了《提倡优良学风,反对学术腐败倡议书》。此举得到学界同仁的高度评价,在国内学术界产生了积极的影响。

在学术规范建设方面,学会成立二十余年来,坚持每两年召开一次全国性的学术研讨会,至今已经召开了 11 次全国性学术研讨会(或兼国际研讨会的性质)。此外,各下属分支机构也定期或不定期召开全国性或国际性学术研讨会,或举办各种高层论坛。与此同时,学会还在上海外语教育出版社的大力支持下,出版了一大批论文集,其中包括两年一次的全国学术研讨会的论文集《英汉语比较与翻译》(目前已出版了 10 集,第 11 集也已在编)。为了保证各类学术会议及其论文集的规范性和质量,学会在 1999 年 11 月举行的一次常务理事会上专门通过了《关于召开全国研讨会及其论文集出版问题的意见》,对全国研讨会举行的程序做出了规定,还明确规定论文集的选编必须严格执行三审的程序。其中对论文集选编的具体规定不仅保证了学会全国性研讨会论文集的质量,而且对学会其他系列的论文集以及会刊的编辑出版也起了指导作用。例如,学会近年组织编写的"英汉对比与翻译研究"系列文集一套 8 本以及先后于 2012 年和 2014 年按"以书代刊"形式出版的会刊《英汉对比与翻译》(第一、第二辑),由于严格遵照了学会关于论文集选编审校的具体规定和严格要求,因而无论是论文选编的质量,还是其格式体例的规范性,都受到了读者和出版社的好评。

学会文化是学会的灵魂,是我们学会生存和发展的生命力,是我们学会的传家宝。作为学会成员,我们有责任和义务在本单位的教学和科研工作中大力弘扬学会文化,为学会的学科建设和人才培养发挥积极作用。

3. 几点做法和体会

弘扬学会文化,要靠广大会员的身体力行。以下便是我这些年来在践行学会文化,培养学科人才方面的一些做法和体会。

3.1 求真务实严谨治学

高校教师为学科建设培养人才的主要途径是通过指导研究生。而教师能否求真务实,严谨治学则直接影响到研究生的培养质量。我的认真负责和要求严格在学生中是小有口碑的。一位不知名的毕业生在他/她参加某社区网站举办的"回忆一下自己一生中最快乐的十个时刻"的活动时,就曾把"在 SMU 被王菊泉先生表扬'认真'的时候"列为其中之一。因为我认真严格的名声,研究生挑选导师时,不少学生都把我作为首选,当然也不乏学生因喜欢其他方向或不同风格的导师而选择他人。我的做法是,研究生进校后,从个人培养计划的制定、阅读书目的选定、专业课程的学习、论文的开题和写作,一直到最后的答辩等各个培养环节,我都会根据各人的不同情况提出相应要求,尽可能给予个性化的指导。课程学习和个别指导以外,每个学期我还会给名下的研究生额外安排 4—5 次专题研讨会(seminar),组织他们就某一专题展开讨论,并欢迎同一方向的其他研究生参加。一般都是事先布置专题,大家分头准备；为了提高讨论质量，每次还指定学生重点准备，会上由他们做中心发言，其他同学参与讨论，我则在一旁做点评。对于这种"授人以鱼，不如授之以渔"的教学形式，研究生们一般都比较欢迎，觉得对培养他们独立思考和科研创新的能力很有帮助。所以，后来我在面向各个方向开设的课程教学中，也增加了专题研讨会的形式。在学生进入论文阶段后，我更是投入不少时间和精力，差不多每周都要和学生保持密切联系，了解写作进度，帮助解决遇到的问题和困难等。在他们交上初稿后，我一般都会认真仔细地审阅，提出详细的修改意见，然后进入二稿、三稿，完了以后我再看，再提修改意见，直至最后定稿；如果发现初稿严重不符要求，则不惜让作者推倒重来。个别学生因此还曾和我赌气。对于硕士论文写作中的可能存在的抄袭现象，我的做法是，如果抄袭现象不太明显，那就一般地提醒论文作者，希望引起注意；如果比较明显，则倾向于采取必要的惩治措施。在我作为答辩小组成员审阅研究生的硕士论文时，曾不止一次地发现论文中有从公开出版物中大段抄袭的情况。遇到这种情况，为对论文作者负责，我会把当事人叫来质询。在作者承认有抄袭行为的情况下，为了让他记取教训，我会让他写下书面检查，并要求其对论文做出必要修改，去除其中所有抄袭的章节或段落，同时提请学院学位分委会推迟其论文答辩。

我对学生严格要求还体现在我对他们论文写作的具体要求上。吕叔湘先生当年指导我们几名研究生写作论文时曾提出过"三分内容，七分形式"的观点。我体会吕先生的意思是，硕士论文在内容上不能作过高要求，主要是让学生通过写作在形式的规范性方面受到严格训练，从中不仅学到论文写作的一般方法，更是学到终生受用的严格细致的工作作风。遵循吕先生上述观点的内涵精神，我对于研究生的论文在内容上不作过高要求，努力做到在观点上有所创新即可，而对论文的形式规范和格式体例则特别强调。在具体做法上，我要求学生认真对待论文的各个环节，包括写作缘起和宗旨，文献综述，章节安排，具体行文（包括术语的使用以及具体的论证等），归纳结论，以及最后列出参考文献等，要求他们在各个环节上都要守规矩，体现规范性；大至论文的框架结构，章节的安排，具体的行文和论证，小至引文、夹注以及参考文献等的格式，甚至字母的大小写和标点符号等，我都会一一提出要求。我还特别强调对前人文献的阅读，要求他们动笔前要尽可能对前人的研究成果有一个比较全面的了解，切忌"从零开始"，"从我做起"。我还要求他们要充分尊重别人的研究成果，凡是参考了别人的地方，一定要注明出处，绝不能"占为己有"。在内容上，要凭材料说话，有一分材料说一分话，切忌无根据地说大话，说空话；引用材料要尽可能引用第一手材料。几分耕耘，几分收获。由于我的严格要求，不仅提高了学生论文的质量，更是有效地培养了他们严谨治学的态度和精神。经我指导的 20 余名研究生的硕士论文，绝大部分都达到了不错的水平，部分论文经改写后还在不同层次的刊物上得到了发表，其中有 2 篇发表于《外语教学与研究》，3 篇发表于其他外语类核心期刊或 CSSCI 社科类期刊。尤其值得一提的是，在格式体例的规范性方面，有一名毕业生曾经受到一家外语类核心期刊主编的称赞，认为其稿件的格式体例几乎无可挑剔，在众多投稿者中间非常少见。另一名学生毕业后承担了学会会刊《英汉对比与翻译》（第一、二辑）的主要编辑工作，尤其在格式体例的规范方面起到了骨干作用，在很大程度上保证了会刊的质量。

3.2　多种形式培养学科人才

除了正常的校内教学和指导研究生外，平时我还承担过不少的社会工作，诸如评阅兄弟院校硕博论文或担任答辩委员，为青年教师审阅修改文稿或书稿，为外校师生开设讲座等。承担这些工作虽然要耗费我不少的时间和精力，但在我看来同样是为学科建设培养人才，因而总是认真对待，决不马虎从事。以评阅兄弟院校硕博论文或担任答辩委员为例，凡我评阅的论文，一般我总会通读一遍，重点部分反复阅读，然后写出比较详细的评阅意见，指出论文优缺点，并提出修改建议。尤其是对于预答辩的博士论文，我投注的时间和精力就更多，不但指出其存在问题，还会提出详细的修改建议，必要时还会和论文作者通电话或电子邮件交流。因为既然是预答辩，一般还来得及做出较大修改，提出的修改意见对作者的帮助就更大。对于评阅的论文，除了内容之外，我一般都会指出格式体例方面存在的问题，借以提醒作者必须从小处着眼培养自己严谨的学风。

我培养学科人才的另一重要形式便是精心选编本学科的优秀论文集。1990 年，杨自俭和李瑞华合编出版了我国有史以来的第一部英汉对比研究论文集(1977—1989)，1996 年李瑞华又主编出版了《英汉语言文化对比研究》(1990—1994)，从而构成了系列。受此影响和启发，并在杨自俭先生的直接指导下，我和一位同事合作选编了该系列的第三本论文集，即《英汉语言文化对比研究》(1995—2003)。为了保证文集的选编质量，使得文集尤其是对于在校硕博生有足够的参考价值，我们沿用了杨自俭和李瑞华的做法，不仅在精选论文上狠下功夫，而且还写下了 3 万多字的长篇前言，对选文时间段内学科发展的状况作了回顾和总结，同时对入选的 44 篇论文一一做出评述，最后还就学科今后的发展谈了看法。文集出版以后尤其受到年轻学子的欢迎，曾多次重印，对英汉对比研究的学科建设和人才培养起到了积极的推动作用。2006 年，杨自俭先生和我又接受了学会和外教社的委托，主持《英汉对比与翻译研究》系列文集的选编。根据设定目标，该系列文集共八个分册，选录 1977—2007 年 30 年间英汉对比语言学、对比文化学和翻译学三个学科领域中国内期刊和文集上发表的最高水平的论文（经典名篇不受时间限制）。为了增加文集的含金量和使用价值，我们要求每一分册除了精选论文作为正文外，都要包含总序、综述、编者札记、重要论著索引和编后记六部分；编者札记要求是画龙点睛式的评论，综述不仅要总结本分册研究领域的成绩，还要预示发展趋势，总序则要求是三个学科研究与发展的总结与指南，论著索引必须有重要参考价值。文集的编写出版从 2006 年开始筹备到 2007 年正式启动，到 2012 年最后一个分册问世，前后共经历了 6 个年头。其间，从确定文集以及各分册的中英文名称，制订体例规范，选定各分册主编，与各分册主编就论文的筛选、格式体例的统一、综述和编者札记的撰写与修改等种种问题不间断地进行沟通与交流，向有关作者以及刊物或出版社就收录论文事宜一一发函征求意见，一直到最后撰写总序、审定各分册初稿、与出版社联系编辑出版事宜等等，杨自俭先生和我做了大量艰苦细致的工作，倾注了大量的心血。据粗略统计，在整个编辑期间，仅各类编辑文件（包括编辑方案、格式体例等）以及总主编写给各分册主编的审读意见（涉及分册内容、文字和格式体例等）就有 5 万字左右。尤其是杨自俭先生，他于 2008 年 3 月编写工作最为紧张的时候不幸查出患有肿瘤并动了切除手术，但他在术后休息了没有几个月即再次投入编写工作，一直到 2009 年 4 月逝世前还在挂念文集的编写和出版。他为学科建设和人才培养呕心沥血、死而后已的精神将永远值得我们感念和学习。

在不少人看来，编写论文集无非是选录若干篇论文编辑成书而已，是一种资料性工作，是"为他人做嫁衣裳"。但是，我们认为，尤其是学会文集的编写，其编写质量的好坏直接关系到学会的学科建设，关系到学科人才的培养，是非常值得为之投入时间和精力乃至献身的工作。由于我们俩以及各分册主编的艰苦努力，这套文集的编写成功实现了最初定下的目标，即该书"是近 30 年来我国英汉对比和翻译研究的历史检阅"，"实为英汉对比与翻译研究及相关研究领域的重要文献库，是这些学科及相关专业本、硕、博师生学习、教学、研究的必读参考书"。更为重要的是，该套系列文集在更深层次上从一个侧面还反映了咱们学会已故老会长刘重德先生和杨自俭先生所开创倡导的学会文化，即崇尚科学精神、严谨治学、遵守学术规范、反对急功近利、粗制滥造的优良学风。正是这种优良学风的代代传承，才是一个学科生生不息，不断发展的永恒动力。

3.3 关注队伍建设

队伍建设与人才培养紧密相关，是学科建设的另一个重要方面。如果说人才培养的对象主要是学生的话，那队伍建设的对象则主要是从事科学研究和人才培养的教师和研究者本身。在现代条件下，一个学科如果没有一个合适的学术带头人，如果不能组建起一支在年龄、学缘、职称等各方面结构合适的学术梯队，那就很难在学科建设方面做出成就，最后甚至会后继无人。几十年来，我除了作为高校教师为学科建设努力培育人才之外，作为学院的两任行政主要负责人和学会领导机构多年的骨干，我也为学院和学会的队伍建设倾注了不少的精力。

上海海事大学是一所行业特点明显的涉外型老校，早在 1965 年就建立了英语和法语两个本科专业，1979 年又在全国率先招收翻译理论与实践研究生,并于1986年成为全国首批获得该专业硕士授予权的两所院校之一。作为学院的资深教授和硕士点英汉对比与翻译研究方向的第一代负责人,无论是我在职时,还是退休后,我都十分关注学科人才的培养。我时时关心他们的教学科研,经常为他们撰写论文或申请项目提供参考意见,经常为他们审阅修改文稿和书稿等。我欣喜地看到,在硕士点英汉对比与翻译研究方向的基础上,学院于2013年成功申获了英汉对比与翻译的校级学术创新团队,成为学校的7个学术创新团队之一,并且经过三年的建设已经取得相当不错的成就。据统计,该团队5名成员最近几年间完成或申获国家社科基金项目2项、教育部或上海市人文社科基金项目6项,在CSSCI期刊发表论文30余篇,其中以第一或第二作者发表于《外语教学与研究》、《中国语文》、《外国语》、《现代外语》等语言类著名期刊8篇,出版学术专著1部。尤其是团队主要负责人尚新,在多年连续担任学院副院长、院长的情况下,仍然获得了引人注目的成果,其2008年申获的国家社科基金项目的研究成果以专著形式在众多的竞争者中脱颖而出,于2014年获得了上海市出版基金的资助,现已出版问世。此外,他还成功申获了教育部人文社科基金规划项目一项,还在《外语教学与研究》及《外国语》等外语类主要期刊上发表了3篇论文。此外,作为学会的副秘书长和常务理事,他还为学会做了不少的事情,包括主持编辑出版了两辑学会的会刊,目前还负责着学会《会员通讯》的编辑工作。

在培育人才方面,平时我还十分留意学会新秀的成长,发现有合适对象就向学会推荐,让他们有机会为学会服务,并从中得到锻炼。尤其是在最近一次换届之前,正逢学会迎接民政部的评估,我作为迎评工作小组的核心成员,参与迎评材料的准备工作,有机会搜集了解广大会员的科研成果、社会兼职和所获奖项等各种资料。根据所了解的情况，我适时地向学会的主要领导推荐了多名杰出的新秀作为学会理事或常务理事的候选人，最后基本上都选入了学会新一届的领导班子，大大改善了学会领导班子的梯队结构。

　　（本文提交于第二届英汉对比与翻译研究学科建设高层论坛学科建设与人才培养沙龙）

文化自觉视角下的 MTI 课程设置探索

邵　璐

摘要： 在文化自觉视角下，我们应该对 MTI 的教育目的和内涵有"自知之明"，应明白其课程设置的初衷、执行方式、所具有的特色和发展的方向，不必也不可以"全盘西化"，不必也不可以"坚守传统"，在经济全球化背景下，应提升其包容性。本文通过比较香港高校的翻译 MA 课程与内地高校 MTI 的课程设置情况，探寻、比较两地翻译硕士课程设置的特点和所存在之不足。文章以香港课程式翻译硕士课程、内地综合性高校和财经类高校 MTI 课程设置为核心考察点，对 MTI 总体课程设置特点进行考察，提出如何对 MTI 课程设置进行改良的若干构想和对策。

关键词： 文化自觉；翻译课程设置；MTI；翻译教育；翻译教学法

0. 引言

当代社会学家费孝通(1997：22；2000：44)将"文化自觉"定义为"生活在一定文化中的人对其文化的'自知之明'，明白它的来历,形成过程,所具的特色和它发展的趋向,不带任何'文化回归'的意思,不是要'复旧',同时也不主张'全盘西化'或'全盘他化'"。当我们把该理念引入至翻译学学科建设中时,则会引发对"翻译硕士专业学位"(MTI)的反思,以探索 MTI 教育既非"复旧",亦非"他化"的革新之路。自 2007 年中国内地首次开设 MTI 以来,MTI 教育在内地迅速发展。截至 2013 年 9 月,获准试办翻译硕士专业的高校已达 159 所,并且还会增加。在取得较好成绩的同时,MTI 课程设置、师资建设、就业实习等方面也暴露出不少问题,亟需找到行之有效的解决办法。内地虽有办得有声有色的高校,但总体而言还都处于尝试和摸索阶段,因此,需要借助外围参照来反观自身,找准问题和对策。

香港拥有悠久的翻译专业教学历史和相对成熟的翻译教学模式,其课程设置和教学理念有不少值得内地高校借鉴的地方。香港翻译学位教育的硕士层级有 2 种,一是修课型硕士(或称课程硕士;MA 或 Taught Masters;下文简称香港 MA),二是研究型硕士(或称哲学硕士;MPhil)。其中,修课型硕士与内地 MTI 在培养目标和课程设置方面有颇多相似之处,可以作为他山之石,引以为鉴。而内地 MA 硕士学位从内涵来说约等于香港的研究型硕士学位。本文将以香港 MA 翻译学位课程设置为参照,反思内地高校 MTI 课程设置所面临的问题,并提出相应对策。

1. 香港 MA 翻译学位课程概述

在香港 9 所由政府创办或资助的大学中,有 7 所①先后成立翻

---

① 香港中文大学翻译系、香港大学中文系、香港浸会大学翻译课程、香港岭 (转下页)

译系或翻译课程，包括学士、硕士、博士层级的翻译学位教育。这
7 所大学中，又有 5 所开设了 MA 翻译学位课程。香港 MA 学位
课程有比较鲜明的特色，主要体现在：

一是，通常不以口、笔译为方向分水岭。虽然跟内地 MTI 一
样，都把翻译实践放在首要位置，翻译理论仅为辅，然而，香港 MA
却一般未把口译和笔译分成两个方向，而是将二者融合在一起，在
课程设置上分为"以实务为主"和"以研究为主"（如香港浸会大学
MA① 翻译学位课程）。

二是，课程设置各具特色。开办 MA 翻译学位课程的 5 所香
港大学，其培养侧重点各有不同。1）香港浸会大学翻译课程开办
的 MA 侧重对翻译理论和对翻译实践涉及的文化研究，既重视翻
译理论，又重视翻译实务指导，以学生为中心，鼓励学生自己去探
索和研究；2）香港城市大学翻译及语言学系开设的 MA 课程②注
重对语言资讯科技的研究，单独开设有翻译及语言资讯科技翻译
方向，并拥有"语音和认知实验室"；3）香港理工大学中文及双语学
系的 MA 课程③实为对语言基础知识和理论的培训，翻译课程兼

（接上页）南大学翻译系、香港城市大学翻译及语言学系、香港理工大学中文及双语
学系、香港公开大学人文社会科学院。
① "翻译及双语传意文学硕士课程"（Master of Arts in Translation and Bilingual
Communication）[OL]，http：//tran. hkbu. edu. hk（2015 年 9 月 10 日读取）。
② "语文学（语言及法律/语言学/翻译及传译/翻译及语言资讯科技）文学硕士课程"
（Master of Arts in Language Studies ［with stream in Language &. Law/
Linguistics/Translation &. Interpretation/Translation with Language Information
Technology]）[OL]，http：//lt. cityu. edu. hk/Programmes/Progs_ProgAPI. asp?
prog＝mals（2015 年 9 月 10 日读取）。
③ "翻译与传译文学硕士课程"（Master of Arts in Translating and Interpreting）
[OL]，http：//www. cbs. polyu. edu. hk/mati. html、http：//www51. polyu. edu.
hk/eprospectus/tpg/2015/72017-tif-ti（2015 年 9 月 10 日读取）。

顾了翻译学理论及译学相关的学科和翻译实践指导,并重视培养学生的自主学习能力和团队合作能力;4)香港中文大学翻译系 MA 课程①运用多媒体教学和电脑辅助翻译,强调教师同学生之间进行沟通,翻译课程的应用性很强;5)香港公开大学人文社会科学院的 MA 课程②则重视学生的自主选择权,学生可根据自己需求从多个选项中选择研究方向,注重培养学生的口头和书面表达能力。香港这 5 所大学的 MA 课程既有相似之处,又各有培养侧重点,差异化的培养模式有助于为翻译界培养各类专才,适应不同的研究领域或工作岗位,满足社会的多层次需求。

三是,学术研究各有偏重。香港这 5 所大学,研究方向和长项都有所区别。香港中文大学的翻译系是亚洲最早开设 MA 翻译硕士的学系,先后开设了"电脑与翻译"、"机器翻译"、"电脑辅助翻译"等课程,2002 年正式推出"计算机辅助翻译文学硕士课程",将翻译与语言学、逻辑学、计算语言学、计算机科学等相联系,引发了一场新的翻译文化。该课程的特点在于传授翻译软件的使用、设计以及机器翻译的编辑技巧等特殊专业知识。香港理工大学的翻译硕士是香港唯一主攻口译方向的硕士课程。香港城市大学的语音和认知研究中心为翻译研究提供了语言学方向的研究资源。香

---

① "文学翻译硕士课程"(Master of Arts in Translation)、"电脑辅助翻译文学硕士课程"(Master of Arts in Computer-aided Translation)[OL],http://traserver.tra.cuhk.edu.hk/index.php? option=com_content&view=article&id=98&Itemid=562(2015 年 9 月 10 日读取)。

② "实用翻译文学硕士课程"(Master of Arts in Applied Translation)、"法律翻译文学硕士课程"(Master of Arts in Legal Translation)[OL],http://www.ouhk.edu.hk/wcsprd/Satellite? pagename = OUHK/tcSubWeb&l = C _ ASS&lid = 1911140002008&c=C_ASS&cid=1911100310008&lang=eng&mid=0(2015 年 9 月 10 日读取)。

港中文大学的 MA 课程尤其注重翻译工作实践，理论课程相对更少，对于翻译理论的介绍基本属于概略式的综览；实践课程根据行业类型对文本进行细分，侧重文本的微观特征分析。香港岭南大学的翻译学位课程则注重语言在社会和文化背景下的应用。

四是，跨学科教学倾向明显。香港翻译学位课程设置和内地最大的不同在于香港的翻译跨学科研究做得较好。内地翻译学位多隶属于外语学院，翻译教学的重心还是传统地向外语方向倾斜，而香港的 MA 课程与中文系、哲学系及其他人文类学位联系较紧密，在教学过程中，注重双语即外语和母语（粤语、普通话）同步加强。

2. 内地高校 MTI 教育的不足

相比而言，内地高校 MTI 在课程设置方面还存在着不少问题，这主要体现在：

首先，重器而轻道。仲伟合（2006：34）曾提出：MTI"课程安排突出口、笔译技能的教学与实践，同时安排必要的理论课程"。然而，据笔者了解，不少高校的 MTI 课程设置缺乏翻译理论和思辨型课程，与翻译相关的课程基本为纯实践型课程，缺乏对学生翻译理论素养的培养。这样导致的结果可能是：培养出了翻译匠，而非翻译学人；过度重视"器"，缺乏全面综合素质培养。在译学界，至今仍有所谓实践派对翻译理论嗤之以鼻，认为不能指导实践的理论是"空头理论"、"雕虫小技"、"花拳秀腿"，将理论和实践截然分开。笔者认为，这是混淆了纯翻译研究和应用翻译研究，认为"翻译理论只是解释或分析翻译的工具"，其实"翻译已不再是简单的技能或文字转换，翻译研究已超越了'器'而进入了'道'的层面"

（廖七一，2012）。在内地 MTI 课程设置中，应兼顾"培训"和"教育"双重功能，以"育人"引领"传技"，以培育全面发展的译才为最终目的，在此方面香港浸会大学翻译 MA 的教育理念与模式似可提供比较有益的参考。[①]

其次，重专业知识，轻人文素养。以西南财经大学 MTI 笔译方向课程设置为例，由于该校的目标在于"培养商务（财经）知识丰富，能适应全球经济一体化和提高国家国际竞争力的需要、适应国家经济、文化、社会建设需要，尤其是国际商务活动需要的高层次、应用性、职业化高素质口笔翻译人才"，因此，在 12 门专业选修课中，跟商务和金融相关的课程占了一半[②]；对于跨专业选修课，更建议学生选修商务类课程。这样的课程设置好处在于突出了商务翻译特色，依托该校经济学、管理学等财经类强势学科资源，坚持翻译与商务，尤其是与财经结合。然而，由于金融、管理学等商务、财经类的课程占了半数，亦会弱化语言、文学、文化类人文培养；而 MTI 学术写作课程的缺乏，也造成了学生在撰写毕业论文时，几乎都选择翻译实践报告，而非学术论文。

其三，重通论或概论性课程，轻微观或回顾性课程。西南财经大学 MTI 笔译方向必修课中，基本只分设两门，即文学翻译与非文学翻译。由于 MTI 的课程讲授时间仅有一年加一个小学期（1 个月的暑期课），因此这两门都只能开设一个学期。这样的缺点比较明显：一方面，课程覆盖面太大，在有限课时的情况下，授课只能主要为宽泛和概况地进行学科介绍，难以有充足的时

---

① 对于香港浸会大学教育理念与模式的详细介绍，谭载喜（2012：147—155）有详细介绍。

② 这 6 门专业选修课为跨文化商务沟通、商务文体概论、商务导论、国际商务实务、商务笔译、金融与银行业务。

间引导学生进行深入思考和培养批判性思维。另一方面,对理论知识应用的缺乏,也容易导致 MTI 学生不能熟悉运用前沿翻译理论知识来描述和解释自己的翻译行为。翻译实践仍然停留在盲目和混沌状态,未能实现"技进乎道"。根据内地 MTI 翻译教学的实际,笔者认同廖七一(2011：25)提出的四个模块:翻译研究范式的演进、翻译与社会规范、文本功能与翻译策略、口笔译质量评估。第一个模块跟香港浸会大学给哲学硕士、博士生修读的"译学精读"(Research Reading in Translation Studies)、香港理工大学为翻译学博士生和博士后开设的"翻译研究"(Translation Studies)较为接近,然而,在进行教学活动时,内地 MTI 可将难度降低。

最后,重语言能力训练,轻思维和创新能力培养。内地 MTI 学生可能掌握了较大的英文词汇量,却仍没法讲出或写出具有深度的英语文章,不能活学活用。大多数学生只是满足于掌握听说读写基本技巧,而忽视了思想内涵和文化修养,不知道如何理清思路,逻辑清晰,合乎规范地写好研究论文。事实上,从本科阶段起,课程设置就存在诸多欠缺。不少高校本科阶段的课程设置繁杂,看似面面俱到,其实只是蜻蜓点水,而且最为可惜的是忽视了中文教育。其结果是,由于基础教育就忽视了文化素质的提高,MTI 学生对文学、哲学、美学、逻辑学、科学技术等方面知之甚少。尽管学生在 MTI 学习期间,对翻译理论、翻译史、翻译批评、语言学等方面有初略了解,但具体开始论文写作时,依旧只能在理论和例子间徘徊,难以运用理论来支撑对具体文本的解读。因此,要真正实现 MTI 教育"高层次、应用型、专业性"翻译人才的培养目标,依旧任重而道远。

3. 分析与讨论：香港 MA 对内地 MTI 教学的启示

通过上文对香港高校翻译专业教育的介绍和对内地 MTI 教育所存在问题的分析，笔者认为，对 MTI 课程设置的再思考和再设计已经势在必行，并可以从以下几个方面入手。

1) 明确 MTI 教育旨在培养高层次翻译专业人才的定位。不论是在香港，还是在内地，选择翻译作为研究生阶段专业的学生一定要对自己以及这个专业有准确的定位。要明确自己未来的方向，是要面向社会职业，还是进行翻译理论研究或是进行对翻译活动本身的研究。明确了这一点才会对自己的课程安排有非常明确的目的和指向。

2) 区分翻译课程中"译者培训"和"译者教育"的区别。Bernardini(2004：19—22) 曾明确指出应区分这两者的区别，Widdowson(1984：201—212) 更提出应该在语言教学中把"培训"和"教育"两个概念严格区分开来。"培训的目的是教人解决事先想到了的、可以通过运用公式来解决的问题。但是教育……旨在培养人的综合智力、认知能力、处世态度和脾性，这些素质有助于解决任何不测之事"(Widdowson 1984：207)。目前 MTI 的发展模式和前景似乎并不明朗，许多学校仍在探索中，学生似乎也对这一学科感到困惑。部分重实践而轻理论的观念，容易让 MTI 教育沦为职业专科教育或本科教育的简单延伸。就此点，谭载喜(Tan 2008) 将香港浸会大学提倡的全人教育理念运用到翻译教育中，从而提出了"翻译学位课程的综合素质培育"模式，即将"职业培训"与"通识教育"这两个功能合二为一，简单公式为培育＝培训＋教育，以及"素质培育金字塔"的概念。

　　3）凸显各大高校的办学特色。如前所述,香港各大高校的翻译专业教育各有偏重、各具特色。内地高校则存在千篇一律的同质化教育倾向,虽然也有不少尝试,但是要真正凸显各自特色,还需要继续探索和努力。以四川省为例,全省目前有四川大学、电子科技大学、西南财经大学、西南交通大学、四川师范大学、西南石油大学、成都理工大学、西南科技大学、西华大学这 9 所高校设有MTI 专业。① 四川大学是川内第一所开设此专业的学校,并形成其"川大模式",特点是"基本的理论学习＋大量的实践"。随后,上述其他高校先后到川大调研和学习,因此,在课程设置上受"川大模式"影响巨大。当然,也有基于"川大模式"凸显本校特色的做法,也就是采用与自身优势专业相结合的模式,比如说西南财经大学 MTI 专业的专业课程设置,就以四川大学的基本模式为框架,结合学校的财经优势凸显专业特色,而电子科技大学则以它的优势专业通讯为依托突显专业特色,西南交通大学则以土木工程为依托等。这些探索很有意义,但是需要处理好专业特色课程与翻译专业课程的融合和平衡问题。②

　　4）开展"全人"型翻译专业人才教育。概括来讲,香港的 MA翻译课程都比较注重对学生综合能力的培养,课程兼顾翻译技巧和翻译理论研究,并很好地结合了翻译领域的最新科技成果(将机器辅助翻译和机器翻译与教学结合),充分利用翻译学术性机构加

----

① 大部分高校 MTI 都为全日制 2 年,少部分高校,如四川大学则为全日制 3 年。

② 西南财经大学 MTI 课程在这方面做出了大胆尝试,其成效可由英美等国和香港各所大学教学改革所提倡的"以学生学为中心、以学习成果为基础的模式"(Student-centred, learning outcomes-based approach to teaching and education)进行检验。以学习成果为基础的教与学模式(outcomes-based teaching and learning,简称OBTL),其内涵包括学生实际学习效果、课堂上具体的教学活动、平时作业、期中和期末测验如何服务于学习成果的实现等。

强学生同教师之间的交流和沟通,教师在授课过程中比较注重结合自身的翻译实践向学生介绍翻译实务及理论知识,也比较重视学生的社会实践能力。

目前,内地诸多高校的 MTI 教育尚处在摸索阶段,但相较于专业起步之初,已经有了长足的进步。对于有志于从事翻译事业的学生来说,这些优化项目将有利于为他们提供一个更为开放和自由的学习环境,他们的自主选择权会得到扩大,能够根据自己的兴趣或天赋选择合适的研究领域和学习方式,也能够更加全面的培养个人的专业素养,对前沿翻译理论和翻译技术的学习和掌握,以及在学习期间培养的良好的学习习惯和自主研究能力,将帮助他们成长为既懂理论又精于实务的翻译学人才。基于此,笔者认为,MTI 课程设置应该包括以下五大板块:

第一,基本技能课程。以提高中英互译基本能力为主的课程,包括翻译的通论,指对具体翻译过程的简介;中文分析、鉴赏、写作能力;英文分析、鉴赏、写作能力;中英对比及互译;以及口译的培训等。上述课程旨在提高译者的文字能力、翻译能力。

第二,专业领域翻译课程。这些课程多为选修课,学生从自身兴趣、擅长领域和未来职业选择出发,选择不同的翻译类课程进行学习。香港中文大学大量开设了此类行业细分的翻译课程,比如法律文书翻译、公共关系类翻译、时事翻译,这些课程的行业分类比其他大学更加细致。MTI 课程设置不能只局限于本学科的理论及其发展史。还应增设逻辑学、哲学、文艺学、修辞学、叙事学等作为选修课程的补充。学科与学科之间的研究方法是可以相互借鉴、相互启发、相互推动的;在法律、财经、科技等学科方面实力雄厚的学校可以开设或保留特色课程,丰富学生的百科知识,尤其是不能忽视汉语表达和写作能力的提高。

上述两方面课程,主要是从翻译实践的角度出发进行设置的。

第三,翻译理论课程。这类课程包括翻译史、翻译概论、翻译批评、翻译学前沿等。而且,由于翻译学与语言学有密切的关系,理论性课程里面还有很多语言学学科下的课程。另外,对翻译的哲学思考,比如翻译中的性别问题,也应囊括在翻译学的理论性课程中。这部分课程主要是为了提高学生对翻译的理论认识,学会对翻译相关的问题进行批判思考,也学会从更高的高度来审视翻译的本质、翻译的作用等翻译学的基本问题。

第四,探究性学习课程。鉴于教学传统的不同,内地的硕士类教学还停留在授课式教学阶段,研究型教学不多,也不系统,在学生的理论研究、创新能力提高方面教学不如香港高校那般重视。香港浸会大学 MA"以研究为主"的方向更适合培养学生的创新和思辨能力。当代翻译研究比较重视跨学科的视域融合,所以除了要加强学生双语语言能力,更需打开学生的视野,引发自主批判式思考。如果说"翻译研究视角的转换决定了翻译目的、标准、观念和策略的多元,而翻译研究的跨学科性又决定了其研究模式的多元和开放性"(廖七一,2012)能够成立,那么,我们似乎可以更开放的态度对待学生的选题,不必拘泥于文学翻译或非文学翻译的简单划分,同时增设学科研究方法论等课程。

第五,相关学科知识课程。应丰富教学手段,教与学相结合,理论和实践操作相结合,充分运用多媒体、机助翻译等工具,组织学生集体进行实务操作练习。由此,应增设翻译技术课,购入能适应市场需要的翻译软件。让学生能熟练运用 SDL Trados Studio、Dejavu、Star transit、IBM Translation Manager 等翻译记忆软件。目前国内大多数高校 MTI 采用的是国内自主开发的翻译软件"雅信CAT"①,而翻译公司则通常采用Trados。具体而言,有三种操作途径:1)将翻译技术(包含"机器翻译"、"计算机辅助翻译")设置为专业方向②;2)将网络资源检索(包括搜索引擎、在线翻译网站③、译者讨论组、数据库等)作为必修或选修课程,如香港理工大学MA的"计算机辅助翻译"(Computer Assisted Translation)和"语言专业人员的计算机工具"(Computer Tools for the Language Professionals)等选修课;3)作为翻译实践课的一个或几个单元,如西南财经大学MTI的课程"笔译工作坊"采用Trados作为整门课唯一使用的翻译记忆系统软件,而"文学翻译"和"非文学翻译"则采用"雅信CAT"作为计算机辅助翻译系统。

4. 结语

综上所述,笔者认为,内地大学的MTI教育要克服当前的困境,可以从如下几个方面进行努力:第一,需要根据社会需求,结合本校特色和优势学科和专业,对翻译学科进行科学定位,制定更加合理和全面的教学大纲,明确培养目标。第二,需要充分借鉴境外的可取的翻译教育和教学经验,以学生为中心,结合本地学生的学习基础及能力,合理设置课程内容及学习进度安排,或补充和语言相关的学科背景知识,或补充计算机操作方面的知识,让学生自主选择研究领域,使其能松弛有度地学到应该掌握的知识。第三,通过与出版社合作,建立翻译实践平台(如西南财经大学MTI便

---

① 专业软件雅信CAT是国内较成熟的翻译软件之一,由北京雅信诚公司开发。
② 如香港中文大学翻译系和北京大学语言信息工程系设有计算机辅助翻译硕士专业。
③ 较常用的翻译网站有WorldLingo、中国专家翻译网等。

承接了"外研社双语工程项目"),让学生有更多机会翻译实践。第四,应该丰富学习模式,同时开设全日制和兼读模式,分奖学金和全自费攻读模式,提供深造证书、深造文凭或文学硕士等多种学习证明方式,便于学生自主选择①。内地 MTI 可结合自己本校的优势和办学特点,通过了解传承英式学位教育体制的香港 MA 教学模式、教学课程等学科内容,学习其长处,发展有特色课程。如此方符合费孝通提出的文化自觉历程——"各美其美,美人之美,美美与共,天下大同"(1997:22;2000:45),从而促进新生的 MTI 教育的健康和可持续发展。

参考文献

1. 费孝通,反思·对话·文化自觉[J],《北京大学学报(哲学社会科学版)》,1997(3):15—22。

2. 费孝通,重建社会学与人类学的回顾和体会[J],《中国社会科学》,2000(1):37—51。

3. 廖七一,MTI 的翻译理论教学[J],《中国翻译》,2011(3):25—28。

4. 廖七一,由"器"入"道":翻译研究的学科疆界与方向[N],《中国社会科学报》,2012/01/30—B06。

5. 谭载喜,《翻译与翻译研究概论——认知·视角·课题》[M],北京:中国对外翻译出版有限公司,2012。

6. 仲伟合,翻译专业硕士(MIT)的设置——翻译学学科发展的新方向[J],《中国翻译》,2006(1):32—35。

7. Bernardini, S. The theory behind practice:Translator training or

① 这一点内地 MTI 则较香港 MA 更有优势,香港目前开办的 MA 皆无香港政府经费资助,学生必须自费。虽然香港 MA 有些课程设有奖学金以鼓励成绩优秀者,但这类奖学金一般源自学费建立的发展基金,而内地 MTI 学生则有来自国家的以奖学金形式的经济补贴,困难生则可享贷款。

translationeducation? [A]. In K. Malmkjær (ed.). *Translation in Undergraduate Degree Programmes* [C]. Amsterdam & Philadelphia: John Benjamins, 2004.

8 Tan, Z. X. Towards a whole-person translator education approach in translation teaching on university degree programmes [J]. *Meta: Journal des traducteurs*, 2008,53(3): 589 - 608.

9 Widdowson, H. G. English in training and education [A]. In H. G. Widdowson (ed.). *Explorations in Applied Linguistics* 2 [C]. Oxford: Oxford University Press, 1984: 201 - 211.

(本文提交于第二届英汉对比与翻译研究学科建设高层论坛)

论汉语研究在外语学科中的地位

——兼论化入与创生

魏在江

摘要：随着全球化进程的加快,中国语言学迎来了新的发展机遇,也面临着新的挑战。随着我们国家综合国力的提升和国际地位、国际影响力的提升,母语研究在外语学科中的地位这个问题变得越来越突出了,母语研究在外语学科中越来越重要了。在当下外语研究中,母语是1)构建中国自己的语言学体系的需要、化入与创生的需要;2)推介中国文化、让中国文化走向世界的需要;3)消除学科壁垒,汉外学人携手并进建设中国语言学的需要。本文论述了在全球化的背景下中国语言学研究所面临的挑战,针对目前母语在外语学科中的地位进行了讨论,呼吁在外语学科研究中必须加强和重视母语的研究,认为这是中国语言学研究走向世界的必然选择和不二对策。

关键词：中国语言学研究;全球化;思考

0. 引言

好几年前,钱冠连就提到了这样的事情:外语学者报了跨汉语的项目不给批,有了跨汉语的成果不给评职称,这是一个非常荒唐的、失策的做法,要害我们的事业,害几代人的(钱冠连,2000)。著名语言学家胡壮麟也认为:长期以来,语言学专业在我国高等院校是设在中文系的。从事外语教学的外语系老师必然要具备一些语言学知识,但面临不少困难,一是没有受过专门的语言学训练,功底不足,一是所学习掌握的语言学理论如不结合汉语,既不能服人也难以创新,然而结合多了,则会有不务正业之非议(胡壮麟,2000:前言)。十年过去了,情况有变化吗? 在我们国家外语界,我们常常还能看到这样的情况:在有的学校,外语专业研究生论文写汉语方面的论文被认为不符合要求不让过关,甚至笔者还听到一位导师指导他的研究生说不要掉入汉语的泥潭;在外语教师队伍中,相当部分的老师认为我是搞外语的,不想搞汉语,不想与汉语挂钩,搞汉语研究甚至被认为是不务正业;有的学校外语教师如果写的是汉语论文或论文发表在汉语期刊上,评职称时就要受到影响;在某编辑部,编辑审稿时也写下了这样的话:这是汉语方面的论文,不符合外语期刊的要求,本刊恕不采用,建议另投他刊。如此种种,不一而足。那么我们作为搞外语的学者,究竟应该怎样看待母语研究在外语学科中的地位呢? 我们应该如何正确处理母语研究与外语研究之间的关系呢? 本文将就此进行讨论。

随着全球化进程的加快,中国语言学迎来了新的发展机遇,也面临着新的挑战。随着我们国家综合国力的提升和国际地位、国际影响力的提升,母语研究在外语学科中的地位这个问题变得越来越突出了,汉语研究在外语学科中越来越重要了。笔者认为有必要对此问题进行讨论,以澄清一些模糊认识。

1. 外语学科研究的历史回顾

随着中国加入 WTO,随着全球化进程的日益加快,我们国家在各个方面正面临着难得的发展机遇,也必然要面对许多新的挑战,有的挑战甚至是令人难以预料的。我国的语言学研究也同样如此,也必然要经受许多挑战,也必然要走向世界,也必须走向世界。我们有必要对我国语言学研究做一番历史的回顾,以便摸清实情,迎接挑战,总结是为了更好的发展。

《马氏文通》的问世,标志着中国语言学的诞生,也标志着中国现代科学意义上的语言学的诞生。《马氏文通》问世已一百多年了,中国语言学研究无论是在理论和方法的探讨上,对语言事实的挖掘、描写上,还是在应用上,都取得了显著的成绩,这是应该充分肯定的。19 世纪末,清政府极端腐败,当时的中国"其见欺于外人也甚矣"(马建忠《拟设翻译书院议》)。帝国主义的坚船利炮,轰开了闭关锁国的中国之门,也震醒了中国人民,尤其是他们当中的一批先进知识分子。这就使得国人"积四千余载之智慧材力,无不一一消磨于所以载道所以明理之文。"这样,要想与"达道明理之西人相角逐,其贤愚优劣有不待言矣"(《文通·后序》)。《马氏文通》是马建忠经过十余年的辛勤探索,参照拉丁语的语法框架写出的 30 余万言并结合汉语的特点建立的中国语法体系的伟大著作。这是中国第一部系统地论述汉语语法结构的著作,也是中西语言学最初结合的结晶。如果没有马建忠的开创之功,中国语法体系的建立,恐怕会更晚一些。全书共分十卷,即:正名卷之一,实字卷之二、之三、之四、之五、之六,虚之卷之七、八、九,论句读卷之十。其中正名卷就包括实字与虚字,名字、代字、动字、静字、状字、介字、连字、助字、叹字、句起词、语词、内动字、外动字、止词、表词、次、主次、宾次、正次、偏次、司词、读等极为丰富、博大精深的内容。这真是一部开创性的不朽之作（张清常，见王海棻，1999：1）。尽管国内有人有否定《马氏文通》的倾向，但《马氏文通》的开创之功是谁也无法抹杀的。之后的中国的语言学研究取得了可喜成绩，这在很大程度上得归功于《马氏文通》的引发之功。

当代世界上语言学研究不外乎两种路子，一种是以乔姆斯基（N. Chomsky）为代表的"形式主义"的路子，一种是以韩礼德（M. A. K. Halliday）等为代表的"功能主义"的路子。形式主义主张从语言内部去解释语言，运用高度抽象化的句法形式和语义制约来解释句子成立的条件或句子变换的条件。功能主义则主张从语言的外部去解释语言，注重语言的社会性和具体使用的环境及认知心理等因素。

进入 80 年代以来，中国语言学研究出呈现出了百花齐放、百家争鸣的繁荣景象。外语界乘着改革开放的春风，大力引进国外先进的语言学理论，使国人大开眼界，功不可没。改革开放以来，外语界相继引入了结构主义语言学、乔姆斯基的转换生成语言学、韩礼德的系统功能语言学、认知语言学、语用学等诸多语言学理论，令人眼花缭乱，也使中国语言学研究与国际接轨了。这样的引进是必要的。但是，我们不能不正视这样的现实：我们的语言学理论研究的范式全是来自西方的。《马氏文通》产生到现在已经一百多年了，如果我们再走完全靠引进的研究路子的话，我们势必在国际上没有我们中国这个大国应该有的地位，应该有的话语权。目前，各行各业都在进步，可我们的语言学理论还是西方的！

其实，我们的前辈早就批评过《马氏文通》在方法论上偏重于模仿的问题。有人说《文通》不通，有人说它是"拿来主义"，是"舶来品",是"印欧语的眼光",等等。陈承泽说,"自有《马氏文通》以来,研究国文法者,往往不能脱模仿之,今欲矫其弊,惟有从独立的研究下手耳。""今使不研究国文所特有,而第取西文所特有者,一一模仿之则削趾适履,扞格难通,一也;比附不切,求易求难,二也;为无用之分析,徒劳记忆,三也;有许多无可说明者,势必任诸学者之自由解释,系统歧义,靡所适从,四也;举国文中有裨实用之变化而牺牲之,致国文不能尽其用,五也;是故治国文中求其固有之法则,而后国文法乃有告成之一日。"(陈承泽,1920—1980:24)吕叔湘说:介绍的目的是借鉴,是促进我们的研究,我们不能老谈隔壁人家的事情,而不联系自己家里的事情。他认为,学好外语应当有助于提高应用汉语的能力而不是相反。王宗炎认为:中国的学者不研究中国问题、汉语问题,拿不出本土的材料来,很难说完成了自己的任务。许国璋认为:欢迎引进,但不欢迎照搬;欢迎借鉴外国资料,更欢迎开发本国资源。所以,这几年,出现了一个非常好的情况,在外语界,许多学者以汉语的语料为基础,有的学者干脆就以汉语为研究对象。这方面涌现了很多有价值的成果。可是,也出现了如本文开头所说的不正常现象。这不能不引起我们的高度关注,也值得我们深入反思。

2. 中国语言学研究面临的挑战

陆俭明等(1999)认为中国语言学研究所面临的挑战主要来自两个方面,一是理论方面的,一是应用方面的。理论方面的挑战有两个方面:一是迫切需要对种种语法现象作出理论上的解释;二是信息时代的到来,迫切要求我们从认知的角度来探索人类的语言机制。来自应用方面的挑战也有两个方面:一是对外汉语教学;一是中文信息处理。

乔姆斯基认为,语言研究应该具备三个充分性:A. 观察的充分性(observational adequacy);B. 描述的充分性(descriptive adequacy);C. 解释的充分性(explanatory adequacy)。从对语言现象的描述到对语言现象的解释,这是语言学研究的一大进步。当今的语言学研究正从语言内部去描述语言转向从语言外部去解释语言,正从说明语言是什么样子转向解释语言为什么是这个样子,并从多角度、多层面、多学科对语言系统及其规律进行研究。从语法研究的根本目的来说,我们有理由要求我们的语言学研究应尽可能做到:语法现象、语法规则的解释性研究将会从整体上促进中国语言学的研究,因为不仅一个合理的解释本身需要经过深入研究后才能得到,而且解释需以充分、合理的观察和充分合理的描述为基础,所以对汉语语法现象和语法规则的观察描写会面临着来自语法规则解释这一方面的挑战(陆俭明等,1999)。

全球化必将给我国社会带来深刻的变化和影响。我国语言学研究也会受到国内政治经济文化教育的影响。改革开放以来,我国的综合国力有了很大的提高。加入 WTO 以后,我国的综合国力也一定会有更进一步的提高。各行各业都将有更进一步的发展和进步。如果我们的语言学研究还裹足不前,势必不能适应形势的发展。就语言学来说,我国的语言学研究必将受到国际语言学界的有力挑战。为什么国际语言学会议很难听到中国学者的声音? 这也说明目前我国的语言学研究与世界先进国家相比,还有差距。对此我们必须有充分的认识。我们的古人在文字学、音韵、训诂学等方面为世界做出了很大的贡献。如刘勰的《文心雕龙》就对海外产生了重大的影响,中国的唐诗、宋词就更不用说了。在新世纪,我们应为世界贡献我们自己的研究成果,这样才与我们这样一个大国的身份相称。马建忠写《马氏文通》的目的在于探索科学救国的道路，这是一个很了不起的创举。今天，我们的语言学研究要走向世界，就更应该把语言学研究与中华民族的伟大复兴结合起来。外研社最近出版的《钱冠连语言学论文自选集》提出创建中国自己的语言学流派；上海教育出版社出版的徐烈炯《中国语言学在十字路口》认为：中国语言学宁愿加入世界的支流，而不愿加入世界的主流。"以学派意识看外语研究"、"以学派意识看汉语研究"：学派是学术研究领域走向成熟、发达、繁荣的标志。一个民族的某一门学术领域里根本没有学派是非常不妙的情形。没有学派，至少表明下面几个方面的落后状态：1）没有理论意识；2）没有自主的、独特的理论模式；3）没有堪称具有向国外同行挑战实力的理论；4）没有强大的后备力量，包括追随者与可能的批评者；5）没有学者之间的宽容与尊重。叩问中国的语言研究：有没有学派？学术的魅力就在于对话：与经典文本对话——提供深厚的学科思想底蕴；与现实问题对话——提供重要的实践基础；与社会思潮对话——提供广阔的学科视域；与现代科技对话——提供技术支撑。任何一种语言学理论，都有自身的优势与不足，都只是对语言问题的一个视角的研究，要批判地学习。我国学者在引进西方语言学理论的同时，也对国外语言学的许多理论进行了修正，并结合汉语进行研究。这些都反映了我们的自创的成分明显增多了，自创的意识明显增强。随着中国加入WTO，随着全球化思潮的蔓延和其进程的加快，我们国家将受到来自全方位的挑战。中国语言学研究也概莫能外。作者认为，中国语言学研究必然走向世界，也必须走向世界。目前在国际语言学界很难听到中国学者的声音，这是一种很不正常的情况，也与中国这样一个语言大国的身份和地位很不相称，这种状况必须改变。

3. 汉语研究在外语学科中的地位

韩礼德创立了系统功能语言学流派,最近他明确地说,他的理论最初是从研究汉语发展起来的。一个外国学者从研究汉语开始创立了一门语言学理论流派,可我们自己却对自己的母语视而不见甚至加以蔑视,这种情形是值得我们深思的。我们认为,母语研究在外语学科中的地位是不容置疑的。重视母语研究,是外语学者理论创新的必由之路。具体说来,我们认为有以下几点:

1) 构建中国自己的语言学体系的需要、化入与创生的需要

重视语言的理论研究,总结出一套具有很强解释力的中国语言学理论体系,可以说是几代中国语言学家为之奋斗的一个追求和目标。中国人学外语,学外语为中国。借鉴国外理论,立足汉语实际,是创新的一条必由之路。

广东外语外贸大学钱冠连教授提出的三带一语用学理论,语言的全息论;徐盛桓教授提出的自主/依存框架,基于心理模型的推理理论,外延内涵传承说;徐通锵教授的字本位理论;向明友的《语用三律》。我们认为这些是中国学者在理论方面的创新。

钱冠连认为:从长远的意义上看来,仅有外语研究的成果,没有对自己母语汉语的研究,我们就不会给后人留下真正的财富,也就不足以在中国语言学界立足。他的《汉语文化语用学》一书是以《论语》、《文心雕龙》、《管锥编》、《谈艺录》、《庄子》、《阿 Q 正传》、《红楼梦》的英译本、《禅宗公案》等汉语语料为基础写出来的,这是西方语用学理论无法替代的,这就是以西方语言为基础的语用学不能代替汉语文化语用学的根本原因。如果我们想拿出具有向国外语言学挑战实力的、有学派意义的语言学成果,拿出有汉语特殊

的现代语言学分支学科作品，我们就得：吃透"隔壁人家的事情"、"下功夫加深汉语修养"、"将前者化入后者，拿出自家的东西来"。照此推理，搞汉语的就不能接触西方语言学理论，就只能关起门来自行研究汉语，别的国家的语言理论就不该过问了，否则也是不务正业了。这样能行吗？

西方哲学的三个发展阶段：本体论（ontology）阶段（古希腊—中世纪），其中心问题是"最根本的存在是什么？""世界的本原是什么？""世界是由哪些终极成分构成的？"认识论阶段（epistemology），以笛卡尔哲学的出现为标志，其中心问题是"我是如何知道的？"语言论阶段（linguistics），以索绪尔的语言哲学为标志，其中心问题是"语言的意义是如何产生的？"我们的古人给我们留下了音韵、训诂、文字等方面的宝贵经验，中国学术的传统就是注重事实，强调爬梳，强调真功夫。我们还必须承认，尽管我们已在语言事实方面做了大量的工作，这是中国学者的长处，应继续发扬。可是，我们的语言学研究如果还是停留在挖掘事实这样的阶段，能行吗？为什么在国际语言学界没有中国的地位呢？笔者认为一个很重要的原因恐怕就是我们还缺乏宏观的、较为完整的理论体系。在这一点上我们应向西方学习。西方学者比较注重针对问题做演绎，比较善于从事实中提炼出观点和理论，而这正是中国学者所欠缺的，正是中国学者所要学习的。我们的语言学研究过于纠缠字、词、句，过于微观，过于注重事实。目前的当务之急，就是应尽快创立比较恰当的、能广为接受的中国语言学的宏观理论体系。结合汉语进行化入与创生的研究，是一条必由之路，这是我们无法回避的。外语学人应该意识到这一点。

2）推介中国文化、让中国文化走向世界的需要

在北京召开的"首届外语院校繁荣发展哲学社会科学高层论

坛"上(光明日报,2009 年 6 月 30 日),北京外国语大学副校长金莉教授提出:外语院校应发出强音,把中国介绍给世界;这是外语院校可持续发展的必由之路。这不仅是国家人文社会科学发展的急需,也是中国文化的诉求。能不能用外国人能理解的思维模式进一步介绍中国的优秀文化,是非常重要的,这也是外语院校的重要使命。我认为这个观点明显与以往的观点不同,这是一个很新的观点。以往人们认为外语院校的主要任务是学习外语技能,引进西方先进的知识文化,没有说有把中国文化推向世界这个任务。马建忠把撰写语法著作视为发展民族文化、振国兴邦的良策之一,这是何等的难能可贵啊!我们今天也要充分利用语言学理论大力推介中国文化,提升中国的文化软实力。要推介中国先进文化,能脱离我们的母语吗?可见,母语研究也是外语学科研究的必备要素。

3) 消除学科壁垒,汉外学人携手并进建中国语言学的需要

吕叔湘先生生前对汉语界和外语界互不往来的"两张皮"现象深为忧虑。汉语界和外语界学人各有所长,应该加强联合,携手并进。汉语界学人长于汉语事实的描写,但多数外文功夫不够,难于很快接触国外文献。外语界学人能很快接触国外的最新文献,但汉语功底不够,在结合上也有困难。最好的办法就是两者的结合,互相沟通。"我们要的不是两张皮,而是一条龙——一条兴云作雨、灌溉整个学术王国的龙。"(王宗炎,2001)杨自俭、潘文国教授对此也有过论述。杨自俭、王菊泉在《努力推进三个学科的建设与发展——"英汉对比与翻译总序"》一文中指出了目前对比语言学存在的问题:1)跟着外国人转的风气还没有大的改变;2)跨学科研究还没有真正深入。牛保义在总结近 30 年来我国英汉语宏观对比研究存在的问题时说:1)实例对比多,理论建构少;2)套用西

方语言学理论多，"化入——创生"少；3)学科意识淡薄，研究目标不明确；4)定性分析多，定量研究少；5)系统对比研究少，重复劳动多。他展望了今后对比研究：1)宏观对比研究将成为英汉语对比研究的主旋律；2)汉语的主题性将在英汉语宏观对比研究中受到更多人的关注；3)定性和定量研究相结合将会成为英汉语宏观对比研究的主要方法。

目前，汉语界和外语界应加强联合的呼声越来越高。北京语言大学副校长韩经太认为外语院校要多培养通家。以前外语院校是知彼有余，知己不足。外语院校应该多培养钱锺书、陈寅恪式的通家。外语院校承担传播文化的使命应该和学术研究一体化。传播不仅仅是翻译，还要将外语类专家培养成为既通国学、又通西学的通家。

为了建立中国自己的语言学理论体系，跨语言文化对比研究是一条必由之路。当然，对比的概念应做宽泛的理解。对比或比较是人类研究问题的根本方法之一。(1)创新与知识积累：中药铺的抽屉和知识框架。把学到的知识放在大脑的抽屉里并进行有序排列。创新必须有知识积累，这是创新的先决条件。(2)创新链和创新树：每一项科学研究都有前因后果。牛顿说：我是站在巨人的肩膀上的，所以能看得远一些。学科交叉法：在不同的学科之间进行比较、类比和移植。2000 年是 5000 门，2100 年可能是 50000 门，你们要有创建 3000 门新学科的雄心壮志。一个大国的崛起，也需要其软实力，即一个国家的民族精神和学识文化。曾任北京大学校长、北洋政府教育总长的著名教育家蔡元培说过：大学并不是贩卖文凭的机关，也不是灌输固定知识的场所，而是研究学理的机构。

广东外语外贸大学副校长顾也力也强调科学研究的核心在于

解决现实问题。外语院校的科学研究大有可为。应树立大学科意识，走出去、引进来。（1）加强理论的习得，必须读语言学理论的经典著作；（2）加强理论的思辨，思考理论之间的关系、渊源问题；（3）加强文史哲修养，树立大学科意识；（4）加强母语的修养，中外结合。提高翻译水平，推介中国文化，博古通今，融贯中西。中国的语言学理论怎样才能走向世界，怎样才能构建中国自己的理论体系，这是我们当代学人的重要任务，我们必须要有这样的理论勇气。当今中国的语言学研究，正确处理古与今、中与西的关系，引进与结合、继承与创新的关系，意义尤为重大。

4. 结束语

本文对"汉语研究在外语学科中的地位"这个话题进行了讨论。随着全球化进程的加快，冷静地思考一下这个问题，越来越必要了。告别昨天，走向未来，机遇与挑战并存，我国的语言学研究正经历着一个重要的时期——全球化下的研究。中国语言学研究必然会走向世界，也必须走向世界。我们再次引用钱冠连的话：唯有这样的穷我们一生之力的重担，才能压出这样的正果：将国外理论"化入"汉语实际，而不是将两者勉强贴附，然后再"化出"自己的有创建的理论来（钱冠连，2000）。学外语教外语是正业，学外语研究外语是正业，学外语教外语结合研究汉语更是正业（钱冠连，2000）。我们再次强调，在外语学科建设中，汉语研究应该占有十分重要的地位。我们必须与时俱进，奋发有为，为中国语言学研究走向世界做出我们应有的贡献。我们相信，充分肯定母语研究在外语学科中的重要作用必将给我们的语言学研究带来一个更加欣欣向荣、百花齐放、繁花似锦的局面。

参考文献

1 陈承泽,《国文法草创》[M],北京：商务印书馆,1920/1980。

2 胡壮麟,《功能主义纵横谈》[M],北京:外语教学与研究出版社,2000。

3 陆俭明、郭锐,现代汉语语法研究所面临的挑战[J],《世界汉语教学》,1999(4)：3—21。

4 马建忠,《马氏文通》[M],北京：商务印书馆,1898/1980。

5 钱冠连,论外语学者对母语研究的建树[R],中国英汉语比较研究会第四次全国学术研讨会,2000。

6 王海棻,《马氏文通》研究百年综说[A],载侯精一、施关淦主编《〈马氏文通〉与汉语语法学》[C],北京：商务印书馆,2000。

7 王宗炎,语言对比小议[J],《外语教学与研究》,2001(5)：161—163。

8 徐通锵,《马氏文通》与中西语言学结合[A],载陆俭明主编《面临新世纪挑战的现代汉语语法研究》[C],济南：山东教育出版社,1999：18—28。

（本文提交于首届英汉对比与翻译研究学科建设高层论坛）

英汉语言对比·文化自觉·翻译人才培养

——概念流利理论视角

杨文地

摘要：经济发展和对外交流的深入致使翻译人才产生大量缺口。翻译人才培养的核心是翻译能力的培养,而翻译能力构成要素众多。文化自觉是对自身所在社会的文化有"自知之明",知道其来龙去脉、特色和发展趋势。在跨文化交际的背景下,文化自觉的重点转向交际对方的文化,清楚该文化中人们的思维模式和行为规约,以便调整自己,促进交际双方的理解和跨文化交流的顺利进行。本文以概念流利理论为指导,探讨英汉语言对比对文化自觉意识培养和翻译人才培养的基础作用。本文认为,概念流利理论指导下的英汉语言对比研究有助于学习者把握交际双方的文化,增强其自我调节能力和文化自觉意识,是翻译人才培养的有效途径。英汉语言对比与文化自觉及翻译人才培养的关系可概括为：翻译人才培养是终极目标,文化自觉是翻译人才的素质要求,英汉语言对比是实现文化自觉和翻译人才培养的手段,概念流利是翻译人才培养过程的指导思想。

关键词：概念流利；文化自觉；英汉语言对比；翻译人才培养

0. 引言

随着改革开放的不断深化，国际交往的日益频繁，尤其是随着"一带一路"宏伟构想的提出和逐步实施，翻译在我国的政治、经济、外交、文化、教育、科技等领域中的地位日益重要，社会对高质量的专业翻译和研究人才的需求与日俱增。习近平同志在哈萨克斯坦首谈丝绸之路经济带时，就高瞻远瞩地提出"五通"。语言互通是实现"五通"的重要客观条件，以翻译为核心的语言服务是"一带一路"建设的基础性工作。而根据中国翻译研究院等机构的统计，高水平专业性翻译人才缺口很大。

懂外语并不等于是合格的翻译，现行外语人才的培养模式与翻译人才培养模式差别很大，在学科定位、培养目标、指导思想、教学目的、交流目的、翻译标准、教师要求、语言要求、教学体系、教学重点、实用工具、培养意识等均存在差异(仲伟合，2008：5)。当前，在我国包括翻译本科和翻译硕士的翻译人才培养上还面临一些亟待解决的问题：

（1）人才培养理念不清。个别人才培养单位根本不明白什么是"翻译专业"，依然把它放在外语人才培养框架下进行人才的培养。（2）翻译人才培养方案不妥。不知道要培养什么样的人，不恰当的培养方案也就难以培养出我们需要的专业翻译人才。（3）师资队伍建设不强。这是我们目前遇到的一个非常大的瓶颈问题。（4）教学方式方法不新。没有按照翻译专业人才培养的规律去开拓、创新教学方法。（5）实践教学基地不用。(6)教学管理方式不变。(7)职业资格证书不接。就是不衔接,忽略了国内现在已经开展的职业规范工作。(仲伟合,2014:42)

这些问题的存在极大地妨碍了翻译人才的培养,直接影响了我国翻译事业的持续发展,或者确切地说影响了我国的对外交流工作。我国的对外交流和文化软实力建设需求越来越大,翻译人才的匮乏和翻译质量的低下会加剧问题、突出矛盾。这"对翻译界来说很多问题见怪不怪,但对传播界来说,每天要面对的问题是要向国际社会说什么、怎么说、对谁说、说了以后谁来评估效果和作用。而这当中的第一个环节,就是我们说的话能不能用合适的语言翻译出来让受众听得懂、有作用。因此,对外传播过程中的矛盾或者缺失,常常会首先体现在翻译问题上"(周明伟,2014)。这说明翻译问题远非单纯的语言问题,更是个传播问题。

本文在分析翻译人才培养的核心——翻译能力内涵——的基础上,从英汉语言对比和文化自觉入手,以概念流利理论为指导,探讨英汉语言对比、文化自觉和翻译人才培养的关系,旨在说明以概念流利为目标的英汉语言对比对于文化自觉的形成和翻译人才培养的基础和核心作用。

1. 翻译能力的内涵

翻译人才培养涉及的因素很多,但主要是翻译能力的培养。什么是翻译能力呢? 具体内涵又是什么? 罗选民等(2008)认为,翻译能力是"能胜任翻译任务的主观条件"。这些"主观条件"就是构成翻译能力的要素。根据周亚莉和何东敏(2013:65—66)的总结,国内外对翻译能力的界定和描述虽没有达成共识,但大致可分为四个方面——翻译能力的定义、构成、特点以及发展阶段,其中对翻译能力构成要素的研究最丰,包括诸如语言能力、专业能力、译者能力、方法能力、技术能力、主题能力、文化能力、文本能力、转换能力、综合交际能力、审美能力、语言分析和语用能力、逻辑分析能力等等。虽然各研究人员对翻译能力构成要素意见不一,但是对语言能力是翻译能力构成的核心和基础要素这一点上并无异议。

在对翻译能力构成要素的研究中,以实证方法研究进而取得较为权威论断的当属西班牙巴塞罗那自治大学 PATCE(翻译能力习得学习过程与评估)研究小组。他们最初是在 1998 年提出了翻译能力模型(图 1),翻译能力包括双语交际能力、语言外能力、转换能力、专业操作能力、心理生理能力和决策能力,随后基于 2000 年的测试结果进行了修改(图 2),翻译能力包括双语能力、语言外能力、决策能力、翻译知识能力、工具能力和心理生理能力。

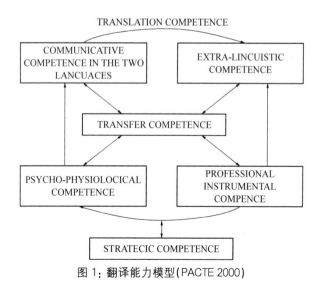

图 1：翻译能力模型(PACTE 2000)

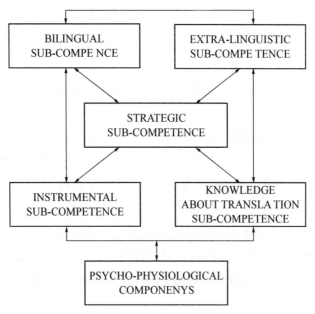

图 2：新翻译能力模型(PACTE 2005)

对比两图，我们可以看出，转换能力的中心地位由决策能力取代，决策能力由原来的总体发挥作用具体到与各个要素相互发挥作用，中心地位更加突出，而转换能力被翻译知识能力取代，翻译知识能力意指翻译实践（翻译单位、翻译过程、方法、步骤及问题）的完成及翻译的专业运作（市场、目标读者）、翻译协会和翻译关税等；心理生理能力退居外围，在总体上发挥作用。在修订的模型中，双语能力包括双语的语用、社会语言学、语篇和词汇语法知识；语言外能力包括百科知识、专题知识和双语文化知识；翻译知识能力主要是指指导翻译（过程、方法和程序等）和翻译职业（翻译要求类型、翻译使用者等）的原理性知识；工具能力主要与应用于翻译的文献资源使用和翻译技术使用有关；决策能力是翻译能力的中心能力,决定了问题的解决和翻译过程的效率,对翻译项目过程进行规划,评估过程及阶段性成果,激发翻译能力的不同要素,弥补缺陷,识别翻译问题并应用程序解决问题;心理生理能力属于认知、行为(记忆力、注意力、毅力、批判思维等)和心理运作机制。在PATCE研究小组看来,任何一个双语者可能都具有双语知识和语言外知识,因此他们认为,翻译能力主要是指决策能力、工具能力和翻译知识。这实际上指出了一般的外语人才与翻译人才的区别,显示出翻译人才的要求要比外语人才要求更高、更专业。

但是,就目前外语人才培养模式来说,双语能力和双语文化能力还远没有达到要求,翻译中的决策能力与对双语和文化的把握也密切相关,翻译知识和对工具的使用仍需语言和文化为功底。所以,总体来说,翻译人才的培养语言和文化能力仍是核心。

2. 文化自觉

"文化自觉"这个概念是我国著名社会学家费孝通先生于1997年北京大学举办的第二届社会科学人类学高级研讨班上首次采用并一直呼吁的。他认为"文化自觉"指"生活在一定文化中的人对其文化有'自知之明',明白它的来历、形成的过程、所具有的特色和它的发展的趋向,不带任何'文化回归'的意思,不是要'复旧',同时也不主张'全盘西化',或'坚守传统'。自知之明是为了加强对文化转型的自主能力,取得为适应新环境、新时代而进行文化选择时的自主地位"(费孝通、方李莉,2013:56)。这个概念反映了当时思想界对经济全球化的反应,也是那个高级研讨班的目的所在,是了解人们在世界多元文化交往中心态发生变化的迫切要求。同时费先生指出:"文化自觉是一个艰巨的任务,要做到这一点,需要一个很长的过程,首先要认识自己的文化,理解所接触的多种文化,才有条件在这个正在形成的多元文化的世界里确立自己的位置,经过自主的适应,和其他文化一起,取长补短,共同建立一个有共同认可的基本秩序和一套多种文化能和平共处,各抒所长,联手发展的共处守则"(同上:56)。

陈国明和威廉·思达洛斯达在《跨文化交际学基础》一书中将"文化自觉"定义为:"清楚东道国文化中影响人们思维和行为的规约。每一种文化都有自己的思维模式,如果我们在跨文化交际中不清楚对方的思维模式就会经常遇到问题。为了跨文化交际的顺利进行,我们首先必须了解东道国文化用于支撑论点和显示知识的喜好。了解了东道国文化,我们可以修订交际模式,迎合交际对象。当我们改变行为方式迎合东道国或合作文化时有助于我们相互理解"(转引自罗选民、杨文地,2012:64)。

结合以上两种观点,应用到语言学习,"文化自觉"可以理解为:学习外语的人对其母语所反映的文化和思维模式有自知之明,明白它们的来龙去脉、所具有的特色,在此基础上清楚所学外语反映的文化及思维模式,在使用母语和外语时能遵守各自的规约和选择相应的交际模式。对"文化自觉"这种理解包含以下几种含义:第一,明白语言与文化的关系;第二,掌握语言的使用规约和思维模式;第三,比较是基础,因为只有比较才能凸显特色。

"就翻译而言,文化自觉的最终目的就是要在不损害中国文化精神的前提下,以最合适的方式来解读和翻译最合适的典籍材料,从而达到消解分歧,促进中外文化的交流,极大地满足西方受众阅读中国典籍的需要"(同上:63)。典籍翻译如此,普通翻译也是如此。

3. 英汉语言对比

我们为什么要进行英汉语言对比？其目的和意义何在？根据潘文国(1997：6—7)，英汉语言对比首先是对外汉语教学学科建设的需要，是英语学习的拐棍和参照坐标。其次，通过英汉语言对比，提高母语意识，加深对母语的了解，是促进汉语研究的新途径。第三，英汉语言对比能提供关于双语异同的比较准确的认识，减少盲目性，是促进翻译学应用理论建立的有效手段。

语言对比分宏观和微观对比研究，宏观对比研究包括诸如语言习惯、文化背景等方面的对比研究，层次高，把握难。微观对比研究又分为理论对比研究和应用对比研究，理论对比研究如在语音学、词汇学、语法学、语义学、语用学、语篇学、文体学及修辞学等方面进行的英汉对比研究，应用对比研究主要是将上述各分支学科研究的成果应用到语言教学、翻译和词典编撰等中去。

应用到语言学习，英汉语对比研究的目的和意义主要体现在发现英汉两种语言在表层形式结构以及语言背后深层文化心理方面的异同，帮助英语学习者对英汉语言、文化之间的主要差异及其产生的根源形成系统认识和自觉认识，培养英语学习者的英汉转换能力，并使他们能有意识地将这些理论与认识应用到语言学习及英汉翻译实践中去。

4. 概念流利理论

认知语言学的研究自上世纪 80 年代以来有了蓬勃的发展，力图提供一种新的解释语言现象的途径。概念流利理论(Danesi,

1995；Danesi & Mollica，1998)正是基于认知语言学，特别是隐喻
研究的基础之上提出的。概念流利是指把目的语的表层结构，如
词汇、语法，与其所反映的概念底层结构匹配起来的能力。由于不
同的生存历史和环境，大千世界沉积在每个民族心理上的概念系
统可能会有天壤之别，充其量也只存在部分吻合，而概念形成的最
后阶段必然是语言，因此可以说一种语言浸透了一个民族的价值
观念。那么在学习这门语言的时候就必须透过语言的表层去触摸
他们的生命和情感，即要求学习者能够从语言的表面深入到内里，
由浅层到深层，并最终学会一种新的观察和体验世界的方式，而非
取代原有的即母语概念体系，从而达到认知上的流利。董宏乐等
(2003)首先将概念流利理论引入中国并阐释了其应用于语言教学
的前景。

概念流利理论提出的基本前提是学生可凭记忆达到语言上高
度的精确性和流利性，但是总是缺少本族语者话语中体现的概念
流利。学生使用外语单词和语法表达被母语及其文化概念化了
的含义，换句话说，学生使用记住的外语单词和结构作为其表达
母语概念的载体。当母语与外语在某一话语领域概念系统重合
时，学生的话语显现出"自然"；当两种语言的概念系统不同时，
便会显现出学生的话语在语言形式和概念内容上的不对称
(Danesi，1999)。这就是为什么我们经常感到学生的英语太中
国化的原因。

概念流利理论是基于符号学、心理学和语言科学的核心概
念；抽象概念主要是隐喻化的概念，即通过隐喻推理从认知角
度建构的概念。其主要目的是确保学习者与语言学习的其他
方面结合，系统有序地掌握目的语和目的文化本身固有的概念
结构。

5. 英汉语言对比、文化自觉及翻译人才培养三者之间的关系

　　如前所述，翻译能力构成要素包括双语能力、语言外能力、决策能力、翻译知识能力、工具能力和心理生理能力等，每一种能力下又包含多个元素，其中与语言和文化有关的要素有双语能力包括的各要素（语用知识、社会语言学、语篇、语法和词汇知识）、双语文化、翻译实践操作（包括翻译单位、过程、方法和步骤等）、自信心、自知之明、创造力、逻辑推理、分析和综合能力等。英汉语言对比有宏观和微观之分，包含双语知识和双语文化在语言上的各种表现。在语言及文化方面的文化自觉更是要建立在对双语和文化知己知彼的基础之上。概念流利理论的指导思想要求对双语和文化由表及里的彻察，流利本身就意味着在双语之间的自由转换，这与 PACTE 研究小组最初提出的转换能力比较接近，但是要求更高。

　　英汉语言对比、文化自觉及翻译人才培养三者之间可由概念流利理论穿针引线。英汉语言对比不是为了比较而比较，是通过表象看实质，看语言表象背后的思维和表达方式，而概念流利指导下的语言习得本身就是在对比中形成，把握概念的内涵与外延，确保在双语转换时信息的对称性。在努力做到概念流利的过程中，对自身的母语文化和外语文化都会形成较为深入的了解和把握，文化的自我意识自然就会加强，而翻译能力要素中与语言和文化相关的部分也会相应得到提高。

6. 结语

　　在全球化的语境下，文化自觉，即知己知彼的文化意识，是成

功交际的关键,英汉语言的对比学习和研究为文化自觉的实现奠定了基础,而在英汉语言对比的研究与学习中,以概念流利为目的的对英汉语言概念的把握是语言能力展现,是翻译能力的核心,是最终实现文化自觉的保证。

英汉语言对比与文化自觉及翻译人才培养联系紧密,三者之间的关系可以概括为:翻译人才培养是终极目标,文化自觉是翻译人才的素质要求,英汉语言对比是实现文化自觉和翻译人才培养的手段,概念流利是翻译人才培养过程的指导思想。

参考文献

1 董宏乐等,外语教学中的概念流利[J],《外语教学与研究》,2003(2):140—144。

2 费孝通,《全球化与文化自觉——费孝通晚年文选》[M],方李莉编,北京:外语教学与研究出版社,2013。

3 罗选民等,大学翻译教学测试改革与翻译能力的培养[J],《外语教学》,2008(1):76—82。

4 罗选民、杨文地,文化自觉与典籍英译[J],《外语与外语教学》,2012(5):63—66。

5 潘文国,《英汉语对比纲要》[M],北京:北京语言文化大学出版社,1997。

6 仲伟合、穆雷,翻译专业人才培养模式探索与实践[J],《中国外语》,2008(6):4—8、14。

7 仲伟合,我国翻译专业教育的问题与对策[J],《中国翻译》,2014(4):40—44。

8 周明伟,建设国际化翻译人才队伍,推动中国文化走出去[J],《中国翻译》,2014(5):5—6。

9 周亚莉、何东敏,基于职业笔译员胜任特征的翻译人才培养[J],《中国翻译》,2013(6):65—67。

10　Danesi, M. Learning and Teaching Languages: the Role of "Conceptual Fluency" [J]. *International Journal of Applied Linguistics*, 1995, 5 (1): 3 - 12.

11　Danesi, M. & Mollica, A. Conceptual Fluency Theory and Second-Language Teaching [J]. *Mosaic*, 1998,5(2): 1 - 12.

12　Danesi, M. Expanding Conceptual Fluency Theory for Second Language Teaching [J]. *Mosaic*, 1999,6(4): 16 - 21.

13　PATCE. Acquiring Translation Competence: Hypotheses and Methodological Problems [A]. In A. Beeby, D. Ensinger & M. Press (eds.). *Investigating Translation* [C]. Amsterdam and Philadelphia: John Benjamins, 2000: 99 - 106.

14　PATCE. Investigating Translation Competence: Conceptual and Methodological Issues [J]. *Meta*, 2005,50(2): 609 - 619.

（本文提交于第二届英汉对比与翻译研究学科建设高层论坛）

The English Perfect and the Chinese Perfective -LE: Between Linguistic Universality and Language Specificity[*]

Chauncey C. Chu

Abstract: This paper deals with the similarities and differences between the English perfect form have+V−en and the Mandarin Chinese verbal suffix -LE. It is found that, though both basically mark perfectivity (E<R), the English perfect functions to signal "experience" and "time since" while the Chinese -LE functions to signal "background", "simple past" (R<S), "ending/completion of event" and "realization of event/situation". As a result, perfectivity can be recognized as a linguistic universal while the relationship between the forms and their other functions

* I would like to thank Professor Pan Wenguo of East China Normal University for reading through the first draft and for making insightful comments, on the basis of which I have made some adjustments. Any inappropriate treatments are, of course, mine.

can be recognized as language-specific in nature. The conclusions are drawn on the basis of a comparison of translated discourse data from Chinese to English by well-known authors.

Key Words: perfect/perfective, Mandarin LE, discourse, linguistic universal, language specific

1. Introduction

The perfect form in English has been a source of difficulty for Chinese speakers. For example, when, dining with an American friend, a Chinese is asked how his steak tastes, he says [1] in the following as an answer to the question:

[1] I haven't eaten it yet.

The American is extremely perplexed by the answer, wondering why his Chinese friend wouldn't know how his steak tastes until he has finished it. [1] Obviously, the answer is just a direct translation of the perfectly felicitous Chinese response in [2] below.

[2] 我还没吃呢。

---

① The scenario was actually a real happening and the author witnessed it himself.

This conversational exchange exhibits a false correspondence between the Chinese verbal aspect -LE① and the English present perfect. The real problem, however, lies in two separate but related issues: verb semantics and perfectivity. Leaving aside the first issue of verb semantics (but cf. Chu, 1976 and Chu, 1998, Chap. 2), this paper will focus on the problem of perfectivity in general and that of the Chinese -LE and the English perfect form in particular. We will first briefly address the relationship between perfectivity and the English perfect form, followed by a short account of the Modern Mandarin verbal suffix -LE. Then, we will look at a comparison between the Chinese -LE and the English perfect by examining data in written discourse. This examination will be done in terms of grammatical and discourse functions. The functions that the two forms share might thus be considered candidates for linguistic universal qualities, and what and how many different functions each of them signals can very well be established as candidates for language specifics.

2. Perfectivity and the English Perfect Form

The English perfect form, represented as "*have* + V − *en*", goes by two different names: the perfect *aspect* and the perfect *tense*. The dilemma in its nomenclature realistically reflects the nature of this construction. While tense is obligatorily expressed

---

① 没(有)in this context is generally regarded as the negative counterpart of -LE (了).

within the verbal phrase, aspect is not so conspicuous, though just as omni-present. And the two are often intricately interwoven with each other. The perfect form is one of those cases where both tense and aspect are explicitly involved. The philosopher Reichenbach (2005)[1] and others after him have tried to solve the puzzle by proposing a three-parameter framework: Point of Speech (designated as S), Point of the Event (designated as E) and Point of Reference (designated as R). The precedence relationships between the three points are found to be the determining factors for tenses and aspects. Tenses are temporal orders where R is before, simultaneous with, or after S; aspects are temporal orders where E is before, simultaneous with, or after R. What directly concerns us here is the relationship where E is before R, represented by $E < R$, which is the perfective aspect.[2] In terms of how tense and aspect differ, the three-parameter framework does explain many of the problems involved. For example, the English perfect form, which involves the temporal order of $E < R$, is therefore a genuine perfective aspect, which co-occurs with a past, present or future tense.[3] The framework, however, appears to be inadequate for a full explanation of how the English perfect

[1] This article is actually a reprint of a section from his earlier publication *Elements of Symbolic Logic* (New York: The Macmillan Co., 1947).

[2] $E = R$ and $R < E$ are imperfective aspects.

[3] For a comprehensive account of the meaning of the English perfect, see Iatridou, Anagnostopoulou & Izvorski (2001)

172

performs its various functions. Among these functions are the often-mentioned completion, wholeness, boundedness, etc. (Cf. , e. g. Comrie, 1976.) They all have to do with the semantic properties of the verb. For example, it is not quite straightforward to explain, purely in terms of temporal order, why [3] is felicitous but [4] is not.

> [3] This institution has been visited by Albert
> Einstein several times.

> [4] Albert Einstein has visited this institution several
> times. ①

For the time being, we will leave our discussion of the English perfect at this point and turn to its partially corresponding Chinese perfective -LE.

3. The Perfective -LE in Modern Mandarin

We have so far implied that the Chinese verbal suffix -LE partially overlaps with the English prefect form in their functions. Basically, they both express the temporal order of E<

---

① Admittedly, the felicity issue also involves the question of what is the topic, i. e. that which is being talked about. Compare, however, *Albert Einstein visited this institution several times*, which is perfectly felicitous.

R. Just like the English perfect，however，the Chinese -LE also performs other functions. This is where they differ. We will briefly look at what these other functions are claimed to be by researchers in the literature.

Since Chao（1968）claimed that -LE is a perfective aspect marker，most language workers have accepted it as such. Yet，from the abundance of literature on this suffix（cf. 竟成，2003），it is not hard to tell how many divergent views the marker has generated in the discussion of its basic and various related issues. While all assume that -LE marks one or more of the following："completion"（完成），"wholeness"（完整），"realis"（实现），"boundedness"（有界），etc.（cf. 王学群，2003），there is simply no agreement as to exactly what those notions mean and how they are to be applied to Chinese. Most investigators are thus often trapped in a quagmire of acceptability judgment and native introspection. One interesting example is［5］below：（刘勋宁，2003）

［5］ a. 报了到＋再进城

b. 去学校 报了到＋再进城

c. 骑车 去学校 报了到＋再进城

d. ? 去了学校 报了到＋再进城

e. ? 骑了车 去了学校 报了到＋再进城

f. 开了门＋就跑

g. 开了门＋拔腿 就跑

h. ？开了门＋拔了腿 就跑①

The extra use of -LE in (d), (e) and (h) seems to be the problem. Some others, interested in a more or less formal account, are naturally less sensitive to many of the linguistic facts associated with the marker (e. g. 徐贝贝,2009). Just as we mentioned above, one may thus treat the Chinese perfective aspect simply as a temporal relationship of E<R, without paying enough attention to its other functions.

It is not our purpose, nor is it appropriate for a paper of this nature, to exhaustively list all the possible functions that the Chinese -LE② or the English perfect performs. We will therefore take a short cut by contrasting the two forms in their context. By doing so, it will be easy to determine (a) what they have in common, which may possibly be taken as linguistic universal, and (b) where they diverge, which may possibly be taken as language specific.

4. Correspondences and Divergences Between the English Perfect and the Chinese -LE

To facilitate a contrast of the English perfect and the

---

① In the original version, (d), (e) and (h) are judged as ungrammatical and are thus marked with a " * ". We have replaced the star by a question mark to indicate that they are just infelicitous, but not ungrammatical.

② For a comprehensive theoretical discussion of Chinese aspects, see Yang (2008).

Chinese -LE in their context, we will take advantage of a previous study by Pan Wenguo（潘文国，2003），where he compares English translations with their Chinese originals. He selected 14 pieces of prose-writing by 11 well-known writers（e. g. 鲁迅、胡适之、许地山、夏丐尊、朱自清，etc.）from《英译中国现代散文选》compiled by 张培基. There are altogether 210 tokens of 了. Ten of those tokens occur in set phrases and are thus discounted. The rest of them are evenly distributed between "了2"（the sentential particle that occurs at the end of a sentence and hereafter will simply be referred to as LE）and "了1"（the verbal suffix that is under consideration and hereafter will simply be referred to as -LE）. The correspondences between the two particles and the English tense and aspect forms are listed in ［6］ below：

［6］ Correspondences Between English Tense-Aspect and the Chinese 了（LE and -LE）

	The Sentential LE	The Verbal -LE
Past Progressive	2	∅
Present Progressive：	2	∅
Past Perfect	6	6
Present Perfect	8	3
Simple Past	34	40
Future in the Past	1	2
Simple Future	12	2
Simple Present	26	23

Non-Verbal Form	24	9
Total:	98	85

The statistics above are puzzling and interesting at the same time. Puzzling because -LE, which is considered a perfective aspect marker and a counterpart of the English perfect, appears for the latter only 9 times out of a total of 85 tokens, while LE, which is considered a "change of state" marker and different from the English perfect, appears 14 out of a total of 98 tokens for it, i. e. it is used for the English perfect even more often than the perfective -LE does. Interesting because while both LE and -LE are widely distributed through the different tense-aspect forms, they seem to be most appropriate for the simple tenses, i. e. the ones that are non-perfect and non-progressive.

4. 1 -LE as the English Perfect

Let's, however, look more closely at the facts and their implications. Leaving aside the cases of the sentential LE for the time being, what stands out is the fact that there are 9 cases of the verbal -LE used for the present and past perfect against 63 cases of it used for the simple present and the simple past. Our question is then: if -LE is a perfective aspect marker that marks the temporal order of $E<R$, why is it used more often for the simple present and the simple past than for the present and past perfect? A close examination of some language data may probably shed better light on the problems involved: (潘文国, 2003:

144—6)

[7] Past Perfect：

(a) 决定了之后，有两位朋友特来劝阻。（叶圣陶《我坐了木船》）

After I **had made up** my mind，two friends of mine came to dissuade me.

(b) 呀！凉云散了，树叶上的残滴，映着月儿，也似荧光千点闪闪烁烁的动着。（冰心《笑》）

Ah，the rain clouds **had vanished** and the remaining raindrops on the tree leaves glistened tremendously under the moonlight like milliards of fireflies.

[8] Present Perfect：

(a) 于是人人都成了一个差不多先生。（胡适《差不多先生传》）

So everybody **has become** a Mr. Cha Buduo.

(b) 找着了，言明价钱，多少钱坐到汉口，每块钱花得明明白白。（叶圣陶《我坐了木船》）

Once you **have located** it，you will know what the fare is from Chongqing to Hankou，and every dollar will be paid for what it is worth，no more，no less.

According to Pan（潘文国，2003），the Chinese sentences in（a）

and (b) respectively illustrate the verbal -LE and the sentential LE. There are some problems in the presentation of the data. First of all, the distinction between the -LE's and LE's in the samples above is not as clear-cut as Pan makes it. While the ones in the (a) sentences are definitely verbal suffixes, those in the (b) sentences are not necessarily sentential particles in spite of their clause-final positions. ① Then, there is the issue of what functions the verbal -LE and the sentence-final LE may be performing despite their respective grammatical labels of perfective aspect marker and change-of-state particle. As a matter of fact, whatever their classifications or labels, all the 了 's in [7] and [8] perform the same function: Marking an event occurring before another event/situation. This seems to be one of the basic functions of the Chinese 了, including both -LE and LE. That is exactly what E<R means. In the case of LE, the precedence relationship is between the point of change of the state and the inception of another event/situation. Tense, however, doesn't seem to be relevant in those cases in [7] and [8].

---

① The only case where 了 can be surely identified by form as a sentential change-of-state particle is when the VP contains a direct object, e. g. in 我碰见她了 as is opposed to 我碰见了她. A test, however, can be conducted by rendering those instances of 了 into some southern dialects where the two 了's are phonetically and logographically distinguishable, e. g. in the Suzhou dialect and my native Changshu (常熟) dialect, -LE is pronounced [ze] (written 仔) while LE is pronounced [zai] (written 哉). Thus, the 了 in [7b] may equally possibly be identified as -LE instead of LE. Pan (潘文国,2003: 144) proposes the same test.

4.2　-LE as the English Past

Nevertheless, tense is not completely irrelevant across the board with 了. As a matter of fact, the past tense is very much involved with it. This is supported by the fact that in Pan's data, 40% of the Chinese 了 are translated into the simple past tense. E. g.

> [9]　我赶紧**拭干了泪**,怕他看见,也怕别人看见。（朱自清《背影》）
>
> I quickly **wiped them**[i. e. tears]away lest he or others should catch me crying.

> [10]　我们都**答应了**。（许地山《落花生》）
>
> We all **agreed.**

The simple past tense here certainly marks a time in the past, i. e. the precedence relationship of R<S.[①] But, more often than not, it also marks the ending or completion of an event, mostly when the verb belongs to the event type.[②] That is exactly what

---

①　To my mind, the precedence relationship for tense can be more plainly, and also more logically, formulated as E<S. But that would be the topic for another research paper.

②　According to Smith (1997: 19 – 36), event verbs (as opposed to state verbs) can be sub-divided into activity, semelfactive, accomplishment and achievement. Simply put, activity is continuous in opposition to semelfactive which is instantaneous; and accomplishment indicates completion and is continuous in opposition to achievement which also indicates completion but is non-continuous. (Cf. 屈承熹,2006: 32 – 33)

is going on in [9]: The verb phrase *wipe away* is of the achievement type and its past tense does not only indicate that the event occurred in the past, but it also implies that it was completed. This function obviously is what has always been understood as part of perfectivity. On the other hand, in [10] the verb *agree* is not an event verb and therefore its past form indicates nothing but that the state pertains to a past time, i. e. simply R < S. In other words, it is not explicitly expressed whether or not "we still agree."

In Section III above, we mentioned in passing that the Chinese perfective -LE is generally recognized as marking "completion", among some other features. Example [9] is one case where -LE is used for expressing "completion" only, without indicating the temporal precedence E < R. This precedence relationship, of course, may very well be implied in the context, since -LE is fully compatible with it.

4. 3 -LE as Other Forms

Furthermore, there's the problem of -LE being translated into other various forms in English. Here we will just look into the simple future, the future in the past and the non-verbal form, respectively, in the following.

> [11] 抛弃了学问,就是**毁了**你自己。(胡适《不要抛弃
> 学问》)
> Forsaking learning, and you **will ruin** yourself.

[12] 一块粗糙的木头经过了斧子劈,锯子锯,刨子刨,就**变成了**一方或一条光滑整齐的木板。(巴金《木匠老陈》)

A piece of coarse wood, after being processed with the hatchet, saw and plane, **would become** pieces of smooth and tidy wood, square or rectangular in shape.

[13] 我常在这时感到一种快乐,同时也感到一种伤感,那情形好比老妇人突然在抽屉里或箱子里**发见了**她盛年时的照片。(夏丏尊《中年人的寂寞》)

Often at this moment, I'll feel at once happy and sad—like an old lady suddenly **fishing out** from her drawer or chest a photo of her taken in the bloom of her youth.

The -LE in [11] is a little more involved. Simply put, it basically performs the function of marking the happening of an event. The reason for it is that a Modern Chinese monosyllabic event verb in its bare form does not indicate the occurrence of an event. Minimally, it has to be combined with the suffix -LE to represent such a happening. ① The suffixed verb 毁了 is used for exactly this purpose: To indicate that a ruining will **happen** under the condition specified in the preceding clause. The English verb

---

① Cf. Chu (1976).

ruin, on the other hand, can indicate the happening of an event, as long as it occurs in a tensed verb phrase. ① The future tense carried by *will* in *will ruin* does not affect the interpretation of a happening of the event. The -LE in [12] may be interpreted in two different ways. First, it may serve the same purpose as the one in [11] does-to indicate the happening of an event. But it may also be considered to mark the ending or completion of an event. For this purpose, it is not as necessary as for the other, just because the complement 成 in the disyllabic verbal phrase 变成 itself already specifies such a completion. Both the happening and the completion, however, is marked by the verb semantics and the tense in English. In either [11] or [12], the temporal element of the English tense, whether it's simple future or future in the past, is not relevant to the translation of its counterpart in Chinese. The rendering of the V-LE in [13] as a present participial phrase is not a matter of tense or aspect, but is a consideration of information structure. The host clause of 发见了 carries the background information of the whole discourse. It tells the reason why the speaker feels the way s/he does. In Chinese, the -LE serves to indicate nothing but a precedence relationship—the discovery precedes the emotional surge. In the natural process of things, however, what goes before serves as the background of what goes after it. This same backgrounding

---

① The simple present tense is considered unmarked and thus is ambiguous as to whether the verb represents a happening or not.

can be syntactically encoded as a subordinate structure. One of the means of subordination in English is to use a non-tensed verbal form for a background event.

In ［11］—［13］, despite their different renditions into English, the -LE's either mark an occurrence of the event, a completion of the event or a precedence relationship of E<R. All of those functions are the basic ingredients of the perfective aspect.

4.4   The English Perfect ≠ -LE

There are, of course, other issues that may be interesting in relation to the correspondence or divergence between the English perfect and the Chinese -LE. Pan (潘文国, 2003: 147 - 9) examines two more problems: one where an English perfect does not translate a Chinese -LE and the other where -LE may or may not carry the force of realization. We will address the two issues in that order.

［14］　我**没有看见过**, 也**没有听见**人说**过**。(巴金《木匠老陈》)

I **had never seen** it happen, **nor had** I **ever heard** of it.

［15］　他**告诉**我他在他从前一个徒弟的店里帮忙。(巴金《木匠老陈》)

He **had told** me that he was now working at the shop of a former apprentice of his.

［16］ 在默默里算着,八千多个日子**已经**从我手中**溜去**。
（朱自清《匆匆》）

Counting up silently, I find that more than 8,000 days **have already slipped** away through my fingers.

［17］ 在我自己的交游中,最值得系念的是一些少年时代**以来**的朋友。（夏丏尊《中年人的寂寞》）

Of all my friends, those I **have known since** childhood are most worthy of remembrance.

［18］ 近几年来,父亲和我都是东奔西走,家中光景是一日不如一日。（朱自清《背影》）

In recent years, both my father and I **have been living** an unsettled life, and the circumstances of my family going from bad to worse.

Of the five instances above, each requires a unique explanation. In the 没有…过 construction in ［14］, the component 没有 is generally accepted as the negative counterpart of -LE and the component 过 is supposed to mark experience, which is considered part of perfectivity. The divergence between the English and Chinese expressions lies in the incorporation of negativity: Negation is combined with experience to form *never* and *nor… ever* in the English translation while it is combined with -LE to form 没有 in the Chinese original.

185

In [15], the use of the past perfect *had told* to translate the bare verb 告诉 is quite a different story. Within the given context a simple past tense of the verb would be amply sufficient, as there is no temporal precedence evidently needed anywhere in that stretch of discourse. One possible reason for the past perfect is that the E<R relationship may pertain in a larger context that is not shown in the data. In spite of the explanation, an annoying question may still be lurking somewhere: Why is there no -LE present in the Chinese original if the corresponding English calls for the past tense of an event verb? Well, this has to do with a special class of verbs in Mandarin—the verbs of "saying." Briefly, when the content of what is said follows the verb directly as a complement, no -LE is needed unless there is a stress on the fact that the event of "saying" did actually happen. (屈承熹, 2006: 60 - 61)

The presence of the perfect form *have already slipped away* in [16] seems to defy justification from the perspective of the original text. Yet, in terms of the English translation it is easily justifiable. There is a precedence relationship between the subordinate and the matrix verbs: the slipping away of the 8,000 days precedes the finding of it by the writer. Yet there is no such relationship expressed in the Chinese original. This non-correspondence then is no longer a matter of language structure, but an issue in the art of translation-in the addition of the matrix clause *I find* in the translation. This addition demands an explicit expression of such a precedence relationship, which is only implicit in the Chinese original. ①

The insertion of the perfect form *have known* in [17] is not strictly a structural problem, either. It is used to translate 以来, again as an expediency for the latter's implied time span. The Chinese 以来, historically derived from the verb 来 plus 以, has long become a post-position and is semantically equivalent to the English preposition/conjunction *since*. A literal translation of the phrase 一些少年时代以来的朋友, therefore, could very well be *some friends since my childhood*. Unfortunately, the prepositional phrase *since my childhood* cannot serve as a modifier of a noun phrase. This forces the translator to insert the perfect verb *have known*. Replacing the noun phrase *some friends* with the pronoun *those* to continue from the initial phrase, the resultant translation becomes what it is in [17].

Finally, the adoption of the perfect progressive verb form in *my father and I have been living an unsettled life* in [18] is another expediency to express the implied temporal element of the 来 in 近几年来. As it is, the prepositional phrase *in recent years* adequately translates 近几年 but it excludes the meaning of 来. To compensate for this inadequacy, the perfect progressive form *have been living* is used in addition.

In this section, we have discussed five cases where the

---

① Prof. Pan Wenguo correctly points out in a personal communication that the perfect form is appropriate, even without the presence of *I find*. Without that matrix clause, the precedence relationship is still there, though less explicit.

English perfect is used while no -LE is present in the Chinese originals. In [14], negation is incorporated into -LE to form 没有 in Chinese whereas negation is combined with *ever* to produce *never* and *nor…ever*, enabling the perfect form to remain intact. In [15], the perfect form seems to be demanded by a larger context than that stretch of discourse itself. In [16], because of the addition of the matrix clause *I feel*, the perfect form is needed to represent the precedence relationship between the added matrix situation and the subordinate event. In the remaining two cases, [17]—[18], the perfect form serves to explicitly express the time elements that are implicitly contained in 以来 and 近几年来 in the Chinese originals. [①] In a word, the non-correspondences between -LE and the English perfect illustrated in the data do not in any sense discount the applicability of the precedence relationship for both -LE and the English perfect. Rather, they confirm the basic functions of the two partially corresponding forms in the languages.

4.5 -LE and Realization

A minor problem that Pan (潘文国,2003:148 – 151) addresses in his paper is whether or not the Chinese perfective -LE carries the force of realization. [②] In the following are two examples:

---

① Again, thanks to Prof. Pan for pointing out that the 来 in those two given contexts seems to carry a progressive aspect.

② The term that Pan (潘文国,2003) uses is 实现. Without a strict definition, it may refer to a host of different concepts. Most likely, it is meant for the occurrence （转下页）

188

［19］ 他跑来跑去的寻,想寻一个窟穴,躲了身子,将石子堵了洞口,隐隐的蜕壳。(鲁迅《蟹》)

［20］ 这不但是辜负了北平,也对不住我自己。(老舍《想北平》)

The -LE's in ［19］ are said to carry no realization meaning and the one in ［20］ is considered indeterminate as to whether it marks realization. According to Pan, there are 15 tokens of the former kind and 9 tokens of the latter kind. And of the 15 and 9 tokens, 5 and 2 respectively may be left out without affecting their intended meanings. From these facts, there seem to be several points that can be made. First of all, the non-realization of ［19］ seems to come from the matrix verb 想. In fact, the whole sentence is translatable as *He runs around , hopes to find a cave ,* **to hide** *himself and* **block** the entrance with some pebbles so that he could shed off his shell in peace. *However, this is not one of the cases where the -LE's can be left out. They are required because the verbs are monosyllabic and monosyllabic verbs in modern Mandarin usually don't signal the carrying out of an action or the happening of an event. Contrary to Pan's assumption , the -LE's are needed , precisely for the sake of*

(接上页)of an event. (Cf. 戴耀晶,2003) We choose 'realization' for it just to cover the widest range of possibilities. There is another term that may fit it, i. e. realis, which is more technical and probably less easily acceptable to the general readership.

marking realization. The case in [20] *mainly has to do with the predicate verb* 辜负 *"to let down（on somebody）; to owe a（usually moral or emotional）debt（to somebody for his/her favor）", which is a state verb. When a* 了 *follows a state verb, directly or after an object, its basic function is to mark a change of state but not to specify a realization of an event. In this case, though, it may also indicate a precedence relationship, taking the whole predication as its scope. That is, "I owe an emotional debt to Beiping" precedes "I let myself down". This precedence, however, is not necessarily temporal in nature; it may be a logical one and thus serves to indicate a cause-effect sequence or a progression from one state to another.*

5. Linguistic Universality and Language Specificity in Contrastive Studies

A summary of the findings in Section IV about the correspondences and divergences between the English perfect and the Chinese perfective -LE may be graphically represented, as in [21] below.

> [21]　Correspondences and Divergences Between "*have*＋V−en", -LE and other forms

Listed in the left and right columns are, respectively, the forms in Chinese and those in English that have been examined in the

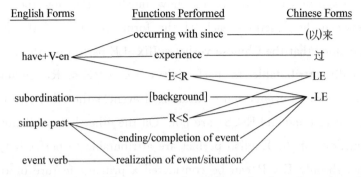

preceding section. The center column lists the functions that the forms serve in the data. The downward arrow in this column indicates that the function of marking background is actually derived from the relationship E<R and the brackets indicate that the function is secondary in nature. The straight lines in the diagram above connect the forms to the functions that they are found to serve. As the data examined are limited in amount and scope, what facts are extracted from the data and represented here are by no means exhaustive, and they are merely illustrative. Yet, in another sense, the forms and the functions are quite typical in that they are exactly what have most often been discussed in connection with the perfective aspect in the literature.

The numbers of functions the forms serve are quite varied: 5 for the Chinese perfective -LE, 3 each for the English perfect and the English past, 2 for the Chinese sentential particle LE, and one each for the rest four. Those numbers, however, only tell a small part of the story. The main picture rests with what the coverage of each form is and how much overlapping there is between the functions each of the forms covers. Of the five functions that the Chinese verbal suffix -LE performs, three are usually attributable to perfectivity, (i. e. $E < R$, ending/completion of event, and realization of event); the other two (i. e. background and $R<S$) are not. On the other hand, all three functions of the English perfect are attributable to perfectivity, though only $E<R$ can be considered a primary feature of the perfective. The other two (i. e. experience and occurring with *since*) seem to be conditioned by stativity and continuity. The temporal relationship $R<S$ that the English simple past covers is a genuine tense feature, but the other two (i. e. ending/completion of event and realization of event/situation), as mentioned above, belong more appropriately to perfectivity. The Chinese sentential particle LE covers both $E<R$ and $R<S$. In this sense, the particle works both as a tense marker and as an aspect marker. The other four forms (i. e. subordination, verb semantics, (以)来 and 过) are not directly relevant to our theme and thus will not be discussed any further.

Going back to the four forms that are the focus of our discussion, we find that the English perfect and the Chinese -LE share only one feature, i. e. $E<R$. This feature, however, is the most basic of perfectivity. It is no wonder that they are treated as equivalent to each other in their basic usage. This similarity, on the other hand, also provides a pitfall because the two forms are totally different in their other functions. The Chinese -LE also

covers all the three functions that the English simple past does. This fact well explains why the verbal suffix can more often be used for the past tense than any other syntactic means in Chinese. Finally, the sentential particle LE covers both $E < R$ and $R < S$, one of which is an aspect and the other, a tense. Thus, this particle actually partially overlaps with both the past tense and the perfect form in English.

From the diagram and its brief description of the correspondences and divergences of the English perfect and the Chinese perfective -LE, a clear but complex picture emerges. There is no simple one-to-one correspondence between the two forms and a comparison of them will not make sense without going through their functions. Furthermore, in studying the two forms, one cannot just isolate them from any other grammatical signals but has to involve at least two other forms and their functions, i. e. the simple past in English and the sentential particle LE in Chinese. While the English perfect and past seem to have a clear-cut division of labor, the Chinese ones don't. Both LE and -LE perform the functions of $E < R$ and $R < S$. In other words, both of them are at the same time a partial past tense marker and a partial perfective aspect marker. In view of the fact that even in the same language, LE and -LE exhibit a zigzag relationship between them by way of their functions, it is then no wonder that a comparison across languages, such as between the English perfect and the Chinese -LE, should involve a quite complicated process.

In terms of linguistic universals and language specifics, a lesson derivable from this study is that functions seem to be likely candidates for linguistic universals while forms and their connections with functions are most likely to be language specifics. In our case, all the seven functions in the middle column in the diagram in [20] are possible language universals. Yet, the way they are marked by syntactic and morphological devices must be considered language specific.[①] It can thus be concluded that in a contrastive study of two forms it will be more feasible to go through the universal functions that the language specific forms serve than to directly compare the forms themselves.

6. Concluding Remarks

This study starts with an example of the misuse of the English perfect, followed by a brief account of past research on the perfect *have*+V—en, together with an account of its supposed counterpart in Chinese, the perfective aspect marker in the form of a verbal suffix -LE. Based on a previous study by Pan (潘文国, 2003), a further comparison is made of *have*+V—en and -LE in terms of the functions they perform. It is found that they only share the function of E<R, which is generally considered the core feature of the perfective aspect. The functions that they each perform but do not share are found to be

---

① The functions can likewise be marked by phonological devices.

signaled by other syntactic or morphological devices in the other language. These devices chiefly include: the simple past in English and the sentential particle LE in Chinese. While the English perfect and the simple past enjoy a clear-cut division of labor in terms of their functions, the Chinese LE and -LE share the labor of marking E＜R and R＜S, i. e. perfective aspect and past tense, in addition to their other separate functions. Our hypothesis is that all those functions are universal in nature but that the way linguistic devices mark such functions has to be language specific.

To round up the residual issues so far raised, we here provide explanations for the puzzles presented earlier in [1], [2] and [5], as repeated in the following:

[1] I haven't eaten it yet.

[2] 我还没吃呢。

[5] a. 报了到＋再进城
     b. 去学校 报了到＋再进城
     c. 骑车 去学校 报了到＋再进城
     d. ？去了学校 报了到＋再进城
     e. ？骑了车 去了学校 报了到＋再进城
     f. 开了门＋就跑
     g. 开了门＋拔腿 就跑
     h. ？开了门＋拔了腿 就跑

The key that [1] is not the equivalent of [2] lies in what is negated. The Chinese version negates the realization of the event while the English version negates the ending/completion of the event. ① This interpretation of negation applies when the main verb is an event one.

The felicity issue in [5] has to do with the organization of events into units larger than a single predication. In addition to the functions that we have discussed in this paper, the use of -LE signals a unit of discourse that may contain one or more events. ② To state it from an opposite perspective, the non-occurrence of -LE that could otherwise occur is a signal that this event is incorporated into another to be treated as part of a larger event. Thus, in [5], all the bare verbs could be suffixed with -LE without any syntactic aberration, though not necessarily coherent in discourse. Likewise, the excessive -LE's in (d), (e) and (h) are not a syntactic abnormality, but the events in each are not appropriately integrated into well-organized discourse units.

References:

1 戴耀晶,汉语的时体系统和完成体"了"的语义分析[A],载竟成主编《汉

---

① While the usage problem of (1) may be easily resolved by replacing *eaten* with *tasted* (Pan Wenguo, personal communication), the explanation for why the utterance is inappropriate still has to resort to what is negated.

② This device compares with the occurrence of a tensed verb. Other languages also have similar devices, e. g. Swahili. Cf. 屈承熹(2006: 54 - 61). In fact, it can very well be considered part of the syntactic-discourse framework of "event integration." (cf. Givón 2001, Vol. 2: 40 - 58)

　 语时体系统国际研讨会论文集》[C],上海：百家出版社,2003：26—53。

2　金立鑫,对 Reichenbach 时体理论的一点补充[J],《中国语文》,2008(5)：
　 433—440。

3　刘勋宁,2003,中国语の前动词节中の"了"について [A],载竟成主编
　 《汉语时体系统国际研讨会论文集》[C],上海：百家出版社,2003：
　 134—8。

4　潘文国,从"了"的英译看汉语的时体问题 [A],载竟成主编《汉语时体系
　 统国际研讨会论文集》[C],上海：百家出版社,2003：139—153。

5　屈承熹,《汉语篇章语法》,潘文国等译,北京：北京语言文化大学出版
　 社, 2006。

6　王学群,对"了"的一点私见 [A],载竟成主编《汉语时体系统国际研讨会
　 论文集》[C],上海：百家出版社,2003：253—271。

7　徐贝贝,未来时制中"了₁"的用法[D],复旦大学英语硕士生期末论
　 文,2009。

8　Chao, Y. R. *A Grammar of Spoken Chinese* [M]. CA：University of
　 California Press，1968.

9　Chu, C. C. Some semantic aspects of action verbs [J]. *Lingua*，1976
　 (40)：43 - 54.

10　Chu, C. C. *A Discourse Grammar of Mandarin Chinese*[M]. New York
　 and Bern：Peter Lang，1998.

11　Comrie, B. *Aspect*[M]. London and New York：Cambridge University
　 Press，1976.

12　Givón, T. *Syntax*[M], Vols. I and II. Amsterdam and Philadelphia：
　 John Benjamins，2001.

13　Iatridou, Sabine, Elena Anagnostopoulou & Roumyana Izvorski.
　 Observations about the form and meaning of the perfect [A]. In Artemis
　 Alexiadou, Monika Rathert & Arnim von Stechow（eds.）*Perfect
　 Explorations*[C]. Berlin：Walter de Gruyter，2001：153 - 204.

14 Reichenbach, H. R. The tenses of verbs ［A］. In I. Mani, J. Pustejovsky &. R. Gaizauskas (eds.). *The Language of Time*：*A Reader*［C］. New York：Oxford University Press，2005：71－78.

15 Smith，C. S. *The Parameter of Aspect* (2nd Edition)［M］. Dordrecht：Kluwer Academic Press，1997.

16 Yang，G. M. *The Semantics of Chinese Aspects*：*Theoretical Descriptions and a Computational Implementation* ［M］. Frankfurt am Main：Peter Lang，2008.

（本文提交于首届英汉对比与翻译研究学科建设高层论坛，载于《英汉对比与翻译》(2012)）

汉语语气系统的特点

张德禄

摘要： 韩礼德（1992）说，（语言学）"分析中的范畴有两类：理论范畴和描述范畴……。理论范畴，从本质上讲，是适用于所有语言的……，但描述范畴原则上讲，是适用于某个语言的。"语气和情态是理论范畴，是从语言在人类交际中的基本功能发展而来。从这个角度讲，它们是普遍特征，适合于所有的语言。但它们的体现在不同的语言中是不同的。体现语气和情态的范畴是描述范畴。它们除了可以联合起来体现语气和情态以外，也是由语言的运作机制和基本的文化环境来决定的。本文旨在探索汉语语气中的描述范畴的特点，以发现语言作为符号系统的真实运作过程。

关键词： 语气；情态；主语；谓语

0. 引言

韩礼德说，（语言学）"分析中的范畴有两类：理论范畴和描述范畴……。理论范畴，从本质上讲，是适用于所有语言的……，但描述范畴原则上讲，是适用于某个语言的。"（Halliday，1992）语气和情态是理论范畴，是从语言在人类交际中的基本功能发展而来的。从这个角度讲，它们是普遍特征，适合于所有的语言。但它们的体现在不同的语言中是不同的。体现语气和情态的范畴是描述范畴。除了它们可以联合起来体现语气和情态以外，它们也是由语言的运作机制和基本的文化环境来决定的。本文旨在探索汉语语气中的描述范畴的特点，以发现语言作为符号系统的真实运作过程。

鉴于汉语是一个典型的分析性语言，没有标识性、数、格、时态等语言范畴的标记，汉语研究中还存在一些争议。其中之一就是汉语中是否有主语这个功能成分（见文玉卿，1994），其二是有哪些特征决定汉语的语气，第三是语气在汉语中是怎样体现的。本文重点研究语气系统的某些特点。相关的研究问题包括：

1）汉语的语气和英语的语气是否相同？

2）汉语主语与英语的主语是相同的概念吗？

3）汉语中是否有限定成分？

4）汉语语气的特点是什么？

5）哪些因素是必要的，哪些是可选的？

1. 汉语的语气系统

汉语和英语都有语气和情态系统，因为两者都是体现语言的人际功能的，但是它们体现语气的形式在不同的语言中是不同的。在汉语中，交际事件的注重点一般集中在事件本身上，因此谓语动词的有效性特别重要，而主语的有效性就不那么重要。所以，胡壮麟（1994）认为，汉语的语气系统有如下特点：

1）汉语中没有限定成分，并且主语总是出现在首位。

2）有时，语气词"吗"、"啊"、"呢"、"吧"出现在句子的尾部来表示其语气的范畴。

3）汉语中的疑问词不移到句首。

实际上，除此之外，汉语中还有第四和第五个更加基础的特征：

4）汉语的语气不是以主语的有效性为特点的，而是由谓语动词、谓语动词的极性、整个命题，以及对它们的评价的中介程度的有效性为特点的。所以，附加疑问句是与整个命题相关的，而不只是与主语的有效性相关。

5）汉语也有主语，但与英语相比，其作用要小。

下面我们具体探讨这些特征。

2. 语气标记

在许多小句的末尾都有语气词来标识小句的语气类型，例如：

[1]　（1）我想他或许是中国人吧。

（2）四凤（对父亲鲁贵）：你听错了吧！

（3）鲁妈：大概她是不愿意吧！

（4）周蘩漪（对鲁妈）：请坐！你来了好半天啦。

（5）鲁贵（对四凤）：哼！我跟你说，我娶你妈，我还抱老大的委屈呢。

（6）四凤：这屋子听说直闹鬼呢。

（7）鲁贵：这两年过去，说不定他们以为那晚上真是鬼在咳嗽呢。

201

(8) 四凤(对鲁大海)：你说话顶好声音小点,老爷就在里面旁边的屋子里呢!

[2] (1) 他是中国人吗?

(2) 鲁贵：你看,谁管过你啦?

(3) 周冲：……他很寂寞的样子。我替他很难过,他到现在为什么还不结婚呢?

(4) 周繁漪：谁知道呢? 谁知道呢?

(5) 鲁贵(对四凤)：可是谁叫我是他的爸爸呢,我不能不管啦!

(6) 四凤：不是在门房里等着我们么?

[3] (1) 周朴园：我看过去的事不必再提起来吧。

(2) 周萍(对繁漪)：你叫我说什么? 我看你上楼睡去吧。

(3) 四凤(对鲁贵)：得了,您别这样客气啦。

(选自唐青叶、李东阳,2007)

[4] (1) 世上所有国家都为我们拥有它而羡慕我们哩!

(转引自《世界首脑名人演讲》)

(2) 这故事多感人啊!

[5] (1) 屋里好热啊!

(2) 真好看啊!

(3) 你这一场好睡(啊)!

(4) 知道我有多么忙啊。

（5）小姐你看,我的活儿有多么累呀。

（选自李杰,2005）

从这些例子以及其他一些例子中,我们可以发现语气标记的如下特征：1)在任何类型的小句中,语气词都不是必需的,也就是说,任何类型的小句都可以没有任何语气词；2)在用语气词的同类结构中,可用的语气词其中之一(或者从其中派生出来的)是典型的。例如,在陈述句中,通常没有语气词。所有有语气词的陈述句都是在某种程度上有标记的。鉴于"吧"典型地用在祈使句中,一个陈述句中出现"吧"具有祈使句的口气。在[1](1)"我想他或许是中国人吧"中,其意思是"请相信我！"；在[1](2)"四凤：你听错了吧！"中,其意思是"一定是这样的！"。在[1](3)"鲁妈：大概她是不愿意吧！"中,其意思是,"就这样,相信我！"以"啦"结尾的陈述句的意思是其过程被拉长了,在例[1](4)中就是如此。陈述句以"呢"结尾表示这个过程还在进行中,例如,在[1](5)"鲁贵：哼！我跟你说,我娶你妈,我还抱老大的委屈呢。"中,"呢"的意思是"他仍然受到冤屈"；在[1](6)"四凤：这屋子听说直闹鬼呢。"中,"呢"表示房子还在闹鬼。

在疑问句中,典型的语气词是"吗",其意思是这是个问题,如[2](1)。"啦"、"呀"、"呢"并不是疑问标记,而是用于产生特殊的修辞效果的附加意义。

在祈使句中,典型的语气词是"吧",意思是"我想要你做某事。"其他语气词,如"啦"、"呀"根本不是祈使句的典型语气词。

在感叹句中,典型语气词是"啊",意思是"我十分惊讶、十分兴奋、十分害怕"。"呀"是从中派生出来的。

从上所述可见,语气词是一个可选择范畴。当它们出现时,每一个范畴都有一个典型语气词,其他的不是标识这个类别的语气词,而是表达附加的人际意义。

3. 主语与限定成分

当同一个命题以信息的形式进行交际时,其功能在汉语中的体现形式与在英语中是不同的,例如:

[6]　(1) 你父母供你上大学。

(2) 是你父母供你上大学。

(3) 你父母供你上大学?

(4) 是你父母供你上大学?

(5) 你父母供你上大学吗?

(6) 是你父母供你上大学吗?

(7) 你父母供你上大学,是不是?(对不对)?(好不好)?

(8) 你父母供不供你上大学?

(9) 你父母供你不供你上大学?

(10) 你父母供你上大学还是不供你上大学?

(11) 上大学去吧!

(12) 快去上大学去吧!

(13) 咱们一起上大学吧!

(14) 我供你上大学吧!

在所有这些例子中,主语(你父母)都出现在句首。[6](1)是陈述句,"你父母"是一个正常的主语;在[6](2)中,"是"是信息中

心的标记,主语还是在句子的开头。在[6](3)、(4)中,句子成为是
非疑问句,但句子结构并没有变化,只是句子的语调为升调。在
[6](5)、(6)中,句末添加了语气词"吗",表示这是个是非问句。在
[6](7)中,"是不是"、"对不对"、"好不好"是询问整个命题的有效
性的附加问句,而不只是其主语。在[6](8)、(9)和(10)中,疑问是
由整体谓语,或者谓语的一部分的重现来体现的:在[6](8)中,只
动词"供"重现;在[6](9)中是动词和宾语"供你";在[6](10)中,整
个谓语,包括直接宾语和间接宾语都重现了。从[6](11)到(14)是
祈使句,句子中或者没有主语,或者主语还是在句首。

在这些句子中,我们可以发现句子中没有限定成分。语气是
由语调、语气词、谓语或谓语的一部分、或主语缺失来体现的。

4. 特殊疑问成分

在汉语的特殊疑问句中,特殊疑问成分仍在其原来的位置,其
疑问性是由语气词和升调来表示的,例如:

[7] (1) 谁把电视机给弄坏了?

(2) 这是谁家的房子?

(3) 你到这里来干什么?

(4) 他们是如何在这么短的时间内完成这项艰巨
任务的?

(5) 你为什么还不下班?

(6) 父亲干么要说这些?

(7) 张教授在哪里?

(8) 图书馆下午几点关门?

(9) 得多少时间才能做完?

(选自成方志、霍翠柳,2000)

在[7](1),"谁"做主语仍然在主语位置上,在[7](2)中,"谁"做补语的修饰语,仍在原来的位置。在[7](3)中,"什么"处在补语的位置上做补语;在[7](4)中,"如何"在谓语前做状语的修饰语;在[7](5)、(6)、(8)和(9)中,"为什么"、"干嘛"、"几点"和"多少时间"都出现在谓语前的同一个位置上,这是汉语中状语的典型位置。

由此可见,在所有这些例句中,特殊疑问成分都在其典型位置上,疑问性是由疑问词和升调表达的。在其他句子中,语气词可以用以强化疑问特征,也可以用以增加其他人际特征,如"怀疑"、"好奇"、"抱怨",等。例如:

[8] (1) 张教授上哪儿去呢?

(2) 在英国留学时,你都去过哪儿呀?

(选自成方志、霍翠柳,2000)

在此,用"呢"、"呀"明确说明它们是疑问小句。除此之外,"呢"表示这个小句表示疑问和怀疑,而"呀"表示这个小句还表达好奇的意义。

5. 汉语语气的特点

汉语语气系统的这些特点是由其在汉语文化语境中的交际功能和汉语作为分析性语言的特点决定的。在英语中,主语起着十分重要的作用,因为它是为命题的成功与否负责的成分,是使命题有效的成分。因此,语气类别的变化总是涉及主语的出现与否,以及其出现的位置。当有附加问句时,主语就是对命题负责的成分,例如:

[9]　（1）**James** went to study Chinese in China.

　　　（2）Did **James** go to study Chinese in China?

　　　（3）What did **James** go to China to study?

　　　（4）Where did **James** go to study Chinese?

　　　（5）**Who** went to study Chinese in China?

　　　（6）Go to study Chinese in China!

　　　（7）**James**，go to study Chinese in China!

　　　（8）**You** go to study Chinese in China!

　　　（9）What a wonderful language **you** are studying!

　　　（10）James went to study Chinese in China, didn't **he**?

　　　（11）Go to study Chinese in China, won't **you**?

　　　（12）Let's go to study Chinese in China, shan't **we**?

在所有这些例子中,主语总是意义协商和完成交际任务的关键成分。它对所有小句的交际都是至关重要的。

然而,汉语的语气不是以主语在交际中的责任性为特点的,而是由谓语、谓语动词极性,或者整个命题和其可能程度的有效性为特点的。

[10]　（1）鲁贵:叫她想想,还是你爸爸混事有眼力,还是她有眼力。

(2) 周朴园:她为什么不再找到周家?

鲁妈:大概她是不愿意吧?

(3) 周萍(对繁漪):你叫我说什么? 我看你上楼
睡去吧。

(4) 周繁漪:哦,你是你的父亲的儿子。——这些
月你特别不来看我,是怕你的父亲?

(5) 您少说闲话吧!

(6) 太太,您脸上像是发烧,您还是到楼上歇
着吧!

(7) 妈,您不怪我吧?

(8) 啊,大少爷,这不是你的公馆,你饶了我吧!

(9) 二少爷,您渴了吧,我给您倒一杯水!

(10) 鲁贵:哦,好孩子,我早知道你是个孝顺
孩子。

(11) 周冲:? 他很寂寞的样子。我替他很难过,
他到现在为什么还不结婚呢?

(12) 鲁贵:哦,好孩子,我早知道你是个孝顺
孩子。

(13) 四凤(对鲁大海):你说话顶好声音小点,老
爷就在里面旁边的屋子里呢!

(14) 周朴园:她为什么不再找到周家?

在现代汉语中,典型的语气结构是:
"主语^状语^谓语动词^补语^(补语)"

[11] 她^昨天^给了^我^一本书。

其变体形式包括：

"主语^状语^（补语）^谓语动词^补语"；

[12]　她^昨天^把那本书^给了^我。

我^现在^给您^倒^一杯水。

"主语^状语^补语"；

[13]　他^昨天^还很高兴。

"主语^状语^谓语动词^补语"；

[14]　他^去年^还是^个学生。

"主语^谓语动词^补语"；

[15]　他^打了^徐明。

"主语^谓语动词"。

[16]　您^渴了吧！

在所有这些结构中，主语总是出现在小句的首位，无论是陈述句、疑问句，还是祈使句，句子的结构不发生变化。这样，就出现了下一个问题：在汉语中决定小句语气的主要因素是什么？

首先，当陈述句变为疑问句时，句子结构不发生变化，句子的语气类型主要是由语调"降——升"来体现的。所以，汉语中的语调是关键因素。

[17] (1)他去年还是个学生。↘

(2)他去年还是个学生?↗

然而,如果加上典型的语气标记,其语气类型就会更加明确,并增加了小句的疑问性。

[18] 他去年还是个学生吗?↗

当是非问句变成特殊问句时,小句的结构不发生变化,这样是非问句与特殊问句的主要区别是特殊问句附加了特殊疑问词,所以我们可以说,特殊问句是从其相对应的是非问句中派生出来的。

[19] (1)谁去年还是个学生?

(2)他什么时候还是个学生?

(3)他是什么?

那么,当疑问句和陈述句变为祈使句时将发生什么变化呢?

[20] (1)当学生去吧!

(2)做个大学生吧!

(3)你做学生吧!

(4)我们一起做学生吧!

祈使句的典型结构是"谓语动词^补语"。主语在需要时可以出现,如在选择行为者时。然而,决定祈使句的关键因素是主语的缺失和祈使句的典型语气词"吧"的出现。那么,在感叹句中会出现什么情况呢?

[21] (1) 你真是个好学生!
(2) 你是多么勤奋的学生啊!

在感叹句中有表达感叹的特殊语调:在感叹词处的突然升高和在尾部的下降。

[22] (1) 你↗真是个好学生↘!
(2) 你是↗多么勤奋的学生啊↘!

通过以上例子,我们可以发现,在现代汉语中决定语气类型的主要因素是:1)语调模式,2)可选的语气词,(3)特殊疑问词,以及主语的出现与否。

为什么句子结构在任何语气中都不发生变化呢?这是英汉语气不同注重点的结果。在英语中,主语是语气系统中的关注点,是确定英语语气的最关键因素。但在汉语中,它不再是主要的关注点。主要关注点转移到体现及物性结构的过程和情景语境的动作和状态的谓语动词上,甚至是整个谓语上。在此,关注点是过程或者行动的真与伪,和对命题和提议的概率、频率、义务和意愿的程度的评价上。这样,汉语语气的归类都是以这些因素为基础。例如,王力、高明凯和吕叔湘为语气的区分提供了如下的理论框架(见齐沪扬,2002):

表 1

王力的分类		吕叔湘的分类			高名凯的分类	
确定语气	决定语气	语意	正与反	肯定	否定命题	
	表明语气			不定	确定命题	
	夸张语气			否定	询问命题	
不定语气	疑问语气		虚与实	实说	疑惑命题	传疑命题
	反诘语气			虚说		反诘命题
	假设语气		与认识有关	直陈	命令命题	强制命令
	揣测语气			疑问		非强制命令
意志语气	祈使语气	语气	与行动有关	商量	感叹命题	
	催促语气			祈使		
	忍受语气		与感情有关	感叹、惊讶		
感叹语气	不平语气	语势		轻与重		
	论理语气			缓与急		

在这里,我们可以清楚地看到,王力的理论框架与小句的交际功能有关。第一级范畴接近于陈述语气(确认语气)、疑问语气(不确定语气)、祈使语气(意愿语气)、感叹语气(感叹性语气)。在所有这些范畴中,语气和情态没有区别。这并没有什么可奇怪的:当语气的关注点转移到过程和行动上时,语气和情态之间的区别模糊了,因为疑问的内容不是主语,而是主要在行为,其真实性,其概率和频率的程度上。这个理论框架也可在贺阳的框架中发现(见齐沪扬,2002)。

表 2

功能语气	陈述语气		句末用句号,而不具有祈使语气。
	疑问语气	询问语气	句末用问号,而不是反诘语气。
功能语气		反问语气	句末有问号,句中有语气副语"难道、何尝"及"不行、不成"等词语或句末带问号的否定句。
	祈使语气		句末用句号或感叹号,而不具有陈述或感叹语气。
	感叹语气		句末有感叹号,句中有"太、多么"等程度副词,或有"这么、那么"等表程度的指示代词。
评判语气	认知语气	确认语气	句末没有问号也没有语气词"吧"。
		非确认语气	句末有问号,而不是反诘语气;句末无问号,但有语气词"吧"。
	模态语气	或然语气	助动词"会、可能"等或语气副词"也许、或许"等。
		必然语气	语气副词"一定、必然、必定"等。
	履义语气	允许语气	助动词"能、能够、可以"等。
		必要语气	助动词"应、应该、要"等或语气副词"必然、一定、务必"等。
	能愿语气	能力语气	助动词"能、能够、可以、会"等。
		意愿语气	助动词"肯、愿意、情愿、想"等。
情感语气	诧异语气		语气副词"竟、竟然、居然"等。
	料定语气		语气副词"果然、果真"等。
	领悟语气		语气副词"难怪、原来、敢情"等及叹词"咦"。
	侥幸语气		语气副词"幸亏、幸而、幸好"等。
	表情语气		不属于上述四种情感语气的,用叹词或语气副词表达。

在此，功能语气就是语气，估计语气是情态，情感语气不是语气。

这样，当你质询一个命题时，你实际询问的或者是整个命题，或者是谓语动词，或者是整个谓语，或谓语的部分，例如：

[23] (1)"以后就叫你小薇吧，嗯?"(《梦回大清》)

(2)"不太好闻，嗯?"(《梦回大清》)

(3)"就算是不好意思当面做，也得让我们听个响儿不是? 你们说是不是呀? 啊……"(《梦回大清》)

(4)我告诉过，八月节我就告诉过你，要塌! 要塌! 现在，你看，是不是?

(5)"各位客商也要小心跟随，各位都是求个平安顺畅不是?"

(6)"也未见得吧，也有的是我怎样也拿不到的，不是吗?"

(7)"今天看来不会来了，是吧?"

(8)"叫我名字，以后都这样叫，好吗?"(《梦回大清》)

(9)"晚上我们一起去看电影，好不好?"

(10)"不能叫那些俗人看咱们笑话，对吗?"

(11)女同胞，还打算往自己脸上抹多少化学原料? 行了吧?(《大雪无痕》)

(12)"非得有事儿么? 想你了，专程来看看，不行么?"

(13)还给她，成么?

（14）还给你，还不成么？

（15）"两百块大洋，怎样？"

（16）"以后注意点儿，知道了么？"

（17）"你要好好伺候十三爷，知道吗，嗯？"

（18）"多做事，少说话，明白么？"

在此，所有的例子都与整个命题相关，这在英语中很少见。在英语中，当附加问句出现时，它们都与主语的有效性相关：

[24]　（1）You took a good care of Peter, didn't you?

　　　　　　—Yes, I did.　—No, I didn't.

　　　（2）You didn't take a good care of Peter, did you?

　　　　　　—Yes, I did.　—No, I didn't.

在此，相关的因素是命题的有效性，而整个命题是由主语的有效性代表的。在回答问题时，答案也都是与主语的有效性相关。下列问题在英语句子结构中少见：

[25]　（1）You took a good care of Peter, right?

　　　　　　—Yes, you are right.　—No, you are wrong.

　　　（2）You didn't take a good care of Peter, right?

　　　　　　—Yes, you are right.　—No, you are wrong.

但这些句子类型在汉语中常见。所有以上问题都属于此类。附加问句都与整个命题的地位相关,可分为三类:1)询问的对象为整个命题或者提议,而且注意关心的是整个命题或提议的真伪,如例[23](1)—(10),其附加疑问是"嗯"、"啊"、"是吗"、"是不是"、"对吗"、"好吗"、"好不好"、"不是"等。2)讲话者要求听话者接受提供的信息或者物品与服务,如例[23](11)—(15),其附加问句是"行了吗"、"不行吗"、"成么"、"还不成么"、"怎样"等。3)理解句子传达的信息或物品与服务,即讲话者要求听话者理解他提供的信息和物品与服务,如[23](16)—(18),其附加疑问为"知道吗"、"知道了吗"、"明白吗"等。

小句的主体部分可分为两类:肯定和否定。与英语相比其独特的特点是无论小句是肯定或否定,附件疑问的极性不变,例如:

[26] (1) 叫我名字,以后都这样叫,好吗?

(2) 叫我名字,以后不要这样叫,好吗?

附加疑问包括三个类别:肯定、否定和中性,即肯定加否定,它们之间的区别只在于口气,不在于极性。

[27] (1) 今天看来不会来了,是吗?

(2) 今天看来不会来了,不是吗?

(3) 今天看来不会来了,是不是?

但是,小句主体的极性对听话者的回答是有意义的,例如:

[28] (1) 今天看来不会来了,是吗?   ——不,会来

的。 ——对,肯定来不了了。

(2) 叫我名字,以后都这样叫,好吗? ——好吧,就这样叫。 ——不,不能这样叫。

听话者的回答依赖于话语的疑问小句的极性和听话者答语或事实的极性,即如果小句是肯定的,现实是否定的,那么答语就是否定的;如果小句是否定的,现实是否定的,那么答语就是肯定的。

第二类语气类别是与谓语动词的有效性,或谓语动词的极性相关的。在此,信息和物品与服务交流的焦点是谓语动词,与极性、可能性、经常性、义务和意愿的程度相关。例如,

[29] (1) 王刚写没写过小说? ——写过;
——没写过。

(2) 王刚写过没写过小说? ——写过;
——没写过。

(3) 王刚写过小说没写过? ——写过;
——没写过。

(4) 王刚是不是写过小说? ——写过;
——没写过。

(5) 我们年纪轻,应该不应该多干点儿?
——应该; ——不应该。

(6) 可不可以进去看看? ——可以;
——不可以。

由此可见,由于汉语中没有表示命题的有效性的限定成分,我们需要另外的方法来表示对命题和提议的极性的选择。这就是要

把注重点放在整个谓语或谓语的部分上。例如,[29](1)聚焦于谓语动词上,[29](2)聚焦于谓语动词和体标记上;[29](3)则聚焦于整个谓语,包括其补语;[29](4)聚焦于谓语的极性上,即整个谓语上;[29](5)和(6)则聚焦于情态词上。对这些问题的回答与对其他问题的回答是相同的,或者是相似的。

这说明在信息和物品与服务的交流中,焦点置于过程或行动上,而不是施事上,所以,除非对比发生在主语上,主语很少是必要的,例如:

[30]　(1) 是王刚写小说了吗?　——不是,是张国力。

　　　(2) 不是王刚写的小说吧?　——不是,是张国力。

这样,就需要用一个焦点标记来表示它是一个有标记变体。

6. 结语

从上可见,汉语的语气系统与英语的相比有许多新的特点,包括:1)汉语中没有限定成分,所以主语总是出现在句首。2)有时,语气词出现在句尾,标识句子的语气类型,如"吗"、"啊"、"呢"、"吧"等。3)汉语中的特殊疑问词并不向其他位置移动,而是在原位不动。4)汉语的语气不是以主语的责任性为特点的,而是以谓语动词、极性、甚至是整个命题的有效性、以及命题的可能性的程度为特点的。这样,附加疑问的真伪是与整个命题的有效性相关的,而不仅仅是与主语的有效性相关。5)汉语有主语,但起到的作用要比英语的小。

汉语语气系统的这些特点显示了汉语的深层运作规律。首先,汉英的焦点和取向不同:汉语注重过程和行为,因此,谓语或谓语动词的有效性成为决定语气选择的关键因素;第二,由于它注重过程和行为,而情态动词是谓语动词的一部分,语气和情态之间的界限就不清楚了,也就是说,语气和情态的界限模糊了。

参考文献

1 成方志、霍翠柳,从系统功能语言观看汉语的语气[J],《滨州师专学报》,2000(1):50—52。

2 胡壮麟,英汉疑问语气系统的多层次和多元功能解释[J],《外国语》,1994(1):1—7。

3 李杰,试论现代汉语语气副词状语的疑问功能[J],《徐州师范大学学报》,2005(3):54—56。

4 齐沪扬,论现代汉语语气系统的建立[J],《汉语学习》,2002(2):1—12。

5 唐青叶、李东阳,汉英语气系统对比分析与翻译[J],《上海翻译》,2007(3):69—73。

6 文玉卿,汉语是否有语法功能——评两份博士论文对主语的讨论[J],《国外语言学》,1994(3):17—22。

7 Halliday, M. A. K. Systemic grammar and the concept of 'Science of Language'[J].《外国语》,1992(2):1-9.

(本文提交于首届英汉对比与翻译研究学科建设高层论坛,载于《外国语文》2009 年第 5 期)

从中西对比看汉语的"语法"

姜望琪

摘要：中国语言学界有一个奇怪的说法：中国古代没有语法学，《马氏文通》是中国第一部语法书。本文对这种奇谈怪论提出了挑战。首先，"语法"不等于"句法"，前者是"语言组织法，后者只是句子组织法"。其次，尽管马建忠在理论上接受了西方的狭义的语法观，在实际分析汉语时，他仍综合了传统的修辞学、文章学理论。换言之，他不自觉地在实践中采用了广义的语法观。第三，有"文章作法"含义的"文法"，一度是中国语言学研究的标准名称，"语法"是晚起的名称。最后，笔者指出，中国古代之所以没有句法学，其根本原因在中国传统的整体论思维观、哲学观。这间接证明了，哲学研究对语言学研究的巨大影响。

关键词："语法"；中西对比

0. 引言

中国语言学界有一个奇怪的说法：中国古代没有语法学，《马氏文通》是中国第一部语法书。这种完全按照西方的观念来界定中国的学科的现象是语言学界独有的。没有一个人说中国古代没有医学,尽管中医跟西医有本质的区别。也没有一个人说中国古代没有绘画理论,尽管国画跟油画是完全不同的艺术。哲学界、修辞学界、数学界、音乐界、戏剧界,更不用说文学界,都是这样。没有一个人提出,在西方的有关学科引进以前,中国人在该领域一无所有,唯独语言学界如此。岂不怪哉!

1. 为"语法"正名

这种奇谈怪论之所以能在中国毫无抵抗地风行一百多年,源于对"语法"一词的误解。因此,要摈弃这种奇谈怪论就首先要为"语法"正名。

何谓"语法"?《现代汉语词典》的解释是:语法是"语言的结构方式,包括词的构成的变化,词组和句子的组织"。《中国大百科全书·语言文字卷》的解释是:语法学是"研究制约语言行为的规则——首先是研究联词成句的规则——的一门学科。一种语言的语法是该语言的语法规则的总和"。这两本中国最权威的语言辞书对"语法"的释义都是有问题的。

《现代汉语词典》释义中的"包括",按照语用学理论是"只包括"的意思,否则就应该像《大百科》的释义那样,加上"首先"之类的修饰语。因此,这个释义的前后两部分是矛盾的。"语言的结构方式"等于"词的构成的变化,词组和句子的组织"吗?除此以外就没有其他结构方式了吗?《大百科》的释义加上了"首先",比《词典》好一点,可能是因为该词条的编写者的思路开阔一点。他在讲到语法单位的时候,也增加了"语段",承认"弄清楚为什么一个普通读者能够把后面的句子跟前面的句子连起来构成一个有意义的语言事件……也是现代语言学的中心课题之一"。尽管如此，《大百科》的释义跟《词典》一样，也是片面的。两者都是把西方的语法模式当成正统的结果。

汉语的"语法"，顾名思义，是"语言的组织法"；或者用《大百科》的解释——"一种语言的语法是该语言的语法规则的总和。"而"词的构成的变化，词组和句子的组织"只是"词法和句法"；"联词成句的规则"也是"隐含了词法的句法"。在这个意义上，这两种释义都以偏概全，把局部当成了整体。把"语法"仅仅解释为"词法和句法"，或者首先是"词法和句法"，完全是西方的观念。西方语言的单词有词形变化，因此，在他们那里学"语法"，"首先"就是学习词形变化——inflections（屈折形式，屈折变化）。西方的第一本语法书——公元前 2 世纪的 Dionysius Thrax 的《语法术》(*Techne Grammatike*)主要讨论的就是词形变化。（参阅 Robins，1979：30 - 38）

王力在《中国语法理论》里说过类似的话，并指出了为什么有人认为汉语没有语法。他说，"西洋古代所谓语法，本包含三部分：（一）音韵学(phonology)；（二）形态学(morphology)；（三）造句法(syntax)，后来音韵学的部分渐渐扩大，现在已经独立成为一种科学，于是现代普通所谓语法，就只剩有形态学和造句法两部分。……汉语没有屈折作用，于是形态的部分也可取消。由此看来，中国语法所论，就只有造句的部分了。恰巧造句的部分是向来被西洋语法学家所轻视的。多数的梵语语法、希腊语法、拉丁语法，都只包括音韵和形态。这种习惯深入人心，以致西洋竟有人说中国没有语法！"（王力，1945/1984：9—10）

高名凯在《汉语语法论》里也说："汉语并没有屈折去表达语法

上的变化,也没有黏着的附加成分去表达语法的功能。也就是因为
这个缘故,有的语言学家竟认为汉语没有语法。"(高名凯,1957:34)

现在已经没有人说汉语没有语法了,但是大多数人对"语法"
的解释基本没变,就像上文所引的两个辞书释义那样。所不同的
是,他们一方面扩大了"形态"的含义,把词序作为广义的形态;另
一方面是强调,句法,而不是词法(形态学),是汉语语法的主要部
分。不过,其背后的预设丝毫没变——西方的语法观是唯一正确
的语法观。

其实,即使在西方,"语法"也不是任何情况下都只包括词法和
句法的。他们承认,"语法"有广义和狭义两种理解。[①] 例如,David
Crystal(1985:141—142)说,按照狭义的、传统意义上的、较常见
的解释,语法指的是可以独立于音系学、语义学而进行研究的一层
结构组织。它一般分作句法学和形态学两个分支。在这个意义
上,语法研究的是词(以及它们的组成成分)组合成句子的方法。
与此相对的是一种更广义的概念,它把语法看成是包括语言各种
结构关系的完整的系统。除了句法学以外,它还统括音系学和语
义学。Frank Palmer(1971:13)也说,广义的语法除了句法学以
外,还包括音系学和语义学。赵元任(chao,1968:1)说,广义的语
法是对语言的完整描述。它包括,甚至常常强调,音系学,以及其
他结构。在讨论语言形式时,他(同上:3)又说,在最广的意义上,
语言的任何一部分都可以是语言形式,不管是一个词,还是很多

---

① 仅从他对语法的定义看,Thrax 的语法也是广义的。他说,"语法是关于诗人和散
   文家的一般用法的实用知识。它有六个组成部分:第一,注重韵律的正确的朗读;
   第二,解释作品中的文学用法;第三,为固定短语和作品主题作注解;第四,发现词
   源;第五,总结类推规律;第六,欣赏文学作品,这是语法中最辉煌的部分。"(转引自
   Robins,1979:31)

词。但是,实际上最小的形式,如音位、(清音这样的)音位特征,或很大的形式,如一次演讲、一部话剧,都不是语言分析的对象。一般情况下,只有最小的有意义的单位——词素,两次停顿之间的最大的单位——句子,以及介乎这两者之间的中间单位,才是语言分析的对象。不过,他在"最大的单位——句子"下作了一个注脚:"然而,Zellig S. Harris 已经在他 1952 年的'语篇分析'(《语言》杂志 28:1—30)和'语篇分析——一个实例'(《语言》杂志 28:474—494)中开始对更大的单位进行形式研究了。"

根据"语法"概念的这种解释,我们完全有理由说:我国古代缺乏的只是句法学这个局部,不是语法学这个整体。我国古代对语义、语音都有很深入、很系统的研究。我国的第一部语言学专著——《尔雅》出版于公元前 2 世纪以前,比希腊的语法书还早。这是一部同义字字典,它开创了我国的训诂学传统。(参阅王力,1981/2007:9—15;濮之珍,1987/2002:69—83)公元 121 年,一部既解释字义,又标注读音,又分析字形与字义之间关系的更成熟的字典,甚至是超越字典的"语法"①——《说文解字》诞生了。西方的语法研究"首先"研究"词法",这是由他们的语言性质决定的。中国的语法研究"首先"研究"字法",这也是由汉语的性质决定的。我们不能把西方的语法模式当成唯一的正统,否定自己的语言研究传统。

2. 句读论与文章学

马建忠在引进西方语法概念的时候,并没有用"语法"这个词。

---

① 据潘文国(2008:212),林语堂曾在 1951 年说过,"说文学相当于语法学"。这是有道理的。西方可以把主要研究词法的书说成是"语法",为什么我们就不能把主要研究字法的书说成是"语法"呢?

他说,"是书本旨,专论句读,而句读集字所成者也。……夫字类与句读,古书中无论及者,故字类与字在句读所居先后之处,古也未有其名。……是书所论者三,首正名,次字类,次句读。"(马建忠,1898/1983:15)这说明,他非常明白他的书跟以往讨论语言文字的书的区别——他是专论"句读"的,这是中国古书中从来没有专门讨论过的题目。句由字构成,为了讨论句读,他首先要讨论字,从它们在句中的作用角度为字分类。① 他还要讨论字在句中的位置,并且给这些位置上的字命名。因此,他的书由"正名"(卷一)、"字类"(卷二至卷九)、"句读"(卷十)这三部分组成。

他又说,"此书在泰西名为'葛郎玛'。葛郎玛者,音原希腊,训曰字式,犹云学文之程式也。"(同上)他把葛郎玛解释成"字式"——把字联起来的格式。他还进一步说"就像写文章的格式一样",暗示"写文章的格式"是中国人所熟悉的。他把该书命名为《马氏文通》,更清楚地表明他的书是一种"文通"。如果我们参照明代朱荃宰的《文通》,甚至可以说这是一本关于文章格式的书,至少是跟文章格式类似、有关的书。②

对文章格式的研究是中国语言研究传统中除了字的形、音、义研究以外的另一项重要内容,称为文章学。曹丕的《典论·论文》是我国历史上第一篇关于文章学的专题论文。他肯定写文章是"经国之大业,不朽之盛事"。西晋陆机的《文赋》进一步论述了文章写作中的规律性问题。南朝刘勰的《文心雕龙》更是一部全面论述写作的划时代巨著。他从构思立意讲到谋篇布局,从遣词造句

---

① 《尔雅》从意义角度为汉字分过类别。《说文解字》从字形与字义的角度分过类别。从作用的角度,宋代开始有"实字"、"虚字"的分类。《马氏文通》则是在此基础上的进一步分类。

② 参见王凤霞(2008)。

讲到文章风格，几乎无所不包。特别是，他将文章结构比作筑室之基构，裁衣之缝缉。强调要"总文理，统首尾，定与夺，合涯际，弥纶一篇，使杂而不越"（刘勰，501/1962：650）。后人逐渐把文章各部分归纳为"起承转合"。这是中国文章学的一项重要成果。

马建忠学贯中西。在中学领域，他不仅对小学传统非常熟悉，对经典文章也很熟悉。（小学是为经学服务的，这两者本来也分不开）他所引用的经史诸子"实文章不桃之祖，故可取证为法"（马建忠，1898/1983：17）。

因此，马建忠虽然模仿西方语法，却没有受它的束缚，把自己限制在句读里，而是借鉴了文章学的内容。吕叔湘多次讲到这一点。在他写的"重印《马氏文通》序"里，他说，马建忠"不愿意把自己局限在严格意义的语法范围之内，常常要涉及修辞。……语法与修辞是邻近的学科。把语法和修辞分开，有利于科学的发展；把语法和修辞打通，有利于作文的教学。后者是中国的古老传统，也是晚近许多学者所倡导，在这件事情上，《文通》可算是有承先启后之功"（吕叔湘，1983：5—6）。在他和王海棻合写的《马氏文通读本》里，他又说，"《文通》在讲句读的末了提到段落的起句和绝句。这是语法和修辞、作文交界的问题。《文通》发表以后的几十年中，讲汉语语法的著作都不谈这个问题，直到最近才有语法的研究不应以句子为局限的议论。这就不能不说《文通》的作者有远见了。"（吕叔湘、王海棻，1986：38）

吕叔湘的评论是非常到位的。他一方面意识到中国语言学传统跟西方传统之间的区别，另一方面也高瞻远瞩地预见到中国的传统思路正在被现代学者接受，即将成为新时期的风尚。吕叔湘很可能早就认识到了西方语言学传统——"句子语法"的局限性。在构思于"文革"期间、"文革"一结束就在 1979 年得以出版的《汉

语语法分析问题》里,他就明确指出,把句子作为最大的语法单位
"是一种老框框","句子和句子之间不仅有意义上的联系,也常常
有形式上的联系",也应该研究(吕叔湘,1979:53)。

宋绍年(2004:86)也说,"马氏不仅讨论了句群的结构,还涉
及局群的形式标记。长期以来人们一般认为语法只研究句子,句
群研究不属于语法研究,近二十年来这一看法有了改变。在这方
面《文通》很有些现代性,马氏认为句法研究不是到句子为止,而是
包括句群。"

不过,他们关于马建忠"有远见"、《马氏文通》"很有些现代性"
的评述不一定符合事实。马建忠写作《马氏文通》时,西方现代语
言学正在形成阶段,尚未正式走上历史舞台,此后的七八十年是现
代语言学飞速发展的时期。如果说马建忠能在那时候就预见到,
按吕叔湘、宋绍年的说法,七八十年后语言学研究将突破句子的局
限①,那需要多大的预见性! 这是在一门学科还没有正式成型的
时刻就预见到它将在七八十年后经历一次根本性的转折啊!

我的看法是:《马氏文通》的语篇意识源自马建忠的向后看,
而不是向前看。他的国学修养,他的语料,他所处的时代(文言文
仍在盛行,白话文还毫无地位),这一切都决定了他不能不向古人
(甚至是"古人中的古人")看齐,而不是去预见七八十年后将是什
么样。联系上一节关于"语法"的讨论,我们可以说,尽管马建忠在
理论上接受了西方的狭义的语法观,在中国的语言研究传统的影
响下,他不自觉地在实践中采用了广义的语法观。

---

① 严格地说,西方语言学开始语篇转向的正式标志是赵元任在《中国话的文法》里提
到的 Zellig Harris 于 1952 年发表的"语篇分析"。到了 20 世纪七八十年代,这种语
篇研究已蔚然成风,势不可挡。

3. "文法"与"语法"之争

《马氏文通》以后出版的类似的书没有以"文通"命名的。有的以"文典"命名，如来裕恂的《汉文典》(1902)、章士钊的《中等国文典》(1907)、俞明谦的《国文典讲义》(1918)。大多以"文法"命名，如刘金第的《文法会通》(1908)、吴明浩的《中学文法要略》(1917)、刘复的《中国文法通论》(1920)、胡适的《国语文法概论》(1921)、陈承泽的《国文法草创》(1922)、金兆梓的《国文法之研究》(1922)、黎锦熙的《新著国语文法》(1924)、杨树达的《高等国文法》(1930)、何容的《中国文法论》(1942)、吕叔湘的《中国文法要略》(1942，1944)。只是，从王力的《中国现代语法》(1943,1944)以后，就差不多都以"语法"命名了。

王力早年也是用"文法"这个名称的，如1936年发表的"中国文法学初探"。在《中国现代语法》里，他解释说，"语法和文法，话法，都不相同。文法是文章的结构方式，也就是属于上文所谓的'书写的语言'的；话法是属于上文所谓口语的。语法则包括口语和文语而言。"(王力,1943/1985：2)

黎锦熙的《新著国语文法》曾把"语法"看作"国语文法"的简称。在回答"何以不径称为国语法？"这个问题时，他提出了三个理由："（一）因为小学校国语科教学'说话'一门，旧称'话法'，有时习惯上也叫做'口语法'，是和'读法'（读书）'缀法'（作文）等对待的；恐怕名称上混淆不清。（二）国语文法，固然'说话'上也要适用，而在教学'读书'和'作文'时，尤为适用；国语文法就是古体文法的基础，自不必别立名称。（三）并且这个'文法'的名称是从西文Grammar翻译的，不可拆用，不可当行文之法讲，因为说话也要合

于'文法'的。"（黎锦熙,1924/1992：14）

吕叔湘曾在《中国文法要略》里说,"'语'可概'文','文'不可概'语'"（吕叔湘,1942/1985：2）。他承认把白话文法称为语法,文言文法称为文法,未尝不可。"但是假如我们需要说明白话和文言相同的那些条理的时候,没有一个双方通用的名称也不方便。所以我们将就'文法'这个现成的名词,有必要时分别称白话文法和文言文法。"（同上：5）

不过,时隔不久,黎锦熙、吕叔湘都愉快地接受了"语法"这个名称。只有赵元任（chao,1968）和陈望道（1978）是两个例外。

赵元任在《中国话的文法》里说,一般情况下,这样的书应该像黎锦熙的书那样叫《国语文法》。但是,"国语"给人的感觉是标准语,而他不想强调标准问题,因为书中所说的内容适用于所有中国话方言,特别是在文法方面。另外一个可能的选择是《中国口语语法》,就像李荣曾经把 *Mandarin Primer* 的第三章译成《北京口语语法》那样。不过,"口语"、"语法"都是新近出现的学术名称,日常生活中使用的并不多。"汉语语法"也是一个虽然具有科学确切性,日常生活中却不太常用的说法。当然,一本关于中国话文法的书不一定要用中国名称,就像这样的书不一定要用中国话写一样。但是,他还是喜欢《中国话的文法》这个名称,因为这为本书确定了一个正确的调调。（Chao,1968：viii）

陈望道也坚持使用"文法"这个术语,他把自己的最后一部著作命名为《文法简论》。1960 年的时候,他还专门写过一篇文章,建议把"文法"作为学科的定名或正名。他的理由是：（1）"历史上一般都以'文法'为正名,以文律、文则、语法等等为别名。"（2）"文法"的"含义也比较明确、简括。""'文'字本身就有语文组织的意义,'语'字本身没有组织的意义。"（3）"文法"的修辞功能比较强,可以用于其他领域，如电影文法、音乐文法等。（4）"文法"跟"语音"、"词汇"作为语言的三要素比用"语法"更整齐，不用重复"语"字。（陈望道，1960/1980：596—598）

这些理由现在看起来都没有太大的说服力。由于赵元任所处的特殊环境，到1960年代末期，他还不习惯于在日常生活中使用"口语"、"语法"、"汉语"等。但是，在中国大陆，这些说法已家喻户晓，甚至妇孺皆知。

然而，"文法"、"语法"等术语的历史，倒是应该讨论一下。

根据孙良明（2005：151）的介绍，东晋时期鸠摩罗什所译佛经《大智度论》第四十四卷第一次出现了"语法"这个术语。此后，汉文佛典在介绍佛经的同时对梵文语法进行了较详细的介绍，并从语法、句法的角度分析、解释佛经。受上述文献的影响，唐初经学家孔颖达在其主编的《春秋左传正义》中开始把"语法"一词运用于汉语分析。这是一段关于楚平王杀伍奢及其儿子的故事。楚平王拘捕伍奢时，伍奢的儿子伍尚、伍员（即伍子胥）在外，楚平王以免父罪为名招骗伍尚兄弟来京。伍尚劝伍员出走，自己赴京。他对弟弟说，"父不可弃，名不可废；尔其勉之，相从为愈。"孔颖达评论说，"服虔①云'相从愈于共死'，则服意'相从'，使员从其言也。语法，两人交互乃得称'相'；独使员从己，语不得为'相从'也。"（转引自孙良明，2005：179）

孙良明还说，从清朝开始，"文法"这个术语经常与"句法"同时使用，而且意义相同。他认为，这"说明产生于汉代，表示'法制、法令条文'的'文法'，经过表示'作文方法'义，到了清代有了'句法'义，指句子的结构方式或语词的配置法则"（孙良明，2005：386）。

---

① 服虔，东汉经学家。

　　陈望道的说法有些不一样。他说"文法"一词早期表示一般规则、法律，唐宋以后开始表示语文的一切规律，用于文章作法的讨论。他的例子来自宋代吴子良的《林下偶谈》。该书卷一"韩柳文法祖史记"一文说，"退之《获麟解》云：角者吾知其为牛，鬣者吾知其为马，犬豕豺狼麋鹿，吾知其为犬豕豺狼麋鹿也。惟麟也不知。句法盖祖《史记》，《老子传》云：孔子为弟子曰：鸟，吾知其能飞。兽，吾知其能走。鱼，吾知其能游。走者可以为罔，游者可以为纶，飞者可以为矰。至于龙，吾不能知其乘风云而上天。"卷四"孟子文法"一文说，"《孟子》七篇，不特推言义理广大而精微，其文法极可观。如齐人乞墦一段犹妙。唐人杂说之类，盖仿于此。"（陈望道，1960/1980：590）

　　陈望道还说，金朝王若虚在《滹南遗老集》里将"文法"、"语法"、"句法"、"文理"、"文势"等字样同时并用。这些都是表示"作文法"的"文法"的广义用法（同上）。他指出，值得注意的是，从清朝开始，"文法"有了专指语文的组织规律的狭义用法。他的例子来自章学诚的《文史通论》。其中的"论文辨伪"一文提到"文法千变万化，惟其是尔。"在"答周永清辩论文法"中，章学诚又说，"文有颠倒一字，意义悬绝，不可不辨别也。"陈望道认为，前例中的"文法"是广义的，指的是"作文法"；后例中的"文法"是狭义的，指的是词序、意义完整与否。（同上：592—593）而"从《马氏文通》以后，'文法'的含义，已向狭义方向发展，专指语文的组织规律，这是文法学的专用用法，也就是现在的通常用法。"（同上：594）

　　孙良明（2005：221）却说，"文势说"是孔颖达提出来的。在《毛氏正义》里，他17次使用了"文势"或"势"、"文"等字眼。孙良明认为，"孔氏说的'观文势而为训''观文而说'即是观语境而释义。"（同上：222）孙良明又说，"文理说"是宋元之际的胡三省提出来的。他的"文理"即相当"语境","据文理而训"即据语境而训(同上：364—365)。

上述历史回顾,尽管细节有些出入,都不约而同地证明："文法",包括"句法"、"语法"、"文势"等,曾经是文章学的重要概念。《马氏文通》以后,"文法"一度是标准名称,但最后被"语法"所取代。我认为,其根本原因还在于"语法"被理解成了狭义的"词法和句法"。如果沿用"文法",这种狭义理解恐怕不会那么容易得逞。"文法"这个名称太容易让人联想到"文章作法"、"文章学"了。

4. 为什么中国古代没有句法学?

胡适在《国语文法概论》里讨论了这个问题。他说："我想,有三个重要的原因。第一,中国的文法①本来很容易,故人不觉得文法学的必要。聪明的人自能'神而明之'! 拙笨的人也只消用'书读千遍,其义自见'的笨法,也不想有文法学的捷径。第二,中国的教育本限于很少数的人,故无人注意大多数人的不便利,故没有研究文法学的需要。第三,中国语言文字孤立几千年,不曾有和他种高等语言文字相比较的机会。只有梵文与中文接触最早,但梵文文法太难,与中文文法相去太远,故不成为比较的材料,其余和中文接触的语言,没有一种不是受中国人的轻视的,故不能发生比较研究的效果。没有比较,故中国人从来不曾发生文法学的观念。这三个原因之中,第三个原因更为重要。"(胡适,1921/1993：4)

---

① 如本文论证的,因为人们对"语法(学)"(包括"文法(学)")的狭义解读,他们在应该用"句法(学)"的时候用了"语法(学)"、"文法(学)",我在引用的时候照原文抄录,讨论时将改称"句法(学)"。

　　何容(1942/1985：16)基本上赞成胡适的观点。不过，他认为应该进一步追问：中国文法何以很容易呢？他的答案是：中国语言里没有西方语言里那些繁复的屈折形式。这些屈折形式表示的意思，在中国语言里常是用独立表意的成分表示出来。此外，他认为记录语言所用的文字——汉字，也是一个原因。"我们记录语言，总是把一个有表意作用的音单位写成一个单个的字，不管它是不是能够独立表意；那么，即使在语言里它是必须依附于另一个词才能表意的成分，在记录语言的文字里，我们也不容易辨别出它的性质来。"(同上：17)再有"就是在语言里有些表意方法，如词的'顺序''结合''重叠'等，我们的前代学人并不把它当作方法来研究，却把它当作词本身所能表的意思来说明。……这样就有些应该由文法学来说明的现象，却被他们归在训诂学里去说明了"(同上：18)。

　　王力(1981/2007：170)认为："中国语言学的发展路线，是由两个因素决定的，第一个因素是社会发展的历史；第二个因素是汉族语言文字本身的特点。"中国社会发展的历史，规定了中国古代语言学是为了使用的目的。因为语言文字本身不是目的，只是为目的服务的手段，所以五四运动以前，中国没有描写语言学，没有历史语言学，也没有语言理论。"汉族语言文字本身的特点规定了中国古代语言学不以语法为对象，而以文字为对象。其所以不以语法为对象，因为汉语的语法是比较简单的。虚词可以作为词汇的问题来解决，句法则古今的差别不大，古代汉语句法问题可以通过熟读领悟来解决。"(同上：171)

　　孙良明(2005：380)批评胡适关于中国语言文字孤立几千年的说法。他说，汉僧翻译了大量梵文佛经，不比较如何翻译？

　　姚小平曾对多人在这个问题上的观点作过评论。他认为，胡适的论述不很确切。有无比较并不是能否产生语法的主要因素。梵语的《波你尼语法》①并非出自比较，古希腊人的语法学也是对一种语言进行逻辑分析的结果。"明末清初西洋教士来华，中西学人合作译书，不能说没有过语言比较的契机，在有的领域如音韵学中还有人作过比较的尝试。主要的原因，还是在中国语言文字本身的约束。"中国古代的教育只限于少数人这个原因也不能成立。不论哪个民族，古时候的教育总归是少数人的事情。（姚小平，2001：304）

姚小平觉得，王力所谓"社会发展史"是过于笼统的说法。是不是为实用目的，跟是否关注静态描写也没有因果关系。古印度的语法也是为他们的经学服务的。关于理论问题，也不能一概而论。以清代语言学来说，绝不是没有任何理论。而是在一些方面有理论，如小学，甚至有很好的理论；在另一些方面则没有理论，或只有很薄弱的理论，如语言起源问题。王力关于汉族语言文字本身特点这个原因，姚小平倒认为"言之成理"。不过，他提出，形态贫乏的语言，其语法未必就是简单的。《马氏文通》以来一百多年的历史已说明，汉语这种形态隐性的语言，其语法比形态发达的语言更复杂。（姚小平，2001：309—313）

姚小平总结说，"中国传统语言学没有发展起独立的语法学，首先是由汉语语法本身的特点，即不具复杂多变的显性的形式标志，因此易于掌握，无需专门教授所决定的。其次，在西方，语法学与形式逻辑自一开始便相得益彰（传统语法在很长一段时间里即是逻辑语法），而在中国，'自汉代以后，富有形式逻辑的《墨经》就湮没不彰。唐代玄奘将印度的因明介绍过来，但后来在汉族中也

---

① Panini，也译作"波腻尼"、"波尼你"、"巴尼尼"、"班尼尼"等。

丢掉了。'(李志林,1988：46)①因为对逻辑兴趣不大,对语法(无论本族语的还是异族语的语法)也就没有兴趣;反过来,因为没有研究语法,对逻辑学也就没有太迫切的需要。近代中国人所写的第一本严格意义的语法《马氏文通》,与严复译穆勒《名学》是同时期的事,这也说明了语法学与逻辑学相互依赖、相互促进的关系。"(姚小平,2001：329)

我认为,从汉语本身去寻找为什么中国古代没有句法学的原因,这种思路是正确的。因为汉语没有屈折形态变化,我们不仅不需要西方的形态学,而且连他们讨论语法时不能须臾离开的性、数、格、时、体等语法范畴,在汉语里都用不上。换言之,我国古代学者之所以不研究西方的"语法"——形态学和句法学,是因为汉语根本就没有西方语言那样的形态,所以就不需要研究。这一点从印度语言学对中国语言研究传统的影响也可以得到证明。印度语言学第一次大规模传入中国是在汉末,其积极效果之一就是汉语反切注音法的兴起。但是,他们关于梵语词形变化的规则对中国的语言研究却没有产生任何影响。这个事实一方面说明,如孙良明指出的,胡适关于中国语言文字孤立几千年的说法站不住;另一方面说明,是否"善于吸收外来文化的优点"(周法高,1980：4),完全依汉语的特点而异。②

姚小平关于句法研究与形式逻辑的关系的论述有一定的道

---

① 姚小平原文是用脚注形式注明出处的。

② 有人可能会问,既然如此,那么中国的句法学又为什么能在清末兴起呢? 我认为,这跟当时的政治形势有关。清末政治腐败,国家前途令人担忧,有识之士纷纷站出来探索救国之路。面对日本学习西方后的崛起,仿效西方成了时尚。这是《马氏文通》之所以能迅速走红的政治背景。不过,这一百多年来的中国句法学并没有成功,对照一下高本汉对中国音韵学的影响,这一点是很清楚的。

理。西方的语法研究从亚里士多德开始发生了"句法"转向。一般认为,柏拉图第一个把句子分成名词和动词两部分。其实,他用的 logos 既可译成 sentence,也可译成 speech,或 discourse。而且,他并没有明确说,他的 onoma,rhema 是词还是词组,所以不应该简单译成 noun,verb(参见 Robins,1979:26-27)。是亚里士多德明确地把 logos 解释成"句子",onoma 解释成"名词",rhema 解释成"动词",这跟他的形式逻辑有密切的关系。① 形式逻辑研究命题,而能表达命题的对应语言单位只能是句子,而且是陈述句。所以,在亚里士多德那里,疑问句、祈使句都属于修辞学的研究范围。随后的斯多葛派力图把语法研究跟修辞研究结合起来,不过,当时占统治地位的是严格奉行亚里士多德立场的亚历山大派。Thrax 写的第一本语法书《语法术》就是亚历山大派理论的总结。在这个意义上,中国古代没有句法学跟没有形式逻辑有关。

5. 整体论指导下的主题论

不过,中国古代之所以没有句法学的更重要的原因,我认为是中国人的思维方式——整体思维。这种整体论是中国人的世界观、哲学观,也是中国人的方法论。中医是这种整体论的体现,国画也是这种整体论的体现。在语言研究领域,这种整体论指引我们从篇章的整体入手去把握其中的意义,而不是像西方那样采用分析的方法,化整为零。这就是为什么我国古代有文章学,而没有句法学的根本原因。联系上文关于中国的传统语法研究首先研究字法的观点,我们可以说,字法是汉语语法的出发点,章法是汉语

---

① 他的语法跟逻辑共用 subject,predicate 之类的术语,也是因为这个缘故。

语法的归宿点。换言之,西方语法研究以词法、句法为核心,中国的传统语法研究却以字法、章法为核心。

上文提到,起承转合是中国文章学的一大成果。其实,起承转合只是从结构角度对文章规律的一种总结。从意义角度,中国的语言研究整体论还有另一项重要成果——主题论。这是中国人从意义角度对文章规律的一种总结。

南朝宋人范晔明确提出了"文以意为主"的主张(参见陈良云,2003:229)。刘勰虽然没有采用这个说法,但是在反对片面追求华丽词藻、不注重内容的不良风气这一点上,他跟范晔是一致的。例如,在《文心雕龙》"神思"章,他说"意授于思,言授于意"(刘勰,501/1962:494)。在"熔裁"章,他又说"草创鸿笔,先标三准:履端于始,则设情以位体";"情理设位,文采行乎其中"(同上:543)。在"情采"章,刘勰也强调了设定情理的重要,把这看作写作的根本。在讨论了文辞与内容的关系之后,他总结说,"故情者,文之经,辞者,理之纬;经正而后纬成,理定而后辞畅,此立文之本源也。"(同上:538)

这种"文以意为主"的思想在唐代经过韩愈等人的倡导,最终由杜牧完全确立。杜牧提出,"凡为文以意为主,气为辅,以辞藻、章句为之兵卫。……大抵为文之旨如此。"(转引自陈良云,2003:423)

经过宋朝三苏等人的进一步提倡,明末清初戏剧家李渔首次提出了"主脑"这个概念。他说,"古人作文一篇,定有一篇之主脑。主脑非他,即作者立言之本意也。"(李渔,1996:17)

200年后,刘熙载进一步发展了"主脑"这个概念。他在《艺概·经义概》中说,"凡作一篇文,其用意俱要可以一言蔽之。扩之则为千万言,约之则为一言,所谓主脑者是也。"(刘熙载,1991:

14）。因为他讨论的是"经义"（八股文）的写作，所以，他还把主脑跟起承转合联系起来。他认为，"破题、起讲，扼定主脑；承题、八比，则所以分摅乎此也。"（同上）他把"破题"看作"小全篇"，这意味着"破题"本身也可以有起承转合几个部分。全篇的起承转合是由各部分的起承转合组成的。刘熙载的讨论实现了从"意"到"主题"的转换，最终确立了中国文章学传统的主题论。

《马氏文通》在引入西方句法学的同时，很自然地引入了句法学的最主要概念——主语（他称为"起词"）。不过，他发现主语这个概念跟汉语事实不太协调。"泰西古今方言，凡句读未有无起词者。"而汉语的主语并不是句子的必需成分，特别是"论议句读"，因为"皆泛指，故无起词。此则华文所独也"（马建忠，1899/1983：387）。

此后的汉语语法企图把主语跟文章学讲究的主题连起来。如，黎锦熙（1924/1992：22）对"主语"的解释是："一个人开口说话，总要道个'什么'，作为他那句话里边的主脑。"王力（1943/1985：32）说，在"张先生来了"这个句子里，"张先生"就是主脑，可称为主语。他（同上：35）还说，"主语好比［文章的］题目。"

赵元任从1948年起明确建议把汉语的主语看作话题（Chao，1948：35）。但是，在结构主义语言学的影响下，他倾向于把所有的句首成分都看成话题，包括方位词、时间词等。这样一来，话题这个概念就变得很大。

总之，不管是从纯意义角度，还是从纯形式角度，汉语的主语都很难界定。如果我们换一种思路，抛开西方的句子语法，回到汉语传统的篇章语法，我们会发现问题原来出在"削足适履"上。主题是一个语篇概念，一个语篇一定要有一个主题，否则就无所谓（参见 Keenan & Schieffelin，1976：382）。主语则是句子概念，在西方语言中是句子的必要成分。如上文一再强调的,传统汉语语法是篇章语法,所以,讲究主题就很自然。同样,正因为句子语法不适合汉语,所以主语这个概念就与汉语格格不入。

6. 结语

在西方的句子语法受到篇章语法严峻挑战的时刻,在曾经坚持从篇章角度研究语言两千多年的国度,认真探讨句子语法和篇章语法的各自的得失,回顾《马氏文通》以来这一百多年的曲折历程,追溯《马氏文通》以前中国传统语法研究的辉煌成就,将是一项非常有意义的工作。

民族的就是世界的。世界是由各个不同民族组成的,只有各民族都坚持自己的民族特性,这个世界才是丰富多彩的。否则,这个世界就不成其为世界,而只是一个主导民族的复制品。

参考文献

1 陈良云,《中国历代文章学论著选》[C],南昌:百花洲文艺出版社,2003。

2 陈望道,"文法""语法"名义的演变和我们对文法学科定名的建议[A],发表于《文汇报》1960年11月25日,载于《陈望道语文论集》[C],上海:上海教育出版社,1980:587—598。

3 陈望道,《文法简论》[M],上海:上海教育出版社,1978;收录于《陈望道学术著作五种》[C],上海:复旦大学出版社,2007。

4 高名凯,《汉语语法论》(修订本)[M],北京:科学出版社,1957。

5 何容,《中国文法论》[M],北京:商务印书馆,1942/1985。

6 胡适,国语文法概论[A],载于姜义华主编《胡适学术文集·语言文字研究》[C],北京:中华书局,1921/1993。

7 李渔,《闲情偶寄》(李忠实译注)[M],天津：天津古籍出版社,1996。

8 黎锦熙,《新著国语文法》[M],北京：商务印书馆,1924/1992。

9 刘熙载,《词曲概·经义概》(邓云等注译)[M],北京：光明日报出版社,1991。

10 刘勰,《文心雕龙》(范文澜注)[M],北京：人民文学出版社,501/1962。

11 吕叔湘,《中国文法要略》[M],北京：商务印书馆,1942/1944/1982。

12 吕叔湘,《汉语语法分析问题》[M],北京：商务印书馆,1979。

13 吕叔湘,重印《马氏文通》序,见《马氏文通》[M],北京：商务印书馆,1983。

14 吕叔湘、王海棻,《马氏文通读本》[M],上海：上海教育出版社,1986。

15 马建忠,《马氏文通》[M],北京：商务印书馆,1898/1899/1983。

16 潘文国,《危机下的中文》[M],沈阳：辽宁人民出版社,2008。

17 濮之珍,《中国语言学史》[M],上海：上海古籍出版社,1987/2002。

18 宋绍年,《〈马氏文通〉研究》[M],北京：北京大学出版社,2004。

19 孙良明,《中国古代语法学探究》[M],北京：商务印书馆,2005。

20 王凤霞,主荃宰《文通》通论[J],《嘉应学院学报(哲学社会科学)》,2008(2)：77—82。

21 王力,《中国语法理论》[M],1945,收录于《王力文集》第一卷,山东教育出版社,1984。

22 王力,《中国现代语法》,北京：商务印书馆,1943/1985。

23 王力,《中国语言学史》,上海：复旦大学出版社,1981/2007。

24 姚小平,17—19世纪的德国语言学与中国语言学[M],北京：外语教学与研究出版社,2001。

25 周法高,论中国语言学[M],香港：中文大学出版社,1980。

26 Chao, Y. R. *Mandarin Primer* [M]. Cambridge, Mass：Harvard University Press，1948.

27 Chao, Y. R. *A Grammar of Spoken Chinese* [M]. Berkeley：University of California Press，1968.

28 Crystal, D. *A Dictionary of Linguistics and Phonetics*. 2ⁿᵈ edn. [M]. Oxford: Basil Blackwell, 1985.

29 Keenan, E. O. &. Schieffelin, B. B. Topic as a discourse notion: a study of topic in the conversations of children and adults [A]. In C. Li (ed.). *Subject and Topic* [C]. New York: Academic Press, 1976.

30 Palmer, F. *Grammar*[M]. Harmondsworth: Penguin, 1971.

31 Robins, R. H. *A Short history of Linguistics*. 2ⁿᵈ edn. [M]. London: Longman, 1979.

（本文提交于首届英汉对比与翻译研究学科建设高层论坛，载于《中国语言学(第四辑)》(2010)）

融中西之学，法古今之贤

——关于语言对比研究的点滴认识

文　旭

摘要： 本文就语言对比研究提出自己的点滴思考，认为要进行语言对比，就必须从多维度、多视野、多层面去进行，融中西之学，法古今之贤。具体而言，就是：1)语言对比必须以哲学为基础；2)语言对比必须以社会和文化为参照框架；3)语言对比必须以人类认知为参照点；4)语言对比不只是揭示语言的异同，更重要的是要揭示隐藏在语言背后的东西。

关键词： 语言对比；哲学；社会文化；认知

0. 引言

吕叔湘先生在《通过对比研究语法》一文中指出："一种事物的特点，要跟别的事物比较才显得出来。比如人类的特点——直立行走，制造工具，使用语言等等，都是跟别的动物比较才认出来的。语言也是这样。要认识汉语的特点，就要跟非汉语比较；要认识现代汉语的特点，就要跟古代汉语比较；要认识普通话的特点，就要跟方言比较。"（吕叔湘，1992：152）吕先生的话表明，语言对比研究必须考虑中西结合、古今结合。"要认识汉语的特点，就要跟非汉语比较"，这是中西结合；"要认识现代汉语的特点，就要跟古代汉语比较"，这是古今结合。在语言对比中，如何做到中与西、古与今的结合？这是值得我们从事语言对比研究的人去仔细思考的。语言是文化的载体，是一种社会现象，是人类认知的组成部分。因此，要进行语言对比研究，就必须从多维度、多视野、多层面去进行，融中西之学，法古今之贤，这样才能真正做到对比分析。笔者认为，在语言对比中要做到中与西、古与今的结合，就必须结合哲学、文化学、人类学、社会学、心理学、认知科学、认知神经科学、脑科学等相关学科的理论、原则和方法。具体说来，我们可以从以下几个方面入手思考语言对比研究：1）语言对比必须以哲学为基础；2）语言对比必须以社会和文化为参照框架；3）语言对比必须以人类认知为参照点；4）语言对比不只是揭示语言的异同，更重要的是要揭示隐藏在语言背后的东西。用司马迁的话讲，语言的对比研究就是要"究天人之际，通古今之变，成一家之言"，要使对比语言学成为一门超学科语言学。

1. 语言对比必须以哲学为基础

"对比"首先是一个哲学范畴。世界上万物之间，只要有一定的联系，就可以构成对比或比较关系。刘勰在《文心雕龙·比兴第三十六》中说得好："物虽胡越，合则肝胆。"两样事物虽然像北胡南越那样相距遥远，互不相干，但一经诗人取合比拟，却又像肝胆那样紧密相连。哲学家莱布尼茨说，"世界上没有两片完全相同的树叶。"初看起来，树上的叶子好像都一样，但仔细一比较，却是形态各异，都有其特殊性。我想，语言应该也是如此吧。语言对比研究必须以哲学为基础，对比语言学要有自己的哲学基础，只有这样，对比语言学才会有生命力，其发展才会久远。

语言对比研究的理论要表达什么见解？语言对比研究属于哪个知识领域？其中心问题是什么？怎样才能认识这些问题——靠经验还是靠推理？语言对比理论应否基于物理和心理上的区别？这些都是对比语言学必须面对的问题。这些理论也必然与争论不休的哲学学派相联系。的确，在现代语言理论中，清楚地反映出哲学在方法论上的重大争论。语言学理论的哲学假设对语言理论的基本概念具有重大的意义。正如怀特海（Whitehead）所说："如果科学不愿退化为一堆杂乱无章的特设假说的话，就必须以哲学为基础，必须对自身的基础进行彻底的批评"（转引自派利夏恩，2007：1）。可见，语言研究离不开哲学，离不开哲学家的研究。同样，语言对比也是如此。语言对比离不开哲学，这是因为哲学是科学之科学，是一切科学的基础。语言对比研究的理论、目的、原则和方法都应该用哲学思想来指导。哲学最初的含义就是"爱智慧"。哲学的任务不是将真理洒向人间，而是唤起人类对真理的追求。古往今来的哲学家都是真理的追求者。他们执著地追求真理，却没有一个人会说自己掌握了真理。苏格拉底的"无知之知"如醍醐灌顶，他向我们揭示的正是我们或许永远接触不到的真理，但这并不能阻碍我们去追究和接近真理。哲学家们最让人感动的，恐怕也正是这种"知其不可为而为之"的精神吧。可以说，不论是西方哲学，还是中国哲学；不论是理性主义，还是经验主义；不论是科学主义思潮，还是人本主义思潮；对语言的对比研究都有很大的启发意义。

古希腊哲学对语言研究的影响最大。正如恩格斯（《马恩全集》中文版第二十卷，1971：386)说："在希腊哲学的多种多样的形式中，差不多可以找到以后各种观点的胚胎、萌芽。"布龙菲尔德(Bloomfield，2002：2)在评价古希腊人在语言学上的成就时说："古希腊人有一种善于对旁人认为当然的事加以怀疑的才能。他们大胆地不断地推测语言的起源，语言的历史和语言的结构。我们关于语言的传说，多半是他们流传下来。"丹麦语言学家威廉·汤姆逊说："希腊人走上语言分析的道路，是由哲学家们研究思想同词的关系，研究事物同它的(希腊)名称的关系而最先推动的。"(何九盈，1985：2—3)语言对比研究的思想可以追溯到古希腊哲学家亚里士多德。他最先提出了联想的三个原则：(a)相似的原则：想到一个概念常常会导致联想相似的概念，例如，apple 与 orange，red 与 yellow。(b)对比的原则：看到一件事物往往会使人想起它的反面，例如 day 与 night，long 与 short。(c)邻近的原则：两件事物在时空上越是邻近，就越有可能在想到一件事物时联想到另一件事物。例如，想到 table 或 desk 就会联想到 chair 或 bench，因为这些东西在时空上总是几乎同时出现。

我国先秦时期所发生的"名实"之争、"言意"之辨也是推动我国语言研究的直接原因。中国古典诗学中所说的"比兴"与对比有密切的联系。比兴是中国诗歌中的一种传统表现手法，宋代朱熹比较准确地说明了"比、兴"作为表现手法的基本特征，他认为："比者，以彼物比此物也"；"兴者，先言他物以引起所咏之词也"。通俗地讲，比就是譬喻，是对人或物加以形象的比喻，使其特征更加鲜明突出。"兴"就是起兴，是借助其他事物作为诗歌发端，以引起所要歌咏的内容。比兴手法最早出现于《诗经》。《关雎》首章就有"关关雎鸠，在河之洲。窈窕淑女，君子好逑"的句子，以河洲上和

鸣的鸟兴起淑女是君子的好配偶,而二者之间多少有一些意义、气
氛上的关联处,又接近于比。

由上可见,对比与哲学有着千丝万缕的联系。语言对比必须
以哲学为基础,对比语言学也必须要有自己的哲学基础;从事对比
语言学研究的人也应该像哲学家那样执著不懈地去追求真理,以
揭示语言的本质和规律,以及隐藏于语言背后的认知规律、认知机
制、文化内涵和社会问题等。

2. 语言对比必须以社会和文化为参照框架

语言是变动不居的,伴随人类社会的形成而产生,并随社会生
活的变化而发展,它是一种社会现象。因此,语言的对比研究必须
以社会为参照框架。社会语言学是 20 世纪 60、70 年代才被公认
为一门独立的学科的,它是把语言当做社会、文化现象来研究的那
一部分语言学,其任务在于描述语言现象与社会现象的共变关系
(co-variation)。该学科一方面从社会生活的变化去考察语言的变
异,另一方面又从语言的演变或语言的遗迹去考察社会生活的变
动和图景。在某些情况下,研究单方面的关系,即社会对语言的影
响或语言对社会的影响,更有意义。例如,就语言对社会的影响而
言,"萨丕尔-沃尔夫假说"(Sapir-Whorf hypothesis)就是一种典型
的观点。该假说大致意思是:人们的母语建立起一系列范畴,这
些范畴起一种框架作用。人们通过这些框架去认知世界;人们对
各种现象进行归纳和概括的方式都会受到这些框架的限制。语言
用影响甚至控制讲这种语言的人的世界观的方式去影响社会。根
据这一假说,如果语言的不同可以产生认识的不同,那么我们就可
以把在文化上非常不同的几种语言加以对比来证明这一假说。过

去的很多年，"萨丕尔-沃尔夫假说"遭到了质疑和挑战。但是，随着认知语言学的兴起，这一假说又得到了人们的重新审视，其合理性也得到了应有的肯定。

就社会对语言的影响而言，这方面的争论很少，也有很多强有力的事实为佐证。首先，某一社会所生存的自然环境在语言中，尤其是在语言的词汇中会得到反映。例如，爱斯基摩语中的"雪"，阿拉伯语中的"骆驼"，斯堪的纳维亚半岛北部拉普语中的"驯鹿"都有许多不同的词汇，这与英语和汉语有很大的区别。其次，社会环境也能在语言中得到反映，并且经常会影响词汇的结构。例如，英汉语中的亲属词汇就很不一样。此外，英语一般用代词 he 而不是 she 来表示不特指具体性别的人。例如，the first person to finish *his* job 这个短语可以指男士，也可以指女士，但 the first person to finish *her* job 这个短语只能指女士。汉语中的"他"和"她"的用法也大致如此。代词的这种用法可能反映了我们的社会结构传统上是男性占统治地位。英语中比较口语化的形式 the first person to finish *their* job 也许反映了这种传统模式的部分突破。再次，社会的价值观对语言也会有影响。这方面最有趣的例子就是禁忌语现象。禁忌语的特点就是它所涉及的是超自然的行为，或不道德、不恰当的行为。禁忌语都是指不说出来的事情，尤其是指不使用的词语。例如，较古老的英语单词 coney 被 rabbit 替代，就是因为 coney 的发音与 cunt 的发音相近。有人认为，美国英语中使用 rooster 代替 cock，原因也是如此。据说，祖鲁语中，妻子是不准提起她公公及其弟兄的名字的，如冒犯这一禁忌，就可能被处死。中国古代皇帝的名字也是不容冒犯的，否则，也会带来杀身之祸。这些都揭示了语言与社会的关系。

同理，语言与文化也有着密切的关系。虽然文化这个术语有不同的理解，如《易经·贲卦》中说的"观乎人文，以化成天下"，《说苑·指武》中说的"文化不改，然后加诛"，都是把文化视为与文治教化、礼仪风俗和典章制度有关的事情，但是人们普遍认为，文化包括物质文化和精神文化这两大范畴，其内涵相当丰富。文化的创造离不开语言，语言的变化和发展也离不开文化的变化和发展。萨丕尔（Sapir 2002：171）说："语言也不脱离文化而存在，就是说，不脱离社会流传下来的、决定我们生活面貌的风俗和信仰的总体。"又说："语言的词汇多多少少忠实地反映出它所服务的文化，从这种意义上说，语言史和文化史沿着平行的路线前进，是完全正确的。"（同上：181）语言是文化的载体，它记录并反映它所存在的社会的历史和文化。语言的对比研究也必须以文化为参照框架。A语言反映A民族的文化，B语言反映B民族的文化，它们之间必然具有很多区别，各自包含不同的文化因素。中西文化有很大的差别，正如马林诺夫斯基所说："人生而有文化，文化生而有约束"（转引自姚亚平，1995：224），也就是说，人生而有文化，文化生而有差异。例如，中国文化讲"天人合一"，在哪里合一呢？当然是在我们心中。所以，"天人合一"就是天理跟良心合一，也就是说，我们做事情、想问题，要凭良心。良心从哪里来呢？从天理来。所以，汉语中的"天理良心"常常被缩短为"天良"。如果某人被骂为"没天良"，这个人就很丢脸。但在西方的思想里，天与人没法合一，因为西方人所谓的天就是上帝（God），而上帝永远高高在上，主宰人类。天是上帝，上帝跟人类之间有一条不可逾越的鸿沟，是不能超越的，人再伟大，永远只是人，不可能是上帝。上帝是唯一的，不可取代。因此，汉语的"天"与英语的sky，它们的文化内涵是很不一样的。要对比两种语言，就必须了解两种语言的文化背景知识。再如，汉语用"母亲"表示"祖国"，但朝鲜语却用"父亲"表示，这就要联系朝鲜族的文化背景才能解释清楚。

可见，语言的对比研究离不开社会和文化这个宏观框架。

3. 语言对比必须以人类认知为参照点

"对比"也是一个认知范畴。我们认识世界、认识社会、认识自然、认识人类、认识自己，都需要运用对比这个最基本的方法，在对比中发现异同，在对比中辨认真伪，在对比中进行选择。爱因斯坦曾说："知识不能单从经验中得出来，而是从理智的发明同观察到的事实二者的比较中得出。"科学上很多重大理论和重大发现就是运用对比思维的结果，比如仿生学，就是通过模仿生物体的结构、功能和工作原理，并将这些原理移植于工程技术之中，发明性能优越的仪器、装置和机器。仿生学的逻辑基础就是类比方法，即根据相似性原理，依据生物体的结构、功能和工作原理而设计制造出类似的人工产品。而类比是以对比或比较为基础的。例如，由令人讨厌的苍蝇，仿制成功一种十分奇特的小型气体分析仪，已经被安装在宇宙飞船的座舱里，用来检测舱内气体的成分。根据蝙蝠超声定位器的原理，人们还仿制了盲人用的"探路仪"。这种探路仪内装一个超声波发射器，盲人带着它可以发现电杆、台阶、桥上的人等。如今，有类似作用的"超声眼镜"也已诞生。

人类最基本的认知能力，即范畴化能力，就是一种对比能力。当我们把某一物体（如沙发、椅子）归为"家具"这一范畴的时候，我们就是在进行对比，就是在进行范畴化。"如果没有范畴化能力，我们根本就不可能在自然界或是在我们的社会生活和智力生活中从事任何活动。懂得人们怎样范畴化，对于理解人们如何思维和从事活动是至关重要的，因此，它又是理解我们成为人类这个问题

的关键所在。"(Lakoff,1986:6)

隐喻能力也是人类基本的认知能力。隐喻是以对比或比较为基础的。一般来说,隐喻思维要借助类比进行思维对象相似性的推导,同时,有时较为复杂的类比思维活动又渗透着隐喻。比如,计算机中的"鼠标"就是利用外表的相似和动物的可移动性,将其运用于计算机科学中,面对"病毒",必须研制出针对性的"防火墙"和"杀毒"软件。否则就会使电脑"瘫痪"。这些命名都是隐喻思维作用的结果。从隐喻思维的基本过程来看,隐喻是通过类比进行的相似性替换的过程,是从一个认知域到另一个认知域的结构映射,通常是"以已知喻未知,以熟悉喻陌生,以简单喻复杂,以具体喻抽象,以通俗喻科学"(Searle,1979)。在隐喻的结构中,人们之所以能把两种看似不相关的事物相提并论,就是因为人们在认知的过程中对它们进行了类比的联想。人类的其他认知能力,如注意和选择能力、认知识解能力等,都是在对比的基础上起作用的。没有对比,就没有注意和选择;没有对比,人类的认知识解能力就很难发挥作用。人因为具有高超的认知能力,所以才能创造出人类文明,成为万物之灵。

语言是人类认知的组成部分。凭直觉,认知是人类心智的基础,感觉、知觉、注意、记忆等都是人类建构主观世界和知识所依赖的心理处理机制。语言信息的处理同样也会利用这些基本的心理处理机制,因此,语言应当是认知的一部分。语言的创造和发展,语言系统的组织和规律,语言结构形成的内在机制,言语的产生和理解等,都与人类认知密切相关。人类其他概念域的认知原则,同样适应于语言。例如,视觉域中的图形-背景理论(figure-ground theory)同样可以用来解释语言中的许多现象,如空间结构、时间结构以及其他语言结构等(参见匡芳涛、文旭,2003)。认知语言学认为，语言能力是人的一般认知能力的一部分，因此语言不是一个自主的系统，其描写必须参照认知过程。语言是建立在人类认知的基础之上的，语言的对比研究必须以人类认知为参照点，这样，语言对比研究才不会有失偏颇。

4. 语言对比不只是揭示语言的异同，更重要的是要揭示语言背后的东西

语言是人类极为独特和珍贵的工具，是人类起源、发展和进化的看家宝。语言对人类文明的传承和个体智慧的发展具有非常重要的作用，在人类生活中扮演着重要的角色。试想，如果没有语言，人类将是什么样子？许多学科都涉及语言，并且有些理论对语言的规律有详细的论述。但对语言是什么这个简单问题，不同的学科会有不同的回答。对哲学家来说，语言可能是一种思维工具。社会学家则认为语言是一种行为；而心理学家又把语言看作是浓云遮蔽的窗口，透过它可以粗略观察思维活动的规律；逻辑学家视语言为计算模式；工程师把语言看成是一系列的物质事件；统计学家认为语言是有意和无意的挑选；对语言学家来讲，语言是一套符号体系，是人们思维、交际的工具。

索绪尔《普通语言学教程》(1996：323)结尾有一句名言："语言学的唯一的、真正的对象是就语言和为语言而研究的语言。"不过，针对这句话，雅可布逊提出了质疑，他说："难道我们今天能不把语言作为一个整体看作是'在其自身又为其自身(in and for itself)'，而同时又把它看作是文化和社会的一个组成部分吗？"伍铁平先生更是直言："现在社会语言学、心理语言学、神经语言学、认知语言学、发展语言学、模糊语言学等一系列新学科的诞生使语

言学进一步跃居前沿,'古典的'结构主义者将语言学的研究对象严格限制在语言本身的努力终于宣告失败了。"(伍铁平,1994:26)作为语言学家或语言学研究者,我们研究语言的目的不只是为了研究语言而研究语言,为了对比而对比,更重要的是,我们应该通过语言的对比研究,去揭示不同语言背后的东西,如语言的认知机制、语言背后的社会和政治问题,以及语言背后的文化因素、世界观和意识形态等。陈寅恪先生曾考证杨玉环是否以处女入宫。这个问题本不可登大雅之堂,但谁知寅恪先生是想研究李唐皇族的家风。在这个问题上,汉族和少数民族看法是不一样的。寅恪先生是从细微的问题入手,探讨背后的民族问题和文化问题。

语言的对比研究也是如此。通过对比,我们可以揭示不同语言背后的文化、社会、政治、民族心理等问题。例如,众所周知,汉语"红"的英译是 red,但"红眼病"或"眼红"的英语却不是 red eyed,而是 green eyed。汉语"红眼病"或"眼红"具有喻意,指羡慕别人有名或有利而心怀妒忌,而英语的 green eyed 才有妒忌的意思。在汉文化里,"红眼病"兼指生理上的一种眼病以及心理上的疾病,透出了汉语文化的讥诮和诙谐。英语的 green eyed 典出莎士比亚的剧本《奥赛罗》第三幕第四场:O! beware, my lord, of jealousy, It is the green eyed monster which doth mock, The meat it feeds on⋯(啊,主帅,你要留心嫉妒啊,那是一个绿眼的妖魔,谁做了它的牺牲,就要受它的玩弄⋯⋯)。自此以后,green 渐有表"妒忌"的引申义。再如,"保守"(conservative)在汉语里是贬义词,其意思是因循守旧,跟不上形势的发展;英语的 conservative 无贬义,是指稳健、保留传统的意思,否则哪个政党愿意给自己起名为保守党呢? 由此可见,语言背后蕴藏着不同的民族心态。

5. 结束语

　　鲁迅在对青年朋友谈论对比学习的方法时，曾讲过一句意味深长的话："初学外国语，教师的中国话或中国文不高明，于学生是很吃亏的。……倘若要知道外国的那一句，就是中国的那一句，则教师愈会比较，就愈有益处。否则，发音即使准确，所得的每每不过一点皮毛。"语言对比研究有着重要的理论价值和使用价值。其运用不只局限于对比语言学，在语言类型学、历史比较语言学、第二语言教学、双语词典编纂、人工和机器翻译的研究等应用语言学研究领域也得到了重视和运用。本文认为，在语言对比中要做到中与西、古与今的结合，就必须结合哲学、文化学、人类学、社会学、心理学、认知科学等相关学科的理论、原则和方法。语言对比必须以哲学为基础，必须以社会和文化为参照框架，必须以人类认知为参照点，语言对比不只是揭示语言的异同，更重要的是要揭示隐藏在语言背后的东西。只有这样，对比语言学才会有用武之地，才会有强大的生命力。

参考文献

1　何九盈，《中国古代语言学史》[M]，郑州：河南人民出版社，1985。

2　匡芳涛、文旭，图形—背景的现实化[J]，《外国语》，2003(4)：24—31。

3　吕叔湘，通过对比研究语法，载《吕叔湘文集》(第四卷)[C]，北京：商务印书馆，1992：152—166。

4　派利夏恩，《计算与认知》[M]，任晓明、王左立译，北京：中国人民大学出版社，2007。

5　索绪尔，《普通语言学教程》[M]，高名凯译，北京：商务印书馆，1996。

6 特拉吉尔,《社会语言学导论》[M],周绍珩等译,北京：商务印书馆,1992。

7 伍铁平,《语言学是一门领先的科学》[M],北京：北京语言学院出版社,1994。

8 姚亚平,人际交往的文化冲突[A],载邵敬敏主编《文化语言学中国潮》[C],北京：语文出版社,1995：221—232。

9 Bloomfield, L. *Language*[M]. Beijing：Foreign Language Teaching and Research Press，2002.

10 Lakoff, G. *Women, Fire, and Dangerous Things* [M]. Chicago：The University of Chicago Press，1986.

11 Sapir, E. *Language：An Introduction to the Study of Speech* [M]. Beijing：Foreign Language Teaching and Research Press，2002.

12 Searle. J. *Expression and Meaning* [M]. Cambridge：Cambridge University Press，1979.

（本文提交于首届英汉对比与翻译研究学科建设高层论坛,载于《英汉对比与翻译》(2012)）

英-汉/汉-英对比翻译研究：理论与应用

邵志洪

摘要：本文以《英汉对比翻译导论》(邵志洪 2010)和《汉英对比翻译导论》(邵志洪 2005b)为例，讨论建立在"英-汉/汉-英对比翻译研究"基础上的翻译理论与应用，旨在建立包括理论与应用在内的"英-汉/汉-英对比翻译研究"体系，并指导"英汉翻译"和"汉英翻译"教学与实践。

关键词：英汉对比；汉英对比；翻译研究；理论；应用

1. "英-汉/汉-英对比翻译研究"的理论依据

刘宓庆(1999：17)在《当代翻译理论》一书中用系统论的观点，把作为开放型综合性学科的翻译学架构分为"内部系统"(internal scheme)与"外部系统"(external scheme)两个结构体系。

翻译学内部系统的核心是翻译理论，因此建立翻译学的中心任务是建设翻译的理论体系。翻译的理论体系包括五个组成部分：

1) 翻译基本理论；

2）翻译方法论；

3）翻译程序论；

4）翻译风格论；

5）翻译教学法研究。

在这五个组成部分中,翻译基本理论是整个翻译理论的基础。因此,也是翻译学的基石。翻译基本理论与翻译方法论、翻译程序论、翻译风格论及翻译教学法研究之间都有着严密的内在联系。其中,翻译的原理,即翻译的基本作用机制与翻译的方法论关系最密切;翻译思维与翻译的程序论关系最密切;可译性研究与翻译风格论关系最密切;翻译的技能意识与翻译教学法研究关系最密切。

翻译学的外部结构系统是十分广泛的,它的三个次系统（subschemes）是:

1）哲学思维系统；

2）语言符号系统；

3）社会文化系统。

其中哲学思维系统包括哲学、美学、逻辑学、思维科学。语言符号系统（对比语言学）包括符号意义学（语义学）、符号结构学（语法学）、符号应用学（语用学）、文体及修辞学。社会文化系统包括社会学、人类学、民俗学、宗教学、文学、心理学、历史学、文化学。这三个系统与翻译学的关系如下:

1）作为翻译学的理论依据：哲学思维系统与翻译学的关系是至关重要的。哲学、逻辑学等基本原则或原理为翻译学提供的是立论依据。

2）作为翻译学的论证手段：语言各学科为翻译学提供科学的方法论及形式论证手段或途径。其中特别重要的是对比语言学和符号学。

3）作为翻译学的参照范畴：社会文化系统各学科为翻译学提供广泛的社会文化内涵及调节因素。

翻译学的"外部系统"实际上又是翻译学的基础理论系统。该系统全面反映了对比研究，尤其是对比语言学和符号学与翻译实践的关系（柯平，1999：51—56）：

哲学思维系统对比

语言符号系统对比　　翻译实践

社会文化系统对比

在这个基础上，我们提出建立"英汉对比翻译研究"的设想，其架构如下：

理论英汉对　　英汉哲学思维系统对比与翻译　　应用英汉对
比翻译研究←　英汉语言符号系统对比与翻译　→比翻译研究
　　　　　　　英汉社会文化系统对比与翻译

由于"英汉翻译"和"汉英翻译"的差异，"英汉对比翻译研究"又可以分为"英—汉对比翻译研究"和"汉—英对比翻译研究"，前者适用于"英汉翻译"，后者适用于"汉英翻译"。

2. "英-汉/汉-英对比翻译研究"具体内容

"英-汉/汉-英对比翻译研究"主要包括以下十大方面：

1）英汉/汉英语言类型与翻译

2）英汉/汉英语义与翻译

3）英汉/汉英句法与翻译

4）英汉/汉英语用与翻译

5）英汉/汉英语篇与翻译

6) 英汉/汉英修辞与翻译

7) 英汉/汉英文体风格与翻译

8) 英汉/汉英文化与翻译

9) 英汉/汉英语言心理与翻译

10) 英汉/汉英翻译方法与策略

《英汉对比翻译导论》(邵志洪,2010)和《汉英对比翻译导论》(邵志洪,2005b)是"英-汉/汉-英对比翻译研究"的代表性成果,是"翻译理论与实践"和"英汉语对比研究"跨学科方向结合的产物。该系列著作专题研究"英-汉/汉-英对比翻译"理论、方法论与实践问题,研究建立在"英-汉/汉-英对比翻译研究"基础上的翻译理论与应用。旨在建立包括理论与应用在内的"英-汉/汉-英对比翻译研究"体系,并指导"英汉翻译"和"汉英翻译"教学与实践。该系列著作采取不同于传统的研究方法,拟建立从翻译理论到翻译实践,再从翻译实践到翻译理论,即翻译理论←→翻译实践的双向研究模式。

下面分别介绍"英—汉对比翻译研究"和"汉—英对比翻译研究"的具体内容。

2.1 "英—汉对比翻译研究"具体内容:以《英汉对比翻译导论》为例

《英汉对比翻译导论》(邵志洪,2010)共分九章。其中第一章至第八章为理论英汉对比翻译研究;第九章为应用英汉对比翻译研究。具体内容如下:

引论　英汉对比翻译研究

理论篇　理论英汉对比翻译研究

3.6　英语 Parallelism 与汉语骈偶结构

　　3.6.1　英汉平行结构对比

　　3.6.2　英汉话语组织法对比

3.7　英汉句子重量趋势对比与翻译

翻译实践

第四章　英汉语法特征对比与翻译

4.1　英汉语法形态对比与翻译

　　4.1.1　英语构词形态

　　4.1.2　英语构形形态

4.2　英汉语法状态对比与翻译

　　4.2.1　静态与动态

　　4.2.2　抽象与具体

　　4.2.3　被动与主动

4.3　英汉语法连接手段对比与翻译

　　4.3.1　英语关系词和连接词

　　4.3.2　英语介词

　　4.3.3　英语其他语法连接手段

翻译实践

第五章　英汉语用对比与翻译

5.1　英汉语用语言对比与翻译

5.2　英汉社会语用对比与翻译

5.3　英汉礼貌策略对比与翻译

　　5.3.1　言语行为的礼貌

　　5.3.2　篇章行为的礼貌

5.4　英汉语用的翻译

　　5.4.1　会话含义与翻译

8.3　英汉互文关系的翻译

　　8.3.1　互文关系的可译性

　　8.3.2　互文关系的翻译理论

　　8.3.3　互文关系的翻译实践

翻译实践

应用篇　应用英汉对比翻译研究

第九章　应用英汉对比翻译研究

9.1　英汉翻译实践与英汉对比翻译理论应用

9.2　TEM8 英汉翻译实践与英汉对比翻译理论应用

2.2　"汉—英对比翻译研究"具体内容：以《汉英对比翻译导论》为例

　　《汉英对比翻译导论》(邵志洪，2005b)共分八章。其中第一章至第七章为理论汉英对比翻译研究；第八章为应用汉英对比翻译研究。具体内容如下：

引论：汉英对比翻译研究导论

理论篇：理论汉英对比翻译研究

第一章　汉英语言类型对比与翻译

　　1.1　分析语与综合—分析语

　　1.2　意合与形合

　　1.3　具体与抽象

　　1.4　动态与静态

翻译实践

3. 结语

《中国英汉翻译教材研究》(张美芳,2001)对现有翻译教材与教学法作了调查研究,研究表明,现有的 100 多种翻译教材按所遵循的理论,可以分为 3 种流派：1)词法、句法流派;2)功能流派;3)当代译论流派。教材用户对现有翻译教材整体的看法如下：教师们普遍不满意现有的翻译教材。作答者中有 9％直言,"总的说来,目前没有一本教材兼有多种优点,或较为令人满意。"人们最不满意的是现有翻译教材中的翻译理论,共有 42.4％指出现有教材或是缺乏系统的理论指导,或是译论陈旧,或是理论脱离实际。其次,有 29.3％认为现有翻译教材零散、杂乱、多且滥(张美芳,2001：145)。

从以上调查研究结果可以看到现有翻译教材与教学法存在的问题。我们认为,翻译教学的根本的问题是教学法与教材问题。近十多年来,我们根据翻译教学的特点,运用"英-汉/汉-英对比翻译研究"方法,包括理论英-汉/汉-英对比翻译研究与应用英-汉/

汉-英对比翻译研究这两方面，进行英汉翻译和汉英翻译教材与教学法研究，取得了很好的教学效果。有两位本科在读学生（楚晓娟、陈丽）荣获 2004 年《中国翻译》韩素音青年翻译奖优胜奖。有一位本科在读学生（章祎）荣获 2005 年《中国翻译》韩素音青年翻译奖英译汉二等奖。这方面的研究特色也在学术界与教学界得到认同与推广。《中国翻译》、《上海翻译》、《外语教学理论与实践》等期刊相继刊登了这方面的研究成果（邵志洪，1996，2003b，2004，2005a，2006，2007，2008，2009）。以"汉-英对比翻译研究"为特色的《汉英翻译》课程（负责人：邵志洪）于 2005 年被评为上海市精品课程。以"英-汉/汉-英对比翻译研究"为特色的上海市研究生教学用书《翻译理论、实践与评析》（邵志洪，2003a）于 2004 年获上海市优秀教学成果二等奖，并于 2005 年入选国家研究生教学用书。

长期以来，我国没有成熟的翻译理论，所谓"信达雅"及"直译意译"之争、"神似形似"之争等，本质上都是经验型的。这种状况目前正在改变。全面系统的翻译学理论正在产生，目前已经可以看到一些比较成熟的著作问世。新兴的翻译学理论无一不以对比语言学为理论指导和出发点，因为只有对比研究才能提供关于双语异同的比较准确的认识，从而使翻译研究减少盲目性（潘文国，2002：10）。本文以《英汉对比翻译导论》（邵志洪，2010）和《汉英对比翻译导论》（邵志洪，2005b）为例，讨论建立在"英-汉/汉-英对比翻译研究"基础上的翻译理论与应用，旨在建立包括理论与应用在内的"英-汉/汉-英对比翻译研究"体系，并指导"英汉翻译"和"汉英翻译"教学与实践。

参考文献

1 柯平，《对比语言学》[M]，南京：南京师范大学出版社，1999。

2 刘宓庆,《当代翻译理论》[M],北京:中国对外翻译出版公司,1999。

3 潘文国,《汉英语对比纲要》[M],北京:北京语言文化大学出版社,2002。

4 邵志洪,《英汉语研究与对比》[M],上海:华东理工大学出版社,1997。

5 邵志洪,《翻译理论、实践与评析》[M],上海:华东理工大学出版社,2003a。

6 邵志洪,汉英对比与翻译——TEM8(2002)汉译英试卷评析[J],《中国翻译》,2003b(1):76—78。

7 邵志洪,2003年TEM8汉译英试卷分析——英汉语义、语用、语篇结构对比分析[J],《中国翻译》,2004(1):70—74。

8 邵志洪,英汉语篇衔接对比与翻译策略[J],《中国翻译》,2005a(1):71—74。

9 邵志洪,《汉英对比翻译导论》[M],上海:华东理工大学出版社,2005b。

10 邵志洪,英汉语言心理对比与翻译[J],《中国翻译》,2006(1):78—81。

11 邵志洪,英汉语言类型对比与翻译[J],《中国翻译》,2007(1):78—82。

12 邵志洪,英汉语言审美与写景语篇翻译[J],《上海翻译》,2008(4):51—55。

13 邵志洪,英汉语言、修辞对比与翻译实践[J],《外语教学理论与实践》,2009(4):65—70。

14 邵志洪,《英汉对比翻译导论》[M],上海:华东理工大学出版社,2010。

15 张美芳,《中国英汉翻译教材研究》[M],上海:上海外语教育出版社,2001年。

(本文提交于首届英汉对比与翻译研究学科建设高层论坛)

矛盾修辞法的张力、成因及其认知消解

王文斌

摘要：矛盾修辞法中两个语义背向而驰的词语代表了事物的辩证本质，即既对立又统一，明显具有相析性、相峙性和相容性。本文提出：1)解读矛盾修辞法的关键，就在于消解其内含的张力，而张力是其真正魅力之所在；2)矛盾修辞法张力的成因缘起于事物的张力，是本体对立统一和认知对立统一的混合体；3)矛盾修辞法的认知消解机制有别于其他语言表达方式的认知解读机制；4)正因为事物具有内在的对立统一性，矛盾双方才具有内聚力，由此导致矛盾修辞法中的矛盾双方产生耦合效应。

关键词：矛盾修辞法；矛盾；张力；成因；认知消解

0. 引言

不论在汉语抑或英语，均普遍存在矛盾修辞法的语言表达，如：

汉语	英语
无事忙	true lies(真实的谎言)
善游者溺	mournful optimist(令人悲哀的乐天派)
虽死犹生	open secret(公开的秘密)
为了忘却的纪念	laborious idleness(令人烦腻的闲散)
痛苦并快乐着	cruel kindness(害人不浅的仁慈)

英国著名语言学家 Leech(1969：132)曾指出,矛盾修辞法在语义上似乎不合逻辑,可实际上这种组合却能达到其他修辞手段难以达到的语言效果。矛盾修辞法常能表现事物的内在矛盾,涵义深刻,寓意隽永。关于对此的前期研究,其成果多半聚焦于其结构形式、修辞特征和语用功能,如赵永冠(2002)、王叔新(2003)等。在新近几年,已有学者(如张旭,2006;王叔新,2006;等)对矛盾修辞法的探索转向认知考察,以概念合成理论(the Conceptual Blending Theory)或以辩证思维(dialectical thinking)为理论依据对此展开讨论,在学术视角方面取得了可喜的突破。然而,两者均尚未深度阐析存在于矛盾修辞法的张力、成因及其特殊的认知消解机制,而且也尚未深刻剖析作为反映事物对象的矛盾修辞法所固有的内因与作为认知主体的解读者所产生的认知外因两者之间的互为关系。本文拟围绕矛盾修辞法的张力、成因及其认知消解这三个主要方面展开讨论,借以窥探矛盾修辞法的本质、消解的认知运作机制以及主客体的互为性。

1. 矛盾修辞法中的矛盾及其张力

两个相反的支点能撬动一个圆,这个圆就是统一。矛盾修辞法就是这一客观现实在语言中的写照。两个语义背向而驰的词语共存于一身,在矛盾的对立统一基础上,由不和谐的元素组成和谐的新秩序,在胀满矛盾的力量动向中寻求统一性,在饱含张力的一体中获取贯通性。在此,有两个重要概念需要阐述:一是矛盾,二是张力。

1.1 矛盾修辞法中的矛盾

我们认为,所谓矛盾修辞法,就是指在语言交际中将两个在语义上彼此悖反的词语并置在一起,使其共处一体,化对立为统一,表达事物的对立统一特性。其英语术语是"oxymoron",源自古希腊词"oxus"(锋利的)和"moros"(愚蠢的),意即"sharply stupid"(敏锐的愚钝)。显然,"oxymoron"一词本身就是一个矛盾修辞法,具有彼此矛盾的语义组合元素。国内对这一术语至少有三种译法:矛盾修辞法、矛盾修饰法、矛盾形容法。本文采用第一种译法。

就一般意义而言,矛盾是指对立的事物互相排斥。然而,在辩证思维中,所谓矛盾,就是指事物之间或事物内部诸要素之间互相依赖而又互相排斥的关系。[①] 这就是说,辩证矛盾所反映的事物恰恰是事物的一种规定性,即事物的矛盾是事物更加深刻的本质(马佩,1999:177),恰如北宋张载在《正蒙·太和》中所言:"不有两则无一",意即若没有对立面也就没有统一体。诚然,对立统一规律是辩证思维的核心,要求人们将一切事物都看作对立面的统一体,在看到事物矛盾双方对立的同时,又要看到矛盾双方的联系和转化,学会在对立中把握统一,从统一中把握对立。换言之,辩

---

① 见《现代汉语词典》(2002年增补本),商务印书馆,2002年,第857页。

证思维中的对立统一规律要求人们既要看到事物矛盾的斗争性，又要看到事物矛盾的同一性。矛盾的斗争性是指矛盾双方的相互排斥、相互冲突、相互离异的趋势。而矛盾的同一性是指矛盾双方的相互依存、相互贯通，即矛盾双方具有相互依存性，一方的存在往往以另一方的存在为前提，而且能够相互贯通，在一定条件下能相互渗透、相互转化。语言交际中的矛盾修辞法，就是事物对立统一规律的一种外在表现，是人类辩证思维在语言中的一种具化，是对事物进行辩证思维的一种认知结果。在矛盾修辞法的语言表达中，两个语义截然相反的词语就是一对对立统一体，具有明显的同一性特征：两个词语共居于一个统一体，双方相互依存，互为贯通，并且可以相互转化。譬如"silent scream"（无声的呐喊）这一矛盾修辞法，就是一对矛盾统一体。按常理，既然是"silent"，就无所谓"scream"，而既然是"scream"，也就无所谓"silent"，两者互相对立、背向而驰，可在此，两者却共处于同一整体，形成辩证关系。在现实生活中，有时会出现"此时无声胜有声"或"于无声处听惊雷"的特定情景。"silent"与"scream"虽语义相反，却在这一矛盾修辞法中共存，相互倚重，并可能会走向彼此的对立面，即可能是"无声的呐喊"，又可能是"呐喊的无声"，让人在无声中听到呐喊，又能让人在呐喊中感觉到无声。

从以上分析不难看出，矛盾修辞法中的"矛盾"，实际上是对事物规定性的一种反映，具有二元性、对立性、贯通性这三个特点。说其具有二元性①，是因为矛盾必然会牵涉到事物的两个方面，一方的存在必然以另一方的存在为前提。说其具有对立性，是因为

---

① 值得一提的是，在此所说的二元性，并非指非此即彼的二元对立，而是指既此又彼的对立统一。

矛盾所涉及的事物两个方面,是彼此冲突,具有斗争性和排斥性,否则,就不可能成为矛盾双方。说其具有贯通性,是因为矛盾双方尽管具有彼此对立的特性,可在特定条件下,两者是相互依存,相互转化,形成相互贯通的态势,即不是构成非此即彼的关系,而是铸成亦此亦彼的统一体。为方便表述,我们在此将矛盾的这三个特点表述为语义矛盾的相析性、相峙性和相容性,其道理是,语义矛盾既然具有二元性,那就必然具有分解性,即二者具有相析性;既然是语义矛盾具有对立性,那么其中的矛与盾就必然具有相峙性;既然是语义矛盾具有贯通性,那么两者就必然具有相容性。关于解读者对这"三性"的认知,我们将在本文第 3 部分阐述。

1.2　矛盾修辞法中的张力

"张力"一词最早见用于物理学,指物体受到两个相反方向的拉力作用时产生于其内部的互相牵引力。我们说矛盾修辞法具有张力,道理有二。其一,矛盾修辞法的内在构成元素是两个语义相背的词语,这就如同物体受到两个相反方向的拉力,会产生一种牵引力。其二,矛盾修辞法中两个语义相反的词语会产生具有互动作用的力,即互相牵引力,而不是单向的力,若其中一方缺席,另一方就随之消失,矛盾修辞法也随之解体。譬如说,"聪明的糊涂"这一矛盾修辞法,内含"聪明"与"糊涂"这两个语义截然相反的词语,依照常理,两者不可能并用,可在此两者却并置在一起,尽管语义相互排斥,可在彼此排斥中衍生一种互相牵引力,即张力,两者相互依存,在语义的矛盾碰撞中产生互动,形成有机的统一,即糊涂中有聪明,聪明中有糊涂,让解读者在"聪明"与"糊涂"这两个语义两极的抗衡中往返游移,顿悟其义,识解出"聪明的糊涂"是一种大智若愚式的糊涂,尽管是非黑白了然于胸,却偏偏装作懵懂无知,即郑板桥所言的"难得糊涂"。揣着明白装糊涂是一种人生境界,孔子在评价宁武子时说:"其智可及也,其愚不可及也"(文选德,2005:204)。大智者就是类乎宁武子的"愚不可及"。

由此可见,我们说矛盾修辞法具有张力,是指矛盾修辞法本身固有既彼此冲突又相互融和的语义关系。其要害就是矛盾修辞法的两个构成元素是既矛盾又统一,在矛盾中有统一,在统一中有矛盾,构成具有互动作用的牵引力。

应该说,举凡存在对立而又彼此联系的力量之处,均存在张力。矛盾修辞法就是对矛盾冲突和联系的包孕。共处一体并相互联系的矛盾冲突因素,可以说是矛盾修辞法张力得以产生的直接动力。矛盾修辞法在语言交际中的存在之所以如此普遍,就是因为充满张力,在两个彼此冲突的元素所构成的统一体中,双方并不消除对立关系,而是在彼此抗衡中互相衬映,使解读者的思维在溢满张力的两极中共振,在二元概念的矛盾性撞击下产生交织,参悟事物对立统一的真谛。我们认为,事物具有内在的矛盾对立统一性,就是张力,会使事物的对立双方产生内聚力(cohesive force),由此带来耦合效应(coupling induction)。

内聚力是一个化学术语,指同种物质分子间的自聚力或物质分子间的相互作用力。我们在此借用这一术语,是指矛盾修辞法中的矛盾双方通过相互作用而聚集到一起的力量。由于矛盾的斗争性和同一性,两个事物之间必然会产生内聚力,如"为了忘却的纪念",源自鲁迅先生为纪念"左联"五烈士,于 1933 年写下的《为了忘却的纪念》这篇著名散文。"忘却"与"纪念"无疑是一对矛盾,可在此却又是一个统一体。鲁迅对当时国民政府的暴行虽感到愤慨,但同时又感到无奈。然而,他清醒地看到,一味地去哀痛是无谓的,唯有在沉默中爆发才能赢得胜利。所以纪念就要忘却。但也不是真的忘却,而是深藏心底,化为行动。要忘却的是一味的悲痛,而要纪念的是当时几位青年作家的精神。在此,我们可以深刻地感触到,这两种情感犹如两股烈焰,同时迸发,显得格外深沉有力。这纯然是为了忘却而不能忘却的纪念。由此,"忘却"和"纪念"这一矛盾统一体依凭相互作用而内聚在一起。"为了忘却的纪念"这一矛盾修辞法恰恰是因为这样一种内聚力,才带来了一种耦合效应。耦合原是一个电子学术语,指两个或两个以上的电路元件或电网络的输入与输出之间存在紧密配合与相互影响,并通过相互作用从一侧向另一侧传输能量的现象。简言之,耦合就是指两个实体相互依赖于对方的一个量度。在矛盾修辞法中,两个原本相互对立的事物,一旦内聚在一起,就会紧密配合,相互影响,并通过相互作用而彼此传输,产生耦合效应。如在美国历史上发生于 1925 年 5 月 5 日的著名"猴子审判"案中,被告 John Scopes 因为传播达尔文的进化论而被指控犯罪,他使用了"victorious defeat"(胜利的失败)这一矛盾修辞法来描述他在法庭上的遭遇。虽然法庭最终判决他有罪,这是一个"defeat",可他通过这一失败能使进化论深入人心,这不能不说是战胜"神创论"的一个"victory"。由此可见,在"victorious defeat"这一矛盾修辞法中,"defeat"与"victory"这一矛盾双方相互依赖,相互影响,产生耦合互动作用,但这种耦合互动作用是倚仗于对方的量度为前提的,若是一个彻底的"defeat",那么也就不可能有"victorious defeat",反过来,若是一个彻底的"victory",那么同样也就不可能有"victorious defeat"。因此,矛盾修辞法存在的一个先决条件,就是其中的任何一方都没有超过一定的极限,否则就会变成其中的一方,即"defeat"就是"defeat",而"victory"就是"victory"。由此说明,在矛盾修辞法中的矛盾双方是你中有我,我中有你,两者的关系是一种耦合互动关系，关键是在于度的问题。正如英语矛盾修辞法"bitter-sweet memories"可汉译为"苦甜参半的回忆"一样，"苦"与"甜"是各占其半，两者处于耦合互动之中。

简言之，张力是矛盾修辞法得以普遍存在的真正魅力，也是矛盾修辞法的语义实质，其关键就是既对立又统一，形成内聚力，产生耦合效应。说得彻底一些，张力就是矛盾，矛盾就是张力。当然，这种矛盾，是辩证思维中的矛盾。

2. 矛盾修辞法张力的成因

众所周知，语言是思想的载体，而思想是语言表述的根据，两者之间的关系是树与皮的关系，树不存，皮将焉附。矛盾修辞法也不例外，显然属于语言层面，是人类思想的外在表征。反而言之，人类的思想是矛盾修辞法赖以生存的基础，是矛盾修辞法所依附的根本。因而，我们讨论矛盾修辞法张力的成因，就不能不谈人类思想张力的成因。

马克思（1972：217）曾经说过，观念的东西不外是移入人的大脑并在人的大脑中改造过的物质的东西而已。这就是说，人类的思想是事物在人脑中的反映，是现实在人类思维中的折射。所以，我们探讨人类思想张力的成因，显然不能游离于事物张力的成因之外。简单地说，语言与思想与事物三者之间的关系是语言凝化思想，思想反映事物。因此，我们在此探究矛盾修辞法张力的成因，实际上就是索解事物张力的成因。需要说明的是，在此所说的事物包括主观事物和客观事物。

王叔新（2006：46）指出："事物运动发展的量变阶段仅是事物发展的第一阶段，事物发展经过一定的量变以后，必然要进入质变

阶段。因此，'A 是 A 又是非 A'乃是事物由于矛盾发展而形成的
矛盾转化的反映。"此番话至少涵盖三层意思。其一是事物的发展
一定会从量变走向质变；其二是矛盾推动事物的量变和质变；其三
是事物的发展走向质变时矛盾会发生转化，即矛盾双方会走向自
己的对立面，也就是"A 是 A 又是非 A"。其实，矛盾才是问题的
实质，才是事物发展的源动力。矛盾存在于一切事物，每一事物变
化发展中自始至终都伴随着矛盾运动，矛盾的斗争性推动事物的
量变，也推动事物的质变。如前文所述，所谓矛盾，就是指事物之
间或事物内部诸要素之间互相依赖而又互相排斥的关系。简言
之，矛盾就是对立统一。矛盾着的双方又同一、又斗争，此消彼长，
不断变化。一旦力量对比发生根本变化，矛盾双方便发生转化，这
就是由事物内在矛盾引起事物发展的实在过程，也就是列宁
(1990：300)所说的对立统一规律"提供理解一切现存事物'自己
运动'的钥匙"的理由。

　　弄明白矛盾是事物发展的源动力之后，在此需要深究的是我
们的论题，即事物张力的成因何在？根据辩证思维理论（马佩，
1999；于惠棠，2007），世间万物之间是互相联系、互相影响的，而且
事物可以在同一时间里"亦此亦彼"，而不是普通思维中的"非此即
彼"。对立统一规律、质量互变规律和否定之否定规律不但是唯物
辩证法的基本规律，也是辩证思维的基本规律，即对立统一思维
法、质量互变思维法和否定之否定思维法是辩证思维的核心。我
们在此所考问的矛盾修辞法的张力，即事物的张力，如前文所言，
其实就是对立统一关系，也就是事物既对立又统一的内在关系，它
是辩证思维理论的三项核心内容之一。所以，我们需要以辩证思
维的眼光来看待事物张力的成因。我们认为，事物张力的成因主
要表现于四个方面，现分别加以阐述。

2.1 事物对立统一之间的相互对立关系

任何事物内部诸要素之间具有既对立又统一的关系，矛盾双方往往共存于一体。这就是说，任何事物都是由对立两方面组成的统一体。事物的对立性就是事物的斗争性。事物斗争性的存在是绝对的，也是永恒的，因为事物的运动和发展是无条件的，而运动和发展的决定力量源自事物内部矛盾双方的斗争性。斗争的对立双方具有互相排斥、互相冲突、互相否定和互相离异的趋势。譬如说，"虽生犹死"和"虽死犹生"这两个矛盾修辞法所昭示的事物就是"生"与"死"两者之间的对立。人就是一个生与死的对立统一体。人之所以活着，就是因为相对于死亡而言的生命跳动；人之所以死了，就是因为相对于生而言的生命消失。汉奸走狗等卖国贼丢掉自己的灵魂，是"虽生犹死"，而革命烈士为崇高事业而献身却是"虽死犹生"。再说人生过程，是始终伴随着福与祸的对立历程。人生没有一以贯之的福，也没有一以贯之的祸，往往是福中含祸，祸中蕴福，古人所说的"福兮祸所依，祸兮福所倚"就是这一道理。

2.2 事物对立统一之间的相互依存关系

我们在此始终强调，事物的矛盾性就是事物的对立统一性。而对立统一的双方在一定条件下相互依存，往往共处于一个统一体中。这就是说，对立统一的双方具有同一性，而这种同一性是相对的，存在于一定的条件和时空，若相互依存的条件发生变化或不存在了，那么双方的同一性关系就会破裂。前文所说的事物的斗争性，是同一性存在的基础。同一性是以差别和对立为前提，是包含差别和对立的同一，同一性必然为斗争性所制约，没有斗争性就没有同一性。同理,斗争性始终寓于同一性之中,没有离开同一性的纯粹斗争性,也没有离开斗争性的纯粹同一性,两者始终是一个依存体。譬如说,"true lies"(真实的谎言)这一矛盾修辞法的意思就是有些是真,有些是假,即真假兼备,所反映的事物就是"真实"与"谎言"两者之间的依存,其中一方的存在是以另一方的存在为先决条件。如西方反华媒体对中国的报道就常常编制"真实的谎言",他们经常断章取义、偷梁换柱,所引用的原材料虽是真实的,没有任何编造,但经他们的剪辑和拼凑之后,所表达出的信息就往往与事实的真相相去甚远了。

2.3　事物对立统一之间的相互转化关系

事物对立统一中的同一性,其含义除了具有依存性之外,其实还具有贯通性。这就是说,同一性在特定的条件和时空里还会发生相互渗透,具有贯通性。在此的贯通性,就是指矛盾双方会走向自己的对立面,发生相互转化,这是同一性的最高形式和最终确证,又是矛盾运动的最重要表现。诚然,事物的对立统一的矛盾双方虽然具有同一性,往往相互联系、相互依存,但若超过一定的极限,就会走向事物的反面,关键是度。人们常常所说的"物极必反"、"乐极生悲"、"否极泰来"、"过犹不及"、"盈则亏"、"曲则直"、"敝则新"、"少则得"等等,无不蕴含这一极其深刻的辩证思维。譬如说"失败是成功之母"这一矛盾修辞法,就是表达任何事往往都先有失败,然后才有成功。"失败"与"成功"本来是一对矛盾,可在此却相互渗透,互为贯通,"失败"走向自己的对立面"成功",发生转化,告诉人们只要以坚韧的毅力面对失败,与之抗争,善于从中吸取教训,最终肯定会取得成功,即失败往往是成功的基础。

2.4 事物对立统一之间的相互容合关系

事物对立统一之中的矛盾双方由于具有如上文所述的相互依存关系和相互转化关系,因此也具有彼此相容的关系,从而生成彼此交织、相互融合的事物。这就是说,事物的矛盾双方会相通和交合,譬如说"a love-hate relationship"(爱憎交融)这一矛盾修辞法,所表达的事物就是爱恨交织,是很难分清其主次的,彼此之间互交相容,在对立中得到统一,在矛盾中得到结合。我们在本文所探讨的"oxymoron"这一英语术语就是一个最佳例证,是"锐利"与"愚钝"的矛盾融和,并将这种矛盾性在同一个词中得到反映。其实,英语中还有别的矛盾修辞法单词,如"pianoforte"(soft-loud)、"preposterous"(before-after)、"sophomore"(wise-fool)、"superette"(big-small)等。

从上文的分析,我们不难看出,矛盾修辞法张力的成因主要源自事物本身所固有的张力。马佩(1999:154)指出,辩证思维是事物辩证本质的反映,辩证思维之间的关系是事物辩证关系的表现,因而,事物具有什么样的辩证关系,反映该事物的辩证思维之间也就会具有什么样的关系。矛盾修辞法就是事物辩证本质的外在表现,是事物对立统一特性的语言表达,在对立中有统一,在统一中有对立,表现出"既此又彼"的语义特性。我们在上文所阐述的事物对立统一之间的相互对立关系、相互依存关系、相互转化关系和相互容合关系就是矛盾修辞法张力的成因。总而言之,事物内部的既对立又统一是造成矛盾修辞法的根由。为便于表述,我们在此将蕴含于事物对立统一之间的这四个关系也归纳为相析性、相峙性和相容性这"三性",其个中道理是:既然说事物的对立统一具有相互对立的关系,那么对立必然会关涉到事物的双方,无疑具有相析性;同样,既然是相互依存,那么肯定会有双方的存在,所以也具有相析性;既然是对立,那么就无疑具有相峙性;既然具有相互转化和相互容合的关系,那么无疑具有相容性。事物的矛盾一旦可以总结为相析性、相峙性和相容性,那么其张力的认知消解也无疑就会围绕这"三性"进行运演。

3. 矛盾修辞法张力的认知消解

所谓矛盾修辞法张力的认知消解,就是指解读者通过认识和感知,正确把握存在于矛盾修辞法内部的语义对立统一关系,理性地诠释并领悟其矛盾性,即张力。

理解矛盾修辞法,就是消解其张力;而若要消解其张力,就要正确领会存在于事物中的矛盾张力。作为解读者,需要明了矛盾修辞法中语义矛盾的"三性":相析性、相峙性和相容性,由此消解其内在的张力,其认知的切入就是参透事物对立统一之间的相析性、相峙性和相容性这"三性"。因此,矛盾修辞法中语义矛盾的"三性"与事物对立统一之间的"三性"在本质上是相应的,两者之间的关系是语言表达形式与语言表达对象之间的关系。由此可见,矛盾修辞法是本体对立统一和认知对立统一的混合体。这就是说,矛盾修辞法是事物对立统一的认知反映,也是人类认识事物对立统一这一本质的语言表达。

语言在本质上就是人类感知、认识世界,通过认知活动,将经验到的客观现实加以概念化并将其编码的过程(卢植,2006:65)。矛盾修辞法就是人类对客观事物既对立又统一这一矛盾性的认知结果,是事物内在张力和人类认知感应的结合体。人们在解读矛盾修辞法过程中,所需管钥同样是认知活动。如果说,矛盾对立统一的相析性、相峙性和相容性是客观事物的内因，那么人类对表达这一内因的矛盾修辞法的认知解读，就客观对象而言，无疑是一种外因。这就是说，人对矛盾修辞法的认知解读，就矛盾修辞法而言，是起外因作用，而作为揭示客观事物矛盾性的矛盾修辞法，其中所蕴含的内在特性，无疑是一种内因。只有正确识解其内因，才能正确消解矛盾修辞法。

内因通过外因起作用。内因是变化的根据，任何变化都要通过内因方能达成。然而，深含相析性、相峙性和相容性这一内因的矛盾修辞法最终能否被解读者顺利解读，或者说，解读者所解读的矛盾修辞法的语义，是否契合于矛盾修辞法所包容的真义，则不光是内因所能决定，它取决于内外因的互为，并且也因此给外因发挥作用留出很大的空间。我们可以说，内因提供了发展变化的可能性，外因提供了发展变化的现实性。换言之，矛盾修辞法的内在辩证关系提供了被成功解读的可能性，而解读者的认知识解提供了矛盾修辞法的语义被成功解读的现实性。那么，作为外因的人类认知消解显然就是使得矛盾修辞法的矛盾语义变为现实的关键。那么，解读者是怎样解读矛盾修辞法的呢？

凭直觉，我们也许就能推测，矛盾修辞法张力最终能否得到认知消解，关键在于其两个语义背向的词语能否顺利合成一个统一体。张旭（2006）借用概念合成理论（Fauconnier，1997；Fauconnier & Turner，2002)来分析和阐述矛盾修辞法的认知解读，收到了较好的效果。张旭（2006：33、46)认为，这一理论能在很大程度上解释在矛盾修辞法理解过程中的意义构建，但语境信息在这一理解过程中具有重要作用。这一观点无疑是正确的。对任何语言形式的解读，只要是对由两个词以上组合而成的语言单位的解读，其实都会牵涉到概念的合成。若没有概念合成，语义与语义之间就难以连接,语言的交际就难以为继。然而,也正因为概念合成理论的这种适用性过于广泛,已有学者(如 Grady,2000;刘正光,2002;王文斌,2007:42—43)指出,概念合成理论的解释力似乎过于强大,成为几乎是放之四海而皆准的语言解读规律。尽管近乎所有的语言交际例证都要涉及空间映射、空间合成和新显结构的产生,可在不同概念合成网络中各空间应表征的信息的质和量却往往会有很大的差异性,而且不同类型合成空间的合成过程是否相同也值得怀疑。譬如说,王文斌和林波(2003)和王文斌(2004)提出,幽默言语的认知解读机制就不是概念合成理论所提出的四空间(类指空间、输入空间 I_1、输入空间 I_2 和合成空间)模型所能涵盖的,而必然还会关涉到空间冲突和空间转接。因而我们认为,对于不同的概念配列,应该有不同的概念合成方式,不可能以"千人一面"式的同一类认知机制来解读各种不同的概念合成内容。我们在此所探讨的是矛盾修辞法张力的认知消解,也应该有其独特的认知解读机制。

现在需要思考的是,解读者成功解读矛盾修辞法的特殊方式何在? 而且需要深究的是,认知消解的特殊内在机制是什么?

如上所述,矛盾修辞法的语义矛盾主要体现为相析性、相峙性和相容性,那么其张力的认知消解也无疑会围绕这"三性"进行运演。我们认为,在充满张力的矛盾统一体中,解读者在进行概念空间连接时虽发现空间的彼此冲突,但并不因此而消除矛盾修辞法内在的空间相峙关系,而是在空间的彼此抗衡、冲击、衬映中往返游移,进行概念空间分劈,然后进行空间合成,并加以空间核实。简言之,解读者在对矛盾修辞法的张力进行认知消解时,必然会运用空间对接、空间冲突、空间分劈、空间合成、空间核实这五个认知运作机制。

所谓空间对接,就是指解读者试图将内含于矛盾修辞法中的两个语义冲突的词语进行概念连贯缺省性期望值①的对接,以期理解这两个心理空间的彼此关系。在语言交际过程中,若空间对接缺失,那么思想交流就难以继续和延展,小概念也就难以积聚成大概念。所谓空间冲突,就是指解读者对矛盾修辞法中两个语义背向词语的抗衡性认知,这是因为两个语义彼此相峙的词语必然会冲击解读者进行顺利的空间对接,导致解读者在相反的概念两极中作冲突性的概念感受。所谓空间分劈,就是指解读者在消解矛盾修辞法的张力时感受到了其中的语义冲突,遂而进行两个概念的分解,借此来参悟两个语义相反词语的对立关系。由于矛盾修辞法本身所固有的相析性这一内因,这使得解读者进行空间分劈成为可能。需要指出的是,我们在此所谓矛盾的相析性,是指矛盾双方具有分劈性,即具有可分解的性质,如"爱恨交加"中的"爱"与"恨",并非不可分解。假若两者具有不可分离性,那么就无所谓"爱"与"恨"的表达。既然是有"爱"有"恨",那么这显然存在着两个概念。所谓空间合成,就是指解读者在进行空间分劈之后,认识到了内孕于矛盾修辞法中两个语义相反的词语的辩证关系,即亦此亦彼的对立统一张力,于是便将两个概念空间整合在一起。如上所述,由于矛盾修辞法本身含有相容性这一特性,所以,作为外因的解读者的认知空间合成成为现实。所谓空间核实,就是指解读者在作空间合成后对其对立统一的语义作最后的核实,而且往往是根据语境对其语义作确切的把握。

---

① 所谓概念连贯缺省性(default)期望值,就是指解读者往往会根据日常语言交际的常理对概念与概念之间的连接贯通特性具有预设性期望(王文斌,2004:7),即解读者对语言中概念与概念之间的连接具有常规性的期待。

现以"无事忙"这一矛盾修辞法为例，看一看这五个认知机制的运作过程。"无事忙"包蕴着"无事"与"忙"这一对矛盾统一体。若要消解其内在的张力，解读者首先会根据日常语言交际中概念连贯缺省性期望值的心理，对"无事"与"忙"之间的关系进行自然而然的概念与概念之间的常规性思维连接，即空间对接。但是，"无事忙"这一矛盾修辞法不同于一般的语言组合，而是一对充盈着矛盾的统一体，所以在解读时必然会遇到在解读一般语言时所没有的障碍，因而，空间冲突在所难免，解读者无疑会受到彼此对立的"无事"与"忙"这对二元概念的矛盾性撞击，由此捕捉到了"无事忙"所具有的相峙性。在这种情状下，解读者必然会将这对矛盾统一体进行分解，即对"无事忙"进行空间分劈，分别深入把握"无事"和"忙"的本来语义，这是对"无事忙"具有相析性的认知。以此为基础，对"无事"和"忙"进行整合，即进行概念空间合成，悟明这两个概念的相互转化，领会到"无事"中有"忙"，而"忙"中又"无事"的深刻道理。这是对"无事忙"具有相容性的深度认知，即对既此又彼的认知把握。马佩（1999：37—38）指出，辩证思维是人类思维发展的高级阶段，能反映事物矛盾双方的对立统一关系，反映事物矛盾的发展和转化。解读者对"无事忙"的认知消解，从空间对接、空间冲突、空间分劈，最终到空间合成，就是对辩证思维的具体运用，看到了二元事物彼此的排斥性和依赖性、斗争性和同一性、对立性和统一性、离异性和贯通性。然而，解读者的认知并未就此了结，最终还需要进行概念空间的核实，这是因为尽管语言是事物的表达形式，可同一事物在不同的时空出现，往往具有不同的意蕴，如"无事忙"在《红楼梦》第三七回中的"宝钗笑道：'你的号早有了，无事忙三字恰当得很！'"中，是指贾宝玉整天无事却比谁都忙；在林语堂所著的《论躺在床上》"而'无事忙'起来，还不如胸有

成竹地到上午十点钟才上办公处"中，是指不干正事，但又忙乱；在
"我们在家里无事忙"里，可能是指整天手脚忙乱，却忙不出一个名
堂来。其实，"无事忙"在不同的语境中，可能还有其他的语义，如
"无事生非"、"无事烦恼"、"庸人自扰"、"无事自扰"、"本不该忙，又
不知因何事而切切实实地在忙着"等等，真可谓：无事可做而忙
着！无所事事真忙啊！事事忙着无事！事忙于无事之间！忙事无
事无事忙！无事，忙！针对这种复杂的语义可能性，解读者只能因
境解义，核实确切的二元概念。解读者所运演的这五个心理认知
机制可借助图1得到反映。

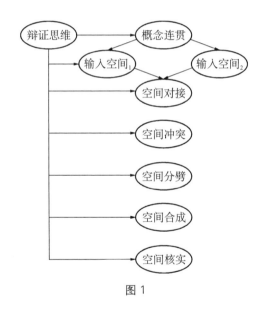

图 1

　　值得说明的是，图中的"概念连贯"是指上文所说的"概念连贯
缺省性期望值"；"输入空间₁"和"输入空间₂"是分别指矛盾修辞法
中的两个语义相背的词语。需要进一步交代的是，图中的"辩证思
维"是矛盾修辞法张力认知消解的灵魂，统驭整个认知运作过程，

其精髓就是既对立又统一。关于这一点,上文已阐述清楚。再者,
"辩证思维"也引领"概念连贯",因为这在相当程度上就是概念联
系,而以联系的眼光看待事物是辩证思维的主要内容之一,而且正
因为解读者在消解矛盾修辞法张力过程中首先存在概念连贯缺省
性期望值,所以才会对输入空间$_1$和输入空间$_2$进行空间对接。

4. 结语

矛盾修辞法的内在语义关系是异声相应,异气相求。解读矛
盾修辞法的关键,就在于消解矛盾修辞法的张力,而张力恰恰是矛
盾修辞法的真正魅力之所在。本文对矛盾修辞法的张力进行了较
为详细的阐释,并详述了其成因,指出矛盾修辞法就是事物矛盾现
实在语言中的反映,昭示了矛盾事物对立统一的相析性、相对性和
相容性。以此为基础,本文阐析了矛盾修辞法是本体对立统一和
认知对立统一的混合体,对其张力的消解有赖于其内因与解读者
认知外因的互动,同时阐明了矛盾修辞法的认知消解机制应有别
于其他语言组合的认知机制。本文还指出,正因为客观事物具有
内在的矛盾统一性,矛盾双方才具有内聚力,由此导致矛盾修辞法
中的对立双方产生耦合效应。但是,本文对矛盾修辞法的不同类
别却未作探究。关于这一点,我们将在另文探讨。

参考文献

1 列宁,《列宁全集》(第 2 版第 55 卷)[M],北京:人民出版社,1990。

2 刘正光,Fauconnier 的概念合成理论:阐释与质疑[J],《外语与外语教
  学》,2002(10)。

3 卢植,《认知与语言》[M],上海:上海外语教育出版社,2006。

4　马克思、恩格斯，《马克思恩格斯选集》（第 2 卷）［M］，北京：人民出版社，1972。

5　马佩，《辩证思维研究》［M］，开封：河南大学出版社，1999。

6　王叔新，论汉语矛盾修辞法的修辞功能和特点［J］，《四川师范学院学报》，2003（3）：51—54。

7　王叔新，试论矛盾修辞的逻辑意义［J］，《台州学院学报》，2006（1）：46—49。

8　王文斌，幽默言语解读的在线认知机制阐释［J］，《宁波大学学报》，2004（2）：6—9。

9　王文斌，《隐喻的认知构建与解读》［M］，上海：上海外语教育出版社，2007。

10　王文斌、林波，英语幽默言语的认知语用探究［J］，《外国语》，2003（4）。

11　文选德，《论语诠释》［M］，长沙：湖南人民出版社，2005。

12　于惠棠，《辩证思维逻辑学》，济南：齐鲁书社，2007。

13　张旭，矛盾修辞法的认知语义学研究［D］，河北大学，2006。

14　赵永冠，浅论英语矛盾修辞法的结构形式及修辞功能［J］，《洛阳师范学院学报》，2002（6）：120—122。

15　Fauconnier, G. *Mappings in Thought and Language*［M］. Cambridge：Cambridge University Press, 1997.

16　Fauconnier, G. & Turner, M. *The Way We Think*［M］. New York：Basic Books, 2002.

17　Grady, J. Cognitive mechanisms of conceptual integration［J］. *Cognitive Linguistics*, 2000（11）：335‐345.

18　Leech, G. N. *A Linguistic Guide to English Poetry*［M］. London：Longman Group Ltd., 1969.

（本文提交于首届英汉对比与翻译研究学科建设高层论坛，修改后载于《外语教学》2010 年第 3 期）

从系统功能语言学语境观论《红高粱》中戴凤莲女性形象塑造

司显柱　　张盼盼

摘要：本文运用系统功能语言学语境观——体裁、语域，从语境对语言使用时"说什么"和"怎样说"的双重影响角度，阐述了莫言如何完成对《红高粱》中戴凤莲的女性形象塑造：从一个深受封建思想影响的柔弱小女人，成长为个性解放的先驱，妇女独立的典范和伟大的抗日女英雄。

关键词：系统功能语言学；《红高粱》；戴凤莲；体裁；语域；女性形象

0. 引言

根据系统功能语言学，语言的实际使用——言语对语境是非常敏感的。无论是"说什么"——表达意义，还是"怎样说"——措辞，都受之于语境的影响。语境的内容极其丰富，从系统功能语言学视角，根据其对言语编码影响在程度和范围上的差别可以归纳和划分为情景语境（context of situation），又曰语

域(register),文 化 语 境(context of culture),即 体 裁(genre)
(Halliday,1999:8)。本文试从系统功能语言学语境观出发,从
语境对语言使用时"说什么"和"怎样说"的影响角度,论述莫言
如何实现对《红高粱》中戴凤莲女性形象的塑造:从一个深受封
建思想影响的柔弱小女人,成长为个性解放的先驱,妇女独立的
典范和伟大的抗日女英雄。

1. 从体裁视角看戴凤莲女性形象的塑造

语言学领域内的体裁分析主要有三大流派(肖琳等,2014):
以 Swales 和 Bhatia 为代表的 ESP/EAP 学派;以 Hasan 和 Martin
为代表的系统功能语言学派(又称悉尼学派);以及以 Miller 为代
表的北美新修辞学派(New Rhetoric School)。

ESP/EAP 学派建立了以学术和职业语篇为研究对象的语步
(moves)和步骤(steps)体裁分析模式。悉尼学派则在系统功能语
言学理论基础上,根据体裁与社会文化语境和情景语境的关系,提
出了语类结构潜势理论(Generic structural potential)(Hasan,
1977)和图式/纲式结构理论(schematic structure)(Martin,
2008)。新修辞学派从体裁形成的社会情景角度,分析体裁所能实
现的行为和目的,其修辞体裁研究为体裁分析提供了社会、历史、
认知等新的维度和视角。

马丁是系统功能语言学体裁学派的领军人物和集大成者,他
把体裁定义为"一种分阶段的,有目的的社会过程"。体裁具有分
阶段性、目的性、社会性这三大属性,三种属性合而一体,共同定义
一种体裁。

第一,"分阶段"体现了语篇结构的步骤性,类似于 ESP/EAP

中的语步和步骤。马丁使用的术语是阶段（stage）和相（phase），这些步骤是反复出现的局部模式，体裁是反复出现的整体图式结构类型。第二，"目的性"体现了马丁体裁观的核心，即语篇都是有意图的。第三，体裁的社会性、过程性，和文化性，马丁对体裁的认识是基于他对语言的认识这一大背景之下，他"从社会和文化的角度切入，研究社会文化与语言结构和意义之间的相互关系"（朱永生，2010：25）。

《红高粱》中，莫言借鉴了哥伦比亚魔幻现实主义作家加西亚·马尔克斯《百年孤独》中从将来的角度回忆过去的倒叙方法，并加以创新，融入了两个叙述视角，即以成年人的"我"和十四五岁的少年——"父亲"为叙述者，讲述故事，铺陈情节，展示人物形象（赵淼，2013：21）。"我"和"父亲"生长于不同的年代，外在环境不同，主体体验与视野不同，看到的是不同方面的戴凤莲。

根据前述系统功能语言学之体裁纲要结构及其语步（moves）和步骤（steps）分析模式，我们按先后发生的事件（并非小说中叙事顺序）为线索看看莫言在《红高粱》中如何完成对戴凤莲女性形象的塑造。

1.1　封建桎梏下的戴凤莲

1.1.1　三寸金莲的小脚

戴凤莲的父亲是个打造银器的小匠人，母亲是破落地主的女儿。父母深受封建主义思想影响，认同小脚对于女人的重要意义，于是在戴凤莲不到六岁时就开始缠脚，日日加紧。一根裹脚布，长一丈余。她的脚骨就这样被勒断了，八个脚趾折断在脚底，终于裹就一双三寸金莲。（莫言，2011：42）从这个事实中，不难看出，在当时社会环境中，封建主义思想仍然占统治地位，女性的身体和心理都被束缚着,没有真正的自由可言。戴凤莲在这样的环境中耳濡目染,自然身上带有浓厚的封建思想。

1.1.2 父母包办的婚姻

戴凤莲因被单廷秀看中,而最终嫁给单廷秀的患有麻风病的儿子——单扁郎。面对结婚这件事,戴凤莲遵循的是父母之命、媒妁之言,她甚至都不知道单扁郎长什么样子,更不用说不知道单扁郎还是麻风病患者了。对于婚姻,她不是因为爱情,只是逆来顺受,接受命运的安排。

1.1.3 逆来顺受的性格

出嫁那天,轿夫们照例也折腾了戴凤莲这个新娘子。当她从轿夫的口中听到,"小娘子,你可不能让单扁郎沾身啊,沾了身你也烂啦!"(莫言,2011:47)她觉得痛不欲生,贪财的爹和狠心的娘把自己毁了,她觉得委屈,放声大哭。但这时候,戴凤莲并没有想过,自己可以逃走,或者大胆说,自己不愿意嫁给单扁郎了。她并没有对自己的命运进行抗争,没有过这个念头,也没有这个勇气。

1.2 抗争命运的戴凤莲

1.2.1 花轿被劫——摆脱困境

花轿行到蛤蟆坑被劫,轿夫们被逼着拿出身上的钱,新娘子被逼着下轿,往高粱地里走。显然劫路人是想糟蹋新娘子,新娘子在往高粱地里走的时候,用亢奋的眼睛看着余占鳌。之后,余占鳌英雄救美,解除了新娘子的困境。(莫言,2011:49—52)从此时起二人便心生爱意。我们知道,在封建思想影响下,女性往往是很腼腆的。面对男性,也是羞羞答答,不敢直视的。遇到有人想糟蹋自己,那时的女性往往想自杀,以保自己的清白和名誉。而此时的新娘子戴凤莲,她没有害怕,她用亢奋的眼睛看着余占鳌,想让余占鳌救她,表现出对命运的抗争。余占鳌英雄救美,她又对余占鳌心生爱意,这显然不符合封建礼法——她即将成为单扁郎的媳妇,她怎么可以再对别的男性心生爱意呢?

1.2.2 新婚之夜——守身如玉

新婚之夜,本来是该入洞房的。可是戴凤莲看到单扁郎那病快快、半死不活的样子,心凉透了。她手持剪刀,不让单扁郎靠近自己。这无疑是戴凤莲对命运的抗争,她不想像轿夫们说的那样——让单扁郎沾了身,自己也烂了。这里戴凤莲的自我意识已经觉醒。

1.2.3 回门那天——跨越雷池

在她父亲接她回门的那天,途经高粱地时候,一只有力的胳膊挟着她,向高粱深处走去。而她并没有反抗,反而抬起一只胳膊,揽住那人的脖子,以便他抱得更轻松一些。(莫言,2011:75)那个抱她的人便是余占鳌。之后,她和余占鳌在高粱地里发生了"野合"。她是自愿的,不是被迫的。而这种"野合"显然是不被封建思想所接受的,这同样体现了戴凤莲敢爱敢恨,向往自由、内心期待的生活。余占鳌说:"三天之后,你只管回来!"(莫言,2011:76)

女性主义认为,女性意识的觉醒是需要一个过程的,需要一个人帮助的。在这里,戴凤莲女性意识的觉醒就得到了余占鳌的帮助,显然也经历了一个过程,虽然只有短短的三天时间。但在这三天之中,戴凤莲的内心可谓经历了痛苦的挣扎与彷徨,她在努力为自己寻找一条出路。

1.3 经济独立的戴凤莲

戴凤莲回门三天再回到单家时,单家父子已经被人杀死,尸体在村西头的湾子里。于是戴凤莲便接管了单家的烧酒作坊生意,让刘罗汉负责烧酒作坊的全面工作。从这时起,我们看到一个崭新的戴凤莲,她不再是男性的附属品,她的命运改变了,她可以憧憬美好的生活。随着经济的独立,她的人格,性格也慢慢发生变化,与封建思想慢慢脱离开来,成为当时具有代表性的新女性。女性主义认为,女性要独立,首先必须在经济上独立,而戴凤莲此时已经经济独立了。

1.4　憎恨日军的戴凤莲

1.4.1　捍卫清白

当日本侵略者为了修筑胶平公路而到戴凤莲家牵走她家的两头大黑骡子时,刘罗汉极力阻挠,鬼子兵在刘罗汉的头皮上豁开了一条白口子。之后一个鬼子兵想糟蹋戴凤莲,此时的戴凤莲躲到刘罗汉身后,把刘罗汉头上的血往自己脸上抹,又撒散头发,张大嘴巴,疯疯癫癫地跳起来。(莫言,2011:15)戴凤莲用装疯躲过了一劫,这充分展现了戴凤莲的机智、聪慧、果断和勇敢。与之前遇到困难就放声大哭的戴凤莲截然不同,她有了独立思考能力和解决问题能力,是女性主义的典型代表。

1.4.2　主仆情深

戴凤莲和豆官以及村里的人亲眼目睹了刘罗汉被孙五活剥的惨状。刘罗汉的脸皮被剥掉后,不成形状的嘴里还呜呜噜噜地响着,一串一串鲜红的小血珠从他的酱色的头皮上往下流。孙五已经不像人,他的刀法是那么精细,把一张皮剥得完整无缺。刘罗汉被剥成一个肉核后,肚子里的肠子蠢蠢欲动,一群群葱绿的苍蝇漫天飞舞。人群里的女人们全部跪倒到地上,哭声震野。(莫言,2011:39)

刘罗汉在戴凤莲家里工作了几十年,负责烧酒作坊的生意。

当戴凤莲亲眼目睹刘罗汉的剥皮示众之后，她内心的伤痛是巨大的。原本在那个年代里，女性们只是想着自己躲着日本兵就好了，只要不给自己惹麻烦，这比什么都好。原本在那个时候，作为独立女性的戴凤莲也可以在刘罗汉死后，继续自己想要的生活，安静而平凡。可是戴凤莲没有被日军吓倒，更没有忘记刘罗汉悲惨的死亡，而是决心要为刘罗汉报仇，要动员所有的人把日本兵打出他们生活的地方。在这里，戴凤莲的女性形象更加高大了，从追求自我独立上升到实现自己生活地方的独立，从之前不甘忍受封建教条束缚到现在不甘忍受在日本人奴役下生活。

1.5　英勇抗日的戴凤莲

1.5.1　凝聚抗日力量

八仙桌上，明烛高烧，余占鳌与冷队长四目相逼，都咻咻喘气。戴凤莲站在他们二人当中，左手按着冷队长的左轮枪，右手按着余占鳌的勃朗宁手枪。戴凤莲说，"买卖不成仁义在么，这不是动刀动枪的地方，有本事对着日本人使去。"（莫言，2011：28）戴凤莲往三个碗里倒酒，每个碗都倒得冒尖。她说，"这酒里有罗汉大叔的血，是男人就喝了。后日一起把鬼子汽车打了，然后你们就鸡走鸡道，狗走狗道，井水不犯河水。"（莫言，2011：28）在这里她促使了余占鳌和冷队长联合抗日，避免了双方互相残杀、中国人打中国人的悲剧。同时也体现了她的远见。她明白当前日本兵才是最大的敌人，不能因为中国人自己内部的一点不愉快而起内讧，进而让日本兵在高密更加猖狂。虽然她说的话都很质朴，但句句都是真理。作为一个女性，她拥有着当时许多男性都没有的远见和智慧，她是女性中的佼佼者。

1.5.2 留住抗日将才

因为余占鳌的亲叔余大牙糟蹋了喜欢任副教官的玲子姑娘,任副教官要求余占鳌枪毙余大牙。余占鳌不肯,任副教官便要和余占鳌分道扬镳了。戴凤莲说,"占鳌,不能让任副官走,千军易得,一将难求。"(莫言,2011:59)余占鳌愤怒了,她用自己的胸对着余占鳌的枪口。最终余大牙被枪毙,任副教官在三个月后因为枪走火,自己把自己打死了。这件事充分体现了戴凤莲的顾全大局、做事果断、不畏牺牲的品质。她不再是一个依赖男性的小女人,也不是一个仅仅只有思想独立、经济独立的女人,而是一个明白事理、想法深远、顾全大局、投入抗日斗争的民族女英雄。

1.5.3 巧设抗日计谋

村里有个九十二岁的老太太说过这样一段话,"东北乡,人万千,阵势列在墨河边。余司令,阵前站,一举手炮声连环。东洋鬼子魂儿散,纷纷落在地平川。女中魁首戴凤莲,花容月貌巧机关,调来铁耙摆连环,挡住鬼子不能前……"(莫言,2011:11)。这说明,用铁耙挡住鬼子汽车退路的计谋竟是戴凤莲这个女流想出来的。戴凤莲是抗日的先锋,民族的英雄。

1.5.4 牺牲抗日前线

快到晌午时,埋伏着的要打鬼子汽车的余占鳌的兄弟们都饿了,余占鳌派豆官去催饭。戴凤莲挑着一担拤饼,王文义的妻子挑着两桶绿豆汤,匆匆往墨水河大桥赶。她们本来想斜穿高粱地,直插东南方向。但走进高粱地后,才发现挑着担子寸步难行,于是就走直路了。这时日本的汽车来了。豆官高叫一声:"娘……"从日本人的汽车上射出了一阵密集的子弹,戴凤莲和王文义的妻子都死了。(莫言,2011:64—68)戴凤莲,为国捐躯,成为抗日的英雄。

以上从体裁分析的纲要结构及其语步、步骤角度,对戴凤莲女性形象塑造过程的分析可以图示为：

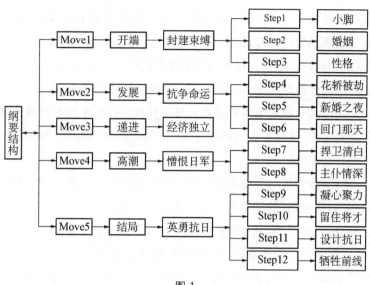

图1

人们使用语言就是在编码自己的观点、态度、偏见、信仰等等。"父亲"作为历史亲历者，讲述故事发展、再现历史场景，充满了浓郁的主观感受色彩。戴凤莲的形象在她的儿子——"父亲"眼里是高大的。"父亲"出生的时候，戴凤莲已经是单家的当家人了，掌管着烧高粱酒的作坊，是村子里的首富。在当时还深受封建思想影响的社会，戴凤莲作为经济独立的新女性形象，在村子里是一颗耀眼的明星，儿子心中更是充满了骄傲与自豪。

日本人侵入高密东北乡，修筑胶平公路，残害百姓，活剥刘罗汉，戴凤莲鼓励男性去抗日，宁愿牺牲自己也要留住任副官，劝余司令和冷队长合作，最后死在日本人的枪下等等，这些事件都是"父亲"亲身经历的。在日本人来戴凤莲家里强拉两头大黑骡子的时候，一个日本兵想糟蹋戴凤莲，她马上装疯躲过一劫。"父亲"亲眼目睹了他母亲的这场经历，他恨日本人的残暴，也更崇拜母亲的机智和勇敢。当全村的人都亲眼目睹了刘罗汉被剥皮零割之后，戴凤莲鼓励男性去抗日，劝余司令和冷队长合作。在"父亲"目睹了母亲的这些事情后，母亲的形象在他的心中更加高大，母亲脱离了当时社会给她这个女性的束缚，她承担起社会责任，有气量，有远见，有胆识，她是生活的强者。最后戴凤莲在给余司令及战友送食物的途中，被日本人的机枪打死了。在"父亲"的眼中，母亲是一位抗日女英雄。

"我"作为第一人称来讲述"我奶奶"戴凤莲的故事。"我"是如何知道"我奶奶"的故事呢？第一种途径，"我"听"父亲"讲的。第二种途径，为了为"我"的家族树碑立传，"我"曾经跑回高密东北乡，进行了大量的调查，调查的重点，就是这场"我父亲"参加过的、在墨水河边打死鬼子少将的著名战斗。第三种途径，"我"查阅过县志，县志里确实有相关的记载。所以"我"知道许多"父亲"不知道的事情。

在"我"的眼中，"我"对"我奶奶"是无限钦佩和赞美的。从"我"的角度着重叙述了"我奶奶"为什么会嫁给单扁郎、轿夫们折腾新娘子、花轿在蛤蟆坑被劫、洞房"我奶奶"持剪刀、"我奶奶"三日后回门在高粱地里与余占鳌"野合"等等。这些事情恰恰是"父亲"没有亲身经历的，而"我"怀着无限崇敬的心情搜集了这些资料。从"我"的视角展现出"我奶奶"这些女性形象。

总之，"父亲"和"我"虽然成长于不同时代，生活体验不同，对一些事情的态度、看法等可能有所不同。就对戴凤莲这个人物而言，他们也确实看到的是她的不同方面，但殊途同归，都对她满怀钦佩和仰慕之情，都认为她代表着正义、美好的一面。在这一点上，"我"和"父亲"的思想是相通的。换言之，作者莫言通过"父亲"

和"我"的不同视角,不同方面,互为补充,展开叙事,最后呈现在读者面前的戴凤莲并不是不同的,而是相同的:从一个深受封建思想影响的柔弱小女人,成长为个性解放的先驱,妇女独立的典范,和伟大的抗日女英雄,殊途同归,成功地实现了对戴凤莲这个人物的形象塑造。

2. 从语域视角看戴凤莲女性形象的塑造

通过以上从体裁角度分析莫言对戴凤莲女性形象的塑造,我们对整个《红高粱》这个语篇的意义建构已经作了"解释",即该语篇——小说《红高粱》是怎样表示意义的:从体裁的视角,从对组成该语篇前述纲要结构各个事件的叙事,我们看到了戴凤莲如何从一个深受封建思想影响的柔弱小女人成长为个性解放的先驱、妇女独立的典范和伟大的抗日女英雄的整个过程。

体裁和语域同属语境的两个方面,体裁是关于文化语境的概念,语域是关于情景语境的概念,两者的区别在于对语境描写抽象程度上的差别(司显柱,2007:54)。语域描述了具体的语境情景,有三个变量,分别是语场,语旨,语式。语场与经验意义(experiential meaning)相联,而经验意义主要是通过及物性系统(transitivity)体现。语式与语篇意义(textual meaning)相通,而语篇意义是通过主位系统(theme)实现。语旨与人际意义(interpersonal meaning)关联,而人际意义是通过语气(mood)和情态(modality)来表现(Eggins,1994:10-78)。所以语域被认为是体裁和语言之间的过渡阶段。接下来,我们从语域的视角来分析戴凤莲的前述女性形象是如何塑造的。

2.1　语场

就戴凤莲这个人物来说,《红高粱》讲述了一个从小深受封建思想影响和遵守封建礼法的女性,是如何与命运抗争,一步一步摆脱封建主义的束缚,追求自己幸福,最后牺牲在抗日战场上的。从系统功能语言学角度,这是关于语言的经验意义。经验意义是通过及物性(transitivity)实现的。而及物性就是一个建立在语义分析基础上的理论系统,其核心是把人们在现实世界中的所见所闻、所作所为之人类经验予以语法范畴化,将之分为物质、心理、关系、言语、行为、存在等六种不同的过程。下面以小说中使用的物质过程和心理过程为例,阐释作品如何实现对戴凤莲女性形象的塑造。

2.1.1　物质过程和戴凤莲女性形象

物质过程指的是做事过程。这个过程可以通过问句"X做了什么?"来识别。过程动词可以是及物动词,也可以是不及物动词。前者的参与者不止一个,而后者往往只有一个参与者。具体而言,物质过程由动作者(actor)、物质过程动词、目标(goal)和环境成分组成(circumstances)组成(Eggins,1994:230 - 237)。

[1]　一个鬼子兵慢慢向奶奶面前靠。父亲看到这个鬼子兵是个年轻漂亮的小伙子,两只大眼睛漆黑发亮,笑的时候,嘴唇上翻,露出一只黄牙。奶奶跌跌撞撞地往罗汉大爷身后退。罗汉大爷头上的白口子里流出了血,满头挂色。两个日本兵笑着靠上来。奶奶在罗汉大爷的血发上按了两巴掌,随即往脸上两抹,又一把撕散头发,张大嘴巴,疯疯癫癫地跳起来。奶奶的模样三分像人七分像鬼。日本兵

愕然止步。小个子伪军说："太君,这个女人,大大
的病了的有。"(莫言,2011：15)

上述例子共包含了 10 个物质过程小句。其中,戴凤莲充当动
作者的小句有 6 个,占 60%。鬼子兵充当动作者的小句有 3 个,占
30%。罗汉大爷充当动作者的小句有 1 个,占 10%。通过过程分
析,我们可以清楚地看到戴凤莲在遇到危险时,首先是心惊胆战,
然后是勇敢果断,最后用巧计保护自己。一个色彩鲜明的女性形
象栩栩如生地通过物质过程体现出来。

2.1.2　心理过程和戴凤莲女性形象

心理过程由三种类型动词组成。第一种表示认知
(cognition),比如动词认为(think)、知道(know)和理解
(understand);第二种表示情感(affection),比如动词喜欢(like)和
害怕(fear);第三种表示知觉(perception),比如动词看见(see)和
听到(hear)。心理过程一般有两个参与者:一个是感知者
(senser),感知者是一个有意识的人作为动作的参与者,另一个是
现象(phenomenon),现象是一个非动作的参与者,是由有意识的
感知者的心理过程动词所引起的(Eggins, 1994：240-243)。

[2]　豆官! 豆官! 我的儿,你来帮娘一把,你拉住娘,娘
　　　不想死,天哪! 天……天赐我情人,天赐我儿子,天
　　　赐我财富,天赐我三十年红高粱般充实的生活。
　　　天,你既然给了我,就不要再收回,你宽恕了我吧,
　　　你放了我吧! 天,你认为我有罪吗? 你认为我跟一
　　　个麻风病人同枕交颈,生出一窝癫皮烂肉的魔鬼,
　　　使这个美丽的世界污秽不堪是对还是错? 天,什么

叫贞节? 什么叫正道? 什么是善良? 什么是邪恶?
你一直没有告诉过我,我只有按着我自己的想法去
办,我爱幸福,我爱力量,我爱美,我的身体是我的,
我为自己做主,我不怕罪,不怕罚,我不怕进你的十
八层地狱。我该做的都做了,该干的都干了,我什
么都不怕。但我不想死,我要活,我要多看几眼这
个世界,我的天哪……(莫言,2011:77—78)

这段话是戴凤莲在中枪之后,临死前回顾自己的一生所做出
的心理过程描写,使用很多心理过程小句,其中大多数句中的感知
者均为戴凤莲。通过戴凤莲的内心世界,我们可以发现她自己内
心的矛盾与纠结。一方面,她感谢天赐予自己如此美好的生活;另
一方面,她希望得到天的宽恕,让自己继续活着,她愿意接受惩罚。
这说明戴凤莲知道自己违背了封建礼法,但是她又热烈地追求着
一个人本该有的幸福生活。她在向封建的条条框框宣战,走自己
的女性主义道路!

2.2 语旨

在莫言塑造戴凤莲这个女性形象时,主要的参与者有余占鳌、
刘罗汉和"父亲",主要的交流形式是面对面的谈话。语言作为交
际工具必然涉及语言使用者的相互对话。对话的实质是语言使用
者的交际角色,或是给予,或是需求,而所交换的或是货物和劳务,
或是信息,分别表现为建议和陈述。这四个因素的组合构成提供
(offer)、声明(statement)、命令(command)和问题(question)四个
主要言语功能。(Halliday,2008:xiv)

这四个言语功能是通过"语气"系统区别的。语气(Mood)包

含主语和定谓语（finite element）两个成分，它们的出现和语序决定对语气的选择；语气以外的成分为"剩余成分"（Residue），它包括谓语词、补语和修饰语。（同上：xiv-xv）

情态（modality）则表示语言使用者本人对事物认识的估量和不确定性。由于语言使用者所交换的内容或是建议（proposal），或是陈述（proposition），韩礼德选用了意态化（modulation）和情态化（modalization）做出区分。情态化可按概率程度和经常程度描写，意态化则可按职责和倾向性描写。（同上：xv）

2.2.1　直陈语气与戴凤莲女性形象

通过分析，作品使用了大量的直陈语气，包括陈述句和疑问句。因为陈述（proposition）指的是信息交换，而建议（proposal）指的是商品和服务的交换（Eggins，1994：154；Halliday，2008：xiv）。莫言的《红高粱》主要涉及的是信息交换，通过人物之间的对话，语言传递了不同人物角色的社会地位和对同一问题不同态度的人际意义。

> ［3］　这酒里有罗汉大叔的血，是男人就喝了。后日一起
> 　　　　把鬼子汽车打了，然后你们就鸡走鸡道，狗走狗道，
> 　　　　井水不犯河水。（莫言，2011：28）

在上述例子中，首先，我们看到戴凤莲的话中并没有使用情态（modality），这使得她所传达的意义非常肯定，乃至斩钉截铁，表现出她的角色和社会关系，具体为：权利（power），她掌管烧酒作坊的生意，她有钱和权，她有话语权；情感（affective involvement），她和余占鳌是情人关系，她的话在余占鳌心中有分量，自然冷队长也不甘认输。其次，上述例子中，除了第一个小句的主语是酒之

外,其他小句的主语都可以理解为你们,即余占鳌和冷队长。那么这个例子可以理解为:戴凤莲用不容置疑肯定的语气命令余占鳌和冷队长去干什么,不干什么,充分展现了戴凤莲这个女性在当地的地位和话语权,她是当时当地女性主义的代表人物。

2.2.2 祈使语气与戴凤莲女性形象

对话中也使用了一些祈使语气,如戴凤莲对儿子说话时:

[4] 跪下! 磕头。(莫言,2011:33)

[5] 捧一口酒喝。(同上:33)

[6] 你不要动它。(同上:34)

这些语言表面看上去不太客气,但却潜藏着戴凤莲对儿子殷切的期望,她希望儿子成长为一个顶天立地的男子汉,杀日本鬼子,给刘罗汉报仇,保卫自己生活的地方。从这些话中我们也感受到了戴凤莲内心强烈的情感,她把自己对日本鬼子的憎恨,对刘罗汉的感激,都融入到这几个祈使语气中,融入对儿子的教育中。

2.3 语式

在《红高粱》这部作品中,作者莫言使用的是高密东北乡的方言。这部作品主要的交流形式是用高密东北乡的方言交流。语式分析主要是通过分析语言的主位结构和信息结构系统展开,二者之间有相互重叠的地方,但这更加体现了系统功能语法的系统性和完整性(Halliday,2008:xiv)。

主位(theme)是信息的起始点,通常情况下是已知信息。而述位(rheme)是话语的目的,通常情况下是新信息或未知信息。主位与述位一起构成主位结构。从已知信息到新信息的移动包含了人的思想的移动(Eggins,1994:274-275)。在戴凤莲与"父亲"的对话中,我们可以清晰地看到信息的传递。

> [7] 戴凤莲:怎么啦?鬼子没来?
>
> "父亲":冷支队,狗娘养的,我们饶不了他!
>
> 戴凤莲:怎么回事?
>
> "父亲":擀拌饼。
>
> 戴凤莲:没听到打呀!
>
> "父亲":擀拌饼,多卷鸡蛋大葱。
>
> 戴凤莲:鬼子没有来?
>
> "父亲":余司令让擀拌饼,要你亲自送去!
>
> 戴凤莲:乡亲们,回去凑面擀拌饼吧。
>
> 戴凤莲:豆官,告诉娘,冷支队是怎么回事?
>
> "父亲":冷支队没见影,余司令饶不了他们。
>
> (莫言,2011:55)

在上述戴凤莲和"父亲"的对话中,首先,从人物上分析,"父亲"是来传递新信息的,因为他和余占鳌一起去伏击鬼子,是余占鳌让他回家给戴凤莲捎信的。而戴凤莲和乡亲们在家坐等消息,显然他们所知道的都是已知信息。其次,从主位结构上分析,我们可以发现,新信息是不能省略的,而已知信息有时可省略。再次,从话语上分析,我们可以了解到高密东北人的嫉恶如仇、干脆利索、直来直去的性格特征,这是高密东北乡的文化,也是戴凤莲身上带着的鲜明特征。

3. 结语

通过系统功能语言学二层次语境观——体裁和语域,对语言使用时"说什么"和"怎样说"影响的分析,本文论述了莫言如何实现对《红高粱》中戴凤莲女性形象的塑造。从系统功能语言学二层次语境观及其对语言使用影响角度切入分析语篇,让我们更易看清语篇是如何表现意义的,戴凤莲的女性形象是如何塑造、建构出来的。运用二层次语境分析戴凤莲女性形象,既各有侧重,又相互补充。体裁分析从语篇的纲要结构及其语步和步骤角度,以时间推移中所发生事件为线索开展叙事,从"我"和"父亲"的不同视角,不同方面,展开叙事,呈现了戴凤莲人物形象的发展过程;而语域分析则从其三个变量:语场、语旨、语式与其对应的经验意义、人际意义、语篇意义,以及体现后者的及物性系统、语气(情态)系统和主位系统的视角,深入、细致地表现了戴凤莲的人物形象。

参考文献

1　莫言,《红高粱》[M],广州:花城出版社,2011。

2　司显柱,论语境的层次性对翻译的张力关系[J],《外语与外语教学》,2007(2):53—56。

3　肖琳、司显柱,再探马丁的语类观[J],《当代外语研究》,2014(3):5—8。

4　赵淼,《红高粱》人物形象分析[J],《作家》,2013(5):21—22。

5　朱永生,语篇中的意识形态与语言学家的社会责任——论马丁的相关理论及其应用[J],《当代外语研究》,2010(10):25—28。

6　Eggins, S. *An Introduction to Systemic Functional Linguistics* [M]. London:Continuum,1994.

7　Halliday, M. A. K. The notion of "context" in language education [A].
In M. Ghadessy (ed.). *Text and Context in Functional Linguistics* [C].
Amsterdam: John Benjamins, 1999.

8　Halliday, M. A. K. *An Introduction to Functional Grammar* (3rd edition)
[M]. Beijing: Foreign Language Teaching and Research Press, 2008.

9　Hasan, R. Text in the Systemic-Functional Model [A]. In W. Dressler
(ed.). *Current Trends in Textlinguistics* [C]. Berlin: Walter de
Gruyter, 1977.

10　Martin, J. R. &. D. Rose. *Genre Relations: Mapping Culture* [M].
London: Equinox Publishing Ltd. , 2008.

（本文提交于第二届英汉对比与翻译研究学科建设高层论坛）

向心结构还是领属结构?

——以英语"of"结构和汉语"的"字结构为视点

刘国辉

摘要:单从独立词素看,英语"of"介词和汉语"的"字的确没有多大语言学意义。但若把它们放在一定的语言结构中,其功用就不可忽视,因为从句法角度看它们可构成向心结构,从认知语义角度看,它们可建构领属结构关系。不过,从英汉语对比角度看,它们并非完全对等,特别是转喻功能方面差异较大,因而在互译时需仔细。

关键词:向心结构;领属结构;"of"结构;"的"字结构;转喻

0. 引言

表面上看,英语"of"结构和汉语"的"字结构没有多少语言学研究价值,只起一种语言符号之间的连接作用。然而正是这种"连接"功能需要认真对待,否则会出问题,殃及句法结构的一些处理,如名词化现象、语法隐喻和语篇结构等。也正因为如此,对英语

"of"结构和汉语"的"字结构，学界争议很多，如 Lees（1960）、
Chomsky（1970）和 Hudson（1984）等认为英语"of"结构中的"of"
没有什么意义可言。然而 Langacker（1999）等认知语言学家则认
为它有意义，且意义不可忽视。汉语"的"字结构也一直是现代汉
语语法研究的一个热点和难点（石毓智，2000），在传统汉语语法研
究中，关于"的"字的功能，有三类观点：一是作定语，如黎锦熙
（1924）、丁声树（1961）和 Ross（1983）等；一是作名词化标记，如朱
德熙（1961，1966）、陆志韦等（1957）和 Li & Thompson（1981）等；
三是将"的"字结构中的"的"当作名词性功能范畴，是名词性的句
法核心，其最大投射（FP）具有名词性（熊仲儒，2006）。不管如何
争辩，有几点是可以肯定的：一是"of"与"的"不能独立存在；二是
它们的前后必须有其他词类或短语存在，特别是名词性成分或动
词性成分；三是它们所连接的前后成分一定存在着某种语义关系，
特别是领属关系；四是结构上存在向心关系；五是修辞效果。为
此，笔者拟从五个方面再考察，以明晰这两个特殊结构：（ⅰ）"of"
结构与"的"结构概念；（ⅱ）向心结构考察；（ⅲ）领属结构考察；
（ⅳ）转喻问题；（ⅴ）英汉"of"结构与"的"结构比较。

1. "of"结构与"的"结构概念

1.1 英语"of"结构概念

英语"of"结构中的"of"一词在生成语言学传统中是没有意义
的元素，只不过是为了语法目的而运作的句法规则而已，如（Lees，
1960：65—70、104—105）（文中的→表示转换）：

[1] a. the machine's humming → the humming of the machine

　　 b. He's selling the car. → He's the seller of the car.

　　 c. He drew the picture rapidly. → his rapid drawing of the picture

Chomsky（1970：202、211）也提出了类似的看法，认为它是一种派生手段，如：

[2] a. John's picture → the picture of John's

　　 b. the picture of John → John's picture

Hudson(1984：136、143、147)同样谈到，"of"是一个"没有任何特殊语义"的"空词"（empty word）。然而，实际上并非如此，Quirk，et al.（1972：326—327）提到英语中用得非常广的介词"of"，主要作名词短语所有格的后置修饰，其用法体现了不同语义表征，如：

[3] a. the courage of the man → the man has courage

　　 b. the virtue of thrift → thrift is virtue

　　 c. a flock of sheep → sheep make up the flock

　　 d. a glass of water → the glass contains water

这些不同的语义表征具体来说大致有 11 种，如（章振邦，1997：1311—1313；*Macmillan English Dictionary for Advanced*

Learners, 2003: 979 - 980):

（ⅰ）所有关系,如 the engine of the car → The car has an engine.

（ⅱ）同位关系,如 the city of Shanghai → the city that is Shanghai

（ⅲ）部分－整体关系,如 some of the people, one of his last poems

（ⅳ）主谓关系,如 the arrival of the visitors → The visitors arrived.

（ⅴ）动宾关系,如 the loss of power → Somebody lost power.

（ⅵ）来源关系,如 a play of Shakespeare → a play written by Shakespeare

（ⅶ）原料关系,如 a dress of silk → a dress made of silk

（ⅷ）内容关系,如 a story of adventures → a story which tells of adventures

（ⅸ）素质关系,如 a matter of great importance → a very important matter

（ⅹ）时间关系,如 a period of ten years → a period that lasted ten years

（ⅺ）距离、方位和面积等关系,如 a distance of 50 kilometers

认知语法(Langacker, 1999: 74)则进一步强调"of"一词自身的意义,认为它突显了两个实体之间的关系意义,即一个成分(trajector,射体)为另一个成分(landmark,界标)的固有的、限制性组成部分,如:

[4] a. the { bottom /? label /? lid} of the jar

b. the { ? bottom/label/lid} on the jar

c. the { ? bottom/? label/lid } to the jar

在[4]例中,"of"的确体现一种固有的限制性组成关系,"on"体现两个实体之间的接触和支撑关系,而"to"则体现两个实体之间的分离关系。因而在[4a]中,"bottom"比其他两个实体更适合,在[4b]中,"label/lid"比"bottom"更适合,而在[4c]中,"lid"比其他两个更好些。再如(同上:75):

[5] a. the tip { of/ * in } my finger

b. the splinter { * of/in } my finger

在[5a]中,"tip"是"finger"的一个固有组成成分,而[5b]中"splinter"则是外在的,即便从空间角度看,整体也包括在内。

1.2 汉语"的"结构概念

汉语"的"字结构中的"的"字不是没有意义,而是意义太丰富多彩了。根据张念武(2006)的研究,它体现一定的语法和语义关系,按 XP 语类可分为四大类:

(ⅰ)DP+的+e/DP:a. 表领属:如"小张的铅笔";b. 表材料:如"不锈钢的";c. 表属性:如"创造性的成果";d. 表时间:如"昨天的"。

(ⅱ)AP+的+e/DP:a. 可转化成 e/DP+AP,如"新鲜的水果,美丽的姑娘";b. 不可转化成 e/DP+AP,如"快乐的时候,健康的问题"。

（ⅲ）e/DP 与 V 的施受关系：a. e/DP 是 V 的施事，如"睡觉的孩子"；b. e/DP 是 V 的受事，如"吃的食物"；c. e/DP 既不是 V 的施事，也不是 V 的受事，如"喝水的杯子，读书的地方"。

（ⅳ）IP＋的＋e/DP：a. e/DP 是 IP 中 V 的受事，如"他教的课，你干的好事"；b. e/DP 不是 IP 中 V 的受事，如"他喝水的杯子"。

再简化一点，就是（司富珍，2004）：

（ⅰ）NP＋的＋VP，如"这本书的出版"；

（ⅱ）NP$_1$＋的＋NP$_2$，如"木头的房子"；

（ⅲ）NP＋的＋AP，如"市场经济的繁荣"；

（ⅳ）NP＋的，如"学校的"；

（ⅴ）VP＋的，如"开车的"；

（ⅵ）AP＋的，如"红的"；

（ⅶ）Pron＋的，如"这是他的"；

（ⅷ）S＋的，如"那是我们昨天做的"；

（ⅸ）T＋的，如"去年的"；

（ⅹ）P＋的，如"重庆的"。

以上几类结构统称为 DeP，其中心语都是"的"，（ⅳ）至（ⅹ）可以看作一种省略，因此整个短语构式可表征为：

[6]
```
              Dep
            ╱     ╲
          YP       De'
    （这本书）    ╱    ╲
              De      ZP
            （的）   （出版）
```

但朱德熙(1966)认为,在很多情况下用省略来解释显得十分牵强,甚至讲不通,如"至少他手中有条麻绳,不完全是空的。"这句话的"的"后很难补出什么。吕叔湘(1980:133)进而指出,以下二种特殊情况中的"的"字不能用:

(ⅰ)意义已经专门化,如"数学教员、工业城市、绝对真理"。

(ⅱ)修饰语和中心名词经常组合的,如"历史经验、幸福家庭、驾驶技术"。

这说明"的"的功用在于确立一个认知域成员,已经专门化的或经常组合的偏正结构,它们所代表的成员地位已确立,无需或不一定需要"的"来确立。然而不经常组合的,其成员地位不稳定,需要"的"来确立,如"血的教训、科学的春天"。另外,"的"字结构前后究竟是一种什么语义或语法关系? 古川裕(1989)将其分为了两大类:

S类偏正词组:VP 的 s+n　　T类偏正词组:VP 的 t+N。

[7]　开大卡车的技术　[7']开大卡车的司机

[8]　弹钢琴的声音　[8']弹钢琴的女孩子

[9]　先有鸡还是先有鸡蛋的问题
　　[9']永远不能解决的问题

在 S 类词组里的 VP 和 n 不能直接搭配,它们之间没有潜在的格或及物关系,是一种内容(思考、言论、感知、属性、情况、抽象和时间等)补充关系,而在 T 类词组里的 VP 与 N 之间是一种及物关系。具体来说:

[10] 开大卡车的技术　　　　开大卡车的司机

主题-内容关系

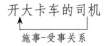
施事-受事关系

从以上考察可知，英语"of"结构中的"of"一词与汉语"的"字结构中的"的"字不是没有意义，而是语义丰富多彩。

2. 向心结构考察

根据 Bloomfield 的观点，在具有 AB 两个直接成分的结构体中，如果直接成分 A(或 B)与结构体 AB 的语法功能相同，那么这个结构体就是向心结构，A 或 B 就是这个向心结构中的核心。如"poor John，very fresh milk"就是两个向心结构，其核心成分分别是"John"和"milk"(布龙菲尔德，1980)。国内自 1981 年以来，有不少学者对此进行过研究，如朱德熙(1984)、陆丙甫(1985)、施关淦(1988)、金立鑫(1987，1988)、项梦冰(1991)和程工(1999)等。不过，对于"向心结构"目前仍存在不少争议，主要有六种看法：

（ⅰ）据 Fukui(2000)研究，X′理论的产生存在两大基本动因，其中之一就是"可能的短语结构规则"。即当没有 X 时，XP 就不能成为 X 的短语，XP 是由核心成分 X 建构的，具有"向心"(endocentric)特征。否则，违反向心原则，不会有"可能的短语结构规则"。

（ⅱ）NP＋of＋NP 结构中前面的名词性成分是中心语，后面是修饰语，体现一种内容诠释关系、包涵关系或整体-部分关系，如(Hunston，2006：155－156)：

［11］ the absurdity of letting Rottweilers and the rest roam

the advantage of ensuring that there is

the agony of developing and becoming aware of

the challenge of helping one another

the comfort of sorting out your finances from

the crime of speaking with an English accent

the threat of losing no-claims discounts

the thrill of being on your own two feet

the shame of selling out and being commercial

（ⅲ）"of"结构表达一种修饰与被修饰关系，中心词不是第一个名词，而是第二个名词，如(章振邦，1997：1351—1352)：

［12］ a hell of a factory＝a hell-like factory
（地狱般的工厂）

［13］ a matchbox of a room＝a room as small as a matchbox （斗室一间）

［14］ a fool of a policeman＝a policeman who looks like a fool （傻瓜似的警察）

［15］ a phantom of a king＝a phantom-like king
（有名无实的国王）

（iv）有人不把"NP＋的＋VP"结构看作"的"字结构，而是偏正结构，中心语是 VP，但整个结构是名词性的，因为它只出现在句子主宾位置上（徐阳春，2005）。

（v）熊仲儒（2005）提出了以"的"为核心的 DP 结构，它使整个短语具有名词性。即便不是完全的名词，"N 的 V"中的 V 谓词性减弱了，名词性增强了（张伯江，1993）。

（vi）金立鑫（1992）则认为所有的句法结构在组合关系上都是向心结构，都是核心的投射形式，核心在组织结构上起着决定性作用，如：

[16] <u>外文系的一名教授</u>　　<u>已经</u>　　<u>写</u>　　<u>完了</u>
　　　　　　　a　　　　　　　b　　　c　　　d

<u>十本学术著作</u>
　　e

其中 c 为核心成分，其他成分都是它的直接成分，如果去掉这个核心，整个结构就会立即散架。

综上所述，以"NP＋的＋NP/VP"结构为例，一个以"NP, VP"中的"N, V"为中心，一个以该结构中的 NP 为中心，一个以"的"为中心，一个以 NP/VP 为中心，一个以句子谓语动词为中心。所有这些解读都有其合理成分，但在此笔者主要关注名词性短语中的向心结构表征，也就是由"of"和"的"表征的名词性短语结构。根据 Langacker（1999：86）研究，句法结构层面的名词化现象就是利用"of"典型语义特征进行表征的，如图 1、图 2 所示：

以"the breaking of the glass"为例，看名词化状态在句子中的表征过程（同上：88）：

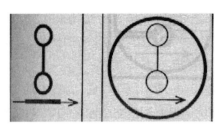

a. 事件过程　b. 物化状态（名词化）

图 1：名词化转换前后状态

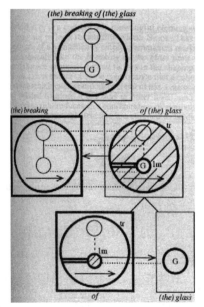

图 2：the breaking of the glass

3. 领属结构考察

　　"of"结构与"的"字结构不仅仅体现一种向心关系,还体现一种认知领属关系。一般来说,向心结构存在一定的领属性,而领属结构也有一定的向心关系存在,它们之间有一些交叉或重叠部分。

但"领"与"属"之间存在不同的结构和语义关系，"领"与"属"有时分开，如(沈阳,1995)(前面为"领"、后面为"属")：

> [17] a. 桔子他剥了皮　b. 这篇文章我写了开头
> c. 这衣服你还没钉扣子呢　d. 那些参考书我看过一部分

只有"领"而没有"属"，如(括号内的"属"省略了)(同上)：

> [18] a. 树叶(的颜色)黄了　b. 他(的脾气)太倔
> c. 小提琴(的声音)很好听　d. 那个师傅(的肩上)挑着一副担子

"领"与"属"两个NP成分的语义关系也不尽相同，如(同上)：

> [19] a. 墙上的画/房间里的摆设/二楼的老王　(范围领属)
>
> b. 图书馆的书/老李的自行车/岳父的存款　(领有领属)
>
> c. 他的眼睛/一个人的头脑/工厂的围墙　(附属领属)
>
> d. 书的封面/自行车链条/衣服领子/桔子皮 (整体部分领属)
>
> e. 罗卜丝/大米粥/苹果酱　(结果领属)
>
> f. 树叶的颜色/菜的味道/他的性格　(本体属性领属)

不管上面这些"领属"关系如何变化,有一点是基本的,永远不变,那就是"领"(界标,landmark)和"属"(射体,trajector)的相互配合、相互依存、相互影响的关系始终存在,因为它们是一个有机"整体"组构,如图 3 所示(Langacker,1999:180)。同时需注意的是并非所有领属结构都具有同等的使用机会,存在一个"优先权"问题。Hawkins(1981)认为领属关系的实质是以人为中心,以生命为主导,非生命为附属的构建模式。因此,英语中"'s 结构"和"of结构"两种领属关系始终处于竞争状态,Biber,et al.(2000:299—308)的《朗文语料库》就对这种优先权进行了考察,认为:

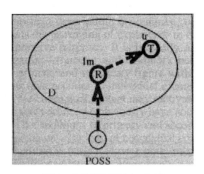

图3:领属关系认知表征

（ⅰ）语域方面:在所有语域中(在此指新闻、小说、学术文章、会话),"of 结构"超越了"'s 结构";会话中"'s 结构"和"of 结构"使用频率最低;新闻中"'s 结构"使用频率最多;而学术文章的"of 结构"使用频率最高。就名词性领属结构的使用密度而言,可这样排列:新闻＞小说＞学术文章＞会话。

（ⅱ）语义方面:"'s 结构"多与领属、性质、来源、主观性、时间、量度和分类语义功能相联;而"of 结构"则多与部分-整体、界定、客观、量化、类别意义相联。

（ⅲ）信息方面："'s 结构"倾向于表达旧信息，而"of 结构"倾向于新信息，如：

[20] The renowned Aberdeen ballad singer, Lizzie Higgins, died on Saturday in her native city at the age of 63. Lizzie was [the daughter *of a very famous mother, the late Jeannie Robertson, who after her "discovery" in* 1953 *was acclaimed internationally as the outstanding ballad-singer of modern times*]. [Lizzie's *father*] was the prize-winning piper Donald Higgins.

4. 转喻问题

名词与动词的词性区分就在于指称与陈述之区分，然而词性又存在两个不同层面的区分：一是词汇层面的词性，是词语固有的；二是句法层面的词性，在使用中产生，具有动态性，由句位确定。两个不同层面的词性在汉语中往往出现不一致的现象，主要是由于汉语缺乏形态标记而致。朱德熙（1983）指出陈述和指称可以转化，"当我们在 VP 后头加上'的'的时候，原来表示陈述的 VP 就可转化为表指称的'VP 的'了"。转化也分词汇转化和句法转化，前者通过构词手段来使表述功能转化，如带标记的，"看→看头，劳动→劳动者，笑→笑话"；零标记，如"领导、管理、科研"。而句法转化则主要通过句法手段来改变表述功能，也分带标记和零标记。带标记，如"难→难的、吃→吃的"，零标记如"出版→书的出版"。当然这种转化是有关联性（correlation）的，Croft（1991）从类

型学的角度出发,将词类、语义和语用功能之关联性列举如下(←→表关联性):

词类		语义类		语用功能
名词	←→	事物	←→	指称
动词	←→	动作	←→	陈述
形容词	←→	性质	←→	修饰

动词、形容词等可以构成"的"字结构,转指物质空间概念,这就是我们常说的"名词化"或"名物化"。由于名词性成分具有较高的离散性特征,因而只有离散性强的动词才能自由构成"的"字结构,转指物质空间概念。裘荣棠(1999)指出下列几类动词不能直接构成"的"字结构,指代事物(文中的 * 表示其可接受性存在问题):

(ⅰ)关系动词:如 * "是的、* 姓的、* 当作的"等。

(ⅱ)心理动词:如 * "觉得的、* 认为的、* 懒得的"等。

(ⅲ)使役动词:如 * "使的、* 让的、* 命令的"等。

(ⅳ)重叠式:如 * "吃吃的、* 看看的、* 学学的"等。

以上这几类动词没有离散性或离散性很弱,受转指数量特征限制,因而不能构成"的"结构,指代事物。沈家煊(1999)也指出这种转指不是任意的,而是有限制的,如:

[21] a. 经理的(外套)→ * 经理的(身份) b. 小王的 (书包)→ * 小王的(爸爸)

c. 词典的(封皮)→ * 词典的(出版) d. 中国的 (河流)→ * 中国的(长江)

e. 托运的(行礼)→ * 托运的(手续) f. 到站的 (火车)→ * 到站的(时间)

语法上的转指本质上就是一种"转喻"(metonymy),其认知框架是心理学上的"格式塔完形"(gestalt),完形结构作为整体比它的组成部分在认知上简单,易识别、记忆和使用,这得到了很多心理学实验证明(Pomerantz et al,1977)。沈家煊(1999)为此提出了转喻的认知模型:A 转喻 B,A 和 B 必须在同一个"认知框架"内,同时 A 必须比 B 显著,A 能附带激活 B。一般情况下,用显著的东西来转喻不显著的东西,整体比部分显著,容器比内容显著,有生命的比无生命的显著,近的比远的显著,具体的比抽象的显著。

5. 英汉"of"结构与"的"结构比较

通过上面的考察,我们略知英语"of"结构与汉语"的"结构之间的共性应该比较多,但它们之间的差异同样存在。为了明晰,笔者表征为表1:

表1 英汉"of"结构与"的"结构比较

共性 特点	1. 从句法表层结构看,它们都可表向心关系; 2. 从认知语义角度看,它们都具有领属结构关系; 3. 从短语结构组合看,它们前后都可连接名词或名词性成分; 4. 从语法功能看,其中心语大多都具有名词性功能; 5. 从修饰角度看,中心语与其他成分之间是一种修饰与被修饰的关系; 6. 从短语结构组成成分之间的语义看,一般多为主题与具体内容、整体与部分之关系; 7. 从转换生成语言学角度看,其中心语不能任意提取; 8. 从语用语境角度看,多用于严谨的正式语境; 9. 从文体/语体角度看,多用于严肃的正式文体/语体; 10. 从系统功能语言学角度看,多用于语法隐喻。

(续　表)

个性差异	1. 从 NP 之间的结构看,英语"of"不能用于 NP 之后,汉语"的"则可以; 2. 从句法功能角度看,英语"of"不具名词性,汉语"的"则具有; 3. 从句法结构看,英语"of"后面的 NP 一般不能省略,而汉语"的"后面很多时候则可以; 4. 从转指、转喻角度看,英语"of"结构很难,汉语"的"字结构则比较容易; 5. 从 NP 之间的语义关系看,英语"of"结构没有汉语"的"字结构丰富多彩; 6. 汉语 XP 中的 X 可重复,起到一种很好的事物描述功能,如"老的老,小的小","看报的看报,读书的读书"。与此相反,英语中则没有这样的表达式。

正是由于上面这些异同点,我们在英汉互译时,就不能随便将英语"of"结构翻译为汉语"的"字结构,反之亦然。李白楼(1992)就提到,在翻译"of"时,需要注意其前后的各种关系,有的需要顺译,即 A of B 译为 A 的 B,有的则需要倒译,译为 B 的 A,不一定有"的"字,如:

[22]　a large amount of information(大量信息)

[23]　one of the effects of this organized and standardized investigation
(这种有组织的标准化研究成果之一)

而法律文书中"的"字结构往往省略了逻辑主语,在翻译为英语时多加上或寻找这个主语,译为"whoever, anyone who, no one who, where things"等,如(林克难、籍明文,2002):

[24]　具有下列条件之一的，可以参加执业医师资格考
　　　试。（Whoever）

[25]　有下列情形之一的，不予注册。（no one who）

6. 结语

通过本文的初步考察，我们对英语"of"结构和汉语"的"字结
构的语言表征、语法结构、功能和认知语义等方面有了一个比较清
晰的认知与了解，它们在这些方面的确既有共性，也有不少个性。
为此，在运用时不能随意将它们对等处理，相信该研究对于我们用
好这两个结构，会起到较好的指导作用。但如果能通过大型语料
库或双语语料库进一步量化处理这两种结构，肯定会找到更具说
服力的成果。

参考文献

1　布龙菲尔德，《语言论》[M]，北京：商务印书馆，1980。

2　程工，《语言共性论》[M]，上海：上海外语教育出版社，1999。

3　丁声树，《现代汉语语法讲话》[M]，北京：商务印书馆，1961。

4　古川裕，"的"字结构及其所能修饰的名词[J]，《语言教学与研究》，
　　1989(1)。

5　金立鑫，关于"向心结构"定义的讨论[J]，《语文导报》，1987(7)。

6　金立鑫，"向心结构"理论问题的再思考[J]，《语言学通讯》，1988(4)。

7　金立鑫，句法研究中的一个基础理论问题[J]，《汉语学习》，1992(5)。

8　李白楼，关于 of 结构的翻译[J]，《中国科技翻译》，1992(3)。

9　黎锦熙，《新著国文语法》[M]，北京：商务印书馆，1924。

10 林克难、籍明文,法律文书中"的"结构翻译探讨[J],《上海科技翻译》,2002(3)。

11 陆丙甫,关于语言结构内向、外向分类和核心的定义[A],载《语法研究和探索》(第三辑)[C],北京:北京大学出版社,1985。

12 陆志韦等,《汉语的构词法》[M],北京:科学出版社,1957。

13 吕叔湘,《现代汉语八百词》[M],北京:商务印书馆,1980。

14 裘荣棠,"动+的"短语的表意功能[J],《修辞学习》,1999(1)。

15 沈家煊,转指与转喻[J],《当代语言学》,1999(1)。

16 沈阳,领属范畴及领属性名词短语的句法作用[J],《北京大学学报(哲社版)》,1995(5)。

17 石毓智,论"的"的语法功能的同一性[J],《世界汉语教学》,2000(1)。

18 施关淦,现代汉语中的向心结构和离心结构[J],《中国语文》,1988(4)。

19 司富珍,中心语理论和汉语的 Dep[J],《当代语言学》,2004(1)。

20 项梦冰,论"这本书的出版"中"出版"的词性:对汉语动词、形容词"名物化"问题的再认识[J],《天津师范大学学报》,1991(4)。

21 熊仲儒,以"的"为核心的 DP 结构[J],《当代语言学》,2005(2)。

22 熊仲儒,生成语法学中的"的"字结构[J],《暨南大学华文学院学报》,2006(4)。

23 徐阳春,也谈""NP+的+VP"结构"[J],《南昌大学学报(社科版)》,2005(5)。

24 张伯江,"N 的 V"结构的构成[J],《中国语文》,1993(4)。

25 张念武,"的"字词组的句法分析[J],《外语学刊》,2006(2)。

26 章振邦,《新编英语语法》(第三版)[M],上海:上海外语教育出版社,1997。

27 朱德熙,说"的"[J],《中国语文》,1961(12)。

28 朱德熙,关于《说"的"》[J],《中国语文》,1966(1)。

29 朱德熙,自指和转指——汉语名词化标记"的、者、所、之"的语法功能和语义功能[J],《方言》,1984(1)。

30 朱德熙，关于向心结构的定义[J]，《中国语文》，1984(6)。

31 Biber，et al. *Longman Grammar of Spoken and Written English* [M]. Beijing：Foreign Language Teaching and Research Press，2000.

32 Chomsky，N. "Remarks on Nominalization" [A]. In R. Jacobs & P. Rosenbaum(eds.). *Readings in English Transformational Grammar* [C]. Waltham，MA：Ginn，1970.

33 Croft，W. *Syntactic Categories and Grammatical Relations： The Cognitive Organization of Information* [M]. Chicago and London：The University of Chicago Press，1991.

34 Fukui，N. Phrase structure[A]. In M. Baltin & C. Collins (eds.). *The Handbook of Contemporary Theory* [C]. Blackwell Publishers Ltd. ，2000.

35 Hawkins，R. Towards an account of the possessive constructions：NP's N and the N of NP [J]. *Journal of Linguistics*，1981 (17).

36 Hudson，R. A. *Word Grammar* [M]. Oxford：Basil Blackwell，1984.

37 Hunston，S. *Corpora in Applied Linguistics* [M].北京：世界图书出版公司，2006。

38 Langacker，R. W. *Grammar and Conceptualization* [M]. Berlin，New York：Mouton de Gruyter，1999.

39 Lees，R. A. *The Grammar of English Nominalizations* [M]. Bloomington：Indiana University Research Center in Anthropology，Folklore，and Linguistics，1960.

40 Li，C. N. & Thompson，S. A. *Mandarin Chinese：A Functional Reference Grammar* [M]. Berkeley and Los Angeles：University of California Press，1981.

41 *Macmillan English Dictionary for Advanced Learners* [Z]. Beijing：Foreign Language Teaching and Research Press，2003.

42 Pomerantz，J. P. et al. Perception of wholes and their component parts：

some configural superiority effects [J]. *Journal of Experimental Psychology: Human Perception and Performance*, 1977 (3).

43 Quirk, et al. *A Grammar of Contemporary English* [M]. London: Longman Group Limited, 1972.

44 Ross, C. On the functions of Mandarin de [J]. *Journal of Chinese Linguistics*, 1983 (2).

(本文提交于首届英汉对比与翻译研究学科建设高层论坛,载于《外语学刊》2009 年第 3 期)

英汉语概念化对比研究

牛保义

摘要：英汉语概念化对比包括英汉语注意概念化对比、英汉语判断概念化对比、英汉语视角概念化对比、英汉语格式塔概念化对比以及英汉语概念化动因的对比。本文认为，英汉语概念化对比是英汉语言对比研究的一条新的进路，能够对两种语言的一些语法结构形式语义概念化的异同做出合理的解释，能够揭示英汉两种语言概念化背后的认知规律和特征，具有重大的理论意义和实践意义。

关键词：概念化；英汉语对比；语法；语义

0. 引言

英汉语概念化（conceptualization）对比研究，是在认知语言学理论框架内，从概念视角（a conceptual approach），对比英汉语两种语言里不同层面的语法结构形式（如词、短语、句子、段落等）的语义概念化的内容、方式、动因等，旨在通过对比不同层面的语法结构形式语义建构的心智经验的殊相（不同的概念化方式）和共相

（相同的概念化方式），揭示英汉两种语言概念化背后的认知规律和特征。

首先来看两组例句：

[1] peace-loving people

[2] 热爱和平的人们

[1]和[2]同为"修饰语＋中心语"构成的名词短语，修饰语表示中心语所具有的品质；整个短语表示"具有'热爱和平'品质的人们"。按照认知语言学的思想，语义即概念化，概念化是一种认知加工活动，(Langacker，1987/1991a；Croft & Cruse，2004；Evans & Green，2006：157)我们发现[1]和[2]的语义概念化都是以修饰语所表示的动作-受事、动作-时地等语义关系为出发点(reference point)，以感知人或物的品质特征为目标(target)。(牛保义，2009)再来看一组例句：

[3] He lent me a book.

[4] 他借了我一本书。

[3]与[4]同属 SVOO 句型；都表示"书从某处传递到某处"。但是，[4]有两种语义解释，即可以理解为"他借给了我一本书"或"他从我这里借了一本书"；[3]只有一种语义解释，只可以理解为"他借给了我一本书"，要表示"他从我这里借了一本书"，应该说"He borrowed a book from me."。这里，英汉语相同的语义成分、

同一种句法结构形式为什么可以表示不同的语义内容呢？按照认知语言学的"概念化"假设，[3]与[4]语义表达的差异是因为英汉语有关物体传递动作行为的概念化过程有自己鲜明的个性。汉语把物体"从甲到乙的传递"和"从乙到甲的传递"看作同一种行为，概念化为一个动词；英语则设置不同的动词来表示方向相反的传递动作行为。（详见石毓智，2004）

　　像[1]和[2]的"从参照点到目标"和[3]与[4]的"物体从某处到某处的传递"这些心智经验，认知语法称之为"意象（image）"。Langacker（1991b：12）提出，语法从本质上讲是意象性的。当我们使用一个具体的构式（construction/grammatical construction）或语法词素时，实际上我们就是为了实现一定的交际目的选择了一个具体的意象来组织相关的情形。不同的语言有不同的语法结构形式，代表着语言运用者按照语言规约（linguistic convention）使用的意象也是不同的。（牛保义，2008：9）Langacker（1987/1991a）认为，英语说"I'm cold."，法语说的是"I have cold."，希伯来语说的是"It's cold to me."，这些表达形式虽然表达的是同一情形，但它们使用了不同的意象（image）来组织相同的概念内容，语义是有差异。Mircale & Yapita Moya（1981）发现，讲 Aymara 语的南美洲人以自我为中心（ego-based），将"在我之后"概念化为"将来"，将"在我之前"概念化为"过去"。而英语是将"在我的前面"概念化为"将来"，如"The future lies in front of us. /She has a bright future in front of her. "；将"在我的后面"概念化为"过去"，如"My childhood is behind me. / Once divorced，she was finally able to put an unhappy marriage behind me. "。Bowerman & Choi（2003：393 - 394）实验发现：英语本族人和朝鲜人对空间场景（spatial scene）的概念化方式是不同的。前者是根据图形

(figure)是位于平面之上或容器里面，如"put cup on table/put hat on/put top on pen"以及"put apple in bowl/put book in bag/put video cassette in case"等；后者考虑的，一方面是场景的部分或区域，另一方面是接触的方式是紧贴还是松散的。

　　文献表明：不同语言里不同的语法结构形式表达的语义是有差异的，因为语言运用者对相关情形概念化的方式有一些不同。基于此，本文以认知语言学理论为指导，重点对比分析英语和汉语不同层面的语法结构形式的语义概念化的内容、方式、动因等，对这些语法结构形式语义上的差异做出解释，揭示英汉两种语言概念化背后的普遍规律和特征，为英汉语对比研究提供一种新的进路。

　　本文除引言外，包括什么是概念化、英汉语概念化方式的对比、英汉语概念化动因的对比和英汉语概念化对比研究的意义。

1. 概念化与英汉语概念化对比

1.1　什么是概念化？

　　认知语言学有一个基本假设：意义即概念化。意义不是指概念（concepts），而是指概念化。（Langacker，2008：30）这样的概念化被定义为一种复杂的、动态的认知加工活动。（Langacker，1987/1991a：138）这里有三点需要我们注意。首先，概念化是一种语言使用过程中的心智活动或识解操作（construal operations）。因此，语言的意义不是一组真值条件，不是约定俗成的；而是存在于语言运用者个人的概念化活动里，是在每次使用中协商出来的（is negotiated）。其次，概念化是复杂的。概念化并非是单一的认知加工方式,而是包括语言内部和语言外部多个认知域、多个维度、多层次的组织活动。(Langacker,1999:362)第三,概念化从本质上讲是动态的。概念化活动不是静止的,是从一个概念化转换(transformation)到另一个概念化的心智经验,(Langacker,1987:138)因为概念化是在认知加工处理过程中呈现出来(unfold)的。

按照以上定义,语言的意义不是一组真值条件,而是一种认知加工活动。一个语法结构形式表达的意义不是约定俗成的,而是语言运用者通过一系列认知加工活动概念化出来的。Croft and Cruse(2004:40)发现,概念化存在于语法表达形式的各个层面,从词汇以及词性的选择到语素的曲折变化形式和派生形式等。我们每说出一句话,都会不知不觉地对我们意欲表达的经验的各个方面进行认知处理和加工。因此,语言的概念化研究能够对不同层面的语法结构形式的意义建构的认知基础做出比较深入的探讨。

1.2 概念化的内容

概念化是一种心智活动。语言的概念化研究就是对一些语言现象相关的心智经验或活动的研究。比如,认知语法对动词 go 和过去分词 gone 的意象性的研究(Langacker,1999);认知语义学对自然语言中空间关系的图形-背景的研究(Talmy,1985,2001),等等。Langacker(1999:361;2008:30)认为,一个语言表达式语义的概念化涵盖宽泛,包括心智经验的各个方面(any facet of mental experience):如 1)新的或现有的(established)概念(conceptions);2)感觉、运动或情感经验;3)对现实的、语言的、社会的和文化的环境(context)的理解;4)认知加工过程中发展起来的或涌现出来的概念。Talmy(2001)将结构图式化、视角、注意和力传递(force dynamic)都看作是概念化的范围。总括 Langacker、Talmy 和其他认知语言学家的观点,Croft & Cruse(2004:46)提出,概念化包括注意、判断(judgment)、视角(perspective)、格式塔(gestalt)四个方面的内容。其中,注意包括选择、辖域(如述谓范围、搜索域和可及性)、量度矫正(scalar adjustment)、动态性等。判断包括范畴化、隐喻、图形-背景等。视角包括观点(viewpoint)、指示(deixis)、主/客观性。格式塔包括结构图式化(structural schematization)、力传递和关系性(relationality)。

根据 Croft & Cruse(2004)对概念化内容的划分,我们尝试将语言的概念化分为注意概念化、判断概念化、视角概念化和格式塔概念化。

1.3　概念化的动因(motivation)

语言的概念化并非是任意的,往往是有其动因的。比如,我们常常是以较大的、不易移动的物体(比如"教室")作为背景、较小的、容易移动的物体(比如"自行车")作为图形来概念化某一事物(比如"自行车")的方位,可以说"自行车在教室旁边"。但是,如果被问及"哪个教室呀?",听者可以指着前面的那辆自行车说"自行车旁边的哪个教室。"很显然,听者是以较小的、容易移动的物体"自行车"为背景、以较大的、不易移动的物体"教室"为图形来概念化教室的方位。前者是为了表明"自行车"的方位;后者是为了表明"教室"的方位。说话人选取不同的事物为背景和图形是为了满足交际目的的需要,即向听者表明"自行车"或"教室"的方位。说话人的交际目的是概念化的动因。

除了交际目的外,概念化的动因还可能是文化背景知识。比如,汉语里常常将一个贪吃的人说成"猪八戒",即用"猪八戒"来概念化一个贪吃的人。这是因为在中国文化里"猪八戒"是既懒惰，又吃得多，又愚昧无知。这里说话人的文化背景知识是概念化的动因。

因此，我们认为，语言的概念化的动因的对比分析，能够对英语和汉语里一些语言现象的概念化方式的殊相和共相做出合理的解释。

1.3 英汉语概念化对比

英汉语言概念化的对比，就是在共时平面从认知视角对比分析英语语言运用者和汉语语言运用者在使用一些语法结构形式过程中的心智经验或活动。比如，汉语说上半年/月、下半年/月、上/下午等；英语说 the first/second half of the year/month，以 noon 为界，将 noon 前面的一段时间说成 morning，noon 后面的一段时间说成 afternoon 等。汉语和英语都是在空间域内概念化时间的，概念化的内容（the object of conceptualization）相同。不同的是，汉语语言运用者是从垂直轴上来概念化时间的；英语语言运用者是从水平轴上来概念化时间的。这样的心智活动是英汉语概念化对比研究主要关注的内容，其焦点是两种语言运用者进行心智操作或概念化的方式和动因。如上面提到的汉语上/下半年等，是自上而下的垂直概念化；英语 the first/second half of the year 等是自左向右的水平概念化。从这些表达形式的不同的概念化方式，我们可以概括和抽象出英汉语言背后的语言运用者的认知规律和特征，即英语语言运用者倾向于自左向右沿水平方向加工处理一些时间概念，汉语语言运用者倾向于自上而下沿垂直方向加工处理一些时间概念。

以上是英汉语概念化对比研究的内容和目的。此外，我们认为一项英汉语概念化对比研究的具体操作应当包括：英语和汉语里一个(些)语法结构形式的 1)句法结构对比分析；2)语义结构对比分析；3)语义概念化对比分析；4)句法与语义对应关系的解释；5)认知规律和特征的概括和抽象。

2. 英汉语概念化的方式的对比

在 1.2 里，我们根据 Croft & Cruse(2004)对概念化内容的划分，将概念化分为注意概念化、判断概念化、视角概念化和格式塔概念化四种。这四种概念化实际上就是四种不同的概念化方式，每一种概念化方式又包括若干种次方式。下面我们举例说明这四种概念化方式的对比研究。

2.1 英汉语注意-概念化对比

"注意"是一种认知心理现象。一方面是指人们的认知能力，比如，我们说"三角形"一般是将注意力集中在"角"上，说"等腰三角形"时注意的是左右两条边的长度。另一方面是指感知对象能够引起人们注意的自然属性，比如，"三角形"的三个角和三条边，"等腰三角形"的两个长度相等的边，这些图形的自然属性常常会引起人们的注意。按照"注意"的这一认知心理特征，注意概念化作为一种语言的概念化方式，也应当考虑语言运用者施事"注意"的认知能力和语言相关的事态能够引起人们注意的自然属性。前者是指语言运用者选择注意的对象，调整注意的重心等；后者是指与语言相关的人、事物、事态的显著的属性和特征，因为从认知上讲，人、事物、事态的显著度高的属性和特征容易被激活，容易引起人们的注意，容易被认知加工和处理，也就是容易被概念化。(Langacker，1987/1991a)

注意概念化方式包括凸显、搜索域、可及性、图式化、抽象化、虚拟运动和序列/总体扫描等次方式。限于篇幅，我们仅以"凸显"概念化为例来对比英汉语注意概念化。

2.1.1　英汉语凸显概念化对比

凸显（profile）是指："一个语义结构所标示的实体（entity）[①]；是基础（base）里的一个次结构（substructure）；可以作为客观场景中的焦点（focal point）；具有很高的显著度（degree of prominence）。"（Langacker，1987/1991a：491）比如，"半径"一词的语义结构标示（designate）"一个圆里从圆心到圆周上任意一点的线段"。这一实体就是"半径"一词的语义凸显；是"圆"这一基础里的一个次结构；是"圆"这一场景中的焦点，具有很高的显著度。这样凸显出来的实体，显著度高，容易引起人们的注意，也就容易被概念化。因此，凸显概念化就是通过凸显来实现一个语言表达式的语义概念化。不同语言里语义对应的表达式，由于凸显概念化的不同，所表达的意义也会表现出一些差异。下面我们来对比英语 steal 和 rob（参见 Goldberg，1995：45–48）与其对应的汉语"偷"和"抢"（参看沈家煊，2000）的凸显概念化：

　　［5］　a. Tom stole 50 dollars from Mary.

　　　　　b. 张三从李四那儿偷了 50 块钱。

　　［6］　a. Tom robbed Mary of 50 dollars.

---

① 认知语法里的 entity 一词是指任何在分析过程中可以考虑的事物、关系、感觉或刻度上的点等。实体不必是离散的，不一定具有个体区分性，也不一定必须是认知上凸显的内容。

b. 张三抢了李四 50 块钱。

[7]　a.　＊Jesse stole the rich.

　　b.　＊张三偷了李四。

[8]　a.　＊Jesse robbed a million dollars.

　　b.　张三抢了 50 块钱。

英语 steal 和 rob 与汉语"偷"和"抢"意义相近，造句时都可以跟三个名词性成分相联系。英语 steal 与汉语"偷"出现的句式里被偷的东西是直接宾语，遭偷的人是用介词引出的间接宾语，如[5a－b]所示。英语 rob 和汉语"抢"出现的句式则相反，如[6a－b]所示，遭抢的人是近宾语，被抢物是远宾语。如果把两个格式反过来，英语 steal 和汉语"偷"出现的句式里遭偷的人都不能作直接宾语，如[7a－b]。英语 rob 出现的句式里被抢物不可以作直接宾语，如[8a]所示；但是，汉语"抢"出现的句式里被抢物可以作直接宾语，如[8b]。

以上对比发现，汉语遭偷的人只可以作间接宾语，遭抢的人既可以作直接宾语又可以作间接宾语；被偷和被抢的物也是既可以作直接宾语又可以作间接宾语。而英语是有限制的，动词 steal 出现的句式里的直接宾语只能是被偷物；rob 出现的句式里的直接宾语只能是遭抢人。

从语义结构来看，steal 和"偷"以及 rob 和"抢"虽然都有一个施事、一个受事、一个夺事三个语义角色，其语义结构都可以描写为"[施事＋夺事＋受事]"。但是这些语义角色的凸显情形有差别：一般情形下，steal 和"偷"凸显的是偷窃者和失窃物，遭偷者相

对是非凸显角色,其语义结构为"[施事+夺事+受事]";而 rob 和
"抢"凸显的则是抢劫者和遭抢者,抢劫物相对是非凸显角色,其语
义结构为"[施事+夺事+受事]"。(Goldberg,1995;沈家煊,2000)
这就是说,steal 和"偷"的语义概念化凸显的是偷窃者和失窃物;rob
和"抢"的语义概念化凸显的是抢劫者和遭抢者。这一语义概念化
凸显投射到句法层面,动词凸显的语义角色常实现为句子的直接宾
语;非凸显的语义角色常实现为句子的间接宾语,如[5]和[6]所示。

因为 steal 和"偷"以及 rob 和"抢"的语义概念化凸显基本相
同,所以[5]和[6]里英语和汉语句子都是可以接受的。那么,同一
组动词,为什么[7]和[8]里英语和汉语的句子是不对称的呢?①
我们认为,英语 steal 和汉语"偷"与英语 rob 和汉语"抢"的语义凸
显都是"拿取别人东西(take something from others)"。二者的差
异主要在于:steal 和"偷"凸显的是夺事或被偷者的不在场、不知
道、不注意;rob 和"抢"凸显的是夺事或被抢者的在场。比如,语
言中可以说"X 偷/抢了 Y 5000 元钱",但是,

[9]　a. Y 不在家,X 偷了 Y 5000 元钱。

　　　b. ？Y 不在家,X 抢了 Y 5000 元钱。

[10]　a. X 偷了 Y 5000 元钱。？Y 伤着了没有?

　　　b. X 抢了 Y 5000 元钱。Y 伤着了没有?

正如日常生活经验所说的,"趁人不知时拿人东西"为"偷";

---

①　以往的研究将这种不对称现象视为"扭曲关系"。我们发现,这里还是有理据性可
　　言的。

"从人手中夺或硬拿"为"抢"。对 steal 和"偷"而言,不在场的夺事不可以用作直接宾语,所以[7a-b]都是不可接收的;但可以被遮蔽(shaded),(Goldberg,1995)所以[5a-b]是可以接收的。对 rob 和"抢"而言,在场的夺事被凸显,可以用作直接宾语,所以[6a-b]是可以接收的;在场的夺事不可以被剔除(cut),(Goldberg,1995)所以[8a]是不可接收的,至于汉语[8b],沈家煊(2000)解释为"扭曲",但并没有说明"扭曲"的动因是什么。

2.2 英汉语判断概念化对比

"判断(judgment)"是一个基本的哲学概念,可以看作是一种"比较(comparison)",一种认知心理学所说的包括"比较的参照(about which something is affirmed)"和"比较的事物(that which is affirmed of it)"两实体之间的比较。比如,"桌子"一词的语义概念化就是在比较"家具"和"某一物品"这两个实体的基础上所做出的一个判断。这里"桌子"的判断概念化实际上是一种范畴化,就是将桌子这一物品概念化为"家具"的一个次范畴。他如,"An argument is war."这句话的语义概念化就是在比较 war(战争)和 argument(辩论)这两个实体的基础上所做出的一个判断。这样的判断概念化显然是一种比喻,将 argument 比作 war。再如,"书在桌子上"这句话的语义概念化是在比较"桌子"和"书"这两个实体空间关系的基础上所做出的一个判断。这样的判断是一种图形-背景(figure-ground)概念化,将"桌子"概念化为背景、"书"概念化为图形。

以上三个例子表明:判断概念化这一方式包括范畴化、比喻和图形-背景概念化三种次方式。囿于篇幅,我们这里仅以英语和汉语的存在句的图形-背景概念化为例对比英汉语判断概念化。

> [11]　a. There is a book on the desk.
>
> 　　　b. 桌子上有本书。

　　[11a]和[11b]是英语和汉语存在句的常见格式。表示"存在",英语常用 There be 一句型;汉语常用"有字句"。英语一般是存在物在前,存在地点或时间在后;而汉语是先说存在地点或时间,后说存在物。从语义上讲,英汉语存在句的语义概念化都是以存在物为"图形",存在地点或时间为"背景",都是在存在物和存在地点或时间两实体空间关系基础上所做出的判断。其差异在于,英语存在句的语义概念化是从图形到背景(Chen Rong,2003);汉语存在句的语义概念化是从背景到图形。(王建军,2003)但是,像[9a]和[9b]这样的英语和汉语存在句又都可以做这样的转换:

> [12]　a. There is a book(图形)on the desk(背景). →On
>
> 　　　the desk(背景)(there) is 　　 a book(图形).
>
> 　　　b. (在)桌子上(背景)有一本书(图形)。→(有)
>
> 　　　一本书(图形)在桌子　　 上(背景)。

　　这就是说,英语存在句的语义概念化也可以是从背景到图形;汉语存在句的语义概念化也可以是从图形到背景。并且,有人做过调查,英语 There is a book on the desk. 和 On the desk (there) is a book. 两种句式的使用频率没有明显差别。(沈家煊,1996)汉语存在句,王建军(2003: 105、143)认为是先有像"有一本书在桌

341

子上"这样的表示地点或时间的短语置于句尾的存在句①,而像"桌子上有一本书"这样的表示地点或时间的短语置于句首的存在句是后来才有的。

比较可见,英汉语存在句的语义概念化都是以存在物为"图形",存在地点或时间为"背景";都可以采用从图形到背景或从背景到图形的概念化方式。② 这一比较说明:英汉语对存在物和存在地点或时间两实体空间关系的概念化既可以从图形到背景又可以从背景到图形。这一概念化特征就像我们生活中要在学校大礼堂前留影一样,既可以先将照相机对准人再逐渐拉开展现大礼堂作为背景,即从图形到背景;又可以先展现大礼堂,然后聚焦于人,即从背景到图形。

2.3 英汉语视角概念化对比

视角(perspective)是指观察事物的方式,包括观察者的位置和选取的参照点(reference point)、指示(deixis)和主观性等。比如,要概念化"风筝在房顶上空飞"这一场景,以房子为参照点观察到的是"风筝在房子上方",以风筝为参照点观察到的是"房子在风筝下面",这就是不同参照点或者说是不同取向(orientation)的视角概念化。有时还有以说话人的位置作为默认的参照点,使用动词"来"概念化朝目标的移动,使用动词"去"概念化离开源点的移动。这些属于指示视角概念化。还有,像英语"You are going to

---

① 例如,有女怀春、有鳏在下、有朋自远方来、有鲋鱼焉、有为神农之言者许行,等。
② 大部分学者认为,英语存在句的语义概念化倾向于从图形到背景;汉语存在句的语义概念化倾向于从背景到图形。(沈家煊,1996;Chen Rong,2003)基于在语料观察的基础上,我们尝试承认两种概念化方式在英汉语中并存;将语言运用中不同概念化方式的选择分析为语用因素驱动使然。

the library，because you wouldn't be taking your pack of books
to the movies."（Sweetser，2002：85）这里，言者是把自己所知
"you wouldn't be taking your pack of books to the movies（我知
道你不可能是带着书到电影院去）"作为做出结论"you are going
to the library（我断言你是到图书馆去）"的原因。这就是主观化
视角概念化，说话人的主观认识和断言已成为概念化的内容。
以上三种都是视角概念化。下面我们来说明英汉语视角概念化
的对比：

> [13]　a. the publication of the book/ the students of
> Class Two/the man in the cage/ the meeting
> on Monday/the criticism by the boss
> 　　　b. 这本书的出版/二班的学生/笼子里的人/星期
> 一的会议/老板的批评

[13]是英语和汉语里比较常见的偏正结构。英语常常是中心
语在前，修饰成分在后；而汉语刚好相反，先说修饰语再说中心语。
从视角概念化来讲，这样的偏正结构都是采用"参照点-目标"视角
概念化方式，即以"偏"成分为参照点，以"正"成分为目标。不同的
是，[13a]这些英语偏正结构的概念化方式是从目标到参照点；
[13b]这些对应的汉语偏正结构的概念化方式是从参照点到目标。
以 the publication of the book 和"这本书的出版"为例，英汉语都
是以"这本书"来限定修饰"出版"的，二者语义上的差异就在于概
念化的方式不同。the publication（目标）of the book（参照点）的
语义概念化是从目标到参照点；"这本书的（参照点）出版（目标）"

的语义概念化是从参照点到目标。[①] 进一步对比,我们可以发现,[13a]这样的英语偏正结构大都可以转换为 the book's publication/Class Two's students/＊cage's man/Monday's meeting/the boss' criticism;而[13b]对应的汉语偏正结构一般则不能这样转换,因为汉语里偏正结构总是先"偏"后"正",不能反过来。这样的话,英语偏正结构的语义概念化也可以是从参照点到目标。

通过对比,我们可以初步认为,英语"the publication of the book"这类偏正结构的语义概念化常常是从目标到参照点,但也可以是从参照点到目标;汉语"这本书的出版"这样的偏正结构的语义概念化常常是从参照点到目标,反之则不亦然。这一比较说明:一种语言里的偏正结构的语义概念化如果常常是从目标到参照点,也可以转换为从参照点到目标;一种语言里的偏正结构如果常常是从参照点到目标,则不宜转换为从目标到参照点。

2.4　英汉格式塔概念化对比

格式塔概念化是指对一个场景的实体结构的概念化,所以又叫作组成(constitution)概念化。这样的概念化是把场景的实体的组成看成是一个整体,一个完整的格式塔。比如,a student 概念化的是一个有时空边界的个体;复数名词 students 的概念化是将这些实体看作是共享某一特征的(即有边界的)整体。这种格式塔概念化主要关注的是实体的有界性(boundedness)。另一种是力

---

① "参照点"和"目标"是两个概念实体。前者一般是比较具体的、整体性的、稳定的概念实体;后者一般是比较抽象的、部分性的、容易移动的概念实体。(Langacker, 1999)

传递格式塔概念化。例如，"I kicked/held/dropped the ball."里，这些句子里施力者所施与的力对受力者的影响是不一样的。"I kicked the ball."概念化的是 I 施力于（将要停止移动的）the ball，使之移动；"I held the ball."的语义概念化为，I 施力于（继续移动的）the ball，使之处于静止状态；"I dropped the ball"的语义概念化是 I 施力于（继续移动的）the ball，使之能够下向移动。还有一种是关系性格式塔概念化，关系性将概念实体区分为关系性实体（如形容词和动词）与非关系性实体（如名词）。比如，汉语形容词 round 的语义概念化是一个关系性实体，涉及一个区域（region），凸显区域的内在联系（interconnection）；名词 roundness 的语义概念化是一个非关系性实体，涉及的是形状（shape），不是区域。显然，不管关系性还是非关系性实体概念都是一个完整的格式塔。

下面我们以汉语兼语式与英语 SVOC 句型的力传递关系为例，说明英汉语格式塔概念化的对比。

[14] a. 他请我来.

b. He asked me to come.

[14a]汉语研究称之为"兼语式"；其对应的[14b]英语语法分析为"主语＋谓语动词＋宾语＋宾补"（SVOC）句型。在句法上，[14a]的"我"和[14b]的 me 都是兼作"请/asked"的宾语和"来/come"的主语。在语义上，两句的语义概念化表现为：主语他/He 都是施力者，宾语我/me 都是受力者，施力者通过实施请/ask 的动作施力于受力者，力的影响为受力者实施了来/come 的动作。这里，从施力者施力于受力者到受力者实施某一动作是一个完整的格式塔。因此，我们可以说，汉语兼语式和英语 SVOC 句型的

语义概念化,大多数情况下都是主语施力于宾语,致使宾语实施某一动作或使之处于某一状态。但是,汉语兼语式和对应的英语 SVOC 句型并非都是如此规整,像"原谅他小/嫌他不会说话"这样的汉语兼语式没有对应的 SVOC 句型,而且其语义概念化与[14a]也存在着较大差异。因此,这些都是值得深入进行对比研究的。

3. 英汉语概念化的动因的对比

通过一些语言表达形式的语义概念化方式的对比,不难发现两种语言里一些语言表达形式语义建构的心智经验的殊相和共相。接下来我们探讨诱发这些概念化的动因的对比,对这些概念化的特征做出合理的解释。概念化的动因主要从两个方面考虑:一方面是内部的语言的规约性;另一方面是外部的语用因素,如交际目的或意图等。

3.1 语言规约动因

英汉语凸显概念化的对比(2.1)发现,英语 rob 和"抢"的语义概念化凸显的是抢劫者和遭抢者;rob 和"抢"凸显的是夺事或被抢者的在场。但是,如[8a-b]所示,英语不可以说"Jesse robbed a million dollars."汉语则可以说"张三抢了 50 块钱"。前者的"不可以说"是因为动词 rob 的夺事是凸显成分,必须明示,不能够被剔除。但是,到了汉语里,这种被剔除的成分又是可以接受的。怎样解释汉语这种"扭曲"呢? 按照认知语言学概念化理论,汉语的这一"扭曲"可以解释为是由语言的规约性用法(conventional usage)造成的,因为汉语里既可以说"张三抢了某人"又可以说"张三抢了某种东西"。汉语"抢"的这一用法已在频繁的使用中沉淀为规约性的表达形式(conventional expressions),已固化为汉语语言运用者头脑里的语法知识的一部分。

3.2　语用功能动因

Slobin(1991)认为,语法对经验的概念化与交际活动相关。从语言外部来讲,语用功能也可能是一些语言表达式概念化的动因之一。语用功能包括说话人的交际目的或意图、交际的场合、交际者的文化背景等语境因素。英汉语存在句的概念化对比(2.2)发现,英汉语对存在物和存在地点或时间两实体空间关系的概念化既可以从图形到背景又可以从背景到图形。在英语和汉语里,什么时候使用从图形到背景的概念化方式? 什么情况下使用从背景到图形的概念化方式? 与语言运用者的交际目的和意图等语用因素有关。当说话人的交际目的和意图是提醒对方注意某一事物或引出某一新的话题时,常常采用从图形到背景的概念化方式。我们常说 There comes the bus! 或"有公交车来了"。另一种情况是:当说话人要追溯某一场景时,常常采用从背景到图形的概念化方式。请看一汉语例句:

> [15] 楼下树旁停着一辆后开门的北京吉普J,这辆车J
> 在这儿停了很久了,车里J有人吸烟,时而亮起一
> 颗红红的烟头。尽管这辆车J没有标志,明眼人
> 也能认出这J是辆警车。

另外,还有一种情况,汉语动词"偷"常常凸显偷窃者和失窃物;凸显夺事或被偷者的不在场、不知道、不注意,所以一般不说"张三偷了李四"。但是,我们可以说"张三偷了公安"、"张三偷了

李四的老婆"。我们认为,前一句的意图是彰显被偷者,因为被偷者非同一般,正是抓小偷的公安战士;后一句的目的是说明偷的与其说是"李四的老婆"这个人,倒不如说是"偷李四老婆的情"。

英汉语概念化的动因可能不止以上两种,还会有其他方面的动因,有待进一步的深入探讨。

4. 英汉语概念化对比的意义

英汉语概念化对比应该说是英汉语认知对比研究的一个分枝,是英汉语言对比研究的一个新进路。这样的对比研究能够对英语和汉语一些语言现象语义建构的心智经验的殊相和共相做出解释,具有重大的理论意义和实践意义。正如法国巴黎大学的 Anne Zribi-Hertz 在 2008 年 7 月举行的第五届国际对比语言学大会的发言中所指出的,我们需要在某一理论框架中审视某一语言微系统中的问题,分析和描述两种语言之间的差异,并试图理解和解释这种差异。(许余龙,2009)

4.1 理论意义

认知语言学的核心观点是:语言是人的一般认知能力的一部分。语言的概念化研究,按照认知语言学的思想,就是通过语言的意义建构的认知基础的探讨,揭开人脑这个"黑箱"的活动规律和运行机制的"秘密"。初步的英汉语概念化对比发现,英语和汉语里,不同的语法结构形式象征着不同的语义建构特征;这些不同的语言建构特征与人们的心智经验有关,产生于不同的认知加工处理范式,有着具体的语用动因。因此,我们认为英汉语概念化对比研究有助于探讨不同语言的民族的心智活动的规律和特征,能够对认知心理学和认知科学研究提出的一些原则、定理、观点、思想提供支撑。

另一方面,当今科学研究呈现出一种跨学科的趋势,一些重大的发现和理论贡献大都是跨学科研究的成果。语言学研究毫不例外,生成转换语法、合作原则、认知语法等,无不都是语言学与数学、生物学、哲学、逻辑学、认知心理学和认知科学等学科相互借鉴、相互交叉的研究成果。同时,我们还发现,大部分语言学理论都是跨语言研究的成果,都是在跨语言研究中丰富和发展起来的。比较典型的是 William Croft(2001)的《激进构式语法》一书所涉及到的语言,包括一些方言,达 200 种左右。因此,我们认为,英汉语概念化对比研究有助于揭示人类语言运用的普遍规律。

4.2 实践意义

英汉语概念化对比研究有助于提高我们的语言运用能力,其研究成果能够对当今的机器翻译研究提供参照。

英汉语概念化对比研究能够对英语和汉语中的一些近义或同义表达形式的细微差异做出合理的解释,其研究成果能够对英语教学提供指导和帮助。

参考文献

1　牛保义,《认知语言学经典文献选读》[M],开封:河南大学出版社,2008。

2　牛保义,英语形容词性复合词的语义概念化研究[J],《外国语》,2009(4):11—17。

3　沈家煊,英汉对比语法三题[J],《外语教学与研究》,1996(4):8—13。

4　沈家煊,说"偷"和"抢"[J],《语言教学与研究》,2000(1):19—24。

5　石毓智,汉英双宾结构差别的概念化原因[J],《外语教学与研究》,2004

(2)：83—89。

6 王建军,《汉语存在句的历时研究》[M],天津：天津古籍出版社,2003。

7 许余龙,对比语言研究的新趋势与新思考——第五届国际对比语言大会述评[J],《外语教学与研究》,2009(4)：279—283。

8 Bowerman, M. & choi, S. Space under construction: language-specific spatial categorization in first language acquisition [A]. In D. Gentner & S. Goldin-Meadow (eds.). *Language in Mind: Advance in the Study of Language and Thought* [C]. Cambridge, MA: MIT Press, 2003.

9 Chen, R. *English Inversion: A ground-before-figure construction* [M]. Berlin: Mounton de Gruyter, 2003.

10 Croft, W. *Radical Construction Grammar* [M]. Oxford: Oxford University Press, 2001.

11 Croft, W. & D. A. Cruse. *Cognitive Linguistics* [M]. Cambridge: Cambridge University Press, 2004.

12 Evans, V. & M. Green. *Cognitive Linguistics: An Introduction* [M]. Edinburgh: Edinburgh University Press, 2006.

13 Goldberg, A. E. *Constructions: A Construction Grammar Approach to Argument Structure* [M]. Chicago: The University of Chicago Press, 1995.

14 Langacker, R. W. *Foundations of Cognitive Grammar*, *Vol. I/II.* [M]. Stanford, Cal.: Stanford University Press, 1987/1991a.

15 Langacker, R. W. *Concept, Image, and Symbol* [M]. Berlin and New York: Mouton de Gruyter, 1991b.

16 Langacker, R. W. *Grammar and Conceptualization* [M]. Berlin and New York: Mouton de Gruyter, 1999.

17 Langacker, R. W. *Cognitive Grammar: A Basic Introduction* [M]. Oxford: Oxford University Press, 2008.

18 Mircale, A. & Yapita Moya, J. d. Time and space in Aymara [A]. In

M. J. Hardman（ed.）. *The Aymara Language and Its Social and Cultural Context* ［C］. Gainsville，FL：University of Florida Press，1981.

19　Slobin, D. I. Learning to think for speaking：native language，cognition，and rhetorical style［J］, *Pragmatics*，1991(1)：7 - 26.

20　Sweetser, E. *From Etymology to Pragmatics* ［M］. Beijing：Peking University Press，2002.

21　Talmy, L. Lexicalization Patterns：Semantic structure in lexical form ［A］. In T. Shopen （ed.）. *Language Typology and Lexicical Description*，*Vol.* 3，*Grammatical Categories and the Lexicon* ［C］. Cambridge：CUP，1985.

22　Talmy, L. *Toward a Cognitive Semantics I/II* ［M］. Cambridge：The MIT Press，2001.

（本文提交于首届英汉对比与翻译研究学科建设高层论坛，修改后载于《外语教学》2011 年第 5 期）

字本位视角的汉语"词"*

丰国欣

摘要：本文从剖析现行汉语"词"的定义入手，讨论了定义汉语"词"的困难，然后从字本位理论视角，探讨了汉语"词"的字组合机制和词化程度，认为表达一个概念、具有一定约定程度的单字和字组合就是汉语"词"。

关键词：字；字组合；汉语词；约定程度

0. 问题的提出

凡是从事语言学研究和语言教学的人都免不了要接触到"词"的定义，而在通常的情况下，人们更多地接受现有的定义，却很少对现有定义的真伪、合理性和科学性进行思辨，而"词"的定义在哲学界和语言学界都是尚未解决的难题。尤其是在汉语里，自从《马氏文通》(马建忠，1898)以来，印欧语观念不断渗透到汉语中，人们

---

* 作者非常感谢导师潘文国先生为本文修改提出了宝贵意见！另外,本文是 2008 年湖北省社会科学基金项目"二语习得研究的特征与趋势探究"(编号为[2009]115)的成果。

理所当然地认为汉语也是由语素、词、词组、从句和句子组成,把印欧语和汉语看成同质语言,认为汉语的"词"等同于印欧语的word。因而出现了这样的定义就不足为奇了:

> 词是比语素高一级的语言单位。语素是构成词的要素,也是构成成语一类固定词组的要素。有的语素可以单独成词,也可以同别的语素组合成词;有的语素不能独立成词,只能同别的语素组合成词。(胡裕树,1995:198)

这个定义是典型的印欧眼光:印欧语的word是由语素组成的,推而广之,汉语的"词"也是由语素组成的。不仅如此,语素还成了"构成成语一类固定词组的要素",这就使"语素"超出了印欧语的"语素"功能,使汉语"语素"益发成了一个"怪物"! 问题是,汉语里什么是"语素"呢? 是"字"吗? "字"不见得是"语素",这一点笔者将在本文第二部分中论及。假如"语素"都不存在,那么由"语素"组成的"词"还能存在吗? 这种印欧观念贯穿着整个"现代汉语",从而使人们忽视了汉语的语义取向。

不过,并不是所有的语言学家都忽视了这一点。王力还是充分地认识到了汉语的语义取向。他说:

> 词是语言中最小意义单位。(王力,1984:16)
> 一个词,就是一个简单的意义单位。(王力,1985:171)

王力在肯定汉语"词"是意义单位的前提下,先用"最小"、后用"简单"这样的字眼描述"意义单位",这种变动恰恰说明了这个定义的不足:虽然抓住了问题的要害,但并不具备可操作性,因为

"意义"是极其抽象的,什么"意义"是"最小的",什么"意义"是"简单的",这无法判断。西方语言中的意义切分法解决不了问题。把一种意义分析成若干个意义组分,不见得比原意义"小",例如,我们既可以把"科教大厦"切分为"科教"和"大厦",也可把它切分为"科""教""大"和"厦",但我们并不能说哪一个意义组分比"科教大厦""小"!相反,"大厦"的指称范围比"科教大厦"要广。在哲学家的眼光里,"意义的一部分是一个没着没落的用语"(Austin,1961:31)。有人认为"知识分子"是一个词组,原因是其意义"复杂"(邢公畹,1992:118)。但实际上,作为一个"词","知识"的意义同样复杂。

看来,对汉语"词"持印欧观念不符合汉语的客观实际,而单纯把汉语"词"定义为一种意义单位,倒是注意到了汉语的实际情况,但很难把握,含糊不清的。对于这种困窘,吕叔湘一语道出缘由:

> 汉语里的"词"之所以不容易归纳出一个令人满意的定义,就是因为本来就没有这样一种现成的东西。其实啊,讲汉语语法也不一定非有"词"不可。(吕叔湘,2006:52)

原来,作为一种结构单位,"词"并不是汉语里现成的东西,而是人们模仿印欧语法人为制造的一种语言单位,对语法分析的作用是极其有限的,在更多情况下还能引起理解的困难,产生不必要的争论,因而是可要可不要的东西。印欧语的词性有明确的形态标志,进入句子后充当一定的句子成分。弄清楚这些形式意义后,才能够理解句子的意思。但是汉语则相反,只有理解了句子的意思,才能判断这些形式。分析语言形式的目的就是为了理解意思,已经理解了意思则没必要追究形式。因此,在汉语里讨论"词"及其形式变化无多大意义。难怪研究现代汉语语法的人老是在"什么是汉语词"的问题上争来争去、老是在跟词有关的研究内容上产生较大分歧。

当然,汉语历史上也有"词"这个概念,但指的是"言内而意外也"(《说文解字》),这个"词"相当于现在所说的"语气助词",后来"词"与作为话语单位的"辞"混用,成为一种意义单位。这就是为什么王力从意义的角度定义汉语"词"。这样看待汉语"词",徐通锵(2001)早在其《基础语言学教程》里就区分了作为一种话语单位的汉语"词"和作为一种结构单位的印欧语"word",后来他又指出:

> 现在日常运用的"词"还保留着这样的意思,如"说话没词儿了"、"陈词滥调"、"念念有词"中的"词"的意思都相当于话语,与语言结构单位无关,根本不是类似印欧语 word 那样的单位。(徐通锵,2008:13)

显然,汉语"词"的本质是一种话语单位,也就是一种意义单位。那么,到底怎样定义这种性质的"词"? 又如何描述其本质?

1. 定义汉语"词"的困难

这两个问题的确不好回答,这是因为汉语"词"的本质很难认清,给汉语"词"下定义困难重重。这才导致现代汉语语法中出现了种种关于汉语"词"的讨论。我们把这些讨论大致分为两种情况:同质观和异质观。

同质观认为汉语和印欧语属同质语言,语言都是由"语素——词——词组——从句(小句)——句子"组成,语法都是语言结构形式变化之法。那么,汉语的"词"也是由语素组成的,上文援引胡裕树(1995：198)的定义就是这种观念的代表。但实际上,印欧语是形态语言,这一属性是由其音节可变性①决定的,各种语法范畴形式是通过音节变化实现的,语言形式也表现为清晰的层级性,即"语素——词——词组——从句(小句)——句子",它们都是不同层面上的结构单位,上一级的结构单位总是以下一级的结构单位为基础。因此"词是比语素高一级的语言单位"。顺此意思推导下来,只好把汉语的"字"理解为"语素"了,单音节词就是一个"字"为一个"词",双音节词就是两个"字"为一个"词",如此类推。这才有了这样的说法:"有的语素可以单独成词,也可以同别的语素组合成词"。

似乎这样的理解合乎情理,但仔细揣摩,特别是站在字本位理论的视角,我们认为,"字"在更大的程度上并不是印欧语中的语素,因为"字"和"语素"并没有一一对应的关系,它是"汉语各个层面研究的交汇点"(潘文国,2002：109),也就是说,"字"是非线性的,而"语素"则是线性的,两者性质不一样。对于这一点,吕叔湘(1979：14)用了一个简单的表格,清楚地揭示了"字"和"语素"之间的那种非对应关系:

表1　汉语语素和汉字的对应情况

(音)	(义)	(形)	(例)	(语素)	(字)
同	同	同	圆	1	1
同	同	异	园,圆	1	2(并体字)
同	异	同	会(合),会(能)	2	1(多义字)

---

① 印欧语词的音节具有可变性,即人们根据表达的需要,可以往一个词上加音节或改变词自身的音节,以便把词的语法范畴变化用语音形式体现出来;构词时前缀、中缀和后缀也是通过音节的变化实现的。而汉语"字"和"词"的音节则不具备这样的可变性。

（音）	（义）	（形）	（例）	（语素）	（字）
异	同	同	妨～	1	1(多音字)
异	异	同	行～	2	1(多音多义字)
异	同	异	行,走	2	2(同义字)
同	异	异	圆,园	2	2(同音字)
异	异	异	圆,方	2	2

从这个表中,我们可以看出,"字"和语素之间存在着 8 种关系,而一"字"一语素的简单对应关系只是其中为数极少的一种。所以,在汉语中,"字"基本不相当于印欧语中的"语素",汉语中所谓的"词"是由"字"组成,这不错,但不可理解为是由"语素"组成的。另外还要特别注意,"字"存在音形义三个方面的作用,具有高度的理据性,而印欧语中的"语素"只存在音义关联两个方面的作用,具有高度的任意性。

说到音和义的问题,我们可以进一步分析印欧语中"word"自身的定义:

> 一串特殊的声音必须和意义结合在一起,意义也必须和特殊的声音结合在一起,这样声音和意义就可以在心理词典中成为"词"。一旦一个人学会了声音及其相关的意义,那么他就掌握了这个词。这个词就成了心理词汇中的一个词条,也是语言知识的一部分。(Fromkin et al,2003:69-70)

这个定义可以简单地概括为"最小的音义结合体"。如果把这个定义用到汉语"词"上,首先在理论上就讲不通:印欧语确实讲究"音"和"义","音"就是其形式,"义"就是这个形式所表达的内容;而汉语除了"音"和"义"以外,还有"形",不仅"音"可以表达"义","形"同样也可以表达"义",并且"音"和"形"可以分离,同样一个"形"可能有不同的"音"。汉语的"音"、"形"和"义"最后统一在"字"上。

这个定义之所以在印欧语中行得通,是因为它涉及到了"word"的形态和结构,并不涉及意义是否可以分解:是"最小"①的还是"简单"的,它所关心的是语音是否能够分解为具有含义的语音单位。例如,wallet(钱包)明显可以分解为两个音节,但分解后它们各自都没有意义,也各自都不能说明 wallet 的意义,所以我们就认为它是一个"word"。汉语则显得十分复杂,至少存在以下三个难以解决的问题:

第一,有时一个字可以表达一种意义,这样的"字"相当于一个印欧语中的"word",似乎一个"字"就是一个"最小的音义结合体"。但是,与此相对的是,汉语里同样存在着所谓"联绵词",它们却是多于一个"字"的"最小的音义结合体"。例如,"囫囵"可以分解成两个音节,也就是两个"字",但分解以后两者毫无意义,因此只有把它们合起来,才能是一个"词"。

第二,现代汉语中更多地存在着两字词,当然也有多于两个字的"词"。这种情况争议很大,有些人认为是一个"词",有些人认为不止一个"词",甚至还有些人认为是"词组"。例如,"老人"和"老婆"看似结构相同,但如果扩展它们,则显示出不同:"老人"扩展为"年龄老的人"是没有问题的,倒过来说,"年龄老的人"就是"老人"

---

① 这个定义中的"最小"指的是"形态"和"结构"的"最小",不是指意义。

也没有问题,所以它就不是"词",更像"词组",而"老婆"则不能扩展为"年龄老的婆婆",因为很年轻的女子也可以是"老婆",因此,"老婆"就是"词"。曾经有些语言学家主张通过这样的扩展来区分"词"和"词组"(王力,1984:46;高名凯、石安石,1963:106;吕叔湘,1963/2006:51),主张用"可以独立运用"的特性来区别词和不成为词的语素(吕叔湘,1963/2006:51),其道理就在于提供了一个形式标准,但这种方法解决不了两个问题,一个是人们的心理现实,即在人们的心理现实里,"老人"和"老婆"都是"词";另一个是,扩展是以不改变意义为前提的,实际上扩展有时会改变意义,例如,"马车"看似可以扩展为"马拉的车",但"马拉的车"不见得就一定是"马车",陈嘉映(2007)解释说,"汽车"坏了也可以让"马拉到维修站",这个情景也可以是"马拉的车",此外还可以把"骡子拉的车"称作"马车"。也就是说,把"马车"扩展为"马拉的车"其实改变了意义。

第三,印欧语里的这个定义和"语素"紧密相连。虽然现代汉语里引进了"语素"这个概念,但它和"词"一样,难以定义、难以认定,对现代汉语语法分析并没有起到多大的作用,反而造成不少争议。有人简单地认为,"字"就是"语素",这也是不符合汉语事实的,"字"和"语素"之间存在十分复杂的关系,对于这一点,笔者在上文引用吕叔湘的论述作了说明,这里不再赘述。

看来,同质观效仿印欧语给汉语"词"下定义并不是一条出路,它忽视了印欧语和汉语之间的本质区别,给自己带上了"紧箍咒"。

异质观认为汉语和印欧语的性质迥然不同,它注重挖掘汉语自身的本质,并且也的确抓住了汉语的本质,但是它并没有从根本上解决问题,而是引起了新的问题。异质观最大的可取之处就是充分认识到了汉语的语义取向,即从意义角度讨论汉语"词",这是它的优点,可问题也出在这里。我们在前文分析了用"最小"和"简单"来描述意义造成理解上的困难,即既没有一种内涵上的标准,又没有一种外在的操作形式,因而无法从内涵和形式上把"最小"和"简单"的意义表现出来。

看来,同质观和异质观都不能够解决问题,这就不得不使我们重新重视并思考吕叔湘的话——其实啊,讲汉语语法也不一定非有"词"不可。的确,汉语语法分析可以不依赖"词"这样的语言单位。这是因为"词"在印欧语里是一种结构单位,适合形态语言的语法分析,汉语是语义型的语言,其语法也是语义语法(徐通锵,2008),我们不能把分析形态语言的概念用于语义语言的分析。对此,德国语言学家 Humboldt 早就说过:

> 汉语不是根据语法范畴来确定词与词的联系,其语法并非基于词的分类;在汉语里,思想联系是以另一种方式来表达的。其它语言的语法都由两部分构成,一是词源部分(指词法——笔者注);另一是句法部分,而汉语的语法只有句法部分。在其他语言里,为理解一句话,我们必须从分析词的语法属性开始,根据语法属性把词构造成句子。在汉语里则没有可能这样做。我们必须直接利用词典,句子的构造完全取决于词义、词序和语境意义。(Humboldt, 1826:16)

Humboldt 这一段话至少说出了三层含义:一是具体地解释了吕叔湘话(讲汉语语法也不一定非有"词"不可)中的道理;二是汉语和印欧语的语法分析各不相同,汉语是从意义到结构,而印欧语则是从结构到意义;三是深层次地揭示了汉语语义取向的本质。对于汉语的语义取向,Humboldt 在分析完汉语的助词"之"的语法作用时感叹地说：

> 为简练起见，我不打算再分析汉语里的其他语法词。我相信，分析的结果会是一样的，即：这类词不是语法形式的标志，而是指出一个思想片段向另一思想片段的过渡。至于那些不起这种作用的词，最好是从它们原有的实体意义出发，而不是把它们当作语法标志。（Humboldt，1826：23）

也就是说，在汉语里，即使是一些起语法作用的"助词"，其实也不局限于其结构意义，在很大的程度上还是一种意义单位。

总之，汉语里很难对"是不是词"作二分判断，既不能简单地说是，又不能简单地说不是，其原因是：

> 由于汉语缺少发达的形态，许多语法现象都是渐变而不是顿变，在语法分析上就容易遇到各种"中间状态"。词和非词（比词小的，比词大的）的界限，词类的界限，各种句子成分的界限，划分起来都难于处处"一刀切"。（吕叔湘，1979：10）

这样分析来，笔者认为，为了适应大众的语言心理现实，在汉语里设立"词"这种语言单位也未尝不可，关键是要明白汉语"词"不同于印欧语的"word"。这进而引发出两个问题：一是汉语"词"的本质到底是什么？二是要解决印欧语的"word"在汉语里引起的困惑，其出路在哪里？

自《马氏文通》以来，汉语语法分析中充满着印欧语法的观念，的确造成了不少的争论，这些争论有时显得大可不必，但正是这种迷茫，才使得我们明白了这样的道理：解决汉语的问题还得靠汉语自身的理论,拿别的语言理论来解决汉语问题是无济于事的。

2. 字本位的汉语"词"本质

在第一部分里,我们讨论了定义汉语"词"的困难。总体看来,这些困难多少与偏离汉语传统有关,这一点已经被越来越多的语言学家所认识到。以著名语言学家徐通锵和潘文国为代表的一批学者,在继承汉语小学传统的基础上,创立了字本位理论体系。时至今日,字本位理论已经十分成熟,出现了三个体系:字本位的语法体系(徐通锵,2008)、字本位的语言学体系(潘文国,2002)和字本位的应用体系(鲁川、王玉菊,2008;吕必松、赵淑华、林英贝,2007)。在这一部分里,笔者将以字本位理论为基础,探讨汉语"词"的本质。

在字本位的三种理论体系里,一个共同的观点就是,汉语的语法研究应该以"字"为基本单位,这是汉语单音节与概念意义直接关联的特点决定的。徐通锵是这样定义字本位中的"字":

> 字是汉语的基本结构单位,它的特点是"1个字·1个音节·1个概念"的——对应,因而我们将字定义为"一个音节关联着一个概念的结构单位"。字是汉语结构的核心和基础,应该成为我们观察汉语结构的立足点和视角,并由此去梳理汉语的结构规律和演变规律。(徐通锵,2008:26)

我们对上述定义作如下分析:第一,"字"在汉语里是一种结构单位,任何其他语言单位都是由字构成的、也依赖字的理解来达到理解"大于""字"的语言单位,所以"字"贯穿于汉语的各个层面,是非线性的,而不像印欧语中的结构单位,只能是线性的,即只能在自身的结构层面产生音节的延伸。第二,"字"的外形表现为"1个字·1个音节·1个概念",三者之间形成对应关系。第三,"字"具有形理据和音理据,所谓形理据指的是汉字的笔画其实是对客观世界的临摹,笔画和客观世界有着千丝万缕的联系,所以能够"以形求义";音理据指的是汉字音义关联原理,即一个单音节对应一种概念,达到"因声求义"的目的。形理据和音理据相互作用,使理据和语言的符号性完美结合在一起,形成了大量的形声字,也使"字"呈现出非线性特征,把汉语的研究重点引向音节和字义以及它们的相互关系,形成了文字学、音韵学和训诂学的小学传统。

因此,单音节的音义关联就成了汉语的编码机制。而印欧语的编码机制则是多音节的音义关联,其"音节和独立的表义单位之间没有强制性的联系,因而需要通过音节的线性组合去寻找与意义的关联,生成语言的基本单位"(徐通锵,2008:27)。具体地讲,在印欧语中,词和概念相连,而句子则和判断相连,这就造成了印欧语的如下特点:1)词和句子成为印欧语的基本单位。2)音节具有可变性,并且通过音节的变化来表示语法范畴形式,使印欧语的结构单位呈线性状态,而且层级分明。

这两个特点,我们还可以通过考察汉语和印欧语各自的天然单位进一步理解。

汉语的天然单位是"字",而印欧语的天然单位是"word",两者之间存在着一些对应关系(参见潘文国,2001a,2001b),这里要提及的是两者的音义关联方式也是一样的:如果说"1个字·1个音节·1个概念"是"字"的音义关联方式,那么"1个词·n个音节·1个概念"则是"词"的音义关联方式,所不同的是,"词"是由

"n个音节"组成,本质上是音节的线性组合,其语音结构单位同概念关联,从而形成"词"(参见徐通锵,2008:27)。印欧语"word"多音节的音义关联形成了线性特征、各种语法范畴通过音节变化以一定的形态进入句子,使印欧语成为形态取向的语言。这样形成的"词",其词化程度相当高,在书写形式上表现为前后空格之间有一串字母,这一串字母就是一个"word",之所以每个"word"前后都留有空格,就是为了避免非同一个词的音节延伸。印欧语"word"的认定基本都可以作"是"和"不是"的二分判断。因此不存在心理现实和理论概念之间的差距或矛盾,无论是普通人还是学者,都能够凭本能对"word"作准确的判断。

但是,汉语"词"则相对程度较大,即在多大的程度上是"词"。有时心理现实和理论概念之间存在着较大的差异,甚至存在着较大的矛盾,如上文所谈到的"老人",凭实感它是"词",可在理论上,它可以理解为"词组",至少是一个词化程度很低的"词"。吕叔湘(1979:22)曾经区分过"语法词"和"词汇词",前者指的是可以扩展为"短语"或"词组"的词,词的构成成分依靠一定隐含规则组织在一起,如"老人";反之则为"词汇词",如"老婆"。"语法词"和"词汇词"之间并不总是一致的,这种"不一致"说明了,在更多的情况下,汉语"词"是由"字"所代表的意义组合在一起,在外形上表现为字组合,这使汉语成为语义取向的语言。因此,对汉语"词"的认定,总是与意义的理解有关,普通人和学者常常理解不同,所以是词非词经常意见不一,这个时候,汉语的语言本能似乎也失去了作用。

我们把汉语和印欧语作了这样的对比后,结果发现汉语"词"存在着相对程度,似乎没有印欧语"word"那么清晰、那么严谨,总有些捉摸不定的感觉。汉语"词"这种模棱两可的特性恰恰说明了,进行汉语语法分析时,"词"是可要可不要的。

那么,如何解决汉语"词"的心理现实和理论概念之间的矛盾?如何解决"语法词"和"词汇词"之间的矛盾? 如何对待汉语语法分析中可要可不要的"词"? 其本质到底是什么?

要解决这些问题,我们还得顺着上文对比分析的思路,结合字本位的思想,抓住基于意义的"字组合",同时还要摆脱印欧语的语法观念,树立汉语的语义语法观念,从汉语自身的语义传统寻找解决问题的途径。

的确,在汉语里难以找到印欧语那样的结构单位。汉语的所谓"词"、"短语或词组"、"句子"其实都是"字"的组合,即"单音节的音义关联"个体及其组合,也就是说,在字本位理论中,用"字组合"来取代现代汉语语法中多少带有一些印欧眼光的"词"、"短语或词组"、"句子"等概念。这并不是简单的名称替换,而是蕴含着以下几点涵义:1)首先意味着从印欧语法观念上转变到汉语语义语法上来了;2)"字"的组合是汉语语言单位的结构形式,汉语的各种概念的可操作性也体现在"字组合"上;3)现代汉语里所说的"词"、"短语或词组"、"句子"等语言单位,在构成方式上表现出高度的一致性,这一特点已被很多语言学家所发现。例如,"地震"既可以理解为"词",又可以理解为"短语",还可以理解为"句子"。这说明汉语的各种语言单位所表示的概念都是"字"所代表的意义组合,这也是汉语里难以定义"词"的根本原因,所以就连王力、高名凯、石安石这样的语言学家也为区分"词"、"短语或词组"、"句子"而大伤脑筋;4)现代汉语中的各种语言单位既然在结构形式上都是"字组合",那么就无所谓"词"、"短语或词组"、"句子"了,因此用"字组合"代替它们更能反映汉语的本质,同时也回避了一些由印欧语观念引起的争论,定义汉语"词"的困难也就迎难而解了。

汉语的"词"、"短语或词组"、"句子"等单位的"字组合"都是一种意义组合，所以存在很多"中间情况"。这是汉语"词"的本质之一，也是它在内涵上不同于印欧语"word"最关键的一点。这一本质说明了"词"在汉语里不是天然的，汉语"词"当中隐含着一定的组织规则和社团成员对它的约定性，正是约定性才把"词"这种"字组合"同"句子"这种"字组合"区别开来了。

约定性源于 Jespersen（1924）在其《语法哲学》（原文 1924 年版，中文 1988 年版）里提出的约定用法与自由用法（formulas and free expressions）这一组语法范畴，"约定用法和自由用法的差异渗透到了语法的各个部分"（Jespersen，1988：7），"约定用法可以是一个完整的句子，也可以是一个词组，或是一个词，或一个词的一部分"（Jespersen，1988：13）。不同的是"约定"或者"自由"的程度各自不同。笔者主张用 Jespersen 提出的约定程度来反映汉语词化程度，把汉语词化程度大致分为三个等级：完全约定、相对约定和趋零约定。[①]

完全约定主要表现为一字一词。一个字作为一个词，其词化程度最高，也就是说，其约定程度达到了百分之百；这种情况的"字"和印欧语中独立运用的语素一样，如"我"、"好"、"大"、"走"等等。语言单位的分类，特别是语义型语言单位的分类，很难十分精确，所以我们基本可以把现代汉语中的连绵字（如"囫囵"、"蝴蝶"）、混一字（如"马虎"、"马大哈"、"打尖"）并入这一类。两者共同的特点是，它们都不止一个汉字，在形式上看似"字组合"，但实际上这种字组合的约定程度几乎等同于单字，其语义和功能也相当于单字，而且其中每个字都不能被同音字取代，如不能用"湖"代

---

① 陈嘉映（2007）有过类似的观点。

替"蝴蝶"中的"蝴",否则汉语社团不接受。此外,笔者赞同把外来词(如"麦克风"、"坦克"等)并入这一类。

相对约定指的是无法达到百分之百的约定程度,即词化程度无法达到最大。这一类的汉语"词"往往是连绵字和混一字以外的复音词,是汉语"词"的主体,所占比例最大。例如"雨伞"是相对约定,但"伞"则是完全约定,当然两者的意思也不尽一样;再如上文反复提到的"老婆"和"老人"这两个词,"老婆"就是完全约定,而"老人"则是相对约定,也就是说"老婆"的词化程度达到了最大,而"老人"的词化程度则很低。可见,约定程度能够反映词化程度。这就能够解释为什么在理论上"老人"算不上"词",而在人们的语言现实中它又是个"词"。

趋零约定指的是临时组合在一起的字所形成的"词组"或"短语",这一类的语言组合给人感觉是"词",其实并不是,其约定程度几乎为零。例如,笔者在这里使用的"趋零"这一说法,其"模样"很像"词",但实际上它是一种临时性的组合,只是本文的一个术语,并不是"词"。此外,汉语成语、谚语、熟语、流行语、歇后语等语言形式,存在着一定的语义和文化约定成分,但由于它们同人们对"词"的心理现实相差甚远,所以笔者也主张把它们并入此类。

分析汉语"词"的词化程度,实际上是对字组合进行语义理解,上述三个约定等级就是语义分析的结果。汉语"词"在构形上是"字组合",只要一个或者几个"字"组合在一起能够表达一个概念,经过社团成员长期的约定,达到一定的约定程度,就有可能是一个"词"。这样揭示汉语"词"的本质是符合汉语"字组合"原理的。那么,什么是"字组合"原理? 弄清楚了这个问题就意味着从构形上揭示了汉语"词"的本质。

笔者认为"字组合"原理应该包括"字"与"字"之间的深层语义

关系、"字"是以什么结构和模式组合在一起。这样利用汉语"词"的构形来揭示其内涵本质。从组合中"字"的数量角度来看,"字组合"分为"单字组合"和"复字组合"两种方式。

单字组合就是一字一词的情况。在这种情况下,恰好"字"、"词",以及印欧语中的"语素",重合了:集三种身份于一身。例如,"走"、"我"等,既是一个"字",也是一个"词",还可以理解为一个"语素"。

但是复字组合就相当复杂了,最常见的是二字组合,其次是三字组合、四字组合,甚至还有更多字的组合。这初看起来不好把握,其实只要我们弄清楚了二字组合的语义结构,其他情况的组合就迎难而解了。这是因为三字及以上的字组合其实就是不同层面上的二字组合,本质是二字组合语义结构的延伸,复字组合总是能够表现出字的句法语义功能的二重性。

所以我们只要把二字组合弄清楚了,就不难认清三字及以上的字组合。汉语"词"之所以二字组合的情况更多一些,是因为汉民族辩证思维决定了汉语在构词时始终把事物的归属、特性等内容放在"词"里,使"词"表现为类概念(genus)和种概念(species)的结合,从而使汉语呈现出极大的理据性。试比较以下汉英表达法:

汉　语	英　语
雨　伞	umbrella
汽　车	bus
母　马	mare
公　牛	bull
小　鹿	fawn

可见，英语"n个音节"直接和具体事物关联，表达一个具体概念，词化程度达到最大状态。而汉语"词"里面始终存在着控制语义的"两个点"：在"雨伞"中"雨"说明"伞"的用途，在"汽车"中"汽"说明了"车"的动力方式，在"母马"和"公牛"中"母"和"公"分别说明"马"和"牛"的性别，在"小鹿"中"小"说明了"鹿"的年龄。字组合中的"两点"表现分明，各自都有意义，两个意义组合在一起表达一个新的概念，难怪汉语"词"存在词化程度问题。这"两点"在徐通锵（2008：158）看来是不可随便更改位置的，第一个"点"，即字组的前一个位置，充任"义象"功能，而第二个"点"，即字组的后一个位置，则充任"义类"功能。字组的前后位置形成"义象＋义类"的格局，这不仅反映了单音节音义关联原理，而且体现了汉语构词的理据性。

弄清楚了二字组合的语义结构，再分析三字组合和四字组合就不难了。我们以"录音笔"和"破釜沉舟"为例。在"录音笔"中，第一个层面上的"两点"分别是"录音"和"笔"，前者说明后者的用途；第二个层面上的"两点"为"录"和"音"。在"破釜沉舟"中，第一个层面上的两点分别是"破釜"和"沉舟"，两者为并列关系；第二个层面上的"两点"有两个，一个是"破"和"釜"，另一个是"沉"和"舟"。

这样分析汉语"词"的组合机制，一些语言学家也有类似的观点。我们首先看吕叔湘的分析：

> 比如"谢幕"，要把其中的意思说清楚还真不简单："闭幕之后，观众鼓掌，幕又拉开，演员致谢"——这不太罗嗦了点吗？它只能抓住"谢"和"幕"两个"点"，其他的意思隐含于这两个"点"能够控制的范围，由人们自己去补充，所以"语言的

表达意义，一部分是显示，一部分是暗示，有点像打仗，占据一点，控制一片"。这种交谈双方自己去补充的"暗示"的意义，类似语用学中的预设，是不见于言的已知信息；外国人学习汉语，由字面"显示"的意义是比较容易学的，而这种靠暗示的"不见于言的已知信息"，不经长期的知识积累，是难以掌握的。所以字组的意义不是两个字的意义的简单加合，而是"1＋1＞2"。（吕叔湘，1963：61、63—64）

可见，我们的这种分析是行得通的。我们从吕叔湘的分析中可以看出汉语构词时同时融进了汉民族的认知方式："不见于言的已知信息"，也就是说，同印欧语相比，汉语"词"所包含的语义成分并不见得就非得用一个"语素"来体现不可，汉语的表述完全可以经济得"不见于言"。

徐通锵在此基础上，把汉语"词"中"两点"组合机制概括为"控制两点，涵盖一片"。他说：

字组结构规则的基础是字义的组合，由于上下位概念的层级体系在汉语和英语等印欧系语言的语汇单位中的表现方式不同，因而字组的语义结构也就和词义有别。简单地说，词义是整体把握的，而字组的意义是字义的组合，合中有分，分中有合，基本的特点是"控制两点，涵盖一片"。这"两点"是由两个字显示出来的，而"一片"是暗示的，需要说、听双方根据自己已有的知识去补充。这是语言实践中经济原则的体现，能用两个字表达的意思就不用三个、四个或更多的字。（徐通锵，2008：145—146）

徐通锵进一步阐明了字组合机制,"控制两点"是字组合结构形式,"涵盖一片"是字组合的语义,包括吕叔湘说的"一部分是显示,一部分是暗示"的语义,语义"显现"时,说明语义和字组合结构形式一致,语义"暗示"时,说明语义和字组合结构形式不一致。

这样看来,字组合包含两个问题,一个是组合结构,另一个是语义指称,我们把这两个问题揉在一起说明。

汉语"词"的组合结构还是存在着字与字之间的制约、限定等关系,这些关系仍然可以用普通语言学中词序原则加以说明。对此,徐通锵(2008:151—158)按照核心字的位置把字的组合结构分为三种,一是向心字组,即核心字居后,如:"斑马"、"骏马"、"川马"等等;一是离心字组,即核心字居前,如:"马帮"、"马鞭"、"马夫"等等;最后一个是同心字组,即同一个字重叠组合,如:"家家"、"人人"、"看看"、"偏偏"等等。三种字组合结构各有自己的语义指称:向心字组的语义指称是自指,即指核心字本身的概念,如:"斑马"、"骏马"、"川马"各自指某一种具体的"马";离心字组的语义指称为转指,即并不指核心字的意义,而是指与核心字意义相关的另一种意义,如:"马帮"、"马鞭"、"马夫"各自指的是与"马"有关系的物件或者人,并不指"马"本身;同心字组的语义指称是同指,如"家家"的意思就是"家","人人"的意思就是"人","看看"的意思就是"看"等等。

当然,汉语里也存在大量的字组合和语义指称不一致的情况。这种情况实际上就是吕叔湘和徐通锵所说的语言经济原则,要弄清楚这种字组的语义指称,就需要付出认知努力,必须利用自己的认知能力,结合一定的社会文化背景知识,具体做出判断。例如,"响马"、"探马"都是向心字组,但是它们的语义指称并不指核心字"马"所代表的概念,而是涵盖在其中,我们利用"探"和"响"这两个

"人"的动作，结合旧时的职业分工这个背景知识，即可推断出它们指的是从事某种特殊活动的人。同样我们利用这种"不一致"原理，可以在一定程度上解释学术界争论多时的"阿庆嫂"：为什么它既不指"阿庆"本人，又不指阿庆的"嫂子"，而指"阿庆的老婆"。

笔者在这一部分里，从字本位理论的角度论述了汉语"词"的结构形式和语义指称，这就意味着分析了汉语"词"的操作形式（即字组结构）和它的语义指称。至此，我们从字本位的角度基本把汉语"词"的本质展现出来了。

3. 总结与结论

笔者撰写此文的目的只是对"什么是词"这个哲学和语言学难题进行一种不同的探索，试图从字本位理论角度对汉语"词"的本质形成一些不同于现有的观点。

字本位理论是汉语的一种语义语法理论体系，这个体系强调汉语语法分析中以"字"为基本单位，各种语言单位实际是字组合结构，也就是语义的结合形式，因此不需要"词"这种语言单位。但是它并不反对别的理论体系在汉语中接受并使用"词"，相反，字本位理论对汉语"词"有自己独特的理解。

本文分析了现行的汉语"词"定义的不足和定义汉语"词"的困难，在此基础上，从字本位理论视角，探讨了汉语"词"的编码机制，发现汉语"词"在形式上表现为一种字组合（语义组合），与印欧语的"word"相比，后者具有鲜明的词化程度，而汉语"词"是相对的，并不是绝对的。

简而言之，表达一个概念、具有一定约定程度的单字和字组合就是汉语"词"。这个初步的定义包含三个要点，一个是"表达一个概念",它使汉语"词"在语义指称上区别于汉语"句子"等字组合；另一个是"约定程度",它既反映了汉语"词"的词化程度,又能使理论上的汉语"词"同普通人对"词"的心理现实保持一致,还能够使汉语"词"在内涵上区别于汉语"句子"等字组合；最后一个是"单字"和"字组合",这既是汉语"词"的"两点"编码机制的体现,又是汉语"词"可操作的外在形式。

参考文献

1 陈嘉映,约定用法和"词"的定义[J],《外语学刊》,2007(5)。

2 陈嘉映,约定用法和"词"的定义(续)[J],《外语学刊》,2007(6)。

3 高名凯、石安石,《语言学概论》[M],北京：中华书局,1963。

4 洪堡特(Humboldt),论汉语的语法结构[A],载潘文国、杨自俭主编《共性·个性·视角——英汉对比的理论与方法研究》[C],上海：上海外语教育出版社,2008。

5 胡裕树,《现代汉语》[M],上海：上海教育出版社,1995。

6 鲁川、王玉菊,《汉字信息语法学》[M],济南：山东教育出版社,2008。

7 吕必松、赵淑华、林英贝,《组合汉语知识纲要》[M],北京：北京语言大学出版社,2006。

8 吕叔湘,《语文常谈》[M],北京：生活·读书·新知三联书店,1963/2006。

9 吕叔湘,《汉语语法分析问题》[M],北京：商务印书馆,1979。

10 马建忠,《马氏文通》[M],北京：商务印书馆,1898/1983。

11 潘文国,"字"与 Word 的对应性(上)[J],《暨南大学华文学院学报》,2001a(3)。

12 潘文国,"字"与 Word 的对应性(下)[J],《暨南大学华文学院学报》,2001b(4)。

13 潘文国,《字本位与汉语研究》[M],上海：华东师范大学出版社,2002。

14 王力,《中国语法理论》[M],《王力文集(第一卷)》[C],济南：山东教育出版社,1984。

15 王力,《汉语语法纲要》[M],《王力文集(第三卷)》[C],济南：山东教育出版社,1985。

16 邢公畹,《现代汉语教程》[M],天津：南开大学出版社,1992。

17 徐通锵,《基础语言学教程》[M],北京：北京大学出版社,2001。

18 徐通锵,《汉语字本位语法导论》[M],济南：山东教育出版社,2008。

19 Austin, J. L. *Philosophical Papers* [C]. London：Oxford Press，1961.

20 Fromkin, V. A. et al. *Linguistic—An introduction to Linguistic Theory* (7th edition) [M]. Massachusetts：Blackwell Publishers Inc，2003.

21 Jespersen, O. *The Philosophy of Grammar* [M]. London：George Allen and Unwin，1924.(叶斯柏森,《语法哲学》[M],北京：语文出版社,1988)

（本文提交于首届英汉对比与翻译研究学科建设高层论坛,修改后载于《理论月刊》2010 年第 11 期）

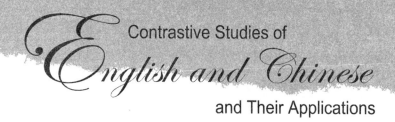

Contrastive Studies of
English and Chinese
and Their Applications

尚新　王蕾编

英汉 对比与应用

第 二 辑（下）

上海三联书店

汉语"过"字事态句的时间语义–句法特征及其英译策略推导

尚　新

摘要：本文在对"过"字各类事态句的时间语义值和时间句法特征进行描写的基础上，依据时间语义值对等、句法结构错位性对应两项原则推导出各项英译策略，然后依据语料库的取样用例和统计数据验证了翻译策略的足律性。研究还发现，"过"具有明显的过去时间指向功能，译为英语完成体结构的概率要比译为过去时态的概率更高。但是英译中的时态选择并不是完全由"过"的过去时间指向功能决定的，而往往是由时间指向、句法结构(如非限定性句法结构的选择可排除时态句)等策略综合发生作用的结果，并且这些策略的控制作用既是恒常的，也是相互补充的，而不是相互排斥的关系。

关键词："过"；事态句；时间语义值对等；时间句法错位对应；翻译策略推导

0. 引言

从语言比较的角度来探讨语际翻译问题是个由来已久的研究

路径,但当视角转到句子的时间语义特征及其分类的时候,特别是从事态类型的语言本体论角度来谈翻译的时候,这方面的研究鲜有文献论及。本文尝试以纽马克(Newmark,2001)的语义翻译论为观照,以"过"字事态句的时间语义值描写为基础,以时间语义值对等为原则,从语言层面探悉"过"字事态句的汉译策略问题,并以语料库数据验证所推导的翻译策略,从而建立起一套从语言对比到翻译策略推导的一套操作方法体系。

1. 事态及其类型

语言中的任何动词,要么表达一种状态,要么表达一个过程,要么表达一个事件。Comrie(1976:13)用"情状"来涵盖状态、过程和事件。Bach(1986)等用"事态"(eventuality)来统称状态、过程和事件。在这一观点下,事态是指含有一个动词的小句所具有的意义,事态的进展具有空间和时间上的向度,这种空间和时间上的向度可以通过[±动态]、[±持续]、[±完整]三组语义特征来进行刻画(Vendler,1957)。相应地,"事态句"也就可以由上述三组语义特征通过特定组配模式建构得到,组配模式及其相应事态句类型可列表如下:

表 1 语义特征组合与事态类型

	语义组配特征	经验证据	事态类型
A	[＋动态,＋持续,＋完整]	John ran a mile.	渐成
B	[＋动态,＋持续,＋完整]	经验世界里不存在	——
C	[－动态,＋持续,＋完整]	经验世界里不存在	——
D	[－动态,－持续,＋完整]	经验世界里不存在	——

E	［＋动态，－持续，－完整］	经验世界里不存在	——
	语义组配特征	经验证据	事态类型
F	［＋动态，＋持续，－完整］	John ran.	过程
G	［－动态，＋持续，－完整］	John loves Mary.	状态
H	［＋动态，－持续，＋完整］	John died.	瞬成

在表 1 中，共计八种事态可能性，其中有四类（BCDE）无法得到经验证据的支持，比如 C 类，很难想象一个静态性的事态具有完整性。而 AFGH 四类事态恰恰是 Vendler（1957）对动词做出的四种分类，即状态（states）、活动/过程（activities）、渐成（accomplishments）和瞬成（achievements）。但有一点至关重要，那就是事态并不等同于动词。事态是句子层面的概念，而动词是词层面的概念。

2. 语义翻译论与事态句的翻译

将语言对比研究用于翻译研究的最佳途径可能是：关于某个共同对比基础，对甲语言的研究得出一组语义特征，然后看乙语言是以怎样的形式实现这些语义特征的，进而推导出相应的翻译策略。事态句是包含一个谓语动词的句子。就英汉语言的事态句比较研究来说，其共同对比基础就是，在不同时态或体态制约下，事态句所表征的与时间概念相关的语义特征，包括持续性、完整性、动态性（进行性）、点时性、短暂性等。我们把由事态句所表征的与时间概念相关的语义特征定义为"时间语义特征"

(temporal semantic features),而由某一组时间语义特征构成的事态句时间语义特征,称之为"时间语义值"(temporal semantic value)。

从翻译角度看,时间语义值是考察两种语言的事态句的着眼点和落脚点,可称为"语义翻译原则"(principle of semantic translation)。"语义翻译"是翻译理论家纽马克提出的两种翻译模式之一(即语义翻译和交际翻译)。在纽马克看来,语义翻译试图在目的语句法和语义的限制内,再现原作者的准确语境意义。语义翻译是个客观过程,主要关注传送者(transmitter),重视的是原文的形式和原作者的原意,而不是目的语语境及其表达方式,更不是要把译文变为目的语文化情境中之物(Newmark,2001:42)。纽马克的语义翻译论与本文通过考察英汉语言事态句的时间语义值并由此推导翻译策略是不谋而合的。要将一种语言(如汉语)的事态句所蕴涵的时间语义特征翻译到另一语言(如英语)里去,就是要考察该时间语义特征在目的语中如何得到准确表征,然后由两种语言的事态表征差异而推导出翻译策略。本文正是在这一思路下探讨"过"字事态句的英译策略问题。

3. 体标记"过"的时间语义特征

Li & Thompson (1983:226)认为,"过"是经历体标记,其基本意义是主体在某个参照时间之前经历某一事件;"过"字句的焦点不是事件已经发生,而是至少已发生一次;由于这种基本意义,"过"原则上不能用于仅能单次发生的事件。Smith (1997:266 - 267)认为"过"的语法意义包含三个方面:完整体、经验性和非接续性。她注意到,虽然汉语的"过"最容易和英语完成体结构对译,但二者之间有着重大差别,这就是非接续性(discontinuity),英语完成体结构没有表达非接续性的功能。林若望(Lin,2006,2007)认为,"过"的语法意义表达事件内在阶段所经历的时间整体位于说话时间之前。他还认为,非接续性没有独立的理论地位,而是派生自可重复性条件。尚新(2007:128)从视点特征的角度认为,"过"表征主体视点观察到事态的结尾阶段已成过去,故称之为"完整非接续体"。本文里,我们继续坚持这一观点,并将"过"的语法意义表征为:[+结束]∧[-接续](符号"∧"表逻辑合取"且")。

作为完整非接续体标记,"过"并不受时域的限制。同学界讨论的"了₁"一样,"过"可出现在各种时域范围里(过去、现在或将来),这一点很像英语中的完成体结构,只是英语完成体结构必须配合时态范畴共现,而汉语不依赖时态语法范畴,时域概念往往通过词汇、上下文语境得到明确。以下讨论里,"过"不作为体标记的用例将不予考虑,如"勿必过悲/未过门/过几天/悔过自新/过得去/透不过气来",等等。

4. "过"字事态句的英译策略推导

英汉两种语言突显不同的时体范畴,英语突显时态而又不乏体态,汉语突显体态而又不依赖时态(尚新,2004)。二者为了表征相同的时间语义值,必然动用不同的时间表达手段,实现为不同的句法结构方式,我们把两种语言有着共同时间语义值但句法表达结构或方式不同的现象称为"错位性对应"(offset mapping)。这种错位性对应就为我们进行翻译策略的推导提供了基础。

为了验证所推导的翻译策略,需要建构一个小型语料库。语料建构所选取的文本要能够满足研究问题所涉及语言现象或语言结构的充分性要求。就本文的研究而言,时体研究涉及事件表达,而事件表达最为典型的体裁是叙事小说。因而,我们将语料取材范围定位在现代汉语叙事小说上,源语文本选取《围城》(钱锺书著),其英译文本 *Fortress Besieged* 由 Kelly & Mao 完成,是个广泛流传的英译版本。上述两个文本构成翻译平行语料库。语料的处理(导出、标注、检索、统计)采用"雪人计算机辅助翻译软件v1.25 版"。

为了描写事态句的时间句法特征,我们还需要区分如下几类时间状语:点时状语(表征事态发生的具体时间点的时间状语成分,用 AT NP 表示)、限时状语(表征某一时间期限内事态进展状况的时间状语成分,用 IN NP 表示)、延时状语(表征事态持续时间长短的时间状语成分,用 FOR NP 表示)以及频率状语(表征事态重复发生的时量性表达成分,用 FRE NP 表示)。

4.1 "过"字状态句及其英译策略

4.1.1 状态句的时间语义-句法特征

"过"字状态句基础式为"Vs－过"。状态类事态具有[－动态,＋持续,－完整]的合成语义体特征,典型的状态类动词包括"爱/盼/恨"等,甚至是形容词如"高兴/悲伤/红/白"等。作为完整体标记,"过"的运算功能使得状态类事态句"Vs-过"产生视点上的完整、非接续特征,表征某种状态在参照时间前已经结束,其语法意义为[＋结束]∧[－接续]。因此,"过"字状态句的时间语义值为[－动态,＋持续,－完整]∧([＋结束]∧[＋接续])。

"过"所标记的状态类事态具有[－动态,＋持续,－完整]特征,该时间语义特征内在地排斥点时状语(AT NP)和限时状语(IN NP)的介入,但由于"过"作为算子相对独立的语法制约力,使

得主体能以完整视点观察该类事态句,而这种语法上的完整观察,能够确保该类事态句允准点时和限时状语的介入。例如:

> [1] a. 咱们从前[有过误会]。
>
> b. 咱们在过去五年里[有过误会]。

[1a]的原文有明确的点时状语[从前],句子成立;在[1b]里,限时状语[在过去五年里]介入后句子也成立。点时状语也可由另一事件来标定。例如:

> [2] 他到学校以后,从没有人对他这样[殷勤过],几天来的气闷渐渐消散。

在[2]中,点时状语是由事件[他到学校以后]来标定的,而事态结束的参照时间点则由[几天来的气闷渐渐消散]所标定。由于状态类事态的内在时间特征具有持续性,因而内在地允准延时状语的介入。虽然在语料库中并未发现延时状语介入的用例,但我们可根据该语料库中的相关句子作些拓展,来表明延时状语的介入是合法的,例如:

> [3] a. 辛楣道:"今天那位贵客视学先生是位导师制专家,去年奉命到英国去研究导师制的,在牛津和剑桥都[住过]。"
>
> b. [……]去年奉命到英国去研究导师制的,在牛津和剑桥都[住过]三个月。

同样,"过"的非接续性视点特征和经历义语法特征,都意味着其所标记的事态句是可表征事态的反复发生或出现,因而也就可介入频率状语。例如:

[4] a. [⋯⋯]陆子潇的报告准得很,这姓方的跟爱尔兰人[有过]交涉。

b. [⋯⋯]陆子潇的报告准得很,这姓方的跟爱尔兰人[有过]多次交涉。

4.1.2 "过"字状态句的英译策略

依据时间语义值对等原则,英译时的对应结构方式必须能够同时满足上述两项时间语义特征。对于[-动态,+持续,-完整]的时间语义特征,英语常用形容词或静态动词来表征;而对于[+结束]∧[-接续]的语法意义,英语可用两类结构:一是完成体结构,二是过去时态结构,但后者往往需要辅以词汇手段来表明事态的经历性。基于此,可推导出如下英译策略:

策略Ⅰ:静态特征的时间指向对应策略

"过"所标记的事态倾向于发生或出现在过去时域范围内。在英语里,这种时域概念的表达就是以过去时态句和完成体结构来完成的。可表征为:C:Vs+过+(AT/IN/FOR/FRE NP) →E:Vs-ed+(AT/IN/FOR/FRE NP),或 C:Vs+过+(AT/IN/FOR/FRE NP) → E:HAVE+Vs-en+(AT/IN/FOR/FRE NP)。例如:

[5] a. [⋯⋯]压根儿[就没爱过她]——有机会远走高飞,为什么不换换新鲜空气。

[……] you [never loved in the first place]—
and now that you have a chance to go
far away，why not get a change of air?

b. 那位先生[做过好几任公使馆参赞]，课堂上说：
美国人办交涉请吃饭，一坐下去，菜还没上，就
开门见山谈正经。

The professor，who [had held several posts]
as an embassy attaché，once said in class that
when Americans invited someone out for
dinner to conduct negotiations，they came
straight to the point and began talking
seriously the moment they sat down，even
before the food was served.

在[5a]里，原文[爱过]所指向的过去时域概念及其经历特征，
英译中用了过去时态结构并辅以经历性时间副词 never 进行表
征；在[5b]里，英译中用了过去时态下的完成体结构来对应汉语
[做过好几任公使馆参赞]所指向的过去时域概念及其经历特征。
在语料库里，"过"字状态句共计 22 例次，其中过去时态结构的用
例有 5 例次，概率为 22.7%；完成体结构的用例共计 14 例次，概率
为 63.6%。

策略Ⅱ：静态特征的非限定性句法结构化策略

英语的完成体分词形式（HAVING＋Vs－en）、介词短语结构
（WITH/WITHOUT ＋NP）等也具有过去时间指向功能，因而也
可用来对应汉语的"过"字状态句。可表征为：C：Vs＋过＋（AT/
IN/FOR/FRE NP）→E：HAVING＋Vs－en＋（AT/IN/FOR/

FRE NP),或 C：Vs＋过＋（AT/IN/FOR/FRE NP）→ E：WITH/WITHOUT＋NP＋(AT/IN/FOR/FRE NP)。例如：

[6]　a. 鸿渐没［做过父亲］,毫无办法,放下铅笔,说："你熬住了。我挽你上楼去找张妈,可是你上了楼不许再下来。"

[Having never been a father], Hung-chien was unable to cope and putting down his pencil said, "Hold it. I'll take you upstairs to find Mama Chang. But once you've gone upstairs, you're not come down again."

　　b. 好像一切［没恋爱过］的男人,方鸿渐把"爱"字看得太尊贵和严重,不肯随便应用在女人身上。

Like all men [without love experience], he considered the word "love" much too noble and solemn to be used casually on women.

[6a]的英译中用了完成体分词形式[Having never been a father]来对应原文［做过父亲］的经历性；[6b]的英译中则用介词短语[without love experience]表征［没恋爱过］的经历特征。在语料库中,"过"字状态句共计 22 例次,英译中使用完成体分词形式和介词短语结构的各有 1 例次,概率为 4.5％。可见,非限定句法结构形式并不是英语对应汉语"过"字状态句的主要结构方式。

4.1.3　归纳及例外因素分析

汉语"过"字状态句的时间语义值为［－动态,＋持续,－完整］

∧([＋结束]∧[－接续])。依据时间语义值对等原则,推导并经过验证的英译策略为"静态特征的时间指向对应策略"和"静态特征的非限定性句法结构化策略"。可归纳为下表:

表 2 "过"字状态句的英译策略

时间句法类型	汉语结构方式	语义特征	语法特征	英译策略	英语对应结构方式(简式)
"过"字状态句	Vs＋过	[－动态,＋持续,－完整]	[＋终结]∧[－接续]	静态特征时间指向对应	Vs-ed
					HAVE＋Vs-en
				静态特征非限定性句法结构化	AFTER＋X
					HAVING＋Vs-en
					TO＋Vp
				动态牲静态化	HAVE＋Vs－en

依据上述两项英译策略,英语译文中的事态类型与汉语原文相对应,但在数据统计中,我们发现 2 例次的事态类型不对应。如下:

[7] a. 虽然直到现在欧洲人没来[住过],但这名称不失为一种预言,还不能断定它是夸大之词。

Though no Europeans [had ever stopped] there, the name served well as a kind of prophecy and not as an empty boast.

b. 大菜间我也[坐过],并不比房舱舒服多少。

I [have gone] first calss before; it is not that much more comfortable than cabin.

上述事态类型不对应情况的出现,主要原因在于译者主观地对原文意义进行重新阐释并以英文表征出来。

4.2 "过"字过程句及其英译策略

4.2.1 "过"字过程句的时间语义-句法特征

"过"字过程句的基础式为"Vp 过"。过程类事态具有[＋动态,＋持续,－完整]的时间语义特征,典型的过程类动词包括"玩/跑/读/吃/解释"等。在"过"的运算功能下,过程类事态句表征在主体视点看来,动作过程在参照时间已经终止并成为经历([＋结束]∧[－接续]),因此,"过"字过程句的时间语义值为[＋动态,＋持续,－完整]∧([＋结束]∧[－接续])。

过程类事态具有[＋动态,＋持续,－完整]特征,因而该类事态内在地排斥点时和限时状语的介入。但"过"的运算功能使主体能以完整视点观察该类事态句,而这种语法上的完整观察,能够确保过程类事态句允准点时和限时状语的介入。例如:

[8]　a. 以前话都[没有谈过]。

　　　b. 几年里话都没[谈过]。

[9]　a. 这只钟走得非常准,我昨天[试过]的。

　　　b. 这只钟走得非常准,我一天内[试过]三次。

在[8]-[9]里,[谈]、[试]是过程类事态,"过"对其运算,表征在说话者看来,事态在参照时间点已经结束,因而,点时状语[以前]、[昨天],限时状语[几年里]和[一天内]介入后,句子均成立。

由于过程类事态的内在时间特征具有持续非完整性,因而该类事态句内在地允准延时状语的介入,表征该动作过程持续的时间长短。例如:

[10] 她曾在大学[读过]一年,因贫血症退学休养,家里一住四五年。

由于"过"标记的过程类事态表征说话者观察到事态已经结束,具有[－接续]特征,因而该类事态句往往具有可重复性,因而可以介入频率状语。例如:

[11] a. 柏格森的敌人罗素肯敷衍中国人,请他[喝过一次茶]。
b. 想不到门帘开处,苏小姐出来,说鲍小姐病了,[吐过]两次,刚睡着呢。

4.2.2 "过"字过程句的英译策略

依据时间语义值对等原则,在英译过程中,译文的对应结构方式必须能够满足上述语义特征。对于动态持续([＋动态,＋持续,－完整])的时间语义特征,英语往往用过程类动词来表征;而对于[＋结束]∧[－接续]语法意义特征,英语中往往可用两类结构加以对应:一是完成体结构,二是过去时态结构,但后者往往需要辅以词汇手段来表明事态的经历性。基于此,可推导出如下英译策略:

策略Ⅰ:动态特征的时间指向对应策略

"过"字过程句的时间指向往往为过去时域,表征过去时域内发生或出现的动作过程,并在参照时间点看来,动作已经结束并成为经历,这一时间指向功能在英语里分别由过去时态和完成体结构来完成。过去时态表征事态作为整体处在说话时间之前;而完成结构则表达事态的结尾阶段处在参照时间点上,因而相对于参照时间来说,事态已成"过去"。可以表征为:C:Vp+过+(AT/IN/FOR/FRE NP)→ Vp-ed+(AT/IN/FOR/FRE NP),或 C:Vp+过+(AT/IN/FOR/FRE NP)→ HAVE+Vp-en+(AT/IN/FOR/FRE NP)。例如:

[12] a. 我刚才发脾气,对她[讲过]今天什么地方都不去的。

I got mad a while ago and [told her] I wasn't going anywhere today.

b. 鸿渐顿足发恨道:"我跟你[吹过]我有学位没有? 这是闹着玩儿的。"

Hung-chien stamped his foot in anger. "[Have I ever boasted] to you about my degree? That was a prank."

[12a-b]的原文里,[讲过]、[吹过]分别表达过去时域范围内发生的动作过程,在英译中分别使用了过去时态和现在完成体结构来表征[+结束]∧[-接续]特征。在语料库里,由"过"标记的过程句共计 87 例次,英译中使用过去时态的共计 23 例次,概率为 26.4%;使用完成体结构的共计 47 例次,概率为 54.0%,二者的概率值合计为 80.4%。

策略Ⅱ:非限定性句法结构化策略

"过"标记的过程类事态,在与其他事件具有时间上的顺序、原因等关系时,或由于英译文本中句法结构调整的需要,常可表达为非限定性句法结构形式,主要体现为三类结构形式:一是介词短语结构 AFTER＋X,二是分词短语结构 HAVING＋Vp-en,三是动词不定式形式 TO＋Vp。可表征为:C:Vp＋过＋(AT/IN/FOR/FRE NP) → E:AFTER＋X＋(AT/IN/FOR/FRE NP),或 C:Vp＋过＋(AT/IN/FOR/FRE NP) → E:HAVING＋Vp-en＋(AT/IN/FOR/FRE NP),或 C:Vp＋过＋(AT/IN/FOR/FRE NP) → E:TO＋Vp＋(AT/IN/FOR/FRE NP)。例如:

[13]　a.　她[敷衍过]几次以后,顾不得了,叫李妈去接电话,说她不在家。

　　　　　[After politely complying with them] a few times, she could no longer be bothered and told Mama Li to answer the phone and say she wasn't home. (AFTER＋X)

　　　b.　[听过她们背后对自己的批判],死后受阎王爷问一生的罪恶,就有个自辩的准备了。

　　　　　[Having heard their judgements of him behind his back], he'd be prepared to defend himself after death when interrogated by the King of Hades about his sins. (HAVING ＋ Vp-en)

　　　c.　还算在英国[留过学],我说的英文,他好多听不懂。

　　　　　He's supposed [to have studied] in England, but he didn't even understand a lot of the

English I spoke.（TO＋Vp）

在语料库里，"过"字过程句共计 87 例次，其中英译为介词短语结构的为 7 例次，概率为 8.0％；英译为分词短语结构的为 7 例次，概率为 8.0％；而英译为动词不定式结构有 2 例，概率为 2.3％。三者合计的概率值为 18.3％，表明这三类结构方式在英译"过"字句时并不常用。

策略Ⅲ：动态特征的静态化策略

"过"字过程句具有动态性特征，因而在英译中也往往使用动态性过程类动词与之对应。但与汉语注重动态描写相比，英语注重静态描写（刘宓庆，2010：409—410；连淑能，2010：133—146）。因此，在将"过"字过程句译成英语时，可用状态句来形成错位性对应。可表征为：C：Vp＋过＋（AT/IN/FOR/FRE NP）→ E：HAVE＋Vs-en＋（AT/IN/FOR/FRE NP）。例如：

[14]　a. 她年轻时[出过风头]，到现在不能忘记。
　　　　 She [had been quite popular] in her youth and still hadn't forgotten it.
　　　b. 为了买家具，两人也[争执过]。
　　　　 They also [had arguments] over the buying of furniture.

在[14a－b]的原文里，[出风头]和[争执]均为过程类事态，"过"对其运算后表征事态终结并具有经历性；在英译时分别使用了状态类事态[had been quite popular]和[had arguments]，形成与汉语的错位性对应关系。在语料库里，"过"字过程句共 87 例次,英译中发生静态化的有 7 例次,概率为 8.0%。

4.2.3 归纳及例外因素分析

"过"字过程句的时间语义值为[＋动态,＋持续,－完整]∧([＋结束]∧[－接续])。其中,[＋动态,＋持续,－完整]特征是由过程类事态类型确定的,[＋结束]∧[－接续]特征是由"过"的运算功能促发的。过程类事态的内在时间特征允准延时状语的介入,同时"过"的运算功能允准点时、限时以及频率状语的介入。依据时间语义值对等原则,推导并经过验证的英译策略为"动态特征的时间指向对应策略"、"动态特征的非限定性句法结构化策略"以及"动态特征的静态化策略"。可归纳为下表:

表 3 "过"字过程句的英译策略

时间句法类型	汉语结构方式	语义特征	语法特征	英译策略	英语对应结构方式(简式)
"过"字过程句	Vp＋过	[＋动态,＋持续,－完整]	[＋终结]∧[－接续]	动态特征时间指向对应	Vp-ed
					HAVE＋Vp-en
				动态特征非限定性句法结构化	AFTER＋X
					HAVING＋Vp-en
					TO＋Vp
				动态特征静态化	HAVE＋Vs-en

在将非接续体过程句英译时,上述三项翻译策略体现出的共同要求是,将汉语原文中的时间语义特征表征出来。但在语料库中,我们发现 1 例次的失律现象:

[15] 不等她回答,捡块没[用过的新毛巾]出来,拔了热

水瓶的塞头。

Without waiting for her to reply he took out a
fresh towel and pulled out the stopper from the
thermos bottle.

[15]中的[用新毛巾]是过程类事态,"过"对其运算表征事态
的终结和经历性;但在英语译文里,该时间语义特征未译出,而是
用名词短语 a fresh towel 作为替代性表达。

4.3 "过"字渐成句及其英译策略

4.3.1 "过"字渐成句的时间语义-句法特征

"过"字渐成句的基础式为"Vacc -过"。渐成类事态具有[+
动态,+持续,+完整]的时间语义特征,典型的渐成类事态有两
类,一是由过程类动词和量化名词短语构建的(Vp+NPspec),如
"跑一公里/读一本书/吃三碗饭"等;另一类是过程类动词与边界
化功能成分构建的(Vp+BFE),如"走到学校/推进河里/(把车)
开出车库"等。在视点特征上,"Vacc -过"表征主体视点在参照时
间点上对渐成类事态的结尾后阶段作观察,在语法意义特征上,
"过"表达事件结束并具有[+结束]∧[-接续],因此,"过"字渐成
句时间语义值是[+动态,+持续,+完整]∧([+结束]∧[-
接续])。

由于渐成类事态具有[+动态,+持续,+完整]的时间语义特
征,因而内在地允准点时和限时状语的介入,排斥延时状语的介
入。另一方面,"过"并不像"了"那样能够对事态的前后边界点(起
始点和终结点)进行运算,而是仅能对事态的终止或结尾后阶段进
行运算,因而它表征事态的"结束-非接续"特征(尚新,2011)。

"过"的这种"非接续"特征也排斥延时状语介入渐成类事态句。在语料库中,"过"标记的所有渐成类事态句,没有发现 1 例介入延时状语的用例。以下为替换分析:

[16]　a. 明早在茶馆[吃过第四道照例点心的汤面],吕校长付账,催鸿渐起身。

The next morning at the teahouse, after he [had the usual soup noodle—the fourth snack-dish to be served], Principal Lu paid the bill and urged Hung chien to start off.

　　　b. ＊在茶馆[吃过第四道汤面]一小时,吕校长付账,鸿渐起身。

[17]　a. 我到德国去以前,跟人补习德文,在初级读本里又[念过它]。

When I studied German with a tutor before I went to Germany, I [came across it] again in a beginning reader.

　　　b. ＊我到德国去以前,跟人补习德文,在初级读本里又[念过它]一年。

在[16a]和[17a]里,"过"字渐成句分别介入了点时状语[明早]和[我到德国去以前];在相应的 b 句中,两句分别介入了延时状语[一小时]、[一年],句子不成立,表明"过"字渐成句不允准延时状语的介入。也正是由于渐成类事态的完整性以及"过"的非接续性特征,"过"字事态句可介入频率状语。例如:

[18]　忙得方老太太应接不暇,那两个女用人也乘机吵着,[长过一次工钱]。

Mrs. Fang was left with more work than she could handle, and the two maids decided this was a good time to fuss about [a raise, which they got].

4.3.2　"过"字渐成句的英译策略

依据时间语义值对等原则,在英译过程中,译文的对应结构方式必须能够同时满足上述两项语义特征。对于动态持续([＋动态,＋持续,＋完整])的语义体征,英语往往用渐成类动词来表征;而对于[＋结束]∧[－接续]语法意义特征,英语中往往使用两类结构:一是完成体结构,二是过去时态结构,但后者往往需要辅以词汇手段来表明事态的经历性。因此,可推导出如下英译策略:

策略Ⅰ:动态特征的时间指向对应策略

"过"字渐成句时间指向往往为"过去",即以说话时刻标定的"过去"(绝对过去)或以参照时间点标定的"过去"(相对过去),表征事件已达至终结点,并成为经历。在英语里,这一时间指向功能分别由过去时态和完成体结构来承担。可表征为:C: Vacc＋过＋(AT/IN/FRE NP) → E: Vacc-ed＋(AT/IN/FRE NP),或 C: Vacc＋过＋(AT/IN/FRE NP) → E: HAVE＋Vacc-en＋(AT/IN/FRE NP)。例如:

[19]　a. 辛楣忍不住笑道:"我船上[说过这话]么? 反

正她拿来的两本什么话剧,我一个字都不
要看。"

Hsin-mei couldn't restrain a smile and said,
"[Did I say that] on the boat? In any case I'm
not going to read a single word of either play
she brought. "

b. 鸿渐,你[没读过曹先生的大作]罢?

Hung ～ chien, you [haven't read Mr.
Ts'ao's work], have you?

c. 他在柏林大学,[听过名闻日本的斯波朗格教
授(Ed Spranger)的爱情(Eros)演讲],明白爱
情跟性欲一胞双生,类而不同。

When he was at the University of Berlin, he
[had heard the lecture on Eros by Ed
Spranger, a professor well known in Japan],
and so he understood that love and sexual
desire are twins which go together but are
different.

　　[19a]的"过"表征渐成事态[说这话]在参照时间点已经结束
并成为经历,英译时用了过去时渐成句;而在[19b - c]里,两句的
英译都使用了完成体形态的渐成类事态,所不同的是,[19b]用了
现在完成体渐成句,而[19c]用了过去完成体渐成句,这主要是由
两句中参照点的时域范围不同造成的。在语料库中,"过"字渐成
句共 39 例次,英译中过去时态句的用例为 9 例次,概率为 23.1%;
完成体结构的句子为 22 例次,概率为 56.4%,二者概率值合计为

79.5％。这一结果表明,在将"过"字渐成句译成英语时,时间指向策略占有绝对优势。

策略Ⅱ：动态特征的非限定性句法结构化策略

"过"字渐成句在英译中由于句法结构调整的需要,译者或可将其处理为非独立的句法结构成分,主要体现为两种结构形式:一是分词短语结构（HAVING＋Vacc-en）,二是介词短语结构（AFTER＋X）。可表征为 C：Vacc＋过＋（AT/IN/FRE NP）→ E：HAVING＋Vacc-en＋（AT/IN/FRE NP）,或 C：Vacc＋过＋（AT/IN/FRE NP）→ E：AFTER＋X＋（AT/IN/FRE NP）。例如:

[20] a. 我们[新吃过女人的亏],都是惊弓之鸟,看见女人影子就怕了。

[Having recently been jilted by women], we are like birds afraid of the bow; we're frightened even by a woman's shadow.

b. [算过账],分付跑堂打电话到汽车行放辆车来,让唐小姐坐了回家。

[After paying the bill], he asked the waiter to call a taxi to take her home.

c. [吃过晚饭],他起了草,同时惊骇自己撒谎的本领会变得这样伟大,怕这玩笑开得太大了,写了半封信又搁下笔。

[After dinner] he wrote a rough sketch, amazed at his greatly increased ability to write the untruth. Worried that the joke might have gotten out of hand，he lay down his brush halfway through the letter.

[20a-c]的英译分别用了分词短语[Having recently been jilted by women]、介词短语[After paying the bill]和[After dinner]。在语料库里，"过"字渐成句共计 39 例次，英译中使用分词和介词短语的各有 3 例次，概率均为 7.7%；二者合计概率值为 15.4%，表明在英译"过"字渐成句时，非限定句法结构并不常用。

策略Ⅲ：动态特征的静态化策略

"过"字渐成句具有动态性特征，因而在英译中也往往使用动态性渐成类动词与之对应。但与汉语注重动态描写相比，英语注重静态描写。因此，在将"过"字渐成句译成英语时，有可能使用静态性状态句来形成错位性对应。可表征为：C：Vacc＋过＋（AT/IN/FRE NP）→E：HAVE＋Vs-en＋（AT/IN/FRE NP）。例如：

[21] a. [吃过晚饭]，雨早止了，她不愿意家里人听见，溜出门到邻近糖果店借打电话。

When [dinner was over] and the rain had stopped，not wishing her family to overhear，she slipped out to neighborhood candy store to use the telephone.

b. 大伯伯，你[吃过棒冰]没有？

Eldest Uncle，[have you ever had a popsicle]?

[21a－b]的[吃过晚饭]、[吃过棒冰]都是渐成类事态,但在英译中成了状态类事态[dinner was over]和[have ever had a popsicle]。在语料库里,"过"字渐成句共计 39 例次,英译中遵循静态化策略的为 2 例次,概率为 5.1%。

4.3.3 归纳及例外因素分析

"过"渐成句的时间语义值为[＋动态,＋持续,＋完整]∧([＋结束]∧[－接续])。渐成类事态的内在时间特征与"过"相互制约,允准点时、限时和频率状语的介入。依据时间语义值对等原则,推导并经过验证的英译策略为"动态特征的时间指向对应策略"、"动态特征的非限定性句法结构化策略"以及"动态特征的静态化策略"。可归纳如下表:

表 4 "过"字渐成句的英译策略

时间句法类型	汉语结构方式	语义特征	语法特征	英译策略	英语对应结构方式（简式）
"过"字渐成句	Vacc＋过	[＋动态,＋持续,＋完整]	[＋结束]∧[－接续]	动态特征时间指向对应	Vacc-ed
					HAVE＋Vacc-en
				动态特征非限定性句法结构化	AFTER＋X
					HAVING＋Vacc-en
				动态特征静态化	HAVE＋Vs-en
					Vs-ed

上述三项翻译策略总是以时间语义值对等为基本原则,在语料库里的仅有 1 例次失律现象体现为译文被处理为非时间特征表达成分。如下:

[22] 跑堂一口担保是上海来的好东西,原封[没打
开过]。

The waiter assured them at once that it was
good stuff from Shanghai [with the original seal
intact].

在[22]中,"过"标记的事态[打开]属于渐成类事态,但英译成
了介词短语结构[with the original seal intact],该介词短语并不
表征时间意义,属于无译出现象。在语料库里,这类与原文体态意
义缺乏关联性的句法结构用例仅此1条。

4.4 "过"字瞬成句及其英译策略

4.4.1 "过"字瞬成句的时间语义-句法特征

"过"字瞬成句基础式为"Vach-过"。瞬成类事态具有[+动
态,-持续,+完整]的时间语义特征,典型的瞬成类动词包括"死/
丢/见到/抵达"等。在参照时间点上,"Vach-过"表征主体视点
对瞬成类事态的结尾后阶段进行观察,事件与参照时间点之间具
有非接续性。因此,"过"字瞬成句的时间语义值为[+动态,-持
续,+完整]∧([+结束]∧[-接续])。

由于瞬成类事态具有[+动态,-持续,+完整]特征,因此该
类事态句内在地允准点时、限时以及频率状语的介入,排斥延时状
语的介入;又因"过"不像"了"那样可以表征事态结束后的状态接
续特征(如"小张的爷爷死了一年了"),因而"过"的非接续性也不
允准延时状语的介入。例如:

[23] a. 她上午下午都[来过电话],问他好了没有,有

没有兴致去夜谈。

　　　　b. 她一小时内[打过两次电话]。

[24]　a. 据说方先生在欧洲念书,得到过美国学位——

　　　　b. 据说方先生在欧洲念书,三年里[得到过五次奖励]。

　　在[23]—[24]的 a 句里,[来电话]、[得到美国学位]均是瞬成类事态,"过"表征该事态在过去时域内结束并成为经历。两句相应的 b 句在介入限时状语后,句子成立。在语料库中,没有发现"过"字瞬成句介入延时状语的用例,而且,若在上述事态句里介入延时状语,句子不成立。例如:

[25]　a. 她上午下午都[来过电话]五分钟,问他好了没有,有没有兴致去夜谈。

　　　　b. 据说方先生在欧洲念书,[得到过美国学位]一年——

　　瞬成类事态句具有完整性特征,因而也内在地允准事态重复发生,可介入频率状语。例如:

[26]　昨天的事是汪氏夫妇胡闹——[见过]两次了。

4.4.2 "过"字瞬成句的英译策略

依据时间语义值对等原则,在"过"字瞬成句的英译中,往往以瞬成类动词对应[＋动态,－持续,＋完整]特征,而在对应[＋结束]∧「一接续]特征方面,可通过(1)过去时态结构(V*ach-ed*)来表征事件整体在说话时刻之前就已结束,而经历性特征往往用表经历特征的副词来表征,或者用完成体结构(HAVE+V*ach-en*)表征事件在参照时间点之前已达终结点,成为经历;(2)非限定性句法结构,如介词短语结构(如 AFTER+X)、分词短语结构(HAVING+V*ach-en*)来表征一事件发生之后,相关的另一事件发生,或(3)以状态类事态取代瞬成类事态,藉此表征事件发生后状态的延续。因此,可推导出如下三项英译策略:

策略Ⅰ:动态特征的过去时间指向对应策略

"过"具有自然的过去时间指向功能,而英语中具有过去时间指向功能的语法结构有两类:一是过去时态,二是完成体结构。可表征为:C:V*acc*+过+(AT/IN/FRE NP)→E:V*ach-ed*+(AT/IN/FRE NP),或 C:V*acc*+过+(AT/IN/FRE NP)→ E:HAVE+V*ach-en*+(AT/IN/FRE NP)。例如:

[27] a. 据说方先生在欧洲念书,[得到过美国学位]——

It seems that while you studied in Europe, you [got an American degree]—

b. 鸿渐忙申辩,自己一清早到现在没[碰见过她]。

Hung-chien quickly explained that he [hadn't seen Mrs. Chou]all morning.

[27a]里,"过"将[得到学位]瞬成类事态指向过去时域,英译时用了过去时瞬成类事态结构[got an American degree],以成对

应。在[27b]里,事态句的参照时间点不是说话时间点,而是另一事态[申辩],根据语境,[申辩]发生在过去时域,因而事态[碰见她]在英译中使用了过去完成体结构,表征"过去的过去"。在语料库里,"过"字瞬成句共计 60 例次,英译为过去时态句的 16 例次,概率为 26.7%;英译为完成体结构的 41 例次,概率为 68.3%,二者概率合计为 95%。可见,汉语"过"字瞬成句在相当大程度上表征的是过去时域内发生并终结的事件。

策略Ⅱ：动态特征的非限定性句法结构化策略

除了上述动态特征的时间指向对应之外,英语中的非限定性句法结构也可以表征上述时间语义值,其中包括完成体结构的分词形式 HAVING V-*en*、介词短语结构 AFTER＋X 等。但在语料库中,仅发现了 AFTER＋X 结构的用例。可表征为：C：V*acc*＋过＋（AT/IN/FRE NP）→ E：AFTER＋X＋（AT/IN/FRE NP）。例如：

[28] a. 我临走分付家里人等医生[来过],打电话报告我的。

Before I left, I told the maid to call me and report [after the doctor's visit].

b. 当夜刮大风,明天小雨接大雨,一脉相延,到下午[没停过]。

That night it grew very windy, and the next day a light rain fell, followed by a heavy downpour which continued [without let-up] into the afternoon.

[28a-b]两句里,[来过]和[停过]均为"过"字瞬成句,英译中分别使用了介词短语[after the doctor's visit]和[without let-up]来对应。在语料库中,"过"标记的瞬成句共计60例次,英译中用介词短语结构方式来对应的有2例次,概率3.3%。

策略Ⅲ:动态特征的静态化策略

"过"字瞬成句具有动态性特征,因而在英译中也往往使用动态性瞬成类动词与之对应。但与汉语注重动态描写相比,英语注重静态描写。因此,在将汉语非接续体瞬成句译成英语时,有可能使用静态性状态句来形成错位性对应。可表征如下:C:V_{ach}+过+(AT/IN/FRE NP) → E:HAVE+$V_{s\text{-}en}$+(AT/IN/FRE NP)。例如:

[29] 韩学愈点头,伸颈咽口唾沫,唾沫下去,一句话从喉核下浮上:"你先生[到过美国]没有?"

Han nodded stretched his neck and swallowed some saliva. The saliva went down and up floated a sentence from beneath the lump in his throat, "Have you ever [been to America]?"

[29]里[到美国]为瞬成类时态,在英译中转类成了状态类事态[be to America],并用完成体结构来表征经历性,这是一种较为特殊却又常用的对应方式,汉语中体现为"到/去过某地",英译中体现为HAVE BEEN TO。在语料库里,"过"标记的瞬成句共计60例次,英译中遵循静态化策略的为8例次,概率为13.3%。

4.4.3 归纳及例外因素分析

"过"字瞬成句的时间语义值为[＋动态，－持续，＋完整]∧([＋结束]∧[－接续])。瞬成类事态与"过"相互制约，允准点时、限时和频率状语的介入。依据时间语义值对等原则，可推导并经过验证的英译策略为"动态特征的时间指向对应策略"、"动态特征的非限定性句法结构化策略"以及"动态特征静态化策略"。可归纳如下表：

表5 汉语非接续体瞬成句的英译策略

时间句法类型	汉语结构方式	语义特征	语法特征	英译策略	英语对应结构方式（简式）
"过"字瞬成句	Vach+过	[＋动态，－持续，＋完整]	[＋结束]∧[－接续]	动态特征时间指向对应	Vach-ed
					HAVE＋Vach-en
				动态特征非限定性句法结构化	AFTER＋X
				动态特征静态化	HAVE＋Vs-en

上述翻译策略的失律现象主要体现为瞬成类事态的过程化。"过"所标记的瞬成类事态，在英译中有1例次转变成了过程类事态。如下：

[30] 鹏图道："唉，就是法国的博士，报上[见过]的。"
"Oh, the one with a French doctorate," said his brother. "I [read about her] in the newspaper."

在[30]的原文里,[见]属瞬成类事态,但在英译时转类成了过程类事态[read about her]。这与汉英语的用词差别有关系。

5. 结论

本文在对"过"字各类事态句的时间语义值和时间句法特征进行描写的基础上,依据时间语义值对等、句法结构错位性对应两项原则推导出各项英译策略,然后依据语料库的取样用例和统计数据验证了翻译策略的足律性,对例外现象作了统计和分析。具体可归纳如下表:

表6 "过"字事态句及其英译策略

"过"字事态句		时间句法特征		时间语义值	英译策略推导	
类型	基础结构	时间状语	允准与否		英译策略	基础结构(简式)
状态句	Vs+过	点时	√	[－动态,+持续,－完整]∧([+结束]∧[－接续])	静态特征时间指向对应	i：Vs-ed ii：HAVE+V-en
		延时	√			
		限时	√		静态特征非限定性句法结构化	i：HAVING+Vs-en ii：ITH(OUT)+NP
		频率	√			
过程句	Vp+过	点时	√	[＋动态,+持续,－完整]∧([+结束]∧[－接续])	动态特征时间指向对应	i：Vp-ed ii：HAVE+V-en
		延时	√		动态特征非独立句法结构化	i：AFTER+X ii：AVING+Vp-en iii：TO+Vp
		限时	√			
		频率	√		动态特征静态化	HAVE+Vs-en

(续　表)

		点时	√	[+动态,+持续,—完整]∧([+结束]∧[—接续])	动态特征时间指向对应	i：Vacc-ed ii：HAVE+Vacc-en
渐成句	Vacc+过	延时	√		动态特征非限定结构化	i：AFTER+X ii：HAVING+V-en
		限时	√			
		频率	√		动态特征静态化	i：HAVE+Vs-en ii：Vs-ed
瞬成句	Vach+过	点时	√	[+动态,+持续,—完整]∧([+结束]∧[—接续])	动态特征时间指向对应	i：Vach-ed ii：HAVE+Vach-en
		延时	√		动态特征非限定句法结构化	AFTER+X
		限时	√			
		频率	√		动态特征静态化	HAVE+Vs-en

从上文讨论以及表6的表征可归纳出如下几项进一步的结论,(1)"过"具有明显的过去时间指向功能,体现在英译为过去时和完成体的概率合计达到 79.5%～95.0% 之间;同时又表明,(2)"过"字事态句在英译时,译为完成体结构的概率要比译为过去时态的概率更高,说明"过"更接近于英语中的完成体。可梳理为下表7所示:

表7　"过"字各类事态句的过去时间指向意义英译情况

英译过去时间指向概率	状态句	过程句	渐成句	瞬成句
英译过去时概率(%)	22.7	26.4	23.1	26.7
英译完成体概率(%)	63.6	54.0	56.4	68.3
概率值合计(%)	86.3	80.4	79.5	95.0

（3）虽然汉语完整体标记具有过去时间指向功能，但是英译中的时态选择并不是完全由"过"的过去时间指向功能控制的，而往往是由时间指向、句法结构（如非限定性句法结构的选择可排除时态句）等策略综合发生作用的结果，并且这些策略的控制作用既是恒常的，也是相互补充的，而不是相互排斥的关系。（4）本文的研究还表明，从语言本体论角度进行的翻译研究仍有广泛的探索空间。

参考文献

1 连淑能，《英汉对比研究》（增订本）[M]，北京：高等教育出版社，2010。

2 刘宓庆，《新编汉英对比与翻译》[M]，北京：中国对外翻译出版公司，2010。

3 尚新，突显理论与汉英时体范畴的类型学差异[J]，《语言教学与研究》，2004(6)：10—18。

4 尚新，《英汉体范畴对比研究：语法体的内部对立与中立化》[M]，上海：上海人民出版社，2007。

5 尚新，论语法体对语义体运算的选择性及其句法层级性[J]，《解放军外国语学院学报》，2011(6)：6—12。

6 Bach, E. The algebra of events [J]. *Linguistics and Philosophy*, 1986 (9)：5-16.

7 Comrie, B. *Aspect：An introduction to the study of verbal aspect and related problems* [M]. Cambridge：Cambridge University Press，1976.

8 Li, Charles N. & S. A. Thompson. *Mandarin Chinese：A functional reference grammar* [M]. 黄宣范译，《汉语语法》，台北：台湾文鹤出版有限公司，1983。

9 Lin, Jo-Wang. Time in a language without tense：The case of Chinese [J]. *Journal of Semantics*, 2006(23)：1-53.

10 Lin, Jo-Wang. Predicate restriction, discontinuity property and the

    meaning of the perfective marker *Guo* in Mandarin Chinese [J]. *Journal of East Asian Linguistics*, 2007(16): 237 – 257.

11　Newmark, P. *Approaches to Translation* [M]. Shanghai: Shanghai Foreign Language Education Press, 2001.

12　Smith, C. *The Parameter of Aspect* [M]. Dordrecht: Kluwer Academic Publishers, 1991/1997.

13　Vendler, Z. Verbs and times [J]. *The Philosophical Review*. 1957 (2): 143 – 160.

（本文提交于第二届英汉对比与翻译研究学科建设高层论坛）

英汉名词的"数"与语言类型学特征[*]

尚 新

摘要： 名词因指称功能不同而形成"名词作为属性"和"名词作为类别"的隐性类型学特征；隐性类型学特征可通过名词的使用形式上得到验证并形成"数标记型语言"和"量词型语言"的显性类型学特征。显性类型学特征既是英汉语中可数名词与不可数名词的区分手段，也是英汉语中名词实现内部转类的机制所在。

关键词： 名词；指称；数；转类；类型学

0. 引言

名词作为指称客观世界实体的重要词类，在世界语言中普遍

---

* 本课题的研究得到国家哲学与社会科学基金(项目编号：08BYY003)、上海市教育委员会科研创新项目(项目编号：08YS115)以及上海海事大学科研基金资助(项目编号：20090114)。本文的写作过程得益于在加拿大麦吉尔大学语言学系(Department of Linguistics, McGill University)访学期间(2008.8—2009.2)同Brendan S. Gillon教授的多次讨论，同时也从2009年全国语言学暑期高级讲习班(北京)上与解志国博士(康奈尔大学)、贺川生博士(香港理工大学)的讨论中获益良多，在此一并致谢。疏漏之处，一概由作者本人负责。

存在,但名词的指称功能随语言的不同而具有不同的类型学特征
(Chierchia,1998),英语和汉语的名词恰好代表了不同的语言类
型。本文将就英汉语名词的类型学特征、可数名词与不可数名词
的区分标准、名词的内部转类(type-shifting)做比较分析。

1. 名词的指称功能与英汉名词的语言类型学特征

语义学中的指称论(referential semantics)(参见 Carlson,1977;
Chierchia,1998;Li,1999;Chierchia,2008 等)有一个基本的观点认为,
世界各语言的名词具有两类指称功能,要么指称属性(properties),要
么指称类别(kinds),但有些语言的名词指称介于二者之间。

"属性"是自然语言谓词表达的语义对应物(Chierchia & Turner
1988)。① 也就是说,指称属性的名词具有谓词性质,按照语义学中
的类型论,其逻辑类型为<e, t>,即把谓词当作函数时,输入一个
论元性实体<e>,函数输出的是句子(命题)<t>。② 与指称属性
相对,有些语言的名词指称"类别"(kinds),即"论元性实体"③

---

① "Properties are the semantic counterparts of natural language predicate
expressions". 请参阅 Chierchia & Turner(1988)第 1 节。

② 在指称语义学的类型论里,存在两个基本的逻辑类:e 和 t。e 是个体常元的逻辑
类,t 是公式的逻辑类。由这两个逻辑类,可以构造出更为复杂的逻辑类,如一元谓
词的逻辑类为(e, t)。即当给一元谓词输入一个实体(e)时,这时函数输出的是命
题(t)。在英语里,普通名词跟一元谓词同属一个逻辑类,即(e, t)。拿一元谓词
run 和 teacher 来说,有下面的例子:a. John runs.(John 是实体(e),输入给函数
run'(x run),得到的是命题(t):[|John run|])。b. John is a teacher.(John 是实
体(e),输入给函数 teacher'(x be teacher),得到的是命题(t):[|John be
teacher|])。

③ "Kinds are entities of an argumental type (i. e. of type e)". 请参阅 Chierchia
(1998)第 1 小节。

(Chierchia, 1998)。指称类别的名词不能作谓词,仅能作论元,根据类型论,其逻辑类型为<e>。

上述指称论观点,通过各语言名词使用的不同表达特点得到验证。名词指称属性的语言里,由于名词可以作谓词,其语义类型是<e, t>,又由于数词的语义类型也为<e, t>,根据谓词修饰原则,数词可直接附加在谓词性名词之上[1],同时,在形态上名词可直接附加数标记(如英语中的复数标记-s),成为"数标记型语言"(number-marking languages)。在名词指称类别的语言里,名词指称论元性实体,其语义类型是<e>,由于这类名词不是谓词<e, t>,作为谓词的数词就不能直接附加在名词上,这时需要把名词转变为指称属性,然后方可与数词结合。怎样才能将名词转变为指称属性呢? 我们需要一个中间成分,该成分具有<<e, t>, e>的语义类型,当我们把名词作论元输入给这个成分时,就可以得到一个具有谓词性的成分<e, t>,这时数词才可以限定这个谓词性成分。这个中间成分就是量词(类别词),其语义类型为<<e, t>, e>。这类语言在名词形态特征上就是"量词型"语言(classifier languages)。

综上所述,如果一种语言的名词能够直接指称属性,那么该语言的名词就具有谓词性质,该语言在类型学特征上就是"名词作为属性"(N-as-P)语言。如果一种语言的名词指称类别,那么该语言在类型学特征上就是"名词作为类别"(N-as-K)语言。有些语言的名词指称处于上述两种语言之间(如 Dëne 语等),可称为"数中性

---

① 根据弗雷格和罗素关于数的概念(参见 Chierchia, 2008),数词在本质上是形容词性的,因而与形容词一样需要"特征外延"(property extension)作为论元,数词与属性结合得到的仍是属性,也就是说,能够被数词直接限定的名词指称"属性"。

语言"(Number-neutral languages. Chierchia,2008)。由于从名词指称功能的角度来看各语言的名词时,名词的句法和形态特征没有包括进来,因此,我们可把名词因指称功能不同而形成的语言类型学特征称为"隐性类型学特征"(covert typological characteristics);与此相对,我们把名词因指称功能不同而造成的形式表达上的特征称为"显性类型学特征"(overt typological characteristics)。

具体到本文要探讨的英语和汉语,我们赞成 Chierchia(2008)的观点,认为在隐性类型学特征上,英语是名词作为属性的语言(N-as-P),汉语是名词作为类别的语言(N-as-K);在显性类型学特征上,英语是数标记型语言,而汉语是量词型语言。[①] 英汉语的名词隐性类型学差异通过显性类型学特征之间的差异得到验证和体现。为了说明英汉语名词的显性语言类型学特征差异,我们先来比较以下两组句子:

[1] a. *The boy drank *five water* in three minutes.
   b. *那个男孩三分钟内喝了五水。

[2] a. *That gold is at least *thirty*.
   b. *那金子至少三十。

以上两例表明,英语和汉语中的不可数名词都不可直接接受数词修饰,如例[1a - b](星号 * 表示句子不成立,下同)。另外一

---

① "隐性类型学特征"和"显性类型学特征"是笔者为了区分指称上的类型学特征和句法形态上的类型学特征而设立的,Chierchia 本人并没有作出这类区分。

点是,当不可数名词(短语)在主谓结构中作主语时,英语和汉语中的数词都不可以单独作谓语,如例(2a - b)。实际上,不可数名词不能直接受数词修饰是世界语言的普遍特征(Chierchia,2008)。但当类如[1]、[2]中的不可数名词换成可数名词短语的时候,英汉语体现出截然不同的差别:

[3]　a. The boy sang *five songs* in three minutes.

　　　b. ＊那个男孩三分钟唱了五歌。

　　　c. 那个男孩三分钟唱了五首歌。

[4]　a. Those desks are at least *thirty*.

　　　b. ＊那些课桌至少三十。

　　　c. 那些课桌至少三十张。

[3a - b]的对比说明,英语中数词可以直接修饰可数名词复数,验证了英语中的名词指称属性;而汉语中数词不可以直接修饰名词复数概念,必须辅以量词①(如[3c]),验证了汉语中名词指称类别。[4a - b]的对比则说明,在主语为可数名词的情况下,英语中的数词可以直接作为谓词使用,而汉语中数词不可以直接作谓语,必须辅以量词(如[4c])才可出现在谓语位置。总之,上述[1]—[4]的比较表明,在显性类型学特征上,英语是数标记型语

———————

① 　类别词(classifiers)是国际语言学界对划分名词类别的语言成分的统称,在汉语研究中,通行的称呼是"量词",参看朱德熙(1999:59—61)。本文在讨论中把类别词看作是量词的下位概念,主要指个体名词所专有的量词(赵元任,1968/2001:233),所以"非类别词性的量词"则是指如度量衡单位、容器量词、部分量词以及物质形状类量词。

言,而汉语是量词型语言,量词成为汉语名词在形态上区别于英语名词的重要特征。对英汉语名词的显性类型学特征的认知具有重要的语言学研究意义。从下面两节的分析我们将看到,显性类型学特征既是英汉语言里可数名词与不可数名词的区分手段,也是名词内部转类的机制所在。

2. 显性类型学特征:可数与不可数名词的区分手段

从语义特征的角度来说,世界语言都存在可数名词和不可数名词的分类。Quirk 等(1985:246)把可数名词定义为"指示个体可数性实体而非未分化的量的名词",把不可数名词定义为"指示未分化的量或连续体的名词"①。关于可数名词与不可数名词之间的分界问题,Chierchia(2008)认为可数名词与不可数名词之间的界线是模糊的,名词的定义特征仅可以覆盖典型性的、标准的或者说核心性的可数/不可数名词,比如英语中有些坐标类名词(如 furniture, footwear, cutlery)、抽象名词(如 beauty, knowledge)等具有非典型性特征,介于不可数名词与可数名词之间。这类词在句法特征上属于不可数名词,在语义特征上属于可数名词,因此又称为"假不可数名词"(fake mass nouns)。如:

[5] a. *I bought *three furnitures*.

b. I bought *three pieces of furniture*.

---

① "Nouns ... denoting individual countable entities and not as an undifferentiated mass, are called COUNT nouns". "Nouns ... denoting an undifferentiated mass or continuum, ... are called NONCOUNT nouns". 请参阅 Quirk 等(1985:246)。

[5a]在句法上由数词 *three* 和名词 *furniture* 的复数直接结合,句子不合法,而必须表达成[5b]的形式才合法。汉语名词并没有形态上的要求,是不是也有必要和英语一样在可数名词和不可数名词之间列出一个中间范畴"假不可数名词"呢? 我们的看法是,汉语中不存在"假不可数名词"一类。Schwarzschild(2007)研究发现,有一组谓词可以用来区分可数与不可数名词,可称为"强制分配性谓词"(Stubbornly Distributive Predicates),包括 large,small,cubical,big 等。凡是可以用这些谓词作谓语成分的名词就是可数性名词,反之则为不可数名词。依据这一语义区分标准,汉语中与英语"假不可数名词"(如 furniture,footwear,cutlery等)对应的名词可有如下句子:

[6]　　a. 这些家具都是立方体的。

　　　　b. 这些鞋子都小。

　　　　c. 这家店里卖的刃具都很大。

从[6a-c]可得出,汉语中"家具"、"鞋子"、"刃具"都可用强制分配性谓词来描述,而具有分配义的全称量词"都"的可介入性,说明汉语中不存在所谓"假可数名词"一类。汉语不存在语法上的"数",只有概念上的"数",即可数名词是那些概念上可以计数的客体;不可数名词是那些概念上难以计数的客体;英语存在语法上的"数",而语法范畴不必与客观范畴完全匹配。因此,英语中除了存在与客观相匹配的可数名词与不可数名词形式之外,还存在与客观不匹配的假不可数名词形式,即语法上是不可数的,但概念上是可数的。

在句法和形态特征上,可数名词和不可数名词也必有区分的

415

手段，比如 Gillon（1992，1996）较为详尽地列举了区别英语可数名词与不可数名词的形态-句法区分标准，如下所示：

[7] 句法-形态标准	物质名词	可数名词
能否受主要数词修饰	—	＋
能否受准主要数词修饰	—	＋
能否受不定冠词修饰	—	＋
能否受 many 和 few 修饰	—	＋
能否受 much 和 less 修饰	＋	—
是否有单数/复数对立	—	＋
能否接受 one 作先行词	—	＋

仔细考察上述标准，我们会发现，它们都与英语的数标记直接相关，如"能否受不定冠词修饰"其实是单数标记问题等。也就是说，英语名词的显性类型学特征是区分可数名词和不可数名词的手段。

进一步的分析也使我们发现，上述标准都不适用于汉语。（i）能否受主要和准主要数词修饰标准对汉语并不适用；（ii）汉语中不存在冠词一类，因而谈不上适用性；（iii）英语中的存在量词（如 many vs. few；much vs. less）可以区分可数与不可数名词，而汉语的"许多"和"很少"没有这种区分功能；（iv）形态标准，即"是否有单数/复数对立"标准对汉语名词不具有区分作用，因为汉语名词无论可数还是不可数都不能直接接受数词修饰，如＊三学生/＊五水；（v）英语中的名词可以"one"作先行词，而汉语与英语"one"的对应成分"一"不能单独使用。试比较：

[8]　a. Mary gave Jill a suggestion and John gave her
　　　　one too.

　　b. ＊玛丽给了吉尔一个建议,约翰也给了吉尔一。

　　c. 玛丽给了吉尔一个建议,约翰也给了吉尔一个。

　　d. 玛丽给了吉尔一个建议,约翰也给了吉尔一个
　　　　建议。

[8]中的句子对比显示,汉语能作为先行成分的是"数＋量"(Num ＋ CL)成分,这与英语的数词 one 可以作代词用截然不同;因此,严格地说,上述 Gillon(1992，1996)所列举的英语名词的形态-句法区分标准,没有一条适用于汉语名词数的特征区分。

汉语名词不具有单复数的形态特征,可数性特征的判定是通过量词来标定的。其中"万能量词"(universal classifier)"个"担负着区分可数名词与不可数名词的功能。与英语中的不定冠词"a"类似,"个"不能限定不可数名词。比如:

[9]　a. a boy　　　　b. ＊a water

[10]　a. 一个男孩　　b. ＊一个水

就汉语可数与不可数名词的区分问题,赵元任(1968[2001]：233—234)曾经提出精辟的见解。在探讨"个体名词"和"物质名词"两类名词时,赵元任指出,个体名词所联系的量词是一种"类别词"(classifier),每个名词有一定的类别词,其中通用类别词"个"可以代替几乎任何一个专用的类别词;而物质名词没有专门的类别词,用 D－M(即 Determiner-Measure)修饰的时候,M 是(赵元

任,1968/2001:233)①:

> [11]　a. 度量衡单位：一尺布
>
> 　　　b. 容器或临时量词：一杯茶；一身雪；一屋子烟
>
> 　　　c. 部分量词,如：一点水；那些酒；一会儿功夫
>
> 　　　d. 物质所具有的形状：一块布；两堆土；一滩水

　　赵元任的上述阐述已经表明,英语中可数名词与不可数名词的区分以数标记特征为手段,而汉语中可数与不可数名词的区分手段是量词的使用,即量词标定了汉语可数与不可数名词的界限。这也揭示了两种语言中的名词在可数与不可数特征之间转类的不同运作机制。

3. 显性类型学特征：可数与不可数特征之间转类的机制

　　名词内部转类,是指名词的数特征上发生变化,即在不可数和可数特征之间产生转化。限于篇幅,本文仅探讨名词在基础层的转类,包括英语光杆名词形式[N]、名词复数标记形式[N-s],以及汉语量词加名词[CL+N]形式。对名词短语层的内部转类我们将另文讨论。

　　由可数名词到不可数名词的转类,是指用可数名词的单数形式来指称该名词指称的个体事物所具有的物质。这一转类机制

---

① 赵元任还指出,物质名词与个体名词的另一个区别是在 D-M 和物质名词中间可以插入"的"字,而类词与个体名词之间则不可以,如：a. 两磅的肉　* b. 两位的先生。请参阅赵元任 1968/2001，p.234。

Chierchia(2008)称之为"通用粉碎机"(universal grinder)。该转类在英语中由可数名词的光杆形式(bare-noun forms)来完成。如：

> [12] a. I bought *rabbits* at Trader Joe's.
>
> b. I bought *rabbit* at Trader Joe's.

> [13] a. There is *rabbit* in your stew.
>
> b. *There are *rabbits* in your stew.

[12a]中的 rabbits 作为复数形式指"兔子"的个体集合，而在[12b]和[13a]中 rabbit 作为光杆形式指称"兔子"所具有的物质，正是在此意义上[13b]句不成立。英语中由可数名词向不可数名词的转类似乎比较常见，而在汉语中，类如上面[12]和[13]的名词转类句子[14b]和[15a]均不成立：

> [14] a. 我在集市上买了几只兔子。
>
> b. *我在集市上买了兔。
>
> c. 我在集市上买了兔肉。

> [15] a. *你的炖汤里有兔子。
>
> b. *你的炖汤里有几只兔子。
>
> c. 你的炖汤里有兔肉。

可见，当汉语需要表达与可数名词相对应的不可数物质概念的时候，常常用一个物质性名词语素与该可数名词构成不可数的

复合名词;或者使用量词跟在可数名词后面来达到"粉碎"的效果
(如[16b‐c]),而更常见的形式则是用非类别词性质的量词(即
[11a‐d]的量词类型,如下例[17]):

[16]　a. ＊你的炖汤里有苹果。

　　　b. 你的炖汤里有苹果味。

　　　c. 你的炖汤里有苹果片。

[17]　a. 我刚买了一个西瓜。

　　　b. 我刚买了十斤西瓜。

　　　c. 张三今儿钓了一条鱼。

　　　d. 张三今儿买了三斤鱼。

上述对比表明,英语中可数名词向不可数名词转类的"通用粉
碎"功能是由可数名词的光杆形式来担当的;而在汉语中,可数名
词要表达不可数概念,有两种实现途径:一是通过在可数名词后
面附加不可数名词性语素(如"肉"、"味"等);二是通过使用量词。

与"通用粉碎"相对,由不可数名词向可数名词的转类则称为
"通用打包"。在英语中,不可数名词向可数名词转类的实现途径
是把复数标记强制性用在不可数名词上面,该转类机制称为"通用
打包机"(universal packager,Chierchia,2008)。例如:

[18]　a. He didn't drink *water* enough.

　　　b. A great ship asks deep *waters*.

[19]　a. People in the west love *coffee*.

b. I said a ['ei] coffee, not two *coffees*.

[18a]和[19a]中的"water"、"coffee"分别指称"水"和"咖啡"物质;而在[18b]和[19b]中,这两个名词在复数标记(－s)的作用下实现向可数名词的转类,分别指"不同的水体"和"咖啡的服务方式"。"通用打包"现象在英语中也同样具有普遍性,但确有部分不可数名词拒绝这种转类(如 blood, milk 等)。比如:

[20] a. John lost much *blood*.

b. * I had three *bloods*.

[20b]可设想为在医院中的输血情景,尽管医院中输血以常规单位来提供,有如咖啡馆中咖啡的服务方式,但 blood 一词还是不可以直接通过附加复数标记来实现转类。类如 blood, milk 等的不可数名词,在名词基础层上无法实现转类,却可通过上升到短语层并借助量词来实现数特征的转类。仅举两例如下:

[21] a. I had three *portions* of blood.

b. I drank two *bottles* of milk.

[21]在名词短语(three portions of blood, two bottles of milk)的层次上发生了"可数性转化"。我们发现,对这个短语层次的"打包",复数标记(－s)仍必不可少。因而,复数形态－s 也是名词在短语层次上发生转类的"通用打包机"。

与英语相对,汉语作为量词型语言,量词是不可数名词与可数名词之间转类的机制所在。特别是作为通用类词的"个"(赵元任,

1968/2001:233—234)具有"通用打包机"的功能,体现在它可以
把不可数名词、抽象名词转类为可数名词。比如:

[22]　a. 来,小伙子们！喝个胜利酒儿吧！(梁斌《红
　　　　　旗谱》)

　　　b. 什么 XO 人头马,酸的苦的;什么螃蟹大虾田
　　　　　鸡腿,一个味儿。(魏润身《挠攘》)

　　　c. 这些个困难,使他更咬牙努力(老舍《骆驼
　　　　　祥子》)

　　　d. 人常常会在一刹那间,也许只是因为一个眼神
　　　　　一个手势,伤透了心,破坏了友谊。(宗璞
　　　　　《红豆》)

[22]中各句的名词"酒儿、味儿、困难、眼神"呈现从物质到抽
象的一个序列,"个"使这些成分发生"个体化"(individualization)。
"个"的这种"通用打包机"的功能还体现在它可以把形容词和动词
体词化,更体现在它使"V 个 VP"结构表达的事件个体化(请参阅
张谊生,2003;石毓智、雷玉梅,2007)。请看如下例子:

[23]　a. 一点也不久,而且我根本不打算叫你,因为我
　　　　　想让你睡个饱。(于晴《红苹果之恋》)

　　　b. 她渴望要有一个亲人让她抱住了痛哭,让她诉
　　　　　说个畅快。(茅盾《子夜》)

　　　c. 如果她知道我交上男朋友,她一定会把我打个
　　　　　半死。(岑凯伦《合家欢》)

　　　d. 第一天上地畔,他就把上身脱了个精光,也不

和其他个说话，没命地挖起了地畔。（路遥
《人生》）

[23a-d]中的形容词（如"饱"、"畅快"、"精光"）和动词（如"死"）
在量词"个"的"通用打包"功能下，不仅转类为名词，而且转类为个体
名词，并使整个"V 个 VP"结构发生"个体事件化"（individually
eventualized）。这些都充分表明了量词"个"的强大"打包"功能。

4. 结论

名词因指称功能不同而形成"名词作为属性"和"名词作为类
别"的隐性类型学特征。在该类型学特征上，英语是"名词作为属
性"语言，而汉语为"名词作为类别"语言。隐性类型学特征反映到
名词的使用形式上，则形成"数标记型语言"和"量词型语言"的显
性类型学特征，在该类型学特征上，英语为"数标记型语言"，而汉
语为"量词型语言"。显性类型学特征既是英汉语中可数名词与不
可数名词的区分手段，也是英汉语中名词实现内部转类的机制
所在。

参考文献

1　石毓智、雷玉梅，"个"标记宾语的功能[J]，《语文研究》，2004（4）：
　　14—20。

2　张谊生，从量词到助词——量词"个"语法化过程的个案分析[J]，《当代语
　　言学》，2003（3）：193—205。

3　赵元任，《汉语口语语法》[M]，吕叔湘等译，北京：商务印书馆，
　　1968/2001。

4　朱德熙，语法讲义[M]，载《朱德熙文集》第一卷[C]，北京：商务印书馆，1999。

5　Carlson，G. N. *Reference to Kinds in English* [D]. Ph. D. Diss. University of Massachusetts at Amherst，1977.

6　Chierchia，G. Reference to Kinds across Languages [J]. *Natural Language Semantics*，1998(6)：339 - 405.

7　Chierchia，G. Mass nouns and vagueness [Z]. Unpublished paper for Mass and Count Workshop at Toronto University，2009.

8　Chierchia，G. & Turner，R. Semantics and Property Theory [J]. *Linguistics and Philosophy*，1988(11)：261 - 302.

9　Gillon，B. S. A Common Semantics for English Count and Mass Nouns [J]. *Linguistics and Philosophy*，1992(15)：597 - 639.

10　Gillon，B. S. The Lexical Semantics of English Count and Mass Nouns [Z]. Paper presented at the Workshop on the *Breadth and Depth of Semantic Lexicons*. University of California，Santa Cruz. 1996.

11　Li，Yen-Hui Audrey. Plurality in a Classifier Language [J]. *Journal of East Asian Linguistics*，1999(8)：75 - 99.

12　Quirk，R. et al. *A Comprehensive Grammar of the English Language* [K]. London/ New York：Longman Group Limited，1985.

13　Schwarzschild，R. Mass Nouns and Stubbornly Distributive Predicates [Z]. Paper presented at the Harvard Colloquium Series. STUBs/ Pluralities. 2007.

（本文提交于首届英汉对比与翻译研究学科建设高层论坛，修改后载于《解放军外国语学院学报》2010 年第 1 期）

谈我国翻译理论研究的几个基本问题

罗选民

摘要：近三十年来,我国翻译理论研究得到了蓬勃发展,但也还存在一些问题和误区。本文着重讨论了翻译研究中的四个方面：译学理论研究,译学方法研究,相关学科研究,译学史论研究。笔者期望通过这些问题的探讨能够澄清一些模糊的观念,为新时期的翻译研究提供一些新的思路。

关键词：译论方法；相关研究；译史

0. 引言

近三十年来,我国翻译理论研究得到了蓬勃发展,大量西方的学术著作得到引进,大量的学术专著编著得到出版,翻译学科得到建立,翻译学术的国际交流空前频繁。在这样一种大好形势下,如何正确认识我们的翻译理论研究的发展态势,发现一些存在的问题也是十分必要的。本文是作者对一些重大译学理论问题的思考记录,着重讨论了翻译理论的四个方面：译学理论研究,译学方法研究,相关学科研究,译学史论研究。笔者期望通过对这些问题的探讨能够澄清一些模糊的观念，为新时期的翻译研究提供新的思路和研究方法。

1. 译学理论研究

任何时候强调译学理论研究都不会过时，因为理论不会原地踏步一成不变。即便在今天，翻译研究形势比以往任何时候都好的时候，我们的理论研究中仍然存在一些误区，仍然可以听到一些愤怒与喧嚣：何为翻译理论？翻译理论的意义何在？鉴于这一质疑在中国翻译界仍有一定的市场，我觉得有必要对这个问题做一些澄清，为今后的研究和讨论做好铺垫。

凡是鼓吹翻译理论无用的人，几乎都混淆了翻译理论与翻译实践这两个基本概念。这一点，过去有人谈到。不过，我们在过去讨论这个问题时，常常把翻译理论怀疑论者当作是翻译实践者（他们大都重视翻译实践）而不是理论者，所以把回应的话题归属到翻译理论与实践的对立关系之上。如《中国翻译辞典》（林煌天，1997：182）做了这样的详述："一般从事实际翻译工作的人，往往有重实践、轻理论的倾向。翻译工作者要重视实践的积累，这是完全正确的，但重视实践未必要轻视理论。……任何译者，都自觉或不自觉地受到某种理论的指导，或者说受到某种翻译观的支配。这种观点可以体现在译者对每一个具体语言问题的处理上，最终反映在他的译作效果上。"

实际上，从事翻译实践的人，一旦加入了翻译理论的讨论，他们就同时充当了翻译理论者的角色，他们的介入表现出对翻译理论的兴趣和关注。反对翻译理论本身就是他们的理论，只不过这通常是一种旧的翻译理论，他们喜欢的是印象式的点评，或经验之谈。至少,我的阅读经验告诉我,他们没有反对严复的"信、达、雅"翻译理论,也没有反对傅雷的"神似"说。

出现这种现象,我认为与我们过去在讨论翻译理论时,更多是从中国的翻译传统去谈翻译理论,而没有从学理上去做清晰的界定有关。也许,人们太熟悉翻译理论这个术语了,似乎只要提到翻译理论与翻译实践这一对词组,它们的关系已经明明白白地摆在那里,其学理也无需赘述。

所以,德利尔等(2004)主编的《翻译研究关键词》收入了"翻译研究"(translation studies)、"翻译技术"(translation technology)、"翻译工具"(translation tools)等术语,但没有收入"翻译理论"(translation theory)一词。《中国翻译词典》没有"翻译理论"的词条,只有介绍苏联的两本书《翻译理论》《翻译理论问题》的词条和前面我们提到的"翻译理论与翻译实践的关系"这一词条。(林煌天,1997:181)后来的《译学辞典》有了改进,收入了"翻译理论"词条,其释义是:"从翻译实践概括出来的有关知识的有系统的结论以及对与翻译有关的现象和本质作系统的描写和阐释。"(方梦之,2005)这个释义基本上是清楚的,只是能将其视为"有系统的结论"还有待探讨。

关于翻译理论,我们不妨回到理论这个元术语之上来。何谓理论?"就自然科学而言,theory 的意涵非常简单:指的是"解释"与"事件"——在特定的状况下所发生(或被迫发生)的事件——二者之间的密切互动关系。"(雷蒙·威廉斯,2005:498)但我们平时所指的理论应该是"对实践提出解释的一种思想体系"。(雷蒙·威廉斯,2005:487)以此类推,翻译理论则指对翻译实践提出解释的一种思想体系。我们需要注意的是,一种理论只代表一种思想体系,而不是所有的思想体系。从这一基本点出发,我们可以说,一种理论有特定的指涉群体和特定的对象,所有的理论是互补的,或者是互为前提的。解读一个理论需要一定的条件,理论产生的背景、理论的内涵、理论与理论之间的联系,等等,弄清楚这一些十分重要,这可以让我们的理论探讨更加明确、更加到位,也可以让我们明白,要想让一种理论去取代所有其他不同的理论的企图无疑是徒劳无益的。

从上述讨论可以发现,在认识翻译理论的性质方面,《中国翻译辞典》将理论与技巧联系,视其为唯一的依存关系的做法是不妥的。"一方面,翻译技巧须上升为理论;另一方面,新的翻译理论的概念的诞生,也必将发展新的翻译技巧。"(林煌天,1997:181)因为,翻译理论并不一定因为翻译技巧才能存在和发展。用这样的翻译理论解释翻译现象,说服力就会大打折扣。[①] 该词典在探讨翻译理论与翻译实践时举了这样一个例子:

> 在翻译史上,不乏这样的例子:同一译者因其翻译观的变化,前后期的译作有显著的差别。鲁迅先生在《给瞿秋白的回信》中就曾指出,严复前期的译作更重视"达雅","最好懂的自然是《天演论》,桐城气息十足,连字的平仄也都留心。……但他后来的译本,看'信'比'达雅'都重一点,……粗粗一看,简直是不能懂的。"就鲁迅先生自己的译作而论,他初期的译作不少地方有些"不顺",这在瞿秋白《给鲁迅的信》中早已指出,那是因为他主张为了忠实"容忍'多少的不顺'",但他后期

---

① 林煌天先生主编的《中国翻译词典》是一部了不起的词典,凝聚了几乎一代翻译人的心血。本文提出对某个词条的几处商榷,属于学术讨论,绝不影响其重要的学术价值。

的译作则"忠实"与"通顺"兼顾了,因为他主张"凡是翻译,必
须兼顾着两面,一当然力求其易解,一则保存着原作的丰姿"。
上述两例既是语言大师又是翻译名家的例子,足以说明翻译
理论对翻译实践的指导意义。(林煌天,1997:181)

上面关于鲁迅翻译的例证是望文生义的结果,明显地曲解了
鲁迅先生的本义。我们只要读鲁迅先生的作品就知道,鲁迅的"硬
译"主张从来就没有改变。他提到的"易解"实际上指将翻译作为
一种暴力,来对中国语言进行改造。具体说,就是通过"硬译"来引
进西方语言的(清晰易懂)的语法结构和表达方法,以此来达到他
要改造文言文、创造易解的白话文的目的。只有这样做,翻译才可
能保存原作的丰姿,才能为社会大众接受,从而极大地丰富和发展
中国的新文学。(罗选民,2007:45)这一点从史实和逻辑上来说,
都是成立的。只有从一种高度去阐释鲁迅先生翻译思想,才能充
分彰显鲁迅先生翻译思想的伟大。这就是翻译理论能做的和需要
做的工作。

2. 译学方法研究

在本文中,译学方法更多指翻译学研究的路径、脉络。在理论
探讨中有两个词都可以做方法用,一是 approach,另一个是
method。但它们之间有所区别。前者是在一个更高的层面思考,
后者更多是在一个技术层面的思考。前者有时可以用途径、路径
来指称,后者基本上采用方法这个术语。用一个比喻来说,
approach 是战略的,而 method 是战术的。一个途径下可能有多
种的方法,但方法之下不可能有多种途径。

谈到理论研究的方法,我有几点看法:

1) 溯本清源是我们今天学术研究需要认真对待的问题。做一个研究,首先要了解该课题已经取得了哪些标志性的前期成果,这样可以避免重复前人的研究。但事实是,我们有不少文章不是这样做的。文章论点基本上是人家已经谈过的,不同的只是例句而已。可是,参考文献中找不到该文章必须参考的理论文献,倒是把一些毫无新意的类似文章铺垫于其中。不管这种做法是出于无知还是有意,说的轻一点,是方法不对头;说的重一点,是学风欠妥。这些我们可以在有关翻译标准(如"信")、翻译单位(如小句)等研究之中找到例证。

2) 人文学科中逻辑思维和价值判断十分重要。人文社会科学与自然科学不同。自然科学有清楚的内涵和外延,而社会科学和人文科学却不同,如果把下属的学科视为一个圆的话,不少圆的边缘可以相互重叠,同样是一个"discourse",在福柯那儿是"权力话语",在韩礼德那儿是"语篇",其内涵和外延都不是一样的。遗憾的是,在我们的翻译研究中,在不具备公分母的情况下,分子任意相加或相乘的情况比比皆是。如果没有意识到问题的严重性,反而视其为创新和发展,这对翻译学科的发展是极其不利的。所以,需要我们的翻译理论研究者一定要冷静分析,做出科学合理的评估,从而保证我们的研究不会脱轨。

3) 西方翻译理论的引进与消化。近年来西方翻译理论的引进,让我国的翻译研究呈现出多样化的局面,各种译学方法得到了运用,解构方法,后殖民主义,女性主义,认知科学等。但在消化这些西方理论、运用这些翻译方法时,我们还有许多工作要做。也许不该问我们引进了多少西方的翻译理论和方法,而是要问我们究竟对一个理论有多么深入的研究和透彻的把握。如果对一个理论没有深刻的认识和把握,就必然会出现严重的翻译理论套用、挪用现象。这在中国翻译研究领域已屡见不鲜。好一点的是将翻译理论的基本观点借来,另外找来一些例句;糟糕的是,有些连理论的要点都没有搞清楚,望文生义,东拼西凑,就生产出一批文章。以韦努蒂的异化翻译理论为例,它的理论背景是什么? 其思想核心是什么? 其合理性表现在什么地方? 异化翻译与中国的直译有什么异同? 这些都是做研究前应该认真思考的。本文作者搜索了中国学术期刊网,自韦努蒂 1999 年发表相关文章以来,在不到十年的时间里,以异化作为关键词搜索到的论文竟达 1381 篇①,我不禁想问: 这其中有多少是用第一手材料完成的? 其结果必定不会乐观。许多论文是套用西方文化学派的研究思路,韦努蒂对异化和归化的认识,加上不同的例句,一篇论文就炮制出来了。还有一些论文,借用韦努蒂异化、归化翻译的术语,将传统的直译、意译讨论的例句塞进去,就产生了新的论文。连锁效应出现了,懒于读原著的人,看了这文章,便当作真理而"发扬光大",一篇篇克隆下来,自然成百上千。不仅误人子弟,还玷污了学苑。这绝不是危言耸听,要证明很容易,只要上中国学术期刊网,检索这些文章的引用次数便可以说明问题。

4) 对中国翻译理论的再思考。在我国的翻译研究中,翻译理论与翻译批评,后者的成果更加突出;在翻译理论的基础研究和翻译理论的应用研究方面,后者占压倒性的优势。问题在于,理论的创新往往来自基础研究。如果我们不立足于挖掘自己本土的翻译理论资源,不找出中西翻译理论的共通性,我们就会永远处于闭塞和落后的状态。张佩瑶教授在论文中提出了"何谓翻译理论"的问

---

① 检索日期为 2008 年 9 月 30 日。

题,提出中国译序、引言,甚至疏、折、片、上谕等文献都可以是挖掘中国翻译理论的资源(张佩瑶,2004)。这些话语是值得我们思考的。这种做法没有出格,而且在西方早就有之。西方翻译史上著名的学者如施莱马赫尔,他对韦努蒂的影响是很大的,如今我们要寻找他关于翻译的论述,也只是在罗宾逊编著的《西方翻译理论》中能发现十余页纸而已(Douglas Robinso,2006：225-238)。另一位英国 17 世纪的学者德莱登,被称为西方第一位系统地提出翻译理论的学者,其论文不过是一本翻译的序言,其形式与性质与严复的"天演论译例言"几乎如出一辙,在罗宾逊的《西方翻译理论》一书中占不到四页纸。但他的翻译理论是被西方学者所讨论最多的(Douglas Robinso,2006：172-175)。① 德莱登在中国学者编写的有关西方翻译史和西方翻译理论的书籍中,也被频繁介绍,其观点不断被提到和引用,有些甚至专辟一章来做重点介绍。② 此外,我们今天经常讨论的本雅明、德里达,其关于翻译的讨论也不过一两篇文章而已,但其影响未必较小。为何? 论述不在于长短,关键要从文化和哲学的认识论的高度来触动语言与翻译的实质和要害。

引进西方理论的速度和数量与我们的研究的深入和透彻没有必然的联系。只有对西方的翻译理论有深入的了解,对中国翻译理论传统有深刻的把握,并且不脱离文本的阅读,从中发现翻译研

---

① 2002 年我邀请英国伦敦大学 Theo Hermans 教授来清华大学做三周翻译教学系列讲座,他发给学生的有关 Schleirmacher 探讨翻译的材料取自 Douglas Robinson 的 *Western Translation Theories：from Herodotus to Nietzsche* 一书第 225—238 页(该书 2006 年已由外语教学与研究出版社引进版权)。

② 陈德鸿、张南峰主编的《西方翻译理论精选》(香港城市大学出版社,2000)第一篇(第 1—7 页)就介绍了德莱登的翻译三分法。

究中的普遍性的理论价值,我们的翻译理论在基础研究方面才可能有大的发展,才能产生质的飞跃。要做到这一些,靠归纳的研究方法和印象式的点评恐怕是永远不够的。

3. 相关学科研究

翻译研究具有跨学科研究的特征,不过认识到这一点,人们走过了半个世纪的路程。在五六十年代的中国,翻译理论研究主要是文艺学的方法,理论主要来自前苏联。到了七八十年代,局面有所改观,西方的翻译理论得到大量引介,如尤金·奈达的动态对等翻译理论,彼得·纽马克、卡德福特的语言学翻译理论,这一时期的翻译理论的特点是语言学的天下,语言学的理论和方法在翻译研究中占了很大的比重。翻译甚至被看作是语言学的一个分支,如《朗曼应用语言学词典》(王宗炎,1988)就将翻译放在应用语言学的范畴之内。到了九十年代,人文科学研究者开始意识到,语言学理论不足以解释复杂的翻译现象和事实。如清末林纾翻译小说,自己并不懂外文,与他人合译,口授笔迫,常将个人主观感情带入翻译之中,译者为情节感动,其译文更是深深打动读者。林译风靡文坛,其翻译的忠实程度可想而知,语言学的理论又如何能对此做出合理解释?随着中西学术交流的日益频繁,几乎西方所有的翻译理论都在中国得到了引进和评介,语言学翻译理论一统天下的局面不复存在,汹涌而来的是翻译的文化转向和文化的翻译转向。不同学术背景的学者从不同的学科、不同的角度用不同的方法进行翻译研究,或取翻译为分析文本进行不同学科研究;翻译的认知研究不断深入,翻译语料库研究得到推广,所有这一切都大大推动了翻译理论研究的蓬勃发展。

相关学科或跨学科的翻译研究决不是 A＋B 或 B＋C 这样的简单。相关学科研究是方法论的演进,但它的出现更多是来自人们对翻译本质认识的不断加深。用相关学科研究的时候,翻译已不再是一个狭窄的领域,只有搞翻译和语言研究的人才能涉足。举凡与认识论、语言、哲学、文化比较相关的研究者,都有可能做翻译研究。翻译可能是语言认知和文化传播的重要的不可替代的部分。

瑞典学者马悦然提到:"有一个因素明显地阻挡了我们跨越意识形态或语言的障碍来进行对话,那就是我们西方文明的代表往往预设立场,认定我们自己对诸如个人主义、民主、平等或自由等等的看法具有普世价值。但儒家和马克思主义的意识形态都要求个人接受群体(家庭、工作团队、党派与国家)的权威。因此,像 individualism 这类字的中译,常常带有负面意涵,也就不令人惊讶了。"(参见罗选民,2006：15)马悦然先生指的是翻译的意识形态问题,这一问题在作为殖民地的香港表现得尤为突出。如香港地区的话剧翻译就是被殖民者话语,是政治权利斗争的角逐之地。方梓勋(2002)对此有过深入的研究,他认为,20 世纪 50 年代以前,"五四"话剧的写实主义和关心社会的精神是香港话剧的个性部分,但 50 年代以后,迎来了美国文化的殖民介入,香港话剧的翻译从而也进入殖民时期。在其后的十年,翻译剧成为香港剧坛的主流(这一点与 19 世纪末中国内地出版的翻译比原创更多颇为相似)。香港话剧的自我认同的建立被推迟,但由于翻译剧的开放和反传统,加上特有的流行文化特征,最初形成了香港话剧的一个特色。在这些研究中,我们可以看到跨学科的力量在交汇,通过这些过去被认为是非主流的翻译研究,翻译的重要性得到了认同,而文学史乃至文化史也因此而获得新的阐释。

如今不少学科紧密相连,相互渗透,认知科学与机器翻译便是明显的例子。机器翻译的目的是提供自动翻译,但这种翻译常常出现问题,无法替代译者的工作。这样,机器翻译的目标也随之降低,成为沟通的辅助软件,用于提供网页和电子邮件的粗略翻译。为了节省时间并帮助翻译者一贯有效地进行翻译,翻译记忆应运而生。它的作用方式是将施译者的所有翻译过的句子都储存起来,在遇到雷同和类似的句子时,便将过去的翻译调出来,供使用者进行句子遴选、修正与使用。它的好处是节约时间和精力,保持翻译的一致性。这种翻译记忆在科技翻译上的用途更加广泛。但它的研发和制作不是靠语言工作者能够完成的,而是需要语言学工作者、翻译工作者以及信息研究人员来共同完成。从这一意义上说,这个研究方法也是跨学科的。

4. 译学史论的研究

忽略对翻译史的研究,这可能是国内外学术界的一个普遍问题。[①] 关于西方翻译理论史,最早有谭载喜编译的书。而在关于中国翻译史的方面,最早有马祖毅的《中国翻译简史"五四"运动以前部分》,陈玉刚编《中国翻译文学史稿》。到了 90 年代初期,有陈福康的《中国译学理论史稿》,黎难秋的《中国科学文献翻译史稿》,后期有王克非的《翻译文化史论》和马祖毅的《中国翻译史》。

新世纪伊始,一些国内的学者对中国翻译史进行了研究,译史研究取得了令人瞩目的成绩。主要的著作有:王秉钦的《20 世纪

---

① 勒菲弗尔(1993)曾指出翻译作为一门新学科所犯的三种幼稚病:重新发明新轮子,对已有文献的无知,无视本学科的历史。参见李广荣、郭建中《翻译研究中的转向面面观》述介,《中国科技翻译》2008 年第 3 期,第 64 页。

中国翻译思想史》,谢天振、查明建的《中国现代翻译文学史1898—1949》,方华文的《20 世纪中国翻译史》,孟昭毅、李载道主编的《中国翻译文学史》,李伟的《中国近代翻译史》,马祖毅的《中国翻译通史》,王铁钧的《中国佛典翻译史稿》,黎难秋的《中国科学翻译史》,以及查明建的《中国 20 世纪外国文学翻译史》。还出现了一些地方翻译史的研究,如吴笛的《浙江翻译文学史》,这种研究也是十分有意义的。当然,上面还不包括一些未冠以史名的研究书籍,如郭延礼的《中国近代翻译文学概论》,这是一部有关中国近代文学翻译史的研究;马士奎的《中国当代文学翻译研究》,它实际上是一部研究"文革"时期中国文学翻译的专著。

从上述出版的有关中国翻译研究史的书来看,作者的写作背景有两种:一、具有史学背景的学者,如陈福康、陈玉刚、李伟等,做史学研究之时,荟集不少翻译史料,从而撰写翻译史论;二是具有文学背景的学者,其中又可以分为两类:一为中国文学系做外国文学研究的学者,一为外文系做文学或翻译研究的学者。前者有郭延礼、孟昭毅等,后者有马祖毅、王秉钦等。总的说来,做史学研究出身的人,史料丰富,研究细微,特色鲜明,但对语料的分析相对少一些。而外语专业出身的学者,紧密结合翻译理论与实践,在语料分析方面要精到一些,不过在史论的功力上稍逊一筹。不过,总的看来,我们的翻译史研究在思想史方面下的功夫还不够。中国翻译史的研究如果不能挖掘其思想研究的深层意义,翻译史料和语料就无法连贯,研究就会难免陷入资料的堆砌和技术的分析。我不是说这些不需要,不时髦。相反,我从来就不看好那些不注重史料、不深入语料分析的学者。如果文章靠拍拍脑袋就能写出来,这种文章只是泡沫而已,没有什么价值。但是,如果我们不能从思想史的角度去看翻译,研究翻译,我们的翻译研究就会停留在"形

"而下"的层面踏步和绕圈。很难想象没有翻译,中国的历史该如何写;很难想象没有翻译中国的现代性会是如何形成。我们甚至可以肯定地说,没有翻译,就没有马克思主义在中国的传播,就没有今天的中国共产党。在某种意义上,一部翻译史实际上就是一部思想史,一部文化交流史。

翻译是一把利剑,在一个国家处于危难时期,它常常是冲锋在前,所向披靡。但它也常常在"和平"时期被搁在被遗忘的角落,所谓"狡兔死,良弓藏",用在翻译的待遇上绝不为过。更有甚者,许多学者对它的重要性,心知肚明,就是不言。为什么? 它是外来的,不是本土的。岂能让野兔在本土上撒欢? 如果我们有豁达的胸襟,有全球的视野,我们就一定会钦佩在 20 世纪初,鲁迅就把自己做翻译比喻成普罗米修斯,舍身偷天火,泽被人间。

今天,中国的经济在蒸蒸日上,我们为之欢呼雀跃。但我们也需要冷静地思考,我们的学术研究是否也是同样令人振奋。正如季羡林先生说过,中国是翻译大国,不是翻译强国。我敢接着说,中国是翻译研究的大国,但绝不是翻译研究的强国。我们的学术发表原创性有多强? 时下的论文发表十分具有功利性。在经济大潮中,在物欲的熏陶下,学术在很大程度上已经被扭曲。翻译研究是不同文化间思想的碰撞和写真,是世界文明传承的标尺,是文学艺术巅峰的探幽,是"修身、齐家、治国、平天下"的心路历程。所以,我们的翻译史研究还有很长的路要走,其前景当然也是十分的光明。

关于西方翻译史的著作,我认为,除非能穷尽相关文献,除非对西方的文史哲有比较全面、深入和独到研究,否则,不宜随便去碰它。如谭载喜在这个领域,几乎是二十年如一日,写的就是一本《西方翻译简史》。他最初用的是编著,后来不断修改,不断补充,终于水到渠成。即使这样，他今天使用的书名还是"简史"二字。在为中国人介绍西方翻译史时，它是重要的入门书籍，是一个风景别致的窗口。

我最后想说的是，翻译理论重要，但我不希望用它来排斥翻译实践。我以为现在翻译理论红火，做翻译理论的学者吃香，那是因为我们从西方的翻译理论吸取了许多营养，借鉴了许多方法；那是因为研究论文是晋职评估的重要的依据。而翻译实践者却无法这样去做，他们能够发挥的自由空间太少。我国有太多的翻译理论研究者，但十分地缺乏优秀的翻译家。如果中国有更多像杨绛、金隄那样无畏的译者，以严谨的态度去翻译诸如《唐吉珂德》《尤利西斯》这类的文学巨著（抑或其他人文社科方面的重要书籍），不仅我们的翻译事业会得到蓬勃发展，我们的学术研究也一定会得到振兴，中国的翻译和翻译研究（它们实际上是荣辱共存的）也就一定会令西方学者刮目相看。

参考文献

1 陈德鸿、张南峰，《西方翻译理论精选》[C]，香港：香港城市大学出版社，2000。

2 陈福康，《中国翻译理论史稿》[M]，上海：上海外语教育出版社，1992。

3 陈玉刚，《中国翻译文学史稿》[M]，北京：中国对外翻译出版公司，1989。

4 德利尔等（Jean Delisle et al.），《翻译研究关键词》[C]，孙艺风、仲伟合编译，北京：外语教学与研究出版社，2004。

5 方华文，《20世纪中国翻译史》[M]，西安：西北大学出版社，2005。

6 方梦之等，《译学词典》[M]，上海：上海外语教育出版社，2005。

7 方梓勋，被殖民者的话语再探——钟景辉与20世纪60年代初期的香港翻译剧[J]，《贵州大学学报》，2002(4)。

8 郭延礼,《中国近代翻译文学概论》[M],武汉：湖北教育出版社,2005。

9 雷蒙·威廉斯,《关键词》[M],刘建基译,北京：生活·读书·新知三联书店,2005。

10 黎难秋,《中国科学文献翻译史稿》[M],合肥：中国科学技术大学出版社,1993。

11 黎难秋,《中国科学翻译史》[M],合肥：中国科学技术大学出版社,2006。

12 李广荣、郭建中,《翻译研究中的转向面面观》述介[J],《中国科技翻译》,2008(3)。

13 李伟,《中国近代翻译史》[M],济南：齐鲁书社,2006。

14 林煌天,《中国翻译辞典》[M],武汉：湖北教育出版社,1997。

15 罗选民,《中华翻译文摘：2002—2003年卷》[C],北京：清华大学出版社,2006。

16 马士奎,《中国当代文学翻译研究》[M],北京：中央民族大学出版社,2007。

17 马祖毅,《中国翻译简史"五四"运动以前部分》[M],北京：中国对外翻译出版公司,1984。

18 马祖毅,《中国翻译史》[M],武汉：湖北教育出版社,1999。

19 马祖毅等,《中国翻译通史》[M],武汉：湖北教育出版社,2006。

20 孟昭毅、李载道,《中国翻译文学史》[M],北京：北京大学出版社,2005。

21 谭载喜,《西方翻译简史》(增订版)[M],北京：商务印书馆,2004。

22 王秉钦,《20世纪中国翻译思想史》[M],天津：南开大学出版社,2004。

23 王克非,《翻译文化史论》[M],上海：上海外语教育出版社,1997。

24 王铁钧,《中国佛典翻译史稿》[M],北京：中央编译出版社,2006。

25 王宗炎,《英汉应用语言学词典》[M],长沙：湖南教育出版社,1988。

26 吴笛,《浙江文学翻译史》[M],杭州：杭州出版社,2008。

27 谢天振、查明建,《中国现代翻译文学史1898—1949》[M],上海：上海外语教育出版社,2004。

28 查明建,《中国20世纪外国文学翻译史》[M],武汉：湖北教育出版社,2007。

29 张佩瑶,对中国译学理论建设的几点建议[J],《中国翻译》,2004(5)。

30 Robinson, D. *Western Translation Theories*: *from Herodotus to Nietzsche* [M]. Beijing: Foreign Language Teaching and Research Press, 2006.

31 Luo, X. M. Translation as Violence: On Lu Xun's Idea of Yi Jie [J], *Amerasia*, 2007(3).

（本文提交于首届英汉对比与翻译研究学科建设高层论坛,载于《中国外语》2009 年第 6 期）

从"硬译"到"易解":鲁迅的翻译与中国现代性

罗选民

摘要: 对鲁迅的翻译观点的研究至今还停留在一个浅层的界面,作为其翻译思想凝练的"硬译"只是以一种固化的偏见形象为人所知。"硬译"自出世起便成为鲁迅恪守一生的翻译主张。这一主张背后潜藏着一种为国、为民、为文学、为语言的"暴力"品格。从"硬译"到"易解"是这种"暴力"品格的继承和发展,互为统一。而二者更是在鲁迅追寻翻译的更高层次的社会价值——通过翻译构建中国现代性的过程中彰显了各自的作用和功能。

关键词: 鲁迅;硬译;易解;暴力翻译;现代性

0. 引言

作为 20 世纪中国最重要的作家之一,鲁迅出生在一个半殖民地半封建社会,他目睹当时国之凋落、民之闭塞,认为其真正的痼疾存在于社会肌肤组织,即腐败的政府和麻痹的民性之中,断然弃医从文,针砭时弊。时至今日,冠绝世人的赞赏与敬仰,鲁迅及以其为代表的"鲁迅遗产"(参见钱理群,2006:178—181)一直被文学界、史学界、文化研究界的学者及大众传媒广泛关注,其在文学、教育和艺术领域的贡献也被集中讨论。而同时,正如钱理群所指出的"一个饶有兴味的思想文化现象:在(20世纪)90年代中国的文坛学界,轮番走过各式各样的'主义'的鼓吹者,几乎是毫不例外地要以'批判鲁迅'为自己开路"(钱理群,2002:4)。"还有自称'新生代'的作家,也迫不及待地要'搬开'鲁迅这块'老石头',以'开创中国文学的新纪元'。"(同上)尽管批评之声喧嚣于耳,但不过是各个流派及理论通过中国文学界内的一次挑灯拨火为自己扬名立牌(参见Luo,2007:41—54)。总之,上述批评与评论对于鲁迅为中国文学及中国现代性所做的贡献都未给出系统入微的评价,尤其是鲁迅对翻译的看法和观点更是鲜有论及。要知道,鲁迅首先是翻译家,其次是作家[1],他翻译的文字"比全部著作的字数还要稍多,达300万字"(全灵,1980:320)。

比如,有两本文集需提及,一部是《鲁迅诞辰百年纪念集》(收录61篇文章),另一部是《鲁迅诞辰一百一十周年纪念论文集》(收录33篇文章)。尽管鲁迅的文学生涯是以一个翻译家的身份开始并以翻译家的身份结束,且在其所有的作品中,翻译作品占了将近一半[2],然而,这些不可忽视的事实并没有使这两部文集提及任何

---

① 原北京鲁迅博物馆馆长孙郁认为鲁迅"首先是翻译家",原载于2008年9月27日《北京日报》。

② 据绍兴鲁迅博物馆提供的资料,鲁迅发表过如下数目的翻译作品:俄国及苏联,37种;日本,36种;德国,7种;法国,6种;匈牙利,3种;芬兰、英国、奥地利、荷兰,2种;西班牙、罗马尼亚、捷克斯洛伐克、美国、保加利亚、波兰,1种。总数过百,大部分西方作品译自日语。

鲁迅对翻译及翻译研究的贡献。① 该如何解释这一现象呢？其一，许多学者并未真正理解翻译，从事过翻译实践的更是寥若晨星。其二，当时的情况是学术界普遍对翻译研究本身持有偏见，认为翻译不能称之为学术成就。其三，翻译研究仍旧被边缘化，相对于文艺评论和国学研究而言，它还不成熟。其四，即使是译者本身也没有对翻译的意识形态功能给予足够的重视。②

不过，两部有关翻译研究的美国著作认识到了鲁迅对翻译理论的贡献：《跨语际实践：文学、民族文化与被译介的现代性（中国，1900—1937）》（*Translingual Practice*：*Literature*，*National Culture*，*and Translated Modernity-China*：1900－1937）和《翻译的丑闻：走向差异的伦理学》（*The Scandals of Translation*：*Towards an Ethics of Difference*）。前者的作者是刘禾（Lydia Liu），受罗曼·雅各布逊（Roman Jakobson）对语言的研究方法的影响，她论及到底是什么推动理论家们一次又一次地回到可译性的问题上来。后者由劳伦斯·韦努蒂（Lawrence Venuti）所著，他在论及其翻译的"异化"概念时提及鲁迅，这一概念在很多方面与鲁迅"硬译"的概念不谋而合。

总体而言，对于鲁迅之于翻译观点的研究还只是肤浅的，全面的研究尚未展开。本文即以此为基点，简要梳理鲁迅的翻译理念，对鲁迅翻译思想中的重要概念"硬译""易解"做深入的探讨。

---

① 鲁迅的第一部发表的作品是与其弟周作人合译的名为《域外小说集》的翻译集，该书于 1909 年在日本自费出版。他的最后一部发表的作品亦为翻译作品《毁灭》。1936 年鲁迅在病榻上时便在校对该译稿。参见彭定安，《鲁迅：在中日文化交流的坐标上》，沈阳：春风文艺出版社，1994 年，第 394—400 页。

② 参见《翻译与跨学科学术研究丛书》（罗选民主编）之一《翻译研究的文化转向》（王宁著）中"导言"及"第一章"对翻译学及翻译研究的地位描述。

1. 从"硬译"谈起

颇具讽刺意味的是，虽然很多中国学者熟谙鲁迅的"硬译（yingyi）"[①]思想，但对于韦努蒂的异化翻译的讨论却远远多于对鲁迅这一思想的研究。这有可能源于对"硬译"进行去概念化式孤立理解或将其简单地理解为表面化的生硬翻译（rigid translation），有论者甚至把"硬译"等同于文学翻译中的"创造性叛逆"（彭定安，2001：237），其实二者截然不同。

"硬译"提倡翻译后的目标语言无论在形式上还是内容上都保留源语文字的风格与韵味。鲁迅把"硬译"作为其翻译基本方法（approach），原因有几点[②]：

第一，在中国的翻译传统中，"硬译"曾是历代译家在翻译实践中所采取的策略。佛经翻译始于东汉并一直延续至后来的唐宋时期。随着朝代的更迭，卷帙浩繁的佛经被译入中国，同时也涌现了许多著名的翻译家及其翻译理论。比如著名佛经翻译家玄奘便主张译文应在形式和内容上都尽量与原文接近。有记载表明，鲁迅在上个世纪二三十年代曾翻阅数百本佛书，苦心研究佛经译本，并受此启发（参见赵英，1991：34—52），力主硬译法也显得顺理成章。

第二，鲁迅认为"硬译"是了解西方文化并把其介绍到中国的最好的途径。譬如，与鲁迅同时代的著名学者赵景深把 Milky Way 译为"牛奶路"。鲁迅对此持批评态度，并按照"硬译"的方法

[①] 中国学者应当感谢韦努蒂（L. Venuti），因为他的 *The Scandals of Translation* 的角色使得鲁迅的硬译概念的重要性在当代文本中得到进一步的认识。

[②] 杨宪益与戴乃迭（Gladys Yang）在其四卷本的《鲁迅作品选》英译中视鲁迅的翻译方法为硬译。北京：外国文学出版社，1960 年。

将其译为"神奶路"。他之所以这样做,并非为了捍卫其"硬译"的方法,而是为了促进读者对西方文化更好的理解,他想通过译文让读者了解到该语源自古希腊神话。[①] 这是赵译"牛奶路"怎么都无法让读者能够体会和认知的。因此,鲁迅和赵景深之间的争论涉及的绝不仅仅是翻译方法的问题,而是一场新与旧的翻译思想之间的交锋。在鲁迅看来,赵以忠实为代价换来的译文的流畅是对不懂外语的民众的欺骗(参见鲁迅,1991:346—347)。鲁迅迫切地想在中国推广西方文化,而"硬译"是他保持对西方文化引介的最忠实的方式。

第三,鲁迅视"硬译"为实现翻译直接目的的最佳方式,换言之,"硬译"有助于在中国建构新语言和新文学,从而树立新文化、培养新民智。例如,他认为"The sun is setting behind the mountain"有两种英译方式:一为"日落山阴"——这是传统译法,表现的是文言文的语言特征,他拒绝采纳此种译法;二为"山背后太阳落下去了"——这是"硬译"的方法,也是鲁迅主张的方法,即在中文表达允许的情况下,尽可能地贴合英文的结构和表达方式(参见鲁迅,1989)。

尽管"苦衷"连连,但鲁迅的"硬译"无论是在当时还是现今都

---

① 鲁迅在"风马牛"一文中写道:"……使我想起赵先生的有名的'牛奶路'来了。这很像是直译或'硬译',其实却不然,……却说希腊神话里的大神宙斯是一位很有些喜欢女人的神,他有一回到人间去,和某女士生了一个男孩子。物必有偶,宙斯太太却偏又是一个很有些嫉妒心的女神。她一知道,拍桌打凳的(?)大怒了一通之后,便将那孩子取到天上,要看机会将他害死。然而孩子是天真的,他满不知道,有一回,碰着了宙太太的乳头,便一吸,太太大吃一惊,将他一推,跌落到人间,不但没有被害,后来还成了英雄。但宙太太的乳汁,却因此一吸,喷了出来,飞散天空,成为银河,也就是'牛奶路',——不,其实是'神奶路'。"参见鲁迅,《风马牛》,《鲁迅全集(第四卷)》,北京:人民文学出版社,1981年,第347页。

使得他饱受诟病。正如钱理群所说:"悄然兴起的国学风里,民族主义者,还有'新儒学'、'新国学'的大师们,鼓吹新的中国中心论,自然以鲁迅为断裂传统的罪魁祸首。在某些人的眼里,鲁迅甚至免不了'汉奸'之嫌。号称'后起之秀'的具有中国特色的后现代主义者视理性为罪恶,以知识为权力的同谋,用世俗消解理想,告别鲁迅就是必然的结论。用后殖民主义的眼光看'五四'那一代人,他们的改造国民性的思想①,鲁迅对阿Q的批判,不过是对西方文化霸权主义的文化扩张的附和。自由主义者鼓吹'宽容',炫耀'绅士风度',对'不宽容'的'心胸狭窄'的鲁迅自然不能'宽容',他被宣判为'极权统治'的合谋"(钱理群,2002:4)。

其实这种种"诟病"源自学者们对鲁迅翻译思想了解的局限性,这些学者基本上停留在"硬译"的概念之上,忽略了鲁迅后来对其理论进行的补充与发展,那就是由"硬译"所带来的"易解"和"丰姿"。即便有人提及这两个词语,但并没有文章从深层次去探讨其精神之实质。这便是至今鲁迅的翻译思想仍不能为许多学者所充分理解的原因所在。

2. "易解"的"暴力"本色

语言的暴力是指抹杀每个人都是他者、每个人都是完全不同的存在这一事实,并将这种差异同化为相同存在的一种暴力(高桥哲哉,2011:32)。当然,这里的"语言"是包括文字、文化、文学及意识形态等在内的一个综合表达体。作为"语言"的翻译,其本身就是一个"解构—建构"为一体的暴力过程。正如雨果所说:"当你

① 参见对鲁迅的名篇《阿Q正传》中的妇孺皆知的普通人形象主角的评论文章。

为一个国家提供一篇翻译作品时,这个国家差不多肯定会把这翻译视为针对自己的暴力行为"(Hugo,1992:18)。因此,鲁迅提倡的"硬译"在重思文本、重塑思想、重构现代性[①]时必然带有暴力色彩,这种色彩甚至是故意涂抹上去的[②]。而这种暴力本色进一步且更完整地附着在了"易解"之上。

（一）对"硬译"的继承与发展

鲁迅和瞿秋白在关于翻译的通信中就翻译问题进行了细致的讨论。瞿秋白与鲁迅一致认为在新时期创造新的语言是一项非常重要的任务：借文艺复兴及后来的宗教改革之力,"欧洲先进的国家,在二三百年甚或四百年以前已经一般的完成了这个任务"(瞿秋白,1984:216),欧洲白话语言的建立和现代性的崛起交相辉映。如伴随德国宗教改革兴起的宗教翻译,创生了现代德语,其意义深远巨大。瞿秋白认为,"翻译,的确可以帮助我们造出许多新的字眼,新的句法,丰富的字汇和细腻的精密的正确的表现。因此,我们既然进行着创造中国现代的新的言语的斗争,我们对于翻译,就不能够不要求：绝对的正确和绝对的中国白话文。"（同上）

因而,在 20 世纪之交,文人志士通过翻译西方著作进而颠覆中国传统文言文学,创造新的语言及变革中国社会。当然这绝非易事,事实上,这被认为是一种暴力行为。因为中国人对自己的文化和文学的领先地位向来坚信不疑。清代晚期著名学者吴研人甚

---

① 罗选民关于《作为文化记忆的翻译：重新思考鲁迅的翻译》的论述,翻译：中国近代与西方国际学术研讨会,特邀发言,国立巴黎东方语言文化学院,2006 年 12 月 8 日。

② 王宏志在《重释"信、达、雅"——20 世纪中国翻译研究》(2007:59)中从两个方面考察晚清外国小说翻译活动的模式——翻译被敌视为"暴力的行为"和翻译故意被转化为"暴力的行为"。

至反对将西方语言中的标点符号引入中文。这与晚清时期普遍存在的排外心理息息相关。即便是透露出些微对中国之物贬低或将外国之事奉为样本的心理都会招致质疑与批判。鲁迅早已意识到了国人的这种心理，但这并未阻止他变革的尝试。怀着"豁达的胸襟和全球的视野"（罗选民，2011：9），鲁迅借用希腊神话来表明自己的观点，他说"人往往以神话中的 Prometheus 比革命者，以为窃火给人，虽遭天帝之虐待不悔，其博大坚韧正相同。但我从别国里窃得火来，本意却在煮自己的肉的，以为倘能味道较好，庶几在咬嚼者那一面也得到较多的好处，我也不枉费了身躯……"（鲁迅，1981b：209）。

"易解"与"丰姿"的提出是对鲁迅"硬译"翻译思想的补充与发展。虽然"硬译"是鲁迅一直未变的翻译方法（王宏志，2007：253），但鲁迅本人对他人曲解"硬译"并不满意①。显然，他还是希望继续在这一"大政方针"下寻求更贴合和完整的表达方式。终于，他在"从'无有'到'较好'的空间"②里找到了"硬译"的发展者，"既不曲，也不'硬'或'死'"③的翻译——"易解"与"丰姿"便应运而生。

由此可见，当鲁迅推崇的"硬译"作为一种方法（approach）扎根于译论中时，它所蕴含的暴力属性就像基因遗传一样，从"硬译"分流成"易解"与"丰姿"。换言之，从"暴力性"这一维度可窥见"硬译"和"易解"、"丰姿"的继承关系及辩证统一，二者是暴力的不同表

---

① 鲁迅在《文艺与批评》译者附记中写道："在我，是除了还是这样的硬译之外，只有'束手'这一条路——就是所谓'没有出路'——了，所余的唯一的希望，只在读者还肯硬着头皮看下去而已。"《鲁迅全集》第 10 卷，2005：329—330。

② 鲁迅在"'硬译'与'文学的阶级性'"中写道："自然，世间总会有较好的翻译者，能够译成既不曲，也不'硬'或'死'的文章的，那时我的译本当然就被淘汰，我就只要来填这从'无有'到'较好'的空间罢了。"《鲁迅全集》第 4 卷，2005：215。

③ 同上。

现层面和力度体现，并不冲突相悖，后者正是对前者的继承和发展。

（二）"易解"翻译观

鲁迅和瞿秋白基于中外模式，主张通过翻译改造文言文。1930年，鲁迅写道，"日本语和欧美很'不同'，但他们逐渐添加了新句法，比起古文来，更宜于翻译而不失原来的精悍的语气，开始自然是须'找寻句法的线索位置'，很给了一些人不'愉快'的，但经找寻和习惯，现在已经同化，成为己有了。"（同上：199）他接着说道，"中国的文法，比日本的古文还要不完备，然而也曾有些变迁，例如《史》《汉》不同于《书经》，现在的白话文又不同于《史》《汉》；有添造，例如唐译佛经，元译上谕，当时很有些'文法句法词法'是生造的，一经习用，便不必伸出手指，就懂得了。"（鲁迅，1981b：199—200）鲁迅举早期日本语和中文的例证来说服其顽固的反对者，把翻译作为改造汉语的有力工具的先例古已有之。

至此，反观"易解"本身，这一术语的使用正可被理解为对语言、话语的逻辑结构的清晰性的追求。鲁迅在翻译中主张"易解"是因为他希望将当时处于主流地位的文言文替换，他认为文言文结构松散，难以捉摸，句法太不清晰直白，难以被未受过文言教育的普通大众所理解。"易解"的提出顺理成章，它秉承了"硬译"的核心理念，以一种暴力性方式对语言进行改造，使其明晰化。

鲁迅提倡"易解"的主要动力源自他称之为汉语语法的"缺点"。他鼓励通过"硬译"向汉语引入西方语法的严密性，因为它能够提供精密连贯的结构作为样本。"现在又来了'外国文'，许多句子，即也须新造——说得坏点，就是硬造。据我的经验，这样译来，较之化为几句，更能保存原来的精悍的语气，但因为有待于新造，所以原先的中国文是有缺点的"（同上：200）。

现以如下几例来阐释鲁迅的观点：

一个桌子吃八个人。

A table eats eight people.

上例的表层句法结构所传达出的意思是"A table eats eight people"。然而,一张桌子如何能够吃围着它坐的人呢? 学习汉语的外国人肯定会感到非常困惑,但是这样表意模糊的句子却可以得到中国人的宽容。这绝不是唯一的案例。在中国某大都市城郊的湖边立着一块警示标志牌,上面写道:

"小心坠河!"

英文翻译是:

Carefully fall into the river!

原句在汉语中是可以接受的:它会被理解成"小心不要坠河";然而,字面的英语翻译却难以让人接受:它将一个警示变成了坠河的命令。这个例子经常被引用来批评过度的字面翻译。但是否有人质疑过汉语原文的句子结构的含混性以及它的中文读者的语言宽容度呢?

一篇刊登在《新民晚报》海外版报纸上的文章讽刺了一则同样由于中文句法的不精确而引人发笑的的"趣事"[①]。在著名的北京又一顺餐馆前台旁立着的标牌上写道:"包子请往里走"。尽管母语为中文的人会在大脑中自动将这句话的字面结构做出调整,将其理解为"想吃包子的人请往里走"之意。如果将这个标示直译成英文便是:"Dumplings please go inside"。对于一个西方读者,这会成为他一个挥之不去的困惑。他的心智有异于中国读者,对一个不规范、不精确的句子所持有的宽容度也会远远不及中国读者。

鲁迅早在 70 年前就意识到这一点。他写道,"这语法的不精

---

① 该文见于 2007 年 4 月 17 日《新民晚报》。

密,就在证明思路的不精密,换一句话,就是脑筋有些胡涂。"(鲁迅,1984：225)而"易解"的任务或者说功能就是要暴力性地消除这语法的、思路的不精密,使脑筋变得清晰。

然而,关于易解存在很多曲解：一些学者把易解等同于"中国版"的归化,即采用目标语读者所习惯的表达方式来传达原文的内容,从而赋予其表达力,使其具有可读性；更有学者认为"易解"是对原先理论主张(硬译)的改变。[①] 尽管"易解"的字面意思为"容易理解",但鲁迅并非将其用于诠释可读性。罗选民认为,鲁迅的"硬译"主张从来就没有改变过(2011：3)。鲁迅本人对于在《域外小说集》发表前所采用的非"硬译"法在诸多年后懊悔不已。[②] 他提到的"易解"实际上是在"硬译"的观照下,将翻译作为一种暴力,来对中国语言(文言文)等其他问题进行改造。

当然,"易解"的过程还没有完成。或者说,从"硬译"走向"易解"并不是鲁迅翻译之途的最后目的地。正如鲁迅曾批评将拜伦的一首革命诗歌译成文言文的做法,因为译文读起来像一首古诗,与现世关联不密,因而不能像原文那样鼓舞人们为自由而战,即这种翻译风格不能显现"易解"这一"暴力手段"所带来的更高层次的社会价值—通过翻译构建中国现代性。

值得一提的是,伴随"易解"出世的还有"丰姿(ample in literature)"[③]这一概念。虽然二者并称为鲁迅的翻译双标准,但后

---

① 参见林煌天主编《中国翻译词典》中关于鲁迅翻译理论前后变化的论述。武汉：湖北教育出版社,1997：182。

② 鲁迅在 1934 年给杨霁云信中说道："年青时自作聪明,不肯直译,回想起来真是悔之已晚。"《鲁迅全集》第 13 卷,2005：99。

③ "凡是翻译,必须兼顾着两面,一当然力求其易解,一则保存着原作的丰姿。"《鲁迅全集》第 6 卷,2005：364—365。

者更偏向于经过"易解"后的整体文学形象。或者说，"丰姿"更接近于翻译风格、文学典律及民族诗学，是作为整个翻译理念基础的"硬译"所追求的"暴力"成品。至此，"硬译"、"易解"、"丰姿"的关系昭然若揭，从"硬译"到"易解"和"丰姿"，是一个母体将其暴力基因遗传给两个子体，各个子体又承担着不同的"暴力"份额并在各自的领域为着那最艰巨而崇高的目标而努力——构建翻译的中国现代性。本文主要论述作为暴力的翻译，鉴于此，"丰姿"这一标准就不作过多论述，但它仍旧是鲁迅整个翻译理念中不可缺失的一环。

3. "易解"与翻译现代性构建

如本节标题所示，"易解"是构建翻译现代性的有效手段。接下来我们可以考虑几个问题：何为现代性？何为翻译的现代性（translated modernity）？中国现代性与翻译的因果关系如何？

对于现代性的界定、范畴、论争等学术研究已蔚为可观且释义不尽相同[①]，笔者在这里并不试图做穷尽性的概念阐述。现代性已"不再是西方世界的专利，而是一个超越时空界限的世界性现象"（王宁，2002：84）。正如哈贝马斯所认为的那样，每一个时代的人们都可以标榜自己的文化艺术具有现代性，但是只有在另一个时代仍可产生新的意义并诱发人们的探索兴趣的东西才称得上真正是具有现代性特征的东西。如果以此为标准，那么在彼时饱受诟病的鲁迅反而获得现实的"现在价值"不正具有典型的现代性

---

① 参见周与沉，现代性的中国探询—大陆学界现代性问题研究综述［DB/OL］http：//www. qunxue. net/Article/TypeArticle. asp？ ModeID＝1&ID＝4221. 2009 － 09 － 26。

吗?如果从翻译学的视角审视现代性,刘禾(2002)的"被译介的现代性"已经为翻译的现代性研究树立了一个良好的榜样,但中国的翻译现代性却是在鲁迅的翻译思想和翻译活动中得到萌芽和发展。

中国现代性与翻译的关系不证自明。五四新文化运动的兴起标志着中国现代性的觉醒,自此开始,中国仁人志士的各种社会活动和行业分工在社会文化学意义上殊途同归——构建中国现代性。当然,中国现代性的构建在一定程度上离不开翻译,"翻译是一把利剑,在一个国家处于危难的时期,它常常是冲锋在前,所向披靡。很难想象没有翻译,中国的现代性会是如何形成?"(罗选民,2011:9)所以,没有翻译,就没有新中国。① 而鲁迅正是持有这把利剑,"把自己做翻译比喻成普罗米修斯,舍身偷天火,泽被人间"(同上:10)。

概而言之,作为一种暴力的行为",硬译"与"易解"、"丰姿"在构建中国现代性上的努力主要体现在两个方面:

其一,为构建中国现代语言文学而努力。

从清末中国屡经外强战败开始,不少人便认为中国语文是中国积弱的主因,于是有改革语文的声音,甚至有废除汉字和汉语拉丁化的要求(参见王宏志,2007:245);当然,如我们前面提到,少数泥古不化之人对在汉语中引入的标点符号都视之为洪水猛兽,坚决地反对任何形式的语言变革。两派交锋十分激烈,形成了中国近代史上的一道奇观。此时,作为思想家的鲁迅,以翻译践行,

---

① 罗选民关于《作为文化记忆的翻译:重新思考鲁迅的翻译》的论述,翻译:中国近代与西方国际学术研讨会,特邀发言,国立巴黎东方语言文化学院,2006 年 12 月 8 日。

积极地翻译和引介西方的文学和文化,对中国现代的新文化运动、新文学运动产生了积极的影响。可以毫不夸张地说,以鲁迅为代表的新文化和文学先行者在五四时期从事的翻译文学成为中国现代文学的一个不可分割的组成部分。

鲁迅的翻译就是一种文化改造的手段,其目的是通过外国文学的翻译变革中国的文学,从而达到改造中国文化、改造落后的国民性的目的。但变革中国的文学,必须从变革语言入手,而变革语言,就需要从翻译入手。换言之,鲁迅正是从翻译入手,将"硬译"作为基本方法(approach),赋予了其强制性的暴力色彩,以此挑战和对抗当时占主流地位的汉语文言文。他希望通过这种异化式翻译来诊治文言文的含混和费解,让汉语变得结构明晰,从而能更有利于大众的接受,这也是"硬译"的暴力基因遗传者"易解"的使命所在。

提出"硬译"方法,并以"易解""丰姿"为内涵,这样鲁迅便发展了由佛经进入中国以来所形成的翻译传统。在"文质"之争的基础上,翻译视角由语言的转换上升到一个从未达到的高度:通过"硬译"来引进西方优秀的文化精髓,改造旧语言体系中的不合理因素,丰满和更新当时贫瘠落后的旧文学,最终达到启迪时人之心智,改造中国文化中滞后的元素,对落后挨打的、被称之为"东亚病夫"的半封建、半殖民中国社会进行彻底的改造。在这一活动中鲁迅形成了一种独特而鲜明的"翻译现代性",进而影响了中国新文学的形成。他创作了中国近代的第一部小说《阿Q正传》,而他和周作人此前翻译出版的《域外小说集》,更可被看作是一部"先锋实验派"作品,其译序被陈平原誉为"新一代翻译家的艺术宣言"(陈平原,1989:49)。改造中国语言,改造中国文学,改造中国文化,通过翻译来塑造中国现代性,这便是鲁迅翻译"暴力"的目的之一。

　　其二，为构建中国现代性政治模式而努力。王宏志认为，译者有时候故意将翻译转化为一种"暴力的行为"，主要达到其政治的目的，由此，翻译变成一种革新、甚至是颠覆性的力量，推翻及破坏长久以来的秩序或标准，引进新的元素，配合和推动一些政治活动（参见王宏志，2007：159）。"文学不借人，也无以表示'性'，一用人，而且还在阶级社会里，即断不能免掉所属的阶级性，无需加以'束缚'，实乃出于必然。"（鲁迅，1981b：208）由此可见，鲁迅认为文学具备阶级性，而且其本人也站进了无产阶级文学派。"我只希望有切实的人，肯译几部世界上已有定评的关于唯物史观的书——至少，是一部简单浅显的，两部精密的——还要一两本反对的著作。"（鲁迅，1981a：127）为此，鲁迅身体力行，将自己比喻为"普罗米修斯"，这表明，鲁迅要通过翻译向旧世界挑战，哪怕牺牲自己也在所不惜。至于他提到的"窃火给人"，这把"火"当然是指自己翻译的为中国现代性带来福音的无产阶级文学。

　　其实从晚清开始，鲁迅便认定了翻译外国作品能够帮助国民性的改革。在他还没有信奉马列主义前，他的翻译活动都是朝着这个方向前进（参见王宏志，2007：276）。比如，鲁迅早也预见到《域外小说集》的失败①，但仍旧主张"硬译"的暴力，并将此笃定为一生的翻译信仰。这其中的原因也有出于政治的考虑，通过翻译的"暴力行为"，达到其政治文化与社会改造的目的。可以说，鲁迅及其"硬译"的暴力是冒着市场销路及名声的风险而进行的另类"革命"。因此，如果说"没有翻译，就没有马克思主义在中国的传播，就没有今天的中国共产党"（罗选民，2011：9），那么，以"易解"

① 鲁迅在《域外小说集》序言中写道："《域外小说集》为书，词致朴讷，不足方近世名人译本。"《鲁迅全集》第10卷，2005：168。

和"丰姿"而体现出来的鲁迅的"硬译",其"暴力"行为无疑也为构建中国现代性起到了推波助澜的作用。

4. 结语

  暴力是一个在感性上极具颠覆色彩的不可接受之词。然而,在通过翻译构建中国现代性的历史进程中,这样的理性暴力却发挥了不可替代的作用。又何尝不是好事一桩呢?以暴力的翻译为利器,改造语言、改造文学、改造国民性、改造社会,这成为20世纪之交中国各界所看中的一桩好事。而在手持利器的众多思想家中,鲁迅更是逆时而前、迎难而上,将暴力的"硬译与易解、丰姿"贯彻到底,通过扭转翻译的风尚而通达社会的改造。尽管这第一只燕在那冰封雪冻的冬天显得过于前卫①,然而,这只飞燕终究会越过冬天,迎来春天的璀璨。

参考文献

1 陈平原,《20世纪中国小说史第1卷(1897—1916年)》[M],北京:北京大学出版社,1989:49。

2 高桥哲哉,《反·哲学入门》[M],何慈毅、郭敏译,南京:南京大学出版社,2011。

3 刘禾,《跨语际实践——文学、民族文化与被译介的现代性(中国,1900—

---

① 冯至等人对《域外小说集》有一个评价:"他在一九〇九年出版的《域外小说集》是他的主张和实践,出版后却受到了难以想象的冷淡待遇:上下二卷每卷只卖出几十册。但我们不能不认为它是采取进步而严肃的态度介绍欧洲文学最早的第一燕。只可惜这只燕子来的时候太早了,那时的中国还是冰封雪冻的冬天。"见冯至、陈祚敏、罗业森关于《五四时期俄罗斯文学和其他欧洲国家文学的翻译和介绍》第474页(1959),载《翻译论集》,罗新璋编,北京:商务印书馆,1984:471—496。

1937)》[M]，宋伟杰等译，北京：生活·读书·新知三联书店，2002。

4 鲁迅，文学的阶级性[A]，载《鲁迅全集(第四卷)》[C]，北京：人民文学出版社，1981a：125—128。

5 鲁迅，"硬译"与"文学的阶级性"[A]，载《鲁迅全集(第四卷)》[C]，北京：人民文学出版社，1981b：195—222。

6 鲁迅，关于翻译——给瞿秋白的回信[A]，载《翻译研究论文集(1894—1948)》[C]，北京：外语教学与研究出版社，1984：223—228。

7 鲁迅，翻译与我[A]，载张玉法、张瑞德编《鲁迅自传》[C]，台北：龙文出版社，1989。

8 鲁迅，Having Nothing to do with? [A]，杨宪益、戴乃迭译，载《鲁迅作品全集(第四册)》[C]，北京：人民文学出版社，1991：346—347。

9 鲁迅博物馆鲁迅研究室，《鲁迅诞辰百年纪念集》[Z]，长沙：湖南人民出版社，1981。

10 罗选民，翻译理论研究综述[A]，《结构·解构·建构——翻译理论研究》[C]，上海：上海外语教育出版社，2011：1—10。

11 彭定安，《鲁迅学导论》[M]，北京：中国社会科学出版社，2001。

12 钱理群，鲁迅：远行以后(1949—2001)(之四)[J]，《文艺争鸣》，2002(4)：4—8。

13 钱理群，"鲁迅"的"现在价值"[J]，《社会科学辑刊》，2006(1)：178—181。

14 瞿秋白，关于翻译——给鲁迅的信[A]，载《翻译研究论文集(1894—1948)》[C]，北京：外语教学与研究出版社，1984：215—222。

15 全灵，从"硬译"说起[A]，载《鲁迅研究文丛第一辑[C]》，长沙：湖南人民出版社，1980：319—323。

16 上海鲁迅纪念馆，《鲁迅诞辰一百一十周年纪念论文集》[C]，上海：百家出版社，1993。

17 王宏志，《重释"信、达、雅"——20世纪中国翻译研究》[M]，北京：清华大学出版社，2007。

18 王宁，翻译文学与中国文化现代性[J]，《清华大学学报》，2002(1)：

84—89。

19 赵英,鲁迅与灿烂的佛教文化[A],载《鲁迅藏书研究》[C],北京：中国文联出版社,1991：34—52。

20 Hugo，V. Extract from the preface he wrote for the Shakespeare translations published by his Son，Fran? ois-Victor，in 1865 [A]. In Lefevere，A. (ed.). *Translation/History/Culture*：*A Sourcebook* [C]. London and New York：Routledge，1992：18.

21 Venuti，L. *The Scandals of Translation*：*Towards an Ethics of Difference* [M]. London and New York：Routledge，1998.

22 Luo，X. Translation as Violence：On Lu Xun's Idea of Yi Jie [J]，*Amerasia*，2007(3)：41‒54.

23 Liu，L. H. *Translingual Practice*：*Literature*，*National Culture*，*and Translated Modernity—China*：1900‒1937 [M]. Stanford：Stanford University Press，1995.

（本文提交于第二届英汉对比与翻译研究学科建设高层论坛，载于《中国翻译》2016 年第 5 期）

应用翻译理论体系与范畴

方梦之

摘要：二三十年以来国内外学者对 Holmes 的结构图不断修正、补充和完善，但应用翻译理论体系的地位未见有明确的表述。本文认为应用翻译理论是整个翻译研究体系的有机组成部分，应有明确的定位。它应该与文学翻译并列，构成理论研究中的特殊理论。同时，本文从五个方面讨论了应用翻译理论范畴：理论原则、文本类型、核心理论、策略方法、翻译技巧。

关键词：应用翻译理论；理论原则；文本类型；核心理论；翻译策略；翻译技巧

30 年来，应用翻译的研究范畴逐年扩大，论题不断深入。上世纪 80 年代，科技翻译研究适逢其时，独领风骚。90 年代，商务、新闻、法律翻译研究兴起。新世纪以来，公示语翻译研究又成热点。至今，应用翻译的各研究领域都显示出勃勃生机。翻译学科整体的发展，加上各类应用翻译实践研究的推动，建构应用翻译的理论范畴体系正当其时。这里，我想就这个问题提出自己的看法。

1. 应用翻译理论体系的定位

    应用翻译理论体系是整个翻译研究体系的有机组成部分。1972 年 Holmes 首次提出翻译研究的结构图。此后，国内外学者对它不断修正、补充和完善。但应用翻译理论体系在整个翻译研究中究竟处于什么地位，在过往的研究中似乎没有明确的表述。而这个问题对应用翻译理论研究的进一步发展至关重要。现在我就从 Holmes 的结构图谈起。该图主要部分如下：

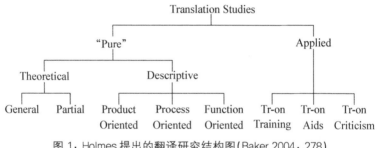

图 1：Holmes 提出的翻译研究结构图（Baker 2004：278）

    Holmes 的翻译研究分纯研究和应用研究。右边部分的应用研究包括三部分：翻译批评、翻译辅助工具和翻译教学，这是运用翻译学的原理来研究与翻译的相关领域，原则上它不属于翻译的本体研究，是应用性质的研究。这与我们这里所说的应用翻译理论研究是两种概念。

    现在看左边部分，"纯"研究包括理论研究和描写研究。描写研究也是理论研究，它与左侧的理论研究概念上是有重合的，只是分工不同。描写研究侧重于产品、过程和功能研究，这实际上是对翻译实践的理论研究。所以完全可把这两部分合并起来统称为理

论研究。这样可以让出位置来给应用翻译理论研究。我们是这样
来设计的：

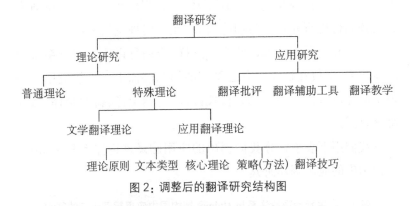

图2：调整后的翻译研究结构图

上图我们把理论研究分为普通理论和特殊理论。后者再分
两个子系统：文学翻译理论和应用翻译理论。我们关心的是应
用翻译理论这个子系统。应用翻译理论子系统又分五个方面：
理论原则、文本类型、核心理论、翻译策略（方法）、翻译技巧。理
论原则是指应用翻译理论研究应遵循的原则。应用翻译首先遇
到的问题是文本类型。由于应用文体的文本庞杂、类型繁多，
"翻译不同类型的文章，应该运用不同的翻译原则和方法，这是
当代翻译理论的核心"（郭建中，2001）。应用翻译的核心理论包
括本体论、方法论、价值观。本体论研究应用翻译的本质特点，
方法论服务于系统建构，价值观对所作研究作价值判断，这些都
是核心理论中有机组成部分。翻译策略和翻译方法的研究是介
于核心理论和技巧层面的研究。核心理论通过这一层面落实到
下一层面翻译技巧。通过翻译技巧，最后解决翻译实践中的操
作问题。

与Holmes的路线图相比，我们取消了Pure这个层次，因为

纯研究实际上也是理论研究。而 Descriptive 翻译研究也属理论范畴的研究,可以合并到 Theoretical 中去。然后让理论研究上升了一个层次,与结构图右侧的应用研究并列。然后再把理论研究分为普通理论研究和专门理论研究,在专门理论研究中再分文学理论研究和应用翻译理论研究。这样,应用翻译研究的子系统就凸显出来,定位在翻译研究总系统的第四层面上。当然应用翻译理论研究还可往下分,例如,科技翻译、新闻翻译、新闻翻译、法律翻译,等等。

我们用下表来区分我们提出的应用翻译理论体系和 Holmes 结构图中的应用翻译研究。

表1 应用翻译理论体系与 Holmes 结构图中应用翻译研究的区别

项　目	应用翻译理论研究	Holmes 的应用翻译研究
研究性质	理论性	应用性
研究对象	翻译研究本体各要素	翻译教学、翻译工具、翻译批评等翻译相关领域
研究任务	提出应用文本翻译相关理论	将翻译学理论应用到相关领域
中英文表述	Pragmatic translation studies; 应用翻译的研究	Applied translation studies; 应用性翻译研究

下面分别来讨论应用翻译的五个方面:理论原则、文本类型、核心理论、方法策略和翻译技巧。

2. 应用翻译的理论原则

应用翻译最大的特点是信息性,其次是功能性、劝导性和匿名性等。信息是可以验证的,包括客观世界中的实践、状态、过程、物体、人物、地点等。应用翻译理论是符合这些特点和要求的理论，也应该是经得起科学验证的、有明确界定的，应遵循实践性、应用性（对策性）、功能性、系统性和综合性等原则。

2.1 实践性

实践是应用翻译理论研究的出发点。应用翻译理论来自实践，又指导实践，并在实践中受检验，得以修正。"应用翻译研究主要是基于实践的研究。……这类实践研究是把实践的元素融入到方法论或研究产出中去的一种学术研究。"（陈刚，2008）翻译理论的实践性主要在于两方面：一、语言（包括源语和译语）实践，即以语言的多样性、差异性，以及双语的可译性为基础，研究翻译实践中的各种问题；二、翻译过程，包括原文、作者、原文读者、翻译发起人、译者、译文、读者等过程因素，描写并解释应用翻译的实践过程。

2.2 对策性

对策是应用翻译理论研究的落脚点。对策包括理论观念、策略手段和翻译技巧三个方面：

一、理论观念研究，指对应用翻译的实质、目的、功能和社会需求等的探索、论证和描写。

二、策略手段研究，包括对已有策略（如归化、异化、同化、改写、阻抗、文化移植、全译、变译等）的适应性研究和创新研究。"我们要研究的不仅是哪些手段属于常规性，哪些手段属于变通性；更重要的是：运用哪些手段的基本作用机制，即在什么条件下可以考虑运用哪些手段，在什么条件下哪些手段不宜运用，以及为什么不宜运用。"（刘宓庆，1995：7—8）

三、翻译技巧研究，传统的研究主要从语法角度加以条理化、系统化。现在，也需从各种相关学科（如语用学、认知语言学等）的原理出发，对翻译技巧加以总结和提炼，以对此有更好地概括和解释，适应应用文本新词生长快、形式变化多、互文性强等特点。

2.3 功能性

应用文体翻译都有现实的，甚至功利的目的，要求译文达到预期的目的和功能。翻译一则广告是为了向受众宣传或推销产品，翻译科技文本是为了传达相关信息，翻译商贸文件是为了业务交往……应用翻译中除了等功能翻译外，还有近功能翻译、异功能翻译（heterofunctional translation）。例如，根据翻译委托人的意愿，译者可将以呼唤功能为主的原文只翻译其信息内容；委托人也可能要求译者把几篇主题相同文章综合翻译成一篇综述性文章。显然，这类译文的功能既不等同于某篇文章的功能，也不会等同于原文或几篇原文的功能的总和。功能贯穿于应用翻译理论研究的各层面。

2.4 系统性

应用翻译理论研究的系统性有两层意思：一是应用翻译理论系统是翻译学的一个子系统，受总系统的制约和影响；翻译学总系统发展了，应用翻译理论研究也随之发展；反过来，子系统的发展也有助于翻译学科总系统的发展。这就是说，应用翻译理论研究要接受总系统普遍理论的指导，要运用总系统中的相关研究成果。例如文化学派理论是宏观理论，他们对翻译实践的认识和解释，对应用翻译理论研究就很有意义。勒费弗尔认为，翻译实践是与一定的历史现实相联系的实践，是在新的历史环境下按照某一社会群体的利益对原文进行重新阐述的实践,它本质上是文化政治的实践。翻译过程中译者不仅翻译字句,也翻译意识,他们对译与不译的选择更多地是基于意识形态的考虑。文化学派的这些论述对应用翻译研究有可取之处。

二是应用翻译理论子系统相对独立,它有自身的研究对象、范畴和方法论,区别于翻译学科中的其他子系统,例如,文学翻译理论。

2.5 综合性

应用翻译理论综合性与总系统的综合性有关,但有与其他子系统不同的特点。它的综合性还与它的特殊研究对象和语域有关。如新闻翻译对应于传媒专业,科技翻译对应于科技有关专业等。应用翻译注重功能、文本类型、语域、翻译规范等方面的理论研究,要根据应用翻译理论研究的需要来综合。因此要特别加强功能语言学、文本类型学、文体学、社会语言学等方面的综合研究。

3. 分类及文本类型

分类是人类认识事物的主要途径之一。通过分类,人们可以了解事物之间的区别和联系。可以从不同角度对相同的事物进行分类。应用翻译的分类按内容分法律翻译、经贸翻译、政论翻译、旅游翻译、学术翻译、广告翻译、科技翻译、医学翻译等。类中有类,以上类别还可细分。如医学翻译,根据不同文体和内容还可分为:医学学术翻译(medical academic translation)、大众医学翻译(popular medicine translation)、医—患翻译(doctor-patient translation)、医疗技术翻译(medical technical translation)等(Pilegaard,1997:159)。科技翻译也可根据不同文体和内容分为法律文本翻译（legal document translation）、学术翻译（academic translation）、科普翻译（popular science translation）等。

文本类型是如何影响翻译的？"有两方面的主要问题要研究：1)研究文本类型对理解翻译过程有何助益？译者在翻译实践中如何处理不同文本？译者的专业化是否同时以科目内容和文本类型为条件？2)不同语言的文本类型在哪些方面及在多大程度上是相同的？原文和译文之间能观察到哪些异同？"（Trosborg，1997）这就是翻译研究中的文本类型问题。

诺德认为，文本有传达信息、表达感情、使之感染、表示寒暄等四种功能，而且不同文本有这四种功能中一种功能或多种功能。但是从实践来看，所有文本几乎都有信息功能，即使是一个最简单的感叹词，或表示惊喜，或表示害怕；或表示喜欢，或表示厌恶；即使表示感情，也透出一种信息。所以信息功能几乎与每种文本伴生，而表情功能和呼唤功能也经常为许多文本所具有。例如广告和书信多功能俱全。当然广告可能侧重呼唤功能，书信可能侧重表情功能。按功能来区别文本类型，有它的认识意义和理论价值，但要落实到翻译实践有些勉为其难。我们认为，按语域因素或正式程度（formality）来划分文本类型更有利于对翻译实践的指导。

韩礼德系统功能语法理论认为，决定语言三大语境因素是语场（field of discourse）、语旨（tenor of discourse）和语式（mode of discourse）。语场指谈话题材或话语范围；语旨指讲话者之间的关系，即角色关系、角色地位等；语式指语言形式或语言媒介，如口头语或书面语、自然语或人工语等。语境的这三大因素中任何一项的变化，都会引起交流意义的变化，从而引起语言的变异或文体的变化，产生不同类型的语域。据此，我们结合文体的正式程度把文本分成四类。

Martin Joos 提出语言的使用分为五级 frozen style(凝固体)，formal style(正式体)，consultative style(询议体)，casual style(随便体)，intimate style(亲密体)。候维瑞(1988：63)相应地把它们改造为超正式体(hyperformal style)、正式体(formal style)、普通体(normal style)、非正式体(informal style)、超非正式体(hyperinformal style)。这里我们按韩礼德划分语域的语场、语旨、语式三大因素和正式程度把文本类型相应地分为超正式文本、正式文本、普通文本、非正式文本。由于超非正式体较少用于应用文体的翻译范围，我们以下关注文本类型的其他四类。现将这四种文本(体)的特点列表说明如下①：

表 2　应用翻译的文本类型

文本类型	正式程度	语场(题材或使用范围)	语旨(参与交际者)	语式(语言形式)
超正式(体)文本	最高	法律文档、合同契约等	专家、律师之间	语言结构刻板、句法严密、繁琐
正式(体)文本	高	论文、专著等	同行专家之间	语言结构严密、多用专业术语
普通(体)文本	一般	科普文章、产品说明书、一般文书、新闻报道等	专业人员对普通读者	句法完整、用词规范、逻辑关系清楚
非正式(体)文本	低	低幼读物、配图文字等	专业人员对普通读者	用词简单、常用省略句

———

① 正式程度是个连续体，分级只是为了便于分析和阐述。本人曾将科技文本按语域分成两类六级，此处分成四类的原则与科技文体分类相同，可参阅方梦之、毛忠明(2005)。

4. 应用翻译理论分层说

　　理论是分层次的。从大的方面可分纯理论和应用理论。应用翻译理论分为内、中、外三层。内层为核心理论,中层为翻译策略和翻译方法,外层为翻译技巧。核心理论是较高层次的理论,它关注应用翻译的普遍问题和根本问题,它对翻译实践的指导主要是方法论、价值观和翻译思想层面上的,中层理论受其支配和调节。另一方面,中层理论是向下层理论过渡的理论。外层理论直接来自于实践,受中、内层理论的制约和调节。外层理论贴近实践,可直接用于翻译操作。现将应用翻译理论的分层及其与翻译实践关系图示如下:

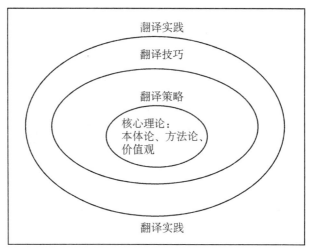

图3:应用翻译理论分层与翻译实践关系图

　　由上图可知,应用翻译理论的三个层次由内而外为核心理论

（内层）、翻译策略（中层）和翻译技巧（外层）。它们共同处于翻译实践的大背景中，与实践的关系由远而近，它们之间的支配关系由内而外（内层至外层）。核心理论制约翻译策略和翻译技巧，翻译策略决定翻译技巧的运用。例如，如果翻译思想以原作为圭臬"不增不减不改"，就不会有"忠诚＋功能"和"达旨"的策略，更谈不上"增译"、"省译"的技巧。翻译策略是翻译理论的衍生物，韦努蒂的"改写"是以他的诗学理论和意识形态理论为先导的。翻译策略可滋生翻译技巧，如以变译为策略，则有编译、摘译、节译等方法和技巧。三者以不同的方式作用于实践，理论与实践是互动的。

　　分层有两个好处：一是明确不同层次理论的不同作用和职责；二是明确翻译技巧的理论地位。过去理论家们对翻译技巧是否属于理论范畴，含糊其词，模棱两可，有的抽象肯定具体否定。如一方面承认翻译技巧是实践经验的总结和提升，另一方面又说"翻译技巧需上升为翻译理论"等等。

　　下面分别探讨内、中、外三层理论的不同作用与功能。

5. 核心理论（内层理论）

　　应用翻译的核心理论包括本体论、方法论、价值观等。本体论是"描述某物之为某物的学问"，是"描述某一本体，即某一事物、某一现象或某一社会事实的学问"（舒也，2006），如对应用翻译本质特点的研究和认识。方法论是关于方法的理论，是对各种具体方法的原则概括和总的认识。应用翻译方法论包括翻译研究方法论、翻译实践方法论、翻译批评方法论和翻译教学方法论。价值观对应用翻译行为取向、评价标准、评价原则和尺度会有指导，特别是对翻译批评、翻译标准的厘定。这里我们仅以功能目的论和信达雅作为应用翻译核心理论加以说明之。

德国功能派从功能切入，考虑到原文（作者）、译文读者和翻译发起人的态度和利益。

翻译目的论（SKOPOS THEORY）要求译文达到预期的目的和功能，它把翻译的目的和功能看成是应用文体翻译的依据和依归。应用文体翻译都有现实的，甚至功利的目的。目的论还认为，原文和译文是两种独立的具有不同价值的文本，会有不同的目的和功能，作者通过源语文本提供信息，译者则将源语的语言和文化信息有条件地传递给目的语的接受者。至于译者对源语文本信息的选择、翻译策略的运用以及译文的表现形式，则决定于翻译委托人和译本接受者的需要和愿望。目的论的理论核心在于翻译的目的和译文的功能。

功能目的论的代表人物诺德提出"功能加忠诚"的方法论原则。功能是指译文按预定方式运作后在译语环境中所起的作用。忠诚是指译者、原文（作者）、读者、翻译发起人之间的人际关系，原则上译者要尊重并协调其他各方的态度和利益。

严复的信达雅也可以作为应用翻译的核心理论。信达雅三位一体，是一个严密的思想体系。他说："译事三难：信、达、雅。求其信，已大难矣！顾信矣，不达，虽译犹不译也，则达尚焉。……为达即所以为信也。……信达而外，求其尔雅。"信达雅自成体系。三者之中，以信达为要。信达之重，又以信为首。"信达而外，求其尔雅。"严复之后，有"正确、通顺、易懂"，"信达切"等问世，其渊源无不来自信达雅。

严复不但有其系统的翻译思想，而且有在其翻译思想指导下的翻译策略。"达旨"是严复翻译《天演论》的基本策略和方法。严复的《天演论》就是达旨式的译文。他在译例言中对"达旨"的解释是:"译文取明深义,故词句之间,时有所颠倒附益,不斤斤于字比句次,而意义则不倍本文。题曰达旨,……"(转引自罗新璋,1984:136)这里严复解释他如何达旨。严复的达旨还有另一面——通过翻译来达到他的政治抱负和目的。严复以探究"格致新理"来促进国家富强,这是他译书的总目标。

6. 翻译策略与翻译方法(中层理论)

翻译策略与翻译方法处于理论的中间层面,是贯彻应用翻译理论思想的手段。比较完整的应用理论都有与之配套的翻译策略或翻译方法。

6.1 翻译策略

我国引进"翻译策略"一词约在上世纪 90 年代中后期。"Jääskeläinen(1993)把策略定义为是与'目标取向性'和'主观最优性'相关联的过程。换句话说,翻译策略是译者在翻译实践中,自认为要达到的既定目标的最佳方法。她把翻译策略分为总体策略(global strategies)和局部策略(local strategies)两种,前者指运用于整个翻译任务中的策略(对译文风格的考虑,对读者群的假设等),而后者则集中于翻译中更为具体的操作(如寻找合适的词话等等)。"(转引自李德超,2005)Venuti 将翻译策略界定为选择文本和拟定一种翻译方法(Baker,2004:240)。

6.2 翻译方法

翻译方法是我国的早期术语,"包括两方面:1)译者在翻译过程中对传达原作内容和形式的总的设想、途径和策略以及美学态度,属于翻译理论的范畴。不同国家、不同学派对翻译方法的分类和命名并不相同……;2)指在翻译过程中解决具体问题的办法,也称翻译技巧"(方梦之,2004)。本文所说的翻译方法当指第一类。

6.3 翻译策略与翻译方法

翻译策略(strategy)和翻译方法(method)有天然的联系,中外论者在运用时时常流变不居。Venuti 在 *The Translator's Invisibility* 一书中提到异化、归化时,以"翻译方法"为多,以"翻译策略"为少。杨自俭(2007)认为:"'策略'强调……谋划、对策、手段。'方法'强调程序、模式、过程、规则。"

Venuti、Bessnett 等文化学派的代表赋予翻译策略浓重的文化因子。所以,一般认为翻译策略处于文化层面,多从文化上考量;而翻译方法处于文本层面,多从篇章语言上考量。如果把两者都看成策略的话可按 Jääskeläinen 的说法,分为总体策略与局部策略:总体策略为文化视角的翻译策略,局部策略为文本视角的方法策略。据此,本文把他们放在同一层面上考察。

翻译策略和翻译方法都依附于一定的翻译理论。德国功能目的论有"功能＋忠诚"的翻译策略(方法)。Venuti 的文化翻译理论有异化、归化、改写、阻抗、同化、文化移植等翻译策略(方法)。严复的信达雅理论有"达旨"的翻译策略(方法)。我国传统翻译理论中还有直译或意译,全译或变译,变译中又可分为摘译、节译、编译、综述等翻译策略(方法)。

7. 翻译技巧(外层理论)

翻译技巧与翻译实践联系密切,是最贴近实践的外层理论。

翻译技巧属应用翻译的理论范畴,其理由如下:

1) 翻译技巧是实践经验的归纳和总结,在一定的条件下是可以验证的。例如:

[1] The force of expansion makes it necessary to build a bridge in sections.

因为膨胀力的缘故,桥梁必须分段制造。

这里"make"有"使发生"的意思,表示句子前面部分是因,后面部分是果。英文中类似的表达还有"cause"、"result in"等,我们都可用"因为"、"所以"这样的句式来表达,还可从语义结构上归纳为"增词"技巧。这类翻译技巧或规定性的译法,在一定的条件下行得通,这是可以验证的。

2) 翻译技巧往往有一定的理论渊源,是可以用相关学科的规则或原理来论证的。例如:

[2] I am so grateful to my father for his continuous encouragement during my childhood.

儿时父亲不断地鼓励我,我非常感激。

根据汉语语法,时间状语在前、话语主题在前的原则,分别把"儿时"、"父亲不断地鼓励我"调整到译文前面来。这是根据汉语语法规则而做的词序调整。

在语言学进入翻译研究领域之后,人们开始用语音学、语法学、词汇学的原理和方法来研究翻译技巧。奈达的早期著作不乏对翻译技巧和翻译方法的阐述,如核心句的语法转换、语序处理,甚至具体到时间词、数量词的处理等。70 年代苏联的巴尔胡达罗夫(1985)在《语言与翻译》一书中专章叙述了翻译转换法,其中包括移位法、替换法(词形替换、词类替换、句子成分替换、复合句中的句法替换、词汇替换、反面着笔、补偿法)、加词法、减词法等。而我国张培基等 1980 年编著的《英汉翻译教程》更是以英汉语言对比为主线,系统地总结和整理了英译汉常用的方法和技巧,从词义的选择、引申和褒贬,词类转换、增词、重复、省略、正反译法、分句合句、被动态译法、从句译法直到长句译法,把传统语法中的词法和句法合理对应。(方梦之,2007)

3)翻译技巧随相关学科的发展而发展。传统的翻译技巧主要从语法的角度条理化、系统化;现在,学者们已从不同的相关学科的原理出发,对翻译技巧加以解释。随着篇章语言学和功能语言学的兴起和发展,人们研究了译文篇章的衔接与连贯、段落的调整等技巧,并且注意到译文要反映原文语言的概念功能、人际功能和语篇功能的不同要求。除从语法、语篇角度加以考察外,也可从语义认知和语义结构的角度来说明。

翻译技巧对实践有一定的指导作用,但也不能评价过高。"以当前的研究水平来看,只有少部分技巧具有刚性的指导功能,大部分技巧仅有启示、示范功能,我们对其运用的制约因素研究不够,知之甚少。"(王大伟,2003)

新的理论催生新的策略,新的策略促成新的理论。策略的贯彻和实现要求运用适当的翻译方法和技巧。所以,策略(方法)是理论的媒介,核心理论通过策略向实践靠近了一步,技巧又是核心理论和策略作用于实践的桥梁。技巧应用于实践,植根于翻译实践。通过实践研究,使相关技巧集约化、范畴化和策略化,直至丰富本体理论。三个理论层次相辅相成,共同构成一个完整的理论体系。

参考文献

1 巴尔胡达罗夫,《语言与翻译》[M],北京：中国对外翻译出版公司,1985。

2 陈刚,应用翻译研究应是基于实践的研究——以旅游文本及翻译的多样性案例为例[J],《上海翻译》,2008(4)。

3 方梦之,《译学辞典》[Z],上海：上海外语教育出版社,2004。

4 方梦之,序[A],载文军主编,《中国翻译技巧研究百年回眸——中国翻译技巧研究论文索引(1914——2005)》[Z],北京：北京航天航空大学出版社,2007。

5 方梦之、毛忠明,《英汉·汉英应用翻译综合教程》[M],上海：上海外语教育出版社,2005。

6 郭建中,实用性文章的翻译(上)[J],《上海科技翻译》,2001(3)。

7 侯维瑞,《英语语体》[M],上海：上海外语教育出版社,1988。

8 李德超,TAPs 翻译过程研究二十年：回顾与展望[J],《中国翻译》,2005(1)。

9 刘宓庆,当代翻译理论[M],台北：书林出版有限公司,1995。

10 罗新璋,翻译论集[C],北京：商务印书馆,1984。

11 舒也,本体论的价值观之维[J],《浙江社会科学》,2006(3)。

12 王大伟,翻译理论与实践中的三层关系[J],《上海科技翻译》,2003(3)。

13 杨自俭,再谈方法论——《翻译方法论》序[J],《上海翻译》,2007(3)。

14 Baker, M. *Routledge Encyclopedia of Translation Studies* [Z]. Shanghai: Shanghai Foreign Language Education Press, 2004.

15 Pilegaard, M. Translation of Medical Research Articles [A]. In A. Trosberg (ed.). *Text Typology and Translation* [C]. Amsterdam & Philadelphia: John Benjamins Publishing, 1997: 159.

16 Trosberg, A. Introduction [A]. In A. Trosberg (ed.). *Text Typology and Translation* [C]. Amsterdam & Philadelphia: John Benjamins

Publishing，1997：viii.

（本文提交于首届英汉对比与翻译研究学科建设高层论坛，修改后收录于《中国文化实力与应用翻译研究——第三届全国应用翻译研讨会论文集》，蒋璐、吕和发（编），中国对外翻译出版公司，2010）

探索、建设与发展

——新中国翻译研究 60 年

许 钧 穆 雷

摘要：新中国的翻译事业与国家的建设和社会的发展同步前进，翻译研究与翻译学科建设取得了令人瞩目的成就。本文以历史的目光，尽可能全面地回顾并客观地梳理新中国成立以来 60 年翻译理论研究的发展情况，在此基础上，对翻译研究和翻译学科建设的主要成就进行归纳与总结，继而明确在新的历史时期与多元文化语境中翻译所肩负的历史使命，指出中国译学研究应该着重关注的几个问题，并就今后一个时期如何加强翻译研究和译学建设提出发展思路。

关键词：翻译研究；译学建设；探索；发展

中华人民共和国成立 60 年来，翻译作为沟通中外的桥梁，在中国的政治、经济、外交、文化和科学等各个领域的迅速发展中，发挥了重要作用。我国的翻译研究和翻译学科建设工作也随着翻译事业的不断发展和日益繁荣，在不懈的探索中前进，在努力的建设中发展，取得了令人瞩目的成就。本文着力回顾、梳理 60 年来翻译研究在中国走过的路程，在反思、归纳、总结的基础上，继而明确在新的历史时期与多元文化语境中翻译所肩负的历史使命，指出中国译学研究应该着重关注的几个问题，并就进一步加强翻译研究和译学建设提出发展思路。

1. 中国翻译研究的探索与发展之路

中华人民共和国成立 60 年来，翻译研究和翻译学的学科发展之路经历了风风雨雨，大致可以划分为两个重要时期，即 1949 年至 1978 年的前 30 年和改革开放以来的后 30 年。翻译活动历来与国家、民族重大的政治、历史与文化事件相生相伴，与社会的发展密切相关。1949 年新中国诞生，迎来了中国翻译事业与翻译研究发展的新机遇。

1.1 社会的进步促进了翻译事业的繁荣与翻译研究的发展

1949 年 10 月 1 日，新中国宣告成立。翻译活动受到了地方和中央政府有关部门的高度重视。解放仅仅一个月 13 天后，即 1949 年 11 月 13 日，上海市翻译工作者协会在新中国率先成立，同时创办了《翻译月刊》；此后一年内，武汉大学编译委员会、南京文联翻译工作者联谊会、天津市翻译工作者互动组等翻译组织相继成立；1950 年 1 月，中央人民政府出版总署翻译局召开座谈会，同年内又数次约请各方面从事翻译工作的专业人员参加翻译工作座谈；1950 年 7 月 1 日，在中国共产党建党 49 周年的日子里，由中央人民政府出版总署翻译局主办的《翻译通报》创刊；1951 年 4 月，中央人民政府出版总署召开了"五四"翻译座谈会；1951 年 12 月，中央人民政府出版总署又召开了第一届全国翻译工作会议；

1954 年 8 月,中国作家协会举办了全国文学翻译工作会议;1954
年 9 月,《俄文教学》编辑部连续举办了两次翻译教学座谈会;1955
年 4 月,沈阳俄专翻译教研组召开了翻译标准讨论会;1957 年 3
月,北京俄语学院举行了四个高等俄语院校合编的俄译汉教材初
稿讨论会。从上述有关翻译的各种活动来看,在处于百废待兴的
新中国成立初期,作为与外部世界联系的纽带与桥梁的翻译,受到
了中央和地方政府部门的高度重视,并不是一种偶然,这是与新中
国的建设需要和翻译的本质属性与重要作用密切相关的。翻译工
作者组织的相继建立,翻译工作会议的频繁召开和翻译实践与研
究刊物的创办,一方面有力地促进了翻译事业的发展,另一方面也
为翻译的思考和研究提供了不断拓展的空间。

　　由于政治方面的原因,1957 年之后到"文化大革命"结束的这
段时期,有关部门对翻译工作关注和支持的力度不断降低,翻译活
动逐渐减少,翻译研究也少有展开。从 1949 年至改革开放前这
30 年发表的近 400 篇翻译研究论文看,绝大部分发表于解放后的
前 10 年。从发表文章所涉及的领域看,主要集中于翻译实践经验
总结、翻译批评、翻译教学探讨和翻译人物介绍等几方面。除了对
翻译实践中一些重要问题的探讨外,还有对前苏联翻译理论的译
介和探讨,研究者展现了一定的国际视野。总的来说,这一时期的
翻译研究多紧密结合翻译实践,针对翻译的实际问题展开讨论。
从文章的选题看,研究工作明显受到主流意识形态的影响。翻译
理论研究的视野相对狭窄,理论探讨深度不够。

　　"文革"十年期间,由于国家对外交流和外交工作的需要,翻译
活动并未停止,但其规模和形式均受到控制,尤其在主流意识形态
和政治因素的影响下,翻译对象、翻译内容和源语国家的选择严格
控制在一定范围内。翻译作品,译者多不署名或以集体署名,并以

内部发行的方式传播,读者亦非常有限。对于翻译的思考与研究一度停滞,对外学术交流中断,各种学术刊物停刊,翻译研究基本上处于空白期。

改革开放以后,随着中国国际地位的迅速提高,翻译实践与翻译研究也步入快速发展的轨道。对外交流的繁荣极大地提高了对翻译的需求,新的翻译高潮为翻译研究提供了广阔的空间和丰富的实例,翻译活动与翻译思考形成充分的互动,翻译研究从对翻译标准的思考,到对俄苏翻译理论的介绍,进而到对西方翻译理论的引进,再到对中国传统译论的反思,开拓了汉译外研究、典籍翻译研究、口译实践及其教学研究、翻译工具研究等新的研究领域,不断提出新的研究课题。

1.2 翻译研究队伍的成长与翻译学科建设

新中国成立初期,翻译研究队伍主要集中在两方面,一是政治外交战线的翻译实务工作者,二是文学翻译家。他们具有一些共同特点,一是政治觉悟高,二是具有扎实的中外语言基本功,知识面广;三是对翻译工作具有强烈的责任心。在长期的翻译工作中,老一辈翻译工作者善于思考,自觉地总结翻译经验,摸索翻译技巧。"文革"前17年《翻译通报》《译文》《文艺报》以及有关外语学刊所发表的翻译探讨与研究文章可以清晰地展现出这一特点。

改革开放,国门打开,国外起步于20世纪50年代的各家各派翻译理论研究成果被逐渐介绍到中国。中国各个领域的快速发展和对翻译工作不断增长的需求,凸显了翻译的重要性。中国高校的外语教育渐渐地突破了语言与文学的培养传统,对翻译的关注和兴趣慢慢激发了外语界对翻译理论的关注。随着研究生教育的不断发展,外语界的翻译研究队伍逐渐成长,翻译研究逐步摆脱了被忽视、被轻视和边缘化的状况,在 90 年代末与语言学和文学研究鼎足而立,成为外国语言文学学科的三大支柱之一。

在翻译学科的发展过程中,群众性的学术团体起到了重要的推动作用。一方面,共同的事业追求将一大批有志于翻译研究的学者聚集在一起;另一方面,学术团体有计划、有目标、有针对性地开展学术活动,有力地保证了翻译研究活动的不断深入与发展。成立于 1982 年的中国翻译工作者协会(中国翻译协会),已设置了9 个专业委员会,各省市自治区有近 50 个团体会员。其中成立于1995 年的翻译理论与翻译教学委员会,由全国高校的翻译专家学者组成,该委员会秉承中国翻译协会宗旨,积极开展翻译理论研究、探讨翻译教学、培养翻译人才。中国比较文学学会从学科发展的需要出发,于 1994 年成立了翻译研究会。同年,中国英汉语比较研究会成立了翻译研究会。三个国家一级学会先后均设立了二级学会,以翻译理论与教学研究为宗旨,以翻译教师和研究人员为主要成员,搭建起翻译研究与人才培养的重要平台。

中国翻译事业的繁荣和社会对翻译人才不断增长的需求,构成了翻译学科发展的重要的推动力。外语学界一批具有宽阔学术视野和强烈学科意识的翻译学者从三个主要方面入手,不断推动翻译学的学科建设。一是以学术探索为基础。把理论建设当作翻译学科安身立命的根本,通过理论探索,明确翻译学的根本任务,不断开拓研究领域,推出研究成果。二是以队伍建设为中心。翻译研究队伍的建设起步晚,起点低,困难大。从解放以来翻译研究所走过的路看,翻译学科的建设经历了曲折而艰辛的道路。在很长一段时间内,翻译没有得到应有的重视,翻译研究在学术界也没有得到足够的认识。正是在改革开放以来,随着翻译在中外文化交流中的地位的凸显,翻译活动所涉及的一些根本问题得以在学术界被认识，被揭示，进行探讨与探索。而在不懈的探索中，研究者的队伍不断壮大，素质显著提高。三是发扬改革创新的精神，以体制改革为推动，翻译学科逐渐摆脱了外语学科传统思想的束缚，在体制层面上不断突破，尤其是在高等教育体制中获得认可，确立了翻译学的学科地位。中国的翻译学科建设经历了一个从"何为翻译学"、"有否翻译学"，到"如何建设翻译学"的发展过程，有过疑惑，有过争鸣，但疑惑促进了艰苦的探索，争鸣导向了积极的建设。

在翻译学术与理论建设工作中，《中国翻译》《外语教学与研究》《外国语》《外语与外语教学》《中国科技翻译》《上海翻译》等一批充分体现学术探索精神的期刊发挥了不可替代的作用。《中国翻译》更是明确自己的办刊宗旨：开展译学研究，关注前沿动态；切磋翻译技艺，探讨翻译教学；促进国际交流，繁荣翻译事业。明确的追求、开阔的视野和学术自由的取向吸引了越来越多的青年学者加入到翻译学的研究工作中来。在翻译学科每个主要发展时期，有关的刊物均以敏锐的学术意识，适时开辟相关栏目，组织学术争鸣，引导翻译学科的建设朝着健康的方向发展。

同时，中国对外翻译出版公司、湖北教育出版社、译林出版社、上海译文出版社、外语教学与研究出版社、外语教育出版社等越来越多的出版机构关注翻译学建设，支持翻译与翻译研究事业。从以翻译实务为研究基础，以翻译实务指导为己任的"翻译实务丛书"，到以促进翻译学科建设为追求，致力于翻译理论建设的"中华翻译研究丛书"，到追踪国际译学研究前沿，大力引进国外翻译研究成果的"翻译研究文库"，再到充分体现中国新一代译学学者研究成果的"译学新论丛书"，见证了出版人对翻译事业的关心和热心，对翻译理论建设的支持与促进。

翻译学科的发展与改革开放以来研究生教育事业密切相关。

恢复高考制度和研究生培养制度以后,外语院校外国语言文学硕士点开始培养少量的翻译方向硕士生,1993 年北京外国语大学培养了第一名用翻译研究作学位论文的博士。90 年代中期以后,随着高校对翻译师资的要求越来越多,北京大学、南京大学、南开大学、上海外国语大学等高校在外国语言文学有关的二级学科,特别在语言学与应用语言学博士点开始翻译方向博士生的培养,探索翻译学博士的培养途径。据不完全统计,截至 2008 年,我国内地培养出以翻译研究做学位论文的博士约 260 名,还有 30 多名中国内地学者在港澳台和国外高校获得翻译学博士学位,他们现已成为国内翻译实践、翻译教学和翻译研究的骨干力量,并在国际翻译教学和研究界产生了一定的影响。

正是在各方面大力支持,合作探索,全面建设的过程中,翻译的学术队伍发展壮大。改革开放初期一批年轻的探索者,经过 30 年的不懈努力与追求,成长为翻译学科的中坚力量,在国家的对外交流、翻译人才的培养和翻译理论建设中起到了引领作用。

1.3　60 年来翻译研究的基本状况与特点

新中国成立 60 年来,中国的翻译事业和翻译研究工作相互促进,共同发展。一方面,在翻译实践中不断提出的新问题为翻译研究提供了丰富的研究课题,开拓了研究空间,另一方面,翻译研究的不断深入与发展,为把握翻译实践的健康发展方向,解决翻译实践中遇到的各种困难和障碍提供了强有力的理论指导。从 60 年来翻译研究的发展进程看,我们可以发现一条最基本的规律,那就是翻译事业繁荣发展之时,便是翻译研究与思考的兴起与拓展之日。

从翻译研究成果的数量和研究领域的分布情况看,新中国成立以来的前 30 年与后 30 年这两个时期呈现出来殊为明显的差别。

新中国成立以后前 30 年,翻译研究基本附属于外国语言文学研究,进展缓慢。据不完全统计,1949 年到 1978 年间,在国内有关刊物发表的有关翻译思考和研究的文章约为 400 篇。研究的领域主要有：1)翻译人物与思想的探讨,如有许多文章探讨鲁迅和瞿秋白等无产阶级革命家的翻译思想。2)翻译技巧的切磋,在解放后的前 10 年,对翻译技巧的探讨非常活跃,一些俄苏文学的翻译家和马克思、恩格斯著作的翻译工作者结合自己丰富的翻译实践,在翻译方法和技巧的层面总结经验,展开研究。3)翻译批评的有效展开,这与解放后的一段时期中央与地方有关部门与机构对翻译质量的重视是分不开的。从那个时期发表的有关翻译批评的文章看,批评的针对性强,有的放矢,对维护翻译工作的严肃性,提高翻译质量具有重要的作用。4)翻译教材的编写,教材编写与翻译人才的培养密切相关,解放后我国各条建设战线对高水平的翻译人员的需求,对我国高校的外语人才培养提出了新的要求,而在传统的外语教育中,翻译教育处于从属的地位,由此翻译教材的编写对于翻译人才的培养便具有特别的重要性。

除了翻译研究的论文外,据不完全统计,1949 至 1978 年间,国内出版的有关翻译的著述或教科书近 90 种。这些著作的内容主要有以下几类：国外翻译理论介绍类,主要译介前苏联的翻译研究成果,如上个世纪 50 年代在国际学术界崛起的是语言学派翻译研究成果;翻译技巧总结与研究类,该类著作占较大比重,多探讨译名和地名的翻译,少部分涉及科技翻译、新闻翻译和法律翻译;教科书或翻译实用手册类,该类书籍主要涉及英汉和俄汉翻译,大多为笔译教材,也有少量的口译手册。值得注意的是,在上世纪 60 年代,机器翻译的研究一度成为国家有关科学研究机构关注的领域,机器翻译研究方面的著作也有问世。

应该说,新中国前 30 年的翻译研究主要围绕当时的翻译实践问题展开,以翻译实践为关注的重点,总结翻译实践经验,试图解决实践中的各种问题。总的来说,翻译研究处于理论意识薄弱期,对翻译理论的必要性和重要性都缺乏足够的认识,理论意识和学科意识基本缺失,研究成果多为经验总结,技巧探讨,其特点为:主要研究笔译问题,对口译研究关注较少;笔译研究主要集中在政治文献和文学翻译领域,对其他文类翻译的关注较少;以翻译经验总结为主,理论的探索与升华较少;研究以文本为主,多关注语言文字层面的转换,而对文字转换所涉及的其他方面因素的关注与思考较少。

改革开放以来,中国的翻译研究取得了突破性的进展。从数量上看,根据对国内 15 种外语类核心期刊[①]的分类统计,1979 至 2008 年的 30 年间,仅外语类核心期刊发表的翻译研究论文就达 9000 多篇。翻译研究论文不仅数量多,近 10 来更是呈明显上升趋势,而且研究领域不断拓展,研究方法日益丰富,研究深度不断增加。

1979 至 2008 年间国内出版的翻译研究著作和教材约 1600 多种。与前 30 年相比,研究者的理论意识、方法论意识明显加强,视野开阔,研究趋于系统性和科学性。从 1600 余部的著作与教材发表的时间段看,大多数的出版时间在 1990 年之后。从各类著作所占比重看,占首位的是翻译教材类,约占总数的 52％;第二位为翻译散论、杂谈类,约占 13％;第三位为中外互译技巧类,约占

---

① 这 15 种期刊为《中国翻译》、《语言与翻译》、《上海翻译》、《中国科技翻译》、《外语教学与研究》、《外国语》、《外语与外语教学》、《外语界》、《现代外语》、《解放军外国语学院学报》、《外语学刊》、《外语教学》、《外语研究》、《四川外国语学院学报》、《中国俄语教学》。

10％,其中英汉翻译技巧占主要部分,内容涉及商务、科技、医药、旅游等翻译技巧;第四位为纯翻译理论研究类,约占 9％;此外还有翻译史类、翻译教学类、翻译工具书类等等。就总体而言,有几点值得特别关注:一是翻译教材和翻译散论、杂谈类虽仍居多,但近 10 年来纯理论研究著作的数量呈逐年上升趋势,且研究范围不断扩大;二是翻译教材的品种扩大,层次有别,特别是在近几年,口译教材数量不断增加,教材开始明确学生层次;三是翻译史的研究成为一个重要的领域,而且从以往的文学翻译史开始逐渐扩展到文化交流史和文学思潮发展史等领域;四是近年来引进国外翻译理论的著作数量及类型增多,从技巧研究到语言学派理论,再到全方位引进;五是翻译教学与研究界近年来对翻译教学研究的重视程度不断增强,教学理论研究有了突破;六是对翻译市场和翻译行业管理的研究有了起步。

60 年来,特别是近 30 年来,中国的翻译理论研究能够不断发展,有两个重要的因素值得关注。首先是改革开放以来中国研究生教育对翻译研究与翻译学科的推动。近 30 年,国内的外国语言文学的二级学科中,有很大一部分设有翻译研究方向,在硕士和博士两个教育层次培养学生,展开研究。数量众多的翻译方向硕士研究生和越来越多的博士研究生为翻译学科注入了活力,为翻译研究不断开辟新的领域,他们越来越注重翻译研究的方法论,注重翻译研究的科学性与系统性,大大推进了翻译学科的发展。从近 10 年出版的纯翻译理论研究的成果看,有很大一部分是翻译学方向的博士论文。这些著作具有坚实的理论基础和探索精神,视野开阔,方法得当,具有较高的理论价值。其次,中国的翻译研究得到了各级科学研究基金的资助。在很长一段时间里,在中国的科学研究资助体系中,翻译研究一直处于边缘。从 1993 年开始,国家社科基金开始有翻译研究立项,至 2008 年共立项 63 项。翻译研究项目主要涉及以下研究主题：翻译史及译介学研究;翻译理论研究;翻译教学研究;翻译产品、翻译策略、翻译批评研究;翻译过程研究。除了国家社科研究基金外,教育部人文社科基金自上世纪 90 年代初以来,一直立项资助翻译研究项目,近年来,资助立项的数量呈逐年增长的趋势,如 2004 年至 2008 年 5 年间,教育部人文社科基金立项中翻译研究项目共计立项 46 项,另外还有教育部人文社会科学研究基地的招标项目数项。同时,国内各高等学校、各省、自治区和直辖市的人文社会科学的资助项目中,翻译研究项目数量也不断增加。外国语言文学学科博士后流动站人员申报的项目中,翻译及相关研究项目的比重也在逐年增加。

1.4 日益增强的学术交流活动与不断拓展的学术研究空间

上文谈到,解放之初,地方与中央有关部门、翻译机构和外语院校对翻译工作之重视,对加强翻译工作的反应之迅速,充分说明了翻译之于新中国建设的重要性。尤为值得注意的是,外语院校、翻译组织与机构对翻译的重视、思考与探讨,开启了一种共同探索和研究的良好传统。

据不完全统计,1949 至 1966 年这 17 年间召开了 20 余次重要的翻译工作会议、座谈会和研讨会,内容涉及翻译组织的健全、翻译质量的监控和翻译教材的建设等。其中重要的大会有两次,分别是 1951 年 12 月召开的第一届全国翻译工作会议和 1954 年 8 月召开的全国文学翻译工作会议。第一届全国翻译工作会议由中央人民政府出版总署编译局主办,出席会议的有全国各编译机构、出版社和翻译专家代表 137 人,胡愈之在开幕式的讲话中特别提到"翻译出版物的质量低,重复浪费,翻译工作缺乏计划性"等问题,希望"以后翻译出版物逐步消灭错误,提高质量,走上计划化的道路"①;叶圣陶在闭幕辞中强调"翻译工作必须加强领导,当前的中心任务是提高翻译作品的质量,使翻译工作走向计划化"②,而要达到此目标,"应该从管理公营出版社和机关团体的翻译机构入手,应该从制定初步的全国全年的翻译计划入手"③;沈志远作了题为《为翻译工作的计划化和提高质量而奋斗》的大会发言。在1954年召开的全国文学翻译工作会议上,时任文化部部长的茅盾作了题为《为发展文学翻译事业和提高翻译质量而奋斗》的报告,强调翻译工作的重要性。报告指出,文学翻译工作必须在党和政府的领导下由主管机关和各有关方面,统一拟订计划,组织力量,有方法、有步骤的进行。为此,必须有一个全国文学翻译工作者共同拟订的统一的翻译计划,根据现有的力量和可能发掘的潜在力量,有步骤地组织翻译、校订和编审出版的工作。必须加强文学翻译工作中的批评与自我批评和集体互助精神,培养新的翻译力量。④ 如上文所言,其他多为地方性会议,会议议题多涉及翻译的组织工作,也有一些专业性较强,针对某一翻译问题展开讨论的会议,但基本上没有组织全国性的理论性的翻译学术研讨会。

改革开放以后,中国对外交流的步伐越来越快。1982年,中国翻译协会成立,这是由全国与翻译工作相关的机关、企事业单

---

① 胡愈之在1951年第一届全国翻译工作会议上所作的开幕辞,载于1951年《翻译通报》第3卷第5期。

② 叶圣陶在1951年第一届全国翻译工作会议上所作的闭幕辞,载于1951年《翻译通报》第3卷第5期。

③ 叶圣陶在1951年第一届全国翻译工作会议上所作的闭幕辞,载于1951年《翻译通报》第3卷第5期。

④ 茅盾在1954年召开的全国文学翻译工作会议上所作的报告:《为发展文学翻译事业和提高翻译质量而奋斗》,载于1954年10月号《译文》。

位、社会团体以及个人自愿结成的学术性、行业性组织。协会成立以后,积极开展对外交流,于 1987 年正式加入国际翻译家联盟,进入了国际翻译家联盟的领导和学术机构,全面参与国际翻译家联盟的各项重要工作。近 10 年来,中国译协每年都组团参加各种国际翻译交流活动,如参加美国、英国翻译协会的年会;参加在泰国、约旦、马来西亚和澳大利亚等国举办的各种翻译大会;参加国际翻译高校联盟的年会;组织国内高校到境外参加翻译培训,等等。2005 年以来,中国翻译协会的代表一直担任国际译联副主席的职务,为推动中国翻译界与国际翻译界的沟通与合作发挥了重要作用。为加强地区性的协会合作,促进文化和学术交流,中国译协于 1995 年发起组织"国际译联亚洲翻译家论坛",目前已经成功地举办了五届。2008 年 8 月 4 日－7 日,由国际翻译家联盟和中国翻译协会联合主办的第 18 届世界翻译大会在上海隆重召开。与会期间,来自 76 个国家和地区的 1500 多名代表围绕着"翻译与多元文化"这一主题,大会精心组织的 90 余个分会场,就业界关心的一系列重要问题展开了探讨与交流。这是国际译联在亚洲举办的首次世界翻译大会,中国取得此次翻译大会的主办权,充分表明了改革开放以来中国翻译事业的迅速发展,体现了国际译联和国际翻译界对中国在全球翻译事业发展中所起的重要作用的认可和关注。世界翻译大会得到了中国政府和上海市政府的高度重视和大力支持,也受到了国际相关组织的广泛关注,联合国教科文组织、欧盟委员会翻译总司等 30 多个国际组织和机构均派代表出席了会议。这次大会的意义深远,将有力地促进人们对翻译的理解与重视,繁荣翻译事业,发挥翻译在跨文化交流与文化建设方面的积极作用。在理论建设方面,这次大会将翻译理论与实践紧密结合,将多元文化的建设与翻译事业紧密结合,开拓了翻译研究的领域,增强了翻译与翻译研究工作者的历史责任感。

随着翻译事业的繁荣,在外国语言文学和其他相关学科发展的推动下,翻译研究逐渐受到重视。1984 年开始,中国翻译工作者协会开始举办各类翻译会议。1985 年首届全国中青年文学翻译经验交流会在烟台举行。1987 年首届研究生翻译理论研讨会和第一次全国翻译理论研讨会召开。此后,翻译研究的学术活动不断增加,交流日益频繁,学术会议数量逐年增多,规模不断扩大,研究范围不断拓展,成果影响逐渐深入。翻译学术会议的主题大体可分为翻译实践、翻译理论、翻译批评及翻译教学四大类。科技翻译、文学翻译、汉译外、军事翻译、医学翻译、外事翻译、旅游翻译、民族语文翻译、翻译产业等领域都定期举办翻译经验交流会。

在翻译学科建设和学术交流工作中,中国翻译协会翻译理论与翻译教学委员会和中国比较文学学会翻译研究会起到了重要的引领作用,2001 年以来,召开了多次以翻译学科建设为主题的研讨会,重点讨论翻译学的学科范围、学科构架、基本理论等问题,对翻译学的学科建设起到了重要的推动作用。其他一些相关行业学会的学术会议也普遍设立翻译研讨论坛。从学术会议的规模和影响力可以看出,翻译研究的专门论坛、高端会议、区域性会议和国际会议开始增多,这些都说明翻译学日益受到学术界的肯定与重视。国内与国际学术交流平台的搭建,有力地促进了翻译界的学术探讨与交流,有关会议的论文集也充分反映了翻译研究水平的提高和翻译学术视野的不断拓展。另外,中国学者参加国际翻译会议越来越多,开始在国际翻译研究界发出自己的声音。

1.5　翻译学科的发展和翻译与翻译研究人才培养体系的建立

中国的翻译活动已有几千年的历史,对翻译现象的思考也相

伴相生,产生了许多有影响力的翻译思想和观点。新中国成立 60
年来,随着社会对翻译需求的迅速增加和翻译活动的丰富多彩,中
国学者对翻译活动、翻译现象、翻译过程和翻译作品的认识也日益
深刻。如果说 20 世纪及其之前,翻译还被视作个体手工操作的行
业而备受忽视的话,那么,进入新世纪以后,翻译作为社会发展的
一个重要行业开始凸显其专业地位,最突出的表现就是专业翻译
人才的培养备受关注。

在很长一个时期内,人们普遍认为,只要学好外语就可以胜任
翻译工作,外语人才等于翻译人才,外语教学的培养目标主要是培
养翻译人才,这一认识误区把翻译人才的培养长期局限于外语教
学的框架之内。

改革开放以后,社会发展对翻译的大量需求逐渐改变了人们
对翻译的认识。实际上,在 20 世纪 70 年代中期,随着中国国际地
位的提高,中国在联合国的合法地位得以恢复后,我国的国际交往
明显增多,外交工作和文化交流活动对具有国际视野和娴熟的翻
译技能的翻译人才的需求越来越迫切。为满足国家在新时期的需
要,1979 年,北京外国语学院创办了联合国译员培训班,首次正式
培养职业译员,开辟了中国职业化翻译人才的培养之路,在不断探
索的过程中,积累了翻译专业教育宝贵的经验,也使国人逐渐开始
认识到专业翻译教育的必要性、重要性和不可替代性,认识到翻译
研究的重要性,以及翻译学独立的学科地位。

20 世纪 80 年代中期,随着国家对外语人才和高水平翻译人
才需求的迅速增加,人们开始思考如何培养专业化翻译人才,翻译
人才与一般外语人才的区别何在,培养方式和条件要求有何不同,
等等。从上世纪 80 年代中期开始,以"翻译理论与实践"为名称的
二级学科得以建立,虽然翻译学科一度在学科设置的层面受到限

制，但随着外国语言文学学科的不断发展，上海外国语大学、广东外语外贸大学和北京外国语大学分别于 2004、2006、2008 年在外国语言文学一级学科内自主设置了翻译学学位点，培养翻译学的博士生和硕士生。为适应翻译人才培养的需要，从学科探索的角度出发，教育部于 2006 年批准复旦大学、广东外语外贸大学与河北师范大学设立翻译本科专业，经过三年的发展，迄今已有 19 所院校获准设立翻译本科专业。2007 年，经过广泛的调查和严格的论证，国务院学位委员会批准设置翻译硕士专业学位，为培养高层次、应用型、专业性的翻译人才搭建了平台，首批 15 所院校获准设置学位点，当年开始招生，2009 年又扩大至 40 所院校。此外，越来越多的青年翻译学者进入全国各外国语言文学学科的博士后流动站开展研究。不同层次相结合，学术型与专业型兼顾，逐步形成了一个由本科、硕士、博士教育和博士后研究组成的完备的学科体系和翻译实践与翻译研究人才的培养体系。

在翻译人才培养机制的探索中，有目标、分层次、有重点地实施翻译教育是一个带有根本性的问题。如何从翻译事业的根本需求出发，探索翻译人才培养的规律，科学地设置不同层次的翻译专业，是中国翻译教育工作者需要思考的重大问题之一。从中国翻译学科的建设过程来看，人们对翻译专业的认识一直存在着误区。经过翻译学者多年不懈的努力，这些错误观念正在得到改变，科学的翻译教育观正在逐步确立。

近 10 年来，翻译专业建设取得了重大突破，翻译教育也面临着艰巨的任务。全国翻译学科的带头人和学术骨干，勇敢地担当起自己的历史责任，在国家教育行政主管部门的领导下，在各所在院校的支持下，在工作中不断进取，努力开拓。全国翻译硕士专业学位教育指导委员会、全国有关翻译院系的交流协作组和各级翻译教学和研究组织共同努力,积极开展工作,从翻译教育的理念入手,努力探索,统一思想,加深认识翻译专业的内涵,廓清翻译专业与外语专业的关系。在此基础上,借鉴国外高校办学的成功经验,积极开展师资培养,科学设计师资培训的内容,通过师资队伍的建设,提高师资水平,打下翻译专业建设的良好基础,同时在课程设置上进行探索与研究,针对翻译能力的培养和翻译素质的提高开设课程。此外,翻译的教材建设近年来也取得突破性进展,针对不同层次办学的理念和实际要求,"翻译本科专业系列教材"、"全国翻译硕士专业学位系列教材"和"翻译专业必读书系"等定位明确的系列教材的编写与出版,有力地推进了翻译专业的建设,为翻译人才的培养探索有效的途径。

2. 新时期翻译的使命与翻译研究需要关注的几个问题

从上面的简要回顾中我们看到,60 年来,特别是近 20 年来,随着我国翻译教学与研究界理论意识、学科意识的不断增强,翻译研究方法的日趋科学化和翻译研究队伍的日渐扩大,翻译研究成果不断问世,学术研究日益深入。

在全球化进程不断加快的今天,翻译对于不同文化之间的相互了解、互相尊重、互为补充无疑具有重要的作用。而要发挥翻译在多元文化语境交流中的作用,我们必须明确当今时代翻译所应具有的精神和所肩负的使命。人类社会始终处于发展的状态中,而人类社会越发展,越体现出一种开放与交流的精神。人类社会想要走出封闭的天地,首先必须与外界进行接触,以建立起交流的关系,向着相互理解共同发展的目标前进。事实上,不同民族语言文化之间的交流是一种需要。以固步自封的态度消极地维护一个民族文化的纯粹性，最后的结果只能是被排除在世界文化的交流、交融之外，造成自身的落后。一种文化，无论其多么辉煌、多么强大，总是存在自身的局限，只有走出自我，在与其他文化的不断碰撞甚至冲突中，才能认识到自身的局限性，并渐渐在与其他文化的相互理解、相互交融中丰富发展。

在世界文化交流的过程中，翻译无疑扮演着重要而独特的角色。德里达指出，"翻译就是那在多种文化、多种民族之间，因此也是在边界处发生的东西"[①]。翻译，在一定意义上说，是不同语言、民族之间进行文化交流的首要保证。无论是口译还是笔译，它都保证了持不同语言、文化的人之间的相互沟通和理解。无论是东方还是西方，一部翻译史，就是一部生动的人类社会的交流与发展史。翻译与社会的发展、文化的积累和丰富以及世界文明的进步是紧密结合在一起的。没有在多种文化的接触、碰撞中起沟通作用的翻译，就无法保证世界各民族文化的共存、交融与发展。

促成不同文化之间的相互理解，实现不同文化的和平共存，这是历史赋予翻译活动的重要使命，所有的翻译工作者和翻译研究者都要勇敢地承担起这一使命。中国译协副会长黄友义在第18届世界翻译大会的闭幕式上指出："在全球化的今天，文明多样性仍是人类社会的客观现实，是当今世界的基本特征，也比任何时候都更加显得可贵。而维护人类文明多样性、促进不同文明间的对话与交融、促进人类的共同进步是各国翻译工作者义不容辞的使命和职责。"[②]

---

① 引自雅克·德里达，《书写与差异》，张宁译，生活·读书·新知三联书店，2001年，"访谈代序"，第22页。
② 黄友义在第18届世界翻译大会的闭幕式上的发言《发展翻译事业，促进世界多元文化的交流与繁荣》载于2008年《中国翻译》第4期。

　　基于对翻译及其使命的这一认识,我们进一步看到,翻译实践几千年的厚重历史和当前繁荣的翻译事业,为我们的翻译研究提供了坚实的土壤和广阔的思考空间。在我们所处的这个时代,全球经济一体化日益加快,文化多样性的维护问题被更加严峻地提了出来,而在多元文化语境下如何深化翻译研究,加强翻译学的学科建设,也随之成为一个迫切需要思考的问题。我们认为,在多元文化语境下,必须坚持正确的翻译文化观,进而在翻译文化观的指导下,进一步深化我们的翻译研究。在梳理新中国成立60年来翻译理论研究的发展情况,对翻译研究和翻译学科建设的主要成就进行归纳与总结的基础上,针对国内近30年来翻译研究中某些值得注意的倾向与存在的问题,我们就如何扩大翻译研究的视野,进一步加强翻译研究,在多元语境之下推进翻译理论研究向系统化和深度发展,提出如下几个值得特别关注的问题。

　　1) 翻译研究要关注历史的发展进程。一部翻译史,就是一部人类文化交流史。要了解翻译在人类文化交流中的贡献,必须关注翻译的历史和文化发展的历史,要从历史发展的角度理解翻译作为人类活动的重要功能;从翻译活动对文化文明发展所做出的贡献着眼,理解翻译的意义、作用与定位,而不仅仅局限于翻译标准、翻译技巧等的讨论。关注历史的发展进程,意味着既要关注翻译活动本身的历史,也要关注与翻译活动相关的文化史、社会史、科技史、学术史等等。另外,我们要坚持翻译的历史发展观,翻译是一项不断发展的实践活动,其范围、形式和内容在不断扩展,进入21世纪以来,翻译现象和翻译活动比以往任何一个时期都更加复杂、多样化了,从这个意义上说,翻译的内涵在不断扩大,因此,我们对翻译的认识和理解也要不断加深。

　　2) 翻译研究要关注现实的重大问题。翻译研究要走出象牙塔,翻译教学和研究界应该密切关注翻译活动在现实政治经济文化生活中的作用,认识翻译在多元文化语境下的使命,探讨在新的历史时期内,在中国文化走向世界的过程中,面对全球经济一体化、文化多样化的大语境,面对人类共同的问题,翻译活动在其中能够发挥什么样的作用、应该采取什么样的策略。进入新世纪以后,中外文化交流日益丰富,科学技术日新月异,人类文明发展迅速,翻译活动应该如何定位? 如何在浩如烟海的各类资料中选择翻译的对象? 如何加强翻译规划? 如何提高翻译质量? 如何进行翻译管理? 这些重大的现实问题,需要我们有开阔的视野和探索的精神,去面对,去思考,去研究。

3) 翻译研究要关注文明的对话和交流。翻译研究应该关注如何以尊重和开放的心态去面对异质文化与文明,如何在异质文明中进行平等的双向交流,并促进异质文明的交流和对话,以维护语言文化的多样性为使命。翻译作为人类跨文化交流活动,是一项有多种因素参与的复杂活动,我们的研究应该克服就翻译论翻译的狭隘的、技术性倾向,而把翻译置放在一个文化交流的大背景中去考察与研究,以把握翻译的内涵与本质,并从"翻译的跨文化交流"这一本质出发去讨论翻译的标准、原则,去制定翻译的策略、方法与手段。由于翻译是复杂的文化交流活动,承担着精神交流的中介作用,译者在其中的作用不可忽视,作为桥梁,翻译的首要职能是沟通。因此,面对作者和读者,面对出发语文化和目的语文化,译者应采取怎样的态度,应采取怎样的沟通方式,是翻译研究不可忽视的一个重要方面。

4) 翻译研究要关注相关学科的发展。翻译活动不是孤立的,它与人类社会的政治、经济、科技、文化等均有密不可分的联系,特别是人类思想交流一个重要的纽带与桥梁,因此,翻译研究不能把目光局限于翻译自身,而要立足于翻译,放眼于相关学科的发展。翻译学具有跨学科的性质,因此翻译学不可能孤立地发展,必须不断地吸取其他相关学科的理论资源,同时力求对其他相关学科产生影响。这就要求翻译学研究者不断增强学科意识和理论意识,把握研究的定位、研究的基本问题,确定发展规划,保持内在动力,鼓励形成本土的翻译流派或学派。

5) 翻译研究要关注翻译事业未来的发展趋势。日新月异的科学技术彻底改变了传统翻译的手段,职业化的翻译行业也改变了传统翻译教学的理念,翻译研究不仅要关注有关人类交流、文化对话的重大问题,也要关注翻译工具的革新和翻译过程的改进,关注借助新技术改进翻译工作、提高翻译效率的手段。与人类进步和社会发展密切相关的科学技术的新成果、新兴的产业与行业、新的文化市场、新的媒介手段,都应该加以关注,在此基础上,我们要进一步密切关注翻译事业未来的发展趋势,思考社会发展对翻译人才和翻译质量提出的新的要求,以采取积极应对的措施。

在新中国成立以来 60 年的翻译研究与翻译学科建设的历程中,我们积累了丰富的经验,为今后的发展打下了坚实的基础。在新的历史时期,我们要立足于人类发展的历史和社会发展的现实,肩负起历史赋予翻译的使命,不断加深对翻译活动本质的认识,关注在人类文化交流与文明对话中提出的新问题,开阔视野,把握翻译活动、翻译教育的新趋势、新动态、新问题,进一步加强翻译研究和翻译学的学科建设,探索翻译人才培养之路,为繁荣中国的翻译事业,促进中外文化交流做出自己应有的贡献。

(本文提交于首届英汉对比与翻译研究学科建设高层论坛,载于《中国翻译》2009 年第 6 期)

翻译批评性质再认识

杨晓荣

摘要：现代翻译学观念中，与翻译批评有关的一个重要问题就是如何控制其主观性、提高其科学性。十几年来，翻译理论迅猛发展，翻译批评的理论意识不断增强，压缩了随意式批评的空间。但与此同时，针对现实问题的翻译批评在主流学术载体上也呈弱势。其原因之一即出于对翻译批评性质的模糊认识，特别是对其学术性的认识。本文认为，翻译批评应该融理论的探索、验证、应用为一体。研究型翻译批评的学术性无可置疑，无论它的研究对象是历史文本还是现实作品。面对现实问题，翻译界不应因对翻译批评性质的模糊认识等种种原因放弃对学问负责亦对社会负责的责任，以致形成批评的"缺席"。丰富的现实同时可以为翻译批评提供许多可研究的课题，对这些课题进行深入探索的结果应是理论研究和社会效益的双赢。

关键词：翻译批评；学术性；研究对象

翻译批评与翻译学的大部分研究领域都有关系，同时具有直

接的实践意义,所以一直都很受关注。那么在翻译学不断发展的
今天,翻译批评的现状如何? 怎样继续? 本文即从这几个问题入
手,再探翻译批评的性质,重点是分析翻译批评如何面对现实,在
理论与实践的结合上着力,希望能为翻译批评下一步的发展拓宽
思路。

1. 翻译批评现状简析

如果将翻译批评定义为与具体译作或译者相联系的翻译研究
和翻译评论,那么从我国近十几年来的学术期刊论文看,与 1980
年代相比,散论式的、随感式的翻译批评明显地少了。这可以理解
为翻译界为提高翻译批评理论深度做出的努力起作用了,直接影
响了学术期刊选稿的标准。体现在专项研究(专著、科研项目、博
士论文课题)方面的情况是,自理论性翻译批评著作渐次出现以来
(以许钧(1992)为开端),以翻译批评为主题的研究课题相继通过
审查,进入了省级和国家级科研规划。与此同时,翻译理论本身的
发展为翻译批评理论提供了丰富的资源和动力,在译作评论的观
念和方法等很多方面都产生了重大影响。

从另一个角度看,与散论式翻译批评减少相伴的是,指名道姓
的具体的翻译批评或评论类文章在学术期刊中也少了。那么,这
类翻译批评是消失了吗? 并非如此。这些针对性和现实性都很强
的批评或评论有一部分转入了其他类型出版物,如带教材性质的
翻译专著和散文随笔式的个人著作。以单篇文章或片断言论形式
出现的散论式翻译批评,加上纠错类(包括仅指出错误)和简单举
荐类的翻译批评或评论,还转入了另外两种传播载体,一个是以一
般公众为阅读对象的读书类和出版类报刊,一个就是网络。也就

是说,感受性的、技术性的翻译批评,逐渐脱离理论性翻译批评已占上风的主流学术载体,转而以其他形式继续存在。

现代翻译学观念中,与翻译批评有关的一个重要问题就是如何控制其主观性、提高其科学性。以上分析表明,十几年来,翻译理论迅猛发展,翻译批评的理论意识不断增强,的确产生了压缩主观式批评空间的作用。但与此同时,针对现实问题的翻译批评在主流学术载体上也呈弱势。原来就不多,现在更少。形成这种状态的原因大约有以下几点:

第一,在翻译界和出版界多年的共同努力下,翻译出版物中的乱象有所收敛。90年代中后期,翻译界和出版界的有识之士对当时翻译出版物中抄袭剽窃、粗制滥造等近于泛滥的恶劣行为给予了猛烈抨击(参见杨晓荣,2005:22—23),后来的事实证明这的确产生了一定的效果。虽然这些现象至今仍然存在,但许多出版社顾及声誉和法律诉讼,对翻译出版物的质量确实也较过去更为关注。

第二,批评本身更为谨慎了。随着才学俱备、德高望重的译界前辈逐渐远离话语中心,批评者与被批评者之间的年龄和资质差距逐渐减小,有的甚至就是平辈或晚辈,在这种情况下,主要诉诸主观体验的随感式、评点式的批评就更加难以为被批评者接受,容易招惹麻烦,批评者对此也是心中有数的。于是,需要直接面对批评责任的正式出版物中的批评减少,大量的批评以可以匿名的方式出现在网络等媒体中。

第三,出于认识上的一些原因(比如对翻译批评性质的认识,见下节),对现实作品的批评也有不少人本身就是不太愿意做的,觉得没有多少学术含量。同时,细致而全面深入地评论一部翻译著作劳心费力,在基于数量的学术评价体制和教师业绩评价体制重压之下,也很少有人愿意涉足。相比之下,评论历史译本更为安全,也更为"学术"。因此,有相当一部分翻译批评的力量转向历史译本。一个积极的结果就是,当代翻译理论(尤其是翻译文化批评理论)在历史译本和译者评论方面发挥了很好的作用,形成了不少很有分量的研究成果,如鲁迅译作研究、胡适译作研究、《圣经》等经典作品的翻译研究,等等。

然而翻译批评毕竟承担着历史译本批评之外的更多责任。

2. 翻译批评的性质认定问题

关于翻译批评的定义、范围等等已经有了很多讨论,意见并不完全一致,其中一个含糊之处就是对翻译批评学术性的认识,而这一点是与对翻译批评性质的认定有关的。比如国外对"翻译批评"(translation criticism)的理解有的时候其实范围很窄,基本上就是对翻译的阐释和评估(如 Holmes,1972;见 Venuti,2000:182),而国内近年对翻译批评的定义趋向于宽,多将理论探索也纳入其中,使其成为翻译理论研究的一部分。吕俊(2006:52—54)对翻译批评和翻译批评学的区分有助于澄清翻译批评理论研究(即元翻译批评)与具体的翻译批评之间的关系,无疑是这方面研究的一个重要进展,但面对现实问题的具体的翻译批评是否就一定缺乏学术含量,仍然需要澄清。

在这个问题上,笔者认为,在翻译界影响很大的 Holmes 关于翻译学分野的那张图(参见 Munday,2001:10;Baker,1998:278),在一定程度上起了一些误导作用。

这张图把翻译学研究领域首先就分为纯理论研究和应用研究两大块,翻译批评和译员培训、翻译辅助手段研究都属于应用研究。第一个问题是,至少从分析的细致程度上看,纯理论研究这一块分得比较细,下有三个层级,每个层级里都有若干项,而应用研究就简单得多,下面只有一个层级,包含三项。这个布局给人的印象是,翻译研究以纯理论研究为主体。第二个问题是,翻译批评所在的这个位置,很容易让人觉得翻译批评和理论研究没有直接关系,因为二者之间是分开的。Holmes 的本意也许并非如此,这样分只是为了论述的方便,因为分出来的这些项有的是方法、角度,有的是研究对象,Holmes 再三强调这些项之间的关系是"辩证的"、互惠的(Baker, 1998:279)。尽管如此,至少在那张图上,它们毕竟是分离的。这样,在做翻译批评的时候,你就不得不属于applied studies,而不是 theoretical studies。虽然这种认定与翻译批评的实际性质并不相符,但在它的影响下,为了体现翻译批评的学术性,就只好竭力往 theoretical studies 上面靠,于是翻译批评就处在了一个不无尴尬的境地。

笔者认为,与其陷入这种左右为难的自我认同而不得不去有意识地避免什么(不做什么)、靠近什么,不如换个思路。

其一,理论研究和应用研究这种区分法源自西方学术传统,我们比较熟悉的就是理论语言学与应用语言学的分野。也许是因为这种区分中本来就蕴含着某种不合理,或者因为现实和理论研究的发展已经突破了原先的认识,目前应用语言学的研究领域和数十年前相比已经有了很多变化,其边缘并不清晰,比如翻译研究就已经无法框在应用语言学这个框架内了。即便是在外语教学研究这一公认为正宗的应用语言学研究领域内,像二语习得理论中有些理论的深度也远非一个简单的"应用"可以涵盖,"应用"云云只是一个勉强戴着的帽子。这种帽子如果只是一个标签,无碍视野,戴着也就戴着,但如果阻碍了思路,那就不妨摘掉它来看问题,大可不必被翻译批评究竟是研究性的还是应用性的这样的二元思维逼入窘境。例如文学,文学理论及其应用之间就不见得有这样清晰的划分,其他许多学科也是同样,把理论的研究和应用分开不见得有什么必然的道理。有人说,中国的学术方法是问题性的,也就是围绕问题展开。我想我们不妨借用这一思路,直接以翻译批评、翻译教学、翻译哲学、翻译史等为问题领域来切分翻译学。按这种分法,描写性、规定性等概念应是各学科通用的方法论概念,纯理论研究应该是各类研究做到一定层次后都会进入的状态。具体如何,需要做进一步的深入研究,这里只是一个设想,起码可以让我们摆脱姓社姓资的纠缠,打开一点思路,认识到理论的研究与应用之间并无鸿沟,翻译批评运用理论来研究现实问题本是常态。

其二,彰显翻译批评学术性的突破点不妨放在理论与实践的结合这一点上。换言之,不是纯理论,不是纯实践,而是二者的结合。许多事实(各种论文的审读评阅)证明,纯理论不见得很难(只要你的抽象思维和逻辑思维够用),纯实践也不见得很难(只要你的语言基本功和经验够用),而将两者结合得恰到好处,你中有我,我中有你,这才是最难的,也最见研究者的真水平。翻译批评正好具有这种性质:它的特征、需求,都正好是在理论和实践的结合点上。[①] 好的翻译批评应是:在实践问题中能发掘出理论意义,在理论探索中能延展出实践意义,它需要的是对理论和实践两方的通透理解,以及能将两者打通的悟性和洞见。中国文化讲究二元乃至多元的融合互动,讲究"三分"与"一",这种思维方式或可对我们

---

① 教育部根据高校"十五"科研规划咨询报告整理的"人文社会科学研究现状、发展趋势与学科研究指南"中也指出,"翻译批评是为了解决文学翻译的理论和实践问题而发展起来的新的学科分支"("外国文学"部分,何其莘主持),可见翻译批评的这一性质已成常识。

有所启发。

自 20 世纪中期崛起的现代翻译理论,典型的特征就是它内在的高度理性,这同样也应成为现代翻译批评的特征,而融理论的探索、验证、应用为一体,本来也是现代学术研究的基本形态,所以,研究型翻译批评的学术性无可置疑,无论它的研究对象是历史文本还是现实作品。

3. 面对现实,翻译批评不能缺席

新时期以来,翻译理论研究获得很大发展,加深了我们对翻译的认识,改变了翻译界的许多观念,然而其影响力还远未"扩张"到比如说可以为掌控翻译出版物的质量提供咨询或理论支撑,或者可以对现实中的翻译问题作出理论解释,而融合了理论研究及其应用的翻译批评即有责任将两者联系起来。文学界近年来不时有人提到,文学研究不关注现实中的文学现象,俨然又成"两张皮",翻译批评当引以为鉴,面对现实,不能持续"缺席"(许钧 2005)。

下面是一些实例,我们可以看一看翻译批评能够做些什么。

作为我国文学大奖之一的"鲁迅文学奖",翻译奖项连续出现空缺,与新时期以来我国的"第三次翻译大潮"形成鲜明对比。那么到底是哪里出了问题? 一方面,"外国文学的译介工作在近 10 年来发展很快,但是译文的质量确实很令人担忧。这里既有翻译的实践问题,也存在理论方面的问题"①。理论方面的问题包括,有些被认为是译文质量的现象,其实是译者的观念在起作用,即译者并不认为那是质量问题,比如对译文语言的把握。这其中究竟

_____

① 出处同上。

是何道理,需要翻译批评针对现实作品的研究和解释。另一方面,正如谢天振(2005)在《文汇读书周报》上所撰长文指出,这些大奖评委们的观念也许需要调整了。文学奖的评委多为知名作家,对语言的顺畅等等一向是比较看重的。那么这些观念为什么要调整,调整到什么程度,也需要翻译批评予以解释。

与翻译类奖项评选有关的可供研究的课题还不只限于对译作质量的评判观念,比如至少还涉及以下问题:

其一,怎样认识和协调现代汉语发展与继承的关系。这个问题过去一般多注意词汇方面,比如外来词的合理使用等等,但从书面语言整体印象(评委判断的主要方式之一)这个角度来看,更为常见的问题是句式方面的问题,比如:汉语句式受欧化影响所发生的变化,在什么程度上可以认定为已经是现代汉语能够接受的了。

其二,很多人都感觉到,一说翻译家,人们熟悉的名字都是老前辈,于是认为我国优秀翻译家后继乏人,为此长吁短叹。但果真如此吗?笔者不敢相信。中国历史上"第三次翻译大潮"中,从事翻译者的数量史无前例,这其中竟然没有新的优秀的翻译家出现,不免荒谬。事实是,我们也许并没有认真地去观察那些活跃在文学和非文学翻译领域中的成千上万的中青年翻译者。这个年龄段的知名译者,为数很少,多是出于某种原因被媒体注意才进入我们视野的,比如《哈利·波特》这些畅销书的译者等等,极少量自然成名者,却又是争议缠身(见下文)。各种大奖评选中的一些弊端,比如论资排辈,比如过于注意经典,比如一些陈旧的观念,都有可能在客观上阻碍了我们去发现优秀的青年翻译家。而评论译作、推举优秀译作和优秀译者,不正是翻译批评的基本任务之一吗?当代翻译学一个重要的研究领域就是译者研究,除共性意义上的一般性译者研究以外,翻译家研究也是译者研究的题中之义,这翻译家的名单如果几十年未见更新,并非幸事。

网络翻译批评近年来异军突起,已经引起翻译界的注意,并被视为翻译批评空间的一种拓展(可参见刘云虹,2008：12)。网络世界里有一批真正的翻译"粉丝",他们热爱翻译,全心投入,或读翻译,或做翻译,不为学位、职称,不为报酬、虚名,只为翻译,而且是现实中的翻译。① 正规途径的翻译批评不好做,于是翻译批评社会需求天然形成的动能换了一个空间倾泻出来。出于网络的特点,这些批评有不少比较粗糙,幼稚,意气用事,但其坦率和认真,或许正是批评本身的某种天性,可以补正规途径之不足,即所谓"礼失求诸野"。网络翻译批评是值得研究的,它的价值、无价值、反价值,都需要有个说法,对它的利用、引导也需要翻译界关注,原因不难理解：网络对我们周围的世界改变太多,它的影响力和发展前景都不可小觑。

从事日本文学翻译的林少华属于少数因其译作颇受欢迎而自然成名的译者之一。自 2007 年底至今年 2 月,围绕着林少华译村上春树先后出现了两次比较激烈的批评和反批评。先是一位日本教授在其著作中指林译改变了原作者的真实形象,将之"浓妆艳抹",林在《新京报》撰文反驳②,其间引起我国个别专家关注,指出争论涉及理论问题(仅止于"指出"——新闻只能做到这个地步);后是村上作品的另一位译者施小炜指林译为"'山寨'村上春树",

---

① 笔者曾见到网上一位热心读者开列的优秀文学翻译家名单,有近 150 人,涉及多个语种,有早已过世的老翻译家,也有现今的畅销书译者,后面附了个说明,要大家尽自己所知往上添。显而易见的是,这位网友费心费力做这种事完全是出于爱好。

② 可参见 http：//data. book. hexun. com/4183_2599885C. shtml（accessed 07/09/2009）,2007 年 11 月 30 日《新京报》和同月 28 日《中华读书报》。

林不愿纠缠其中,只是在博客中作了比较克制的反批评。[①] 村上春树作品在国内年轻人中影响很大,对这样的争议,翻译理论界却是一片静默,没有任何说明、解释、指导,也没有进一步的研究,只见利益相关者独自在情绪和利益混杂其中的状态下辩论是非。显然,翻译批评是可以而且应该介入的。

现实的翻译批评不好做,除前文已经谈及的原因之外,还有一个直接的原因就是批评的气氛仍然有问题,容易情绪化进而伤感情。情绪化只要出现,无论是走向激化还是刻意压抑,息事宁人,其实都有悖于弄清事实以提高翻译质量的初衷。如果说评论是非高下总免不了发生争议的可能,那么设法将争议导向认真的学术性探讨,使之演变为对问题的研究即研究型的翻译批评,应该是一个比较好的选择。

出版社编辑对译作的修订原则也是一个比较常见的现实问题。一个典型的实例是周作人译作整理出版过程中出现的情况。周氏译作整理编辑者之一止庵先生认为,过去对周译编辑做了太多的删改,"结果不少地方已经面目全非",所以他做的工作主要是根据译者遗嘱提供的原稿恢复其作品的本来面目,而"真要谈论周作人的译文特色,大约只能是以这回的本子作为凭据"[②]。这些译作中包括日本古典名著《平家物语》一书。笔者正好有这个整理过的新版,于是认真读了一遍,以观原译的真容,阅读中发现,周氏原译中其实有一些明显的错误,编辑都未作改正。那么,这能不能成为翻译编辑的常规?一般来说,对名家名译按这种方式处理还是可以理解的,因为这些译作多已成为历史文本,保真是具有意义

---

① 参见 2009 年 2 月 6 日《文汇读书周报》第 1 版和同月 27 日该报第 5 版。
② 见 2008 年 2 月 27 日《中华读书报》第 14 版。

的,但是在占绝大多数的非名家名译的编辑中如何处理,有时也不仅仅是技术问题,这里可能涉及的问题有许多都具有理论潜势,如译、编双方在翻译原则把握、译文语言控制等问题上的认识差异,翻译活动参与各方之间的关系,编辑在翻译过程中的作用,译作版本变化及其意义,翻译批评的译本依据等等,如果能从理论上对这些问题做出探讨,对理顺翻译出版中的各种关系也不无益处。

其他现实翻译问题还有:畅销书和影视作品的翻译质量评论,重译对原译的借鉴规范,翻译抄袭的鉴定和仲裁,对各种翻译评估方法效度的验证,出版界实用的翻译标准及其实施和保障方法调查,翻译教学效果评估,等等。在翻译批评理论方面,翻译批评的价值观、伦理观,翻译规范研究,等等,都是可做的课题。

为了避免一再"缺席"、"失语",翻译界还很有必要放下身段,对社会做一些类似于科普性质的工作(比如通过电视讲座、谈话等方式),让公众了解一点翻译的常识,以减少其对翻译的误解(比如在媒体炒作下对中式菜名翻译起哄式的调侃,对外国译者译中国古典名著的盲目批评[①]),使翻译能够更好地发挥社会功能。

4. 小结

本文提出,翻译批评的学术性体现于它将理论的探索、验证、

[①] 2008 年 10 月,一本谈文化误读的书出版,书中的一些内容在 2009 年 3 月经媒体放大,形成了一个不无娱乐性质的"热点",热点的中心是外国人在《红楼梦》人名翻译中的荒谬。这些所谓批评牵强附会,有哗众取宠之心,无实事求是之意,在引起一番对外国译者的愤青式声讨之后不了了之。翻译界无人说话。该书的观点可参见 http://news.xinhuanet.com/overseas/2009 - 03/09/content_10976729.htm (accessed 07/09/2009),即新华网转载《广州日报》2009 年 3 月 9 日的文章。

应用融为一体,无论是面对经典作品,还是面对现实中的翻译问题,翻译批评都可以做出深度,做出水平,其中的关键就在于是否具有沟通理论与实践的独特眼光。本文特别指出,面对现实问题,翻译界不应因对翻译批评性质的模糊认识等种种原因放弃深究细查、对学问负责亦对社会负责的责任,以致形成批评的"缺席"。丰富的现实同时可以为翻译批评提供许多可研究的课题,对这些课题进行深入探索的结果应是理论研究和社会效益的双赢。

参考文献

1　刘云虹,论翻译批评空间的构建[J],《中国翻译》,2008(3):11—15。

2　吕俊,价值哲学与翻译批评学[J],《外国语》,2006(1):52—59。

3　谢天振,假设鲁迅带着译作来申报鲁迅文学奖[N],《文汇读书周报》,2005 年 7 月 8 日。

4　许钧,《文学翻译批评研究》[M],南京:译林出版社,1992。

5　许钧,翻译的危机与批评的缺席[J],《中国图书评论》,2005(9):12—15。

6　杨晓荣,《翻译批评导论》[M],北京:中国对外翻译出版公司,2005。

7　Baker, M. *Routledge Encyclopedia of Translation Studies* [Z]. London & New York:Routledge,1998.

8　Munday, J. *Introducing Translation Studies:Theories and Applications*[M]. London & New York:Routledge. 2001.

9　Venuti, L. *The Translation Studies Reader*[C]. London & New York:Routledge,2000.

（本文提交于首届英汉对比与翻译研究学科建设高层论坛,修改后收录于《翻译学理论的系统构建——2009 年青岛"翻译学学科理论系统构建高层论坛"论文集》,任东升(编),上海外语教育出版社,2010)

翻译方法的与时俱进和多元化

摘要： 在宏观理论探讨方面，翻译需要与时俱进。宏观理论必须落实到微观技术上。加强和深化微观技术研究，很可能是今后翻译研究的一个方向。本文本着"宏观着眼，微观着手"的精神，在跟信息时代与时俱进的大背景下，探讨分析一些具体的微观问题。

关键词： 翻译方法；微观技术；多元化

0. 导言：时代的进步要求翻译形式的与时俱进

在宏观理论探讨方面，翻译需要与时俱进。在信息化和地球村时代，国际交流空前密切，速度加快，出版技术不断发展。这些也给翻译的功能和形式的转变带来新的挑战和机遇。

但是宏观理论必须落实到微观技术上。以往翻译理论的探讨，一般流于一些大原则的抽象讨论，而忽视一些具体的微观技术细节（王大伟，2004，2007）。其实从解决实际问题的角度看，微观具体技术更重要。加强和深化微观技术研究，很可能是今后翻译研究的一个方向。本文本着"宏观着眼，微观着手"的精神，在跟信息时代与时俱进的大背景下，探讨分析一些具体的微观问题。

1. 不同目的译本的分工

翻译的高标准是同时做到"信、达、雅"（准确、优美、流畅）。但实际上往往无法同时做到。因为语言结构不同，许多正确的翻译往往在汉语中无法流畅，甚至无法接受。如下例所示。

[1] a. This is the cat that chased the rat that ate the malt that was put in the house that Jack built.

b. 1：这就是那只猫

2：这就是那只【追赶耗子的】猫

3：这就是那只【追赶【吃了麦芽糖的】耗子的】猫

4：这就是那只【追赶【吃了【放在房子里的】麦芽糖的】耗子的】猫

5：这就是那只【追赶【吃了【放在【约翰建的】房子里的】麦芽糖的】耗子的】猫

c. 这就是那只猫【追赶【吃了【放在【约翰建的】房子里的】麦芽糖的】耗子的】猫

[1c]是[1a]结构上准确的翻译，但是因为中心内嵌（center-embedding）层次太多，汉语中无法阅读。[1b]显示了内嵌层次不断增加的情况，可见，增加到两层，即[1b3]，就已经很难理解，虽然这个句子语法上并不错。英语中因为关系小句在名词短语的最

后,不是中心内嵌,所以不会有这样的问题。

当然也有汉语句子在结构对译成英语时英语反而显得难接受的情况,如:

> [2]　a. 我雇佣的那个花匠请来的那个医生留下的那本
> 书失踪了。
>
> b. The book the doctor the gardener I employed
> invited left disappeared.

这种差异决定于多层内嵌发生于主语还是宾语,或者说动词前还是动词后。多层内嵌发生于主语,对汉语方便;发生于宾语,则对英语方便。问题是主语通常是定指的,需要长修饰语的场合比宾语少得多,因此英语长宾语常常难以对译成汉语,而汉语少有长主语的情况。

因此英语中,以及其他西方语言中,内嵌多层的情况很多,对翻译成汉语造成极大麻烦。小说类的翻译问题不大,尽管可以改写成若干个并列的小句,如"这就是那只追赶那只耗子的猫,那只耗子吃了麦芽糖,麦芽糖是放在约翰建造的房子里的"。

但是在科学文献中这样改写就有很大限制,首先是拆散成小句后,失去了原文的紧凑,变得比较松散,这就不够准确了。特别是马列原著的翻译,因为强调对经典原文的忠实,谁也不敢承担"篡改革命经典"的罪名,结果译文常常会因为中心内嵌层次多,结构复杂、累赘,而无法做到流畅。

既然无法同时做到三个标准,不妨根据不同需要而采用不同的优先标准。也就是说,把整体达到"信达雅"的宏观标准分化到不同的翻译版本中去做微观处理。

比如文学类作品,可以以流畅(或加优美)为主要标准(通俗意译版)。如今时代不同了,一是开放了,二是外语也相当普及了。想要准确了解原著的读者或研究者尽管可以去看原著。

对于科学论著,除通俗意译版之外,还可以辅助以一种强调准确但可能行文累赘而不流畅的"精确对译版",如马列经典原著风格的翻译。如今研究马列主义的学者的外语水平,比起封闭时期,也普遍提高了,而且也不强调"工农兵学原著"了,因此可以更重视翻译的精确性而牺牲一点通俗性。但是否可以在书面上增加点标记以方便阅读,还是可以考虑的。如专名恢复用专名号等手段。我曾听吕叔湘先生说过,早期有一本达尔文的《物种起源》中译本,把所有长定语都用括号括出。这样,读者可以先跳过长定语而直接看宾语,在确立了动宾关系后再细看定语。这过程就类似于读英语原著了。

对于需要快速和大量引进的科技文献,不妨也引进一些外语的句法结构及相关功能虚词。如遇到外语中多层中心内嵌结构,不妨引进英语的关系从句关联词 which,可写作音、义皆接近的"为即"。能看科学论著的人,一般都懂点英语,不难理解"为即"的用法。这样,翻译工作可以大大省力加快,也为机器的机械翻译创造了条件。机器是不会改写的,只会死板地结构对结构地对译。这种译文可称作"机助对译版"或"语法引进版"(比较接近"硬译"的方式)。大部分科学论文读者,外语程度比较高,熟悉结构复杂的语言结构,也比较容易适应这种"欧化"的翻译。

在某种场合,不同方法的翻译版本可共存,让读者各取所需,甚至可以对照着看。这可以避免同时兼顾准确和流畅而实际上往往顾此失彼,两边不讨好的结果。好在现在技术发达,排版出版都很方便,多出点书经济上不是个问题。

2. 专有名词的翻译

如今文化交流空前繁荣，外语专有名词大量进入汉语，若要翻译成汉字名称，有四个弊端。

一，增加汉字的兼职：在一般表达功能外，还要兼职作为纯表音符号。

二，导致专名跟上下文界限不清的阅读困难，如希腊神话中的Pygmalion就成了"皮格马利翁"，很容易使人把这个多情青年国王误会成一个老头。又如"美军称叙帮助伊军与联军抗衡"，这里的"叙"表示"叙利亚"，可是汉语水平不高或不熟悉时事的人，很容易把"称叙"误解成一个类似于"声称"和"叙述"组成的复合词。

三，由于习惯，人们对用为音译的汉字难免下意识地产生一些影响正确理解的联想，如"英国、美国、德国、法国"为"英勇、美丽、道德、法律之国"，雅典为"典雅"之城，"意大利"为"图利之国"等。事实上，某些译名，首译者的确也采取了音义兼顾的"增义音译"法，如"万象"（Vientiane），首译者很可能想到了"多象"之城（老挝为"万象之邦"），或者知道该城多象而下意识地选择了"万象"。完全有意识采用的"增义音译"的（汉化）外来语很多，如"衍推"entailment、"基因"gene、"暴发户"（法语）parvenu、"骇/黑客"Hacker、"幽浮"UFO、"乌托邦"utopia、"脱口秀"talkshow、"幽默"humor、"休克"shock、"蒙太奇"Montage、"霓虹"neon、"引擎"engine、"俱乐部"club等。需要指出，"日本、平壤"等名，的确来自汉字，完全名副其实。姜守望（2008）《世界国名的故事》的内容简介就说："国名来源与含义极为丰富，也相当复杂……有的国名体现了本国的民族文化传统，有的则是外来殖民者所强加。因此，这些不同增义程度的情况混在一起，真真假假，很难区分，人们难免根据"名副其实"而去想当然地推测其他似是非是的情况。心理学研究表明，深层下意识、潜意识的模糊联想，对于表层清晰思维有重大影响。

四，很难做到统一。同一个人名，往往两岸三地翻译不同，造成极大的混乱，而且翻不胜翻，想规范也无法规范。最近，美国驻华使馆发布了一款关于美国总统首次访华的纪念海报，海报中"奥巴马"的中文译名更正为"巴拉克·欧巴马"。据说，美国政府现在正在规范总统中文译名，今后将统一使用"欧巴马"。根据国际礼仪，当然要尊重美国有关部门的选择。如我们已经尊重大韩民国的意见把"汉城"改为"首尔"。但这样的先例一开，发展下去恐怕很麻烦。由于奥巴马（英文：Obama）是一个姓氏，这个姓在非洲国家肯尼亚的一些部落很普遍，所以早已收进由新华通讯社译名资料组编写、商务印书馆出版的《英语姓名译名手册》译名库。这就导致新译名跟旧译名，或者说同一家族中美籍成员跟非籍成员的译名之间的不一致，又要增加后代学者的考据研究麻烦。

在自我封锁闭关的时代，外来语引进得少而慢，问题不大，人们可以慢慢习惯、吸收。但开放之后，交流极其频繁，上述问题就会日益严重。

解决的办法有两个，一是恢复专名号，这至少可以某种程度上缓和前三个弊端。笔者注意到在海外很流行的汉语泛读丛书《汉语风》（北京大学出版社），其中专名都恢复了专名号，这无疑能大大减轻海外汉语学习者的阅读困难。因为如果知道是专名，即使读不出，或能读出但不知道意义，也无所谓，不影响对作品的理解。记得笔者小时候读俄国小说，因为俄国人姓名翻译成汉语往往很长，结果看完一般小说后，对其中人物，虽然能分辨，但是却说不出来。可见只要能书面上区别专名，能否念出专名并不影响阅读。

根本彻底的办法就是干脆根据英文转写成汉语拼音或直接用英文。现代读者经常接触外语，实际上也经常看到这些引进外来专名的相关英语原文，直接写成拼音也便于读者跟原语中的原文对上号。

在不得已使用音译的情况下，在以往常用音译汉字的基础上，还可以增加一条，增加区别性。例如外语的/ri/和/li/都一般用"里、利"翻译，不妨固定分工一下，选用其中代表/ri/，另一个代表/li/。此外，外语的/shi/和/hi/音一般翻译成"西、系、希"等，也不妨规定一下分工。这样，后来的人要找到或恢复对应的原文就比较容易。也就是说，翻译不仅要与时俱进，还需要考虑未来，为后代着想，减轻后代的文字考据、溯源工作的负担。

以前翻译界还有个传统，女性化的汉字翻译英语女性姓名，例如：Chris 男译为克里斯，女译为克丽丝；Citlalli 译西特拉利（男）、西特拉莉（女）。这样处理用于名尚可，用于姓则就要硬判许多家庭去离婚分家了，因为西方一般妻从夫姓。

翻译界有个选择音译汉字的大致范围，基本标准是不能太常用也不能太生僻：常用容易跟上下文界限不清，且导致本来已经常用的字负担太重，生僻使某些读者读不出，而且生僻字往往不用而已，只在常用字无法表达时才用，因此本身语义很突出，歪曲其表音功能。我们应该在这两条标准之外增加一条用不同汉字（尽管读音相同）区分外语中不同读音的标准。现在翻译外来词，绝大多数是根据英语，所以有关部门最好能制定一个"英语音节音译汉字表"，供翻译者参考。

其实，与其规定一套英语姓名的音译规范，还不如规定一套英语音节的音译规范，这样适用范围更大，因为除了人名要音译，其他专有名词(如商品名等等)也需要音译。而且用英语拼写的姓名也在不断增多。音节的音译规范才能从根本上一劳永逸解决问题。

3. 历史的启发

译文中引进大量原语的结构和词汇,古代就有。

近年来,随着对语法史中语言接触研究的深入,某些学者提出汉译佛经也是梵汉混合语或中介语的意见,理由包括其中混杂了不少梵语特征,如梵语的某些句式、语序、时体或格范畴的虚词(朱庆之,2001;遇笑容、曹广顺,2007;遇笑容,2007;遇笑容,2008;曹广顺,2009)。

这些混合语或中介语中的引进成分,对汉语后来的发展影响并不大,除一些名词外,绝大部分语法成分没有被吸收进标准语。但当时这样做,显然是大大加快了翻译速度,至少对普及佛教,缔造中华多元和谐文化,起了一定的作用。

古代藏译印度佛教文献中,也引进大量梵语结构和词汇。由于藏语本身为一种形态较丰富语言,在引进梵语的形态成分时比较自然,可接受度较高。并且由于西藏政教合一,佛教经典的影响也比在中国内地大得多,大量梵语语法成分进入了一般藏语。这一引进,极大地丰富了藏语,深刻地影响了藏语的发展和现状(储俊杰,1994)。

4. 充分利用本族语资源

除了积极大胆引进外语成分外,古汉语和方言中也有很多资源可以用来丰富标准现代汉语。例如,现代汉语的"在……前出现"这一格式就不如古汉语的"前置于……"方便。原因有三点。

第一,"在……前出现"是个状语前置的格式,而前置状语本身也是个内嵌在主语和动词之间的一个内嵌成分,如果这个状语太复杂,也容易造成内嵌层次过多的阅读困难。

第二,主谓间的前置状语不宜过长的问题,可以通过把状语移到主语前去解决。第二个手段是采用"出现在……前"这样的后置状语的格式来避免。这两个方法主要适用于处所状语,而不适用于大部分状语。多数状语因为意义或结构的限制,是无法移到句首或句尾的。即使可以移到句首,仍然无法解决下面要谈的问题。

第三,现代汉语"在……前"这一格式中的"在"和"前"构成一个"非连续成分",构成了所谓的"框式介词"。"非连续成分"的两部分如果相隔太远,即中间的"……"太长时,或者其中包含了一个小句时,就很不方便,会造成内嵌层次多的问题。

进一步看,汉语中多数状语只能前置而不能后置,限制了其表达能力。这从下面这个例子中可以看出。

前段时期在网上流传的一篇《新史记烈女传之邓玉娇传》,其中有"宰恶吏于当场,抒民愤于巴东,(壮哉)"两句。这样状语后置的古汉语句式,翻译成现代汉语结构,"于当场宰杀了恶霸官吏,在巴东抒发了百姓怨愤,(真壮烈啊)",其表达的力度、气概就远远不够,因为句末是自然焦点的位置,强调起来更有力。用"构式语法"的话说,就是"动词+状语"的构式本身就决定了比起"状语+动词",前者对状语的强调更有力度。

如何吸收更多文言手段进入现代汉语,是很值得研究的。现代汉语仍然有许多不成熟的地方,鲁迅是主张积极引进各种外语语法手段的。但引进不能硬来,要根据语言学的原理去因势利导。

这方面的分析,可以说是很具体微观的研究。

参考文献

1 曹广顺,历时与共时:汉语语法史中语言接触研究的两个不同视角[A],下载于 http://crlao.ehess.fr/docannexe.php?id=829,2009。

2 储俊杰,兼论佛典藏语的语言特点[J],《中国藏学》,1994(2)。

3 姜守望,《世界国名的故事》[M],济南:山东画报出版社,2008。

4 鲁迅,关于翻译的通信[A],载《二心集》[C],上海:合众书局,1932。

5 王大伟,当前中国译学研究的几个误区[J],《上海科技翻译》,2001(1):50—55。

6 王大伟,翻译理论现状与发展[J],《外国语》,2004(1):69—74。

7 新华通讯社译名资料组,《英语姓名译名手册》第四版[M],北京:商务印书馆,2004。

8 遇笑容,曹广顺,再论中古译经与汉语语法史研究[A],载《汉藏语学报》(第1期)[C],北京:商务印书馆,2007。

9 遇笑容,理论与事实:语言接触视线下的中古译经[A],载《汉语史学报》(第八辑)[C],上海:上海教育出版社,2007。

10 遇笑容,试说汉译佛经的语言性质[A],载《历史语言学研究》(第一辑)[C],北京:商务印书馆,2008。

11 朱庆之,佛教混合汉语初论[A],载《语言学论丛》(第24辑)[C],北京:商务印书馆,2001。

(本文提交于首届英汉对比与翻译研究学科建设高层论坛)

莎士比亚戏剧英汉平行语料库的创建与应用研究[*]

胡开宝　　邹颂兵

摘要： 本文详细分析了莎士比亚戏剧英汉平行语料库的创建过程及其具体应用，如莎剧汉译本中"把"字句和"被"字句的应用及其动因研究、莎剧汉译本中显化的实证研究，以及梁实秋和朱生豪翻译策略应用和翻译风格的比较研究等。作者指出莎士比亚戏剧英汉平行语料库的应用研究尚有待进一步拓展和深化。

关键词： 莎士比亚戏剧；语料库；创建；应用

0. 引言

莎士比亚研究一直是西方文学研究的"显学"之一，相关著作可谓"汗牛充栋"。自 20 世纪初以来，莎士比亚戏剧的多个汉译本

---

* 本文系国家社科基金项目"基于语料库的莎士比亚戏剧汉译研究"（项目批准号：08BYY006）阶段性成果。

相继问世,其中影响较大的译本有朱生豪(1947)、梁实秋(1947)和方平(2000)等翻译的汉译本。这些译本对我国现代戏剧和文学创作产生了深远的影响,而且很大程度上丰富了汉语的表现形式。然而,莎剧汉译研究的广度和深度仍然比较有限。现阶段莎士比亚戏剧汉译研究局限于具体词汇或修辞手法的翻译研究,而关于句法和语篇层面的研究成果比较少见,且多为定性研究,定量研究鲜见。这与莎剧汉译本在中国文学乃至文化发展历程中的重要地位十分不相称。究其原因,主要是因为莎剧剧本多,内容博大精深,莎剧汉译研究费时费力。因此,建设莎士比亚戏剧英汉平行语料库,开展基于语料库的莎剧汉译研究十分重要。研究人员可以充分利用语料库储存数据大、计算机运行速度快、语料库工具能准确对大量数据进行分析的优势,系统、全面地对多个莎剧汉译本进行比较分析,通过数据分析和功能阐释相结合,获得客观可信的研究结果。

为此,我们自 2005 年起便开始着手建设莎士比亚戏剧英汉平行语料库。经过数年的努力,我们已基本建成莎士比亚戏剧英汉平行语料库,并开展了一系列前期研究。该语料库收入莎士比亚戏剧原著、这些戏剧的梁实秋译本、朱生豪译本及方平译本,以及汉语原创戏剧,计划库容为 6 百万字,目前在进一步扩容和深加工之中。

建设平行语料库,尤其建设能够实现一个原著与三个译本句级对齐,且库容达六百多万字的语料库,不仅要耗去大量的人力和物力,而且技术层面亦具有较大难度。本文拟介绍莎士比亚戏剧英汉平行语料库的创建过程及其在莎士比亚戏剧汉译研究中的具体应用,以期为英汉平行语料库的建设及其在译学研究中的应用提供借鉴。

1. 莎士比亚戏剧英汉平行语料库的创建

一般而言,英汉平行语料库的创建步骤主要为：1)中英文语料的选择与输入；2)语料的预处理；3)语料的标注和分词；4)语料的平行对齐；5)语料库出版；6)语料库网上检索。目前,莎士比亚戏剧英汉平行语料库已完成第 1 至第 4 个步骤。至于语料库的出版和网上检索,待完成所有语料的输入和深加工,并解决相关版权问题之后方可进行。

1.1　中英文语料的选择与输入

自莎士比亚戏剧全集问世以来,英文版本为数众多,受到人们推崇的版本主要有牛津版(1743)、萨缪尔·约翰逊版(1765)、里德版(1803)、河畔版(1974),以及阿登系列版本(1899,1958,1995),等等。经过讨论,我们选择莎士比亚戏剧全集的牛津版作为语料库的英文语料。牛津版是公认校勘准确的版本,本语料库拟选择梁实秋、朱生豪和方平翻译的三种莎士比亚戏剧全集作为中文语料,其中梁实秋译本和朱生豪译本都译自牛津版。此外,牛津版莎士比亚戏剧全集的电子版可以从互联网上免费下载,能省去英文语料输入的大量工作。

就莎士比亚戏剧全集的汉译本而言,比较知名的主要有曹未风译本、朱生豪译本、梁实秋译本和方平译本。曹未风译本由贵阳文通书局于 1942 年至 1944 年之间出版,收入曹未风译的莎剧剧本 11 部。朱生豪译本最早由世界书局出版(1947),后来分别由作家出版社(1954)、人民文学出版社(1978)、时代文艺出版社(1996)和译林出版社(1998)等出版。该译本共收入莎剧 37 部,其中 31

部为朱生豪所译。梁实秋译本由台湾远东图书公司出版（1967），收入梁实秋翻译的全部莎剧剧本。1995 年，内蒙古文化出版社和中国广播电视出版社分别出版梁实秋翻译的《莎士比亚全集》。方平译本，即《新莎士比亚全集》（河北教育出版社，2000），由方平和梁宗岱参照欧美当代备受重视的 Bevington 全集本（1992 年）与 Riverside 全集本（1974 年），以诗体方式译出，以更接近原作体裁、风格的译文，重现原作的意境与情态。我们根据译本的影响及所收莎剧剧本是否齐全，最终确定了朱生豪译本、梁实秋译本和方平译本为语料库的中文语料。不过，朱生豪译本中有 6 部并非朱生豪所译，故不作为中文语料。

确定语料库的中英文文本之后，我们便开始进行中英文语料的输入。牛津版莎士比亚戏剧全集和朱生豪译本可从网上下载，并直接转化成 TXT 格式。梁实秋译本也可从网上下载，但其格式为 PDF 格式，需应用清华紫光 OCR 软件转换成 TXT 格式。方平译本目前还不能从网上下载，需要使用高速扫描仪扫描或人工输入。为保证语料库的语料质量以及研究的可靠性，我们组织人力仔细校对输入好的语料，检查语料是否出现倒码、拼写错误以及具体内容与蓝本出入等现象，并及时更正。

1.2　语料的预处理

语料的预处理主要包括文本格式的统一、各种杂质的清除和中英文语料的分存等。作为中文语料的三个汉译本分别由不同出版社出版，文本格式如字体、段落编排和文档格式等各不相同，我们故而首先统一三个汉译文本的格式。另外，直接从网上下载的语料，往往有多余的空格及空行、断行、多余的语言符号，以及不必要的一些图形或符号等。这些杂质对于研究而言没有什么实质意义,而且直接影响着英汉语料平行的质量。为去掉语料中多余的空行,我们采用 word 的替换功能,打开编辑菜单的"替换"对话框。在"查找内容"的对话框中单击"高级"按钮,选择特殊字符"段落标记"两次,这时对话框中会出现"(p(p",然后在"替换为"一栏中选择特殊字符"段落标记"一次,即一个"(p",再点击"全部替换",多余空行会被删除。至于空格的删除,我们采用替换功能把要删除的空格复制一行粘贴于"要替换的内容"里,下面"替换为"保持空,并按"全部替换",便可删除多余的空格。另外,上述莎剧汉译本均附有数量不等的注释,与研究内容没有多大关联,我们均将它们删除。

在输入并校对语料,清除杂质,统一语料格式之后,我们将每部莎士比亚戏剧的中英文语料分存。

1.3　语料的分词和标注

莎士比亚戏剧英汉平行语料库需应用 ParaConc 和 Wordsmith 等软件对中英文语料进行平行处理和检索,但是由于汉语文字之间没有空格,国外研发的许多软件不能识别汉字。为保证汉语语料与国外软件之间的兼容性,我们选用汉语词法分析软件 ICTCLAS3.0 版对汉语语料进行分词处理。该软件由中国科学院计算机技术研究所开发,功能主要为词汇切分和词性标注。点击该软件的图标,便出现以下窗口(见图1):

我们讨论了汉语语料分词的具体方法(邹颂兵,2009a:158)。首先,选择图1中的"操作选项"栏目下的"词语切分"和"输出格式"栏目下的"北大标准"、"973标准"或 XML 格式。考虑到"北大标准"与该软件的兼容性很强,我们将"输出格式"确定为"北大标准"。然后,选中"处理文件",上载需进行词语切分处理的中文语料,并单击"运行",便可完成汉语语料的分词处理。

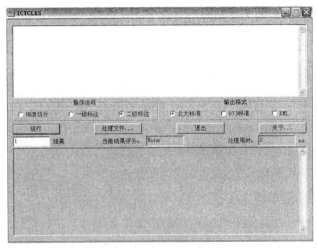

图 1：ICTCLAS 菜单选项

　　语料的标注是指对语料库的具体语料样本属性或语言学特征进行描述，分为篇头信息和篇体信息标注。后者包括段落标注、语句标注、词性标注、语法标注和语义标注等。莎士比亚戏剧英汉平行语料库语料标注主要由词性标注和段落标注等篇体信息标注组成。我们分别选用 ICTCLAS3.0 和 CLAWS 等软件对中英文语料进行词性标注处理，而段落标注则使用 EmEditor 软件。完成分词和段落标注处理的中文语料如下图所示：

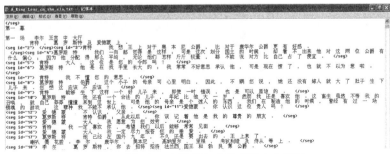

图 2：进行分词和段落标注处理的中文语料

关于这些标注的具体步骤,我们已作详细介绍(邹颂兵, 2009a：155—158),这里不再赘述。

1.4 语料的平行对齐

一般而言,英汉戏剧均以人物对话作为段落单位。我们认为戏剧的最大特点是按照剧中人物的对话进行组织,也就是说无论人物对话内容的原文和译文有多大的差别,对话始终是一一对应的。(邹颂兵,2009a：159)鉴于此,我们运用 ParaConc 软件,实现英语原著和汉译本在人物对话层面的对齐,即段落对齐,之后在此基础上进一步实现英汉语料句级层面的对齐。

首先,点击 ParaConc 的"File"(文件)选项中的"Load Corpus Files"(加载语料库文件),便会弹出语料库文件加载对话框(如图3所示)。

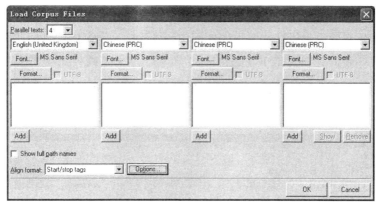

图3：Paraconc 语料库文件加载对话框

在"Parallel Texts"(平行文本)选项处选择需要对齐的文本数量和文本语言。本语料库旨在实现一个英语文本与三个汉译文本的对齐,故需要对齐的文本数应为 4。然后分别点击"Add"(添加文本)选项,加载需要对齐的英汉语料,并将"align format"(对齐格式)设定为"start/stop tags"。ParaConc 内设"start/stop tags"(标记对齐)和"delimited segment"(定界符对齐)。前者支持句与句之间的对齐,后者支持段落之间的对齐。

其次,点击"options"(选项)将段落标注的格式设定为"seg"和"/seg",并单击"OK"。这样,ParaConc 自动对英汉语料进行段落对齐处理。之后,点击"Files"(文件)菜单下的"View Corpus Alignment",选择需要查看对齐状态的英汉语料,并点击"alignment",便弹出语料平行对齐浏览窗口。(如图 4 所示)

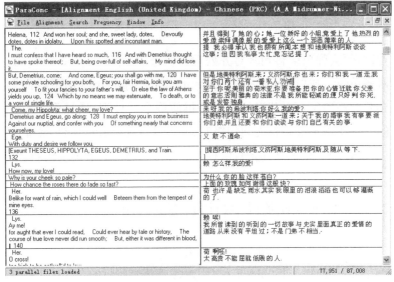

图 4：Paraconc 语料平行对齐浏览窗口

上图显示的是英汉语料段落之间的对齐,其中不同颜色表明语句之间的界限,即语句的开头和结尾在语句的界限处,单击鼠标

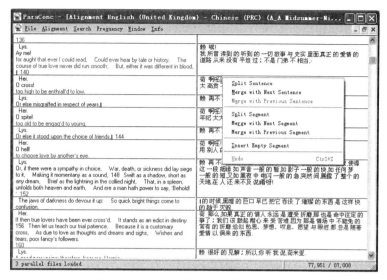

图 5：ParaConc 语料句级对齐处理窗口

右键，便会弹出语料句级对齐处理窗口选中"split segment"（分割对齐单位），或"merge with next/previous segment"（向下或向上合并对齐单位），对英汉语句进行拆解或合并处理，通过手工对齐的方式实现英汉语料之间句级对齐。之后，选择 file（文件）菜单下中"Save Workspace"选项，保存实现英汉句级对齐的英汉语料。

2. 莎士比亚戏剧英汉平行语料库的应用

成功实现莎士比亚戏剧英汉语料的平行对齐之后，我们应用ParaConc 和 WordSmith 等软件，对该语料库所收的 7 部莎士比亚戏剧，即《仲夏夜之梦》《哈姆雷特》《李尔王》《爱的徒劳》《麦克白》《罗密欧与朱丽叶》和《驯悍记》及其汉译文本的文体特征进行定量分析，开展英汉文本之间一对一、一对多的平行检索，分析译者的翻译风格、翻译策略和方法的运用,翻译语言特征及其成因,开展翻译共性的实证研究。

2.1 莎士比亚戏剧及其汉译本文体特征的定量分析

我们对上述 7 部戏剧及其梁实秋译本和朱生豪译本的形符数、类符数、类形符比、平均句长、重点词汇或句式结构的使用频率等进行量化分析,发现译本间有不少差异。具体结果如下表所示:

表 1 莎剧原著及汉译文本文体特征的定量分析

	莎剧原著	梁实秋译本	朱生豪译本
形符数	170993	203653	222818
类符数	12031	5321	5576
类符/形符比	7.04	2.61	2.50
句子总数	17473	8769	8827
平均句长	9.79	23.22	25.24
主要连接词出现次数	8042	3600	2898
主要连接词使用频率(每千字)	47.03	17.68	13.01
"把"字句出现次数		1019	1344
"把"字句使用频率(每千字)		5	6.03
"被"字句出现次数		305	170
"被"字句使用频率(每千字)		1.50	0.76

上表显示,梁译本和朱译本文字总量分别比莎剧英语原文超出 16％词和 23％词,朱译本文字总量和平均句长均超出梁译本。不过,朱译本的类符形符比低于梁译本。类符是指文本不同词形的总数,形符为文本的总字数。类符形符比一定程度上与具体文

本的词汇量大小和遣词的变化性成正比(胡开宝、朱一凡：2008)。因此,朱译本所用的词汇量不及梁译本,梁译本的用词更富于变化。

一般说来,英语注重"形合",较多使用连接词实现语句或句子成分之间的连接,而汉语强调"意合",凭借事件的先后顺序或逻辑联系实现语句之间的衔接,较少使用连接词。上表显示,梁译本和朱译本中主要连接词每千字的使用频率都较低,分别为莎剧原文的 38% 和 28%,但朱译本的使用频率比梁译本更低。就连接词的使用而言,梁译本和朱译本均体现了汉语的"意合"特点,但朱译本比梁译本更趋于归化。

除"形合"与"意合"区别之外,英汉语言之间的另一差异为前者较多使用被动式,后者较多使用主动结构。我们分析了梁译本和朱译本中典型汉语被动结构"被"字句的使用情况,发现朱译本中"被"字句的使用频率仅为梁译本的 51%。就"被"字句的使用而言,梁译本显然更趋于异化,而朱译本更趋于归化。

2.2　莎士比亚戏剧汉译语言特征及其动因研究

汉译语言特征是指汉译文本与汉语原创文本不同,且为汉译文本所特有的典型语言特征。该特征与源语和目的语之间的差异相关,表现为汉译文本词汇和句式结构应用的具体特征。学界一直将翻译语言视为非自然语言,很少深入研究其特征。然而,开展翻译语言特征及其动因的研究,不仅可以深刻认识翻译的本质,而且还可以有力推动语言对比和语言接触等领域的研究。"实际上,该领域的研究是跨学科译学研究的立足点和根本所在。……该领域研究的发展,可以实现译学研究由理论消费学科向理论输出学科的转变,进一步巩固译学作为独立学科的地位。"(胡开宝、吴勇、陶庆,2007:64—69)为此,我们对前文所述的 7 部莎士比亚戏剧的汉译本中"把"字句和"被"字句等语言结构的使用频率和具体分布进行了量化分析,并与这些结构在汉语戏剧原创文本中的使用频率进行比较,对照分析英语原文,从认知、语用和翻译策略等角度分析这些结构运用的内在动因。

我们发现梁译本和朱译本中"把"字句的每千字使用频率远远高于许多汉语原创文学作品。我们认为,《哈姆雷特》英语原著中大量蕴含空间位移图式的语句结构与"把"字句在空间位移图式、语用特性和语用功能等方面的一致,导致梁译本和朱译本中"把"字句使用频率非常高,而归化翻译策略和显化翻译方法的频繁运用,则是朱译本中"把"字句数量远远超过梁译本的重要原因。(胡开宝,2009)。

根据表 1,梁译本和朱译本中"被"字句每千字使用频率分别为 1.5 和 0.76,这比许多汉语原创作品中"被"字句的使用频率高得多。我们对相同文体的汉语原创话剧《雷雨》和《茶馆》中"被"字句进行分析,发现前者的"被"字句每千字使用频率为 0.19,只有梁译本和朱译本的 12.7% 和 25%;后者的"被"字句每千字使用频率为 0.09,只有梁译本和朱译本的 6% 和 11.8%。根据杨国文所作的研究(2002),在 153.3 万字的现代汉语语料中,"被"字句共479 个。这些语料包括《金光大道》(浩然著,45.5 万字),《晋阳秋》(慕湘著,41.5 万字),《高山下的花环》(李存葆著,10.3 万字),《红镜头》(顾保孜著,31 万字)和《未来之路》(比尔·盖茨著,辜正坤等译,25 万字)。除去译著《未来之路》,以上汉语原创作品中,"被"字句每千字使用频率都不会超过 0.37,远比梁译本和朱译本低。

研究表明,莎士比亚戏剧原著中存在大量蕴含受事前景化空

间位移图式的语句或结构,如被动句、过去分词、现在分词被动式
和表示被动意义的名词短语等。空间位移图式通常分为施事前景
化和受事前景化。前者是指施事或动作发出者处于主语或句首位
置,后者为受事或动作的承受者居于主语或句首位置。为再现受
事前景化的空间位移图式,译者可选用"被"字句、"给"字句、"让"
字句和"叫(教)"字句等汉语句式。这些句式均强调某一事物(即
受事者)在另一事物(即施事者)的影响或作用下,其性质或状态发
生变化。我们知道,汉语被动句分为两大类,即:A 类:受事名
词+被动标记+施事名词+动词短语;B 类:受事名词+被动标
记+动词短语。"让"字句和"叫(教)"字句只适用于 A 类被动句,
即被动标记后须后接施事名词和动词短语结构,其应用范围比较
有限。"给"字句和"被"字句应用范围较广,可适用于 A 类和 B 类
被动句。长期以来,"被"字句被视为汉语被动句的典型句式,而
20 世纪 90 年代之前,表示被动的"给"字句在以北京话为基础的
白话文中却不大常见,只是到了 20 世纪 90 年代之后,"给"字句才
常常用作被动标记(李炜,2004)。李炜(同上)基于 9 种不同时期
的北京话作品的分析,指出在 20 世纪 90 年代之前的北京话里,
"给"表示被动是罕见用法或边缘用法,而在台湾、香港和福建等地
的南方方言里却十分常见。20 世纪 90 年代之后,受南方方言的
影响,"给"字句广泛用作被动标记。由于梁译本和朱译本所采用
的语言均为白话文,"被"字句故而常用于再现英语原著所承载的
受事前景化位移图式,而其他被动句的使用频率较低。据统计,表
示被动的"给"字句和"让"字句数量在梁译本中分别为 22 句和 5
句,在朱译本中分别为 42 句和 14 句;表示被动的"叫(教)"字句数
量在这两个译本中均为零,"被"字句数量要大得多,在梁译本和朱
译本中分别为 305 句和 170 句。

必须指出,在梁译本和朱译本中,一些"被"字句并非译自承载以上位移图式的语句或结构。为了保持话题的连续,梁译本和朱译本分别将一些主动句译作"被"字句,译自主动句的"被"字句数量分别为 57 句和 36 句。

[1] My husband lives, that Tybalt would have slain, ...

梁译本:我的丈夫活着,他没有被提伯尔特杀死,……

朱译本:我的丈夫还活着,可能被提伯尔特杀死的,……

例[1]中,that 引导的定语从句未采用被动式,但考虑到该从句主语与主句主语之间的呼应,梁译本和朱译本均将其译作被动结构。

[2] sleeping in mine orchard, a serpent stung me, ...

梁译本:我在果园里面睡觉时,被毒蛇,……

朱译本:我在果园睡觉时,一条毒蛇把我,……

上例中的"a serpent stung me",梁译本译为被动式,强调"我"的遭遇,并保持话题的连续性,即以上两句的话题均为"我"。朱译本则将其直译作主动句,两句的话题不连贯,分别为"我"和"毒蛇"。

还应指出,根据表 1,梁译本中"被"字句数量比朱译本高出 79%。比较分析梁译本和朱译本中"被"字句和对应的英语原文,可知梁译本和朱译本翻译蕴含受事前景化空间位移图式的语句或结构时，所采用的方法不同。其一，朱译本通常运用归化翻译策略，将上述句式译作施事居于显著位置的汉语主动句。如果这些句式结构没有交代动作发出者，朱译本常常对其予以明示。而梁译本大多采用直译方法译成"被"字句。在梁译本和朱译本中，译自英语被动式或被动意义结构的"被"字句分别为 248 句和 122 句。其二，在翻译"be＋过去分词"结构时，梁译本往往不加区分地将该结构一律译为"被"字句，朱译本则采用不同的处理方法。如果"be＋过去分词"结构突出某一具体动作，则译作"被"字句，但若强调事物状态，则不译为"被"字句。具体而言，"be＋过去分词＋with＋名词"结构在梁译本中常译作"被"字句，介词"with"后的名词译成"被"字后接的施事名词。而在朱译本中，这一句式结构一般译作主动句，介词"with"结构译为原因状语。

[3] That unmatch'd form and feature of blown youth blasted with ecstasy：...

梁译本：……有世间无比的姿态，竟被一阵疯狂给凋残了：……

朱译本：……无比的青春美貌，在疯狂中凋谢：……

[4] ... then, if sickly ears, deaf'd with the clamours of their own dear groans,

梁译本：……所以，如果被自己的呻吟震耳欲聋的病者肯……

朱译本：……如果病人能够不顾自己的呻吟惨叫，

忘却本身的痛苦,而来⋯⋯

例[3]和例[4]中,"be＋过去分词"强调事物或人的状态,梁译本均译作"被"字句,而朱译本并未如此。

2.3　莎士比亚戏剧汉译本中翻译共性的实证研究

翻译共性,即翻译普遍性,是指所有翻译文本共有的特征。翻译共性产生于翻译过程本身的特征,与源语和目的语之间的差异并无关联。(胡开宝等,2007)翻译共性主要包括显化(explicitation)、简化(simplification)及规范化(normalization)等。显化,又称明晰化或明朗化,是指译者在目的语文本中将源语文本中隐含的但可以根据具体语境条件推导的信息加以明示(胡开宝、朱一凡,2008)。关于简化,Blum-Kulka & Levenston(1983:119)强调简化即翻译文本在词汇、句法和文体等层面的简化趋势,具体表现为选用上义词、常见同义词或解释性短语翻译缺乏目的语对应词的源语词汇,复杂句译作简单句,将长句拆译成短句,减少或删除重复信息或冗余信息。根据 Vanderauwera(1985:93)的观点,规范化主要指译者常常修正原文使用不规范的标点符号,选用简单句式翻译笨拙的原文语句结构,或将原文语句、段落或章节重新安排,使其合乎逻辑,从而使译文在标点、选词、文体、句子和语篇等方面趋向于目的语语言传统规范。

我们依据韩礼德关于语言功能的分类,将显化划分为概念功能信息显化、人际功能信息显化和语篇功能信息显化,并对莎剧《哈姆雷特》梁实秋译本和朱生豪译本的显化现象进行定量分析(胡开宝、朱一凡,2008)。我们发现梁译本和朱译本均重视显化,朱译本的显化程度高于梁译本,这一差异的原因在于译者对具体层次读者的重视及其运用的翻译策略和方法等。

我们对照英语原文,对莎士比亚戏剧的梁实秋译本和朱生豪译本中因果、条件和转折等关系连接词应用进行统计分析,比较分析了莎剧梁译本和朱译本中逻辑关系显化。具体情况如下表所示:

表 2　莎剧梁译本和朱译本中逻辑关系显比较

	梁译本	朱译本
汉语因果连接词总数	618	651
相对应的英语因果连接词总数	447	482
因果关系显化例证总数	171	169
因果关系显化百分比	28％	26％
汉语转折连接词总数	624	842
相对应的英语转折连接词总数	524	617
转折关系显化例证总数	100	225
转折关系显化百分比	16％	27％
汉语条件连接词总数	476	658
相对应的英语条件连接词总数	351	476
条件关系显化例证总数	125	182
条件关系显化百分比	26％	28％
汉语因果、转折和条件连接词总数	1718	2151
因果、转折和条件关系显化例证总数	396	576
因果、转折和条件关系显化百分比	23％	27％

由上表可知,朱译本和梁译本都十分重视因果、转折和条件等逻辑关系的显化,逻辑关系显化的百分比介于 16％至 28％之间,

但朱译本上述逻辑关系显化程度高于梁译本,前者为 27％,后者为 23％。就因果关系和条件关系显化而言,梁译本和朱译本的显化百分比接近,但后者转折关系显化的百分比远远高于前者。朱译本转折关系显化的百分比为 27％,而梁译本为 16％。

我们还考察了梁译本和朱译本中因果关系显化的具体情况(邹颂兵,2009b:39),如表 3 和表 4 所示:

表 3　梁译本中因果连接词及其英语对应词

因果连接词	英语对应词							形符总数	显化例证总数
	BECAUSE	FOR	SINCE	THEREFORE	SO	ARGAL	THUS		
因为	25	269	8	0	1	1	1	371	66
所以	1	4	2	95	20	2	4	230	102
因此	0	11	0	2	0	0	1	17	3

表 4　朱译本中因果连接词及其英语对应词

因果连接词	英语对应词							形符总数	显化例证总数
	BECAUSE	FOR	SINCE	THEREFORE	SO	ARGAL	THUS		
因为	29	272	18	23	5	0	8	461	106
所以	1	22	3	79	6	3	3	174	57
因此	0	3	0	6	0	0	1	16	6

在表 3 和表 4 中,因果连接词均为独立使用的连接词。梁译本和朱译本常常选用"因为"和"所以"来再现源语文本之间的因果关系。相比较而言,梁译本尤其倾向于选用"所以"明示原文隐含

的语句之间因果关系,凭借"所以"予以显化的例证数量占该译本因果关系显化例证总数的 59.65%。而朱译本中,选用"因为"明示原文隐含因果关系的例证数量占因果关系显化例证总数的62.7%。此外,就"for"引导的先果后因英语复合句的汉译而言,梁译本往往译作含有"因此"的先因后果汉语复合句,而朱译本则常译作含有"所以"的先因后果汉语复合句。

比较分析上述逻辑关系显化例证及其对应英语原文,我们认为莎剧汉译本中逻辑关系显化的主要动因为语义动因、句法动因、戏剧文本动因和读者动因。语义动因是指为了使译文语义明确,译者不得不添加连接词,明示语句之间的逻辑关系。句法动因则指由于汉语句法结构的局限性,译者常常采用选用连接词明示原文凭借句法手段表现的语义内容或逻辑关系。实质上,由于语义动因和句法动因而形成的显化属于强制性显化,即为使译文符合目的语语言规范,译者不得不采用的显化。戏剧文本特性动因是指译者对于戏剧文本特性尤其是戏剧台词的表演性关注与否会直接影响到戏剧译本的显化程度。具体而言,译者为了使得戏剧译本具有可表演性,常常采用增词法使原文语句之间隐含的逻辑关系明朗化。由于该动因而产生的显化属于非强制性显化。这类显化的应用与否对译文是否符合目的语语言规范不产生任何影响。

A. 语义动因

[5]　Lear.　When we are born, we cry that we are come to this great stage of fools.

This' a good block! (*King Lear*)

梁译本:李　我们一生出来,我们便哭,因为我们来到了这个群丑的台上。这是一顶样式很好的毡帽。

朱译本：李尔　当我们生下地来的时候，我们因为
来到了这个全是些傻瓜的广大的
舞台之上，所以禁不住放声大哭。
这顶帽子的式样很不错！

　　例[5]中，英语原文没有选用因果连接词表示语句成分之间的内在逻辑关系。如果不添加因果连接词，该原文可译为："我们生下来时哭泣，我们来到了这个傻瓜的大舞台。这是一顶漂亮的毡帽。""我们生下来时哭泣"与"我们来到了这个傻瓜的大舞台"之间的语义关系令人费解。为了使译文语句之间的逻辑关系一目了然，梁译本和朱译本分别添加了因果连接词"因为"，译文语义表达清晰明确。

　　B. 句法动因

　　[6]　Were the world mine, Demetrius being bated,
The rest I'd give to be to you translated. O! (*A Midsummer Night's Dream*)

梁译本：如果世界属于我，地美特利阿斯除外，
我愿完全放弃，只要能变成你的姿
态。啊！

朱译本：要是除了狄米特律斯之外，整个世界都是
属于我所有，
我愿意把一切捐弃，但求化身为你啊！

　　[7]　Cor. Had you not been their father, these

white flakes

Had challeng'd pity of them. (*King Lear*)

梁译本：考   纵然你不是她们的父亲，这
                  一片须发斑白
                  也该引出她们的怜悯。

朱译本：考狄利娅   假如你不是她们的父亲，这
                  满头的白雪
                  也该引起她们的怜悯。

英语虚拟语气通常凭借假设连接词的应用或句序的倒装来表达。而汉语只能通过假设连接词的使用才能表现虚拟语气。因而，译者翻译凭借倒装句序表达的英语虚拟语气时，往往不得不添加汉语连接词来明示原文语句之间的假设或条件关系，否则无法再现原文的虚拟语气。在例[6]和例[7]中，英语原文将系动词"were"和助动词"had"提至句首以表达虚拟语气。梁译本和朱译本分别添加了"纵然"和"假如"，凸显语句之间的假设或条件关系。

C. 戏剧文本特性动因

与其他文本不同，戏剧文本须适合于舞台演出，戏剧台词应琅琅上口，富有表现力，具有可表演性。相应地，戏剧译本也应具备上述戏剧文体的特性，尤其是可表演性。一般而言，可表演性包括两层含义，一方面戏剧台词的翻译是否口语化，是否适合于演员口头表达；另一方面戏剧台词是否便于听众的理解。为了实现戏剧台词的可表演性，译员可通过添加连接词提高戏剧台词的表现力，并方便听众的理解。Slobin(1979：49)所作的研究表明，听众对含

有连接词结构的反应比对不含连接词结构的反应更为迅速。毕竟听众用于处理所听到的戏剧台词的时间非常有限,而连接词的应用可以提示下文的内容或语义信息。鉴于此,译者对戏剧台词可表演性关注的程度越高,戏剧译文的显化程度便越高。

应当指出,朱生豪不仅从演员角度考虑译本是否适合于舞台表演,常常"又必自拟为舞台上之演员,审辨语调之是否顺口,音节之是否调和"。(吴洁敏、朱宏达,1990:264)而且也非常注重普通听众或读者是否能理解译文。朱生豪自称翻译莎剧是为了"使此大诗人之作品,得以普及中国读者之间"。因此"每译一段竟必先自拟为读者,察阅译文中有无暧昧不明之处"(朱生豪,1991:263)。为了使译文通俗易懂,朱生豪常常添加连接词明示语句之间的逻辑关系。然而,梁实秋更看重莎剧的翻译能否存真,并"引起读者对原文的兴趣"(梁实秋,1981:18),并不大关注译文是否具有可表演性。只要译文符合汉语语言规范,梁实秋往往不轻易添加逻辑关系连接词,即使语句之间逻辑关系不是那么一目了然。

[8] If it live in your memory, begin at this line: let me see, let me see:

The rugged Pyrrhus, like the Hyrcanian beast,

'tis not so, it begins with Pyrrhus. (*Hamlet*)

梁译本:假如你还记得,由这一行说起;我想想看, 我想想看;

"狰狞的皮鲁斯,像是希卡尼亚的猛虎," 不是这样;是从"皮鲁斯"说起的。

朱译本:要是你们还没有把它忘记,请从这一行念起；让我想想，让我想想：

野蛮的皮洛斯像猛虎一样，

不，不是这样；但是的确是从皮洛斯开

始的。

［9］ Come，Montague：for thou art early up，

To see thy son and heir more early down.（*Romeo and Juliet*）

梁译本：来，蒙特鸠；你是很早的起来，

看你的儿子更早的倒下去。

朱译本：蒙太古，你起来虽然很早，

可是你的儿子倒下得更早。

例［8］的"'tis not so"和"it begins with Pyrrhus"以及例［9］的"for thou art early up"与"To see thy son and heir more early down"之间都没有使用连接词。梁译本与原文亦步亦趋，翻译以上语句时均没有添加连接词，语句之间的逻辑关系不甚清晰。朱译本则分别选用转折连接词"但是"和"可是"，语句之间的逻辑关系非常明了，大大方便了听众或读者的理解。

3. 结语

莎士比亚戏剧英汉平行语料库的创建比较复杂，而且技术难度较大。该语料库的建设主要包括语料的选择和预处理、语料的标注和分词处理，以及英汉语料的句级对齐。经过几年的探索和努力，我们最终掌握了英汉平行语料库的建库原则、路径和具体方

法,建成了现有库容 213 万字的莎士比亚戏剧英汉平行语料库。
在建库的同时,我们成功地将莎士比亚戏剧英汉平行语料库应用
于翻译研究之中,取得了一系列关于莎士比亚戏剧汉译的研究成
果,如莎剧汉译本中"把"字句和"被"字句的应用及其动因、莎剧汉
译本中显化的实证研究,以及梁实秋和朱生豪翻译策略应用和翻
译风格的比较研究,等等。这些研究成果对语料库翻译学研究和
莎士比亚戏剧翻译研究起到了一定的推动作用。但是,莎士比亚
戏剧英汉平行语料库的应用研究尚有待进一步拓展和深化。具体
而言,应用该语料库,可以开展规范化和简化等翻译共性、莎剧汉
译文本中人际意义再现、误译和漏译,以及汉译文本句式和词汇应
用特征等课题的研究。

参考文献

1 胡开宝,基于语料库的莎剧《哈姆雷特》汉译文本中把字句应用及其动因
  研究[J],《外语学刊》,2009(1)。

2 胡开宝、吴勇、陶庆,语料库与译学研究:趋势与问题[J],《外国语》,2007
  (5)。

3 胡开宝、朱一凡,基于语料库的莎剧《哈姆雷特》汉译文本中显化现象及
  其动因研究[J],《外语研究》,2008(2)。

4 李炜,清中叶以来北京话的被动"给"及其相关问题——兼及"南方官话"
  的被动"给"[J],《中山大学学报(社会科学版)》,2004(3)。

5 梁实秋,关于莎士比亚的翻译[A],载刘靖之编《翻译论集》[C],香港:香
  港生活·读书·新知三联书店,1981:18—19。

6 梁实秋译,《莎士比亚全集》[M],北京:中国广播电视出版社,1995。

7 吴洁敏、朱宏达,《朱生豪传》[M],上海:上海外语教育出版社,1990。

8 杨国文,汉语"被"字式在不同种类的过程中的使用情况考察[J],《当代语
  言学》,2002(1)。

9　朱生豪,莎士比亚戏剧全集译者自序[A],载孟宪强编《中国莎士比亚评论》[C],长春：吉林教育出版社,1991：262—265。

10　朱生豪译,《莎士比亚全集》[M],南京：译林出版社,1998。

11　邹颂兵,莎士比亚戏剧英汉平行语料库句级对齐研究[A],载胡开宝编《跨学科视域下的当代译学研究》[C],北京：外语教学与研究出版社,2009a：153—164。

12　邹颂兵,基于平行语料库的莎士比亚戏剧汉译本中逻辑关系显化研究[D],上海交通大学硕士论文,2009b。

13　Blum-Kulka, S. & Levenston, E. A. Universals of lexical simplification [A]. In C. Faerch & G. Kasper (eds.). *Strategies in Interlanguage Communication*[C]. London and New York：Longman, 1983：119‐139.

14　Cohen, A. D. *Assessing Language Ability in the Classroom* [M]. Boston：Heinle & Heinle Publishers, 1994.

15　Slobin, D. I. *Psycholinguistics* [M]. London：Scott, Foresman and Company, 1979.

16　Vanderauwera, R. *Dutch Novels Translated into English：The Transformation of a 'Minority' Literature* [M]. Amsterdam：Rodopi, 1985.

（本文提交于首届英汉对比与翻译研究学科建设高层论坛,修改后载于《外语研究》2009 年第 5 期）

"五不翻"理论的硕果之一:《翻译名义集》

傅惠生

摘要:《翻译名义集》比较完整地反映了佛经汉译梵语名称的不翻之翻及其意义的解释,真正展示了玄奘"五不翻"的翻译策略历经五百多年所形成的一种异域语言文化的汉语表现形式。它应该在中国佛经翻译史和译论史上有自己的一席之地。

关键词:《翻译名义集》;佛经译论

0. 引言

在古代研究佛经翻译的著作中,南宋姑苏景德寺普润大师法云(1088—1158)编辑的《翻译名义集》展示了一个独特的作用。作为佛经汉译文本中外来词语的名义汇集,这一成果正是玄奘法师五百多年前确立的"五不翻"翻译策略的集中展现。这显然对于翻译实践、翻译理论的发展以及对佛经译论体系的把握都有重要的意义。这里我们从三个方面对这一现象加以分析和理解:1)编辑《翻译名义集》的实际意义,2)佛经中有关言意关系表述的集结有助于对佛经翻译的理性认识,3)《翻译名义集》全面展示了"五不翻"概念五百多年对佛经翻译的影响。

1. 编辑《翻译名义集》的实际意义

《翻译名义集》编辑的意义可以从序和前言中领略一些。自称"荆溪唯心居士"的周敦义因为与法云大师的这段缘分也成就了他在佛经译论史上的名声。周敦义的资料阙如。法云前来求序时,已经有了皇帝尊称为"普润大师"的光环。作为一个佛教居士,周敦义应该是当时颇有名气的文人,且佛学造诣颇深。从序文中我们了解到,他当时在为佛经编总目,也准备顺便编一本类似的《翻译名义集》。看到法云的《翻译名义集》后,他认为这本名义集有两个功能:一是帮助读者阅读佛经,一是能够提供准确的原文含义,防止人们望文生义,对佛经胡解乱猜。

《乾隆大藏经》录他的序文,其中关于玄奘"五不翻"的内容与我们通常看到的《四部丛刊·子部》所录序文有出入:

> 唐玄奘法师论五种不翻:一秘密故,如陀罗尼,二含多义,故如薄伽梵,具六义,三此无故,如阎浮树,中夏实无此木,四顺古故,如阿耨菩提,非不可翻,而摩腾以来,常存梵音,五生善故,如般若尊重,智慧清浅,而七迷之作乃谓释迦牟尼,此名能仁。能仁之义,位卑周孔,阿耨菩提,名正偏知,此土老子之教,先有无上正真之道,无以为异。菩提萨埵为大道心众生,其名下劣,掩而不翻。夫三宝尊称,译人存其本名。而肆为谤毁之言使见此书将无所容其喙矣。(《乾隆大藏经》344—345)

在这篇短短的序文中，周敦义主要说了两方面的问题：一是表述了他自己正在做的编目工作，一是法云所做的工作。他特别抄录了玄奘的"五不翻"。因为《翻译名义集》所做的辑录正是五百多年前玄奘"五不翻"理念付诸翻译实践的直接成果。这一点正揭示了两者之间的渊源关系，显示了翻译理论对实践指导所产生的巨大历史影响和效果。

毫无疑问，《翻译名义集》与玄奘"五不翻"理论直接关联，法云的认识似乎更为全面、理性和深刻。他自己在第一卷的开头写道：

夫翻译者，谓翻梵天之语转成汉地之言，音虽似别，义则大同。《宋僧传》云：如翻锦绣背面但左右不同耳。译之言易也，谓以所有易其所无故，以此方之经而显彼土之法。《周礼》：掌四方之语，各有其官。东方曰寄，南方曰象，西方曰狄鞮，北方曰译。今通西言而云译者盖汉世多事北方，而译官兼善西语。故摩腾至而译《四十二章》，因称译也。言名义者，能诠曰名，所以为义能诠之名。胡梵音别自汉至隋，皆指西域以为胡国。唐有彦琮法师，独分胡梵。葱岭已西并属梵种，铁门之左皆曰胡乡。梵音者，劫初廓然，光音天神，降为人祖，宣流梵音。故《西域记》云：详其文字，梵天所至，原始垂则四十七言，寓物合成，遂事转用，流演枝派，其源浸广，因地随人，微有改变。语其大较，未异本源，而中印度特为详正，辞调和雅，与天音同，气韵清亮，为入轨则。或问：玄奘三藏、义净法师西游梵国，东译华言，指其古翻，证曰：旧讹。岂可初地龙树论梵音，而不亲如以耆阇名鹫，堀曰头，奘云：讹也。合云：姞栗罗矩吒三贤，罗什译秦言而未正。什译罗睺罗为复障，奘译罗怙罗为执日，既皆纰缪，安得感通？泽及古今，福资幽显。今试释曰：秦楚之国，笔聿名殊，殷夏之时，文质体别。况其五印度别千载日遥，时移俗化，言变名迁，遂致梁唐之新传，乃殊秦晋之旧译。苟能晓意，何必封言，设筌虽殊，得鱼安别。法云十岁无知，三衣烂服。后学圣教，殊昧梵言，由是思义思类，随见随录。但经论文散疏记义广，前后添削，时将二纪，编成廿卷六十四篇。十号三身居然列目，四洲七趣灿而在掌。免检阅之劳，资诚证之美。但愧义天弥广，管见奚周。教海幽深，蠡测焉尽。其诸缺疑，倾俟博达者也。（《乾隆大藏经》349—350）

　　法云集几十年的佛学修养和二十四年的文字选择抄写，编成了这本《翻译名义集》。从这篇短短的开场白中，我们可以有以下几点认识：第一，梵译汉，虽然语音不同，但是意义是大致相同的，所以他认同赞宁在《高僧传》中所用的比喻，翻译如同锦绣的背面，其正面如原文。第二，接下来的一句话显示了法云对于佛经汉译认识的局限性。"译之言易也，谓以所有易其所无故，以此方之经而显彼土之法。"因为从唐代两位著名的佛经翻译家玄应《众经音义》和慧琳《一切经音义》的研究成果看，以及赞宁在《高僧传》中明确表示的观点，汉译时少用中文经典之语，译文倒是更容易显示出原文的风采。所以，法云在他的《翻译名义集》中加入了大量的儒道玄经典内容，从比较文化语言的角度应该是加以赞赏的，但是如果是针对具体的语言文字翻译，却是有点牵强了。第三，法云认为今天我们所以用"译"这个字来指称翻译，而不是如古代我们对四方的翻译使用不同的指称，那是因为在佛经翻译兴起时，北方各种事务频繁，专用于北方语言转换活动的"译"使用频繁，所以后来就用译来指代所有的语言转换活动了，这个解释是有道理的。第四，它从具体的佛教认识角度，对于名义关系做了一个界定，名能够被义解释，义的确能够解释对应的名称。在《名义集》中，名义关系有可能是一对一，一对多。但是都可以有充分的解释的。第五，历史上佛经翻译胡梵难以区分，现在对语言的时空差异应该有明确的认识，而且梵音以中印度语为标准。第六，语言是随历史发生变化的，玄奘和义净指前人翻译错误，是没有语言变化的历史观。他运用朴素唯物历史观，观察佛经翻译中的名义关系的变化。不仅读音会变化，意义也会变化，文体风格也不相同。第七，为了大家读经的方便，有必要对佛经外来名称及其含义解释进行全面的梳理和集结。

我们从佛经译论建构的角度来看《翻译名义集》的编辑，结合周敦义和法云两人的自我表述，至少可以对《翻译名义集》的编写意义作以下几点认识：第一，它是玄奘"五不翻"翻译策略的历史产物。从玄奘"五不翻"概念的提出，到法云的年代已经五百多年，这五百多年正是唐宋佛经翻译的高峰期，对整个这个时期翻译的佛藏外来名词做一个全面的历史整理，正是适逢其时的佛经翻译研究份内的事情。第二，由于这种翻译实践的长期发展和"五不翻"翻译策略的广泛接受，使得"五不翻"从一个翻译的概念逐渐演变成了一个事实上的翻译学术上的范畴。第三，《翻译名义集》的客观存在是用汉语展示佛法的一个重要的组成部分，是通过汉语展示文化异质的部分，这证明佛经不仅能够翻译，而且能够通过"不翻之翻"的手段，保存佛经文化的异域风貌。第四，《翻译名义集》对佛经名义的整理，可以让我们像理解佛藏的术语系统一样，通过对各个名称和含义的熟悉和连贯，在整体上对理解和把握佛藏有很好的启迪作用。第五，《翻译名义集》有二十卷之多，共有六十四个分类，当然这不是穷尽性的，但是它足以展示这种佛经名义

在整个佛经翻译比重中的分量，成为我们一个很好的学习佛经的
参考工具书。

2. 佛经中有关言义关系表述的集结有助于对佛经翻译的理性认识

法云在《翻译名义集》中集结了许多关于佛经语言的言义关系
的表述，这对于我们具体了解南宋以前的僧人具体对于佛经语言
和意义关系的认识，并由于这一认识而产生的对于翻译的认识和
翻译过程中所采取的翻译策略和具体方法的认识十分有帮助。这
对于我们深入把握佛经翻译理论的发展，可以说是一份难得的
收获。

这里集中分析三个方面：字母的名义、名句文法的名义和比
喻的名义关系。

在第十三卷第五十一篇《四十二字篇》的开头，编者对于字母
的名义做了如下的表述：

> 此录字母法门。通言门者，以能通为义。妙玄明四种门：
> 一、文字为门，如《大品》四十二字。二、观行为门，释论明修三
> 三昧等。三、智慧为门，《法华》云：其智慧门。四、理为门。
> 《大品》云：无生法，无来无去。（《大正新修大藏经》1132）

这里强调文字的重要性，明确文字是通佛法之门的四种门中
的第一门，因为佛教主要是依靠言说去传播它的理念。它虽然注
重语言，但是着重点不是看重语言本身，而是聚焦在能通佛理上。
所以，编者集结了多部佛经中相关的认识：

《大品》云:所谓字等、语等,诸字入门。《智论》云:四十二字是一切字根本。因字有语,因语有名,因名有义。若闻字,因字乃至能了其义。是字初阿后荼,中有四十,南岳释字等者,谓法慧说十住。十方说十住者,皆名法慧。乃至金刚藏亦复如是。言语等者,十方诸佛说十住,与法慧说等。乃至十地亦复如是。又一切字,皆是无字,能作一切字,是名字等,发言无二,是名语等。一切诸法,皆互相在。是名诸字入门等也。前事是释,次是理解。华严善知众艺童子告善财言。我恒唱持此字母。入般若菠萝蜜门。清凉疏曰:字母为众艺之胜。书说之本。故此偏明之。文殊《五字经》云:受持此陀罗尼,即入一切平等。速得成就摩诃般若。才诵一遍,如持一切八万四千修多罗藏。(《大正新修大藏经》1132)

佛教中对于字母和书写的认识是比较看重的,特别是释迦牟尼涅槃后,佛经的传播不再主要是依靠说话,而是依靠文本。若要传播佛典,就必须重视佛典文本。那是佛教徒赖以获取佛陀智慧的途径,只有通过字的认识和理解,才能理解佛典的含义和佛的精神。字母与佛理的关系的表述,强调的是对佛教的理解和信仰,有许多内容与科学地理解言意关系出入比较大。

第五十二篇"名句文法"中,编者集结了佛经中关于言语和语言的功能,和口语与书面语关系的讨论和辩论:

《瑜伽》云:佛菩萨等是能说者,语是能说相。名句文身是所说相。《成唯识论》云:名诠自性。句诠差别。文即是字。为二所依。此非色心。属不相应行,名曰三假。婆沙问云：如是佛教以何为体，答：一云语业为体，谓佛语言、唱词、评论、语音、佛经语论、语业、语表，是为佛教。此语业师也。二云名等为体，名身句身文身次第行列，安布联合为名句文。云：何但以声为教体？此名句师也。语业师难曰：名句文但显佛教作用，非是自体。名句师难曰：声是色法，如何得为教体。要由有名。乃说为教。是故佛教体即是名。名能诠义，故名为体。二师异见，永执不通。《正理》论中双存两义，故《正理》钞云：案上二说，各有所归，诸论皆有两家，未闻决判。西方传说，具乃无亏。何者？若以教摄机，非声无以可听；若以诠求旨，非名无以表彰。故《俱舍》云：牟尼说法蕴，数有八十千。彼体语或名，言是色行蕴者。由声属乎，不可见有对色，在色蕴收。名句属不相应行，在行蕴摄。体既通于色行，则显能诠之教。声名句文四法和合方能诠理。又复须知佛世灭后二体不同。若约佛世八音四辩梵音声相。此是一实，名句文身乃是声上屈曲建立，此三是假。若约灭后众圣结集，西域贝叶。东夏竹帛书写圣教其中所载。名句文身咸属色法，此则从正别分。若乃就旁通说佛世虽正属声旁亦通色。如迦旃延撰《集众经要义》呈佛印可。斯乃通色。如灭后正，虽用色，旁亦通声，以假四依说方可解。作此区别教体明矣。《瑜伽论》云：诸契经体，略有二种。一文二义，文是所依，义是能依。《十住品》云：文随于义，义随于文。文义相随理无舛缪，方为真教此叙体竟。（《大正新修大藏经》1136—1137）

这一段关于语言和言语关系，以及言义关系相当精彩，值得细致阅读理解。第一，《瑜伽》中，佛菩萨等作为说话者，是能够使用

言语者,说话则是使用语言的行为,而说出来的言语和话语语篇是
语言表达的结果。第二,《成唯识论》中解释"名"可以诠释自身,而
"句"是诠释差异的,两者均是"文"的组成部分,三者不是一回事。
第三,佛教究竟以什么为"体"来立足呢？一种观点是言说为体,认
为佛的演说,一切的演说是佛传播思想的"体"；第二种观点认为书
面语的名称、句子和语篇,它们组合起来是传播佛教的"体"；两种
观点一直相互争执不相让。第三种观点,《正理》中对于这两种观
点都表示赞成,认为：以传教为中心思考来判断,没有声音就无东
西可听,若要解释求要义,没有名称就无法彰显出来。"名、句、文"
三者都是曲折地建立在言语的基础上的。第四,《俱舍》中认为无
论是佛的八音四辩,还是名句文身,均为宣教的方法。第五,《瑜伽
论》说所有的佛经都是文义二者的结合,两者相互依存。第六,文
义相融合与理不谬,才是真正的宣教的方式。总而言之,不论是口
头言语,还是文字使用的书面语,两者均为传教之方式。无论是
言,还是义,两者结合无碍符合佛理才是传教的方式。这在一定程
度上等于说,梵文与梵义的结合符合佛理,与汉语与梵义结合也符
合佛理就可以进行翻译,也是可译论的原理所在。这种结合的语
言表现形式在一定程度上并不需要依赖于汉语的经典著作和经典
语言的表达,而在于任何语言的使用,只要能够很好的传播佛理就
行。这种认识为我们理解佛经的翻译并如何理解翻译的语言提供
了语言认识上的依据。

编者还细致梳理了佛经中各种比喻的名义关系。

> 譬者,比况也。喻者,晓训也。至理玄微,抱迷不悟。妙
> 法深奥。执情冥解。要假近以喻远。故借彼而况此。《涅槃
> 经》说,喻有八种：一、顺喻,二、逆喻,三、现喻,四、非喻,五、

先喻,六、后喻,七、先后喻,八、遍喻。(《大正新修大藏经》
1140)

法云运用大量的比喻实例来说明言义关系的表达,一些"玄
微""深奥"的现象很难用语言直接表达,运用不同的比喻就能够形
象地将意义表达清楚。他告诉读者要熟悉各种不同的比喻,在阅
读佛经时应该很好地理解不同的比喻,这也意味着要翻译好佛经
中的各种比喻。此外,编者还在第五十四篇以"半满书籍"为题,说
明学习能力的大小,读书从部分到全体,从易到难去把握整个经
籍。各有深浅和特色,应该具体对待,逐渐认识和把握全部。对于
名义关系的认识和把握乃至可以大到一个学派和思想体系著作语
言表达和实际内容的关系。

总而言之,法云这里所论均以名义关系为题,这在其他佛教翻
译相关的音义书和名义集很少见到。从翻译实践和研究的角度而
言,了解文意关系的认识角度和程度,可以决定翻译理论的语言策
略和翻译策略。这些认识正好与赞宁在《宋高僧传》中所说的翻译
认识相呼应。

3. 《翻译名义集》全面展示了"五不翻"概念五百多年对佛
经翻译的影响

法云《翻译名义集》中关于翻译理论和翻译家生平的集结告诉
我们他是一个翻译的行家里手,正是因为对整个佛经翻译理论和
翻译家的熟悉,才真正成就了他的《名义集》对佛经三藏的宏观整
体把握,和佛经术语的系统集结和意义解说。

法云对于翻译理论和翻译史也作了全面简略的总结和介绍。

在第三卷第十一篇"宗翻译主"中,翻译理论方面,他抄录了彦琮的八备和十条,赞宁《宋高僧传》中关于译场的分工评说,以及《译经图纪》中关于永平三年,汉孝明帝梦见金人,派人西天取经,建白马寺的过程。并有详略地介绍了四十一位佛经翻译家,知名佛经译家均在名列中,且绝大部分来自印度和西域。在这篇篇尾中,他告诉读者翻译儒释总有二百九十二人,这说明他对于翻译家们曾经做过一番研究。我们可以选择介绍鸠摩罗什、玄奘和义净三位翻译家的三个小段落,来展示南宋名僧法云对翻译家的印象:

> (鸠摩罗什)于草堂寺,共三千僧。手执旧经,而参定之。莫不精究,洞其深旨。时有僧睿兴甚嘉焉。什所译经,睿并参正。然什词喻婉约,出言成章,神情鉴彻,傲岸出群,应机领会,鲜有其匹。且笃性仁厚,泛爱为心。虚己善诱,终日无倦,南山律师尝问天人陆玄畅云:"什师一代所翻之经,至今若新。受持转盛,何耶? 答云:其人聪明。善解大乘。已下诸人,并皆俊又,一代之宝也。"绝后光前仰之意也。(《大正新修大藏经》1069)

可见他对鸠摩罗什的敬仰,他对鸠摩罗什的翻译也是赞赏有加。玄奘和义净的介绍就要简短一些:

> 玄奘,河南洛阳人。俗姓陈氏。颖川陈仲弓之后。鸠车之龄落发,竹马之齿通玄。墙仞千霄,风神朗月。京洛明德咸用器之,戒具云毕偏肆毗尼。仪止祥淑,妙式群范。阅筌蹄乎九丘,探幽旨于八藏。常慨教缺传匠,理翳译人。遂使如意

之宝不全，雪山之偈犹半。于是杖锡裹足，履险若夷。既戾梵境筹谘无倦。五明、四舍之典，三藏十二之筌。七例八转之音，三声六释之句。皆尽其微，毕究其妙。法师讨论一十七周，游览百有余国。贞观十九年，回靶上京，敕弘福寺翻译。

义净，齐州人。俗姓张，字文明。髫龀之年，辞荣落发，遍寻名匠。广探群籍，内外通晓，今古遍知。年十有五，志游西域。遍师名匠学大小乘。所为事周，还归故里。凡所游历，三十余国。往来问道，出二十年。天后证圣，河洛翻译。（《大正新修大藏经》1071）

从这些记录和传抄的情况看，法云熟悉佛经翻译的基本理论、佛经翻译家和他们的作品。从一个客观的角度说，作为一个僧人，不懂得翻译，可能也无法做好一个僧人，读懂佛经并弘传佛法。在这个意义上，我们应该承认，法云是个佛教文化和翻译理论水平很高的僧人。

在这样一个有深厚的语言知识、翻译理论和实践认识的基础之上，法云编辑了二十卷六十四篇的佛教名义集，我们可以从下面目录（龙藏：346—348）中看出，编辑工作的全面和细致，从十种通号和诸佛的别名，到地狱、鬼神和畜生，从众山诸水到阴入界，从四十二字母到心意识法等等，具体分类请见下面目录表：

表1　《翻译名义集》目录表(《乾隆大藏经》346—348)

卷一：十种通号、诸佛别名、通别三身，释尊姓字	卷二：三乘通号、菩萨别名、度五比丘、十大弟子、总诸声闻、宗释论主	卷三：宗翻译主、七众弟子	卷四：僧伽众名、八部、四魔
卷五：仙趣、人伦、帝王、后妃、长者、外道、六师、时分	卷六：鬼神、畜生	卷七：地狱、世界、诸国、众山、诸水、林木	卷八五果、百花、众香、七宝、数量
卷九：什物、显色、总名三藏、十二分教	卷十：律分五部、论开八聚、示学三法、辨六度法、释十二支、明四谛法、止观三义	卷十一：众善行善	卷十二：三德秘藏、法界众名
卷十三：四十二字、名句文法	卷十四：增数譬喻、半满书籍	卷十五：唐梵字体、烦恼惑业	卷十六：心意识法
卷十七：阴入界	卷十八：统论二谛、沙门服相、捷椎道具	卷十九：齐法四食、篇聚名报	卷二十：寺塔壇幢

因为篇幅所限，我们在这里仅随意举一个普通的例子，来说明法云大师对所列名称做意义说明时，其表述特点和写作风格是注意全面、简洁和反复地提供释义，如：

> 比丘：《大论》云：比丘名乞士。清静活命故。复次比名破，丘名烦恼，能破烦恼故。复次比名怖，丘名能，能怖魔王及魔人民。净名疏云：或言有翻，或言无翻。言有翻者，翻云除馑。众生薄福，在因无法自资得报，多所馑乏。出家戒行是良福田。能生物善。除因果之馑乏也。言无翻者，名含三义：《智论》云：一破恶，二怖魔，三乞士。一破恶者，如初得戒，即言比

丘。以三羯磨,发善律仪,破恶律仪。故言破恶。若通就行解。戒防形非。定除心乱。慧悟想虚,能破见思之恶,故名破恶。二怖魔者。既能破恶,魔罗念言,此人非但出我界域,或有传灯,化我眷属,空我宫殿,故生惊怖。通而言之,三魔亦怖,三名乞士者。乞是乞求之名,士是清雅之称。出家之人,内修清雅之德,故名乞士。又云此具三义:一杀贼,从破恶以得名;二不生,从怖魔而受称;三应供,以乞士以成德。涅槃说四种比丘,一者毕竟道,二者示道,三者受道,四者污道。犯四重者。善见论云:善来得戒。三衣及瓦钵贯著左肩上,钵色如青钵罗华,袈裟鲜明如赤莲花,针线斧子漉囊备具。(《大正新修大藏经》1072)

从这个名称的释义,我们可以看出:对于一个定义全面反复征引,注意不同的资料来源和解释的互补和全面性。同时,我们也可以看出法云饱读佛典的功力。

历史上各种佛经翻译的音义集,甚至汉梵词汇集也不少。有的是梵语词汇与汉语词汇的并置对照,有的是简单的名义注解,如《翻译名义集》这样一个对于把握佛经整体且有理论指导的全面细致大规模的集结的确很少见。从佛经翻译理论发展的角度看,特别是对于玄奘"五不翻"理论的深入理解和贯彻,这个《翻译名义集》象征着中国特色的佛经翻译理论在翻译实践中结出的一个硕果和玄奘佛经翻译基本理想一定程度上的历史性实现。

参考文献

1 《大正新修大藏经》
2 《乾隆大藏经》

(本文提交于首届英汉对比与翻译研究学科建设高层论坛)

论误译对中国五四新诗运动与英美意象主义诗歌运动的影响

王东风

摘要：中国的五四新诗运动和英美的意象主义诗歌运动均深受翻译的影响。本文分析这两大运动的起源，聚焦其主要发起人的翻译活动及其产生的影响，证明他们的诗歌翻译都存在着明显的误译痕迹，而这种误译是在打破传统的目的促动下而有意为之的。由于误译的误导，两大运动所造就的新诗体出现了双重异化的现象：既不同于源语文化的诗歌样式，也不同于目标文化的诗歌传统。通过翻译，新的诗体和诗学理念被建立起来了，旧的诗学价值观被颠覆了。

关键词：误译；翻译；诗歌

所谓误译，即错误的翻译。一般认为，内容译错了就是误译。那么诗歌翻译是不是只要把内容译出来就可以了呢？答案显然是否定的。诗歌是文学艺术的一种。只译出诗歌内容，却抛弃其形式或格律，实际上就是抛弃其艺术元素，不能算是正确的翻译。直接参与五四新诗运动的诗人兼诗歌翻译家闻一多（2009：212）有过这样的质疑，他说，"格律就是 form。试问取消了 form，还有没有艺术？"Benjamin（2000/2004：75）对此有一个回答，"它［诗］的本质特性并不在于它说了什么，传达了什么信息。而那些旨在执行传送功能的翻译却什么也传送不了，只能传送信息——即，非本质的东西。这正是劣质翻译的标志。"虽然 Benjamin 没有用误译这个术语，但却明确点出了这种"劣质翻译"的错误所在——只传送了原诗的信息，未译出原诗的本质特性——艺术。误译有故意和无意之分，无意则无目的，纯属语言理解不确或表达失误所致；故意则是有目的的，其目的有文学的、文化的、政治的……不一而足。无论是无意还是故意，客观的文本分析的结果都是误译，存在着有损原文"本质"或"功能"的错误。

中国的五四新诗运动和英美的意象主义诗歌运动是发生在中西两个文化里的划时代的文学事件。美国著名诗人庞德（Pound）说，"伟大的文学时代也许总是伟大的翻译时代；或者紧随翻译时代。"（转引自 Xie，1999：3）庞德此论在英美的意象派诗歌运动和中国的五四新诗运动中找到了最贴切的印证。翻开中西文学史，我们会发现，这两个运动的发生与翻译密切相关。本文将揭示，在这两场运动最初的形成期，这样的翻译大都是闻一多所说的那种"取消了 form"、"没有艺术"的翻译，或是 Benjamin 所说的那种"只能传递信息"却丢掉了"本质特性的""劣质翻译"，也就是本文所说的——误译。

这两场表面互不相干的运动实际上有一系列内在关联。从历史背景上看，都发生在 20 世纪初；从文学背景上看，两个文学圈都长时间地受制于旧的诗歌传统；从缘起上看，都是受了翻译的促动：英美意象主义诗歌运动是受了庞德的汉诗英译的影响，中国五四新诗运动则受了西诗汉译的影响；从动机上看，两大运动的发起者都是要推翻各自文化中的诗歌传统；从方法上看，都是利用误译来创造一种新的诗体；在具体方法上，就是把对方的格律诗译成分行散文，借以颠覆旧格律的统治。

1. 庞德的诗歌翻译与英美意象派诗歌运动

说起英美的意象主义诗歌运动，就不能不提到庞德。在庞德接触中国诗词之前，已经是一个很有成就的诗人了。他在 1913 年开始攻读孔子和孟子学说的法文译本。继而读到了英国著名汉学家 Giles 编写的《中国文学史》(*A History of Chinese History*)，该书中有很多中国古典诗歌的翻译，但大都是按照维多利亚时代的格律去翻译的，且韵式十分工整。Giles 用英诗格律来体现中国诗歌在庞德看来虽与他的诗歌的审美理想相去甚远，但他仍然十分敏锐地发现了在那地道的英诗格律包裹之下的别样的意象之美，于是他便将 Giles 著作里面的一些译诗按照自己的理解加以改造。在他的改译中，最明显的改动是刻意消除了 Giles 译诗中的英诗格律，但同时也没有体现中文诗的格律，故所译多是没有格律的自由诗。这也体现了庞德一贯的诗学思想，即打破传统格律的束缚。

后来，他从已故东方学家 Fenollosa 遗孀的手里得到了其丈夫在日本学习汉语和汉诗的读书笔记。这些文稿中夹杂着大量被 Fenollosa 粗译成英语的中国诗歌，其中不乏字字对应的硬译，如用五个英文词对汉语的五言诗，且未加任何英诗格律的修饰，这让庞德仿佛看到原汁原味的中国诗。他从这因硬译而叠加的词汇中看到了中国诗中那意象的叠加和表达的凝练，那正是他所期待的诗的最高境界。于是，他在 Fenollosa 的手稿和笔记的基础上，重译了一大批中国古典诗歌，题名 *Cathay*(《华夏集》)，于 1915 年出版。一时间，在英美诗坛引起了极大的轰动。一场席卷欧美的意象主义诗歌运动开始走向高潮。著名诗人 Eliot 意味深长地称庞德为"我们这个时代中国诗歌的创造者"（转引自 Xie，1993：3）。

不过从翻译的角度看，我们会很容易发现庞德的翻译过程和翻译质量有很大的问题。庞德在最初接触 Fenollosa 的读书笔记时，几乎不通中文，仅凭 Fenollosa 在日本学习汉语和汉诗的笔记能准确地翻译汉诗吗？首先 Fenollosa 手稿中的汉诗英译是否能把汉诗的美妙翻译出来就值得怀疑了。因此，我们有足够的理由怀疑，庞德笔下的中国诗歌还有多少中国诗的风韵。且看庞德的一段古汉诗英译：

> Here we are，picking the first fern-shoots
> And saying：When shall we get back to our country?
> Here we are because we have the Ken-nin for our
> foemen，We have no comfort because of these Mongols.
> (Pound，1915：5)

译文没有用韵，各行音节数没有规则，第一和第二行的 *picking* 与 *saying* 结构重复，第一行和第三行前三个词重复 *Here we are*，呈头韵，第三与第四行 *because* 重复，将其回译成汉语，便是：

> 我们在这儿，一边采着初生的蕨苗
> 一边聊着：我们何时才能返回我们的国家？
> 我们在这儿是因为猃狁是我们的死敌，
> 让我们寝食不安就是因为这些蒙古人。

以上译文基本上体现了庞德译诗的主要诗学特征。该诗译自《诗经》中的《采薇》。原文是：

> 采薇采薇，薇亦作止。
> 曰归曰归，岁亦莫止。
> 靡室靡家，猃狁之故。
> 不遑启居，猃狁之故。

两相对比，我们便不难理解美国著名诗人 Frost 的那句名言：Poetry is what gets lost in translation（转引自 Bassnett & Lefevere，2001：57）——"诗就是翻译中丧失掉的东西"（钱锺书译，见钱锺书，2001：315）。庞德在翻译中国诗的时候，身份与 Giles 不同。虽然 Giles 在写《中国文学史》的时候需要翻译大量的中国诗词，但他此时首先是一名汉学家，而庞德在翻译中国古典诗词时，其身份首先是一名诗人，而且是现代派诗人。可见，Giles 与庞德的相同点是：他们的第一身份都不是翻译家，所以他们都不会像翻译家那样尊重原文：Giles 把古典汉诗归化成古典英诗，而庞德则把古典汉诗"异化"成现代派的意象主义。这里所说的"异化"既指对目标规范的异化，也指对原文的异化，是一种双重异化。

如果说庞德不知道《诗经》中的诗是四言的，那就太小看庞德对中国诗歌文化的研究水准了。在庞德所熟读的 Giles 的《中国文学史》中，就有中国各类诗体规则的介绍，包括平仄（flat、sharp）的使用（参见 Giles，1901：144）。庞德曾用每行四个词来翻译《诗经》中的四言诗"执竞"（参见 Pound，2003：968），但仅一例。他看重的是中国古典诗歌中意象的运用，而不是格律。他要抛开中国古诗格律的束缚。且看庞德所译的另一首诗：

The Jewel Stairs Grievance

The jeweled steps are already quite white with dew，

It is so late that the dew soaks my gauze stockings，

And I let down the crystal curtain

And watch the moon through the clear autumn.

(Pound，1915：13)

这首诗译自李白的《玉阶怨》：

玉阶生白露，夜久侵罗袜。

却下水晶帘，玲珑望秋月。

原文是汉诗的五律，韵式是标准的二四押韵："袜"和"月"在古韵书里是押韵的。庞德的译文没有理会原文的韵式，也没有套用英诗的韵式。就是在这样的翻译过程中，庞德体验了汉诗中意象叠加的美妙。他将这一体验与他的诗歌理念相结合，展开了他拥抱意象的诗歌理想。下面是他创作的 The Pisan Cantos（《比萨诗章》）的开始部分：

The enormous tragedy of the dream in the peasant's bent shoulders

Manes! Manes was tanned and stuffed，

Thus Ben and la Clara *a Milano* by the heels at Milano

That maggots shd/ eat the dead bullock

DIGONOS，Δίγουοζ，but the twice crucified

where in history will you find it?

（Pound，2003：3）①

　　这就是传说中庞德从中国古典诗歌中推陈出新的意象主义诗歌。如此无韵无格无律可长可短的行文方式，从中国古诗的角度看，根本就不是诗，因为中国的古诗从来就不是分行散文。有谁能想象得出，这样的诗会是得自中国古诗的真传？

　　本文无意去分析庞德所译中国诗的语义得失。由于众所周知的原因，我们不能指望庞德的译文有多大的语义可靠性。庞德本人和他的追随者也不在乎他的翻译是否准确。他在乎的，也是西方诗人所在乎的，同时也是我们所在乎的，是他从中国古诗里译出了什么，得到了什么；而庞德所不在乎的，西方诗人也不在乎的，可我们同样在乎的，是他在翻译中国古诗时又"丧失掉"了什么。

　　庞德的所得，如前所述，是中国古诗中的意象；他在翻译中的所失则是中国古诗的格律。从这个角度上看，这样的翻译是误译，因为中国古诗之美，若没了格律，"还有没有艺术？"然而，对于庞德来说，他丢失的东西也正是他弃之若敝屣的格律，但却收获了无韵无格无律可长可短的自由，并以此激活了原本封闭在笔记本中的一个个充满异国情调的意象，所译的一首首汉诗以及所作的一首

---

① 以下是加州大学圣巴巴拉分校英语系教授、英汉两栖诗人黄运特的译文：

　　　梦想巨大的悲剧在农夫弯曲的双肩
　　　梅恩斯！梅恩斯被抽打，塞满干草，
　　　同样，本和克莱拉在米兰
　　　被倒挂在米兰
　　　蛆虫们该去啃死公牛
　　　狄俄倪索斯呀，可是这死两回
　　　古今何处能寻到？（庞德，1998：3—4）

首新诗,如一股股清风吹向沉闷的西方诗坛,席卷西方诗坛的意象主义诗歌运动应运而生。以庞德为首的意象主义诗人,凭着这一从异域斩获的新诗体,向统治西方诗坛上千年的格律诗发起了锐不可当的挑战。

2. 诗歌翻译与五四新诗运动

中国五四时期的新诗运动是五四新文化运动的一个重要组成部分。新文化运动的标志之一是汉语从文言走向白话。新诗便是白话运动的一个实验场。

五四新文化运动的文化口号是"打倒孔家店",白话运动的口号是"打倒文言文",新诗运动的口号是"打倒格律诗"。这些口号内含当今文化和翻译研究所说的"文化政治议程"。翻译是一种具有颠覆力的文化工具,因此理所当然地被当时的知识精英用来为这场运动推波助澜。

在这场文化革命爆发之前,诗歌的翻译还是循规蹈矩的。1908 年胡适在《竞业旬报》第 33 期以"铁儿"的笔名发表了一篇题为《惊涛篇》的翻译诗,作者是英国诗人 Campbell。下面是原诗第一节:

A chieftain, to the Highlands bound,
Cries, "Boatman, do not tarry!
And I'll give thee a silver pound
To row us o'er the ferry!"—

胡适的译文是:

昔有亚法茵,临流急呼渡。

但得济斯流,重金非所顾。

原诗采用交韵式(abab),一三行 8 音节,二四行 7 音节,可以说是一首工整的格律诗。胡适以五言诗以对,韵式也是交韵。归化的意图十分明显。胡适除了用这种五言诗体翻译西诗之外,1914 年,他还用汉语古体诗的骚体翻译了"裴伦"(即 G. G. Byron)的《哀希腊歌》。前几行是这样:

嗟汝希腊之群岛兮,

实文教武术之所肇始。

诗媛沙浮尝咏歌于斯兮,

亦羲和素娥之故里。

今惟长夏之骄阳兮,

纷灿烂其如初。

我徘徊以忧伤兮,

哀旧烈之无余!

(胡适,1998:191)

原文是:

The Isles of Greece, the Isles of Greece!

Where burning Sappho loved and sung,

Where grew the arts of War and Peace,

Where Delos rose, and Phœbus sprung!

Eternal summer gilds them yet,

But all, except their Sun, is set.

原文韵式是 ababcc,抑扬格四音步,即每行 8 个音节,胡适以骚体加以归化。以中国的旧体诗对英语的旧体诗,按奈达的理论来说,也算是功能等值。诗歌格律一经归化,其得失会十分明显,"得"的是迎合了本土诗学传统,"失"的是原文独特的格律形式。

辛亥革命后,新文化运动应运而生。胡适在 1916 年发表"文学革命须从八事入手"一文,号召以白话文取代文言文。他列出了新文学运动的八大主张,明确提出"不讲对仗。(文当废骈,诗当废律)"和"不模仿古人"(胡适,1991a:137;1991b:145)。不少学者认为,胡适的"八不"是受了英美意象派诗歌运动的影响,他的日记里也确有一篇从《纽约时报》上摘下来的"印象派诗人的六条原理",六原理中也明确提出"不照搬旧韵律",但胡适在日记的结尾处写道,"此派主张与我所主张的多相似之处"(胡适,1999:455—446)他这里所说的印象派就是意象派。这则日记写于 1916 年 12 月底,晚于他提出的"八不"。据此我们至少可以看出,二者的主张"多相似之处"。

就诗词创作而言,"诗当废律"和"不模仿古人",也就必得放弃古人沿袭下来的格律。胡适身体力行,于 1918 年在《新青年》第 4 卷第 4 号发表著名译诗《老洛伯》,以下是该诗的第一节:

羊儿在栏,牛儿在家,
静悄悄的黑夜,
我的好人儿早在我身边睡了,
我的心头怨苦,都迸作泪如雨下。
(胡适,2000:31—32)

译文的诗风与他之前的翻译风格判若两人，仿佛返老还童。该诗的原文是：

When the sheep are in the fauld, and the kye at hame,
An a'the world to rest are gane,
The waes o'my heart fa'in showers frae my e'e,
While my gudeman lies sound by me.

原文四平八稳，并非像译诗那样不羁。原文的韵式是 aabb，一三行 12 个音节，二四行 8 个音节，属工整的格律诗。胡适的译文的韵式则是汉语格律诗中比较少用的抱韵 abba，而句式是没有规则的长短句。虽然英语格律诗由于词长不等的关系，外形以长短句示人，但音节往往是工整的。胡适在这里既没有移植原文的格律，也没有套用汉语格律。在胡适的文学革命中，这样的诗体具有重大的文体建构意义。它几乎体现了初期白话诗所有的特点：可长、可短、不求平仄、可以有韵，但不必拘泥于传统格律。这首诗于 1920 年收录在胡适的第一部白话诗集《尝试集》中，这也是中国第一部白话诗集。

五四时期的新诗运动正是这样在胡适的带领下进入了诗才辈出的 20 世纪 20 年代。紧随其后的徐志摩、郭沫若、闻一多、李金发等都发表了不少新诗体的翻译诗。下面是徐志摩翻译的英国文学家 Hardy 的《分离》(*The Division*)，发表于 1923 年《小说月报》第 14 卷第 12 号，以下是该诗的第一节：

急雨打着窗，震响的门枢，
大风呼呼的，狂扫过青草地。

在这里的我，在那里的你，

中间隔离着途程百里！

（徐志摩，1987：437）

原文是：

Rain on the windows, creaking doors,

With blasts that besom the green,

And I am here, and you are there,

And a hundred miles between!

　　相比较而言，原文是有格律的，韵式是隔句韵 abcb，一三行 8 音节，二四行 7 音节。而徐志摩的译诗在音节安排上没有规律可循，韵式也是汉语格律诗中少见的 abbb 式。从韵式上看，徐志摩似乎是在刻意响应胡适的号召，"不模仿古人"，因为原诗所用的韵式恰好是汉语格律诗中的标准韵式——二四押韵。这种在格律上既不忠实于原文，又不遵从译入语的诗学规范的译法，正是上文讨论庞德的翻译时所提到的双重异化。

　　从某种意义上讲，新诗运动虽然通过翻译颠覆了包括平仄限制等诸多旧体诗规范，实现了长短句兼用、韵式宽松的自由格局，但新诗翻译在一开始并未完全摆脱韵的束缚，早期的新诗创作也是如此。这一点不像庞德做得那样彻底。比如徐志摩，他作诗虽然不再追求平仄，也不讲究诗行的整齐，但韵式仍是古人所偏好的隔句韵的陈列：

轻轻的我走了，

正如我轻轻的来；

我轻轻的招手，

作别西天的云彩。

（徐志摩，1999：178）

但随着新诗运动的进一步发展，传统诗歌最典型的特征——韵，也被颠覆了。在素有诗怪之称的象征派代表诗人李金发的译诗中，除了分行分节之外，中国古体诗的一切痕迹都看不到了：

我的忧愁全在你

被这声音迷妄了

似说"勇进！"

心里如狂风般颤动着

那忧愁的兴感。

（李金发，1925：222）

这节译文译自法国著名象征派诗人 Verlaine 的长诗 *Amour* 的第 XXIII 章第四节，但原文并非如此自由：

Ma tristesse en toi

S'égaie à ces sons

Qui disent：《Courage！》

Au cœur que l'orage

Emplit des frissons

De quel triste émoi！

原文六行,每行五个音节,韵式是 abccba,这是六行体的一种押韵格式。李金发的译文是五行,长短句,无韵,完全没有理会原文的格律。在这首译诗中,唯一还能看到的诗歌特征就是分行。他这一做法也直接反映在他自己的诗歌创作之中。下面这节诗摘自他的代表作《弃妇》的第一节:

> 长发披遍我两眼之前
>
> 遂割断了一切羞恶之疾视,
>
> 与鲜血之急流,枯骨之沉睡。
>
> 黑夜与蚊虫联步徐来,
>
> 越此短墙之角,
>
> 狂呼在我清白之耳后,
>
> 如荒野狂风怒号:
>
> 战栗了无数游牧。
>
> (李金发,1925:3)

在此,诗歌的形式特征,除了分行,已别无其他。至此,五四的新诗运动完成了最初的启蒙。中国诗坛开始告别了平上去入、李杜苏黄,告别诗经、楚辞、汉赋、唐诗、宋词、元曲的传统,开始了她走向"辉煌"的现代征程。

3. 结语:被操纵的翻译

由庞德策动的英美意象主义诗歌运动和由胡适发动的中国五四新诗运动,都不约而同地是借了翻译的东风。这表面上看似乎是一种偶然,但实际上却反映出一种社会学意义上的规律,即对翻译的社会功能的利用。其目的并不仅仅在于翻译本身，或者说，不在于仅仅是介绍几首好诗，而是在于颠覆传统，建立一种新的诗歌价值观。由于翻译是一种具有颠覆力的文化工具，当本土的某种文化势力需要颠覆既定的秩序时，就会借用这个工具。至于怎么利用，则视其目的而做调整。为此，操纵这一工具的人不会被工具所操纵，因此，该工具本身的某些功能，如果合乎目的要求，则用之，如果不符合目的要求，则弃之。

如果说格律是不可译的，那我们似乎还不能说那些去格律诗是误译，但实际情况并非如此。Catford(1965：94)说，判读语言不可译的条件是要看原文的"功能性关联特征"是否可以移译，但格律并不存在这种不可译的条件：如英汉语都存在音节，因此音节的转换，可以采用以字代音节的办法，如朱湘在翻译莎士比亚十四行诗时以十字对原文的十音节；英汉语都存在音组，因此音步的转换，可以以顿代步，此译法的代表人是卞之琳；英汉诗都可以押韵，而韵式的转换本就不是难事，很多人做过，如闻一多翻译的 Byron 的《希腊之群岛》；最后，英汉语都存在"抑扬顿挫"，英诗中的抑扬格，拿胡适(1991d：24)的话来说就是汉诗的"'平仄'调(iambic)"，很多归化派译者都试过以平仄代抑扬，做得最好的当属董恂翻译的 Longfellow 的《人生颂》，原文扬抑格，他用平仄以对，钱锺书(2001：316)称其译文"文理通，平仄调"。也就是说，西诗格律的几个主要的"功能性关联特征"都不具备不可译的条件，因此都是可译的，而实际情况也证明了这一点。但保留原文诗歌格律的译法完全不是新诗运动第一个十年(1917—1927)的主旋律。在这一时期，新诗人们的目的是要"废律"，自然没有多少人尝试着去保留原诗的格律，或用中诗固有的格律来替换之。结果，中西双方均通过这种抛弃格律的翻译达到了不约而同的目的。比较庞德的《比萨诗章》和李金发的《弃妇》,那种挣脱格律束缚之后的无韵无格无律想长便长想短便短的自由,是何其相似?

　　中国文学界就一直认为这种"丧失掉"格律的五四新诗是一种分行散文,卞之琳(2009：283)说,"一般译诗也就据此随意处理西方传统的格律诗和现代的自由诗,不加区别,在中国诗界造成了广泛而久远的错觉,误以为西方从古到今写诗都不拘形式,以此借鉴而分行写所谓的'诗'……"。显然,这种造成"错觉"的误译在当时非常普遍。同样,西方学界也认为庞德的意象主义诗歌也是一种分行散文。美国著名诗人兼翻译家 Hollander 就指出,"庞德一手创造的英语诗体看上去就像是分行散文。那是一种庞德式的自由诗"(Honig,1985：30)。不难看出,卞之琳所说的那种"错觉"在西方亦然,西方读者因此而"误以为"中国古典格律诗就是分行散文。这正是误译所产生的误解。

　　可译而不译或未译,既不用异化,也不用归化,正是误译的表现。结果,一个奇怪的现象就出现了。号称源自中国诗的英美意象主义诗歌毫无中国诗的韵味,而以欧化著称的五四新诗也没有其所承袭的西诗的风味。两大诗歌运动就是这样被无数知情的和不知情的追随者簇拥着,在东方和西方不约而同地掀起了两股波澜壮阔的诗潮。Froula(2003)对庞德在翻译汉诗之后的诗歌创作做了一番研究,其论文的标题刚好可以借来为本文作结——那是一种"误译的美丽……"。

参考文献

1　卞之琳,翻译对于中国现代诗的功过[A],载中国社会科学院科研局编《卞之琳集》[C],北京：中国社会科学出版社,2009：281—297。

2　胡适,文学革命须从八事入手[A],载吴奔星、李兴华编《胡适诗话》[C],

成都：四川文艺出版社,1991a：137—138。

3 胡适,文学改良须从八事入手[A],载吴奔星、李兴华编《胡适诗话》[C],
　　成都：四川文艺出版社,1991b：145。

4 胡适,谈初译外国诗时的情况[A],载吴奔星、李兴华编《胡适诗话》[C],
　　成都：四川文艺出版社,1991c：554。

5 胡适,谈十四行诗的写作[A],载吴奔星、李兴华编《胡适诗话》[C],成都：
　　四川文艺出版社,1991d：23—25。

6 胡适,《胡适文集》(9)[C],欧阳哲生编,北京：北京大学出版社,1998。

7 胡适,《胡适留学日记》(下)[C],合肥：安徽教育出版社,1999。

8 胡适,《尝试集》[M],北京：人民文学出版社,2000。

9 李金发,《微雨》[M],北京：北新书局,1925。

10 庞德,《庞德诗选：比萨诗章》,黄云特译,桂林：漓江出版社,1998。

11 钱锺书,汉译第一首英语诗《人生颂》[A],载罗新璋编《翻译论集》(修订
　　本)[C],北京：商务印书馆,2001：302—320。

12 闻一多,诗的格律[A],载姜涛编《闻一多作品新编》[C],北京：人民文学
　　出版社,2009：209—216。

13 徐志摩,《徐志摩诗全集》,顾永棣编,杭州：浙江大学出版社,1987。

14 徐志摩,《徐志摩经典》,乐其编,海南：南海出版社,1999。

15 Benjamin, W. The task of the translator: An introduction to the
　　translation of Baudelaire's *Tableaus Parisiens* [A]. Trans. H. Zohn. In
　　L. Venuti (ed.). *The Translation Studies Reader* [C]. London：
　　Routledge, 2000/2004：75–85.

16 Bassnett, S. & A. Lefevere. *Constructing Cultures—Essays in Literary
　　Translation* [M]. Shanghai：Shanghai Foreign Language Education
　　Press, 2004.

17 Catford, J. *A Linguistic Theory of Translation：An Essay in Applied
　　Linguistics* [M]. Oxford：OUP, 1965.

18 Fenollosa, E. *The Chinese Written Character as a Medium for Poetry*

[M]. San Francisco: City Lights Books, 1968.

19 Froula, C. The Beauties of Mistranslation: On Pound's English after Cathay[A]. In Zhaoming Qian (ed.). *Ezra Pound and China*[C]. Anne Arbor: The University of Michigan Press, 2003: 49 - 71.

20 Giles, H. A. *A History of Chinese Literature* [M]. New York: D. Appleton and Company, 1901.

21 Honig, E. *The Poet's Other Voice: Conversations on Literary Translation*[M]. Amherst: The University of Massachusetss, 1985.

22 Pound, E. *Cathay*[M]. London: Elkin Mathews, 1915.

23 Pound, E. *Poems & Translations* [M]. New York: The Library of America, 2003.

24 Pound, E. *The Pisan Cantos*[M]. Richard Sieburth, ed. New York: A New Direction Book, 2003.

25 Xie, M. *Ezra Pound and the Appropriation of Chinese Poetry: Cathay, Translation, and Imagism* [M]. New York and London: Garland Publishing, 1999.

(本文提交于首届英汉对比与翻译研究学科建设高层论坛,修改后载于《外语教学与研究》2010 年第 6 期)

ECM 和时序像似性与翻译实践

——认知翻译学探索之十一

王　寅

摘要：认知语言学中的"事件域认知模型"可较好地解释认知规律和语言成因，它同样适用于研究翻译过程，因为翻译活动就是将译出语所描述的事件域映射入译入语之中的过程。人们凭借体认原则来识解源语句所述事件域中的成分要素及其关系，将其再现于译入语。但汉英两语言在组织成分要素及其关系的顺序上有同也有异："同"，是因为两民族都有相同或相似的事件域经验；"异"，是因为汉语主要属于临摹式语言，时序像似性较为显著；而英语主要属于蒙太奇式语言，时序像似性不突出。因此在汉英互译（特别是处理英语长句）时，就当在事件域总体框架中按照时序关系适当调整成分要素及其关系的顺序。

关键词：认知语言学；认知翻译学；事件域认知模型；时序像似性

0. 引言

许钧、周领顺(2015)指出,我国近年来除了大量介绍西方译论流派和方法之外,还进行了反思自我传统,尝试构建中国的译学话语,推动理论创新。他们还认为中国学者需要积极与国际学术界交流对话,进入国际学术前沿,进而在某些领域引导国际学术发展走向。这一观点具有深远的战略意义和高度的前瞻性,激活了中国学者的学术热情,期盼我们能进一步融入到全世界后现代文化大潮之中,共同推动人类文明建设。这与王治河、樊美筠(2011)所倡导的"第二次启蒙"的思路完全一致。第一次启蒙发生于法国和欧洲,与东方无关;而第二次启蒙当吸取中国传统文化,应有汉民族的贡献。

Martin(2010:169)近来才提出"认知翻译学"这门学科,但有关从认知角度进行译学研究早已涉及,如 Snell-Horby(1988)就述及范畴化、原型理论、视角认知方式在翻译研究中的应用,Gutt(1991)从关联理论论述翻译,也当可划归该范畴。但他们的研究(包括 Martin 的论述)尚处于前范式阶段,未能建成较为系统的译学认知研究体系。Martin(2010)在文中呼吁同仁们需要继续朝此方向努力,为该学科的成功建立添砖加瓦。笔者受其启发,近年来尝试运用认知语言学的基本原理来进一步完善"认知翻译学(Cognitive Translatology)",这一方面进一步扩大了认知语言学的解释力,完善其多学科的实用性;另一方面也算是对译学理论提点新思路。我们先后在《中国翻译》、《外语教学与研究》、《外语与外语教学》上就此领域发表了十篇文章,本文则尝试将认知语言学中的"事件域认知模型(Event-domain Cognitive Model,简称

ECM)"和"时序像似性"结合起来分析英汉互译,特别是英语长句汉译问题,欢迎读者批评指正。

1. 事件域认知模型

Schank & Abelson(1975),Talmy(1985,1988),Langacker(1987,1991),Lakoff(1987),Panther & Thornberg(1999)等建构了多个理论模型,以解释人类的认知规律,详析其内在机制,进一步充实和丰富了认知语言学的研究内容,指明了可行的研究方向,但也存在诸多不足:1)主要关注线性序列,忽视事件内部要素的层级性;2)主要针对动态事件,忽视静态;3)重在解释句法成因,未能述及其他层面。笔者(2005)基于这些不足提出了"事件域认知模型(Event-domain Cognitive Model,简称ECM)"的分析方法,以作弥补。

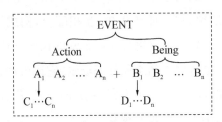

图 1:事件域认知模型

言语行为论者认为,人们交际的基本单位不是词、词组或句,而是"言语行为",我们基于 ECM 提出"以事件域为单位来体认世界,形成记忆模块,储存于心智中"的观点,与言语行为论者不谋而合。如当我们在谈到某人(包括某事、某概念)时,常要涉及到他做过的事,讲过的话,留下的印象,这些都形成了一个一个的事件域,相互交织在一起,形成一个记忆网络储存于心智之中。更为重要的是,人类可在体认事件的基础上逐步概括出事件的抽象性概念结构,这就是笔者所说的"认知模型(Cognitive Model)"。自从有了语言之后,就基于此形成了语言中的种种表达,这就是笔者(2006:120)所说的最高层面的语法化,也是人所特有的本质性特征。

一个基本事件域 EVENT(简称 E)包括两大要素:行为(Action)和事体(Being)。前者可包括"动态性行为"和"静态性行为",它们具有抽象性和概括性特征,是一个类概念,可由很多具体的"子行为"或"子动作"构成,即为图 1 中在 Action 下所列的"A_1,$A_2 \cdots A_n$"。一个行为或支行为还包含若干分类性信息或特征 C(如语法中状语等)。事体可包括"参与人、事物、场景、工具"等,即 Being 下方列出的"B_1,$B_2 \cdots B_n$";一个上义性事体可包含若干分类性信息或特征 D(如语法中定语等)。从上图可见,事件域从上至下可分出三个层次,它们环环相扣,互相配合,构成了我们对某一事件域的认识。ECM 不仅符合人们正常的认知规律,兼顾到线性和层级性分析,也适用于动态和静态场景,它还可用以解释概念结构和句法构造的成因,适用于语言多层面:词汇化、词法、句法、语义、交际,还可用以说明如下现象:缺省交际、脚本理论、时段分析、间接言语行为、事体命名、词性转换、词义变化、反义同词等。同时,ECM 还可为转喻机制从理论上和应用上做出合理而又明晰的解释,为其提供一个统一的体认基础。ECM 具有较强的解释力,是人类一种有效的认知方式,这又为认知语言学强调解释语言须用统一模式提供了一个有效的分析工具,它也适用于翻译的认知研究。

2. 顺序像似性

认知语言学的核心原则为"现实—认知—语言",强调了三个要素之间的辩证关系:1)从左向右:现实决定认知,认知决定语言;2)从右向左:语言影响认知,认知影响现实。据此可知,语言必然像似于认知,且在认知作用下一定程度上像似于现实。这就是认知语言学所论述的"像似性"[①]。试想,索绪尔和乔姆斯基坚持"关门打语言"的策略,在语言系统或句法结构内部来苦思冥想,用"任意性"来说明语言性质自有其情,尚能成立。而认知语言学背其道而行之,坚持"开门办语言",一旦冲出语言中心论的牢笼,进入到后现代和体验哲学大视野下重新审视语言,必然会有另一番语言观,从而开启了语言学理据性研究的新时代。到目前为止全世界已召开过十几次有关"像似性研究"的专题研讨会,并出版了几十本学术专著和论文集。

认知语言学对像似性的研究早已突破语音平面和词形平面,进入到了句法平面,如,提出了诸如"距离像似性、顺序像似性、数量像似性、标记像似性、突显像似性、话题像似性"等。所谓"顺序像似性",是指语言单位排列的顺序像似于时间的自然顺序,与文化定势密切相关。我国学者戴浩一(James H-Y Tai,1985)早就撰文论述了词序与时序的像似性关系,提出了"时序原则(the

---

① 英语术语 iconicity 在国内有多种译法,大多译为"象似性"。经过多年思考,并与同事商量,为与认知语言学强调人本主义的精神(即文中所述的核心原则"现实—认知—语言",语言必是人们在体验的基础上经过认知加工而形成的)一致,拟将原来的"象"更换为"像",即加上一个"亻"旁,以能体现这种人本精神,因为"像"与"不像"皆因人之所为,客观世界中本不存在。

Principle of Temporal Sequence,简称 PTS)",且基于此较好地解释了汉语中的语序现象。笔者(1999)对此亦有论述。

时间顺序是人类对世界的最基本感知结果,时光荏苒,亘古不变、按照顺序不间断地日复一日,年复一年地流淌着。这也成为人类认知结构中最重要的概念之一:先来后到。由于汉语属于"临摹式(或称之为绘画式)"语言,较为倚重对时间顺序的感知,生活是怎样的情形,组织语句的顺序就该怎样。常遵循"先发生的事先说,后发生的事后说"的原则,从无到有,逐步展开,从容不迫,有条有理。"语序"与"时序"存在较高的像似性,两者往往自然合拍。

Slobin(1981,1985)的研究表明,英民族幼儿在三岁以下,也主要按照时序来安排词句,当他逐步学会英语中几十个表示时间的连接词,以及与时间概念有关的十几种时体形式后,便逐步摆脱幼时的束缚,出现了不按时序组句的现象。因此,英语中的时序较为复杂,从而出现两种句法顺序:自然语序和特异语序,因此英语语序与时间顺序之间就不像汉语那样直接对应,即在英民族的认知结构中,虽有时间概念,但没有时序准则,可按照语言自身的表达习惯或作者的语用意图来排列句子成分,因而英语的顺序像似性程度远远低于汉语。英语的句序可描写为"蒙太奇式",它像电影导演一样,可根据剧情发展、表现技巧、个人风格等需要,把各组镜头既可按时序,也可不按时序(如插叙、倒叙、反序等)加以剪辑和组合。因此,顺序像似性是汉英两语言的一个重要区别特征,即汉民族多用符合时序的原则组句,而英民族却视之可有可无,漠不关心,汉英互译时当谨记在心。如:

[1] 他坐高铁从重庆经武汉到上海。

先上火车,从重庆出发,经过武汉,最后到上海,汉句严格按照时间顺序组句,有条有理,一点不乱。而英语表达就未按时序组句:

[2] He arrived in Shanghai from Chongqing through Wuhan by high-speed railway.

3. ECM 和 PTS 在翻译中的应用

3.1 汉英主谓宾构式

汉英两民族虽天各一方,各有各的社会制度和生活习惯,语言类型也迥然不同,但就"事件域(Event Domain)"的事实来说,还是有基本相同的认识,这正是两民族能形成大致共同的思维模式,并进行语言交流的认知基础。从图 1 可见,一个事件域中主要包含 A 和 B 两大核心要素,它们经常形成 BAB 式"施-动-宾"组配模式,这在英汉两语言中就语法化出了"主-谓-宾(SVO)"构式,充分反映出英汉两民族共享同一个普遍的思维顺序"从施事者开始,发出动作,再到动作所及对象"。

[3] Holmes carefully searched the room.

[4] 福尔摩斯仔细地搜查了这个房间。

[5] He drummed the fingers.

[6] 他敲了敲手指。

在实际语言交际中常会出现违反事件域中的"施-动-宾"模式,产生了不同于 SVO 正常顺序的表达,如汉英语中都有把重要信息置于句首的用法,即语句的"顺序像似性"就让位于"突显像似性",将突显的信息置于突显的位置,兼顾到信息的重要性和易及性程度(Givón,1985、1990)。使突显信息离开原来的正常位置,放在该成分不常出现的位置,出现了有标记用法,便可使其带上了某特殊意义。

[7] 这电影,我已看过两次了。

[8] This film I have already seen twice.

例[7]在突显成分后用了逗号,使其孤立出来,产生一个"鹤立鸡群"的效果,也就实现了突显的目的。

3.2 汉语连动句与英译

从图 1 的事件域内部结构图可见,一个动作 A 可含有若干个小动作 A_1,A_2…A_n,它们可构成一个"小动作群",隶属于一个上义行为。汉语可按照这些小动作以时间发生的先后顺序来连用它们,形成了一个"复杂谓语"(也有其他不同分析方案),如汉语"连动构式(Serial Verb Construction,Catenative Construction)"即为其中一种,如:

[9] 他举起帽子向她致礼。

句中前一部分"他举起帽子"为一主谓宾结构,但讲话人言犹未尽,进一步交代他举帽的目的是为了"向她致礼"。这两层意义按照时间顺序直接置于一起,接续排列,其间未用任何连接词语或其他语法手段来表明其间的逻辑关系,从而形成了汉语中一种特殊结构——连动构式。英语虽也依赖"主谓宾"构式成句,但在具体用法上却存在一定的变化。先要在数个小动作中确立一个主要动作,然后以其为谓语,将其他小动作处理为其他成分。据此上例可英译为:

[10] He saluted her by raising his hat.

在此例中,英语先用主谓宾(SVO)构式将"向她致礼"这一主要信息摆出来,先撑起句子的主干结构,然后通过介词短语来表达"举起帽子"这一动作意义。

笔者自编了一个汉语中可连用 10 个动词的连动句,虽有点啰嗦,但还算通顺:

[11] 他 宁愿 外出 打工 挣钱 养活全家,也不愿 让孩子 失学 在家 闲着。

如何英译汉句中这一连串的动词呢?按照上文所提醒的思路,首先要知晓这个句子所描写的事件域,然后确定其核心意旨。该句描写的是中国在 20 世纪 70 年代改革开放后,农村的劳动力得到了解放,很多农民为过上温饱或富足的生活,能使孩子上得起学,且能上好学校,获得一个新的出路,即到城里打工挣钱。当然了,选择主要动作概念时存在一个"仁者见仁、智者见智"的问题。

读者可自己一试。

汉语的连动构式(连用几个动词或动词词组)还可扩展至小句,无形态变化,不用衔接性词语,直接连用,从而形成了汉语中简单铺排的结构,它们虽在形式上不像形合法的英语那样,但意义却是贯通的,这就是我们常讲的汉语典型特征:"形离而神聚"的"流水句"或"竹竿型"。这种句子在汉语中可谓俯拾即是,古来有之,如《三国演义》中的句子:

[12] 兵临城下,将至壕边,岂可束手待毙?

这与英语表达不同,喜好在不长的主句上挂上各类从句,从而形成了像葡萄一样的句式,因为英语有丰富的连接词语。若将上句译为英语,切不可用节节断句,也不能流散铺排。现据 Brewitt-Taylor(1925)译文稍作改动,表述如下:

[13] Shall we fold our arms and wait to be slain when the enemy is already at the city gate?

可见,汉英语言在结构上有着一个重大区别,前者可按照动作发生的时间先后顺序连用几个动词,形成了一个动词群;而后者常择其一二用作谓语动词,其他的则化解为其他成分,明确修饰关系,再按语法规则排列即可。也就是说,英语句子的主干很清楚,为一个"SVO 构式",干净利落,但其上可挂上若干不同的修饰成分。这就是我们上文所说的"葡萄型"语言的特征,一串葡萄的主干细而短,但在其上可生出若干分岔枝节,例如:

　　[14]　I think your aunt spoke truth when she said you were a strange girl.

　　该复合句共有 4 个分句,主句为"I think",其后都为宾语分句。在宾语分句中内嵌一个由 when 引导的状语分句,它又带了一个宾语分句。后面 3 个分句形成一个连续的主从依附关系:句末的宾语分句依附于由 when 引导的状语分句,when 状语分句又依附于 your aunt spoke truth 这一宾语分句。后三者作为一个宾语分句整体依附于主句"I think"。

　　正因为英民族这种"以点带面"地认识事件域的思维方式,拎出主干,也就带出了分支,好似"以纲举目"一样,牵一发而动全身,从而产生了这种特殊的葡萄型组句方式,且在各个节点都用上了连接词语,因此在句序问题上也就淡漠了时间概念,因为时间概念被语法化到了"时体(Tense-Aspect)"上,或用时间连接词来表示,从而使得英语出现了复杂的时体形态变化和分句套叠现象。

　　而汉民族更注重数个小动作发生的时间顺序,以生活感知为依据来排列词语,从而使汉语成为明显具有时序像似性的"临摹式"语言。要临摹,就要依据现实世界提供的信息,而现实世界所提供的信息是没有复杂的逻辑关系的,它只能是人的主观认识。从这一点来说,英民族看到了事件中的复杂性逻辑关系,而汉民族主要感知到事件顺序,而不理会其间其他的逻辑关系,数个动作之间就不用连接词或其他语法形态,只是数个动词直接排列,出现了汉语类似于"竹竿"一样的表达方法,一节一节的连通下去,这就是吕叔湘(1995:500)所说的"流水句"。这一区分是汉英两语言的一个重大差异。

　　这不仅是我们在进行汉译英时所遵循的基本规则,而且也是

587

阅读英语长句的一个切实可行之法：先找出长句的主干部分，然后依据连接性词语（包括连接词、代词、黏着性非谓语动词等）理清各修饰成分是如何挂到这个主干 SVO 构式上的。将长句的语法结构分析清楚了，其意义也就和盘托出了。例如：

[15] There are several reasons why he (Kissinger) no longer appears to be the magician the world press had made him out to be，an illusion which he failed to discourage because，as he would admit himself，he has a tendency toward megalomania.

这个长句的主干部分很短，为"There are several reasons"，在它上面叠加了 6 个分句和成分，其间的逻辑关系为：

① 在 reasons 后面由 why 引出一个定语分句；

② 其中的 magician 又引出另外一个定语分句；

③ 后面 an illusion 用以说明 magician 的同位语；

④ an illusion 后接一定语分句 which he failed ... ；

⑤ 里面又套了一个由 because 引导的状语分句；

⑥ 其中同时还插入了一个由 as 引导的状语分句。

而汉语像竹竿，一节一节向下叙述，又像流水，顺着河道流下去，英译汉的过程就是将这种葡萄型语句转换为竹竿型表述，现据此原理试译如下：

[16] 全世界报界曾把他渲染成魔术师一般的人物，但他也未能阻止人们制造这种错误的印象，因为他自己也承认有一种自大狂的倾向。现在他不再像

是这样一种人物了,这里面有好几个原因。

3.3　因果与时序

"因"与"果"构成一个相互照应的事件域,且时间顺序一般为"先因后果",按照常态,当然是"先有原因",然后才谈得上"对应结果"。因果与时序之间具有同构性,也具有顺序像似性。透过这类话语来"阅读"现实时,就像"录像带"一样,一步一步从前向后地扫描,先发生的事先扫描,后发生的事后扫描,语句时序和现实时序对应像似。这一顺序就决定了汉语词句的一般排列顺序,如:

[17]　儿童游戏,车辆缓行。

[18]　前方施工,车辆绕行。

[19]　事故多发,小心驾驶。

[20]　雨雪天气,车辆缓行。

都采用了先因后果的认知程序和句法顺序,若将第一例译为英语则为:

[21]　Drive slow for children are at play.

英语属于形合法语言,两个分句之间一般需用连接性词语,而有了连接性词语,两个分句之间的逻辑关系就很清楚了,不再依赖于句序来反映时序或因果关系了,因此英语出现了两种句序:可按照先因后果排列,也可不按照这一顺序。

"原因"对于"结果"来说,也可能是一个为先决条件,因此"条件-结果"句也可视为一种"因果事件域",也当遵循"顺序像似性"原则,即按照"先条件,后结果"的顺序组句,例如:

[22] 明天天气好,我们就出去郊游。

[23] 如果不及时给土壤施肥,就不会有好收成。

而英语较为灵活,两种语序都有,如例[24]可英译为:

[24] If it is fine tomorrow, we will go outing.

[25] We will go outing if it is fine tomorrow.

3.4 叙事-表态与因果

与因果事件域相关的还有"叙事-表态"事件域,汉语一般也按照"先叙事、后表态"的顺序安排句序,因为必须先有一个事件,然后才可对其加以评述,如:

[26] I take heart from the fact that the enemy, which boasts that it can occupy the strategic point in a couple of hours, has not yet been able to take even the outlying regions, because of the stiff

resistance that gets in the way.

句首的下划线部分为"表态",然后讲出了"事实",紧随其后有3 个小事件,最后一个小事件是前两个事件的原因。该句的汉译可依据"先叙事,后表态"的顺序像似性原则试译为:

[27] 吹嘘在几小时内就能占领战略要地的敌人,由于一路受到顽强抵抗,甚至还没能占领外围地带。这一事实使我增强了信心。

[28] People were laughing at you as you displayed your petty skills before the professionals. (你班门弄斧,人家在笑话你呢!)

[29] He had sound feeling that idiom was the backbone of a language and he was all for the racy phrase. (他认为成语是语言的支柱,因此极力主张用生动活泼的短语。这种看法很有道理。)

3.5 目的-行动

与因果事件域相关的还有"目的-行动"事件域,心中先拟想一个目的或怀揣一个动机,然后再因其做出某种行动,汉语依据顺序像似性原则组织语句,如:

[30] 为了防止作弊,应将试题严格保密。

但英语组句方式较为灵活,"目的"可前置或后置,如:

[31] In order to prevent cheating, the test questions should strictly be kept secret.

[32] The test questions should strictly be kept secret in order to prevent cheating.

有时汉语为了特殊的表达需要,为强调"目的"或"目的兼结果"的含义,可依据突显像似性原则,将目的状语后置,可用"为的是、以免、使得"等连接性词语。

4. ECM 结合 PTS 汉译长句

认知语言学中的 ECM(事件域认知模型)和 PTS(时间顺序原则),有助于我们深入认识汉英两民族组词成句的两种基本认知规律,可较好地解释两种语言中的很多现象,也为汉英互译提供了一种基本翻译方法。同时,这也充分说明语言不具有天赋性或自治性,而主要是在特定事件域环境和成人语言的引导下逐步掌握了词语的组配规律和表达方式(王寅,2007:242—243)。

通过对比汉英两语言可见,两民族在识解世界时既有共性(如主谓宾构式的正常顺序、句首突显重要信息等),也有差异。汉民族注重事件域中的时间顺序,常依据顺序像似性原则组句;而英民族则将时间概念语法化为时体形式或时间连接词语,常按照句法结构来安排词句顺序。本节笔者将基于 ECM 和 PTS 来探索英语长句的汉译规律。

首先,英语长句描述了一个事件域中的若干小事件,它们多以 BA(BAB)的句法形式出现,从而形成了一个分句集合,其间一般都用连接词语将它们联接起来。这些连接词语以及丰富的时体形式亦已表明小事件发生的时间顺序,不必依赖句序。而汉语由于缺乏丰富的时体形式和屈折变化,分句之间常用可省去连接词的意合法,主要靠句序来反映小事件之间的时间关系,顺序像似性很明显,因此在右图中将 BA 标上了序列号。现图示如下:

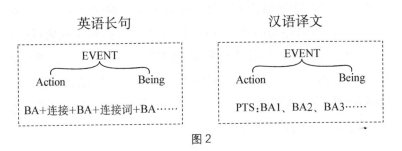

图 2

例如:

[33] A great number of graduate students were driven into the intellectual slum when in the United States the intellectual poor became the classic poor, the poor under the rather romantic guise of Beat Generation, a real phenomenon in the late fifties.

这句话所表述的事件域主要包括三个小事件,用 when 分句连接起来,而忽视了小事件发生的时间顺序,现依据顺序像似性原则,从英语句子的尾部开始译起,可处理为:

593

[34] 50 年代后期在美国出现了一个真实现象：穷知识分子以"垮掉的一代"这种浪漫姿态出现，成为美国典型的穷人。正是在这个时候，大批大学毕业生被赶进到了知识分子贫民窟。

通过上述英汉语序对比可见，汉民族对事件域的认识着重于"时间感知"，主要依据实际时间程序来认识小事件，并据此编排句法单位，汉语的语序结构可直接反映现实生活的时序结构。而英民族则不注重语序与时序的对应性，完全可根据句法规则（屈折语、形合法等）、讲话人语气轻重、表达需要、文风特点等意图来排列语序，因而语序具有较高的灵活性，与时序的对应性也就较低。只要我们能掌握英汉两语言的这种差异，便能顺应各自的语言规律，不断提高语言修养和表达水平。

5. 结语

人们主要以"事件"为单位来认识世界，它们常以事件域认知模型的方式储存于我们的心智之中，这就是认知语言学中所论述的 ECM，不仅可作为认知语言学中的一种主要的认识方式来解释语言成因（特别是句法），而且还适用于认知翻译学。

一个简单语句常叙述一个小事件（相当于逻辑学中的简单命题），其中主要包括"参与者（B）"和"动作（A）"，这就形成了诸如"BA（主谓）"、"BAB（主谓宾）"、"BABB（主谓双宾）"等不同句型；在一个长句子中可能包含若干个这样的小事件（有些小事件不一定都以上述句型的方式呈现，还可能是其他成分）。根据"体验普遍性"可知，汉英两民族面对基本相同的现实世界，且具有相同的身体构造,各器官的功能相同,这就决定了我们与英民族在认识这些事件时必有较多的共同性,这也是汉英得以互译的认知基础。因此,我们在理解一个英语句子(特别是长语句)包含了多少小事件方面,应当没有多大差异。有了事件域认知模型,就有了一个理解的大前提。

接下来就是如何安排事件域中这些"小事件"的顺序。由于英语为"蒙太奇式"语言,常凭借丰富的连接词语和各类时体,按照英语句法的规律组句,而不注重"句序与时序"之间的对应性关系;而汉语属于"临摹式"语言,且连接词语使用频率较低,也缺乏丰富的时体形式,因此主要靠词序和句序之间的对应性关系来表示小事件的顺序,这就形成了两语言表达之间的重要差异之一。掌握了这一规律,对于如何安排各自的词句顺序大有裨益。免得汉英互译时,汉语说得不像汉语,英语说得不像英语。

参考文献

1 吕叔湘,汉语语法分析问题[A],载《吕叔湘文集》[C],北京:商务印书馆,1995。

2 王寅,《论语言符号像似性——对索绪尔任意说的挑战与补充》[C],北京:新华出版社,1999。

3 王寅,事件域模型的认知分析及其解释力[J],《现代外语》,2005(1):18—26。

4 王寅,《认知语法概论》[M],上海:上海外语教育出版社,2006。

5 王寅,《认知语言学》[M],上海:上海外语教育出版社,2007。

6 王治河、樊美筠,《第二次启蒙》[M],北京:北京大学出版社,2011。

7 许钧、周领顺,当前译学界应该关注的若干倾向[J],《山东外语教学》,2015(4):96—100。

8 Brewitt-Taylor, C. H. Tr. *San Kuo*, *or*, *Romance of the Three*

Kingdoms [M](by Guanzhong Luo). Shanghai: Kelly & Walsh, 1925.

9 Givón, T. Isomorphism in the grammatical code [A]. In R. Simone
   (ed.). *Iconicity in Language* [C]. Amsterdam: John Benjamins, 1985:
   47 - 76.

10 Givón, T. *Syntax: A Functional-Typological Introduction* (*Vol. 2*)
   [M]. Amsterdam: John Benjamins, 1990.

11 Gutt, E. A. *Translation and Relevance: Cognition and Context* [M].
   Oxford: Blackwell, 1991.

12 Lakoff, G. *Women, Fire, and Dangerous Things: What Categories
   Reveal About the Mind*[M]. Chicago and London: University of Chicago
   Press, 1987.

13 Langacker, R. W. *Foundations of Cognitive Grammar, Vol. 1:
   Theoretical Prerequisites* [M]. Stanford: Stanford University
   Press, 1987.

14 Langacker, R. W. *Foundations of Cognitive Grammar, Vol. 2:
   Descriptive Application* [M]. Stanford: Stanford University
   Press, 1991.

15 Martin, R. M. On Paradigms and Cognitive Translatology [A]. In G. M.
   Shreve & E. (eds.). Angelone. *Translation and Cognition* [C].
   Amsterdam: John Benjamins, 2010: 169 - 187.

16 Panther, K. & L. Thornburg. The Potentiality for Actuality Metonymy
   in English and Hungarian[A]. In Panther & Radden (eds.). *Metonymy
   in Language and Thought* [C]. Amsterdam: John Benjamins, 1999:
   333 -360.

17 Schank, R. C & Abelson, R. P. Script, Plans and Knowledge [A]. In
   P. N. Johnson-Laird & P. C. Wason (eds.). *Thinking: Reading in
   Cognitive Science*[C]. Cambridge: Cambridge University Press, 1975:
   151 - 157.

18 Slobin, D. I. The Origins of Grammatical Encoding of Events [A]. In W. Deutsch (ed.). *The Child's Construction of Language*[C]. London: Academic Press, 1981: 185 - 199.

19 Slobin, D. I. The Child as Linguistic Icon-maker [A]. In J. Haiman (ed.). *Iconicity in Syntax* [C]. Amsterdam: John Benjamins, 1985: 221 - 248.

20 Snell-Hornby, M. *Translation Studies: Towards an Integrated Approach*[M]. Amsterdam: John Benjamins, 1988.

21 Tai, J. H-Y. Temporal Sequence and Chinese Word Order [A]. In J. Haiman (ed.). *Iconicity in Syntax* [C]. Amsterdam : John Benjamins, 1985: 49 - 72.

22 Talmy, L. Force Dynamics in Language and Thought [A]. In W. H. Eilfort, P. Kroeber & K. Peterson (eds.). *Papers from the Parasession on Causatives and Agentivity* [C]. Chicago: Chicago Linguistic Society, 1985: 293 - 337.

23 Talmy, L. Force Dynamics in Language and Cognition [J]. *Cognitive Science*, 1988(12): 49 - 100.

（本文提交于第二届英汉对比与翻译研究学科建设高层论坛，载于《山东外语教学》2016 年第 3 期）

融会贯通　对接无缝

——关于翻译理论中西结合、古今结合的思考

林克难

摘要：文章对于中西方翻译理论研究的情况进行了对比。发现：西方翻译学者在提出一种新的理论之前，首先想到的恐怕不是结合，而是创新。中国学者不然，他们似乎很在乎结合。文章认为，中西翻译理论结合应该注意双重标准的问题；而古今翻译理论结合则需要避免"信达雅"唯上的思想。结合应该首先读懂读透古人与外国人的相关理论。

文章追溯了金隄翻译等效论酝酿、提出、最后成熟的过程，经过分析指出，金隄的等效论堪称中外、古今翻译理论结合的典范。并在此基础上，提出了翻译理论结合的建议。

关键词：译论；中西结合；创新

当前中国翻译理论界有一种倡导结合的呼声震耳欲聋，大有压倒某一种单独的翻译理论之势。不管你是中国的"信达雅"、美国的动态对等，还是德国的目的论；也不管你从事的是微观的语言研究还是宏观的文化研究，在这些学者眼里统统已经过时，应该在

"格式塔"语法观,或者"综合法"观照下,采取某种途径,将它们一对对、一双双地结合、统一起来。

这种现象无疑是令人欣喜的。同当年翻译界只见得到一种理论相比,现在出现了百花齐放、百家争鸣的局面,甚至多到了有人觉得眼花缭乱,有必要出来整理一番的地步,这是不争的进步。

威廉姆斯与切斯特曼在所著《路线图——翻译研究方法入门》一书中认为,翻译研究可以有以下四种研究方法:

1) 提供新的材料;

2) 就一个具体的问题做答;

3) 证明或修订现有的假设、理论或方法;

4) 提出新的观点、假设、理论或方法。(Williams & Chesterman,2004:2)

前两种研究方法并不涉及结合的问题。第三条,"修订现有的假设、理论或方法",尽管作者并没有提到结合的问题,显然已经涉足结合了。修订意味着对现有的理论表达了不同的意见,同时提出了自己的观点。结合其实就是在纠正别人不足的同时融合进自己的理论,从而进入到第四条,"提出新的观点、假设、理论或方法。"尽管这儿也没有提到结合的问题,但是不言而喻,这种新的观点、假设、理论或方法绝对不会是白手起家,"无中生有",而是在前人研究的基础上,吸取别人理论的精华,与自己的想法结合的结果。

中国翻译理论界的结合呼声,集中到一点,是要将中国翻译理论与西方翻译理论相结合,将经典的理论与现代的理论相结合,将微观的语言学理论与宏观的文化翻译理论相结合,等等,不一而足。现在的问题是,这种结合到底应该如何进行? 是不是真的所有的理论统统都能够结合得起来? 结合的过程中有什么规律可循,有什么经验教训值得记取?

先说中外结合。让我们来看一下基于经验的中国传统的翻译理论如"信达雅"与基于一种语言学理论的西方翻译理论如"动态对等"能否结合的问题。中国翻译理论是评点式、印象式、随感式,讲究综合辨证,话说的比较笼统,呈开放性,可以作出多种解释;而西方翻译理论则往往采用分析法,针对某一种具体的文本建立一种理论,比较精确比较系统,往往针对某一种文体,应用范围有一定的限制。

当然,翻译理论的这种限制是否为理论家认识到,或者认识到了是否加以承认,这是另外一回事。中国翻译理论是不是就真的那么"笼统"、"开放",可以想怎么理解就怎么理解,也是让人们颇感兴趣的问题。这些,我们将在后文加以讨论。

中西译论各有特点,植根于各自的语言与文化。很难想象,可以在对一篇译文从"信达雅"出发,进行"评点式、印象式、随感式"评价的同时,用奈达的核心句、转换生成那一套理论做另一番分析。从对于翻译研究模式进行分类的角度看,传统的翻译批评模式叫"比较模式(comparative model)",将译文与原文进行对比;而奈达理论叫"过程模式(process model)",是对于翻译过程进行的规范。泾渭分明,是两种完全不同的研究翻译的方法,是没法将它们结合到一起,携手对译文作出准确而公正评价的。

这种区别,主要是中外思维方式的差别造成的。在动手结合之前,这种差别倒是首先值得人们深思的。译者或是理论家针对一种文体或者一种翻译现象经过认真思考,结合有关的理论,提出一种适合于本领域翻译实践的理论来,本来,这是一种普遍的现象,中外皆然。西方有一位叫泰特勒(Tytler)的也提出过类似于"信达雅"的"翻译三原则"。但是令人寻味的是,在西方,从来没有形成一种译论一统天下的局面。而在不同的时期,针对不同的文体,总有新的理论推出。放眼西方译界,真可谓是百花齐放、百家争鸣。有针对《圣经》翻译的读者反映动态对等理论、自然翻译理论;有针对实用文体翻译的目的论、功能对等理论;还有从文化角度出发提出的多元系统理论、操控理论与改写理论,不一而足。西方翻译学者在提出一种新的理论之前,首先想到的恐怕不是结合,而是创新。这种思想反映在提出新观点的时候总是先将以前理论的不足之处淋漓尽致地批个痛快。我们看到奈达批评"字从句比"式翻译的笨重、误导读者;格特批评以前的理论"互相之间没有联系,各说各的";霍恩比为了提出她的综合理论,不惜将两分法、对等概念说得一钱不值。很明显,西方学者的着眼点主要在创新,首先考虑的并不是结合。中国学者不然,他们似乎很在乎结合,特别是希望将自己的理论与西方理论之间找到一个结合点。这个愿望当然是美好的,问题是,中西方译论是不是真的能够结合起来,这是需要认真动一番脑筋的。更加重要的是,即使经过思考,一旦找到了结合点,仍然有一个如何结合的问题。这方面一个突出的例子是有人试图将基于经验的中国翻译理论与文化转向理论,或者说试图将微观的中国译论与宏观的西方文化理论加以结合来研究诗歌翻译中的改写现象。笔者审阅过的一篇博士论文,在讨论庞德(Ezra Pound)与威理(Arthur Walley)的诗歌翻译的时候,将中西方理论"结合"了起来,认为,庞德的翻译是"创造性叛逆"(用了西方文化理论),对原文的误读是一种文学再创造,大加赞赏;而对于威理的所谓"误译"(用了传统中国理论)则无情鞭挞,说是犯了简单的语法与理解错误。有趣的是,庞德中国字一个大字不识,而威理却是精通汉语的专家。说中文文盲的翻译是再创造,又说外国中文专家的翻译是误译,这怎么说都有点说不过去。难道庞德的翻译都是再创造？难道威理的翻译都是错译？问题的根子在于，论者这儿用了两种截然不同的研究方法，或者说是用一种双重标准来研究翻译。这种结合是有问题的，它的结果是令人失望的。遗憾的是这种结合的方法在中国翻译界并不罕见。

接下来，说一说古今结合的问题。说到古今结合，其实是同中外结合掺和在一起的，因为中国的翻译理论一直是"信达雅"的天下，只有继承，很少发展，也谈不上真正意义上的结合。拿严复的"信达雅"为例。现在主要运用于文学翻译。其实，严复终身从事的是社会科学文献的翻译，并在这个领域做出了重大的贡献。他提出的"信达雅"是针对当时社会科学文献翻译碰到的实际问题提出来的。他提出"信达雅"的这种初衷也得到了后来许国璋先生的认可，许先生说："'斤斤于字比句次'恐怕是今天多数学术著作读不懂的主要原因，而对原意理解不深，因而不敢'颠倒附益'，是读不懂的又一原因。我主张通译、切译，言之有文的翻译。"（许国璋，1991：262）这里面说的"通译、切译"，或称"解释性翻译（interpretive translation）"与严复的"信达雅"有异曲同工之妙。后来"信达雅"之所以更多地运用于文学翻译，完全是后人自己对于"信达雅"的诠释与理解；甚至还有人提出，科技文章的翻译也应该遵循"信达雅"的原则。笔者一直认为，这种将本来适用于社会科学文献翻译的理论用到文学甚至科技翻译上来，这并不是所谓古今结合，"与时俱进"，而是过分崇拜权威，即使有了自己的想法，也不敢直截了当地说出来，总要拉过权威的牌子做掩护。其实，说到底，是缺乏信心，缺乏创新精神的表现。许国璋这儿提到了严复的"信达雅"，其实他真正的目的不是结合，而是委婉地纠正了一些学者对"信达雅"的定位错误。在许国璋看来，"信达雅"主要是适用于学术著作的翻译，而并不是像好多人认为的那样，可以运用于文学翻译。笔者认为,许国璋的这种敢于对权威理论提出自己主张的做法,是值得大大提倡的。其实,大学者在学术研究时表现出来的创新精神的例子比比皆是。就对于"信达雅"的态度而言,他们绝不会牵强附会,拿过这个现成的模子,往里面装进自己的观点,自己扼杀了自己的创新精神,而是在认真研读经典理论之后,独立思考,提出自己的见解。就在中国翻译界对"信达雅"崇拜到极点的时候,王佐良先生就指出:"雅,乃是严复的招徕术。"王先生进一步总结道:"他(按:指严复)的翻译实践是全力争取这样的读者的实践。拿实践来检验他的理论,我们就很容易看出:他之所谓'信'是指为这样的读者准确传达原作的内容,'达'是指尽量运用他们所习见的表达方式,'雅'是指通过艺术地再现和加强原作的风格特色来吸引他们。"(王佐良,1984:484)从许国璋与王佐良两位语言大师对于权威翻译理论的态度与做法,我们不难看出:要做到翻译理论古今结合,一个前提是要细读原作,真正读透理论本身的含义,而且要采取一种批评的态度。只表扬,只肯定,只能扼杀自己的创造热情。

　　中国译界的古今结合,如果方法不当,像上面我们介绍过的那种情形,实际上起着一种反面的作用。本来,译者面对的是一种别样的文本,与严复从事翻译的文本根本不一样的;本来,译者也是有着自己的想法,也完全可以提出一种全新的理论。但是由于有"信达雅"的存在,译者总是不能完全摆脱开它的影响,最终却没有这样做,而是将自己的想法套在"信达雅"的光环里提出,甚至说"还是信达雅好"。造成翻译界只能有一种理论的假象,似乎不管是什么样的翻译,都可以用"信达雅"来解释。结果是妨碍了翻译理论的百花齐放。

　　翻译研究,当然需要古为今用,洋为中用,需要结合。妄自尊大,闭关自守或者无视前人的成就,无疑对翻译理论的发展是很不利的。但是,这种结合在方法上是很有讲究的。结合好了促进推动翻译理论繁荣;结合不好,反而会妨碍翻译理论的发展。从当前来看,从事翻译理论的古今结合、中外结合,需要注意以下几种倾向。在中外结合上,应该避免双重标准,将本来是从完全不同的角度衡量翻译的标准用在衡量同一篇译文上。在古今结合上,应该避免唯"信达雅"论,根据不同的文本创造出不同的翻译理论来,用以指导不同文本的翻译。无论是中外结合还是古今结合,都有一个前提,那就是,对古代与外国的理论准确地掌握它本来的含义,像前边提到过的许国璋、王佐良对待"信达雅"那样,to situate the translation theory,将一种翻译理论,放回到它提出的历史背景之下,认真地加以研究,把握精神实质,结合自己的翻译实际、翻译对象,取其精华,天衣无缝地融入自己的翻译理论中去。这种结合,应该是无缝对接,应该是一种新的理论,而不是罩在"信达雅"光环下的理论,不是对于"信达雅"没有历史根据的随意解释甚至曲解以为我所用。这种结合,更不是对于外国理论食而不化,想当然的望文生义与滥用。经过合理的中外结合、古今结合的理论,应该主要是自己对于翻译的独到的见解,并对于翻译实践有着针对性的指导意义,里面隐隐约约地似隐似现地能感觉得到某种外国的理论的存在,也隐隐约约地似隐似现地能够看到某种古代翻译理论的影子。

金隄先生在古今中西翻译理论结合方面,为我们树立了一个榜样。大家都知道,金隄先生提出了等效翻译理论。首先,这是一个主要吸收了严复、奈达这两位中外著名翻译理论家各自久负盛名的理论而创造出来的一种独特的翻译理论。它不完全是"信达雅",也不完全是动态对等。但是,很显然,金隄的理论吸收了奈达与严复翻译理论中有益的成分,这种结合绝不是生吞活剥、也不是全盘照搬,而是创造性的结合。

金隄在从事这种结合之前,他清醒地看到,他与严复、奈达他们翻译对象是不一样的。严复从事的是社会科学文献的翻译,奈达从事的是宗教文本《圣经》的翻译,而金隄从事的是文学名著《尤利西斯》的翻译。显然,这三种不同的文本应该有不同的指导原则。于是就有了指导社会科学文献翻译的"信达雅",有了指导《圣经》翻译的动态对等,有了指导文学翻译特别是针对以意识流为特点的文学名著《尤利西斯》翻译的等效论。不难想象,要是将这三种理论不分对象地加以使用,比如,用动态对等理论或者用"信达雅"来指导《尤利西斯》的翻译会出现什么结果。

然而,翻译对象不一样,并不意味着奈达的理论与严复的理论就没有一点值得金隄学习吸取的东西。正如金隄在其专著 *On Translation* 前言中指出的:"国外的一些专著⋯⋯在理论观点方面颇有值得借鉴之处,尤其是美国奈达博士(Dr. Eugene A. Nida)提出的'动态对等'论,有许多值得吸取的合理成分⋯⋯"(金隄,1984:3)。这实际牵涉到翻译这种人文科学理论相互之间的关系这个原则的问题上来了。人文科学与自然科学是不一样的,自然科学每当一种新理论的问世意味着一种相关旧理论的灭亡。而在人文科学,新论的推出,是表明人们找到了研究问题的一个新的角度。旧论并没有因此而消亡,非但如此,旧论还应该继续存在下去,同新论一起,从不同角度,揭示出研究对象的规律。

金隄先生的等效论是指译文读者从译文中所获得对于原文信息的"一切理解和感受,包括主要精神、具体事实、意境气氛三大要素。"(金隄,1989:18)金隄先生对于动态对等理论是吸收了许多合理的成分的,他提出的等效论,首先就是"信息对接受者的作用"

(同上)。这是受到奈达理论启发的。但是，显然金隄先生的"结合"绝不是全盘照搬，比如，他在进一步阐释"信息对接受者的作用"谈及读者反应的时候，明确指出，奈达让读者"以行动做出反应"是为《圣经》翻译服务的，是传教活动的一部分。(同上)"我们这里的'效果'，只包括信息对接受者的作用(即接受者的感受)，不包括接受者的反应。"(同上)以上是金隄先生的等效论中中外结合的部分。等效论同时也是古今结合的成果。等效论的三要素，"主要精神、具体事实、意境气氛"，有着明显的中国传统译论的印记，特别是"主要精神"，与严复的"达旨"简直就是如出一辙。但是，金隄先生的等效论，又不是"信达雅"，看不到"达"也见不着"雅"字的踪影，相反，我们看到了"具体事实"的标准。如果联系到金隄先生翻译《尤利西斯》的指导原则，不难看出等效论有着非常明确的对象与目标。金先生通过他的等效论在昭示译界，他在翻译《尤利西斯》过程中会非常注意原文的"事实"，尽量再现原文的面貌，包括《尤利西斯》的意识流写法，包括《尤利西斯》的形式与内容比如双关语的翻译。这种译文有的时候是十分令人费解的，然而却是翻译此类文本一种切实可行的策略。事实上，金隄先生在翻译过程中忠实地坚持了自己提出的等效的标准，取得了世人称道的成果。

综上所述，我们可以得出以下的几点体会：

1) 翻译理论是一个不断发展的过程。特别是随着相关理论的问世，翻译理论必然会不断推出新论来。古今中外各种翻译理论互相影响，互相借鉴。因此，从事翻译理论研究，无论是古今结合还是中西结合都是必不可少的。这里还应该提到，翻译研究与"母论"(foundation theory)，即某种翻译理论得以提出的有关基础理论的结合同样也是非常重要的。

2) 毋庸讳言，无论是"信达雅"、动态对等、等效论还是任何一种其他的翻译理论,都是有着明确的针对性的。尽管几乎每一位理论家都一厢情愿的认为自己理论是放之四海而皆准的理论,也有一些好事者,喜欢对某一种理论顶礼膜拜,唯其独尊,甚至提出与时俱进的理论根据,但是这毕竟不是事实。因此,我们应该回到历史中去具体分析研究有关的理论,特别是要批判地接受,千万不要全盘照搬,生吞活剥。否则,翻译理论创新是没有希望的。

3)在翻译理论建设古今、中西结合的过程中,要大力提倡创新精神。创新的前提是读懂读透古人与外国翻译理论。同时要针对自己的研究对象,抛弃与古人与外国理论中与自己无关的部分,吸取有益的成分,创造出无愧于伟大时代的新理论来。就中国的现状而言,翻译新论是太少了而不是太多了。

4)由于众所周知的原因,中国翻译理论研究历史曾经出现过一枝独秀的局面,这是不正常的,应该予以纠正。在创新精神的鼓励下,应该提倡一种百花齐放、百家争鸣的风气。特别应该强调的是,翻译研究是人文科学研究,新论的问世并不意味着旧论的消亡,而是对研究对象又找到了一个新的研究角度。因此,百花齐放,不仅意味着新论倍出,还应该意味着新旧理论和平共处,一起打扮翻译理论百花园。

参考文献

1　金隄,*On Translation* [M],北京:中国对外翻译出版公司,1984。

2　金隄,《等效翻译探索》[M],北京:中国对外翻译出版公司,1989。

3　王佐良,严复的用心[A],载中国翻译工作者协会《翻译通讯》编辑部编《翻译研究论文集》(1949—1983)[C],北京:外语教学与研究出版社,1984:479—484。

4　许国璋,《许国璋论语言》[M],北京:外语教学与研究出版社,1991。

5 Williams，J. & Chesterman，A. *The Map—Beginner's Guide to Doing Research in Translation studies* ［M］. Shanghai：Shanghai Foreign Language Education Press，2004.

（本文提交于首届英汉对比与翻译研究学科建设高层论坛，载于《英汉对比与翻译》(2012)）

坚持中西合璧/古今贯通/文理交汇的学术追求

——以"生态翻译学"研究为例[*]

胡庚申

摘要： "中西合璧"、"古今贯通"、"文理交汇"可以说是任何领域的研究者们都致力追求的目标和境界。本文以"生态翻译学"研究为参照，以实为例、以理而出，阐述了生态翻译学研究的上述学术追求。文章指出，在翻译适应选择论基础上发展的生态翻译学，力求具有"中西合璧"、"古今贯通"、"文理交汇"的理论特征，或将显现为"文化转向"之后翻译学研究的一个新途径。

关键词： 中西；古今；文理；贯通；生态翻译学

0. 引言

"英汉对比与翻译研究学科建设高层论坛"确定了具有普遍意

* 本文是作者主持的国家社科基金项目"生态翻译学：译学的生态视角研究"的一部分。

义的主题:着重讨论“如何在研究中做到中西结合、古今结合”、“如何在研究中实现自然科学与人文精神的有机结合”、“翻译学研究的新途径和新思路”等中心议题。这些中心议题,可谓学术意图明确,研讨恰逢其时。为此,笔者乐意响应此次高层论坛的号召,拟探讨学术研究中的“中西合璧”、“古今贯通”、“文理交汇”问题,并以“生态翻译学”研究为例说开去。

1. 生态翻译学:“中西合璧”的学术追求

“中西合璧”出自清李宝嘉的《官场现形记》:“咱们今天是中西合璧……这边底下是主位;密司忒萨坐在右首,他同来这刘先生坐在左首。”

所谓“合璧”:圆形有孔的玉叫璧,半圆形的叫半璧,两个半璧合成一个圆叫“合璧”。所谓“中西合璧”,则比喻把中国的和外国的好东西合到一块。

“中西合璧”是中西文化交融的产物。常用来描写某些或有机结合,或神韵统一,或融为一体的行为、状态或境界。例如,“左手捋着圣诞树,右手饺子在冒热气;左耳倾听平安夜,右耳百鸟在朝凤”的情形,这种饺子、小酒、圣诞娃娃、京腔京韵的交织和融会,这种“亦中亦西”的行为和场景,便显示了“中西合璧”的风味。

中西交流的密切和相互渗透同化的结果,使得“我中有你”和“你中有我”成为一种必然。这种情形在越来越全球化和国际化的今天更是如此。在这样的情势之下,就学术研究而言,一方面,各领域研究中纯粹西方的或纯粹中国的已很难严格地区分;另一方面,许多领域研究中也越来越提倡和推崇中西兼容的研究视角和研究结果。例如,翻译理论研究就是这样。北京大学辜正坤教授

(2001:8)在评述翻译理论著作时,曾将"以民族性为立足点的中西合璧性"列为翻译理论至少必须具备的"三大特征"之一(另外两个特征是"高度理论性"和"有机系统性");并认为"当务之急是要发挥中西译论优势互补的原则"。西南大学孟凡君教授(2002:17)也曾指出"中国现代译学的发展趋势,必定是与中西文化全面合流的主潮相伴随的……既东西兼容,又阴阳同体的"。

在生态翻译学研究的过程中,"中西合璧"可以说是其始终如一的学术追求。这一学术追求和研究特征明显地体现在以下几个方面:

一方面,生态翻译学的命题是由中国学者首先提出的,生态翻译学也是首先使用中国话语的叙事方式书写的,因此可以说,生态翻译学显示了浓重的"中国情结"。显而易见,尽管理论的抽象性和普遍性使得理论本身不具备明显的国别特征和特定的文化指向,然而,理论家们却有着他们各自的国籍和成长的文化环境。如同不少人文社科理论("后殖民主义"、"女性主义"等)都会不同程度地折射出各自文化背景和研究者主观印记的情形一样,由中国学者首倡的生态翻译学也必然会打上中国文化的烙印、并体现"中国话语"和思维方式。

另一方面,尽管生态翻译学显示了浓重的"中国情结",但这并不表明她忽视或排斥西方学术思想和翻译理论。事实上,生态翻译学不仅借鉴和吸收了西方现代翻译理论研究的精神和方法,而且该理论另外两个重要的哲学基础(达尔文的"自然选择"的基本原理、特别是生态学的理论基础)都是来自西方的科学思想。因此,生态翻译学研究在理论基础、研究方法等方面的"中外互见"和"东西交融"便显得很自然了。

此外,生态翻译学的奠基性研究翻译适应选择论发端于中国香港①，而香港是"中西交汇"之地；生态翻译学全面展开于中国澳门②，而澳门又是"华洋融合"之城。这些并非巧合的现实，无疑又为生态翻译学的产生和发展徒增了地理环境、人文氛围、哲学渊源等方面的浓厚色彩和隐形支撑。

从上述几个方面可以看出，生态翻译学的提出和构建在一定意义上体现了"中西合璧"的特征。由此，我们也希望在翻译学研究领域里，生态翻译学研究能够成为"中国话语"与"西方话语"平等对话交流的话题和契机。

2. 生态翻译学："古今贯通"的学术追求

"贯通"一词既有物理上的连接、沟通的意思（如"武汉长江大桥建成以后，京广铁路就全线贯通了"）；在学术思想等方面又有全面透彻的了解的意思。本文的"贯通"，还可以是一个文化概念，指当我们学习和了解了各种文化知识后，把它们内化为自己的东西，并从新的视角获得新的感悟或新的发现。而各学术领域研究中的

---

① 2001 年 10 月，中国学者在香港浸会大学做了题为"从达尔文的适应与选择原理到翻译学研究"（*From the Darwinian Principle of Adaptation and Selection to Translation Studies*）的翻译学讲座。同年 12 月，专题论文"翻译适应选择论初探"（胡庚申，2001）又在国际译联第三届亚洲翻译家论坛上宣读，标志着国际翻译界从生态学视角系统研究翻译活动的开始。此后，紧扣这一主题的研究论文陆续在国内外学术期刊发表。

② 随着翻译适应选择论宏观视野的展阔和理论本质的挖掘与升华，中国学者于 2006 年 8 月在"翻译全球文化：走向跨学科的理论构建国际研讨会"上宣读了题为"生态翻译学诠释"（*Understanding Eco-translatology*）的研究论文（胡庚申，2006）（详见《中国翻译》2008 年第 6 期）。澳门理工学院也于同年 11 月成立了"翻译与跨文化交流研究中心"开展相关研究工作。此后，"生态翻译学：译学的生态视角研究"便在中国国家社科基金项目的资助支持下全面展开。

古今贯通,则表现为知晓历史上和当代的事件及其发展,通过"温故知新"而融会新旧,既有继承,又有发展,从而有利于构建完整的学术体系。

生态翻译学的产生和发展不是孤立的,它将中国传统生态智慧置于当代翻译理论研究的时空坐标中,追求传统哲学文化思想与现代翻译理念的联结。这种联结有着多方面的体现:

其一,生态翻译学研究体现了"现代性",因为它是"一种后现代语境下的翻译理论形态,生态翻译学既是一种跨学科的、多学科交叉的产物,又是当代翻译学理论研究的延伸与转型,反映了翻译学由传统单一学科视阈转向当代跨学科整合一体的发展趋势"。(胡庚申,2008:13)与此同时,生态翻译学又具有一定的"传统性",因为"华夏传统文化是生态翻译学的理论支点和思想依归。以'天人合一'、'中庸之道'、'以人为本'、'整体综合'为特征的'中国文化元素',表明中国传统文化中的生态智慧与生态翻译学理念之间的继承性和因果关系"(同上)。

其二,中国传统翻译中的"适应"思想与当代"翻译适应选择论"中"适应""选择"理念一脉相承。研究表明,翻译讲求适应,自古有之。例如,中国翻译理论开宗明义者支谦(200—?)提出"因循本旨,不加文饰",力图适应汉人口味,不一定忠实于原文,追求美巧,不免离开原著,译文加注,讲究佛教汉化。道安(314—385)公元382年在《摩钶钵罗诺泼罗密经钞序》中指出:"然《般若经》,三达之心,复面所演,圣必因时,时俗有易;而删雅古,以适今时,一不易也。"(陈福康,2000:18;马祖毅,2001:37)这说明,"圣人"本是按照当时的习俗来说法的,而今时代不同,所以要改古以适今。东晋高僧慧远(344—416)在鸠摩罗什(344—413)《大智论抄》作序中也曾说过:"以文应质则疑者众,以质应文则悦者寡。"(张振玉,

1993：4)这里的"应"亦即"适应"之意。不仅汉晋至隋唐的佛经翻译讲求"适应",明清时期传教士的"适应"策略更显流行(刘莉美, 2006：229)。这种策略既影响到了科技翻译[①],更推动了西方科技在中国的传播。到了近代,马建忠(1845—1900)也有"译成之文适如其所译而止"之说(马建忠,1894/1984：2)。严复的翻译,更是体现了适应与选择的思想。他适应当时当地的翻译生态环境,在此基础上在翻译过程中运用了与翻译生态环境相适应的变通策略(黄忠廉,2009)。可以说,严复较好地适应了翻译生态环境,他熟谙双语双文化,深知中国国情,最知中国之需,因而成就最大,在他的八大名译中成功地做出了不同的适应性选择。(焦飏,2006：157—160;焦卫红,2007：111—120)所有这些论述和研究表明,中国自古以来翻译中的"适应"与"选择"与生态翻译学的奠基性研究——翻译适应选择论——"翻译即适应与选择"的基本理念并无抵牾,可以说是一脉相承的。

其三,生态翻译学与西方古代的生态整体思想也颇为一致。我们知道,在"翻译适应选择论"基础上发展起来的"生态翻译学"是从生态学视角对翻译进行的综观整合性研究。换句话说,生态翻译学所关注和强调的是翻译生态系统的整体性。而这种生态整体观,古已有之。古希腊的"万物是一"、"存在的东西整个连续不断"等可谓生态整体主义的最早发端。(王诺,2005：88)即使近现代学者有关整体、关联的研究和论述也从未间断,如法国著名科学家拉普拉斯(P. C. Laplace)指出:"天地间万事万物都有关联,自

---

① 西班牙马德里大学刘莉美(2006)探讨了"适应策略"在16、17世纪译作中的应用及影响。其中提到,1593年首次使用中文出版了关于西方科学的翻译著作《辨正教真傳實錄》(*Defense of the True Religion in the Chinese Language*)。

然界里的普遍规律好像一条长链,将貌似无关的现象联系在一起。"(Laplace 1835;见李珩等译,1978:305)美国生态学家巴里·康芒纳(Barry Commoner)还提出了四条"生态学法则"。①

　　可以看出,古今中外关于适应、选择、生态、生态系统等基本概念和思想具有一致性和继承性,体现了包括翻译学者在内的当代学人对"古今贯通"的学术追求。

3. 生态翻译学:"文理交汇"的学术追求

　　这里所说的"文",指的是文科的知识、思维方式或研究方法;这里所说的"理",指的是理科的知识、思维方式或研究方法。而这里所说的"文理交汇",即所谓"文理"的知识、思维方式或研究方法的交叉、聚集或会合;总括地说,就是人文社科与自然科学的沟通、结合、交织。

　　众所周知,翻译学属于人文学科。生态翻译学是从生态学视角研究翻译的,因此尽管它具有交叉研究或跨学科研究的性质,但总体上属于人文科学研究。这一点应该没有太大的疑问。因此,生态翻译学研究中"文"的部分就不在此赘述了。

　　现在我们重点来谈谈生态翻译学研究中"理"的特征。总括地说,生态翻译学研究中"理"的特征颇为明显。

　　首先,生态翻译学的奠基性研究——翻译适应选择论的立论基础是达尔文生物进化论中的"自然选择"学说。我们知道,达尔

① 美国生态学家巴里·康芒纳(Barry Commoner)所提出的生态学的第一法则:每一种事物都是彼此相联的;第二法则:一切事物都有着必然去向;第三法则:自然懂得的最好;第四法则:世上没有免费的午餐。(参见王如松、周鸿,2004:81—84)

文认为生物进化的原因是生物与环境之间的适应性的演进，因而，他被称为"生态学的倡导者"、"生态学的祖师爷"；他的传世之作《物种起源》也被认为是"生态学的先驱著作"（王如松、周鸿，2004：77）。而"翻译适应选择论"便是以人类普遍接受的生物进化论中的"自然选择"、"适者生存"的基本原理为基石，以《物种起源》中的相关论述为例证，以生态翻译学的叙事方式，对翻译的本质、过程、标准、原则和方法，以及翻译现象等做出新的描述和解释。该理论中的"翻译即适应与选择"是其主题概念，可以回答"何为译"（what）的问题；"译者中心"、"译者主导"是其核心理念，可以回答"谁在译"（who）的问题；"汰弱留强"/"求存择优"、"选择性适应"/"适应性选择"是翻译的主导方法，可以回答"怎样译"（how）的问题；而"适者生存"与"译有所为"则是翻译的原始目的，又可以回答"为何译"（why）的问题。

其次，生态学又是生态翻译学的理论基础之一。我们知道，生态学是奠基于整体主义的科学，其研究方法强调相互关联、相互作用的整体性（Krohne，2001：11）。由于翻译过程中各种元素关联的重要性、各种知识交集的多样性，以及多元相度思维的整体性，因此，我们可以依据整体、关联、平衡的生态学原理和机制，考察翻译系统内部不同结构与周围翻译环境的相互关系。也就是说，我们可以用整体、立体、动态的眼光看待翻译行为，探讨翻译生态的特征和功能及其演化和发展基本规律，从生态视角描述和解释翻译活动和翻译现象及其成因。

事实上，几乎每个时代都有占有主导地位的自然科学理论观念作为新的方法论支配着普遍的社会思维方式。在当代，"生态科学"正是这样一门对社会产生广泛影响的学科，也是一门对人类生存发展具有终极意义的学科。从这个意义上说，生态翻译学研究有着扎实的哲学基础和广阔的发展前景。

第三，上述自然科学的理念和方法又决定了生态翻译学研究中必然具有某种程度"理"的思维方式、研究方法及其语言描述。

例如，我们曾这样来定义翻译和描述翻译过程：

> 总括地说，从"适应"与"选择"的视角解读翻译过程，翻译就是译者的适应与选择。翻译适应选择论将翻译定义为"译者适应翻译生态环境的选择活动"：译者"适应"的是原文、原语和译语所呈现的"世界"（即翻译生态环境）；译者"选择"的是对翻译生态环境的适应度和对译本最终的行文。如果运用等式表达就是：
>
> 翻译过程＝译者的适应（对原文、源语和译语所呈现的"世界"，即对翻译生态环境的"适应"）＋译者的选择（对翻译生态环境适应程度的"选择"与对译本最终行文的"选择"）
>
> 简化一点的表达式：翻译过程＝译者的适应＋译者的选择
>
> 最简化的表达式：翻译＝适应＋选择（即：T＝A＋S）
>
> （胡庚申，2004：180）

又如，我们曾这样来类比适应与选择之间的关系：

> 译者的这种"双重"身份，如果用数学语言来说就是：在译者适应的第一个阶段，翻译生态环境（HJ）是自变量（或称"独立"变量），译者（YZ）是因变量（或称"依赖"变量），YZ 是 HJ 的函数（即：YZ＝（HJ））。而在译者选择的第二个阶段，翻译生态环境（'HJ）仍是自变量，译文（YW）则是因变量……

这段解释的数学表达式为：HJ $\xrightarrow{f}$ YZ('HJ) $\xrightarrow{g}$ YW

（同上：73—74）

再如：

> 长期以来,人们较多地谈论外界如何制约译者或译者如何承受外界的压力,较少地涉及译者怎样抵制外界的压力或怎样"反作用于"外力。事实上,根据经典力学原理,即根据牛顿(A. Newton,1642-1727)的运动定律(laws of motion),作用力和反作用力大小相等、方向相反(LECSD,1994:1131)。
>
> （同上：125）

就是在研究方法方面,我们也没有采用"文"科研究中通常的"事实-归纳"的方法,而是采用"'假设-求证'(hypothesis-driven)的方法依次渐进地确立翻译适应选择论的研究线索如下图所示"：

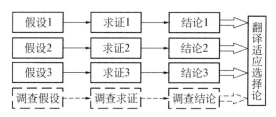

图 1：翻译适应选择论的研究线索(同上：15)

上述研究,正如有的学者所指出的那样："放开眼光,跨越边界,走出社会科学本身固有的程序,将达尔文进化论中的'适应选择'的基本原理引入翻译理论研究,将科学与艺术融合为一,走出了'现代'的迷思,是一种'后现代'的理论形态。"就翻译理论而言,

《翻译适应选择论》将科学思想引入译论研究、并且视之为先导加以改造,这便为译论的新的拓展提供了一种样板。"通过这部著作提出的理论框架,我们便可以放开眼光,将注意力集中在如何促进文化的发展上,而不应该再去割裂文化的整体性与一体化。"(蔡新乐,2006:58)

此外,还应当顺便一提的是,生态翻译学的首倡者本人,虽然主要从事语言、文化、翻译、交流等领域的教学与研究,可谓是"文科"出身;但也有在技术工程单位,特别是在中国科学院先后工作二十余年的"理工"经历和体验。可以说,理论首倡者的这种"人文"和"理工"相关的知识和背景,与生态翻译学研究中贯穿着"文理交汇"的特征也不无关系。

事实上,在许多研究领域里,"文理交汇"也是很常见的做法。正如人类 20 世纪最杰出的科学家阿伯特·爱因斯坦(Albert Eintein,1879-1955)曾经指出的那样:"只是在产生问题的架构内部进行思考,问题则不能得到解决"(Problems cannot be solved by thinking within the framework in which they were created.)(Heiden,2005:2)。"即使在文学翻译批评中,综合人文学科与自然科学各种方法的综合性批评研究也是很常见的。在具体的翻译评论中,任何一种方法都不可能单独地有效地使用,而是必然体现为[人文科学研究]方法与[自然科学研究]方法的某种形态或程度的结合。"(王宏印,2005:125)因此,可以有根据地说,在"后现代"之后的学术研究中,自然科学与人文社会科学沟通一致的趋势,已成为当代科学研究的重要特征之一。[①] 而且,这也恰如科学学理

---

① 这一发展动向在翻译研究领域里亦然。现仅以中国学者最近几年的相关研究为例。范守义(2003:5—9)从数学领域内借用 Meta 理论分析翻译学中的问 (转下页)

论家布迪厄(Budiar，1998：197)所言："哪里突破学科界限，哪里就有科学发展"。

　　综上所述可以看出，近年来的生态翻译学研究在"中西合璧"、"古今贯通"、"文理交汇"的实践方面做了一些尝试。这些尝试对于沟通中国翻译界和西方翻译界学术研究的话语纽带，贯通传统翻译思想和现当代翻译思想的研究体系，突破人文社科与自然科学的研究界限，具有一定的促进意义和示范作用。也正是从这个意义上说，生态翻译学研究在坚持"中西合璧"、"古今贯通"、"文理交汇"的学术追求方面，或能成为可以圈点的案例之一。

参考文献

1　(Laplace)拉普拉斯，李珩等译，《宇宙体系论》[M]，上海：上海译文出版社，1978。

2　蔡新乐，《翻译适应选择论》简评[J]，《中国科技翻译》，2006(1)：58—59。

3　陈福康，《中国译学理论史稿》[M]，上海：上海外语教育出版社，2000。

4　辜正坤，当代翻译学建构理路略论(《文学翻译学》序)[J]，《中国翻译》，

(接上页)题，提出了自己的翻译学设想。"张力"(tension)这一概念来自物理学，指受到牵拉的物体中任一接口两侧存在的相互作用的拉力。李运兴(2009：149—162)提出了现代翻译研究中的"张力"问题。用"非线性"(nonlinearity)思想看待事物发展的复杂性，同样是自然科学和人文社会科学正在兴起的研究范式。基于此，宋志平(2009：111—120)论述了翻译选择过程的非线性问题。孟凡君(2009：48—54)指出，西方文化时代的分野、文化思潮的勃兴，乃至翻译研究的转向，都与物理学的发展阶段存在着奇妙的对应。首先，传统物理学研究时期"不可再分的物质实体"的原子观，既与实体主义的文化思潮相贯，也与"就译论译"的翻译本体论研究相通。其次，现代物理学研究时期的亚原子理论和统一场理论，既与结构主义的文化思潮相契，也与语言学转向后的翻译研究相合。再次，当代物理学研究时期的非统一场理论，既与解构主义的文化思潮相应，也与文化转向后的翻译研究相关。可见，翻译研究理路的转向，既是科学认知倾向在翻译研究领域中的必然反映，也是文化思潮的波荡在译道流变中的必然显现。

2001(1)：8—12。

5 孟凡君,中国文化架构的演变对中国译学思想发展的影响[J],《中国翻译》,2002(2)：13—17。

6 孟凡君,后现代之后的翻译研究新转向略论[A],载于胡庚申主编,《翻译与跨文化：整合与创新》[C],上海：上海外语教育出版社,2009：48—54。

7 胡庚申,翻译适应选择论初探[R],国际译联第三届亚州翻译家论坛宣读,香港,2001。

8 胡庚申,《翻译适应选择论》[M],武汉：湖北教育出版社,2004。

9 胡庚申,翻译生态学解读[J],《中国翻译》,2008(6)：11—15。

10 李运兴,论翻译研究中的语境张力[A],载于胡庚申主编,《翻译与跨文化：整合与创新》[C],上海：上海外语教育出版社,2009：149—162。

11 黄忠廉,严复翻译始末小考[J],《读书》,2009(2)：116—120。

12 焦飏,从"翻译适应选择论"看严复《天演论》的翻译[J],《成都教育学院学报》,2006(12)：157—160。

13 焦卫红,严复"信达雅"新解——以《天演论》汉译为例[J],《澳门理工学报》,2007(2)：111—120。

14 刘莉美,"适应策略"在十六、十七世纪译作中的应用及影响[J],《外国语文研究翻译专刊：全球化浪潮中的华语文翻译》(台湾),2006(1)：229—238。

15 马建忠,拟设翻译书院议[A],1894,载中国翻译工作者协会《翻译通讯》编辑部编《翻译研究论文集》[C],北京：外语教学与研究出版社,1984。

16 马祖毅,《中国翻译简史："五四"以前部分》[M],北京：中国对外翻译出版公司,2001。

17 宋志平,论翻译选择过程的非线性[A],载于胡庚申主编《翻译与跨文化：整合与创新》[C],上海：上海外语教育出版社,2009：111—120。

18 王宏印,研究与批评——关于文学翻译批评的方法论考察[A],载于罗选民主编《文化批评与翻译研究》[C],北京：外文出版社,2005：117—128。

19 王诺,儒家生态思想与西方生态整体主义[A],载于乐戴云(中)、李比雄

(法)主编《跨文化对话》[C],上海:上海文化出版社,2005:88—96。

20 王如松、周鸿,《人与生态学》[M],昆明:云南人民出版社,2004。

21 张振玉,《翻译散论》[M],台北:东大图书股份有限公司,1993。

22 Budiar, H. *Practice and Reflection* [M]. Translated by Li, Meng & Li, Kang. Nanjing: Yilin Translation Publishing House, 1998.

23 Hu, G. Understanding Eco-translatology [R]. Paper presented at *International Conference on Translating Global Cultures: Toward Interdisciplinary (Re) Construction*, Beijing, 2006.

24 Krohne, T. D. *General Ecology* [M]. Brooks/Cole: Thomson Learning, 2001.

(本文提交于首届英汉对比与翻译研究学科建设高层论坛)

翻译社会学

王晓元

摘要：本文试图在借鉴西方文化研究与(文化)社会学理论的基础上，构建一个新的理论模式：翻译社会学模式。这一模式构成的基本元素包括：1)社会文化情景或语境(socio-cultural situation)；2)翻译主体；3)文本(text)；4)读者。在这一宏观的翻译语境中，提出并考察两种行为：翻译主体行为(translatorial act)与翻译行为(translational act)。翻译行为作为一种社会行为，是具有意识形态的。仿照微观的言语行为理论，本文将翻译行为视为一种宏观的言语行为，每一翻译行为的产生同时实施了三个不同的行为：1)译内行为；2)译外行为；3)译后行为。因此，笔者提出可以相应地从三个不同但又相互联系的层次研究"翻译"：1)文本(text)维度；2)话语实践(discursive praxis)维度；3)社会学(sociology)或意识形态(ideology)维度。

关键词：翻译；话语；意识形态；行为；翻译社会学

0. 导言

本文试图在借鉴西方文化研究与（文化）社会学理论的基础上，构建一个新的理论模式：翻译社会学模式。

翻译社会学模式，顾名思义，其出发点就是将翻译行为（translational act）视为一种社会行为；而这一社会行为因为其特殊性——即为一种言语行为——同时也是一种话语的生产行为；这就势必要求我们在研究翻译的时候，考察翻译行为发生时（必要时可包括翻译前或后）的社会文化语境。

首先探讨这一模式的构成。

如果我们借鉴语用学中的语境观念或理论来考察翻译的语境，那么其构成的基本元素包括：

1）社会文化情景或语境（socio-cultural situation）：主要是指翻译行为发生的历史时代与地理背景，不但包括具体的翻译行动实施时的语境，而且包括与之相关的翻译行为发生前的社会文化语境，并考察翻译行为发生后相关历史时段的语境，涉及诸如权力场、审查机构（及其所代表的意识形态）等众多因素，但在具体的个案研究分析中，各个参数所占的分量不同，因而需要考察的参数数量也就不同。

2）翻译主体：与大多数讨论翻译主体或主体性的论述不同，这里的翻译主体不但包括具体翻译行动的实施者译者，而且包括赞助的个体或机构与出版的个体或机构；换言之，我们将翻译的生产者均视为翻译的主体。

3）文本（text）：自然包括传统意义上的原文文本与译文文本，但同时也包括"伪译"与"伪作"。

4) 读者：从理论上讲,翻译行为的目的对象是所谓的隐含读者(implied readership),即翻译主体在生产文本前或文本生产过程中心目中所针对的特定读者群体,但在实际的阅读实践中,译文文本的读者未必就是或全是隐含读者。

在这一宏观的翻译语境中,我们提出并考察两种行为：翻译主体行为(以下有时简称译者行为,translatorial act)与翻译行为(translational act)。毫无疑问,这两种行为具有逻辑上的因果关系,即翻译行为是由翻译主体实施完成的,但翻译行为的外延则远远超出了翻译主体行为。因此,如果我们从翻译的目的与效果这一视角考察,那么二者之间的关系则较为复杂：译者行为的动机或目的,并不同于翻译行为在读者身上实际产生的反应或引发的效果。二者之间可能存在交叉(overlapping)的情形,也可能没有交叉关系。这一区分在以往的研究中几乎不为人所重视。

翻译行为作为一种社会行为,其主要媒介是语言活动,因而自然也属于言语行为的一种。语言不是纯粹的,相反是意识形态的,或者说意识形态镶嵌在语言之中,特别是在语言的使用即言语之中。所以,作为话语生产的翻译行为是意识形态的。

本文认为,翻译与意识形态的关系,是一种互动的关系,即一方面,翻译行为受到意识形态的制约,另一方面,翻译行为生产新的意识形态。而这种关系则是通过话语实现的。①

下面我们试图在有关研究的基础上,逐一论析意识形态、话语

---

① 笔者在 1998 年 10 月南昌大学召开的"中国英汉语比较研究会第三届全国学术研讨会"上宣读了题为"意识形态与文学翻译的互动关系"的论文,就"互动关系"提出了两点看法："首先,翻译的生产要受到意识形态的制约或支配;其次,翻译活动本身同时又在生产着意识形态。"参见王晓元(1999：10)。本文的论点是在此基础上发展而来的。

与翻译三者之间的关系。

1. 意识形态

早在法国的特拉西(Destutt de Tracy，1754－1836)正式提出"意识形态"(Idéologie)这一概念之前，英国的培根(Francis Bacon，1561－1626)便已在其《新工具》(1620)中提出了著名的"四假相说"①，可视为意识形态概念降生的第一个先兆与推动力。

在培根之后，洛克(John Locke，1632－1704)的重要著作《人类理解论》(1690)成了意识形态概念的真正的催生剂。

特拉西是第一个把"意识形态"概念引入西方哲学史的人。特拉西的意识形态概念和理论主要见诸《意识形态的要素》(1801—1815)。

此后，意识形态这一概念的含义经历了种种变化，据 Terry Eagleton 在其 *Ideology：An Introduction* 中对西方理论学术著作中通用的意识形态概念进行了统计，发现对意识形态所下的定义至少有以下十多种(Eagleton，1991：1－2,转引自孟登迎，2002：78—79)：

　　1 社会生活的意义、符号和价值的生产过程；

　　2 显现某一特定社会群体或阶级特征的一套理论体系；

　　3 有助于主流(dominant)政治权力合法化的思想；

　　4 有助于主流政治权力合法化的虚假思想；

---

① 这四种假相分别是：(1)"种族假相"(Idols of the Tribe)；(2)"洞穴假相"(Idols of the Cave)；(3)"市场假相"(Idols of the Market Place)；(4)"剧场假相"(Idols of the Theater)。

5 体系化的歪曲交流；

6 为主体提供位置的东西；

7 由社会利益引发的思想方式；

8 同一性思想(identity thinking)；

9 必要的社会幻觉；

10 权力与话语的结合；

11 具有自觉意识的行动者在其中理解他们周围世界的媒介；

12 有行动指向的一套信念；

13 语言事实与现象事实的混淆；

14 语言符号的圈套；

15 主体通过其与社会结构发生关系的不可或缺的媒介；

16 社会生活转化为自然现实的过程。

这些意识形态的定义虽然不同,甚至互不相容,但基本上与以下两种理论传统存在着密切的关系：一是注重讨论认识真假的认识论传统,从黑格尔、马克思到卢卡契,以及一些新近的马克思主义者,一直将意识形态看作幻觉、歪曲和神秘化；一是关注意识形态社会功用多于关注意识形态真实性(或非真实性)的社会学传统(孟登迎,2002：79)。

本文无意对意识形态的含义作一历史变迁或不同流派的综述,而只准备对所采用的一种意识形态学说加以论析：阿尔都塞(Louis Althusser,1918-1990)的意识形态理论。

阿尔都塞认为,从某种意义上说,人类存在着二重关系。其一是人类与自己诸多生存条件的关系,也就是广义的人与环境的关系；其二是人类对前一种关系的体验关系。意识形态则属于后一种关系。阿尔都塞说："因为意识形态所反映的不是人类同自己生存条件的关系,而是他们体验这种关系的方式；这就等于说,既存在真实的关系，又存在'体验的'和'想像的'关系。"（阿尔都塞，1984：203）在阿尔都塞看来，意识形态作为一种"体验"关系和"想像"关系，虽然更多地表现为一种意志、态度（这种意志和态度可以是不同的，它们或者是保守的、顺从的、改良的或者是革命的），甚至是一种希望或一种留恋，而不是对现实的描绘。换言之，它不是一种对象关系。但是，在意识形态中，人类与自身生存条件、生存环境的真实关系不可避免地被包括到想像的关系中去。所以他说："意识形态是人类依附于人类世界的表现，就是说，是人类对人类真实生存条件的真实关系和想像关系的多元决定的统一。"（同上）阿尔都塞在这种特定意义上，理解马克思主义关于意识形态能动作用的理论，认为："正是在想像对真实和真实对想像的这种多元决定中，意识形态具有能动的本质，它在想像的关系中加强或改变人类对其生存条件的依附关系。"（阿尔都塞，1984：204）（参见丁立群，2003：39）

阿尔都塞在"意识形态和意识形态国家机器"（Althusser，1971）中提出了"意识形态国家机器"（Ideological State Apparatuses，简称为 ISAs）的概念。这一概念显然与马克思所使用的"国家机器"存在某种互文关系。马克思把军队、警察、法庭和监狱等机构视为"国家机器"；那么，"意识形态国家机器"包括那些内容呢？阿尔都塞列出了一份"清单"：

宗教的意识形态国家机器（各种教会系统）；

教育的意识形态国家机器（各种公立的、私立的学校的系统）；

家庭的意识形态国家机器；

法律的意识形态国家机器；

政治的意识形态国家机器（政治制度，包括不同的政党）；

工会的意识形态国家机器；

通讯的意识形态国家机器（出版社、无线电、电视等）；

文化的意识形态国家机器（文学、艺术、体育运动等）。

为了区分马克思的"国家机器"与自己的"意识形态机器"，阿尔都塞把马克思所说的"国家机器"称之为"强制性的国家机器"（the repressive State Apparatus）[①]；并指出二者之间存在的差异（参见俞吾金，2004：27－28）：

第一，"强制性的国家机器"是单数，即只有一个，因为军队、警察、法庭、监狱等机构，虽然看上去也是复数，实际上却是受政府的统一指挥的。与此不同的是，"意识形态国家机器"是以复数的形式呈现出来的，"即使我们假定存在着一个由复数形式的意识形态国家机器组成的统一体，这个统一体也不是直接可见的"（Althusser，1976：18，转引自俞吾金，2004：27）。

第二，"强制性的国家机器"属于"公共领域"（public domain），它高高在上，每个人都意识到它的存在和必须服从的权威性；然而，就"意识形态国家机器"而言，它们却从属于"私人领域"（private domain），它们以不起眼的、弥散的方式存在着。事实上，在西方国家中，教会、政党、工会、家庭、一部分学校、大部分报纸、文化事业等等，都具有私人的性质，从属于私人领域。阿尔都塞认为，就"意识形态国家机器"从属于私人领域这一新见解的形成而言，人们主要得益于葛兰西。充分地认识到这一点，也就把握了西方国家政治生活的本质特征。阿尔都塞所作的结论是："私人机

[①] 俞吾金（2004：27）还指出："当然，阿尔都塞也承认，加上'强制性的'这一定语，也并不会使这一区别更为明晰，因为在'意识形态国家机器'的运作过程中，同样也在一定范围和一定的程度上存在着'强制性的'状态，然而，比较起来，这种'强制性的'状态仍然与马克思所说的'国家机器'运作中的'强制性'状态存在着质和量上的差别。"

构完全能够作为意识形态国家机器很好地'发挥作用'，对任何一种意识形态国家机器作充分合理的分析都能证明这一点。"（同上）

第三，"强制性的国家机器"通过"暴力"发生作用，而"意识形态国家机器"则通过"意识形态"发生作用。人们也许会这样说，任何一种国家机器，不管是"强制性的国家机器"，还是"意识形态国家机器"，都是既通过暴力，又同时通过意识形态发生作用的。实际上，"强制性的国家机器"不可能完全脱离"意识形态国家机器"所制造的意识形态，单独地起作用；反之，"意识形态国家机器"一旦失去了"强制性的国家机器"这一背景性的力量，也会丧失自己的主导性，沦为轻飘飘的东西。也就是说，在"意识形态国家机器"发生作用的过程中，始终蕴含着"强制性的国家机器"的暴力支援因素。在一些情况下，甚至某些"意识形态国家机器"本身在运作中就直接采用了暴力的方式，如教会、学校对学生或信徒的规训、体罚、除名、挑选等等。事实上，这两种不同类型的国家机器的配合是很有默契的，在主导价值上也是基本一致的。正是在这个意义上，阿尔都塞写道："据我所知，任何阶级如果不同时对意识形态国家机器施行霸权或通过意识形态国家机器施行霸权，它就不可能长时期地掌握国家权力。"（Althusser，1976：20，转引自俞吾金，2004：28）

然而，在阿尔都塞看来，不管这两种不同类型的国家机器在发挥作用时如何相互渗透、相互贯通，从总体上看，这种差异仍然是存在的，而"意识形态国家机器"之所以常常会引起人们的迷惑，就是因为它们在绝大多数的情况下不是通过暴力的方式，而是通过意识形态，以潜移默化的方式发挥作用的。所以，阿尔都塞总结道："所有的国家机器都是既通过强制，又通过意识形态发生作用的,其差异在于,强制性的国家机器大量地、主导性地依靠强制发生作用,而意识形态国家机器则大量地、主导性地依靠意识形态发生作用。"(Althusser,1976:23)

需要指出的是,阿尔都塞"意识形态国家机器"论说乃是建立在"再生产"(reproduction)观点的基础之上的。在阿尔都塞看来,马克思所说的再生产并不单是生产资料的再生产,还包括生产条件的再生产。而生产条件的再生产,至少包括两个必要条件:"(1)劳动力的再生产;(2)现存生产关系的再生产。"(参见阿尔都塞《列宁与哲学》,第 128 页,转引自孟登迎,2004:66)他尤其重视劳动力的再生产问题,因为这涉及意识形态和主体构造这一更复杂的问题。阿尔都塞认为:

> 劳动力的再生产不仅要求一种劳动技能的再生产,同时还要求一种对于现存秩序规则加以人身屈从的再生产,即工人对统治意识形态的归顺心理的再生产,以及一种剥削和压迫的代理人恰如其分地操纵统治意识形态的能力的再生产,这一切甚至在"话语"上都为统治阶级提供了支配权。(第131—132页,转引自孟登迎,2004:66)

从劳动力再生产角度考察意识形态所起的特殊功用,必然涉及主体的自我建构,涉及国家机器和社会机构的教化功能,而这些问题正是阿尔都塞意识形态理论的核心。

阿尔都塞指出,"作为表象体系的意识形态之所以不同于科学,是因为在意识形态中,实践的和社会的职能压倒理论的职能(或认识的职能)。"(阿尔都塞,1984:201,转引自丁立群,2003:39)这里所说的"实践的"和"社会的"职能是相对于科学的描述职能而言的，指的是意识形态对人的实践活动和社会生存的根本意义。阿尔都塞在"意识形态和意识形态国家机器"中更是提出了一个著名的论断："人在本质上是一种意识形态动物"（Althusser，1971：45）。

就实质而言，意识形态的真正的载体永远是人。一方面，没有作为主体而行动着的个人对意识形态的认同和贯彻，就不可能有意识形态存在，即使它存在着也落不到实处；另一方面，个人也不可能以超意识形态的方式来生活，实际上，个人也只有隶属于、居留于意识形态中，才可能作为主体来言说和行动，并为他人所理解和认可。因此，阿尔都塞说："主体的范畴是一切意识形态的构成要素，但同时我立即要补充说，只有当一切意识形态具有把具体的个体'构成为'（定义为）臣民的功能时，主体范畴才是一切意识形态的惟一构成要素。"（Althusser，1976：45，转引自俞吾金，2004：29）①

一方面，正是意识形态使个人陷入这样的幻觉，即把自己想像为自由自在的主体，仿佛自己的行为完全是由自我决定的，任何外在的因素都无法支配自己；另一方面，也正是意识形态把个人作为"臣民"加以"质询"（interpellation）或"招呼"（hailing）。比如，当一个人在街上行走时，突然有人"招呼"他，他听到了，转过了身。正是这一转身表明他是某种意识形态的"臣民"，他认同于它，归属于它，并在这种认同与归属中与他人相互识别、相互理解。（参见俞吾金，2004：29）

在拉康的影响下，阿尔都塞把个体在意识形态中呈现出来的

---

① 在英语中，subject 一词具有双重的含义：作为哲学范畴，它可以解释为"主体"；作为社会学意义上的角色，它又可以解释为"臣民"。此外，还可作动词用。

"主体"和"臣民"的双重角色称作为"意识形态的双重镜子-结构"（duplicate mirror-structure of ideology）。在这一结构中，展现出以下四种关系：

1）把"个体"作为臣民加以质询；

2）他们归属于这个主体；

3）臣民与主体之间相互识别，不同臣民之间相互识别，以及主体最终自我识别；

4）绝对保证一切确实都是这样的，也绝对保证臣民们在识别自己是在谁的条件下变得循规蹈矩，于是，一切都变得正常了；阿门——"它就是这样的"。（Althusser，1976：55，转引自并参见俞吾金，2004：29—30）

从上面的论述中可以看出，阿尔都塞深刻地揭示出意识形态和个体之间的深层的、辩证的关系。个人处处把自己视为"主体"并陷入自己是无限自由的幻觉中，并试图从这样的幻觉出发去理解自己和他人、自己和世界之间的关系，然而，实际上，他们始终居留于、归属于某种意识形态，并成为它的忠实的"臣民"。在阿尔都塞看来，哲学家们常常觉得自己居留于任何意识形态之外，能够以完全超脱的方式来谈论哲学问题，事实上，他们的谈论完全是抽象的，因为作为意识形态的动物，或者换一种说法，作为某种意识形态的"臣民"，他们是不可能以一种超意识形态的、中立的方式来思考、言谈和写作的。阿尔都塞暗示我们，惟有在确定的意识形态的语境中来探讨"主体"的性质和作用，并进而谈论其他的哲学问题，这些问题的解答才具有现实性。（以上参见俞吾金，2004：29—30）

在论述"意识形态国家机器"主要特征的基础上，阿尔都塞还提出了"统治性意识形态"（ruling ideology）和"主流性意识形态国

家机器"(dominant ideological State apparatus)的概念:所谓"统
治性意识形态"也就是掌握国家权力的统治阶级的意识形态,正是
通过这种意识形态的协调,"强制性国家机器"与"意识形态国家机
器"之间、不同的"意识形态国家机器"之间可能出现的各种裂痕乃
至冲突才可能被化解;而"主流性意识形态国家机器"也就是"统治
性意识形态"的主要载体。(参见俞吾金,2004:28)而如果从意识
形态分类的意义上言,在每一个社会中,则存在两种类型的意识形
态:主流意识形态与边缘意识形态。而参照 Raymond Williams
对文化的分类,除了主流意识形态外,边缘意识形态又可分为两种
情形:残留(residual)意识形态与新生(emergent)意识形态,即根
据意识形态在社会中的位置,存在三种类型的意识形态:主流,残
留与新生。

还有一点需要特别强调,就是区分一般意识形态与具体意识
形态。当我们说意识形态是无意识的时候,我们所说的乃是一般
意识形态(Ideology),或者按照阿尔都塞结构主义的说法,那是作
为结构的意识形态:"即使意识形态以一种深思熟虑的形式出现
(如马克思以前的哲学),它也是十分无意识的。意识形态是个表
象体系,但这些表象在大多数情况下和'意识'毫无关系;它们在多
数情况下是形象,有时是概念。它们首先作为结构而强加于绝大
多数人,因而不通过人们的'意识'。它们作为被感知、被接受和被
忍受的文化客体,通过一个为人们所不知道的过程而作用于
人……因此,意识形态根本不是意识的一种形式,而是人类'世界'
的一个客体,是人类世界本身。"(阿尔都塞,1984:202—203,转引
自丁立群,2003:37)而意识形态的具体形态(ideologies)则包括宗
教、伦理、哲学、艺术等等话语。

2. 话语

正如意识形态一样,"话语"(discourse)概念也是"现代批评理论中历史相对较短、用法变化最大、使用范围最广、定义繁复多样、意义至关重要的一个术语"(陈永国,2002:28)。

国内学人在讨论"话语"的时候,实际上在其研究对象或范围上可能存在所指不明确的问题,正如陈永国(2002:30)所指出的,"国内语言学界通常把 text 译成'语篇'或'篇章',把 discourse 译成'话语',然而也有与此相反者。"本文则按照国内语言学界的常规译法,将"discourse"译为"话语",将另一个术语"text"译为"文本"。

纵览语言学家对"文本"(或"语篇")与"话语"在所指上的区分,不外乎三种基本的意见:1)文本(或语篇)既指书面语,又指口头语;2)话语既指书面语,又指口头语;3)文本只指书面语,话语则只指口头语。

本文并不打算从外延上对二者加以区分,认为无论是文本还是话语,均可包括书面语与口头语;正如黄国文(1987:7)对"语篇"(text)所作的界定:

> 语篇通常指一系列连续的话段或句子构成的语言整体。它可以是独白、对话(dialogue),也可以是众人交谈(multi-person interchanges);可以是文字标志(如交通标志),也可以是诗歌、小说。它可以是讲话,也可以是文章;短者一二句可成篇,长者可洋洋万言以上。所以,可以说,无论是一句问候(greeting)、一次谈话、一场论文答辩、一次记者招待会的问

答，还是一张便条、一封书信、一份科研报告、一本文稿，都可以是语篇。

但文本与话语确实又存在某种区别。陈永国（2002：30）首先引用了 Leech & Short（1981）所作的区分：话语是语言性的交流、说话者与听者之间的交流、一种人际间的活动，其形式由其社会目的所决定。语篇也是语言性的交流（无论是书面语还是口头语），但仅仅是以听觉或视觉媒介编码的一个信息；继而指出："话语"是说话者与听者之间的交流，而"语篇"仅仅是由听觉或视觉传达的一个信息，二者之间的唯一区别在于，语篇强调交流所用的媒介，而话语则侧重交流的语境。不过，从其质疑——"但问题是：语篇所传达的信息难道就不需要语境了吗？"——来看，似乎对二者的区分尚未明确。

本文认为，文本（即"语篇"）与话语的本质性区别在于："文本"概念侧重的是客体性，是作为语言的一个实体，主要是作为一种"结构"而存在，因此 de Beaugrand & Dressler（1981）给"语篇"提出了七个必备标准：衔接性、连贯性、意图性、可接受性、语境性、信息性和互文性（参见陈永国，2002：30）；而"话语"概念侧重的乃是其交流（communication）[1]，即其社会实践性。由此可以看出二者之间的关系是："文本"（或"语篇"）是"话语"得以实现其交流的根本手段，没有文本这一手段，话语就不可能是一个语言活动。[2]

而"话语"这一概念，即便是在近半个世纪以来的人文学科中，

---

[1] 英语中"communication"一词也有译为"交际"或"交往"的。

[2] 而在更为宽泛的语境中，我们还可以考虑不同语境类型中二者的涵义，如在语言学以及文学批评理论的语境中，但这里不再作深入的讨论。

不同的研究者,不同的学派,不同的时期,其外延与内涵自然也是不同的。这里虽然无法就此展开讨论,但从总体上言,话语——或者说话语分析——存在两种传统:一种是语言学意义上的话语(分析);一种是社会学意义上的话语(分析)。

在严格的语言学意义上,话语通常是指大于句子的语言交流单位,与"text"(语篇或文本)几乎没有什么区别;在话语分析中,侧重的则是如"话轮"(turn-taking)与会话(conversation)等一类的对象;甚或也有讨论衔接与连贯等问题的,而这也就是"语篇语言学"(text linguistics)的研究范围了。

在社会学传统中,话语指的则是人类交际活动所产生和使用的一套"符号"——主要是语词、范畴、命题和概念系统。其突出代表是法国的福柯(Michel Foucault,1926-1984)的话语理论。

在福柯的话语理论中,话语涉及的是用以建构知识领域和社会实践的不同方式。福柯在多种意义上使用了"话语",如他自己就承认,至少是以三种不同的方式使用"话语"这个概念的(汪民安、陈永国、马海良,1997;陈永国,2002:31):

有时用它指所有陈述的一般领域,有时用作可以个体化的一组陈述,有时则作为一种有序的、包括一定数量的陈述的实践。

福柯认为,"真理"(或"真实",即 truth)不是被发现的并从而传播开来的,而是话语建构出来的;所有的真实都是话语的真实;关于人类和人类社会的一切知识都是话语生产出来的。因此,话语分析者的首要任务就是追溯特定的一套话语产生和演变的过程,即进行话语的系谱学研究,清理话语形成和变化过程中的诸多因素(参见张宽,1995:133)。

总而言之,一切的语言使用均包含意识形态立场,社会学传统中的"话语"概念,我们主要是用于意识形态的分析;意识形态与话语之间存在着互动的关系:意识形态制约话语的生产;话语生产意识形态。

3. 翻译、话语与意识形态

如果我们仿照微观的言语行为理论,将翻译行为视为一种宏观的言语行为,那么我们可以说,每一翻译行为的产生同时实施了三个不同的行为:1)言内行为(locutionary act),即译内行为;2)言外行为(illocutionary act),即译外行为;3)言后行为(perlocutionary act),即译后行为。换言之,我们可以相应地从三个不同但又相互联系的层次研究"翻译":1)文本(text)维度;2)话语实践(discursive praxis)维度;3)社会学(sociology)或意识形态(ideology)维度。

文本维度这一维度可以说是翻译研究中的本体(ontology)维度,因为翻译首先并且最终都与语言相关,一切都是在语言中并通过语言而发生的。文本维度的研究首先自然可以从微观的层面展开,也可以从宏观的层面展开:从词汇、语法、衔接与连贯到文本结构属性等。

话语实践维度这一维度涉及(翻译)文本的生产与消费等过程。具体的社会文化语境、生产出翻译文本的生产者的构成、文本消费者的组成等因素在文本生产过程中的作用,以及文本的作用力(force)等,均属于这一研究层面。

社会学或意识形态维度如前所述,话语乃是具体意识形态的体现形式,而翻译行为是一种话语实践,三者之间的关系如下:翻译行为作为一种话语生产活动,受到意识形态的制约;与此同时,翻译行为生产意识形态。

虽然在具体的研究中,可以有两种方向不同的方式:从文本到意识形态,或反之;但是,无论采用哪一种方式,我们都可以将微观与宏观两种视角结合起来。需要指出的是,在面对具体的研究对象时,还可以根据需要,采取其中一个层次或几个层次相结合的做法展开研究。同样,需要指出的是,笔者这里只是试图提出一种框架(framework),并且是一种开放性的框架;换言之,并未对研究者在具体研究过程中采用何种研究途径(approaches)做出规定,相反,研究者可以采用任何一种合适的研究视角或途径。

参考文献

1 阿尔都塞(Louis Althusser),《保卫马克思》(*For Max*)[M],顾良译,北京:商务印书馆,1984。

2 丁立群,阿尔都塞的意识形态理论——一种文化阐释[J],《哲学动态》,2003(3):37—41。

3 孟登迎,《意识形态与主体建构:阿尔都塞意识形态理论》[M],北京:中国社会科学出版社,2002。

4 汪民安、陈永国、马海良,《福柯的面孔》[M],北京:文化艺术出版社,2001。

5 王晓元,意识形态与文学翻译的互动关系[J],《中国翻译》,1999(2):10—14。

6 俞吾金,《意识形态论》[M],上海:上海人民出版社,1993。

7 张宽,Discourse 话语[J],《读书》,1995(4):132—134。

8 Althusser, L. *Lenin and Philosophy and Other Essays*[M]. (Trans.) Ben Brewster. New York: Monthly Review Press. 1971.

(本文提交于首届英汉对比与翻译研究学科建设高层论坛)

音乐剧翻译：文本与文化的平衡

洪兰星

摘要： 音乐剧翻译作为一个跨学科的新领域，综合了文学、翻译学、音乐、表演艺术、跨文化学和人种学等多种学科的特征。西方音乐剧进入中国市场也还不久，音乐剧翻译在中国仍处于初期实验阶段。本文从音乐剧歌词的特点入手，通过分析它与诗歌等文学文本以及与歌曲和歌剧歌词等表演文本的不同之处，探讨译者对翻译目的的定位、为达到文本与文化之间的平衡而选用的翻译策略以及影响这些选择的背景因素。本文使用描述翻译学的方法，以在国内演出的西方音乐剧《剧院魅影》、《妈妈咪呀!》、《猫》、《我爱你》等为例，从可唱性、韵律、创新、四声、文化改编等方面，考察目前的一些翻译实践对目的论、规范理论、解构理论以及动态对等和归化与异化等方法的应用及效果，从而探讨译者如何在音乐剧翻译这个特定体裁类型中实现其翻译目的——关照他们的目的语受众。

关键词： 音乐剧翻译；歌词翻译；文化改编；以消费者为定向的通俗文化

0. 背景

中国文化市场的日趋活跃和开放，为观众提供了一个享受古今中外丰富多采的娱乐艺术的舞台。其中，西方音乐剧的引进，为中国演艺市场增添了一抹靓丽。从 2002 年开始，一些历久不衰的经典剧目如《剧院魅影》、《猫》、《悲惨世界》、《妈妈咪呀！》、《狮子王》等已分别在中国多个城市上演(Kolesnikov-Jessop, 2008)。一时间，业内人士兴奋不已，音乐剧迷们热情高涨，加之成功的市场宣传，共同掀起了一股音乐剧热。上海和北京等城市票房奇迹不断传出(海峡时报, 2007; Zhao, Z., 中 2007)。上海音乐学院音乐剧系、上海戏剧学院音乐剧班也分别于 2002 年和 2003 年相继应运而生(伍斌、林环, 2008; 张裕, 2003)。音乐剧爱好者们也纷纷成立网站，发博客，交流资源和感想，一些大学生甚至红红火火地尝试自排自演音乐剧进行非营利性演出(武鹏, 2005)。这一切都展示了中国观众对这种外来时尚娱乐艺术的欣然接受。

然而，透过这一片繁荣景象，人们也注意到语言和文化障碍毕竟使不少观众望而却步。2004 年《芝加哥》在北京演出时，有媒体用"水土不服"来描述其令人失望的演出效果，并由此得出了"中国没有看音乐剧的传统"的结论(金春, 2004)。虽然歌剧通常是用原文演唱，但音乐剧在世界各地演出时却基本上都是用当地语言演唱。上海音乐学院音乐剧系教授金复载对中国观众所面临的语言难题十分同情，他说：

> 在国外看音乐剧是没有字幕的，他们没有语言问题。但在中国，一边看演员表演、一边看字幕，非常影响欣赏整个音

乐剧。……语言是欣赏演出的一大问题,演出手册也不可能做得详尽。如果要避免这个问题,就得考虑用我们的母语来演出。(张霞,2008)

可见,中国观众希望看到中文版也并非过分的要求。面对如此庞大的观众市场,西方音乐剧制作人也警觉起来,他们开始意识到,制作中文版才是音乐剧赢得观众的关键。以制作"四大名剧"《猫》《剧院魅影》《悲惨世界》和《西贡小姐》而蜚声世界的英国著名音乐剧制作人卡麦伦·麦金托什于 2007 年与中国对外文化集团签署协议,共同制作《悲惨世界》等经典剧目中文版(海峡时报,2007)。麦金托什说,"我的音乐剧在来到中国之前,已经在 28 个国家上演,而且被改编成他们各自国家语言的版本进行演出。这些音乐剧改编之后,不但大家能在自己家门口看到自己看得懂的音乐剧,同时也促进了整个音乐剧产业在这些国家的发展"(张学军,2005)。太平洋彼岸的美国娱乐产业,如百老汇亚洲娱乐公司等,也不甘落后,跃跃欲试(黄丽娟,2008)。于是,《悲惨世界》《音乐之声》《妈妈咪呀!》等音乐剧的中文版面世的消息频频见诸媒体。

中国并不是一个等待启蒙的戏剧处女地,其戏剧传统源远流长,在世界戏剧史上是与希腊和印度并列的三大戏剧古国之一。西方音乐剧在中国观众中引起的不同反应是受多方面因素影响的结果。由于篇幅的限制,本文主要关注其中的一个方面,即音乐剧歌词翻译向演唱版过渡时如何在文本和文化中找到令观众满意的平衡点? 尽管迄今为止西方音乐剧的汉译仍主要是字幕翻译,已在全国巡演的中译版剧目屈指可数。本文试图通过几个实例的文本分析,针对音乐剧歌词翻译中的语言和文化差异,用描述翻译学的方法,分析译者的翻译目的、他们所遵循的规范、在翻译过程中所采用的翻译策略以及影响他们做出这些选择的背景和原因，从而探讨这些翻译实践对音乐剧这种以消费者为定向的娱乐产品在文本处理和文化适应上有何启示。

目前在西方，"翻译与音乐这个领域依然处于翻译研究的边缘地带"（Susam-Sarajeva，2008：190），而西方音乐剧进入中国市场也还不久，音乐剧翻译在中国还处于初期实验阶段。译者经过各自的评估和权衡，或忠实再现，或"改写"，或"重建"原作。这些行为不可避免地体现了译者在个人判断与社会价值取向之间所做的自觉或不自觉的协调或操控，由此既反映出他们译作的个性特征，也折射出时代背景影响下的共性规律。对这些翻译实践的研究和探讨，可以作为未来发展阶段的参照点，从而进一步考察翻译实践在不同阶段的表现、变化规律和趋势。

1. 音乐剧歌词的特点

歌词翻译与诗歌翻译等纯文本翻译不同，必须兼具文学性和舞台性的双重特点，而且还要考虑不同语言中各自的韵律系统和歌唱要求。同时，唱词翻译与字幕翻译也不同。虽然处在同样的接受场合，字幕是供观众看的，可翻大意。而歌词翻译是供观众听的，内容和形式需统一在原作的框架内，既传达原文的内容，又符合音乐和演唱的要求。

音乐剧歌词翻译不同于歌曲翻译，关键在于音乐剧中的歌曲不是一个孤立的存在，而是为塑造人物性格、表现戏剧冲突和结构故事服务的。因此，它既需要关照戏剧故事的发展，又要受舞台表演即时性的制约，兼顾演员舞台表演的可唱性和观众的可懂性。歌词只是音乐剧众多符号中的一种，与音乐、舞蹈、服装、灯光、道具、布景等共同为观众营造一个娱乐空间。虽然这些歌曲有着一定的独立性,它们始终需要紧扣全剧的主题。从这个角度来看,音乐剧歌曲与歌剧歌曲十分类似。然而,这两者之间仍然存在着本质上的区别,其中最突出的表现在于这两种艺术形式对观众定位的不同。

尽管歌剧中的歌词翻译与音乐剧中的歌词翻译有许多相似之处,但歌剧属于高雅艺术。资深歌剧翻译家孙慧双(1999:333)用"曲高和寡"来形容歌剧翻译。他说,"歌剧演出本不仅是一部戏剧作品,而且还是一部诗作,而且歌唱部分的译文还要富有歌唱性。"(同上,1999:3)而音乐剧则属于大众文化,以《窈窕淑女》等音乐剧而名闻遐迩的美国词作家阿兰·杰勒纳(Alan Jay Lerner)将其定位为"一种表现时代的通俗艺术"(阿兰·杰勒纳,转引自廖向红,2006:48)。廖向红(2006:42—44)在《音乐剧创作论》中对音乐剧做了这样的定位:

> 作为20世纪现代都市文化的产业的音乐剧,它是集话剧、歌剧、舞剧等戏剧门类和戏剧、文学、音乐、美术等艺术门类的优长于一身,为观众提供全方位的审美感受的舞台艺术,是要在商业性、通俗性、娱乐性和艺术性之间找到一种平衡才能生存的音乐戏剧艺术。其创作和生产的最终目的就是要获取最高的票房收入。因此,与歌剧对高雅华丽的艺术追求不同,音乐剧注重表现通俗自然的"人之常情",使不同年龄、性别、种族、文化背景、社会阶层的观众产生兴趣,从而能慷慨解囊购票走进剧场。

为此,音乐剧从作曲、作词到舞蹈、舞美设计等创作以及表演手法上都以此为坐标。为体现其通俗化的特征,在"歌"与"剧"的关系上，音乐剧一反歌剧为展现声乐技巧的"先歌后剧"的严格规范，强调"先剧后歌"，即让歌唱服从剧情的需要，并且兼收美声和通俗唱法。（同上：85）而作为"音乐剧剧本创作的最基本要素"（同上）的歌词，更在遣词造句上表现出与歌剧明显的区别。廖向红从创作目的和受众的角度对歌剧和音乐剧的歌词做了如下对比：

> 歌剧中的歌词一般要求把生活中的语言提炼成"诗"的语言，追求歌词的精深、华丽、高雅，具有很强的诗性、文学性。而音乐剧商业性、通俗性的艺术特性决定了音乐剧的歌词无论是叙事，是抒情，还是表述思想哲理，都不能追求艰深、晦涩、高雅，而要用浅显、易懂、质朴的语言，以便让最广大的、不同年龄、不同文化层面的观众都能在不重复演唱歌词的情况下，听清、听懂每一句唱词。因此音乐剧中的歌词接近于日常生活语言，非常的生活、自然、质朴。……这种歌词在表述、阐释某种人生哲理时，会因其语言的质朴更易被观众感悟、接受和回味。（同上：63—64）

曾为《悲惨世界》创作歌词的著名词作家赫伯特·克雷茨梅（Herbert Kretzmer）从他创作该剧的经历中得出的结论是：音乐剧歌词"需要一种大众的，容易接受的风格"（Sheahen，1998：4）。他特别强调了音乐剧歌词作为一种听觉语言的即时性和易懂性的重要：

> 为音乐剧写作意味着你的歌词要立即被观众所理解。你不能让观众停留去思考一句歌词，歌中的音乐是不讲情面的，它不会等待你去解决观众的疑问。如果歌词能很容易地从演员口中唱出，就能很容易地进入观众的耳朵……。（爱德华·

伯赫《〈悲惨世界〉制作史》,1989:83,转引自廖向红,2006:64)。

对音乐剧上述特点的理解有助于译者根据这种文体特点把握翻译的目的、方法和策略以及最终的翻译效果。本文将从一些具体例子,分析译者是如何在英文和中文这两种不同的语言和文化环境中,以及在语言和音乐这两种不同的符号学系统中,以其不同的方法和策略,协调各方面因素并最终达到他们所追求的目的。

2. 翻译实例

巴斯奈特和勒菲弗尔指出,"翻译所处的语境必然会对翻译的形成产生影响。正如原文化中的规范和限制影响着原语文本的创作,目的语文化的规范和传统也不可避免地对翻译产生影响。"(Bassnett & Lefevere,2001:93)让我们从下面的具体例子中看看译者是如何在多种因素的影响下进行操作的。

2.1 可唱性

既然音乐剧是一种大众娱乐艺术形式,它就应该时刻以观众为观照目的。弗朗宗认为,"可唱性在这里并非只是'容易唱',而是类似于目的论所描述的好的译文所应具备的条件,即在所有相关的方面都符合其特别的目的。"(Franzon,2008:375)王克明(2006:610—611)把声乐作品的目的归结为三点:"一是歌者喜欢演唱,二是听众喜欢欣赏,三是只有这样,声乐作品才能有生命力,才能起到娱乐大众、陶冶情操的作用。"

然而,实现这个目的需要面对一些特定的难点,因为与其他文学翻译相比,"两种语言代号的对抗,以及诗与音乐这两种艺术形式的对抗"(Gorlée，1997：236)给音乐剧歌词翻译带来更多的束缚。彼得·娄(Peter Low，2003：105)对此也颇有同感，他认为，可唱性译文之所以难，是因为译者受到原有音乐的巨大束缚：节奏、音符长度、语义群或强音，一样都不能忽略，甚至连分节法和音高都需要考虑到。除上述难点以外，中文译者更要面对四声等语言的特殊要求。具有多年歌曲翻译经验的薛范甚至用"戴着镣铐跳舞"来形容歌曲翻译之难(同上：56)。

为此，翻译研究者纷纷提出各自的建议。彼得·娄(Low，2005：185—212)提出歌曲翻译可唱性的五项标准：可唱性、语义、自然、韵律与节奏。他把可唱性列为第一位。这一点对中国观众很重要，不仅对演员的表演，而且对于那些喜欢在卡拉 OK 等场所唱歌的观众。王克明(2006：615)在谈及汉译声乐作品评价标准体系的内容中也提出了文本处理中的一些具体方法：汉译本的字数要和原文的音节数相一致；汉语意群断句必须符合原音乐曲谱的节律；汉译本的韵律必须适合演唱，尽量选用开口韵，尤其是在高音区尽量避免"一七、姑苏、吁嘘"等韵。

[1]　'The Phantom of the Opera'"剧院魅影"

In sleep he sang to me, in dreams he came
他来我睡梦中吟唱着歌
that voice which calls to me and speaks my name
他说我的名字呼唤着我
And do I dream again? For now I find
莫非又做着梦这不用说
the Phantom of the Opera is there-inside my mind
那是剧院的魅影他就在我心窝

（薛范，2005：124—129）

在这首《剧院魅影》主题歌的译文中，最后一句利用小节的转换和语义群的可分离性把"在"重复了一遍，这样，不仅译文与原文的音节相等，而且遵循了原音乐曲谱的节律，为可唱性做了基础铺垫。除了语汇和表达上的优化组合外，这种重复或加"衬字"的方法也是翻译歌词时比较常见的一种。

2.2　韵律

在中国传统戏曲中，"其语言形式一定是歌唱的形式（可顺口而歌的诗，即使道白也具有能吟诵的意义），它要求整齐、押韵、合乎规范。因此，中国戏曲的语言特别讲究声调和韵律"（蓝凡，2008：440）。由此，中国观众是否也从这种文化传承的熏陶中养成了一种对歌词韵律整齐，朗朗上口的期盼。为上海大剧院近年上演的多部西方音乐剧担任翻译的费元洪在不断听取观众反馈、改进自己翻译的过程中逐渐意识到了这一点，于是开始把翻译重心从字幕翻译向可唱性方面过渡，他说：

> 凡是用外语演出的剧目，都需要有现场字幕帮助观众理解。在以往几年的音乐剧剧本翻译中，更多考虑的是意思表达的准确，而从《剧院魅影》开始，为让歌词更有节奏，更有韵律，甚至可以用来演唱，我则开始了许多音乐上的考虑。（费元洪，2007）

不同的翻译目的必然导致译者在翻译策略上的调整，进而"重构在翻译某一文本时所采用的主要规范"（图里，转引自芒迪，

2007：159）。费元洪在翻译《妈妈咪呀!》时,虽然制作人和剧院要求只是翻译字幕,但他认识到可唱性对这些广为人知的经典歌曲的重要性,因此在音节对应和韵律节奏感上特别下了一番功夫：

> 在《妈妈咪呀!》中,歌词更多以表达情感为主,不像许多其他音乐剧歌词那样,用来发展剧情。因此在翻译《妈妈咪呀!》的时候就可以更加自由,许多时候以"传其神为主,表其意为辅"。严复先生曾提出的翻译标准之"信,达,雅",重要性是依次排列的,而在歌曲翻译中,却完全可能以"雅"为首。事实上,当观众看着富有节奏,韵律整齐的字幕时,心情是愉悦的,甚至还有人跟着字幕一起演唱。（费元洪,2007）

[2] 'I have a dream'"我有个梦"

I have a dream　在我心中

A song to sing　有一个梦

To help me cope　歌唱未来

With anything　不再惶恐

If you see the wonder　童话中有你我

Of a fairy tale　未知的追求

You can take the future　要把明天探究

Even if you fail　哪怕伤痛

I have a dream　我有个梦

A fantasy　奇幻的梦

To help me through reality　跨过高山 穿越时空

And my destination　希望就在前方

Makes it worth the while　我不停脚步

Pushing through the darkness　带我走过黑夜

Still another mile　去迎接阳光

I believe in angels　天使在我心中

Something good in everything I see　美好生活就在我眼前

I believe in angels　天使在我心中

When I know the time is right for me　总有那一刻为我守候

I'll cross the stream　岁月匆匆

I have a dream　我有个梦

（费元洪,2007）

　　尽管用传统的标准衡量,有些语句在内容上不够"忠实",比如：将"When I know the time is right for me, I'll cross the stream"译为"总有那一刻为我守候,岁月匆匆"。但正是由于译文简洁明快,朗朗上口,恰当地对应了原词曲的音节和轻快而富有动感的节奏型,而且易于重复,使观众能很快学会跟着哼唱,由此调动起欢快活跃的剧场互动,达到了愉悦的目的。

2.3　创新

　　在西方,关于歌词翻译中的自由度或创造性的讨论也在逐渐展开。奈达在倡导动态对等原则的同时,给予诗歌体裁更灵活的调试空间。他指出："一篇完全胜任的诗歌译文,通常意味着为同样的主题创作一首几乎是全新的诗,在原语文化与译语文化具有明显差别的情况下尤其如此。"（奈达,2001：94）高雷将这种体裁所需的特殊处理方式具体描述为："歌词翻译过来了，但乐谱没变。歌剧译者打破语言与音乐之间原有的戏剧统一体，然后用一个全新的体系取而代之。"(Gorlée，1997：236)彼得·娄也呼吁在歌词翻译中保留原文意思上的灵活性。他认为，"尽管歌词翻译中语义准确极为重要，但由于这种特殊体裁所面对的种种约束，使得一些对原文意思的延伸和操控成为必然。"(Low，2005：194)

正是创新使得英语版《悲惨世界》在其前身法语版的基础上脱颖而出，成为至今常演不衰的经典之作。谈到自己将《悲惨世界》从法语翻成英语的经验时，赫伯特·克雷茨梅说，"我并未把自己看作是一个翻译，而是一个合作人……平等中的平等。"因此，他的翻译过程伴随着不断对原作的重新理解和创新："我的歌词不是逐字直译，而是再创作。不过，我当然还是忠于原作的感觉和情绪。"他给词作家的建议是："不要像奴隶般地紧跟原文，用你自己的话重新演绎原歌词。记住，也许有比套在颈圈里亦步亦趋跟在后面更好的服侍主人的方式。"(Sheahen，1998：3、11)

表1　《猫》"回忆"第一段及三种中译本

Memory -努恩作	回忆—薛范译	回忆—费元洪译	回忆—艳阳译
Midnight	夜深	午夜	夜雾
Not a sound from the pavement Has the moon lost her memory? She is smiling alone In the lamplight The withered leaves collect at my feet And the wind begins to moan (ST. Lyrics)	街上弥漫着寂静 月光寻找着梦境 留下孤独笑影 在灯光下 一片片枯叶 飘落在地 夜的风呜咽呻吟 （薛范，2005）	路上寂静无声 月儿也失去记忆 她笑得多孤寂 街灯下 枯叶在我的 脚下堆积 风儿也开始叹息 （费元洪，2003）	悄悄偷袭着大地 看不见一个人影 街灯分外凄清 没有月亮 也没有一片 落叶叹息 寂寞心等待明天 （费翔，2004）

从表1所列出的《回忆》第一段的三种中文译本中可以看出，三位译者在力求使译文在音节上与原文保持一致以确保其可唱性的同时，都十分注重语言的情绪和美感，在选词用句上颇下了一番功夫。从语义和语境的角度来看，薛范和费元洪的译文都忠实地再现了原文，而艳阳的译文却呈现出明显的语义上的"迁移"，致使场景发生了一些变化：尽管原歌词所表达的孤独、寂寞和无奈的感觉还在，但那带着孤独微笑的月亮不见了，那些被风吹落的枯叶的叹息声也听不到了，没有人影，没有声音，只有一盏街灯，还有在四周静静地弥漫开来的夜雾。译者刻意营造出的这种氛围似乎更深化了历尽沧桑的魅力猫的的落寞。也许，因为月亮在中国文化中代表团圆，代表超越时空的心灵相依——"千里共婵娟"，所以译者认为月亮的存在会减弱孤寂的气氛？如果是这样，这种"迁移"可以佐证图里的论点："这种对原作'忠实'的缺乏，并不是因为译者无视原作内部的文本联系，而是译者使其译文能被目标文化所接受而采用的策略。"（廖七一，2000：69）然而，如果这个译文不是用于CD版，而是供舞台表演用，它就会与舞台布景不一致，使观众产生困惑。此外，原文中的那些叹息着的枯萎落叶是一种象征手法，暗喻魅力猫如今就像这些随风飘落的枯叶，为自己的青春美丽不再而叹息。改译后，这种暗示效果也随之缺失了。

2.4　四声

歌词翻译中语音的轻重如果和音乐配合不当，很容易引起意想不到的歧义或误解。对此，奈达（2001：95）认为：

> 歌曲翻译中几乎总是需要做相当的调整，例如，重读音节一定要与正确的音符对应。对使用同一音节的持续音符或系

列音符来说,元音必须是可唱的……。音节数通常需与音符
数相同……

王克明(2006：613)也建议根据乐曲旋律、音程、音域和汉语
的声调以及话语规则确定每个汉字与特定音符的对应等方法来解
决汉语歌词的文本问题。

对于汉语,这里的一个突出问题是四声。我们都知道,四声在
汉语语言系统中的地位举足轻重,四声不准确可以引起无法估量
的交流障碍。在歌词中就更是如此。我们的前人早已注意到了这
一点。孙从音(2003：1)在谈到我们戏曲精萃之一的昆曲时指出,
昆曲唱腔的创作在曲调和唱词的结合方面非常注重语言的声调,
不仅要四声(平、上、去、入)有别,而且四声中还要细分阴阳二性而
成八声(阴平、阳平、阴上、阳上、阴去、阳去、阴入、阳入)。这种中
国戏曲文化的传承影响深远,即使是"文革"产物——那些向传统
戏曲宣战的革命样板戏唱词,依然保留住了这个规矩,声腔自然,
朗朗上口。这种影响自然也会体现在歌词翻译的实践中。如果对
四声把握不准,就会出现"倒字"现象,即在上行旋律使用下行声调
词组,或在下行旋律使用上行声调词组。这时,有些词组就可能引
起歧义,闹出笑话,甚至会造成误解。

对于"倒字"现象,薛范(2002：138)体会尤其深刻,多年来他
收集了不少例子,诸如"归来吧"听似"鬼来吧"等等。他认为,"如
何处理好'倒字'是最能见歌曲翻译家功力的试金石;在多大程度
上避免'倒字'是评判配歌优劣成败的最重要的标准之一。因为倒
字'现象是歌曲翻译技巧中最常见的、不易克服的病症。"(同上：
146)

2.5　文化改编

由于中、西语言与文化的显著差异,在音乐剧翻译中,调整、改编和本土化是不可避免的。尽管中国目前处于与西方共享资源的国际大环境中,但我们不应该忘记,仅仅在三十几年前,西方的价值观对中国人来说基本上还是陌生的,中国悠久的传统文化受外来影响也是有限的。当"进口"的西方文化与中国本土传统相遇时,文化差异在所难免。因此,"当原文所涉及的状况在译文的文化环境中不存在时,译者需要创造出一个新的、可被视为类似的状况"(Vinay & Darbelnet,1995:39)。

解构主义也从文本的内部构成鼓励译者的积极参与:"由于能指和所指之间存在着差异,原文意义不可能固定不变,只是在上下文中暂时被确定下来。"而在翻译的过程中,外部文化环境的转换会使这种文本内部变量,即原文意义的不确定性,进一步加剧。因此,解构主义认为,"译者应充分发挥主观能动性来寻找原文意义,发掘出能使原文存活的因素,利用语言间的转换,使原文得以发展并走向成熟,使译文和原文之间形成一种共生关系,而不是传统理论中的模仿与被模仿的关系。"(廖七一,2000:73)

2.5.1　动态对等

当不同的文化相遇时,如果处理不当,就会导致交流障碍。对于音乐剧翻译来说,如果观众无法领略原作的意思,他们的欣赏就会受到影响。因此,文化改编就成为翻译必用的手法之一。对此,翻译学者提出了许多建议。

奈达(2001:95)认为必要时可以在直译、原文语序和语态等方面有所妥协,达到"动态对等":

源语和译语所处的文化之间差别越大，就越需要调整。然而，通常来说，文化上的差异比语言上的差异更重要。原文风格特色（无论是其本身所具有的特质还是经过提升的）越突出，所需的调整就越多；原文与译文观众之间的社会与教育等级的差距越大，所需的调整就越多；译文越需要依赖补充符号，所需的调整及其类型就越多。

从以上这些条件来看，奈达更关注的是目的语使用者的接受性，也就是说，这些条件都是导致读者或观众理解译文的潜在障碍，因此是使用改编最频繁的领域。

2007年，当上海大剧院上演《妈妈咪呀！》时，其中一个有关同性恋的比喻让译者裘晔煞费苦心。因为中国观众不会明白这个英文暗示，而中文还没有一个对等的表达可以借用。裘晔一度想用"张国荣"表示"劳伦斯"，但怕引起部分观众的反感，认为他拿去世的人开玩笑；后来，他又想用电影《蓝宇》，但又怕大陆看过这部同性恋题材电影的人不多。尝试多种可能都觉得不合适，直到演出第10天，他才从李安一年前获奥斯卡大奖的电影《断背山》获得灵感，当天晚上即将这句台词改成了"你们母女深情，我们断背情深"，既含蓄，又达意，观众都心领神会（梅倩，2007）。

根据百老汇音乐剧 *I love you，you're perfected，now change* 翻译改编的《我爱你》是一部在国内演出的中文版西方音乐剧。在"刀削面事件"这一幕：一个恋爱中的女孩炫耀说要给她的男朋友做一个意大利千层面"Lasagna"，然而，中国观众对这道菜不一定都熟悉，可能无法理解它那复杂的制作程序。因此，译者用一道中国特色——山西"刀削面"来代替，这样既容易理解，又暗示了做这道菜所需的功力，有观众事后专门写博客给予好评（许慧欣,2007)。

2.5.2 "归化"与"异化"

韦努蒂(Venuti)(1995:20,转引自芒迪,2007:20)提出的"归化"与"异化"说认为,归化就是使外语文本符合目的语文化的价值观。而异化则是采用目的语文化价值观所排斥的翻译方法。从韦努蒂当时所针对的英美翻译文化主导地位的政治背景以及他由此选择的立场可以看出,他更多地从不同民族文化的规范和价值观来考虑,与奈达所关注的受众能否接受有所不同,侧重的是受众应否接受。至于今天在中国,翻译西方音乐剧以观众的文化艺术共享和娱乐为目的,这才是译者最为关注的。

2003年,《猫》在上海轰轰烈烈地上演,造就了一批"追'猫'族"(李澄,2003)。上海大剧院的翻译策略功不可没。由于艾略特的知名原著和音乐剧在剧院常演不衰的记录,西方观众对于这些猫的英文名字早已是耳熟能详,并多少知道他们的含义。然而,对于中国观众来说,这些名字只是一些毫无意义的奇怪音节,不含任何意思。因此,为了让中国观众能更容易理解和记忆,上海大剧院特地请了几位专家,依据其性格特征给其中15只主要的猫分别起了中文名字如下:

Old Deuteronomy 老杜特洛内米——领袖猫(leader)

Grizabella 格里泽贝拉猫——魅力猫(glamour)

Munkustrap 蒙克斯崔普——英雄猫(hero)

Jennyanydots 詹尼安点点——褓姆猫(nanny)

Bombalurina 邦巴露娜——迷人猫(charming)

Rum tum tugger 若腾塔格——摇滚猫(rock n roll)

Mistoffelees 米斯托弗里——魔术猫(magician)

Skimbleshanks 史金波旋克斯——铁路猫(railway)

Macavity 麦卡维蒂——犯罪猫（criminal）

Victoria 维克多利亚——纯白猫（pure white）

Mungojerry and Rumpleteazer 蒙哥杰利与蓝蓓蒂泽——小偷猫（thief）

Gus 格斯——剧院猫（theatre）

Bustopher Jones 布斯托夫·琼——富贵猫（rich）

Rumpus Cat——超人猫（super-man）

（钱世锦,2003）

从翻译方法上看,这里没有采用通常使用的"化"名称翻译规则——音译,却选择了"归化"的"意译"方式翻译。对于中国观众,特别是儿童观众来说,与其追求"原汁原味"而保留拗口又难记的名字,老杜特洛内米、蒙克斯崔普和格里泽贝拉猫变成了不仅意思直观,而且好记好念的领袖猫、英雄猫和魅力猫。

2.5.3　形式与内容

对于戏剧(喜剧)和诗歌,纽马克也建议使用改编的方法,他认为这是翻译方法中最自由的一种,不仅主题、人物性格和情节通常都能保留下来,原文得以转换到译文的文化语境,文本也可改写(Newmark,1988:45-47)。可见,他是从文本的角度出发,注重如何传达原文的内容,改写的是形式,增大的是翻译行为的自由度。

（1）相关元素

为追求原剧的效果而改编可以说是目前中国音乐剧翻译中一直在不断尝试也不断引发争议的领域。为了达到与观众互动,不少译者有意识地在翻译中加入"相关"元素。比如《我爱你》,在一场表现男女主角在电影院的戏里,男主角对令女主角感动不已的爱情故事毫无兴趣,坐在那里无聊至极,于是唱了一段表述自己如何向往动作片的歌曲。原曲中提到数名美国著名动作影星,这对于美国本土演出自然是顺理成章。然而,外语版就需要为自己的观众着想。于是中译版改用成龙和007取代了两个美国动作影星。这也许是考虑到成龙和007在中国的知名度,也许是从音节长度的可唱性考虑,或许也是为了营造一种国际影星大荟萃的效果。类似的改编还包括巧妙地用更能让中国球迷感到骄傲的篮球代替足球,NBA和姚明效应立即引起了观众的热烈回应。

2008年,当美国音乐剧《发胶星梦》在上海大剧院上演后,《新民晚报》以"中文唱词偏爱'张冠李戴'——谈《发胶星梦》出现'陈冠希''范冰冰'等"为题,报道了其中的改编及其演出效果。据称,剧中使用"陈冠希"、"范冰冰"、"她太有才了"等一些经过"本土化"处理的台词,引起了不少观众的议论,有的说能增加情境气氛,引起观众会意一笑;也有人认为,有些中文台词张冠李戴,有刻意娱乐化之嫌。担任字幕翻译的费元洪说,故事发生在1962年,编剧和词作者为了加强年代感,对白和歌词出现了大量那个时代的娱乐界人名和典故。"如果采用直译的方式,观众会不了解这些名词的意思而游离于戏剧情境之外。如果加上注解,字幕太多也会让观众目不暇接。因此,我们采用了替代法。"他说,原版音乐剧的台词中文化,是这些年来出现的一个翻译新课题,制作方也希望在不影响原意的前提下,尽量让台词能接近观众。如前年在沪上演的《狮子王》中,角色唱起了《老鼠爱大米》;去年的《妈妈咪呀!》里,主人公阅读的书名是《朝花夕拾》;让观众[既]能加强欣赏理解,"目的是让台词本土化,使观众产生亲切感"(杨建国,2008)。

(2)中国式幽默

在翻译《妈妈咪呀!》时,英国制作方强调轻松、幽默是该剧的基调,因此要求中文翻译一定要保持这种风格。他们甚至把中文剧本再翻译回英文,以便反复推敲翻译效果。该剧翻译之一费元洪认为语言的差异造成了中西方观众对幽默的不同理解："有些外国人会发笑的地方，我们中国人不一定会发笑；但是我们会笑的地方，他们也不一定笑，所以我们要根据文本来自己加一些有中国式幽默的东西。"另一位翻译裴晔也认为要在遣词造句和艺术表达上找到一个平衡，翻译得"既不违反原来的风味，又能让中国观众一下子理解"。对于有些观众认为"中国化的改动没有太大必要"和"有些刻意"等评论，费元洪认为，"如果翻译得很平淡的话，那肯定没人说，但就会感觉不到位；但如果翻译的色彩浓一些呢，每个人都感觉印象很深，那么可能有人就会觉得有点过了。"费元洪觉得，"既然这部戏本来就是比较搞笑、比较幽默，那么在文字上可以宽松一点。"（梅倩，2007）比如，当索菲在偷读母亲唐娜的日记时，深情唱出日记中唐娜对山姆的表白，原文应该是"你就像电影明星，我更爱你本人。"但字幕上则出现"你就像周润发，我爱你更胜他"。处理过的翻译，增加了中国观众能意会的幽默感（杨建国，2007）。

（3）时尚元素

中文版《我爱你》的主演之一于毅说，我们的观众大多数都是年轻人，我们虽然不会去迎合观众，但我们希望我们的故事时尚有新意，能引起关众的兴趣并产生共鸣。为此，一些译者大胆创新，在翻译中加入了不少"时尚"元素，追求喜剧效果。音乐剧《灰姑娘》在中国巡演时，据国内媒体报道，除魔法外，该剧与时俱进的对白也是一大亮点。国王发愁没钱办舞会时抱怨说现在"股市萧条、油价暴涨"，王子要求自己的父王母后派"特工"搜索灰姑娘。一些台词的翻译则很有中国味道，如："请求上帝、真主阿拉、太上老君……一切能保佑的神仙都来帮助我"，听着英文对白，对照字幕翻译，令观众会心一笑（何瑾，2008）。

然而,对从上述一些改编翻译,也有些观众(包括演员)持不同意见。他们的主要理由是原汁原味,认为改编会使原剧变得不伦不类。如何掌握改编的"度",怎样才能既帮助观众理解剧情以达到欣赏和娱乐的目的,又能避免因刻意奉迎而弄巧成拙,引起观众反感,这还有待在今后的翻译实践中进一步摸索,及时了解观众的反应,从而不断完善。

3. 结论

西方音乐剧大量涌入中国娱乐市场,开启了音乐剧歌词翻译这个富有挑战性的新领域。本文通过具体案例的分析,展示译者们目前在这个领域的探索:从文本类型和语言上的处理到文化上的改编,并在二者之间寻找平衡点。他们既要遵循翻译的基本规则,尽力准确传达原文的内容及其所代表的文化精神;又要考虑文字与音乐之间的制约关系,满足可唱性等要求。而所有这些都是为了一个最终目的,那就是观众的欣赏和接受。这些宝贵的经验不仅有助于西方音乐剧中文版在华语地区的成功与普及,而且是对世界范围音乐剧歌词翻译研究的有益贡献。

参考文献

1 费元洪,《英汉双语译本猫》[M],上海,上海译文出版社,2003。

2 费元洪,《妈妈咪呀!》的歌词翻译[Z],见博客"费元洪的音乐天地",2007,http://blog.sina.com.cn/s/blog_4c6ccb5301000bti.html,2009 年6 月5 日读取。

3 费翔,《费翔百老汇经典辑》[Z],丰华唱片,2004。

4 海峡时报,百老汇音乐剧涌入中国大城市[N],2007,http://finance1.

jrj. com. cn/news/2007 - 10 - 25/000002832614. html,2008 年 2 月 5 日读取。

5　何瑾,音乐剧《灰姑娘》中国巡演台词翻译逗乐观众[Z],2008,http：//ent. qianlong. com/4543/2008/09/16/2501@4661888. htm,2008 年 11 月 15 日读取。

6　黄丽娟,音乐之声欲做中文版引入中国传统故事[N],《武汉晚报》,2008,http：//ent. sina. com. cn/j/2008 - 03 - 03/16291934159. shtml,2008 年 10 月 26 日读取。

7　金春,中国人不太会看音乐剧[N],《环球时报》,2004,http：//www. people. com. cn/GB/paper68/13739/1228295. html,2008 年 4 月 7 日读取。

8　蓝凡,《中西戏剧比较论》[M],上海：上海世纪出版股份有限公司,2008。

9　李澄,京沪"追《猫》族"各有各目标[N],《北京晨报》,2003,http：//ent. 163. com/edit/030412/030412_160253. html,2006 年 4 月 7 日读取。

10　廖七一等,《当代英国翻译理论》[M],武汉：湖北教育出版社,2004。

11　廖向红,《音乐剧创作论》[M],北京：中国戏剧出版社,2006。

12　芒迪,《翻译导论》[M],北京：商务印书馆,2007。

13　梅倩,翻译很靠谱——音乐剧《妈妈咪呀!》剧本翻译访谈[Z],《新世纪周刊》,2007,http：//news. sina. com. cn/c/2007 - 08 - 20/173313704131. shtml,2008 年 5 月 5 日读取。

14　奈达,《语言与文化——翻译中的语境》[M],上海：上海音乐出版社,2001。

15　钱世锦,《经典音乐剧登陆上海,走进上海大剧院》[M],上海：文汇出版社,2003。

16　孙从音,《中国昆曲腔词格律及应用》[M],上海：上海音乐出版社,2003。

17　孙慧双,《歌剧翻译与研究》[M],武汉：湖北教育出版社,1999。

18　王克明,论外国声乐作品歌词汉译的目的、过程和评价标准[A],载于杨自俭主编《英汉语比较与翻译(6)》[C],上海：上海外语教育出版社,2006。

19 魏明伦,戏曲文学漫淡[Z],2006,http：//www. ndcnc. gov. cn/datalib/ 2004/Cathedra/DL/DL－174096,2008 年 4 月 25 日读取。

20 伍斌、林环,音乐剧毕业生：期待梦想照进现实[N],《解放日报》,2008, http：//www. chinamusical. net/? action-viewnews-itemid-8646,2008 年 10 月 25 日读取。

21 武鹏,爱音客自排音乐剧因版权问题沪版《剧院魅影》无奈夭折[N],《新闻晚报》, 2005, http：//xwwb. eastday. com/eastday/node29/node168/ node2499/userobject1ai37737. html,2006 年 4 月 20 日读取。

22 许慧欣,我昨天真的过的很开心[Z],2007, http：//hi. baidu. com/ quhui1989/blog/item/c75de9b73cb499f631add19d. html,2008 年 4 月 10 日读取。

23 薛范,《歌曲翻译探索与实践》[M],武汉：湖北教育出版社,2002。

24 薛范,《欧美音乐名剧选萃》[M],合肥：安徽文艺出版社,2005。

25 杨建国,《妈妈咪呀!》上海欣然接受观众评头论足[Z],2007,http：//ent. sina. com. cn/h/2007－07－27/18381654859. shtml,2007 年 10 月 9 日读取。

26 杨建国,中文唱词偏爱"张冠李戴"——谈《发胶星梦》出现"陈冠希""范冰冰"等[N],《新民晚报》,2008,http：//www. shgtheatre. com/news/ readnews. asp? article_id=1292,2008 年 10 月 5 日读取。

27 张霞,音乐剧改变艺术的消费观念[N],《21 世纪经济报道》,2008,http： //finance. sina. com. cn/luxury/luxhign/20081025/15385430312. shtml, 2008 年 12 月 8 日读取。

28 张学军,音乐剧《悲惨世界》说唱全用中文[N],《北京娱乐信报》,2005, http：//www. ccm. gov. cn/show. php? aid＝36729&cid＝47,2006 年 11 月 15 日读取。

29 张裕,上海戏剧学院培养音乐剧人才[N],《文汇报》,2003,http：//law. eastday. com/epublish/gb/paper75/20030326/class007500010/hwz609407. htm,

2008 年 11 月 12 日读取。

30 Bassnett & Lefevere. *Constructing Cultures：Essays on Literary translation* ［M］. Shanghai：Shanghai Foreign Language Education Press，2001.

31 Franzon J. Choices in Song Translation ［J］. *The Translator*，2008(14).

32 Gorlée, D. *Intercode Translation：Words and Music in opera* ［J］. *Target*，1997,9(2)：235 - 270.

33 Low，P. Translating poetic songs ［J］. *Target*，2003,(1)：91 - 110.

34 Low，P. *The Pentathlon Approach to Translating Songs，Song and significance：virtues and vices of vocal translation* ［M］. Amsterdam/ New York：Rodopipp，2005.

35 Newmark，P. *Approaches to Translation* ［M］. Hertfordshire：Prentice Hall，1988.

36 Sheahen，A. The Barricade Interview ［Z］. *The Barricade.* 1998. ［Online］ Available：http：//www. herbertkretzmer. com/pdf/alsheahen. pdf（Aug. 15,2009）.

37 Song，S. Exploring Ways to Produce Original Chinese Musicals ［Z］. ［Online］ Available：http：//news. xinhuanet. com/english/2007 - 09/27/ content_6800743. htm（Jan. 15,2008）.

38 ST. Lyrics. Musical "Cats" -Memory Lyrics ［Z］. ［Online］ Available： http：//www. stlyrics. com/lyrics/bestofbroadway-americanmusical/ memory. htm（Aug. 25,2007）.

39 Susam-Sarajeva，S. Translation and Music-Changing Perspectives， Frameworks and Significance ［J］. *The Translator*，2008，14（2）： 187 -200.

40 Venuti，L. Translation and the formation of cultural identities ［A］. In Schaffner & Kelly-Holmes（eds. ）. *Cultural Functions of Translation* ［C］. Clevedon：Multilingual Matters，1995.

41 Vinay, J & Darbelnet, J. *Comparative Stylistics of French and English-A methodology for translation* [M]. Amsterdam and Philadelphia: John Benjamins Publishing Company, 1995.

42 Zhao, Z. Musicals: Shanghai vs. Beijing [Z]. *China Drive*. 2007. [Online] Available: http://www. crinordic. com/4026/2007/07/17/ 1361@250394. htm (Jan. 15,2008).

(本文提交于首届英汉对比与翻译研究学科建设高层论坛)

道、言、话之分野与融合
——"经文辩读"视域下的当代《圣经》汉译考察

任东升

摘要： 源自 20 世纪 90 年代初期的"文本辩读"的"经文辩读"旨在从跨文化和比较研究的角度重读基督教的《圣经》和犹太教的《塔木德》，后来又延展到伊斯兰教的《古兰经》。新约原文中的关键词 Λόγος 具有神学指向和哲学普世双重内涵。当代圣经汉译相继出现了"道"、"言"、"话"三种译法。本文尝试从"经文辩读"视域，通过分析这三种译法的本意和动机，探究道、言、话之分野与融合，进而阐明《圣经》汉译呈现出多元化趋势的合理性。这三种译法，反映了《圣经》文本"人作者/译者"对"神作者"的不同解读，是文本-神学的《圣经》"合一性"转向"多样性"的标志。

关键词： Λόγος；三种译法；经文辩读；《圣经》汉译；多元化

0. 引言

宗教多样化已经成为当今全球化的一个显著特征。与此同

时,同一宗教内部也呈现出派别的多样化,文本宗教之经典(包括
"译本"形态的经典)在宗教间和宗教内呈现差异和分歧的特征。
《圣经》作为基督宗教三大教派的正典,随着神学思想的变化和基
督宗教在全球的不断传播,《圣经》译本呈现出极大的差异性。作
为世界范围内《圣经》翻译重要一支的《圣经》汉译,亦不例外。这
种差异性不仅导致基督教与中国其他宗教的误解,也使基督宗教
内部不同派别发生冲突,而解决这一问题的关键便是跨宗教和宗
教内"理解"。宗教理解的最佳境地是"通过三种途径来寻求智慧:
深入到别人的信仰中;深入到自己的信仰中;并且深入地理解普通
的善"。(福特,2012)实现这三种"深入"的重要方法之一则是"经
文辩读"。"经文辩读"作为融会犹太诠释传统与现代西方学术方
法训练的跨界实践,不仅是一种在犹太教、基督教和穆斯林经典之
中寻求智慧的约定,也是一种包容着多元的"他者"共同参与的"寻
求智慧的活动",可进一步促动不同文化之间的理解与对话。本
文尝试借助经文辩读法,以 Λόγος 这一基督教话语的三种不同
中文翻译:"道"、"言"、"话"为例①,探究《圣经》汉译呈现出多元
化趋势的合理性以及"经文辩读"对于实现宗教间和宗教内和平
对话的可行性。

1. "经文辩读"的理论与实践

"经文辩读"(Scriptural Reasoning),出现于 20 世纪 90 年代

---

① 国际圣经协会 1979 年推出的《当代圣经》(CLB)之《约翰福音》第一章 1—2 节译文
是:未有万物之先已经有了基督,他在太初的时候,就已经与上帝同在,他就是上
帝。该译法不在本文探讨范围。

初期的美国大学,源自 1990 年代初期的一群犹太学者倡导的"文本辩读"(Textual Reasoning)。实际上,这种实践方式受到三种主要研究模式的影响:(1)犹太教、基督教与伊斯兰教中的传统文本研究,这些研究主要考察经文起源、经文注疏和教义传承,不同的教义决定了每一宗教内不同的教派或分支;(2)现代大学中从历史、文学、诠释学和哲学等路径研究经文的方法;(3)犹太教、基督教与伊斯兰教三种传统内部各自独立进行的文本辩读实践。(奥克斯,2012)广义上的"经文辩读",是指与对话、关联式研习或探究相类似的活动形式,比如,某些研究圣经的学者把他们新提出的、对《圣经》进行的对话式或者文本间的研究称为"经文辩读",有些宗教历史学家把他们对两种宗教间的"对话式相遇",如传教士的天主教与中国的儒家,称为"经文辩读",有些哲学家把他们从经文源头出发而进行的哲学思辨也称为"经文辩读"。

弗吉尼亚大学著名犹太学者皮特・奥克斯(Peter Ochs)和剑桥大学著名神学家大卫・福特(David F. Ford)、丹尼尔・哈德(Daniel W. Hardy)是该研读方式的奠基人,他们于 1995 年成立了"经文辩读学会"和刊物《经文辩读学刊》。同时在剑桥大学实施"剑桥跨宗教信仰研究项目"(the Cambridge Inter-Faith Programme),吸引一批从事犹太教、基督教、伊斯兰教神学研究的学者开展"经文辩读"研究。他们主张跨越文化与宗教分野,对基督教《圣经》、犹太教《塔木德》、伊斯兰教《古兰经》等宗教经典进行并列研习辩读,进而对基督教、犹太教、伊斯兰教等宗教经文展开比较性研究。"经文辩读"体现了宗教的多元性、共和性和互助性的内在精神,可解析如下:

表1 "经文辩读"内在精神的体现(杨慧林 2009a)

内在精神	体　　现
多元性	"经文辩读"是多元的"他者"共同参与的寻求智慧的活动。
	"经文辩读"是通过学术对话、参校不同经文,而对宗教经文进行诠释。
	"经文辩读"向所有人以及所有的文化、宗教、学科、艺术、媒介和生活领域敞开,是对世界性问题的共同回应。
共和性	"经文辩读"涉及多种声音,不可能被整合为任何独白。
	在"经文辩读"中,没有任何权威性的观点和原本的解释者,没有任何人独自占有经文的最终意义。
	"经文辩读"是一种跨越边界的神圣仪式,上帝在其中的显现可以有不同的理解。
互助性	"经文辩读"要为未来提供一种新鲜的、经过检验的智慧,要从文本的研读中涉及更多的理论问题、哲学问题、神学问题和"公共性问题"。
	"经文辩读"不仅有助于我们理解"他者",也有助于我们更好地理解自己的经典和传统,最终在寻求智慧的活动中凸显出高于我们、高于对话之任何一方的绝对的"他者"。
	"经文辩读"源自一些犹太学者、甚至神学家的努力,他们的"惊人结论"在于:犹太教不仅需要重新理解自己的经典和传统,也需要借助于其他传统。

　　"经文辩读"本是同属亚伯拉罕传统的犹太教、基督教和伊斯兰教之间的文献研读和思想对话。因此,目前欧美学界的"经文辩读"活动所关涉的宗教经文仍限于亚伯拉罕传统,尚未兼顾到中国传统经典。中西"经文辩读"学术命题的创造性转化肇始于中国人民大学杨慧林教授,他认为"经文辩读"应该突破原有文献的局限,借助传教士所译介的中国经典以及大量注疏,使之真正成为跨文化、跨语言、跨学科的比较研究。中西"经文"之间的互译、互释、互

训的实践,可能会达成一种"非中心"(decentred)或"解中心"(de-centered)的"真正的思想",而这正是包含在"倾听"和"回应"的对话关系中的"经文辩读"的根本命意。实际上,伴随外来宗教(尤其是基督教)的入华传播,中西经文辩读的历史实践早有渊源,最早可追溯至唐代的景教,此后历经明末利玛窦、清初白晋以及清末理雅各等人的践行,"已经逐渐探索并实践出了一条融汇着'西学东渐'与'中学西传'双向跨文化理解的'经文辩读'之路"(管恩森,2012)。然而,过去的中西"经文辩读"多由外来传教士、汉学家所展开和实践,都试图沟通基督教与中国文化传统的跨文化理解,期望借助中国文化传统契合、证明基督教神学,进而突出基督教神学的独一性、普世性,表面看似是在附会中国文化传统,而实际上隐含了基督教神学的优越性和超越性。这在一定程度上偏离了当代"经文辩读"力图消解西方中心论、尊重"他者"的实践与理论,以及在多元文化中寻求智慧的宗旨和原则。这恰恰是当下我们开展中西"经文辩读"所应匡正和警惕的。

当某种异质文化的目光打量或探究我们自以为天然据有的文化传统时,除了他们的误解乃至曲解和我们的满腹狐疑甚至拒斥之外,也可能存在两者的相互谅解、相互激发甚至相互改变。这实际涉及到跨文化对话中的一个至关重要的问题:自我与他者究竟应该形成和保持什么样的关系。"经典翻译可能是跨文化对话中最为深入和细致的一种方式,而且可能是最有效和富有启发性的方式,因为经典构成了其所属文化的核心或者轴心,而经典翻译可以形成两种异质文化之间的相切线。那么,研究权威的经典译本应该是进入跨文化对话的一种极为重要的路径。"(邱业详,2013)而这正是"经文辩读"的实践方式和使命所在。

669

2. "经文辩读"视域中的"道"、"言"、"话"

《圣经》作为西方世界的基本"经典",在传统意义的"经文辩读"中占有特殊的地位。"西方传教士所致力的《圣经》汉译和中国古代经典的西译,为中西之间的'经文辩读'提供了丰富的线索。"(杨慧林,2009b)近代以来,《圣经》的中译与中国经典的西传过程也是紧紧交织在一起的,这些翻译活动对于不同传统之间的相互理解,乃至由此重构的自我理解,都具有普遍的借鉴价值,理应成为中西经文辩读的焦点。

《约翰福音》第一章第一节因"其苍劲质朴的风格和道神一体的大义,以及与其他经典—《佛经》、《道德经》在抽象层面的融通、在本体论上的相似"(赵彦春,2006),而受到各界极力推崇。各个《圣经》汉译本的译法也各不相同,几个典型译本的译文如下:

[1] 希腊原文:ΣΤΗΝ αρχη ηταν ο Λόγος, και ο Λόγος ηταν προς τον Θεό, και Θεός ηταν ο Λόγος.

钦定本: In the beginning was the Word, and the Word was with God, and the Word was God.

官话和合本:太初有道,道与神同在,道就是神。

冯象译本:太初有言:ho logos,创世与救赎之圣言,《诗篇》33:6,107:20。旧译道,不妥。**那言与上帝同在,上帝就是那言**。又名大智慧。

　　恢复本：　太初有话，话与神同在，话就是神。

　　可见，上述译本在该句文上的主要分歧是 Λόγος 的译法。Λόγος 是个多义字，主要有两层含义：（1）指内在的思想；（2）用以表达内在思想的语言。（李苍森，2000：23）最初《约翰福音》的希腊原文用的是 Λόγος。后来，罗马帝国拉丁语文普遍通行欧洲大陆，译成新旧约拉丁文本。Λόγος 即被意译为 verbum。罗马帝国解体，北方日耳曼人又各各成立民族国家，于是这个拉丁字 verbum 又各别转译为英语的 ivcrd、德语的 werde、法语的 mct、意大利语的 patch。现代英语译本普遍译为 The Word。而到了中文，Λόγος 却出现了"道"、"言"、"话"三种不同的对译。为什么同一个词到了汉语中会出现三种不同的译法？每一种不同的译法背后有何信息？下面我们借助"经文辩读"这一视角对以上三个译法逐一分析解读。

2.1　"道"之辩读

　　用"道"字来翻译 Λόγος，"和合本"并非唯一。可以说，大部分的《圣经》汉译本采用了"道"字，如吴经熊译为"太初有道，与天主偕，道即天主，自始与偕"；《吕振中译本》译为"起初有道，道与上帝同在，道是上帝之真体"。《现代中文译本》译为"宇宙被造以前，道已经存在。道与上帝同在；道是上帝。"而天主教《牧灵圣经中译本》则给"道"字加上了引号："元始之初就有'道'，'道'与天主同在，'道'即是天主。原初'道'即是天主。"

　　实际上，最初用"道"来翻译基督教"圣言"的并非中国人，而是新教来华英国传教士理雅各（James Legge，1915－1897）。（Anderson，1998：393）他曾经主持翻译完成七卷本中国古代经典 Chinese Classics(《中国经典》),回国后被聘为牛津大学第一位汉学教授,并在这一教职上工作了 21 年之久。理雅各在中国传教多年,传教期间潜心研究并翻译中国古代经典。1847 年,理雅各受邀参加《圣经》"委办译本"(Delegates Versions)的翻译工作。作为第一部由不同教会的传教士联手翻译的《圣经》,"委办译本"除去其"笔法的韵律和典丽"之外,还"特别统一了重要的概念和名称"(杨慧林,2009c)。其中,最为有趣的是理雅各将《约翰福音》第一章第一节译为"元始有道",将西文之"圣言"译为近乎中国哲学的"道",文笔优美堪称一绝。然而,理雅各较为优美的文笔却遭到了批评,因为优美的文笔致使经文"牺牲了许多准确的地方,所用名辞近乎中国哲学上的说法……少合基督教义的见解"(赵维本,1993:21)。

将 Λόγος 翻译为"道",显然是借鉴了中国道教经典《道德经》中的"道"。那么,《圣经》中的 Λόγος 是否与中国传统文化中的"道"等同呢?

"道"在《道德经》的理解中,乃"神圣之道"、"宇宙之道"、"生活之道",由此以"道"而构成了"神圣"、"宇宙"、"人生"这三维之共在极其和谐,使"形上"与"形下"、"超然"与"自然"、"超越"与"内在"、"主体"与"客体"、"彼岸"与"此岸"得以打通,形成整体共构之关系。(卓新平,2007)

表 2:《道德经》中"道"的含义与本质

	含　义	本　质	经　文
神圣论	不可言状、不可定名的"自在永在"之"超越""大道",其预示的即"大道之隐"	本源、超越的至上本质	"道,可道,非常道;名,可名,非常名"(《道德经》第一章)

（续　表）

宇宙论	自然之和谐、万物之有序,其意为"大道之行"	"顺乎自然"、隐于自然之宇宙规律	"道生一,一生二,二生三,三生万物。万物负阴而抱阳,冲气以为和"(第四十二章);"天下万物生于有,有生于无"(第四十章);"人法地,地法天,天法道,道法自然"(第二十五章)
人生论	"生活"的"真谛"、"人生"的意义,以为人世存在求得"和睦"与"安宁",其表达的乃"大道之言"。	"道"成为与"人"贴近、关联的"人生之道"、"生活之道";"道"以"言"之形式而为世人指出了其寻得"生命意义"之"路"	"孔德之容,惟道是从"(第二十一章);"天之道,利而不害。圣人之道,为而不争"(第八十一章)的境界。"圣人常善救人,故无弃人;常善救物,故无弃物"(第二十七章)

　　也就是说老子论述的"道"之本质既在于其自身,也在于外部的显现,即"道兼涵体用两"(谢扶雅,1998:204)。因此要理解"道"必须参与其本质,于是无名之"道"便是老子的"绝对理想";其显现为"有名"之道,则使"德"成为"道"的实行、成为万物之母。(Legge,1891:47)这种兼具内外之"道"的中介在于"体证",而这与理雅各的基督信仰之核心"体道",即"认识上帝"相一致。因此,理雅各认为"《道德经》之道显然可以同他自己的信仰背景互为参照"这样看来,理雅各在翻译《约翰福音》时将 Λόγος 译为"道"也就不足为奇了。理雅各将西方的"圣言"与中国的"道"互释,导致他

将《道德经》界定为了东方的"圣书"。《出埃及记》第 20 章 7 节中"不可妄称上帝之名"的信条，使得他直接挪用拼音词"the Tao"，而不是寻求一个与之相当的英词语。

　　然而，"道"在中国文化中有多种解释。《说文解字》中在论及"道"时说"惟初太始，道立于一，造分天地，化成万物"。这说明"'道'属'形而上'者，而'万物'则属'形而下'"（杨森富，1995：458），正所谓，"形而上者谓之道，形而下者谓之器"。《周易》中则以"太极"与"道并称"，正如朱熹《周易本义》序云："易有太极，是生两仪。太极者道也；两仪者阴阳也。阴阳一道也，太极既极也。万物之生，负阴而抱阳，莫不有太极，莫不有两仪，絪缊交感，变化不穷，形一变其生，神一发其智，情伪出焉，万绪起焉。"这就是所谓的"阴阳之道"。《周易》认为"一阴一阳之谓道"，"阴阳不测之谓神"。这说明中国古代哲学中所论述的道与《圣经》中的 Λόγος 并非完全一致。《约翰福音》中所讲的 Λόγος 不仅是一个抽象的哲学或神学概念，更是指降生成人的耶稣和他的行事，是一个活生生的对象。即便是老子所讲的"道"与之在本质上也是不同的：一个是宗教家所信仰的神，一个是哲学家眼中的"概念之神"①。总之，中国哲学和中华文化中的"道"永远都不能涵盖《圣经》中蕴含的"成肉身"这样一层复杂的神学理念。但是，这并不等于说我们作为诠释者和翻译者不能用"道"来翻译《约翰福音》序言中的 Λόγος，更不意味着我们一定要有一个汉语词语能够内在地承载"成肉身"的"位格"

---

① 王蒙（2003：1）认为，老子讲的道，"是概念之巅、概念之母、概念之神，是世界的共同性，是世界的本原、本源、本质、本体，是世界的归宿与主干"。"不是致力于创造一个人格神（例如上帝耶和华）或神格人（耶稣、圣母玛丽亚、释迦牟尼），不是膜拜一个物象的图腾，而是思考万物、人生、世界的根本（本质、本原、规律、道理、法则、格局、过程、道路、同一性）。"

这层关键含义,因为这样的一层含义即便在 Λόγος 这个希腊语原文中也不可能完全包括。

理雅各对"道"的翻译,早已不仅是翻译的问题,他的行为已经构成了《圣经》与中国经典之间的"辩读"。正是因为他对中西方经典的"互释、互译、互训",才致使用"道"翻译 Λόγος 深入人心。就连官话和合本也仅仅将"元始"改为"太初",继续沿用"道"这一译法。和合本后来的权威地位,使"太初有道"在华人基督徒心目中变得根深蒂固。和合本之"道",已经在很大程度影响到中国信徒、教会乃至教外普通知识分子对于这个范畴的理解,它甚至与"传道书"、"讲道"、"宣道"、"听道"等教会惯用语汇产生深刻关联。在如此不容忽视的社会现实里,这些方面的"道"字是无法用"圣言"或者"言"、"话"等字来取代或替代的。(祝帅,2007)

2.2 "言"之辩读

古文学家、法学教授冯象在其《新约》译本中将《约翰福音》开头译为"太初有言",将"道"改译为"言"。其实最早将 Λόγος 译为"言"的是马礼逊,其译文为:"当始已有言而其言偕神、又其言为神。"马礼逊的译文"与 KJV 原文存在字当句对的关系,连英文句中的两个连接词'and'都忠实地译出来了"(刘四发,2011)。虽然马礼逊这种"忠实"招致了一些人士的批评,如《圣经》汉译的后来者麦都思就曾批评马礼逊汉译本太拘泥于原著的次序而逐字翻译。而当时著名的传教士文献学家伟烈亚力(Alexander Wylie,1815 - 1887)则持这样评价:"这一译本试图进行直译……其文风极不流畅,更充满怪异的表达。"(游斌,2007)那么,冯象是否也是基于同样的考虑呢? 他在其译本前言中详细论述了自己这样改译的原因:

　　"言"(logos,钦定本：word)译作"道"："太初有道"(《约翰福音》1：1)。无论讲本义、转喻,还是阐发传统教义,这"道"都是误译。希腊语"言"的动词(lego)本义,有收集、安排、挑选的意思(荷马史诗的用法),言说在希腊传统,便蕴含着思辨、理智、启示、精神追求,故而可以用来指称人格化的不朽不灭的神性。这一用法恰好跟希伯来语《圣经》里"言"(dabar)的一些义项吻合。后者不仅指言说的内容,也指言说行为及其后果。所谓"创世之言"或"圣言",并非只是《创世记》一章记载的那几句话("上帝说"),它着重的是至高者的大能、一言创世,及延续至今而达于万代的救世宏图：圣言乃是人类作为受造之物的道德与信仰依据,拯救的预定同保证。故在希伯来智慧文学中,又把它描写为参与创世的大智慧(hokmah,七十士本：sophia),赋予人格化的诗意的形象(《箴言》8：12—31,次经《德训篇》24章)。耶稣时代的犹太哲人,如亚历山大城的菲罗(Philo of Alexandria),对此多有阐述。这些,都不是植根于中国哲学的传统术语"道"所能涵盖的。所以,为准确理解计,还是直译作"言"较好；能够提醒读者注意外来的宗教思想和表达。(冯象 b,2010：前言)

　　在冯象看来,和合本译为"道"是典型的误译,是传教士的刻意选择。他认为传教士译者引入"道"这样一个传统中国哲学与宗教术语,甚至不惜曲解经文改造教义,其背后是有着现实的考虑或传教经验支持的,显示了传教士注重实际、善于妥协的传教策略。按照冯象"回到原文善本,重新理解移译"(冯象 a,2006：前言)的圣经翻译原则看,将"道"改译为"言"似乎是为求准确忠实而为。如果马礼逊和冯象将 Λόγος 译为"言"实现其追求译文忠实准确的目的,那么我们可以认为 Λόγος 与中国文化中的"言"的内涵和外延都应该是完全一致的。下面我们通过"经文辩读"的方法来探究这一假设是否成立。

在中国传统文化和经典中,"言"到底有什么含义呢?《说文解字》记载了言的本义:"直言曰言,论难曰语。从口辛声。凡言之属皆从言。语轩切。"(清代陈昌治刻本)中国古代经典中也有关于"言"的论述。老子说:"知者不言,言者不知。"(五十六章)又说:"多言数穷。"(五章)"不言之教,无为之益,天下希及之。"(四十三章)而庄子在《齐物论》中更详细谈到"言":"夫言非吹也,言者有信,其所言者,特未定也。果有言邪?其未尝有言邪?其以为异于毅音,亦有辨乎?有无辨乎?道恶乎隐而有真伪?言恶乎隐而有是非?道恶乎往而不存,言恶乎存而不可?道隐于小成,言隐于荣华。"又说:"夫道未始有封,言未始有常,为是而有吵也。请言其吵:有左有右,有论有议;有分有辨,有竞有争,此之谓八德(得)。六合之外,圣人存而不论,六合之内,圣人论而不议。春秋经世先王之志,圣人议而不辨……夫大道不称,大辨不言……道昭而不道,言辨而不及……故知止其所不知,至矣,就知不言之辨,不道之道?"区胜华(1995:420)认为:"言就是我们今日所谓的逻辑分析和推理。言与道是对立的,道是无限制的、不可言喻的、超越分析和推理的;言是有限制的、散漫的、偏而不全的,是以容易生出门户之见而引起纷争的。"

这样看来似乎中国文化中的"言"与西方的 logos 确实有几分相似,但又有极大的不同。正如冯象所言,在希腊哲学中,logos 是希腊思想的标志。Logos 在希腊世界中有两层基本观念:

首先,道(logos)的观念用在言语、言论、言辞上,其意义

不仅仅是宣布和听到什么，而是表明言语中的事实，使人能够
认出了解。道（logos）也是德性中合理的辨别能力，人借以可
以看见自己和在世界中所占的地位。道（logos）的本身除了
具有律（Law）之外，它同时可以指出一种存在（existing）。另
一方面是把道（logos）看为形而上的实存（reality），是一种哲
学和神学所用的名词，后来发展成为宇宙的实质和神的本质。
道（logos）是存在于事物、世界和其过程中。原本的道（logos）
是可以理解、可以辨认的一种律。道（logos）也是在人的里
面，成为人的道（human logos），使人有知识和理解的能力。
道（logos）不仅是一种玄妙的东西，它可以要求人并决定人的
真正生活和行为，因此道也是一种律法（nomos）。（张子元，
1995：506）

Logos 在希腊哲学中已经经过多次发展，呈现出明显的多义
性。最先提出 logos 哲学观的是赫拉克利特（Heraclitus），他认为
同一的"logos"构成了宇宙和人的存在（being），它是联络的原理
（connecting principle），成为理解力或悟性的桥梁：(1)它在人和
世界，并且也是在人与人的中间；(2)它在人与神的中间居住；(3)
它在世界与超世界的中间存在着。可以说 logos 是一种宇宙律，
是生命最深的基础。到安纳撒哥拉斯（Anaxagoras，500BC -
428BC）时代，logos 逐渐与 vous（英文为 mind）成为同义词，被看
作是言语和思想的动力。苏格拉底则认为 logos 是灵魂思想与事
物之间的先存协调物。柏拉图则认为理念是万有的根源，其学生
亚里士多德则表示 logos 是人独一之善的来源。而到了斯多亚主
义（Stoicism），logos 开始与神的观念等同，他们认为神是 logos 的
总称，是世界基本的单元，是创造世界的原理，但是他们所说的神

是宙斯（Zeus）。斯多亚派将 logos 发展成内蕴的世界之意志
（logos endiathetos）和外在的言论（logos prophopikos）之二元对
立统一。后来 logos 被认为与 physis 同义，即原质或本性，也是一
种创造的能力。而新柏拉图主义（Neo-Platonisim）则认为 logos
是一种成形的能力（shaping power）。[①] 到希斯姆主义时期，他们
认为希斯姆就是 logos，是创造的力量，是知识的使者和导向。
Logos 是神的儿子，是神与物质间的中间物，使世界有秩序有形
状。而希腊化犹太教代表人物菲罗对 logos 高度重视，他企图将
犹太宗教与希腊的冥想哲学统一起来，因而他赋予了 logos 以各
种名称和含义，甚至把 logos 说成是上帝，称 logos 为"Eternal
logos"，这样不仅赋予 logos 以神性，而且也赋予了 logos 以人格特
性。在他看来 logos 存在的三个阶：（1）作为上帝的智慧、圣灵、圣
言、观念和思想而存在；（2）作为上帝创世的模型而存在；（3）作为
被创造世界的一部分，存在于世界之中。（孟雅君，2011）如果
logos 同时也是上帝本身，那么上帝就通过它进入了世界，因此，世
间一切智慧都来自 logos，而 logos 最高的存在形式是上帝的圣言
和上帝本身。至此希腊的 logos 开始与犹太宗教出现契合点。然
而，这不能说希腊的 logos 与《约翰福音》中借助 Λόγος 所要表达
的思想是等同的。因为希腊的 logos 并没有弥赛亚认同、道成肉
身和救赎神学的《圣经》本意。它是一种更倾向于哲学的思想，与

---

① 他们认为，成形的能力将外形（form）及生命赋予东西上，这样它便与 eidos（形式），
morphe（式样或本体），phos（光），zoe（生命）发生了关系。其实整个世界就是道，而
一切充满世界里的也是道，前者在可理解的世界中为外形，纯粹之能力，而后者是
物质与道的混合体。参见张子元：《约翰福音引言的"道"与中国之"道"》，载于刘
小枫编，《"道"与"言"——华夏文化与基督文化相遇》，上海：上海三联书店，1995
年，第 509 页。

约翰想要表达的并无太大关联。有学者认为,约翰之所以用logos,可能是有其用意,因为 logos 有双重含义。"一词多意"或"歧义"修辞格的采用,使该词的两种含义便于外邦人和犹太人都能接受。对希腊人(即外邦人)来讲,指充满万有的"理";对犹太人来讲,是表现上帝的行为,即"耶和华借以创造诸天的话语"(张子元,1995:513)。

经此番辩读我们可以发现,中国文化中的"言"与希腊哲学中的 logos 以及《圣经》中的 Λόγος 并非等同。冯象所言西方的"圣言"所涵盖的内容"不是植根于中国哲学的传统术语'道'所能涵盖的"(冯象,2006a:前言),也就难以成立了。因此,翻译为"言"并不见得比"道"更为准确,和合本等译本用"道"也并非截然的误译,而是看到了 Λόγος 与中国之"道"的相通相容之处。而"言"则不仅较为全面地体现了新旧约的历史联系性,而且体现了 Λόγος 在希腊哲学语境中的含义。

2.3 "话"之辩读

保罗在《哥林多前书》第二章第 13 节中说:"并且我们讲说这些事,不是用人只会所指教的言语,乃是用圣灵所指教的言语,将属灵的话解释属灵的事"。基督徒据此认为不仅《圣经》所传讲的信息是重要的,《圣经》所用词句、表达方式也是同样重要的。不只是信徒们当时所说的是什么很重要,连他们当时怎么说、他们所用的词是什么,也同样重要。因此,《圣经》的作者呈现怎样的写法,译者就该照此来翻译。于是由李常受主译"恢复本"新约,采用的翻译原则是"尽力探究原文精意,不加、不减、不改,用中肯浅顺的语句表达凡照原文直译",直接将 Λόγος 译为"话"。杨森富也表示,如按希腊文直译,当为"起初已有这话,这话与神同在,这话就是神"。(杨森富,1995:459)可见翻译为"话"可能是最为直接准确的。然而,"话"在中文中是一个极为通俗的字,《说文解字》将"话"解释为"合会善言也"即"好话相交流"的意思。可见,"话"没有"道"和"言"所承载的哲学内涵。不少学者也认为"话"之译不妥当,"在修辞角度语言的意蕴被大大降低,成为日常的通俗口语,与《约翰福音》的经典品性不合;同时在这一层负面效果之外消解了《思高译本》'圣言'的神学内涵"(祝帅,2007)。

　　按照神学的理解,《圣经》是"神的话语",是"神与人言"(God's Word in man's language)(Nida,1952)。从"释经法"角度看,《圣经》是一本"神的书",也是"人的书","具有合一而又多样性的特性"(赖若瀚,1992:20—31)。我们或可理解为《圣经》乃"神作者"和"人作者"的互通合作之作,各自标榜为"圣经"的译本,则是"神作者＋人作者＋人译者"之作。如果说"原著"意义上的《圣经》更多体现"神作者"的痕迹,那么"译本"意义上的《圣经》,则更多"人作者"和"人译者"的痕迹。恢复本用"话"来翻译 Λόγος,没有"道"或"言"那样文雅,透出哲理,却符合新约的原文风格。新约《圣经》是用当时的希腊文写成的。从纯文字学来说,尽管新约的希腊文相当不错,然而其中有一些是出自渔夫之手的希腊文,而这些渔夫本身不是希腊人,乃是"外国的"渔夫。"神作者"使用这些外国渔夫"人作者"的希腊文来传输神圣的启示,他们所写下的希腊文,当时一般人都能读得懂。文化程度很高的希腊人可能会感觉这些渔夫所写的希腊文过于简单、平易,然而普通的大众则觉得易懂、顺畅甚至优美。因而在翻译新约希腊文时,也应再现这种特质。鉴于此,恢复本并非以一种展现文学造诣的翻译面貌而示人,乃是呈现当时操希腊语的外国渔夫"人作者"易读易懂的风格原貌。

3. 结论

Λόγος 具有神学指向性和哲学普世性双重内涵，一个单词能同时出现"道"、"言"、"话"三种译法，反映出《圣经》文本"人作者/译者"对"神作者"的不同解读，是神学之《圣经》"合一性（organic unity）"转向"多样性"的标志。围绕"道"、"言"、"话"之争论，表面看是《圣经》汉译多元化趋向之下固守旧译、更新表达、突破旧译之间的翻译争辩，仍属于"译名问题（term question）"范围，但本质上所体现的是中国哲学与西方神学一直以来的交锋介面之态势，双方既相互关联，又各自延展。双方在概念界"道"之层面相遇、相交，在"形而下"各自表述、各自延展。"道"、"言"、"话"三者既有分野又有融合，互为补充。或许，正是这三种不同译法同时出现，读者才可能看到 Λόγος 之立体内涵，更好地理解基督教圣经的本质。

参考文献

1 大卫·福特，聂建松译，面向 21 世纪的信仰间对话：犹太教、基督教与穆斯林围绕经典的辩读[J]，《民族论坛》，2012(3)：8—18。

2 彼得·奥克斯，"经文辩读"：从实践到理论[J]，《中国人民大学学报》，2012(5)：2—7。

3 冯象 a，译，《摩西五经》[M]，香港：牛津大学出版社，2006。

4 冯象 b，译，《新约》[M]，香港：牛津大学出版社，2010。

5 管恩森，中西"经文辩读"的历史实践与现代价值[J]，《中国人民大学学报》，2012(5)：16—22。

6 赖若瀚，《实用解经法》[M]，吉林：吉林省新闻出版局，1992。

7 李苍森，《约翰福音注释》[M]，上海：中国基督教协会神学教育委员会,2000。

8　邱业详,理雅各对"仁"的译解及其与"经文辩读"的贯通[J],《汉语言文学研究》,2013(1):120—127。

9　刘四发,马礼逊《圣经》汉译文语言评析[J],《文化研究》,2011(17):203—204。

10　孟雅君,比较视野内的中国与希腊人文哲学——以孔子和斐洛的伦理道德观为例[J],《青年文学家》2011(24):323—324。

11　区胜华,《道德经》论及天主圣三吗?[A],载刘小枫编《"道"与"言"——华夏文化与基督文化相遇》[C],上海:上海三联书店,1995。

12　王蒙,《老子的帮助》(最新修订本)[M],贵州:贵州人民出版社,2003。

13　谢扶雅,《宗教哲学》[M],济南:山东人民出版社,1998。

14　杨慧林 a,"经文辩读"的价值命意与"公共领域"的神学研究[J],《长江学术》,2009(1):51—55。

15　杨慧林 b,中西之间的"经文辩读"[J],《河南大学学报(社会科学版)》,2009(3):93—96。

16　杨慧林 c,怎一个"道"字了得——《道德经》之"道"的翻译个案[J],《中国文化研究》,2009(3):192—196。

17　杨森富,《说文解字》的神学思想[A],载刘小枫编《"道"与"言"——华夏文化与基督文化相遇》[C],上海:上海三联书店,1995。

18　游斌,被遗忘的译者:中国士人与中文《圣经》翻译[J],《金陵神学志》,2007(4):101—118。

19　张子元,约翰福音引言的"道"与中国之"道"[A],载刘小枫编《"道"与"言"——华夏文化与基督文化相遇》[C],上海:上海三联书店,1995。

20　赵维本,《译经溯源:现代五大中文圣经翻译史》[M],香港:中国神学研究院,1993。

21　赵彦春,翻译本质求索——基于《圣经》经文的个案分析[J],《外语教学与研究》,2006(4):297—302。

22　祝帅,"道"与"圣言"的张力——现代汉语语境下《约翰福音》"Λόγος"的几种解读[J],《金陵神学志》,2007(1):198—210。

23 卓新平,《道德经》对宗教和谐的贡献——《道德经》与《圣经》的比较[J],
《中国宗教》,2007(5):32—34。

24 Anderson, G. H. *Biographical Dictionary of Christian Missions* [Z].
Grand Rapids: William B. Eerdmans Publishing Co. , 1998.

25 Legge, J. *The Sacred Books of China, the Texts of Taoism* [M].
Oxford: Oxford University Press, 1891.

26 Nida, E. A. *God's Word in Man's Language* [M]. New York: Harper
& Bros, 1952.

（本文提交于首届英汉对比与翻译研究学科建设高层论坛,修改后载于《圣经文学研究》2015 年第 1 期）

译者行为与"求真—务实"连续统评价模式

——译者行为研究（其一）

周领顺

摘要：本文基于对译者属性和翻译本质的认识，并在"文化转向"和翻译研究从规定走向描写这一总范式转变的大背景下，构建了翻译"求真—务实"连续统评价模式，该模式可用作描写和解释译者行为动因以及翻译社会化程度的一个工具。

关键词：译者行为；"求真—务实"连续统评价模式；社会化

1. "译者"属性、"翻译"属性与译者行为

1.1 "译者"属性与译者行为

何谓"译者行为"？译者行为一般理解为"翻译行为"，但翻译行为却不全是译者行为。事实上的译者行为在翻译活动中甚至会借以表现译者个人的意志。比如，"翻译一定是人类有目的的交际

685

行为与活动。翻译都有目的,无目的的翻译一般不存在。译者的目的(不涉及译者纯粹为挣钱谋生这类目的)有时跟原作的意图相似,比如都用文学的手段批评统治者,但有时二者有差别,比如原作批评的是城乡政策不公平,译者的目的是想批评统治者的腐败堕落"(杨自俭,2008)。这是积极的译者行为,是译者积极影响翻译活动的行为。消极的译者行为在译文中体现为社会因素(心理、性别、意识形态等)影响译者行为所留下的痕迹。它们均为译者行为,却非译者的翻译行为。译者借以增加自己个人的意志,甚至还可以为提高译文的审美效果而增加一些原文中没有的非文字元素,比如给译文增加花边、添加图片等。概言之,译者行为指的是译者在对作者/原文求真的纯翻译行为基础上,融入务实性目标,特别是译者个人及其他赞助人务实于读者/社会需要的目标而表现出的非纯粹的翻译行为,即译者的社会性行为。要弄清楚译者行为,就必然涉及"译者"属性的认定。

从意志性上划分,译者可划分为两类,一类有意志,一类无意志。翻译机器是典型的无意志体,尽管是由意志体的人设计制造的,但本身属于无意志体无疑,从现阶段看,翻译机器还不能很好地执行人的意志性。翻译机器没有思维,这是与作为意志体的人最根本的不同。无意志、无思维的翻译机器从根本上讲不具社会性,或者换句话说,不具社会的责任感,其行为不是目的性行为。对于翻译行为而言,翻译机器是单向的,只面对原文,并不面对社会。语言是"原文"的载体,因此,原文具有语言性,相应地,翻译机器仅具有语言性的属性。人是典型的意志体,作为意志体的译者,本身决定了其复杂性的一面,与翻译机器相比,人具有独特的社会性的一面,并主要通过社会责任感而得到彰显,而社会性是译者因社会环境的变化而做出的不同的反应,有的因作者之约而变,译者成了作者的一部分;有的因读者而变,译者成了读者的一分子,尊重前者就可能有违后者的意愿,反之亦然。比如,Evan King 在翻译老舍先生的《离婚》时,把原作中对民族软弱性与苟且庸懦的讽刺与批判翻成了轻浮的小闹剧,极大地降低了文学作品的严肃性。由于老舍的反对,这本译作没有明确署上作者的名字。译者这样做,是受到了当时美国社会权力话语的制约。(详细讨论见吕俊、侯向群,2001:68)

　　意志体译者是双向的,不仅面对原文,也同时面对社会。意志体译者不仅具有语言性的属性,也同时拥有社会性的属性,兼及服务"作者/原文"和"读者/社会"①的双重责任。这在翻译研究的转向上也得到了证明。Rosemary Arrojo1994 年就提出了翻译从"忠实/不忠实问题"转向了"伦理观念"即"职责问题",翻译研究已经回归到伦理问题的研究上了。(孙致礼,2007)②无意志体的翻译机器表现的是最单纯的翻译行为,执行的是跨语言文字转换的中介任务(迄今尚未研制出同一种文字转换的翻译机器,比如从古文

---

① 译文连续统上的"作者/原文"是一体的,"作者"是通过"原文"展露作者自己的写作特点并借"原文"表达自己思想感情的。反之,"原文"是作者写作特点和思想感情的有形载体;"读者"是"社会"(社会需要)的一部分,二者也是一体的。但是,有时又有分别对待的必要。"原文"是静态的,"作者"是动态的,动态环境下"作者"是不是在场,将直接影响译者的行为。"读者"虽然是"社会"的一部分,但一般认为,直接面对社会的翻译在实用性上更强一些,但即使文学翻译,即使声称完全忠实原文的译者,也会在潜意识中考虑"读者"的需要,比如提高可读性等。毕竟,不管文学翻译还是应用翻译,大多属于交际意义上的,少有书斋里面对语言的静态翻译行为,是交际,就必然要面对社会,顾及社会的反应和接受。金惠康(1999)对严复翻译的评论是"他是采用一种实用主义态度,……作为译者,严复是不忠实的"。这里所说的"实用主义态度"就是务实于社会的态度,是译者的社会性使然,而所谓"不忠实"则是从译者的语言性看问题的。

② 孙致礼(2007)将译者的职责分为:再现原作、完成委托人的要求、符合目的语社会文化的规范、满足目的语读者的需求和恪守职业道德。

到白话文),这是最基本的翻译意义上的译者行为。以原文语言为中心,是翻译之为"翻译"的根本所在。所以,翻译研究上的"语言学转向"必定发生在"文化转向"之前,而所谓的"以读者/译文为中心"一定要出现在"以原文为中心"之后,说明研究者对纯译者的纯翻译行为最为本能的关注,也反映了翻译在本质上是语言性的。作为意志体译者的人,因本身具有社会性的一面,所以相对于翻译机器,兼顾着对社会需要的考虑,比如在文学翻译上表现为对读者欣赏力、接受度的考虑(比如提高译文的可读性),在应用翻译上多体现为对译文阅读背后一些社会利益的考虑(比如旅游宣传材料译文背后的经济效益)。翻译学上经常讨论的译者默认的是意志体的译者——"人",因其具有社会性的一面,其兼顾读者或其他社会需要的行为应得到充分的理解,对于译者的行为,不仅要从翻译学的角度加以描写和解释,甚至还要从社会学的角度加以考察。译者行为或单向指向原文,或双向指向原文和社会,皆由两类译者的根本属性所决定。两类译者的属性可概括为:

表1

译者类型 \ 译者属性	语言性	社会性
翻译机器(无意志)	+	—
人(有意志)	+	+

　　意志体译者事实上成了社会人(比如兼具商人的角色,并非纯粹的译者[1]),就其行为而言,在多大程度上算作纯粹的"翻译"则

---

[1]　钱锺书就评论道,"(林纾)对所译的作品不再欣赏,也不甚感觉兴趣,除非是博取稿费的兴趣。换句话说,这种翻译只是林纾的'造币厂'承应的一项买卖。"(http://tieba.baidu.com/f? kz=136343124)下同。

另当别论,无非是在"作者/原文—读者/社会"这一译文连续统一体/连续统(continuum)上发生了由此及彼的渐变,渐变的过程反映了译者角色的微妙变化。译者的属性在译者属性连续统上表现为从"语言性"到"社会性"的渐变,实现了译者在译者角色连续统上从"语言人"到"社会人"的转变。对于译者语言性和社会性程度的强弱表现,应加以理性、客观地描写和解释。

　　原文的"语言性"是单向的,吸引译者朝原文靠拢,而"社会性"却是多维的,总体表现为译者向社会的靠拢。向社会靠拢还可细分为主动靠拢和被动靠拢两种情况。"主动靠拢"反映了译者主动参与社会的态度,比如主动选择某些翻译策略、使译文适应特定的人群,甚至译者借译文反映自己的思想等,此时的"翻译的目的"甚至已经潜变为"译者的目的"了;"被动靠拢"来自社会诸因素的影响而迫使译者对翻译策略做出改变等,比如来自赞助人的特别要求、目的语读者接受习惯的潜移默化、译者的意识形态、诗学因素的桎梏等。概因意志体译者的参与,才成就了"翻译"的复杂性,"翻译是有译者参与的活动……突出了翻译的主体,为翻译中许多人为的现象找到主观根源,许多翻译现象在思维上在语言上说不清,道不明,原来是译者的主观意识的干预……它规定了这一概念强调人而不是机器"(黄忠廉,2002:76)。译者及译文都同时拥有了体现翻译复杂性的社会性,而该过程便是翻译的社会化过程。[①]翻译的复杂性归根结底是由作为意志体译者的"人"造成的,而人的行为是由其大脑支配的,所以,翻译的社会化,表现的正是人的复杂性。这是基于人类认知世界的本能考虑。鉴于一般意义上的

---

① 　"社会性"是一种属性,这里主要指译者语言性之外的另一属性;"社会化"主要指的是译者的社会性行为,体现于译者使翻译服务社会、适应社会的选择过程中。

译者是意志体的译者,所以本文也仅将讨论限于此,主要讨论意志体译者的行为及其社会性表现。

影响译者行为的因素很多,比如原文因素、译者自身的因素、读者因素、时代环境因素、意识形态因素、翻译目的因素等,但归根结底,都与译者,准确地说是意志体译者的双重属性有关,双重属性又集中表现在意志性的强弱或者有无上。对译者语言属性及其之外的社会属性的关注,与文化转向的大趋势是一致的,可视为翻译批评研究中翻译伦理研究的一部分。

1.2 "翻译"属性与译者行为

人们对翻译的本质有过很多的讨论,但多是从翻译的功能或者翻译的目的而论的,因此就出现了不同的角度、不同的划分,难免众说纷纭,也难免以偏概全。比如,有人在 2005 年给"翻译"下的定义是:"翻译是以原文为本,以译者为中心,以'忠实'与'对等'作为本质属性,竭尽全力使译文全方位靠近原文的跨语言,跨文化的交际行为。"(见杨自俭,2008)"翻译"不可能是"以译者为中心"的,但不否认译者是翻译行为的执行者。"中心"是"翻译"的功能指向,比方说,种粮食的执行者是农民,但粮食的中心功能不全会因农民而存在;"忠实"与"对等"①不大可能是翻译的本质属性,应该是译者采取的手段或者译文应达到的效果。定义提到了翻译的母本——"原文",也提到了翻译的执行者"译者",尚未提及母本转换后的产品——"译文",所以,"以'忠实'与'对等'作为本质属性"应该是"以'忠实'与'对等'的译文作为表现(存在)的形式"的。

----

① 李田心(2004、2005a、b)对"对等"一语提出了质疑,本文为行文方便,多数情况下沿袭旧说。

　　要对翻译的本质属性有个基本的认识和立体的把握,就应对翻译从一般的文字及其意义的转换活动到它成为一项复杂的社会活动这一现象进行层层的剥离,从意志体译者的双重属性着眼,对翻译进行学理上的分析,有利于认清译者的纯翻译行为和译者融入了社会性因素后的社会性翻译行为,有利于准确描写和合理解释译者的社会性和译文的社会化过程及其特征。

　　翻译从基本意义上的翻译活动转为复杂的社会化活动,译者经历了从低级到高级、从简单到复杂以及主动和被动之间的选择过程。在翻译的诸要素中,翻译之为翻译,原文是关键,没有原文,翻译便失去了母本,便无所依从,所谓"皮之不存毛将焉附"是也。按奈达(Nida,1993)的话说就是,在翻译活动涉及的诸多要素中,只有原文才是客观存在的。在这个意义上,原文是翻译的主体,译者是翻译活动的主体,无原文就无翻译之源,无译者就无翻译行为的执行者和催化剂,"翻译"便无以立世。

　　提到译者及其行为,就难以避开"主体性"问题,特别是"译者主体性"的问题。一般认为译者有选材、确定翻译策略、适应特定读者的种种自由,所以译者一定是翻译的主体。事实上,翻译主体和翻译活动主体必须区别对待,二者如同处于连续的统一体上,存在着程度上的渐变状态。对静态意义上的"翻译主体"而言,"原文"是连续统上的左端点,是翻译的第一主体,没有原文,翻译便失去了存在的基础;"译文"是连续统上的右端点,是翻译的又一主体,没有译文,就无法断言翻译的发生和存在。"原文"和"译文"是"皮"和"毛"的关系。对动态意义上的"翻译活动主体"而言,作为翻译活动执行者的"译者"是第一主体,处于翻译活动的核心位置,译者主动影响着翻译活动的发生和走向;"读者"和影响翻译活动发生和译者抉择的其他环境因素是另外的主体,处于翻译活动的外围。区别对待翻译主体和翻译活动的主体,才有可能找到问题的症结所在。任何一种影响翻译活动的元素都可能成为主体,又因为影响的程度不同,所以,"主体性"的讨论一定不能抛开充当主体的元素对翻译活动影响程度上的划分。不管是"译者主体性",还是"读者主体性"、"赞助人主体性"、"意识形态主体性"等等,揪出任何一个可以充当主体的因素进行讨论,即讨论的焦点主体,但不说明都可以是决定翻译还是不是翻译的主体(翻译主体)的因素。"主体性"的讨论便于说明"读者"在翻译活动中所处的位置。

读者是翻译产品的接受者,或者品评者,实际处于翻译活动之外,只是意志体译者的顾念对象,译者意识中读者的存在会波及译文的社会化程度,比如,译者可以为满足某些读者某些方面的需要而对原文的意义施以变化,尽管在翻译的学理上讲这样做是不"合法"的。事实上,即使没有读者的存在(比如用于语言对比的学术翻译),文字符号的转换也仍然会被称为翻译。也就是说,"读者"只是影响译者行为的环境因素、外围因素,是可有因素、非核心因素,但不是必有因素和核心因素。翻译不会因读者的不接受而不成其为翻译。所以,读者不是翻译的主体或翻译活动的主体,而所谓的"以读者/译文为中心"只是译者社会性的反映,并不一定是事实上的"读者/译文中心",即使事实上如此,也并不在同一个范畴内。

翻译的本质属性(翻译性质)和翻译活动的复杂性在翻译的定义上表现得很充分。"翻译"的定义汗牛充栋,但大约可分出三个层次:基本层、中间层和高级层。基本层表现为最基本的翻译活动,是翻译的根本属性决定的,高级层则表现为复杂的翻译活动。中间层处于基本层和高级层之间,中间层和高级层都属于高级的层次,都表现了翻译活动的复杂性,差异仅反映在对译者务实目标设定的详略或多寡上。

基本层：翻译是(语言)意义符号的等值转换。(本文)

中间层：翻译是以符号转换为手段，以意义再生为任务的一项跨文化交际活动。(许钧，2003：75)

高级层：翻译是把一种语言表达的意义用另一种语言表达出来，以达到沟通思想情感、传播文化知识、促进社会文明，特别是推动译语文化兴旺昌盛的目的。(孙致礼，2008：6)

就语言转换的翻译本质属性来看，是无需顾及社会的，因此，翻译只能是"(语言)意义符号的等值转换"，至于能不能做到等值则是更高层次上的要求，可以作为一个理想的目标来追求。基本层次的翻译活动只体现译者的语言性，规定了译者的基本权限，即作为语言人对原文求真的行为。许钧将翻译定位为"跨文化交际活动"，处于较高的层次，也是较高的要求。交际活动是意志体的人所从事的目的性行为，加入了目的性或意志性的成分，体现了译者一定的社会性。孙致礼给翻译活动赋予了更大的意志性，大大超出了译者之为"译者"的最基本的权限：不"促进社会文明"、不"推动译语文化兴旺昌盛"的翻译就不是翻译了吗？比如，将 curse 等值转换为"诅咒"时，从基本层上说，无需添加译者任何的意志性。"符号"可以不是语言符号，但只要有意义且彼此相当并得到互换，那么，"翻译"即告发生。高级层规定了译者的无穷职责，这些职责即社会人务实于社会的诸项目标。基本层属于"求真"的范畴，高级层属于"务实"的范畴。

译者行走在"作者/原文"和"读者/社会"之间。"作者/原文"、"读者/社会"处于一个连续统的两端，其间表现了客观世界的渐变、模糊状态或梯度变化现象。根据翻译的本质属性，译者以原文语言为中心，反映的是翻译的根本，是译者语言性的表现；以社会需要为中心，从某种意义上讲，已超出译者作为"译者"的根本权限，是译者作为一个意志体社会性的反映。此时的译者已经不是一个十足的译者，而是兼具"译者/社会人"或"社会人/译者"角色①，直至远离翻译的本质属性而沦为十足的社会人，即沦为一个普通意义上的人。尽管我们仍然将其称为"译者"，但实际并未行"译者"之事。当走到社会的极端时，"译者"可以根本不用翻译，只需拿来别人的翻译成品以应付自己之所需，做一个"拿来主义"者②，或者译者充当译文的作者，抓住原文的点滴内容而肆意发挥和创作。打一个简单的比方。我们虽然仍然把恋爱中的老师称为"老师"，但实际此时的他已不是老师角色，未履行相应的教书行为，他无非是谈恋爱的一方，只有称其为"恋爱者"才符合此时的身份。③ 杨自俭（2008）也有类似的看法。他说：

> 离原文最近的译文在译文变体集合的一端，离原文最远的译文在译文变体集合的另一端，它们中间有无数不同形态的译文。离原文最远就是离译语写作最近，"最远"就是到了

---

① "译者/社会人"、"社会人/译者"中的"译者"和"社会人"排序不同，当"译者"处于第一的位置时，译者的语言性高于其社会性，偏于译文连续统上"作者/原文"一端，当"社会人"处于第一的位置时，译者的社会性高于其语言性，偏于译文连续统上"读者/社会"一端，反之亦然。

② "拿来主义"的态度指的是只经过了语言文字符号的转换而全盘被译者拿来的。邓笛（2008）所说的翻译界外的翻译者"必须熟悉市场，了解读者，研究所投报刊的特色，然后根据这些，在翻译时做一些有的放矢的变化，完全的'拿来主义'，不适合的坚决删除，删除后所带来的残缺再用迎合报刊口味的立意来修补"中的"拿来主义"并不"完全"，译者只是取原文中的一些内容而用于自己务实的目的罢了，和庞德"创造性翻译"的做法相差无几。

③ 话虽如此，但对译者角色的认定却很难做到泾渭分明。另见后文关于译者身份及其相应行为的讨论。

属性要改变的右临界线,超出了右临界线翻译就不再是翻译,而变成"写作"了。集合两端的译文都是翻译,但离原文最近的译文的属性由三个条件决定:有原文文本参照、内容忠实;而离原文最远的译文的属性只要有原文文本参照这一个条件就决定了。看来翻译是一个动态的概念,译文的形态是从离原文最近的一端向离原文最远的一端逐渐异化,也就是逐渐弱化翻译的本质属性,一直到右临界线(译品与译语之间),过了右临界线就完全异化而丧失了翻译的本质属性。

我们不妨以图示的形式展示译者从"译者"到"社会人"(译者角色连续统)在"作者/原文—读者/社会"这一译文连续统上的角色转变过程:

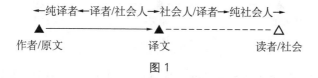

←纯译者←译者/社会人→社会人/译者→纯社会人→

作者/原文　　　　　　译文　　　　　　读者/社会

图1

图中的箭头指向反映了译者或指向"作者/原文",或指向"读者/社会"的实际。因"读者/社会"不受基本层翻译本质属性的约束,处于翻译活动的外围,所以用虚线、虚三角表示。该图说明的是意志体译者的一般行为。

意志体译者的意志属性表现在语言性和社会性上,那么,译者属性连续统就表现为"语言性—社会性"连续统。当意志性增强时,译者的社会性就呈现增强的趋势。毕竟,意志体的最大特性就是具有意志或目的,并具体化而为社会性行为。这样,翻译作为"一项跨文化交际活动"的倾向性反而占了主导地位。译文已不是被动地被读者接受和品评,译者也在主动地迎合社会的需要了,译者借翻译这一媒介使交际得以有效进行。这种情况下的"读者/社会"已经被纳入翻译行为之内,本来只是作为译者的顾念对象反而演变为翻译的实际目标之所在。鉴于译者的意志性、目的性或实用的思想成为目的性翻译活动的实际主导因素,因此,处于翻译活动外围的一些因素转而为比较重要的因素,这样,翻译活动的总体趋向表现为译者从语言性向社会性,即在译文连续统上表现为从"作者/原文"一端向"读者/社会"一端的滑动,展现了译文或翻译的社会化过程,而原本用虚线、虚三角表示的翻译活动外围的因素变成了实线、实三角,译文连续统也相应表现为"语言性—社会性"的译者属性连续统。意志体译者的属性在译文连续统上的变化表现为:

图 2

对于翻译活动本质的研究实际就是对于作为翻译活动主体的译者行为的研究。意志体译者所进行的翻译活动从来不是在真空中进行的,它"始终存在一个语境,翻译活动在其中发生;始终存在一段历史,文本从产生到被转换"(Lefevere,2004:11)。译者的社会属性反映为翻译的社会性,表现在译者使翻译所进行的社会化过程中,也正是翻译的社会属性才使得翻译从一种纯学术的语言行为转变成一种社会性的功利行为。译者为满足目的语社会的需求,达到个人的目的,常常打着"翻译"的幌子,借船过河,获取功利。法国著名译论研究专家巴拉尔强调,"翻译不仅仅是语言活动,而且是'人的活动'","而人所依存的各种社会、历史、文化环境,必然会影响到翻译活动。译者在一定的历史环境和一定的社会条件下所意欲达到的目的,包括政治的、宗教的、教育的、文化的或审美的目的,在很大程度上决定了翻译的手段和方法。而译者的态度和主观因素更是直接影响着整个活动"(许钧,1999:3)。

存在决定意识,意识支配行为。决定译者行为的"存在"是多方面的,既有翻译外的环境因素,也有翻译内的众多条件;既有译者的自身素质因素,也有译者的心理因素,比如目的、意识等。译者既可以是主动的,也可以是被动的,既可以是故意的,也可以是潜意识的,但终究是与译者的双重属性和翻译属性密切相关的。

2. 译者的"求真"、"务实"行为与"求真—务实"连续统评价模式的构建

2.1 "求真"、"务实":定义及其实现

"求真"是指译者为实现务实于读者/社会的目标而全部或部分求取原文语言所负载意义真相的行为[①];"务实"是指译者在对原文语言所负载意义全部或部分求真的基础上为满足务实性需要所采取的态度和方法。

"求真"是翻译的必要条件。对于语言所负载的意义求真并在目的语读者中实现原文在原文读者中产生的相应效果,基本上便

---

① 这里的"求真"和纽马克提出的"翻译是一项崇高的、求真的职业"总体上是一致的。在纽马克看来,翻译所要寻求的"真"就是作者包含在原文文本中的意义,这种"真"只可能存在于作者的文本中,而不在于译者的多种可能的解释;翻译所要再现于另一种语言中的,也只可能是包含在原文文本中的这种意义。(孙致礼,2005)我们偏重于描写和解释的是译者的行为。

是"翻译"的全部，似无另立"务实"的必要。但是，对于实际的翻译材料而言，"求真"或难以彻底而需要"务实"，或另有需要"务实"的其他社会因素（如译者的个人希望）。总之，欲实现务实的目标，达到务实的效果，就要有务实的态度和相应的务实的方法，因此"务实"便上升为翻译的充分条件。"求真"和"务实"是一体的，但彼此又相互区别，它们处于一个连续统上，或"求真"或"务实"，只是译者行为和翻译社会化程度上的问题。"求真"而有相应的"务实"效果，当然是理想的。但是，根据大量的翻译事实看，这种"务实"的效果既包括实现作者、原文的目的，也包括译者及其他社会人服务读者/社会的需要的目的，正因不能完全实现，所以才有另立"务实"条件的必要。"求真"和"务实"是译者行为连续统上的两个端点，中间必然还有渐变的状态。

意志体译者免不了有务实的目标和相应的作为。不管是文学翻译抑或应用翻译，只要属于交际意义上的，那么，考虑读者的需要和感受是译者务实目标的自然流露。毕竟，读者处于所有社会需要的前沿位置。比如，给不给原文加注问题。一类译者不给原文加注，对原文的有些信息采取浅化处理，主观上是为了便于和读者的沟通。为了不影响审美的连续性而浅化，靠近的是"读者/社会"一端，在客观上远离了"原文/作者"一端。所采取的翻译方法无论简繁，都是译者出于务实于社会需要的务实性考虑的结果。

且不说讲究实用的应用翻译本身就有着鲜明的务实目的，即使就文学翻译而论，"务实"也无处不在。文学翻译是语言性的，属于表达型文本，应以服务"作者/原文"为第一需要，以吸引读者欣赏原文为重，但为了达到某种务实的目标或效果，译者甚至不惜操控或改写原文。"操控论"可谓之研究上的"新理"，但这种行为却古已有之。欣赏原文也不一定落在欣赏原文的语言表述上，比如可以是欣赏作者的思想(部分求真),所以就有了所谓的"读者定位"这样的务实之举。比如,鲁迅(罗新璋,1984:275)把读者分为甲、乙、丙3类:"甲,有很受了教育的;乙,有略能识字的;丙,有识字无几的……由此也可见现在必须区别了种种的读者层,有种种的译作"。他采取的具体务实的态度和方法是:"其中的丙,则在'读者'的范围之外,启发他们是图画,演讲,戏剧,电影的任务,在这里可以不论。但就是甲乙两种,也不能用同样的书籍,应该各有供给阅读的相当的书。供给乙的,还不能用翻译,至少是改作,最好还是创作,而这创作又必须并不只在配合读者的胃口,讨好了,读的多就够。至于供给甲类的读者的译本,无论什么,我是至今主张'宁信而不顺'的"。此时鲁迅务实的思想(态度)和方法占了上风。说白了,并非原文本身如此,也绝非译者对原文达到求真(包括原文意义甚至连带原文的效果)就足够了,更不用说译者个人的特质所造成译文的可能不同了。在译文的语言表达上,即使侧重直译的鲁迅,也会因其务实的"读者定位"的不同而部分地对他坚持的语言上的直译在程度上有所降低。

由于译者是翻译行为的主体,在翻译过程中难免夹杂译者个人的"私念",比如,"严复的翻译常常掺杂己意,附加大量按语"(任晓霏、冯庆华,2009);林纾为炫耀自己的文笔而为原文"锦上添花"(钱锺书语)等。"私念"情形多种多样,但以出于对社会的考虑(主要表现为对读者接受的考虑、赞助人的需求)的居多,所以才会有对原文改写或操控的行为。译者是社会的一分子,是社会人,表面上出于对社会考虑的名义下难保有利个人的一己之私。比如,希拉里·克林顿的中文版《亲历历史》中涉及希拉里对中国的观点以及描述她中国之行的内容被改动或删除(所谓"技术处理")一事就是明证。[①] 照译原文不意味着没有读者或不是社会所需,但译者(也包括作为间接的翻译执行者的出版商)有担心承担责任的"自保"私念也是不言自明的。译者社会性的一面便由此得到张扬。在佛经翻译的历史上,有译者为了佛教在我国传播这一务实的目标而在译文中剔除原经文中无须孝敬父母的内容;在文学翻译的历史上,有译者在译文中剔除原文中污秽的字眼,以免有伤风化;在应用翻译中,译者经常改动原文某种形式意义而实现某种特定、务实的社会效果,比如广告翻译中更改原文的组词方式、迎合目的语读者的接受心理,从而打开在目的语受众中的销路等等。当然,译者借翻译之机实现个人之私的并不少见,倒是有些落得"河水不洗船"或"趁机揩油"之意了。

求什么"真",务什么"实",都应是作为翻译执行者的译者的自由,社会都应对译者行为和译文给予合情合理的解释。译者对原文求真是基础,但即使务实的目标与作者相同,而务实之果也会因译者个人因素的介入(比如态度和方法、译者个人类型)而产生差异。比如,鲁迅(罗新璋,1984:265—279)和郭沫若(1954)对待中国的语法看法是一致的。鲁迅说,"中国的文或话,却实在太不精密了……这语法的不精密,就在证明思路的不精密,换一句话,就是脑筋有些胡涂。"郭沫若认为,"中国语文固然优美,但是认真使用起来,就感到语法的不够用了。"他们的务实目标也是一致的。鲁迅主张"装进异样的句法去……必须这样,群众的言语才能够丰富起来",郭沫若旨在通过翻译"帮助我国语文的改进",但是鲁迅译文的"不顺"与他务实的态度(要"输入新的表现法")是一致的,而郭沫若认为如果原文是艺术品,"译文同样应该是一件艺术

---

① http://news.xinhuanet.com/book/2003-09/29/content_1106084.htm。

品……一杯伏特卡酒不能换成一杯白开水,总要还他一杯汾酒或茅台,才算尽了责",所以译文不但"顺",而且值得玩味。至目前看来,鲁迅务实的态度和方法至少部分达到了他原初务实的、借翻译丰富中国文法的目标,其务实之果("必须这样,群众的言语才能够丰富起来")可从王力《中国现代语法》(商务印书馆 1985)"欧化的句法"一节窥见端倪。这样的评论是基于长期的、历史的角度来考察的。郭沫若的务实目标并未得到很好的实现,其务实之果只是让我们欣赏到了作为艺术品的原文,却非讲究原文语法的译文。

2.2 "求真—务实"译者行为连续统评价模式及其构建条件

"求真—务实"译者行为连续统评价模式中的"求真"和"务实"互为条件,"求真"是"务实"的基础,一定条件下,二者可以发生转换。"务实"是目标、态度、方法和效果。"求真"和"务实"分布在一个连续的统一体的两端。

对于译者的实践而言,"求真—务实"是一个动态的自律过程,译者总是努力在"求真"和"务实"间保持理想中的平衡[1],既要保持翻译作为翻译的根本(原文语言及其意义的转换),也不失翻译的社会功能(包括译者在内的社会人借翻译意欲达到的社会目标)。"平衡"是对译者进行翻译时其"求真"、"务实"行为状态的描写,也是对译者在两端之间努力维持翻译性(即维持翻译被称为"翻译"的范围之内/翻译的基本层)行为的描述。译者或偏重"作者/原文",或偏重"读者/社会",都是译者的自由,但对于译评者而言,倾向于译者只忠实"作者/原文",或倾向于译者随意改写[2]原

---

① 理想中的平衡是由译者把握的,但事实上不一定能达到完全平衡。
② 吕俊、侯向群(2006:98)将"改写"分为有目的性的改写和潜意识的改写两种。

文以适应社会的做法都是不全面的，"求真"和"务实"处于一个连续统一体上，任何割裂二者的行为都注定是不可取的，离开对原文"求真"的"务实"是不存在的，或者说根本不属于翻译的范畴；不顾"务实"的"求真"产生不了相应的社会效果，有违意志体译者的意志性，也否定了译者的社会性和翻译社会化活动的一面。我们应该允许译文在连续统上偏于一端的阶段性特征，这是客观的态度。对于译评者来说，"求真—务实"是一个比较客观的描写系统，描写的是翻译的社会化过程，其中包括对译者在使翻译进行社会化过程背后的心理及其他一切社会因素的考察。我们是对已有翻译现象的描写和解释，并非对新的翻译实践的规约。

翻译都是由翻译（者）的目的[①]决定的，而翻译（者）的目的决定了译者可以抱着取舍的态度，甚至译者可以夹杂个人的私念，注定翻译不会是翻译的全部，必然会有所牺牲，有所保留，甚至创造，这些都是基于社会需要包括译者等个人需要的考虑。译者行为是社会性的、目的性行为，其所从事的翻译活动也必然带有相应的特征。目的性取舍行为正是其中的一种表现。翻译讲究策略，而策略的选取都足以说明意志体译者是务实性的。要使求真成为翻译的全部，必须能够做到"意义"的全面对等，次之，原文在原文读者中产生的相应的效果能够完全迁移到目的语读者中去，再次，相应的效果也须是包括译者、赞助人、使用者甚至其他社会人所完全希望达到的效果，等等。要使所有这些因素和谐一致，现阶段只能在很大程度上和多数情况下遗憾地将翻译称为"遗憾的艺术"了。

---

① "翻译的目的"和"翻译者的目的"，既有相同，也有不同之处。张今（1987：8）认为翻译的目的是"促进本语言社会的政治、经济和（或）文化进步"。因为译者是翻译活动的具体执行者，当译者夹杂个人私念时，比如为了借翻译达到个人炫耀文笔、呼吁读者和自己一起行动时，翻译的目的实际已转化为翻译者的目的了。

"务实"的前提是因为"求真"之无力和"务实"之必须。概括起来,这些原因既有翻译对象内部的,也有翻译对象外部的,主要有:

1) 来自原文形式和内容的原因是,对"意义"的全面求真几乎难以实现,必须有所取舍。"意义"有多种,总体上可以分为形式上的和内容上的,或者分为语法上的和词汇上的等。对翻译而言,要达到原文和目的语意义上的完全对等谈何容易,对于分述两种不同语系的语言更是这样。

2) 来自原文效果的原因是,原文在原文读者中产生的相应效果由于语言和文化的差异难以完全迁移到目的语读者中去,因此要有所选择。

3) 来自社会人寄希望的效果是,原文在原文读者中产生的相应效果未必是作为社会人的译者、赞助人和任何使用者所完全希望达到的效果。

当然还有其他诸多方面的原因。译者作为翻译活动的执行者享有较多的自由,如纽马克(Peter Newmark)就认为,尽管翻译是一种语言到另一语言意义的转换,但往往没有必要译出每个方面的意义。(廖七一,2000:152)更不用说意识形态等方面的因素而迫使译者表现为"'别有用心'的'不忠'"(王东风,2003)了。

以上因素决定,译者的"求真"只能是部分求真,译者的"务实"也只能是部分务实,孙致礼(2008:125)所说的"翻译作为文化交流的工具,是无法做到'语言传真'的,但却可以要求'文化传真'"就道出了其中的缘由。虽然都是"部分"上的,但"求真"一般是基于某一点或有限的几点之真而欲达到更多的"务实"目标的。由于语言和文化的差异,"求真"很大程度上变成了一个理想的目标,成了一个近似值,对于译者的翻译实践来说,"求真"是不断向真理逼近的过程和努力。"务实"行为往往发生于全面求真无力或效果不能兼得时，通过务实手段而欲实现务实的效果，这是社会化的补偿行为。毕竟，翻译总体上是为社会服务的。

译文首先呈现在"作者/原文—读者/社会"译文连续统上，译者行为体现在译者对"作者/原文"一端的"求真"和对"读者/社会"一端的"务实"上，构成了"求真—务实"译者行为连续统，而译者行为偏向左端，说明译者主要显现的是其"语言性"，"语言人"的成分较大；译者行为偏向右端，说明译者主要显现的是其"社会性"，"社会人"的成分较大，由此构成"语言性—社会性"译者属性连续统和"语言人—社会人"译者角色连续统。既然是连续统，就是承认连续统上各个阶段的渐变状态，这是对译文、译者行为和译者属性、译者角色的客观描写。在诸连续统中，译者行为连续统起着中枢的作用，皆因译者是翻译实践的主体，是执行者，译文在译文连续统上的变化和译者属性在译者属性连续统上的变化是一致的，但归根结底，都源自作为行为者的译者"求真"、"务实"行为的变化。

3. 结语

本文基于对译者属性和翻译本质的认识，构建了翻译的"求真—务实"连续统评价模式，该模式也是在"文化转向"和翻译研究从规定走向描写这一总范式转变的大背景下构建的，它是关注译者行为背后、客观描写翻译活动并对翻译现象努力给予合理解释的一个尝试。大凡翻译研究论文的铺展模式是：描写——解释，比如在对翻译现象批评的基础上，分析其所以然。但"描写——解释"这一链条还不够完整，需要在描写和解释现象的基础上重构新的解释模式，把该链条补充为"描写——解释——重构"，这样才能在不断尝试中臻于完善，为使之成为系统性、适用范围广泛的强大理论武器做出贡献。

　　本文在"求真—务实"译者行为连续统评价模式的框架内对译者行为,特别是彰显译者社会性的社会化翻译行为做了初步的分析,确立了"作者/原文—读者/社会"译文连续统和"语言性—社会性"译者属性连续统,划分了"翻译"的层次,明确了读者在翻译活动中的位置等。

　　"求真—务实"是一个动态的连续统一体,彼此不可分离,在后续的论文中还要进一步讨论"求真"和"务实"之间的辩证关系、各自采取的手段、文本类型在译文连续统上的变化、在"求真—务实"连续统评价模式指导下的译和评、该评价模式的优越之处、翻译策略选择的背后动因,以及在这一评价模式的视域下重新审视传统翻译观和翻译实践、鉴别好译文的标准等方面的内容,以期对作为社会人一分子的译者的行为和相应的翻译现象做出更加客观的描写和解释,在不断的分析中提高该评价模式的解释力。

　　"求真—务实"连续统评价模式是一个动态的连续统一体,和"作者/原文—读者/社会"译文连续统一体相互协调,译文在译文连续统一体上所处的阶段性特征,必然表现为译者在译者行为连续统一体上实践的阶段性特征。比如,译者对偏向"作者/原文"一端的"求真"行为、对偏向"读者/社会"一端的"务实"行为和译文处于中间状态的"半求真半务实"行为。译者行为既要受到原文文本类型的制约,也要适应社会的需要(比如对不同类型的读者定位),甚至加入译者及其他社会人的特殊意志后反而导致不同译文的产出。"求真"和"务实"作为具体的翻译实践行为,或"求真"或"务实",皆由译者,可以分别对待、分别展示,但作为评价模式,却是一个彼此相连、不能割裂的完整体,综合分析译者的语言性和社会性及其在使翻译社会化进程中对于"作者/原文"求真和对于"读者/

社会"务实的总的社会化的倾向。作为动态的连续统一体,不仅可以用来考察静态环境(如文本类型)对译者行为的制约,也可用来考察动态环境下译者的主动调适行为(如成语在使用过程中的虚实意义);不仅供译者用来自律翻译实践,也供译评者用来评价译者行为。

参考文献

1 邓笛,翻译界外的翻译[J],《上海翻译》,2008(4)。

2 郭沫若,谈文学翻译工作[N],《人民日报》,1954。

3 黄忠廉,《变译理论》[M],北京:中国对外翻译出版公司,2002。

4 李田心,奈达翻译定义之我见[J],《外语研究》,2004(6)。

5 李田心,谈译名"功能对等"及由此造成的负面影响[J],《上海翻译》,2005a(3)。

6 李田心,重新解码奈达翻译理论:评译论界盛行的几个错误观点[J],《韩山师范学院学报》,2005b(4)。

7 廖七一,《当代西方翻译理论探索》[M],南京:译林出版社,2000。

8 鲁迅,鲁迅和瞿秋白关于翻译的通信[A],载罗新璋编《翻译论集》[C],北京:商务印书馆,1984。

9 吕俊、侯向群,《英汉翻译教程》[M],上海:上海外语教育出版社,2001。

10 任晓霏、冯庆华,译者对翻译对等的操控:意识形态与诗学追求[J],《扬州大学学报(人文社科版)》,2009(4)。

11 孙致礼,翻译应该尽量"求真"[J],《中国翻译》,2005(2)。

12 孙致礼,《新编英汉翻译教程》[M],上海:上海外语教育出版社,2008。

13 孙致礼,译者的职责[J],《中国翻译》,2007(4)。

14 王东风,一只看不见的手——论意识形态对翻译实践的操纵[J],《中国翻译》,2003(9)。

15 许钧,对翻译的历史思考——读《从西塞罗到本雅明》[J],《上海科技翻译》,1999(3)。

16 许钧,《翻译论》[M],武汉：湖北教育出版社,2003。

17 杨自俭,对翻译本质属性的认识[J],《上海翻译》,2008(1)。

18 张今,《文学翻译原理》[M],开封：河南大学出版社,1987。

19 Lefevere, A. *Translation, History and Culture: a source book* [M]. Shanghai: Shanghai Foreign Language Education Press, 2004.

20 Nida, E. *Language, Culture and Translating* [M]. Shanghai: Shanghai Foreign Language Press, 1993.

（本文提交于首届英汉对比与翻译研究学科建设高层论坛，删改后载于《外语教学》2010 年第 1 期）

《红楼梦》中的"美容之道"
及其"翻译之道"
——以霍克斯与杨宪益英译为印证

张映先

　　摘要：《红楼梦》中以大观园为背景,通过对贵族妇女日常生活的描写,详细介绍了中国古代化妆品的种类及各类化妆品的原料、工艺、用法、作用等知识,揭示了红楼女儿青春常驻的奥秘及其中华药理医理文化的"美容之道"。中英两位翻译家霍克斯和杨宪益在翻译过程中,由于文化背景的差异,理解和阐释各不相同,导致了在翻译中对化妆品的名字、工艺、包装以及美容理念的差异和误解。文章通过对比分析,探讨了译者的文化背景对译作文化转化的现实影响,提出了解决文化误解的重要性以及为保留中华药理医理文化的"美容之道"的"翻译之道"。

　　关键词：《红楼梦》;美容之道;汉英翻译;比较分析

0. 引言

　　王蒙曾经说过红学"是一门非常特殊的学问,是非常中国化的一门学问","我们无法把它限制于文艺学、小说学、文体学等学科之内,它扯出什么就是什么"。(王蒙,2010:12)《红楼梦》被公认为包罗万象、无所不有的百科全书,其中通过对大观园中贵族女子的日常生活描写,展示了丰富多彩的美容文化。

本文以《红楼梦》中化妆品的名称、选材、制作等为研究对象,结合其独特的中药美容配方和配药的理念,分析其文化内涵。同时选用了大卫·霍克斯和约翰·闵福德(David Hawkes & John Minford)共同完成的 *The Story of the Stone*(以下简称霍译)(David Hawkes,1973),以及杨宪益、戴乃迭夫妇(Yang Hsien-Yi and Gladys Yang)的译作 *A Dream of Red Mansions*(以下简称杨译)(Yang Hsien-yi,1978)这两种英译版本,源语选用了曹雪芹、高鹗合著的《红楼梦》(曹雪芹、高鹗,2007),通过对比分析这两种英译本的相关译例的相似点与差异,分析中英翻译家对原文的认知和理解,阐释英译的不同策略及其得失,以期对美容文化的跨文化转化提供翻译的有益的启示。

1.《红楼梦》中的美容文化

女性爱好美容,自古亦然。中国的美容,源远流长,《诗经》的《国风》里就有"手如柔黄,肤如凝脂"之说,说明那个时代就已经开始讲究在脸上涂抹脂粉以增加美丽了。唐代是中国封建历史的鼎盛时期,宫廷里崇尚梳妆打扮,富有人家的小姐贵妇喜欢涂脂抹粉。作为现实说的反映,古代的文人墨客留下了许多吟咏美容的名句,足以证明美容化妆并不是西方人的专利,它早就是中国古代女子生活中的一个重要内容了。战国末叶,宋玉在《登徒子好色赋》中叙述女性美的标准:"增之一分则太长,减之一分则太短,著粉则太白，施朱则太赤，眉如翠羽，肌如白雪，腰如束素，齿若含贝，嫣然一笑，惑阳城，迷下蔡。"这代表男性对女性的审美要求，虽然标准太理想化了，要全面做到实为不易。但为迎合男性的审美标准，含有各种功能的美容产品就顺应而生了。《红楼梦》比较详尽地描述了那个时代贵族女子的美容化妆品。

1.1　护肤、彩妆用品及其制作材料与工艺

护肤用品，顾名思义就是用来保护皮肤的，以对皮肤起滋润作用的最为常见。彩妆用品，就是我们常见的胭脂水粉之类，它能起到修饰作用，掩饰瑕疵，突出优点，为面部增添色彩。《红楼梦》中画眉之墨、妆粉、胭脂、指甲染色用品就属于彩妆用品。

画眉的历史可以追溯到战国时期，至唐代已在贵妇人间普及，杜甫有诗云："却嫌脂粉涴颜色，澹扫蛾眉朝至尊。"相传李商隐"八岁偷照镜，长眉已能画"。唐玄宗还命画工作《十眉图》。（云海，2012：12）可见画眉在唐代是一种时尚。用妇女的化妆来指代女性，这是文学作品中常见的，白居易《长恨歌》有句云："回眸一笑百媚生，六宫粉黛无颜色。""粉黛"就是指妇女涂在脸上的白粉和画眉用的青黑色颜料，喻指美女。高适《塞下曲》："荡子从军事征战，蛾眉婵娟守空闺。""蛾眉"本指女子细长而弯曲的眉毛，借为美人的代称，也暗示了盛唐时期的女性画眉的形状和画眉的材料，形状如蛾，材料取黛。

《红楼梦》第五回："徘徊池上兮，若飞若扬。蛾眉频笑兮，将言而未语。"是对贾宝玉梦中仙姑的美貌的描绘，也反映了当时对美女的审美观。眉毛如蛾，也是当时化妆眉毛的样板。第三回中宝玉道："《古今人物通考》上说：'西方有石名黛，可代画眉之墨。'"提到了古代女子的化妆术之一：画眉。从贾宝玉与林黛玉的对话

中,可知画眉的材料叫黛,是一种天然物质。

在《红楼梦》中,贾宝玉爱吃胭脂的"毛病"人尽皆知。如:第十九回袭人劝宝玉时说:"再不许毁僧谤道的了。还有更要紧的一件事,再不许弄花儿,弄粉儿,偷着吃人嘴上擦的胭脂和那个爱红的毛病儿了。"那么古代胭脂究竟为何物所制? 为什么宝玉敢吃?《红楼梦》第四十四回"平儿理妆"中可诗可画的"特写理妆镜头"不少,是著名的诗画题材之一。提到了粉脂与其制作材料,宝玉对平儿说:"这不是铅粉,这是紫茉莉花种研碎了,对上料制的。"这一段通过贾宝玉对这个制作工艺流程的介绍,我们看到了贾宝玉所谓的"作养脂粉",其含义固然在于他对众姐妹们的"爱博心劳",同时也可以看到他对脂粉一类化妆品的制作使用都有讲究,可谓选料精良、炮制精心、用法精细。选料纯天然,如粉以茉莉花种研制,胭脂要用"上好的胭脂拧出汁子来,淘澄净了,配了花露蒸成的。"曹雪芹通过对平儿化妆的描述,给了我们丰富的信息。

1.2 药妆用品及其制作材料与工艺

《红楼梦》里除了彩妆用品之外,还提到了一种药妆用品,那就是"蔷薇硝"。是当皮肤出现问题时所使用的具有医疗效果的用品。"蔷薇硝"应为一种药物性护肤用品。《红楼梦》第六十回里提到"茉莉粉替去蔷薇硝"。"蔷薇硝"是什么? 要读懂这一回书,就得搞清楚"蔷薇硝"与"茉莉粉"的性能有何不同? 何以不能代替?闺中女儿为何时急需? 且可作为一种赠品来相赠? 书中提到了"香饼子","香球子","香袋子"等一系列的美容香,具体提到了一种靠内服美容的药妆,即第十九回"意绵绵静日玉生香"中提到的薛宝钗常服用的"冷香丸",通过吃药使身上散发出一种香味,其香可与当代的高品位香水媲美,且有一定的医疗功效。

《红楼梦》详细地描写了护肤用品、彩妆用品、药妆用品及其制作材料和制作流程,把明末清初上层阶层的化妆品时尚展现在我们面前。然而翻译家如何正确地理解这些美容文化,特别是中药配方中所包含的医理药理以及文化内涵,翻译中如何传递这些文化信息和内涵,这确实是一件非常有难度的事。

2. 《红楼梦》中美容文化及英译对比分析

《红楼梦》中化妆品有着美丽的名字,如"蔷薇硝"、"玫瑰膏"、"茉莉粉"等等。准确地诠释其美容品的文化内涵,是实现跨文化转化的关键。

在第三回宝玉初见黛玉的时候有这么一段对话:

[1]　宝玉又道:"妹妹尊名?"黛玉便说了名,宝玉又道:"表字?"黛玉道:"无字。"宝玉笑道:"我送妹妹一字,莫若'颦颦'二字妙极。"探春便道:"何处出典?"宝玉道:"《古今人物通考》上说:'西方有石名黛,可代画眉之墨。'况这妹妹眉尖若蹙,取这个字岂不美?"(第三回)

杨译:

"What's your name?" She told him.

"And your courtesy name?"

"I have none. "

"I'll give one then," he proposed with a chuckle.

"What could be better than Pinpin?"

"Where is that from?" put in Tanchun.

"*The Compendium of Men and Objects Old and New says that in the west there is a stone called dai* which can be used instead of graphite for painting eyebrows. As Cousin Lin's eyebrows look half knit, what could be more apt than these two characters?" (Yang et al., 1978：86)

霍译：

"What's your name?" Dai-yu told him.

"What's your school-name?"

"I haven't got one. "

Bao-yu laughed. "I'll give you one, cousin. I think 'Frowner' would suit you perfectly. "

"Where's your reference?" said Tan-chun.

"In the *Encyclopedia of Men and Objects Ancient and Modern* it says that somewhere in the West there is a mineral called 'dai' which can be used instead of eye-black for painting the eyebrows with. She has this 'dai' in her name and she knits her brows together in a little frown. I think it's a splendid name for her!"(Hawkes et al., 1973：57)

　　这段话中谈到了古代女子的化妆术之一：画眉。画眉的历史可以追溯到战国时期,《楚辞·大招》中有记："粉白黛黑,施芳泽只。长袂拂面,善留客只。"(洪兴祖,1983)"黛黑"就是指用黑色化妆材料来画眉。两位都采取了音译的方式,译"黛"为"dai",一是保留住了制作画眉的材料,另一个主要的原因是黛玉名字中有一个"黛"字,此处采取了音译传达了贾宝玉送林黛玉"表字"——"颦颦"的解释。颦即皱眉,有"东施效颦"之成语,宋代苏轼《后杞菊赋》:"对案颦蹙,举箸噎呕。"贾宝玉说"况这妹妹眉尖若蹙",蹙也是蹙眉,颦蹙合在一起简单释义:皱着眉头,形容忧愁的样子。杨采取了音译"Pinpin",但它在后面对"Pinpin"加以解释"As Cousin Lin's eyebrows look half knit,what could be more apt than these two characters?"而霍用"Frowner"对"颦颦"这两字的意译,说明了"颦颦"的含义,同时他还增译了"She has this 'dai' in her name."作为英国翻译家,他得告诉英语读者"dai"的含义。"可代画眉之墨"两位的理解也不同,霍就一笔带过"instead of eye-black for painting the eyebrows with",没有交代画眉的材料。杨译为"instead of graphite for painting eyebrows"。"graphite"石墨,黑铅,炭精。那么"石墨"与"石黛"的区别是什么?中国古代最开始所使用的画眉材料是烧焦的柳枝,还有用脑麝浸少油,倾入烟内和调匀,其墨可逾漆的画眉用品,还有一种办法"旋剪麻油灯花,用尤佳"。(陈元靓,2005:375)随后由西方传来的一种叫作"黛"的黑色矿物,用来画眉,叫做"石黛"。唐诗中有佐证,杜甫的《阆水歌》:"嘉陵江色何所似,石黛碧玉相因依。"到了隋唐时期,妇女则使用一种原产于波斯的画眉材料——螺子黛,这种画眉材料经过加工制成各种规定的块状,使用时只需蘸水即可,不用再研磨,螺子黛由于出自波斯国,每颗值十金,只有高官达人家的太太小姐能用得起。由于模样及制作过程都和书画用的墨锭相似,所以这种黛块被当时的人称为"石墨"或"画眉墨"。宋代的欧阳修《阮郎归》词之五:"浅螺黛,淡燕脂,闲妆取次宜。"明代的瞿佑《归田诗话·送还俗入道》:"孙花翁《送女冠还俗》云:"重调螺黛为眉浅,再试弓鞋举步迟。"(云海,2012:14)宋代以后,画眉墨就已经广泛使用,很少有人再用石黛了。所以难怪当探春听到宝玉的话以后会说:"只恐又是你的杜撰。"杨用"graphite"来翻译"画眉之墨",他们画眉的用品是"石墨","石墨"是由青黛药加橄榄油、冰片和熏香等材料制作而成的,而"石黛"则是黑色矿物,是由一种黑色矿物放在石砚上磨碾成粉末,然后加水调和而成。杨的翻译记载了从用"石黛"到"石墨"的历史,(刘睿,2015:3)也记载了古人提倡绿色美容环保的理念,同时也告诉我们《红楼梦》的时代所用画眉的材料。

《红楼梦》第四十四回平儿理妆证实了宝玉对"美容"有他的见解和研究。对于化妆品——胭脂,作者进行了较为详细的介绍。那么《红楼梦》中的胭脂究竟为何物所制?为什么宝玉敢吃?

[2]　平儿听了有理,便去找粉,只不见粉。宝玉忙走至妆台前,将一个宣窑瓷盒揭开,里面盛着一排十根玉簪花棒儿,拈了一根,递与平儿,又笑说道:"这不是铅粉,这是紫茉莉花种研碎了,对上料制的。"平儿倒在掌上看时,果见"轻"、"白"、"红"、"香",四样俱美;扑在面上,也容易匀净,且能润泽,不像别的粉涩滞。(第四十四回)

杨译:

Ping-erh felt the truth of this and looked for some powder, but could not see any. At once Pao-yu went to the dressing-table and opened a porcelain casket made in the Hsuan Teh period containing ten sticks of four-o'clock-seed powder. He handed one to her.

"This isn't white lead. It's made of the seeds of

purple four-o'clock ground fine and mixed with aromatics. "

Ping-erh holding it on her palm found it light, pinky white and fragrant, delightful in every respect. Brushed over her cheek it was easy to spread smoothly and felt moist, having much finer grains than the usual powder which was bluish white and sticky. The rouge too, in its small white-jade box, she observed, was not in the usual sheets but looked more like rose salve. (Yang et al. , 1978 : 1249)

霍译:

Inwardly acknowledging the reasonableness of this advice, Patience looked round her for some powder, but could not see any, whereupon Bao-yu darted over to the dressing-table and removed the lid from a box of Early Ming blue-and-white porcelain in which reposed the head of a white day my with five compacts, stick like buds on either side of the stem. Pinching off one of these novel powder-containers, he handed it to Patience.

"There you are. This isn't ceruse, it's a powder made by crushing the seeds of garden-jalap and mixing them with perfume. "

Patience emptied the contents of the tiny phial on to her palm. All the qualities required by the most

expert perfumers were there: lightness,
whiteness with just the faintest tinge of rosiness,
and fragrance. It spread smoothly and cleanly on
the skin, imparting to it a soft bloom—that was
quite unlike the harsh and somewhat livid
whiteness associated with lead-based powders.
(Hawkes et al., 1973: 828)

这一段翻译主要在制作"胭脂"材料、时间的问题上有不同的
解读,同时对源语深层的内涵意义如何在翻译中得到实现亦有差
异。有几个词值得我们去探析。(1)"宣窑瓷盒"的年代问题。"宣
窑瓷盒"是一种胭脂盒。杨霍分别译为"the Hsuan Teh period"和
"Early Ming"。所谓"宣窑"并非窑址名,而是明代宣德窑瓷器的
简称,是大名鼎鼎的明代宣德年间景德镇官窑生产的瓷器,代表着
大明两百多年官窑瓷器的最高水平。(白鹿鸣,2010:6)作为明代
官窑最为鼎盛的时期,对于时间的翻译应该都没错,只是一个宏观
一点,一个微观一点。故宣窑瓷自明以下便为稀世古董,明清胭脂
盒可谓数千年胭脂盒历史的巅峰,特别是贵族阶层对盛放脂粉的
器皿更是无所不用其极,《红楼梦》中做了佐证,书中第四十四回
"喜出望外平儿理妆"对此描摹得十分仔细,宝玉赠送"市面上买不
到"的胭脂香粉是他亲自制作的,盛放"香粉花棒"的是"宣窑瓷
盒",盛放"胭脂膏子"的是"白玉盒子",可见怡红院无尽奢华雅致,
他们珍藏的这些名贵脂粉的胭脂盒绝非凡品。(2)宝玉说"这不是
铅粉,这是紫茉莉花种研碎了,对上料制的。""紫茉莉"也称"胭脂
花",拉丁语名为 Mirabilis jalapa,英语称为" the four o'clock
flower or marvel of Peru",杨译:"This isn't white lead. It's made

of the seeds of purple four-o'clock ground fine and mixed with aromatics."杨用英语名称译,霍则保留其拉丁语名字,译为:"There you are. This isn't ceruse, it's a powder made by crushing the seeds of garden-jalap and mixing them with perfume.""这不是铅粉",杨的翻译"This isn't white lead."增添了一个"white"是必要的,因为这是擦脸的白铅粉,而霍用"ceruse"来翻译是到位的,"ceruse"在《朗文词典》中的释意为"a poisonous white pigment that contains lead",因此特别强调了"这种铅有毒"。而贾宝玉制作的"胭脂"是将"紫茉莉子研碎了",然后把"上好的胭脂拧出汁子来,淘澄净了,配了花露蒸成的。"紫茉莉浑身都是宝,根、叶可供药用,有清热解毒、活血调经和滋补功效,种子白粉可去面部瘢痣粉刺。(3)"将一个宣窑瓷盒揭开,里面盛着一排十根玉簪花棒儿",杨比较简单地译为"containing ten sticks of four-o'clock-seed powder",而霍译:"in which reposed the head of a white day my with five compact, stick like buds on either side of the stem."从译文来看,霍增译了不少,花费了不少的精力,也查阅了不少的资料。初读他的译文感到不知所云,什么是"with five compacts"? 明朝文学家沈德符的《敝帚轩剩语·瓷器》:"本朝窑器,用白地青花,间装五色,为今古之冠。"(汪道昆,2000)霍看样子就是按照他的描绘翻译的,增译了"blue-and-white porcelain","白地青花"和"间装五色"译为"with five compacts",意为盒子中有五格,"玉簪花棒儿"也翻译的到位,"stick like buds on either side of the stem"。可见霍的良苦用心,面面俱到,文笔精妙,译文堪称一流,更可贵的是他对原著近乎虔诚的态度,翻译一丝不苟,努力做到逐字逐句地翻。(4)"轻"、"白"、"红"、"香"。杨的翻译是"light, pinky white and fragrant, delightful in every respect",霍的译文是"lightness, whiteness with just the faintest tinge of rosiness, and fragrance."两位译者对待颜色词的翻译并不是简单的直译,而是各自发挥自己的想象和理解,以各自不同的精妙的文笔传递给读者美好的英语表达。

除了彩妆用品之外,《红楼梦》里还提到了一种药妆用品,那就是"蔷薇硝"。在第五十九回"柳叶渚边嗔莺咤燕,绛云轩里召将飞符"里有这样的情节:

[3] 一日清晓,宝钗春困已醒……于是唤起湘云等人来。一面梳洗,湘云因说两腮作痒,恐又犯了桃花癣,因问宝钗要些蔷薇硝擦。宝钗道:"前日剩的都给了琴妹妹了。"因说:"颦儿配了许多,我正要要他些来,因今年竟没发痒,就忘了。"(第五十九回)

杨译:

Early one spring morning when Baochai awake, parted her bed-curtains and got up, she found it rather chilly. ... She then woke Xiangyun and the others.

As they were dressing, Xiangyun remarked that her cheeks itched. She was afraid she had a spring rash again, and would like some rose-nitric powder to apply to it.

"I gave all I had left the other day to Baoqin," Baochai told her. "Daiyu had a good deal made and I was meaning to ask her for some, but not having felt any itching this spring I forgot."

（Yang et al. , 1978：1719）

霍译：

Waking one fine, fresh morning from vernal slumbers, Baochai, on raising thebed-curtain and stepping down into the room, became sensible of a very slight chilliness in the air, ... She went in again and called to the others to get up. While they were washing, Xiang-yun complained of an irritation in her cheeks which she feared might herald an outbreak of the mild eczema she sometimes suffered from and asked Bao-chai for some rose-root orris to put on them. "I gave the last of it to Qin a few days ago," said Bao-chai. "Frowner has a lot. I had been meaning to ask her for some, but as I haven't had any trouble with my own cheeks this year, I forgot about it. " (Hawkes et al. , 1973：1142)

这段话里提到了一种皮肤病——"桃花癣"，并且还详细写明发病时间是春天，患病位置是两腮，而对症治疗的药物则是蔷薇硝。那么得首先了解"桃花癣"是什么病？"桃花癣"并不是"癣"，目前医学科学已证明，它实际上是春季好发的单纯性糠疹、脂溢性皮炎及春季皮炎一类皮肤病的总称，据清吴谦等人编撰的《御纂医宗金鉴》(瑞瑶,1963：888)记载："又有面上风癣……时作痛痒，发于春月，又名吹花癣，即俗所谓桃花癣也。妇女多有之。"杨译为"a spring rash"花皮疹，皮疹是一种皮肤病变。从单纯的皮肤颜色改

变到皮肤表面隆起或发生水疱等有多种多样的表现形式看,皮疹
的特点是大、小片粒红,有时会痒,有时不会痒。霍译为"mild
eczema"轻微湿疹,湿疹是由多种内外因素引起的瘙痒剧烈的一种
皮肤炎症反应,这两种病还是有区别的。"桃花癣"应该不是湿疹,
而是皮疹,因此译为"a spring rash"为佳。

"蔷薇硝"的成分是蔷薇露和硝,医书记载蔷薇花能清暑和胃,
润泽肌肤,粉质细腻柔滑,对春季内热上蕴、风热外感引发的双颊
过敏有一定治疗作用,是一种对症的药用化妆品。《红楼梦》中的
"蔷薇硝"结合了野蔷薇清热败疮以及硝消散祛毒的功效,对于治
疗春癣还是十分有效的。那么如何翻译"蔷薇硝"? 霍译"rose-
root orris"中 orris 是采用水蒸气蒸馏法从鸢尾获得的鸢尾油,鸢
尾又名蓝蝴蝶、紫蝴蝶、扁竹花等,其根状茎可作中药,具有消炎作
用。鸢尾油具有甜的木香和粉香并微带油脂气味,是一种价格昂
贵的香料。霍译"rose-root orris"的成分是"蔷薇根"加"鸢尾油"制
成的。文中提到的"蔷薇硝",是一种针对此症所使用的药妆用品,
其成分是蔷薇露和硝。《本草纲目拾遗》(赵学敏,2000)中更是明
确地说:"野蔷薇……春月,山人采其花售与粉店蒸粉,货售为妇女
面药。""硝",是某些矿物盐的总称,在中国古代,人们很早就知道
矿物质的药用价值,这些用于药物中的"硝"大多具有消散、拔脓、
祛腐的功效,常常作为辅助用药。那么杨译"rose-nitric powder"
比较符合《红楼梦》中的描写,"蔷薇硝"是由蔷薇花加硝合成,而不
是由"蔷薇根"加"鸢尾油"制成的,霍译的药妆的原料成分不对。
另外"蔷薇硝"是粉末状态,不是液体状态油。第六十回中提到,蕊
官递了个纸包给薛姨妈,说是"蔷薇硝",要她带去给芳官擦脸,"春
燕笑道'你们也太小气了,还怕那里没有这个与他,巴巴的你又弄
一包给他去'"。可见能用纸包的一定是"粉末"。

·

《红楼梦》第六十回讲述了以粉代硝引起的风波,可知"蔷薇硝"是女孩子们春天用以擦癣止痒的上品,其药用性有别于一般化妆品,茉莉粉便无此功效,是不可替代的。贾环是个大外行,他把"茉莉粉"当作"蔷薇硝"兴致勃勃地拿回去给彩云。

> [4] 彩云一看便说:"他们哄你这老乡呢,这不是硝,这是茉莉粉。"(第六十回)
>
> 霍译:
>
> "They've been having you on," said Sunset. "This stuff isn't rose-orris, it's jasmine face-powder. "(Hawkes et al. ,1973:1156)

如果根据前面的语境,按照霍的翻译,后面就无法发展下去了。因为"jasmine face-powder""茉莉粉"是粉末,用纸包,而"rose-root orris"是油,必须用瓶装,如果这样,贾环也不会弄错,一场由芳官的调包、贾环的无知、遂有以粉代硝之赠,因此而触发了赵姨娘的怨愤之心,抓住这个由头兴师问罪、大打出手的风波就可以避免了。因此从这个例句更进一步说明,霍的翻译欠妥,他没有深层地了解中药美容的配方的医理药理。

贾府的另外一种美容产品那就是香料,其功能除了净化空气外,还相当于当代的香水。贾府香料消耗量惊人,除了烧的熏的,还有带的,如像宝玉随身带着沉香和速香,刘姥姥醉卧怡红院用百合香净化空气等等,可见香料是多么普及。这些奇奇怪怪的"香"如何翻译以及与其相关的宗教文化如何翻译,以下面句子为范例。

> [5] 宝玉摇摇头道:"未必。这香的气味奇怪,不是那些

香饼子、香毬子、香袋子的香。"黛玉冷笑道："难道
我也有什么'罗汉''真人'给我些香不成？便是得
了奇香，也没有亲哥哥亲兄弟弄了花儿，朵儿，霜
儿，雪儿替我炮制。我有的是那些俗香罢了。"（第
十九回）

杨译：

Baoyu shook his head. "I doubt it. It's a very
unusual scent. Not the kind you would get from
perfumed pastilles, scent-balls or sachets."

"Do I have a Buddhist arhat to give me scent?"
demanded Daiyu archly. "Even if I had some rare
recipe, I've no kind cousin or brother to concoct it
for me with stamens, buds, dew and snow. All I
have are common scents." (Yang et al., 1978:
533)

霍译：

Bao-yu shook his head. "I doubt it. It's a very
unusual scent. Not the kind you would get from a
scent-cake or a perfume-ball or sachet." "I hope
you don't imagine it's some exotic perfume given
me by the Immortals of the Isles. Even if I had
the recipe, I have no kind elder brother to get
together all those flowers and stamens and things
and make it up for me. I have got only the
ordinary, vulgar sorts of perfume!" (Hawkes et
al., 1973: 350)

对这个句子中的"花儿,朵儿,霜儿,雪儿"的翻译,两人译文各有千秋,杨先生一字不落地都译了出来,"stamens, buds, dew and snow"。这句话的背景是薛宝钗常服用的"冷香丸",通过吃药使身上散发出一种香味,其功能可与当代的香水媲美。不料黛玉身上也有一股自然的幽香,所以黛玉一口气说了对薛宝钗的香气不屑一顾,虽是气话,但可得知薛宝钗"冷香丸"的基本制作材料。霍先生译为"all those flowers and stamens and things",译出了大概的意思,"stamen"意为"the male reproductive organ of a flower",与"flowers"是同义词,他的译文只不过想与"花儿,朵儿"相对应,而用"things"轻描淡写地表达了"霜儿,雪儿"。"黛玉冷笑道'难道我也有什么'罗汉''真人'给我些香不成?'"句中有着中国宗教文化的内涵,"罗汉"是佛教名词,是阿罗汉的简称,梵音译(Arhat)。含有杀贼、无生、应供等义,是伟大的佛陀得法弟子修炼最高的果位。"真人"一词最早出于春秋战国《庄子·大宗师》:"古之真人,其寝不梦,其觉无忧,其食不甘,其息深深……古之真人,不知说生,不知恶死,其出不欣,其入不距;翛然而往,翛然而来而已矣。"(庄子,2014)后指古代道家、道教把修真得道(成仙),洞悉宇宙和人生本原,真真正正觉醒、觉悟的人称之为真人,也通常尊称那些体道大法、道行高深、羽化登仙的道士。杨保留了佛家的"罗汉""Buddhist arhat",而去掉了道家的"真人"。霍先生译为"Immortals of the Isles"(岛上的神仙),"the Isles"指代有点模糊,是指的道教圣地"蓬莱岛""Penglai Fairy Isles",还是西方基督教上帝及天使居住圣地"The Isles of the Blest",那就不得而知了。但是这里是中国的道教,道教的主要宗旨是追求长生不死、得道成仙、济世救人。"Immortals"对"真人"的翻译还是贴切,意为"长生不老"。就翻译的角度来看,都与道家、佛家有点关系,给了读者一个大概的交代。

3. 结语

《红楼梦》作为中国封建文化的百科全书,其对中国古代美容文化的反映是丰富多彩的。然而翻译作为跨文化交际的手段与媒介,像《红楼梦》中这种时代久远、内涵丰富的美容之道的跨文化的转换,就是对汉语达到高深造诣的中国翻译家也难保不出纰漏,像霍克斯这样的英国翻译家,虽然汉语文化功底不薄,但他自身的文化意识对准确理解中医美容药理也有一定的障碍。再者,翻译家虽然可以用目的语言准确表达中国美容文化的内涵,但不见得能实现目的语读者的准确理解。但是两位翻译家的翻译之道也给我们带来一些启示:

其一,翻译的重点、难点和焦点恐怕都在文化差异上,要突破翻译这个现实的瓶颈,译者必须对原作中的文化信息从源语到目的语均有深入的钻研,唯有这样,才有可能从完整的科学意义上实现文化因子的跨文化的转化。霍克斯在翻译中还是尽力地拉近英汉两种文化的距离,旨在达到较好的文化沟通和理解。他在采取直译时,增添了很多解释和注释,其翻译的篇幅的长度往往超过了杨宪益的。其二,西方的社会背景给霍克斯的意识形态和生活理念打上深深的烙印。他的思维模式在词汇的选择方面尤为凸显,他以英语国家制作化妆品的材料代替了中式材料,结果篡改了美容配方。霍的译文中的另一个特色,采用了一些拉丁语借词来翻译美容材料,更使其中医药文化黯然失色。而杨先生还是比较遵守源语的表达。因此,译者在翻译过程中不能一味地套用西医词汇,应该最大限度地保留中医药妆的文化特色,有效传达源语语义信息和文化内涵。从某种意义讲,翻译本身就是一种遗憾的事业。"吾生也有涯,而知也无涯。以有涯随无涯,殆矣!已而为知者,殆而已矣。"(庄子,1978)翻译者要孜孜不倦地探索"翻译之道",探索其传播中华医妆的"美容之道"。

参考文献

1 白鹿鸣,《红楼梦》中瓷器的叙写及其作用[J],《许昌学院学报》,2010(6)。

2 曹雪芹、高鹗,《红楼梦》[M],北京:华夏出版社,2007。

3 陈元靓,《事林广记》[M],上海:上海古籍出版社,2005。

4 洪兴祖,《楚辞补注》[M],北京:中华书局,1983。

5 刘睿,红楼梦里的美容秘方[J],《红楼梦学刊》,2015(3)。

6 瑚琪、瑚瑶、吴谦,《御纂医宗金鉴》[M],北京:人民卫生出版社,1963。

7 汪道昆,太函集[J],载《徽学研究资料集刊》,2000。

8 王蒙,《王蒙的红楼梦:讲说本》[M],长沙:湖南文艺出版社,2010。

9 云海,古诗咏美容[J],《老同志之友》,2012(12)。

10 赵学敏,《本草纲目拾遗》[M],北京:中国医药出版社,2000。

12 庄子,《庄子·庖丁解牛》[M],北京:外文出版社,1978。

13 庄子,《庄子·大宗师》[M],甘肃:乌兰文艺出版社,2014。

14 Hawkes, D. & Minford, J. *The Story of the Stone* [M]. London: Penguin Group, 1973.

16 Yang, H. Y. & Yang, G. *A Dream of Red Mansions* [M]. Beijing: Foreign Languages Press, 1978.

(本文提交于第二届英汉对比与翻译研究学科建设高层论坛)

中国传统译论中的"格义"范式转换及其现代阐释

刘军平

摘要：本文探讨了中国传统译论中的一个重要范式"格义"，认为它是一种以中释西的创造性范式。这种类比和阐释以重视两种文化的共性为主，突出了主流意识形态和文化的需要。作者认为，在中国翻译史上始终贯穿的一条主线是"格义"与"反向格义"的交锋。通过对异质文化的"格义"，中国文化逐渐与异质文化达到圆融和谐，并成功地吸收消化了佛教文化。本文首次提出了文质两派的中国翻译理论的发展线索和谱系，他们是"质派"的谱系以支谦——道安——玄奘——鲁迅为线索；"文派"的谱系从提倡"格义"的竺法雅开始，从竺法雅——鸠摩罗什——傅雷——钱钟书。在当代翻译研究中，我们应要重视传统译论的继承并对其作创造性的转换，以"返本开新"。目前，我们面临的窘境是被西方话语"反向格义"。如何走出"反向格义"的制约，达到中西互释，是新时期翻译研究应该反省和考量的新课题。

关键词：格义；范式；文质；反向格义；转换

0. 引言

　　系统而深入地整理和研究中国传统翻译理论的范畴及体系,不但是认识和评价中国传统译论的内涵、特征以及揭示其发展规律的基本途径,也是进行中外、古今译论比较研究的基础工作。从更广泛的范围来看,这与当前翻译界同仁正在努力思考融汇古今、兼取中外翻译理论之长,以构建有中国特色的翻译体系目标是一致的。20世纪80年代以来,中国翻译研究的一个显著特点就是,学科研究本体内容进一步发展深化。然而,不容忽视的缺憾是,对西方译论介绍、梳理、翻译的热情有余,而对中国传统译论中的范畴体系及其特点探讨不足,从现有的几种为数不多的论著来看,所选择的内容大多注重历史的线性描述,如所选择的范畴不一定真正触及传统译论的关键枢纽之所在。在逻辑整合、归类以及层次的划分方面则明显地套用西方翻译理论体系的模式,亦未必合于传统译论之经纬间度。而且研究视域较狭窄,将传统译论与传统文化隔离开来,自然影响了研究的深度。随着90年代对西方翻译理论的消化和接受,上述研究方法上得到充分的改进,翻译界渐渐开始注重中西译论的融合,将传统译论放在较大的背景下予以探讨,尤其注意考察译论与传统哲学、文学与文化的历史关联,取得了丰硕的成果。然而,有关中国译论中的一些具体概念的深层次探讨以及其创造性转换的可能性阐述得还不够充分。本文试图从中国传统译论中的一个关键范畴概念"格义"着手,研究其发展脉络及其创造性转换的可能性。

1. "格义"——以中释西的创造性范式

据文献记载,佛教最早是在西汉哀帝元寿元年(公元前二年)传入的,大月氏使者伊存口授浮屠经,博士弟子景卢接受了传授。从此以后,佛教逐渐传播开来,对中国思想文化的发展产生了深远的影响。佛教之所以能在中国社会得到广泛的传播,其中主要原因之一是,它能不断地根据中国社会实际进行自我调适,与原有的儒道进行妥协,吸收其富有影响的成分,改造和完善自身,经历了一个汉化、儒化的过程。佛教传入的起因是明帝夜梦金人,遣人去西域取经,到大月氏国,遇迦叶摩腾两位法师,迎归洛阳,安置在白马寺并译出《四十二章经》①,为中国佛教传入中国的开始。

在佛经翻译的早创阶段,佛经译者普遍采用的是"格义"的翻译方法。何谓"格义"?"格义"(Geyi, analogical interpretation)原本是魏晋时期流行的解释佛经的方法,尽管有人认为早在汉代人们就提出了格义的方法,但在现存典籍中最早提到"格义"并加以解释的,是梁代释慧皎(497—554)所撰的《高僧传》:据《高僧传·竺法雅传》记载:"(竺)法雅,河间人(今河北)。……时依雅门徒,并世典有功,未善佛理。雅乃与康法朗等,以经中事数,拟配外书,为生解之例,谓之'格义'。及毗浮、昙相等亦辩'格义',以训门徒。"(释慧皎,1992:153)"外书"是指佛经以外的中国典籍,如儒家道家的书,格义的对象是佛经的"事数",即佛教典籍对人生和宇宙的各种分析结果,其特点是一系列的次第分部再分部,解释佛教

---

① 有些学者认为《四十二章经》是伪译或者是中国人自己编撰的,主要原因是从风格上模仿了《孝经》或《道德经》。请参见荷兰学者许理荷的《佛教征服中国》第 32 页。

的概念。"格义"的方法是用中国世俗的名词概念去比拟"内书"中的"事数";格义的体例是"生解",即一种大字正文下夹住小字的经典注疏形式,或称"子注"。不懂佛理的人,可以根据"子注"本的形式大致了解佛典中的"事数"大致相当于儒道中的哪些概念,从而能贯通文义。陈寅恪认为这是关于"格义"的正确解释(陈寅恪,1992:98—99)。《哲学大辞典》(金炳华,2007)对"格义"的解释是,"将佛经中名相与中国固有的哲学概念和词汇进行比附和解释,认为可以量度(格)经文正义"。著名佛教史专家汤用彤先生在对竺法雅等的"格义"作了仔细研究后指出,"以本国之义理,拟配外来思想"的"格义"法,"在世界各民族文化思想的交流中,仍具有普遍性与必然性"(1997:167)。这种方法以传统文化中相类、相通为例证,说明佛教教义不仅不与中国固有文化相抵牾,而且有相通、暗合之处,以"取珠还椟"的方式把外来文化"中国化",这样的翻译具体操作方式非常有利于中外文化的交流与融合。

"格义"的关键是"以经中事数拟配外书",即以中土本有的经典("外书")对应佛教"事数"指佛教义理的条目名相,如有关分析心理和物理现象如五蕴、十二入、四谛、十二因缘、五根、五力、七觉等,即侧重于重要概念和术语的解释。竺法雅和康法朗是西晋时人,由此可以知道,至迟在西晋时便采用了"格义"方法,其实晋代只是"格义"概念的产生期和方法的盛行期,它的实际应用则可上溯到汉魏时期如安世高(约2世纪)等人的翻译实践。"拟配",即是对比,即用原有中国的观念对比外来佛教的观念。因此,可以说,"格"此处可以训解为"量"、"度量"、"法度"、"标准"、"格式"、"比较"和"对应"的意思;如《礼记·缁衣》也说:"格,旧法也","格"是量的意思。"格义"就是以中国固有思想比拟配合佛教教义,使人易于了解教义的方法。"义"则是词义,语义的意思。"格义"就是比较对应观念或名词意义的一种方法或手段,既是概念对等的翻译方法,也是比附连类的解说方法。诸如菩提=道,阿罗汉=真人、涅槃=无为,它不仅仅是一种翻译策略,而更主要是用中国哲学中的老、庄和易学来表述佛教的教义,也即是试图将佛学资源纳入中土理论框架并加以解释、诠释和比较。"格义"最主要的目的是为了阐释"名教"(numerical categories)。在佛经翻译的初期,为了让中土人士熟悉、接受佛教教义,不得不套用大量的中土术语名词。"盖佛教初入中国,名词翻译,不得不依托较为近似之老庄,以期易解。后知其意义不切当,而教义学说,亦渐普及,乃专用对音之'菩提',而舍置义译之'道'。"(陈寅恪,1982:163)"格义"的实质是将佛经中名相与中国固有的哲学概念和词汇进行比附,即借用与佛法相近或相同的中国原有的概念解释佛法,让更多的人了解佛法深义。如支谶援"本无"、"自然"概念诠释佛学的"空",慧远援引《庄子》疏解佛学的"实相"以及"无为"释"涅槃",以"五常"配"五戒"等。此种方法容易曲解佛法本义,不免失之牵强,如将asamskrata译为"无为",tathata译为"本无",avidklya译为"无明",paramyta译为"度无极"等。毕竟面对在宇宙、社会、人生理想、解释和应对策略方面与中国有很大的不同的异族宗教,"格义"作为一种方法与途径,在中国的语境中回应异域的语言及文化问题上创造了以中释西的一种思路和范式。在魏晋时代这种翻译方法曾普遍流行,同时因为佛典增多,佛教义理越来越明确,主张从佛教本义来理解佛经的势力日益强盛,因此,一些僧人反对佛经中的"格义",指斥这种方法迂阔乖本,如道安、鸠摩罗什就主张废弃这种方法。但是,废弃这种方法是权宜之计,而且即使"格义"方法被舍弃,比附方法也仍然继续在使用。

由于佛经是佛教的主要传播媒介,并且由于汉梵语言文字的不同,就有一个翻译佛经和理解佛经的问题,也就是首先要把握"语义",然后再深入思想底层。为了把握佛经意义,中国佛教创造的这种"格义"方法是自觉比附思维的表现。所谓比附性思维就是把两种相同、相似或某种可以相通、相比的现象、观念加以附会。佛教自两汉之际传入中国后,在相当长一段时间里,中国人对于这种宗教的神灵、信仰、思想和修持都是陌生的。一些佛教的信仰者、学者,往往依据自身原有的文化素养、知识结构来迎接、理解和认识佛教。因此,一些外来的译经师如安世高、支谶、支谦、法护等译家,作为最早对佛经经典的传译者及解释者来自于西域月氏、安息、康居以及天竺的异族人,他们试图将佛教概念纳入中国文化的范畴。汉恒帝时代,著名的安息国僧人安世高的翻译重点主要放在"禅数"上,从他选择与中国文化相关的佛经内容上看,他所关注的是文化的趋同性。安世高的译经常常运用汉人习用的观念和概念,如以"元气"为根本,说"元气"即"五行"、"五蕴",还用"非常"、"非身"等概念译述"诸行无常"、"诸法无我"等佛学观念,很明显都是借用的道家语言,而具有"格义"的倾向。这是为了便于中国人理解、接受,表明佛教义理也是中国原来已有之,以及为了适应中国政治文化的需要,换言之,为了求得佛教在中国的生存、传播和发展,也就竭力与中国传统文化相附会。著名的剑桥学者理查兹(I. A. Richards)在其专著《孟子论心》中探讨了这种文化翻译的问题:他指出:

> 问题简要地说是这样的:在企图理解和翻译一部属于与我们自己的文化很不相同的一种传统的著作时,除了将我们自己的概念加于其中以外,我们是否能够有更多的作为? ⋯⋯说得更准确一些,我们是否能够在我们心中维持两种思想体系,

同时又能使两者互不影响,而且还能以某种方式居间协调两者?(转引自郝大维、安乐哲,1999:244)

协调好两种文化确实有很大的障碍,但是通过使用"格义"的方法,佛教翻译家可以夹带偷运进一种与自己传统不相容的世界观和思维方式。在两种思想体系之间,通过"格义"翻译,一些语言的概念结构发生了改变,但同时促进了另外一些宗教、哲学概念诞生的可能性。例如在晋代,佛教形成了般若六家七宗,就是用老庄玄学来比附阐释佛教义理的不同学派。[①] 汉代比附道术,魏晋比附玄学,同时也比附儒学。佛教比附性思维的特征,主要是就某类现象的形式上的相似,语义上的可相通之处进行类比说明,实际上比附与被比附者之间相距甚远,有的甚至完全相反。如把"真如"译为"本无","涅槃"译为"无为",就根本不合原义。正如德里达所说"理解就是误解",而且常常是猜测代替理解,但是无论如何,沟通毕竟可以有限度地得到实现。事实证明,中国佛教比附思维的出现和长期存在是历史的必然选择。

2. 对"格义"的反思与批评:"文"与"质"的范式交锋

从现存的文献来看,"格义"始于东汉,盛于魏晋,持续两百多年。早在东汉末年已经采用,但流行还是在魏晋。汉魏以来直到西晋,以竺法雅等为代表的比附佛教时期,就"格义"方法来说,主

---

① 所谓"连类"法有时候与"格义"一起使用,有时候分开使用,《高僧传》之《释慧远传》说:"释慧远……博综六经,尤善《庄》《老》……远乃引《庄子》义为连类,于是惑者晓然。"这种"连类"法,类似"格义"的拟配外书,在翻译方法上彼此应该没有本质上的差异,或等同于"格义"。

要是在翻译过程中以纯中国学术的现成名词概念来对应解释佛学,那么,到了晋代,道安(314—385)的学生、净土宗初祖慧远(334—416)也用"格义"法。以道安等为代表的僧人已经看到了"格义"方法在翻译佛经中所表现出的不够确切性,而开始探究佛学的意义网络,寻求更深广的融合。这一时期的"格义"表现为大量佛学论著和翻译见解的出现。

到了鸠摩罗什(334—413)时代,翻译技巧日臻完善,名词术语已趋统一,佛教义理已深入社会,就不再傍依格义来推行其学说。翻译家们开始反思"格义"这种范式在翻译中的优点和短处。"自犬法东被,始于汉明,历涉魏晋,经论渐多。而支、竺所出,多滞文格义。"(释慧皎,1992:52)这是后来鸠摩罗什对格义方法的批评,但由此也可看出在汉魏时期的佛经翻译主要采用的方法是格义。鸠摩罗什的学生僧叡曾说过"格义迂而乖本"。所以,当鸠摩罗什进入中国,领导佛教经典的翻译工作步入正轨之后,"格义"之类的权变策略表面上几乎寿终正寝、销声匿迹了,但是其影响应该是余音绕梁。例如释慧皎撰《高僧传》卷七《僧睿传》里有一段关于鸠摩罗什译经的故事。在读到竺法护翻译的《正法华经》里有一句话:"天见人,人见天。"罗什认为,此语翻译过"质"或生硬,句法与西域亦步亦趋。僧睿提出是否可以改成汉语:"人天交接,两得相见?"罗什甚为赞同。由此可见,罗什一面反对"格义",一面在意译中采用"格义"的策略,使得他的译本能够流传千百年,成为名译。

那么,围绕"格义"的范式佛经翻译家们选择什么样的翻译策略?"格义"又以什么样的形式出现?

从文化发生学的角度看,两种文化的交往,是突出它们的异质性,还是突出它们的共性或相似性,是"求同"还是"求异"? 一般说,求同的心理占有优势,采取"格义"方法,更加宽容的心态对待异域文化,也容易寻找对接点,需要通过翻译的词汇的媒介进入到文化精神的融合,而格义恰好担负起这一使命。它从翻译语汇的对应开始,逐步发展到观念的对应和文化上的融合,沟通两国文化。"格义"范式在早期的体现是"文质"之争,也就是翻译的"直译"与"意译"的交锋。佛经翻译家们时刻面临着两难的选择:要么是忠实准确地直译,但缺少中国味,要么是牺牲准确而追求行文简练及词句典雅,而塑造一种适合中国读者的佛教(Buddhism for Chinese Readers),这就是"质"(素朴平易)与"文"(优美雅致)之争的起源。

文质论本是中国先秦以来文学批评的原则。孔子认为"言之无文,行之不远"(《左传·襄公二十五年》)。"质胜文则野,文胜质则史,文质彬彬,然后君子"(《论语·雍也》),指写文章要注意文理、文采。对于佛经翻译的文质的思考,贯穿于整个魏晋南北朝译经活动,是佛经翻译的一个中心问题。三国支谦《法句经序》是现存最早的一篇佛经翻译论。支谦(约 3 世纪)在序中说:"美言不信,信言不美"。钱锺书认为严复的"信达雅"标准可追溯至此。支谦讲究文饰,但对于佛经翻译却主张"因循本旨,不加文饰"。佛经从印度的文字译为西域各国的文字(通称"胡文")已有出入,再从"胡文"译成汉文,出入就更大了。"胡语尽倒",要将这些倒装句译成合乎汉语习惯的顺句,难免有误;"胡经尚质",要将这些比较简朴的胡文译成合乎当时文风的语言,难免失真;胡经中"叮咛反复,或三或四,不厌其烦"的现象很普遍,有很多重复的语句和段落,若加以删节,则与原貌不符。从音韵上看,梵音重复,汉语单奇,如果用汉语来唱梵音的佛经,音短而辞长。因此,同音异译,同义异译的情况层出不穷。有的原文版本就不同,译经碰到难处,只好略而不译。"格义"从形式上讲是用于讲经使用的,但它的核心问题是要解决佛教的中国化问题。

支谦是"三支"的后继者,也是集大成者,虽然在实践中好"文",但在翻译理论中却赞同另一位译经家维祇难(约3世纪)的做法,因而主张"因循本旨,不加文饰"的做法,特别是他推出老氏的"美言不信,信言不美"的说法来佐证自己的主张。支谦选择运用老氏的言论说明自己的翻译观,无论是有意识还是无意识,事实上已经在翻译理论中认同"格义"的做法。现在的问题是,千百年前支谦这种矛盾的做法,给后代翻译理论家出了一个难题:他到底属于"文派"还是"质派"?

笔者认为,从翻译理论角度看,支谦反映了早期"质派"的译学观,因此可以作为最早的直译派。传统译论中的"文质"、"言意"、"形神"都可以追溯到支谦这个根源。而"格义"作为一种总的范式一直影响到后世的中国译论,形成了直译与意译的两大流派。直译派("质派")的线索是支谦——道安——玄奘——鲁迅;意译派("文派")的谱系从提倡"格义"的竺法雅开始,竺法雅——鸠摩罗什——傅雷——钱锺书。前者是以罗新璋总结的"按本——求信"为主,而后者以"神似——化境"为主。"格义"的过程就语义来看既是比附外来概念的过程,它不仅仅是单纯的技术性的语言外形的变异或连类,而是佛经译者在深刻理解原作的语义之后,对佛经原文进行"同化",在自己的语言、思想、生活中找到匹配,也是本土与外来观念融合过程。支谦显然受了其祖师爷支篓加谶的影响:"译人时滞,虽有失旨,然弃文从质,深得经意。"(释慧皎,1992:6)

对"格义"说的不足性的批评是道安最先提出来的。竺法雅与道安曾是同学。虽然他批评法雅,但是,他自己也采用"格义"的方法,只是后来反省"格义"之不足。竺法雅的作品今日不存,无从考

究。但是，从道安及支遁等人的文字，我们尚可得赡余泽。道安的
《安般经注序》说：

> 安般者，出入也。道之所寄，无往不因。德之所寓，无往
> 不托。是故安般计息以成守，四禅寓骸以成定也。寄息固有
> 六阶之差，骨骸固有四级之别。阶差者，损之又损，以至于无
> 为。级别者，忘之又忘，以至于无欲也。无为故无形而不因，
> 无欲故无事而不适。无形而不因，故能开物。无事而不适，故
> 能成务，即万有而自彼开物者，使天下兼忘我也。

这是以老子的"损之又损"、《庄子》的"忘之又忘"及《周易传》
的"开物成务"等意义，比附佛学中的坐禅息念，这就是格义。由于
道安在中国传统译论中的特殊地位，其"五失本，三不易"被推为
"吾国翻译术开宗明义，首推此篇"（钱锺书，1979：1262）。道安在
"文质"两派的交锋中是力主直译的，"质派"的做法是对"格义"中
某些牵强附会、望文生义做法的一个反拨，也是"质派"理论很好的
总结。毫无疑问，道安所追求的是更加客观、准确的译文，而不是
用模糊的本土观念掩盖原文的真义。以道安为首的"本无宗"在穷
经皓首的译注中，力求彰显"他者"的形象，在翻译外来概念中坚持
以"质"为主，其结果是在词汇、文法、句法、风格方面造成佛经语言
的混杂性。但是，在"三不易"中，怎样做到"既须求真，又须喻俗"
呢？"求真"与"喻俗"的矛盾迫使道安在翻译实践中经常倒向"格
义"一边。"考文以征其理，昏其趣者也；察句以验其文者，迷其旨
也。"（《道行经序》）。事实上，他本人也没有摆脱玄学的窠臼，仍然
使用大量的玄学语汇表述般若空观，套用"无在元化之先，空为众
形之始"的思维模式。作为一个身体力行反对"格义"的大家，道安

仍然在实践上逃不脱被"格义"的命运。

"格义"方法的普遍采用说明，人们认识事物的途径总是从已知的东西为立足点，去观察考量新的事物与观念，"格义"与比附自然是翻译过程中认识阶段不可缺少的工具。由上观之，道安之后，"格义"方法并未完全消失，"六家七宗"诠释《般若经》就是如此。[①]从思想的冲突和分衍来看，自始至终都包含一个接触、理解、创造的过程。创造是再诠释，诠释的支点就是"格义"。在佛教与中国文化的融合中，"格义"起过重要作用，它淡化了佛学与中国文化之间的异质性，为佛教在中国的传播和发展提供了思想依据。经过"格义"使中国文化影响了佛教，使佛教在中国被改造、变形，形成具有中国特色的文化。但是，随着对异域文化的深入了解，佛经翻译家们开始反思、批判"格义"的翻译范式，试图找出其利弊所在。"迨文化灌输既甚久，了悟更深，于是审知外族思想自有其源流曲折，遂了然其毕竟有异，此自道安、罗什以后之所由废弃也。况佛法为外来宗教，当其初来，难于起信，故常引本国固有义理以申明其并不诞妄。既释教既昌，格义自为不必要之工具矣。"（汤用彤，1991：167）当佛教发展到成熟阶段，"格义"作为某种形式的工具渐渐失去了它的吸引力。

无论如何，"格义"在中印文化交流、融会的早期，曾起过非常重要的作用。至公元 410 年左右，被称为佛经四大翻译家之一的鸠摩罗什试图用更加确切的翻译法取代"格义"，此种方法便渐行

---

① "六家七宗"的所指有些不同。据汤用彤先生研究，"六家七宗"是：本无宗（本无异宗）、即色宗、心无宗、识含宗、幻化宗、缘会宗。安澄《中论疏记》说："宋释昙济作《六家七宗论》，论有六家，分成七宗：一本无宗，二本无异宗，三即色宗，四心无宗，五识含宗，六幻化宗，七缘会宗。六家者，于七宗中除本无异宗也。"其实，"本无宗"与"本无异宗"本来从一家分出来的。

式微,但并没有完全退出历史舞台。① 作为传统翻译实践中长期使用的重要范式,"格义"的使用的确是一柄双刃剑,其利弊优劣彰显无疑。鸠摩罗什则更说:"但改梵为秦,失其藻蔚,虽得大意,殊隔文体,有似嚼饭与人,非徒失味,乃令呕秽也。"(转引自罗新璋,1984:32)因此,他鉴于先前所译经文"多滞文格义","不与胡本相应",提出在忠实于原文的基础上采取"文派"译法(意译),达到义皆圆融,使中土诵习者能够接受和理解。此后,罗什大量有文采的翻译标志着中国传统翻译事业进入了一个新的水平,不仅仅是概念语言的"格义"对应,而是与音译相结合,在完整理解佛学原意的基础上,按照中国的思维习惯创造出全新的翻译方法,使其既具有中国特色,又使佛教理论本身有大的发展。

在文与质之间,在格义与异化之间,在直译与意译之间,两派的交锋并不像华山论剑一样能一决高下。例如,作为道安的弟子的慧远(334—416),既推崇乃师的"质派"翻译法,同时他与鸠摩罗什有通信来往,也同意他的"文派"翻译法。面对两种扞格不入的译论,慧远提出了"厥中"的见解,即走一条中间路线。他指出"文派"的做法是"文过其意","质派"的翻译是"理胜其辞",主张参酌两种方法,"简繁理秽,以详其中。令质文有体,义无所越。"(同上:41)这是一种非常成熟的翻译思考方法,因为佛经有文有质,翻译时既不能"以文应质",也不能"以质应文",翻译要根据不同的翻译文体来决定翻译策略,选择"文"或"质"的翻译方法一定不能逾越原文之矩。至此,经过慧远理性的妥协,"文"、"质"之争在中国翻

---

① 在中国佛教史上,鸠摩罗什(Kumarajiva)与真谛、玄奘、不空并称为四大佛经翻译家。人们习惯将罗什的翻译称为"新译",而其前的翻译则统称为"旧译"。虽然他主张意译,摒弃"格义",在翻译风格上独树一帜,但有时也不得不使用"格义"比附的手法。

译史上暂时落下帷幕。然而，作为"博综六经，尤善老庄"（释慧皎，1992：211）的慧远在翻译、讲解佛经时，同时又是"格义"、"连类"的倡导者。"尝有客听讲，难实相义，往复移时，弥增疑昧。远乃引庄子义为连类，于是惑者晓然。是后安公特听慧远不废俗书。"（同上：212）对于实在无法理解译文的僧徒，慧远就拿庄子来匹配解释。所以慧远的师父道安特别准许他可以看俗书，因为这样有益于传播佛经。释慧皎（1992）所列257名高僧中，汉魏以前多为翻译僧，西晋以后多为义解僧。无论他们选择的是直译还是意译，"文"还是"质"的翻译方法，都离不开"格义"的影响。毫不夸张地说，"格义"作为一个基本范式贯穿从汉到魏晋时代的翻译活动。罗什来华以后，新译了一批般若类经典和以龙树为代表的中观宗著作，于是出现了一股回归印度佛学的思潮，其代表人物是罗什的弟子僧肇（382—414）。其著作《不真空论》、《物不迁论》实际上是把道家的"有无"问题置换成佛教的"真假"问题，这是吸收、消化、融合印度佛教的手段，这种通过"格义"讲解佛典中佛法最终走的是"消化主义"的路数。值得注意的是，罗什的般若学尽管更接近印度原典，但对中国佛教的发展产生深远影响的却不是罗什，而是道生（？—343）的涅槃佛性说，中国特色的四大宗派天台、华严、净土和禅宗无一例外受其影响，究其原因，它适合中国文化的特点，把玄学和般若糅合在一起，其中，"格义"在其过程中起着主要作用。道生实际上是把其师罗什从门前抛弃的"格义"又从窗户中引进，把佛教从超越"格义"的潮流中重新纳入中国文化的发展轨道。唐代翻译大师玄奘的翻译基本上放弃了"格义"的翻译策略，其翻译的唯识学的思维模式完全是印度的。由于缺乏"格义"的解释，中国受众对这种翻译过来的陌生概念不能认同，因此，唯识学只在唐代仅流行了三十余年，这不能不说是玄奘翻译策略选择的一个失败。相反,"格义"并没有淡化佛经对中国文化的影响,不但没有,反而是取长补短;相互交融,共同发展。今日的儒佛道已远非昔日的儒佛道,在跨文化交流中都发展了。在中土,佛教与儒教交融,形成禅宗,即中国化的佛教。在印度,佛陀与老子也相互交融,形成新的哲学。但非常有意思的是,唯识宗在 20 世纪被楚人熊十力开发,又回光返照地影响了港台新儒家的思想观点。

3. "格义"与"反向格义":新语境下的超越

研究"格义"的目的是为了"返本开新",或者说"格"本开新。回顾中国思想的发展,在佛教中国化的过程中,在某种程度上也可以说是"格义"的过程。陈寅恪说:"格义之名,虽罕见载记,然曾盛行一时,影响于中国思想者甚深,故不可以不论也。"(1982:151)我们研究"格义"不仅仅只停留在追溯其始因,更重要的是,应重视对当今创造性地转换中国传统译论所带来的现实意义。当今世界,由于不同的意识形态和文化源自于不同的文化传统,形成冲突与和谐的发展模式。而冲突的根源归结于文化、宗教、传统因素的不相适应。在东西方文化交往日益密切的背景下,如何化解不同意识形态和文化之间的纷争,通过相互吸收"他者"之长,达到和谐和涵化的目的,是翻译研究目前应该思考的问题之一,中国传统译论中的"格义"的实践和范式在这方面给我们提供了最佳的例证。因此,"格义"不仅仅是传统译论中的一个范畴,更重要的是,它也应该成为比较文化的一个中心概念。"格义"就如同一个人学习外语相对应地把它翻译成本国语言,才能理解它,学习"他者"语言是不同文化交遇、对话的本质性开端。佛教在中国的传播、扎根以至融入中国文化,都与"格义"息息相关。基督教在明末传入中国时,以利玛窦为代表的传教士同样也采用"格义"方式,使它逐步发展到上层社会。就基督教的传播过程来说,就西方哲学的直接输入来说,类似于佛教徒"格义"的情况时有发生,如以中国古代的"上帝"和"天"解释基督教的"天主",以"格致"翻译"物理"或"科学",以"道"译"逻各斯"等等。从魏晋到汉代到唐代,一直到明清之际,中外文化交流离不开"格义"的话语实践和翻译策略。

笔者认为,在魏晋时期,"格义"范式的普遍采用体现了本土意识的"权力话语"。"什么是权力话语?这种权力话语通常有三部分组成:一是世俗政权所拥有的强制性力量,二是这一文明区域中的人们形成的习惯性理解与解释方式,三是继承了这一文明的历史传统的权威。佛教进入中国后面临的三方面的压力都存在,它不能改变这一权力话语的构成。"(葛兆光,2000:437)因此,中国人的天下观、价值观决定,佛经翻译必须采用"格义"方式。因为"佛者夷人,唯闻变夷从夏,不闻变夏从夷",所以在所翻译的佛经中符合中国人观念的内容被特意挑选出来了,佛教与本土文化的融合过程中,隐没不闻地向主流意识形态靠拢。5世纪到7世纪各种伪经的出现(pseudo-translation),就充分体现了人们试图将佛教纳入中国传统文化的轨道,《父母恩重经》的杜撰即系一例。其象征意义在于,佛经教义通过翻译的外衣在中国语境中被转化、重新阐释。佛教通过翻译的比附手段来回避民族情绪的对抗,到了慧远手里被进一步汉化。一般说来,一种异质的外来思想在翻译及传播过程中,大体要经过以本土思想"比拟配合"的格义阶段、客观如实的研究阶段以及创造性的融合阶段。如果只有佛典汉译,佛教对于中国人来说只是舶来品而已,或只是"易土而植"的柑树而已,化为枳而物种不变。但是有了"格义"范式的使用,印度佛教就好像橘树嫁接到梨树上,成了新物种。如果把佛典的汉译看作是"移植"的话,那么,中国佛学对印度佛典的理解与解释就近乎一种"嫁接"。先是"拿来主义":汉译典籍艰难晦涩,翻译后予以讲解,讲解有一个语境问题,讲解者自己的知识语境,他必须把自己置于接受者的语境,特别是当一种陌生的外国宗教在概念范畴与本土概念范畴没有对应的情况下,"格义"的铺垫就显得尤为必要。翻译时用了"中国风味"的概念表述。这种义解是以一种移花接木的策略容纳和接受异质文化,尤其是义理的比附是一种学习理解或认识事物的方法。它既可以用中国的传统义理来比附经中的义理,也可以用佛经中的义理比附中国固有的思想观念,以达到文化交流上的"双向格义",也就是中西互释的效果。中西互释的结果是词汇和文化的双向融合,早在我国佛经翻译时期,古汉语就与梵语互通互涉了,汉语词汇中有相当一部分就是对梵语的吸收和转化而产生的新词,这种转化不可逆转地改变了汉语的词汇和语言风格特征。通过与梵语的碰撞、冲突和交融,不仅更新了汉语语言,而且带来了文化内涵的裂变。通过译介佛经文本,新汉语经由翻译体的夹层空间,经过源语和目的语双层构造,逐渐走向合法化。不仅如此,在翻译实践中,中国文化从异域文化中吸取了丰富的营养和精华。佛教之所以能够在中土流传两千年,与中土佛教十分重视自身文化建设,吸收"他者"文化不断壮大自己,以弥补自身文化的缺陷,是分不开的。正是在与汉文化的相融互补中,佛教最终得以与儒、道鼎立,成为中国文化不可缺的重要组成部分。质言之,佛经翻译影响了中国文化的每一个领域:政治、哲学、社会、文学、建筑、艺术及雕塑。魏晋时期的思辨哲学的教义受佛学影响:大乘概念如"智"或"明"(prajna)、"空"(sunyata)、"寂"(santi)自然而然地与玄学中的"圣"(saintliness)、"虚"(emptiness)、"无"(non-being)、"静"(tranquility)、"无为"(non-activity)、"自然"

(spontaneity)、"感应"(stimulus-and-response)相对应。成为一种混合性佛教(hybrid Buddhism)。玄学中的"贵无"和"崇有"通过引入能融合两种相互冲突的观点，以提供一个新的出发点。大量比喻词的使用：如形容长夜的比喻有"如幻如梦、如响如影、如影如化、如水如泡、如镜中像、如热时炎、如水中月"等，以说明万法虚像的本性。佛教翻译促使中国语言文学发生很大变化，真如、无明、法界、众生、因缘、果报、涅槃、瑜伽等从晋代到唐代八百年间约有三万五千个词汇进入汉语，也即增加了三万五千个概念。"语言表达文化现实。语言中的词汇有的反映事实，有的表达思想，还有的则成为事件，它们构成了人们了解、认识世界的知识库。此外，词语还会反映使用者的态度、信念和世界观"(陈忠华、韩晓玲，2007：26)。不同的异域语汇通过翻译丰富了中国语言、文学、宗教、文化和哲学。自曹魏时代，曹子建因听梵音，自制"渔山梵唱"，在音乐与音韵学方面别开生面；南北朝间因翻译佛经，高僧们发明韵声反切，为中国音韵学之滥觞。刘勰的《文心雕龙》渊源于佛教的熏陶，谢灵运自己学习梵文并参与佛经翻译。盛唐诗歌与禅宗思想的异曲同工，就在于它表现一种"识心见性"的本真敞露之精神境界。宋代程明道的太极图的发现，与佛教有莫大因缘。由于中国文化缺少细密的分析和精确的概念，充满不确定和夸张，在古代中国，对于形而上的本源的追问缺乏思路的明晰和层次，佛教恰好弥补了这一点，结果是汉语世界在哲学思考上在宋明理学中被更加精确与清晰的思维概念所替代。而佛教中用精致的比喻来显现丰富的哲理可以说是受中国文化的影响。这种中西互释的圆融(syncretism)、调和和契合(synergy)，使中西文化水乳交融，凤凰涅槃。佛教传入中国后，经历了试探、适应、发展、改变、渗透和融合阶段，最终成为中国思想文化密不可分的一部分。

在翻译方法和翻译手段上看,佛经的"格义"带来了前所未有的翻译创新。例如翻译的"合本"模式:六朝僧徒在研究佛典创立"格义"方法之同时,还创立了"合本"的方法。原来,当时佛经有不同的译本,为了做比较,以某译本作为大字正文,是为"母";以其他译本意义相同但文词相异的为小字注解,是为"子","以子为母","事类相对",这就是所谓的"合本",这也是所谓的"会译"(吕澂,1979:58)。这种"会译"既可以看出不同译本的优劣,也可以看出评注和解释的不同含义。但是,由于在汉代佛经翻译期间摘录、模糊不清的语言比比皆是,大师对所译经典的解释经常与正文混在一起,形成了一种正文和注释无法分清的混合物。

正是道安开启了系统清理佛典翻译的各种版本的先河。他的主要贡献在于:第一,对早期晦涩难解经典著作的深入研究,对译经的作者、风格、题记、标题等做出谨慎而细致的描述;第二,搜集有关佛教经典并重新编目,找出"轶失"译者的名字,查出各种"伪经",他的编目方法为后世广为使用,到达"辩章学术,考镜源流"的目的;第三,对佛经进行逐字逐句地详细义理研究和注疏,以挖掘原始佛义。虽然他反对"格义"的翻译方法,但是出于一种理性的批判精神,反省"格义"所带来的弊端。道安还引入一种习惯,即把"释"字作为僧人法名的姓,以取代先前标记血统的姓,如"竺"、"支"和"康"等,这种做法一直沿用至今。(许理和,2003:238、351)尽管道安本人没有亲自参加翻译工作,但组织翻译的经验,以及从学理和总勘的角度,探讨佛经翻译的两难,要么按照汉语习惯意译,在内容上做较大增删;要么忠实地直译,但难于卒读。因此提出"五失本"(译文可以不同于原文)和"三不易"(忠实地保留梵文的原意)的翻译原则,对后世的鸠摩罗什有很大影响,标志佛学翻译的巅峰、成熟时期。佛经的翻译从汉代末到隋唐约四五百年间,迨至唐代才结出了真正的果实。中国过去翻译佛经的名宿如鸠摩罗什、玄奘等是天才的翻译家兼佛法素养高深的法师。在国家意识形态的支持下,设置数千人的译场,专心从事翻译。一字一句地斟酌,反反复复辩论数月之久,才能定稿。如果隔一段时期,有人认为译义不妥,便重新翻译。所以,一部译经往往有好几个译本,经数十年、百年之后时间的考验,某一译本才被接受为可靠的信典。国家意识形态的干预、译场设施的完备、翻译程序的完善与复杂程度、对译名的慎译,这一切翻译现象在佛经翻译中都可以得到充分体现,在世界翻译史上也是空前绝后的。

"格义"或"双向格义"的实质是拿本土文化与外来文化对比,它可以决定是否排斥或接受其异质性:一是用本土文化来类比外来文化,一是用外来文化来类比本土文化。易言之,两种文化可以互为标准。或者说是将哪一种文化作为普遍的模式而加以推广。

如果说早期的"格义"是作为一种翻译方法,而现代的"格义"主要作为一种言说方式。它以比附为特征,表现为用一种文化或学说言说外来的文化、学说或理论。严复在向国人传播西方思想时就采用了这一方法,即用中国传统思想中的名词、概念,去比附和解释西方哲学中的名词和概念,使国人容易理解。他用"诚者物之始终,不诚无物"来解释笛卡尔的"我思故我在"的思想,这也是一种格义。在严复眼里,西方哲学的概念在中国传统学术中都有它的原型,只不过由于中国古书难懂,这些思想反过来要靠西方思想观念启发才能重新认识。他的出发点是建立在"西学中源"基础之上,以中国学术为本位。

但是,由于近代西方强势话语的崛起,一种"反向格义"正在大行其道。似乎不懂西方翻译理论就无法进行翻译研究,具备西方翻译理论背景成为研究翻译学的必备前提。我们不得不追问如下问题：

为什么研究翻译理论一定要以西方翻译范式为主？

为什么"反向格义"成为一种普遍性？这种普遍性是否以牺牲中国传统译论为代价？

为什么对西方翻译理论研究重于对中国翻译理论的研究？

为什么"反向格义"目前会成为中国译学研究的普遍性方法？

为什么中国当代翻译学研究范式极少涉及到传统译论的范畴和规范？

很显然，以西方翻译理论的概念体系以及理论框架来研究分析中国本土的翻译现象，是当代中国译学或翻译史研究的主流做法，它恰恰与传统的"格义"方向相反。传统佛经翻译法是"以中释西"(sinicizing the foreign)，而现当代译界是"以西释中"，以西方译学的概念和术语来研究、诠释中国翻译实践，这种方法可以称为"反向格义"(reverse analogical interpretation)。如果"反向格义"是仅仅因为西方翻译理论水准在表现形态上高于中国传统译论，那么，"反向格义"是否可以、或应该成为译学的普世标准？所有这些问题都是值得思考、需要回答的，否则，中国译学的研究只能停留在现有水平的重复和缓慢发展之中，停留在介绍、重复和模仿西方译论的阶段，走不出"反向格义"的羁绊，也跳不出西方译学话语权控制的藩篱。近年来值得关注的是，强势话语在中国的"在场"，使中国的译学研究出现"失语症"。国内近二十年的翻译研究则明显表现为这一文化取向特征：大量地移植、套用西方的思想、方法、概念、术语，使我国的传统译论不断地被西方的研究方法和概念范式所同化。在方法论上，追新逐异，采奇揽胜，概念范畴的使用上"别求新声于异邦"，致使欧墨新潮尽向东流。如果说方法论上向西方靠拢是学术整合、学科逻辑范式必然的发展趋势，那么，

强势话语使得这种"势"势不可挡。还有一个问题是，青年的一代
缺乏对汉语文化的热情，"早年的文人，文言根底好，面对西文多能
转化意译，不至亦步亦趋。后来的一辈又一辈，中文底子日薄，西文
濡染日深，不是习焉不察，就是欲拒无力，只有日渐西化下去。……
中西文化之病，一方面由于作者或译者中文太弱，在强势的英文前
只好称臣，一任西方压倒东风。"（余光中，2008：5—13）事实上，我
们已经习惯或者离不开运用西方话语系统、概念范畴来分析、解释
我们的传统思想资源，分析本土的例证，已经习惯讲"洋化"的中
文，想"洋化"的中文。这些值得我国翻译界和汉语界认真地检讨
和反思。

　　当我们奢谈韦努蒂（L. Venuti）的"同化"与"异化"翻译策略的
时候，我们先辈早就把"同化"策略运用得出神入化。"格义"不就
是"同化"翻译策略吗？为什么偏偏要追溯到韦努蒂、贝尔曼、施莱
尔马赫？① 在讨论直译意译、同化与异化的同时，我们偏偏忘记了
文质之辩的历史谱系。我们正在数典忘祖，失去传统译论的核心
价值，在"反向格义"的迷障中流于被动应对的局面，以至于鹦鹉学
舌，在求新求变中抛弃了自家的立身之本，这是典型的"抛却自家
无尽藏，沿门托钵效贫儿"的做法。显然，外来之学不能成为诠释
本土翻译实践的圭臬，我们的着眼点应该在于中西文化的共生，而
非用一种文化消解另一种文化，中国翻译界"反向格义"的做法值

---

① 有学者认为，鲁迅是在韦努蒂之前提出"异化"概念的，这一提法不无道理（参见《中
国翻译》2008年第2期，第10页）。但是，笔者认为，实际上贯穿中国翻译史上的
"文"、"质"之争，就是"同化"与"异化"的翻译之争，比鲁迅提出的"异化"法要更早。
它最早发生在初译《法句经》的224年（见任继愈《中国佛教史》第1卷）。值得注意
的是，"归化"翻译法，也即是"格义"，早在一千七百多年前就被佛经翻译家们在理
论和实践上反复使用。

得我们深思、警惕和反省。概言之,中国当代翻译研究不能没有自己的独立性、自主性和创造性。其实,正如没有个性特征的文化是不会有生命力的道理一样,中国的翻译研究作为一种学术研究而没有自己的民族特色是绝不会有生命力的。当今的翻译界学人思想活跃,视野开阔,可是不太重视对传统译论进行综合梳理和深入发掘。有鉴于此,笔者认为,我们的翻译研究不能丢弃传统译论中的精华,只有这样才能与西方平等对话,使中国的翻译研究既可以走向全球,加入世界学术的大潮流,又可保留自己的民族特色,永远具有鲜明的个性特征。

4. 未济

中国译学的自主性并非空中楼阁,海市蜃楼式的幻境。中国译学的自主性首先要认真地研究、清理中国传统译论,继承宝贵遗产,挖掘其资源,认识其不足,只有这样才能对于中国当代翻译理论的构建具有重大意义。"继承"既有扬弃又有发展的双重责任,如何在当代西方强势话语中将传统更新、复活?这是每一个译界学者应该思考的问题。其次,走出"反向格义"的可能性还在于进一步把握中国文化的特点:或思或诗,或重体悟,或重格致,海德格尔能够用诗与思表达一种澄明的形而上的境界,他所追求的不是原作者的意图,而是语言本质特性的所在,让语言自我敞开言说。这种翻译观给我们以无限的启迪。再次,中国传统思想上有"疏不破注"的做法,意思是后人的疏证和解说不可超出原有注释的范围与界限,更不可违背前人的解释。但从解释学角度看,每一代的解释是当下与历史的视域融合,解释并不是意味着墨守成规,不能越雷池半步。当代的翻译理论应该在继承前人思想的基础上大胆创新,封闭保守、作茧自缚是不可取的,我们既要走出中国翻译的"格义"时代,又要超越"格义"的基本范式,对传统的重要范式进行综合创新,将经过重新诠释的方法论扩延到新的语境。毋庸置疑,传统译论的延续(continuation)、继承(inheritance)、重建(reconstruction)、转化(modernization)是新时期翻译研究面临的新的课题,其批判性和开放性将是推动中国翻译研究的强大动力。没有传统的支撑,中国的译学研究将是无水之源,无本之木。总之,传统译论是中国翻译理论的核心和赖以构建的基础,它是梳理、甄别、扬弃、创建中国译论的话语来源。当今,我们正处于伟大民族复兴的前夜,展望未来,中国的翻译研究必须在"返本开新"上形成有中国特色的新的译学体系,必须对传统译学作出合乎时代的新的解释,才可以使我们的译学传统真精神得到发扬和更新,才能适时地开拓出译学发展的新局面。

当然,我们在翻译研究中虽然强调中国本位文化,但决不是文化排外主义者。中国翻译研究的出路还在于融合中西翻译理论之长,而且我们认为吸收外来译论只会开阔我们的视野,丰富我们的译学资源。陈寅恪先生在论证吸收外来文化的必要性时说:"窃疑中国自今日以后,即使能忠实输入北美或东欧之思想,其结局当亦等于玄奘唯识之学,在吾国思想史上,既不能居最高之地位,且亦终归于歇绝者。其真能于思想上自成系统,有所创获者,必须一方面吸收输入外来之学说,一方面不忘本来民族之地位。此二种相反而适相成之态度,乃道教之真精神,新儒家之旧途径,而二千年吾民族与他民族思想接触史之所昭示者也。"(陈寅恪,1982:252)这一段话里包含着十分深刻的思想:对外来文化,盲目输入,机械吸收,必然会等于玄奘唯识之学。只有使吸收外来文化与保存本土文化相辅相成,把外来文化加以"变易",它才能成为本土文化的一部分。吸收的过程是十分曲折又复杂。在"格义"、"反向格义"和"双向格义"之间,两种文化要经过互相撞击、互相较量、互相适应、互相融合等阶段,最后才能吸收。在这个长期过程中,外来文化必须撞掉与本土文化中不可通约的那一部分,然后才能被接纳。中国译学研究概莫能外。它必须立足于本土,积极"吸收外来输入之学说";它必须改变旧的思维方式以适应新的时代,改变旧的译学范式以建立新的模式,改变旧的研究方法以采用多元客观的方法,以"反本开新"。历史上佛经翻译通过"格义"成功地吸收消化、融合、发展了异域文化,现在,我们也有信心通过创造性转换开创出一种有中国特色的译论。"美哉我中国,不受外学则已,苟受矣,则必能发扬光大,而自现一种特色。"(梁启超,2001:93)毫无疑问,这种融合中西之长的创新的译学模式代表着未来中国译学的发展走向,也代表着世界文化发展的澎湃大潮。

参考文献

1 陈寅恪,冯友兰中国哲学史下册审查报告[A],载《金明馆丛稿二编》[C],上海:上海古籍出版社,1982:252—253。

2 陈寅恪,支愍度学说考[A],载《陈寅恪史学论文选集》[C],上海:上海古籍出版社,1992:98—99。

3 陈忠华、韩晓玲,《语言学与文化人类学的边缘化及其交叠领域》[M],北京:外语教学与研究出版社,2007。

4 葛兆光,《中国思想史》(第1卷)[M],上海:复旦大学出版社,2000。

5 郝大维、安乐哲,《汉哲学思维的文化探索》[M],施忠连译,南京:江苏人民出版社,1999。

6 金炳华,《哲学大辞典》[Z],上海:上海辞书出版社,2007。

7 梁启超,《论中国学术思想变迁之大势》[M],上海:上海古籍出版社,2001。

8　罗新璋,《翻译论集》[C],北京：商务印书馆,1984。

9　吕澂,《中国佛教源流略讲》[M],北京：中华书局,1979。

10　钱锺书,《管锥篇》(第4册)[M],北京：中华书局,1979。

11　任继愈,《中国佛教史》(第1卷)[M],北京：中国社会科学出版社,1982。

12　释慧皎撰,《高僧传》[C],汤用彤校注,北京：中华书局,1992。

13　汤用彤,论格义——最早一种融合印度佛教和中国思想的方法[A],载《理学·佛学·玄学》[M],北京：北京大学出版社,1991：282—294.

14　汤用彤,《汉魏两晋南北朝佛教史》[M],北京：北京大学出版社,1997。

15　王东风,韦努蒂与鲁迅异化翻译观比较[J],《中国翻译》,2008(2)：5—10。

16　[荷兰]许理和,《佛教征服中国》[M],李四龙、裴勇译,南京：江苏人民出版社,2003。

17　余光中,翻译之为文体[A],载《广译：语言、文学与文化翻译》[C],台北：台湾政治大学外国语文学院翻译中心,2008：5—13。

（本文提交于首届英汉对比与翻译研究学科建设高层论坛,载于《英汉对比与翻译》(2012)）

文化资本与文化会通

——对明末至五四时期文化翻译观的考察

曾文雄

摘要："会通"是中西文化贯通的方法，贯穿于中国翻译传统的全程。从文化会通思想出发，挖掘从古代到近代的中国翻译文化史所蕴含的"会通"思想，探索这个文化命题在翻译活动与翻译理论中的运作及其与翻译文化资本之间的互动关系。结合中国传统佛经翻译、科技翻译和西学翻译活动，结果发现文化会通这个文化策略体现翻译的宏观文化观和微观的语言观，受到翻译语境的影响，并对社会文化语境起反作用；它不仅影响着文化资本的运作，促进了中西文化交流，而且丰富了我国翻译文化史与文化翻译研究。

关键词：文化会通；文化资本；佛经翻译；科技翻译；西学翻译

0. 前言

翻译是多种文化不断碰撞和融合的过程，体现跨文化之间的互相承认、互相尊重、互相补充的文化态度,是不断促进人类相互理解、和平与进步的重要途径。辜正坤在《伦理视角下的中国传统翻译活动研究》序文中指出,中国近两千年来的主流翻译传统是文化翻译传统而非文学翻译传统。在翻译界,随着文化学派的兴起,研究者不断重视异质文化,包括苏珊·巴斯奈特、安德列·勒菲弗尔、韦努蒂等西方学者都大力呼吁对多元文化、文化异质性和文化资本运作的关注。邹振环(1996:v)指出,翻译史可以从翻译家、翻译结构、翻译思想的变动、翻译运动的兴衰来清理线索,也可以从翻译与文化等角度加以考察。我们将从中国文化翻译传统的文化观出发,挖掘中国翻译传统尤其是明末清初到五四时期所体现出来的文化观与文化会通的思想,分析其所持有的"文化资本"观念及其在翻译实践中的操作与对中西文化交流的影响。

1. 翻译活动中的文化资本与文化会通

王克非指出,翻译文化史注重研究"翻译对于文化(尤其是译入语文化)的意义和影响,它在文化史上的作用,以及文化对于翻译的制约,特别是在通过翻译摄取外域文化精华时,翻译起到什么作用,达到什么样的目的,发生什么样的变异"(王克非,1997:2—3)。文化与语言密切相关,不同文化之间的沟通离不开翻译活动,因为语言是文化的重要载体。中国"文化及其交流是翻译发生的本源,翻译是文化交流的产物,翻译活动离不开文化"(王克非,1997:2)。在翻译与文化交流的互动过程中,隐含着文化资本及其在这个过程中发生的作用。文化资本(法文:le capital culturel)指对社会上层文化(high status culture)的熟悉和掌握程度,它以精神物状、客体物状和体制物状等形式呈现,并作为一种工具用于投资,以获得社会文化效益。"会通"为不同文化传统提供视界融合,在翻译行为和文化交流中起着重要的作用。文化会通思想可以追溯到《周易》里的旁通,即根据爻卦象的万般变化与杂糅错综以观其变,"以类万物之情"。孔子曾提出"一以贯之"的会通思想,即对历史应"纵通"、"上通"、"横通"、"旁通"等,强调对历史现象和历史人物要纵向考察,以会同其理。著名翻译家徐光启在实施科学翻译的基础上,提出了著名的文化命题:"翻译、会通、超胜"(陈福康,1992:64)。这是一种文化考量的原则,要求以开放的胸怀面对西方文化。另一著名翻译家严复倡导"以西学通中学"的会通思想,以最后实现超越中学和西学(胡伟希,2002:22—23)。纵观中国翻译活动,"会通"是翻译文化史的主线,从佛经翻译到明清的科技翻译,再到清末民初的西学翻译,体现出浓厚的中国民族文化生存观与发展观。"会通"作为贯通中西文化的方法,也可作为看待和处理文化翻译的方法,它折射出文化会通与文化资本对翻译活动的操控与影响,以及文化会通与文化资本之间的互动冲突和统一的关系。显然,无论是中国传统译论还是翻译实践,它们都蕴含着丰富的人文精神,这些精神不仅表现在"以道德为本位,强调译者道德修养和敬业从业为本的主体性意识;服务公众和社会的群体本位意识;人文主义的语言观而不是科学主义的语言观"(王宏印,2003:5)等等,更重要的精神是翻译的文化观和价值观。翻译实践和理论折射出的人文精神在不同历史语境具有其独特的、固有的价值,这是当时语境所持的文化会通与文化资本运作策略的结果。

2. 文化会通:翻译作为文化资本积累的运作及影响

在文化翻译的历史长河中,中国翻译文化史可以分为古代的

汉唐佛经翻译、中近代的明清科技翻译、近代的西学翻译和现代的
全方位外籍翻译等四个时期(王克非,1997:8)。李伟(2005:2)则
指出,"西学翻译则起自明末清初,出现了徐光启、李之藻、杨廷筠、
叶向高等一批翻译人才",主要是针对西方自然科学著作的翻译,
它对传播西学、促进中国自然科学的发展起到积极的作用。中国
近代翻译的是古代译事的延续,从鸦片战争时期以来的翻译到五
四前后时期的近代翻译活动,注重的是国外文学和社会科学著作
的翻译,但在理论和实践上远远超越了古代的翻译理论与实践。
其目的不仅仅是为了文化的交流,更多的是以救亡图存,争取民族
自由为时代的主题,目的是促进中国科学与民主的发展。从整个
发展史看,对待文化翻译的态度呈现出不断的开放与兼容的情怀。

在明末清初的中西会通的西学翻译活动中,中西学者在实现
科学、哲学以及宗教伦理等方面具体知识会通的同时,将西方的一
些具体科学方法引进中国,更为重要的是形成了认识论观念上的
会通,提出格物穷理等原则。徐光启是我国明代末期一位杰出的
科学家、天文学家、农业科学家和翻译家,"无论在西学翻译的理论
还是具体译述的实践方面,徐光启都是开山者和先驱者"(邹振环,
2000:4)。徐光启提倡通过翻译以富国强兵,在主持西洋天文数
学成果《崇祯历书》时指出了令人深省的文化战略:"欲求超胜,必
须会通;会通之前,先须翻译"。换言之,只有通过翻译才能"会通"
(学习与掌握),只有"会通"了才能"超胜"(超越和争胜)(陈福康,
1992:64)。翻译是起点,会通是实践,指对翻译之作的"领会"与
"贯通",也指将西方科学技术与中国学术传统的"融合"与"并蓄",
超越前人和西人是追求的目标。为吸取西历长处,徐光启奏请朝
廷同意,与龙华民、理雅各布、邓玉函等人一起开展科学研究与翻
译活动。徐光启在接触西方学说的过程中,意识到中国传统文化

缺乏逻辑规则和概念,并发现西方科学优于中国传统科学。他将
"翻译、会通、超胜"的原则应用到对中国传统数学乃至中国传统科
学的改造与更新上,持着一种开放兼容的文化态度,强调不应一味
照搬西法,而应融中西历法之长处于一炉,使新历超过西历。徐光
启还提出了著名的"度数旁通十事",目的是希望建立一个中国自
己的具有科学精神的社会体系,以进行大规模的科学研究与科学
改造(吴进,1998:16—17)。此外,李之藻、杨延筠、王征等科技翻
译实践家积极翻译西书,呼吁引进西方技术与先进的文化,他们推
崇"文化会通",并将翻译实践、翻译理论与爱国主义这样的文化观
念相联系在一起。这个时期,西方传教士的翻译对西学东渐也对
中国文化产生深远的影响。他们的西学翻译活动,包括在数学、天
文学、地理学、思想文化以及语言、音乐等方面著述。他们的翻译
活动纠偏补正了明清之际士大夫中的谈玄蹈空的习气,促进议、
学、传、用西学的经世致用的风气,使中国学者开始整理、发掘湮没
已久的中国古代科技遗产;同时启发了像徐光启、李之藻等开明的
士大夫倡导和实践会通西方文化和科学,从而最终超越西方(陈
登,2002:72)。这个时期的译家,包括利玛窦和徐光启等人都知
道中西间的差异,在翻译宏观意识和策略选择上更多地是采取"互
补"的态度。明末清初出现的"科技救国"使中国翻译事业和文化
资本投向了国计民生,把文化资本与整个国民教育和国民经济相
关联。徐光启等中国开明的士大夫与西方传教士的跨文化翻译活
动极大地促进了中西两种异质文化的融合,就其性质而言,与之前
的翻译思想相比,这个时期的文化会通策略运用以及文化资本操
作形式与目的已经发生了质的变化。明末清初的科技翻译开创了
中西译者合作的翻译史,开展中西文化对话,对中国文化产生前所
未有的影响。不过,他们注重科技的功用,翻译思想也倾向于非宗

教的功利性,虽然注重翻译理论、翻译活动的爱国情怀,但因缺乏人文的启蒙和革新的思想,致使他们的文化成果没有得到比较广泛的普及。

在鸦片战争到新文化时期的中国近代翻译,除西方传教士翻译的基督教经典外,基本与宗教脱离了关系。这个时期,外译的中国书籍则少得可怜,外译的学者主要有马礼逊、理雅格、卫三畏、卫礼贤等汉学家或传教士,中国翻译家有王韬、陈季同、辜鸿铭、林语堂等,而且翻译主体经历了一个"外国人为主、外国人为主中国人参与、西译中述、中国人为主的发展轨迹"(李伟,2005:7)。与此相反,中国出现了新的译入汉语的翻译高潮,从近代的翻译活动看,译介西方文化成为了近代文化交流的主旋律。近代翻译文化会通操作下的翻译内容涉及外国地理历史知识、实用科学知识,社会科学知识、文学知识等,目的是寻求救国的途径,以实现魏源所倡导的"师夷长技以制夷",通过"翻译"、"会通"来实现对西方文明的"超胜"。以严复、马建忠、梁启超、马君武等人的译事和译论为代表,更多的中国知识分子具有明显的政治启蒙意识,在翻译活动与文化资本运作上关注的是社会的进步,体现出明显的历史性政治文化景观。西方传教士包括米怜、马礼逊、郭实猎、麦都思、裨治文、慕维廉、林乐知、博雅兰、艾约瑟、李提摩太等在这个时期从事了大量的西史东渐翻译实践,撞击中国人封闭的思想大门。邹振环(2007:310)指出,"晚清先进的中国人了解西方的历程几乎是与西方新教传教士通过汉文译著进入中国的历程相辅相成的;没有西方传教士的西史译著,就不会有中国人'开眼看世界'可看的东西。"由于译书人所持的政治观点和翻译动机不同,选择翻译的书籍也不同。在1810—1919年之间,翻译为中文的西学书籍的数量达3000种,内容非常丰富,几乎囊括了所有学科,例如西方的政治制度、历史、伦理学、法学、教育、经济等人文社会学科。论者阿英认为,晚清的翻译活动经历了"从政治的、教化的单纯目的的,发展到对艺术的认知,最后发展到歧路上,也即侦探小说的产生"(引自胡翠娥,2007:6)。晚清时期,外国小说的译介非常强盛,一大批文人学士开始了大规模的文学翻译,大量西方文学被翻译、介绍到中国来,林纾的翻译就是其中的代表之一。对外国小说的译介,包括政治小说、侦探小说和科学小说的翻译出现了"暴力行为"(王宏志,2007:167),也即强行推翻传统的文学秩序,以达到政治的目的。梁启超1899年起提出了"诗界革命"、"文界革命"和"小说界革命"的口号,试图"打破原来的文学系统里的规范,借助翻译来建立新的文学系统"(王宏志,2007:47—50)。显然,这些文化翻译的背后隐藏着文化资本的"功用"或"功利"的思想,其中也有一些译者根据读者的口味和市场的销路来选择译作与翻译策略。

晚清民国时期,国内外文化语境影响了整个翻译活动的文化会通策略,结果也影响到翻译语体的选择。从翻译规范上看,在五四前这个文化语境中占支配地位的翻译规范是文言文和古典社会的翻译规范。晚清的文言文和古典社会的翻译规范与汉、唐、宋的佛教经典翻译所形成的规范,以及明末清初的基督教文献翻译所形成的规范似乎没有太多的联系。这个时期的翻译的规范明显是针对殖民主义的压迫,唤醒国人的自强与救国情怀。严复把翻译看作是文化会通的具体尝试,带着浓厚的中国文化情怀。此时,翻译的目的是为了传播新学,并对汉语内部的各种语言包括古文、通俗文言、白话等作出了慎重的选择。例如,出现了以林纾、严复等人为代表的晚清古文翻译的规范;以伍光健、吴梼、吴跰等为代表的白话和章回演述的翻译规范。严复在某种程度上遵循佛经翻译的规范,将翻译看作是文化会通的具体尝试,带着浓厚的中国文化情怀,本着"关乎中国之贫富"、"系乎黄种之盛衰"的选择倾向,精心选择和译介旨在启发中国民智的八大西方社会科学著作。"严复对古今中外文化的融合与会通往往是通过有意识误读、概念(或术语)的'格义'和'会通'等方式来实现的,主要体现于译文正文和按语中。"(韩江红,2006:222)在翻译《天演论》时强调"信达雅"的困难,出现了故意忽略和违反翻译规范的现象,对原文进行了改头换面,体现出译者的主体性和创造性,严格而言,其翻译是"达旨"也即是"显其意义"而不是"译"(王宏志,2007:97)。严复初期译作《法意》和《穆勒名学》的翻译情况也是如此。根据贺麟(1984:118)的考察,《社会通诠》的翻译方法略近直译,信达雅具备。可是,王宪明通过对照阅读甄克思(E. Jenks)的英文原作 *A Short History of Politics* 和严复的译文《社会通诠》,并参考其他相关译本,结果发现,除了"案语"和"注释"这些以往被认作是严复本人的文字之外,在译文正文 86000 余字中,至少有 19000 多字的内容是原作中所没有,而是由译者加上的,这约占译文正文的五分之一(王宪明,2004:64)。根据王栻(1986:1582—1583)的总结,严复所译的十部书共约一百九十万字,内中有按语约共十九万字,占原书翻译的十分之一。研究发现,严复在会通传统文化的基础上,对原文或增添,或删减,或替换,或改写,甚至为了达旨而不惜改造原文,或者改造西方自由主义等思想,在比附西方思想的同时提出自己的独特见解,通过这些文化资本的运作,嫁接外来思想文化观念,致力改造中国人的世界观,以先进的科学思想作为思想启蒙的武器,使它在中国的大地上形成了新的民族精神和民族文化。"严复翻译价值观为其翻译观置入了另一个极其重要的构成要素——'功用'。"(韩江洪,2006:229)严复的翻译动机是政治性的,这影响到严复的翻译选材、种种经营的策略选择(王宏志,2007:101)。

这些"功用"背后隐含着"会通"以实现对西方"超胜"的社会文化目的。总体而言,严复的翻译活动具有明显的文化启蒙目的与时代价值,明显体现文化战略的特征,关注"民族生存、"经世济民"等功用(刘宓庆,2005:89),他将翻译看作是救国途径以及对社会尽责的具体表现,进而选择翻译素材,并应用注释和"达旨"等方法实施文化资本的运作,其翻译实践明显带有西方译论的"社会文化学派"的影子(潘文国,2008:21)。显然,译者的文化观和翻译目的以及其与文化语境取得的互文性成为了翻译操作与文化资本操作的决定性因素。

晚清以来曾出现过意译的翻译或者说"格义"的方式甚至是"伪译"等文化翻译策略,例如苏曼殊的《惨世界》中的"伪译"。这可能是受到了意识形态或者是读者的趣味影响,目的可能是使保守的中国人容易接受被包装过的西方文化,容易产生对西方文化的认同感,降低文化传播和接受的异质感,或者如图里(Toury,1995:41—42)所论述的为了输入新的文化或避免出版审查等。不过,这些因意译而包装的"西方文化"可能会失去其原来的真味。这种做法保持了中国文化的强势,但它影响中国人对西方文化真貌的理解,让人们难以吸收其文化的精髓。这可能是出于对西方文化资本存有防范心理,正如洋务派的译论中所所言:"戒袭用外国无谓名词,以存国文,端世风","傥中外文法参用杂糅,久之必渐将中国文法字义尽行改变,恐中国之学术风教,亦将随之俱亡矣"(陈福康,1992:92)。这种由于"功用"等因素的操控与对外来文化的防范心理,可能会阻碍了中西文化之间的会通与交流,不利于对原质外国文化的引进。西方学者韦努蒂(Venuti)在《译者隐身》中曾谴责归化主导了英美翻译文化,并将这种归化描述为"种族中心主义的篡改",因为这种翻译实际上拒绝了接受外国的差异,在某种程度上也缺乏对外国文化身份的尊重。不过,晚清翻译处在传统转向现代的过渡时期特殊文化的互动之间以及中西文化碰撞之间,翻译语境的因素多变,译者根据个人认知来处理和协调中西文化、文本操作、个人与社会、文化输入与文化参与的方式也应是多样的,出现"格义"等文化处理方式也会顺应当时的文化语境。后来,鲁迅、周作人等人主张直译与异化的翻译,也即主张"输入新的内容"和"输入新的表现法",使译文"易解"与"丰姿",以实现"移情"和"益智"的翻译功能。可以说,他们从实践上撕破对西方文化遮蔽的面纱,使国人看到了西方文化的真容。

五四时期的新文化运动倡导"民主"与"科学",翻开了翻译活动的新一页。在新文化运动时期,新旧规范的论争一直持续着而且变得十分尖锐。翻译规范出现了文言文和古典社会的翻译规范和白话文与现代社会的翻译规范之争。一般说来,1927 年之前,古典社会的文言翻译具有普遍的社会读者基础,受到读者期待和社会赞许,虽然此时文言翻译的地位已经在下降。与此同时,白话翻译发展极快,最终取代了文言的翻译。五四时期文化语境中的社会文化转型和文学语体的嬗变是密切关联的。译者针对当时语境的意识形态和读者的兴趣和接受性选择文化翻译策略及翻译选材。五四以前,翻译文学没有进入文化会通战略的视野。不过,五四时期的文学翻译在小说、戏剧和诗歌方面齐头并进,直译是这一时期的重要特征。近代的文学翻译,尤其是英诗汉译,在五四时期堪称是中国文化交流史最为繁荣的时期,无论是译诗的数量、参与翻译的队伍以及译诗在当时的影响都是史无前例的(廖七一,2006:4)。五四时期的文化语境,学者们具有强烈的文化自觉性。"文化自觉是指生活在一定文化中的人对其文化有'自知之明',明白它的来历,形成过程,所具的特色和它发展的趋向,不带任何'文化回归'的意思,不是要'复归',同时也不主张'全盘西化'或'全盘他化'."(费孝通,2005:256)五四时期的英诗汉译明显受到来自国外社会文化背景、文化思潮、意识形态、诗学等方面的影响,它一开始就有鲜明的目的性,反帝爱国、救亡图存、启迪民智、争取自由等思想贯穿其中。就英诗汉译的情况看,五四前的译本以古典性语体为主,五四后以陌生化和传统化的语体为主;诗歌翻译语体主线为:由文言到浅近文言到白话的形式发展(蒙兴灿,2008:ii)。这时期的诗歌翻译的主题选择与语体选择与当时的文化语境是互动的,相互影响的。其他的文学翻译与文学创作的情况也呈现相似的趋势。近代文化转型期译界的译述活动置翻译"功用"居于优先的地位,与其说这些翻译活动是一种文学行为,还不如说是一种政治行为的延伸;同时,"五四"为代表的现代翻译文化的特点在于更多地注重译介与中国传统文化相异的文化因子,并试图吸收改造中国的传统文化,以实现中国文化现代化。"无论文学研究会、创造社或者其它文学团体,他们都以自己的意识形态和诗学准则(norm,又有译名'常规'、'规范'等)作为筛选翻译作品的标准。相对晚清来说,'五四'时期的译者对意识形态的关注,比诗学上的更大。"(王宏志,2007:51)这个时期的文化会通更多地体现译者的自主意识,根据社会文化语境选择文化翻译策略,开展文化资本的操作。另外,译本选择来源在国别、文类、篇目以及选择的层面、作家的范围等方面均发生了变化,其范围明显扩大,并重视弱小民族的素材。从晚清到五四时期,"中国翻译文化策略经历了以归化为主到以异化为主的演变"(李季,2008:24)。中国传统翻译不同程度地展现出多样的翻译目的,也体现功能翻译学派提倡的一些目的论观点。更重要的是,从民族精神、科技革新、丰富语言、政体改革等层面宏论或实践文化翻译,并将翻译作为资本来运作,不断丰富、创新和发展民族文化。

　　"要从事深入的翻译研究，应该考虑两大范畴：第一是主体文化的规范和环境，第二是翻译活动和主体文化在一段长时间里产生的相互影响。"（孔慧怡，2000：3）基于明末到五四时期的文化语境，我们试图从文化史的角度考察翻译语境中翻译主体的文化规范以及他们所采用的文化策略对中国翻译的影响。显然，翻译活动和翻译理论有其根植的文化语境，具有浓厚的民族语言和文化特性，同时，它对当时社会文化语境起反作用。翻译行为在文化会通的方法操作下显然出现过不同程度的文化碰撞与文化融合，文化会通强调的是文化融合，而文化资本目的是使文化资本利益最大化，体现文化的优势或话语权。它们之间的关系是冲突而又互动统一。在不同文化策略的关照下，出现不同文化资本的存在形式，包括佛经、科技文本、西学文本、文学、诗歌文本等翻译成果。这些成果不断影响着中华语言、文化和文明的进程。由此及彼，我们观察到，中国近现代的翻译活动同样涉及"会通"手段的运用来处理中西文化的翻译，在某种程度上也存在文化资本的操控，而且文化翻译观在不同的时代语境中是灵活的。

　　从中国翻译文化史看，中国翻译活动经历了文化转型和文化稳定时期，在翻译语境的文化转型期，外来文化、政治和意识形态等思想很容易获得社会文化的话语权，而在文化稳定期，本土文化显然占据了话语权（吕俊，2002：106—109）。不同时期的文化稳定或文化转型都是为了满足文化语境的各种需要。中国翻译活动中的文化会通与文化资本的运作策略涉及翻译各个层面，在不同的文化语境有不同的时代特色。与西方翻译文化学派的观点相比，中国翻译文化观虽然缺乏西方研究理论的系统、严谨与规模，但它的视角更宏观，也更有实践基础，"科技救国"、"学术救国"、

"输入新的表现法"等政治观和语言观具有明显的文化战略考量的特色,为中国文化翻译传统的一大特色。中国翻译中的文化会通思想这个文化命题结合了宏观文化和微观语言研究、结合文化翻译和翻译研究的文化效应研究,这使我们能从更高的层面认识翻译的本质、功能与价值。

3. 结语

"翻译是文化交流的行动本质,……作为一种文化刺激与文化调和。"(Bassnett & Lefevere,2001:137)翻译是动态的语言信息转换,更是跨文化的交流与对话,文化会通是实现跨文化对话与交流的出路。综观中国文化翻译传统背后的"文化会通"策略以及文化资本的运作,这不仅丰富了中国翻译文化史,也有助于把握翻译与文化的互动关系。在对待语言和文化的态度上,曾出现了以欧洲语言文化中心论、中国语言文化中心论与中西语言文化互补论(转自徐珺,2009:93)。翻译活动的中西文化"会通"以及文化资本的运作策略要求的既不是用西洋文化代替本国的传统文化,也不是简单地中西结合,它注重的中西文化互补与创造性整合的路子。面对继承传统与文化会通的问题。严复曾提出:"必将阔视远想,统新故而视其通,苞中外而计其全,而后得之。"(王栻,1986:560)我们可以遵循文化和谐的原则,注重文化语境的互文顺应性,以开展文化翻译与文化资本运作。这样可以让各民族文化在翻译这个平台上得到相互的理解,取长补短,共同发展与进步。只有交流会通,互为体用,会通中西、融贯古今,以开放的胸襟,有批判地借鉴古今中外一切有价值的文化成果,经过辩证的扬弃来实现现代文化融合,才能创造出既继承历史传统又充分体现时代精神、既立足本国又面向世界的新文化。孔子说："君子和而不同"，以文化和谐原则指导翻译行为与翻译理论建构中的文化会通与文化资本运作，可以使"语言与语言、文化与文化、民族与民族、人民与人民之间的高度和谐和共同发展。"（潘文国，2006：316）中西文化会通，既是社会文化和科学哲学发展的内在需要，也是中国翻译传统观念的更新与发展。借助具有"和合"思想的文化会通翻译策略，我们可以打破两个文化语境的文化隔阂，以实现更全面、更深刻的交流融合，这是文化学、社会学和翻译学工作者应承担的历史责任。

参考文献

1 陈登，从西学翻译看利玛窦对中国文化的影响[J]，《湖南大学学报》，2002（1）。

2 陈福康，《中国译学理论史稿》[M]，上海：上海外语教育出版社，1992。

3 费孝通，《论文化与文化自觉》[M]，北京：群言出版社，2005。

4 韩江红，《严复话语系统与近代中国文化转型》[M]，上海：上海译文出版社，2006。

5 贺麟，严复的翻译[A]，载《翻译研究论文集（1894—1948）》[C]，北京：外语教学与研究出版社，1984。

6 胡翠娥，《文学翻译与文化参与》[M]，上海：上海外语教育出版社，2007。

7 胡伟希，"格义"与"会通"：论严复的诠释学[J]，《学术月刊》，2002（11）：22—23。

8 孔慧怡，《翻译·文学·文化》[M]，北京：北京大学出版社，2000。

9 李季，《鲁迅传统汉语翻译文体论》[M]，北京：北京大学出版社，2000。

10 李伟，《中国近代翻译史》[M]，济南：齐鲁书社，2005。

11 廖七一，《胡适诗歌翻译研究》[M]，北京：清华大学出版社，2006。

12 刘宓庆，《中西翻译思想比较研究》[M]，北京：中国对外翻译出版公司,2005。

13 吕俊,翻译研究:从文本理论到权力话语[J],《四川外语学院学报》,2002(1):106—109。

14 蒙兴灿,五四前后英诗汉译的社会文化研究[D],华东师范大学博士论文,2008。

15 潘文国,《对比语言学:历史与哲学思考》[M],上海:上海教育出版社,2006。

16 潘文国,从"文章正轨"看中西译论的不同传统[A].载张柏然等编《中国译学:传统与创新》[C],上海:上海外语教育出版社,2008。

17 王宏印,《中国传统译论——从道安到傅雷》[M],武汉:湖北教育出版社,2003。

18 王宏志,《重释"信、达、雅"——20世纪中国翻译研究》[M],北京:清华大学出版社,2007。

19 王克非,《翻译文化史论》[M],上海:上海外语教育出版社,1997。

20 王栻,《严复集(第5册)》[C],北京:中华书局,1986。

21 王宪明,混杂的译本——读严复译《社会通诠》[J],《中国翻译》,2004(2):64—66。

22 吴进,翻译·会通·超胜——徐光启与中国近代科学[J],《文史杂志》,1998(3):16—17。

23 徐珺,21世纪全球化语境中的汉文化经典外译策略探索[J],《外语教学》,2009(2):93。

24 邹振环,《影响中国近代社会的一百种译作》[M],北京:中国对外翻译出版公司,1996。

25 邹振环,《译林旧踪》[M],南昌:江西教育出版社,2000。

26 邹振环,《西方传教士与晚清西史东渐》[M],上海:上海古籍出版社,2007。

27 Bassnett, Susan & Andre Lefevere. *Translation, History and Culture* [M]. Shanghai: SFLE Press, 2001.

28 Toury. *Descriptive Translation Studies and Beyond* [M]. Amsterdam: John Benjamins Publishing Company，1995.

（本文提交于首届英汉对比与翻译研究学科建设高层论坛，修改后载于《民族翻译》2011 年第 1 期）

首届英汉对比与翻译研究
学科建设高层论坛 简报

  2009 年 12 月 5—6 日,由中国英汉语比较研究会主办、上海海事大学外国语学院承办的首届全国"英汉对比与翻译研究学科建设高层论坛"在上海临港新城上海海事大学新校区举行。出席论坛正式代表 47 人,列席代表 7 人,其中境外代表 2 人,分别来自澳门理工学院和新加坡,国内代表来自北京、天津、上海、广东、江苏、浙江、湖北、湖南、河南、山东、陕西等 10 多个省市,包括北大、清华和中国社会科学院在内的 30 余所大专院校和科研院所。著名学者北京大学胡壮麟先生和中国社会科学院学部委员沈家煊先生应邀出席了本次论坛。

  5 日上午的开幕式上,中国英汉语比较研究会会长潘文国教授致开幕词,上海海事大学副校长蔡存强教授致欢迎辞。开幕式后以及整个下午均为大会发言。共有 10 位专家分别就论坛中心议题或者与之密切相关的论题发表了自己的观点,每位发言均安排专人点评,还留出时间让听众自由提问。

  5 日上午开幕式之后共安排四位学者作大会发言。

  第一个发言的是北京大学胡壮麟教授,他发言的题目是《对语言象似性和任意性之争的反思》。胡先生认为,国内关于符号和语言的任意性和象似性问题的争论,许多问题还有待梳理和深入研究。中山大学黄国文教授以谈体会的形式对胡壮麟先生的发言做了点评。

  第二个发言的是中国社会科学院学部委员沈家煊先生,他的发言题目是《谈谈"摆事实和讲道理"》。沈家煊先生以他最近写的两篇论文为例(分别为《话题"李白"和"杜甫"的引入》和《先秦的"之字结构"和"之"的功能》),深入浅出地谈了他对语言研究中摆事实和讲道理之间关系的认识。南昌大学教授陆丙甫先生对沈家煊的发言做了点评,表示非常赞同沈家煊先生的观点。

随后发言的是华东师范大学潘文国教授,他发言的题目是《作为文化史的语言研究——英汉语的语言研究史对比》。潘教授的发言着眼于语言的研究,认为在对比两种语言的研究上,存在着三个层面,即语言理论层面、语言思想层面和语言文化史层面。他认为对比不同语言的社会和文化发展对了解和研究语言的不同发展道路有着重要意义。同济大学特聘教授刘宓庆先生对潘文国的发言做了深刻的点评,认为潘老师提出的"新三层"说已经超越了语言本身,关注的是研究语言的理论以及它们与文化意识的关系。

上午最后一个发言的是清华大学罗选民教授,他发言的题目是《谈我国翻译理论研究的几个基本问题》。罗教授首先解释了为什么到今天还要讨论翻译理论研究的问题。接着他提出了在理论研究方法上要注意的几个方面,一是追本溯源,要清楚这个学科引用了哪些标志性的研究成果;二是人文学科的逻辑思维和价值判断;三是西方翻译理论的引进和消化的问题。还有一点是对中国翻译理论的思考,如果我们不立足于挖掘本土的理论资源,不找出中西翻译理论的共同性,我们就会永远处于闭塞和落后的状态。对于罗选民教授的发言,上海外国语大学的谢天振教授进行了精彩点评。

5日下午共安排了六位学者作大会发言。

首先发言的是上海外国语大学许余龙教授,他的题目是《语言的共性、类型和对比》。许教授在发言中提出,语言的共性研究、类型学研究和对比研究是三种不同类型的语言学研究,然而这三种研究之间又有着密切的联系,是为了实现同一个目标而开展的分工和重点不同的研究。解放军外国语学院严辰松教授点评了许余龙教授的发言。

第二个发言的是广东外语外贸大学的穆雷教授,她发言的主题为翻译学科建设。她回顾了翻译学科的发展历史和取得的成就,同时分析了目前发展的现状,并就未来发展提出了自己的构想。天津外国语学院的林克难教授用"非常解渴,非常全面"来点评穆教授的发言,同时针对高校翻译专业研究生课程设置提出了自己的疑问,认为中英文基本功是翻译的基础,即使是研究生阶段仍应设置基础英语课程。在座专家学者也对翻译学科建设表现出了高度的热情。

接着发言的是来自澳门理工学院的胡庚申教授,题目是《坚持中西合璧、古今贯通、文理交汇的学术追求》。胡教授以"生态翻译学"研究为参照,阐述了他是如何在生态翻译学研究方面实行了上述学术追求的。他指出,在生态翻译学研究的过程中,"中西合璧"是其始终如一的学术追求。南京国际关系学院的杨晓荣教授对胡教授的发言进行了点评,认为胡教授数年来坚持理论创新,在此过程中不断地调整改进自己的理论体系,也反映了一种适应选择,说明生态翻译学里的一些道理具有普遍性,但与此同时,也需要避免"理论泛化"带来的缺乏学科针对性等问题。

第四个发言的是上海海事大学的左飚教授,他以《中西文化对比研究综观》为题,简要论述了文化交流的历史必然、中西文化对比研究的历史发展阶段,以及近30年中西文化对比研究回顾等几个问题。华东师范大学傅惠生教授进行了点评,认为左飚教授的讲座是纵观历史的讲座,简明扼要,让我们感受到中西文化比较研究里面的历史节点，对今后中西文化对比研究会有很多的启发；同时也认为，在以中国文化为主，站在自己的立场上进行中西文化比较的同时，对于西方人的东西应该多看点，这样会使研究做得更好。

随后发言的是武汉大学的刘军平教授，题目是《中国传统译论中的"格义"范式转换及其现代阐释》。刘教授探讨了中国传统译论中的一个重要范式"格义"，认为它是一种以中释西的创造性范式。这种类比和阐释以重视两种文化的共性为主，突出了主流意识形态和文化的需要。中南大学张旭教授对该报告做了精彩点评。

下午最后一个发言的是北京大学的姜望琪教授，他发言的题目是《从中西对比看汉语语法》。他对中国古代没有语法学这个提法提出了质疑，认为把"语法"仅仅解释为"词法和句法"，或者首先是"词法和句法"，完全是西方的观念。事实上，语法除了狭义的概念，还可以有更广义的概念，把语法看成是包括语言各种结构关系的完整的系统。如把语法看成一种广义的概念，则中国古代早就有了语法学，缺乏的只是句法学这个局部。北京师范大学周流溪教授对姜望琪教授的发言做了点评，认为语言学同时具备科学性和人文性，注意其人文性和民族性的一面也是应该的，但是，在总体上，我们必须放眼世界，必须与国际学术接轨，必须采用国际通行的一些学术话语，当然也还要保持清醒的头脑和敏锐的眼光，处理好语言学理论国际化这个"大一统"和民族化这个"小特区"二者的关系。

总体而言，发言者各抒己见，新论迭出，点评者的点评简明扼要，鞭辟入里。正如黄国文教授在感言中所指出的那样，点评既有对发言者重要观点的评论，也有对发言中提出的重要问题的进一步阐述,还有对发言者观点的商榷。提问者多为年轻学者,他们思维敏捷,直抒胸臆,而又不失对老一辈学者的敬重。由于不同观点交锋碰撞,高潮此起彼伏,整个报告厅内气氛十分热烈。

6日上午,高层论坛以小组形式进行。第一组的主题为"如何处理中西,古今和文理的关系"。本小组由丰国欣教授主持,王宏印、傅惠生、林克难、胡开宝及丰国欣等教授先后发言。参与本小组讨论的还有姜望琪、胡庚申、左飚、王菊泉、蔡永良以及宋志平等教授。

第二组的中心议题为"如何看待语言共性与个性的关系"。与会专家有沈家煊、周流溪、张德禄、严辰松、魏在江、刘国辉、尚新等。讨论由张德禄教授主持。

第三组的中心议题为"翻译学研究的新途径和新思路"。讨论由武汉大学刘军平教授主持,杨晓荣、王东风、张旭、周领顺、刘华文、王晓元先后发言,周领顺、王晓元、刘华文、刘军平教授分别对以上各位的发言做了点评。参与讨论的还有海事大学外语学院的吴建国、容新芳等教授。

第四小组的讨论由王大伟教授主持,中心议题为"翻译学研究的新途径和新思路以及学科建设与人才培养"。参加会议的正式代表有黄国文、陆丙甫、司显柱、任东升、谭慧敏、王大伟、韩忠华和翁凤祥等教授。

与大会发言不同的是,小组发言的点评者基本上都由中青年学者担任,点评对象中不乏老一辈的学者。这种做法对中青年学者既是一种压力,同时也为他们提供了向老一辈学者学习的极好机会,因此颇受好评。丰国欣教授专门为此写下感言:"本次高层论坛一个高明之举就是让部分后学点评前辈、让部分中青年学者点评老专家,⋯⋯以'点评'的方式向前辈学习。这是一种特殊的培养后学的方式,使年轻学者受益匪浅。"与大会情况相同的是,小组讨论中观点也不乏碰撞和交锋,但气氛同样热烈而融洽。由于时间关系,不少问题未能展开讨论,专家学者们在会后又进行了进一步沟通,不仅深入交换了看法,而且在有些问题上还消除了彼此的分歧或误解,达成了共识。

整个论坛不过一天半时间,但由于全体与会者事先准备得比较充分,临场又以一种自由抒发和平等对话的心态投入论争,紧紧围绕着论坛主题展开讨论,因而取得了预期的效果。华东师范大学傅惠生教授认为:这是"一次少有的学术氛围浓厚的高层论坛。学术是十分需要自由争论和抒发自己的独特见解的,而我所看到的正是自由抒发的状态"。北京师范大学教授周流溪先生指出:"英汉对比,还要从根本理论上多下工夫。要把务虚和务实结合起来。这次高层论坛会议很成功,体现了大家追求学术的真精神,是我们学会的标志性活动。"武汉大学刘军平教授更是写下了洋洋千言的感言,指出"会议期间,学者们通过沟通与对话,反思与展望,批评与回应,不时碰撞出思想的火花,大家在承认互相观点差异的同时,尝试达到有效性的理解;在求真、争辩的过程中,闪烁着善意的笑容。这是一次变革英汉语对比和翻译学学科理念的试验场,新学旧理在这里淬火,熔铸!……平等对话是这次高层论坛的一大特点,它赋予了每一位学者以自信和寻绎出新的问题和问题意识的诉求,在反诘和接受对方观点的同时,建立起一种坦诚的学术关系,推动学科超前迈进!"

论坛于6日上午11时举行了闭幕式。闭幕式上,中山大学黄国文教授对论坛取得的成果进行了简要的总结,中国英汉语比较研究会副会长王宏印教授致闭幕词。

此次论坛是由中国英汉比较研究会已故名誉会长杨自俭先生

亲自提议和发起的。杨自俭先生生前十分关心学会之下英汉对比语言学、对比文化学和翻译学三个学科的建设,以重病之躯亲自参与了论坛的具体策划,包括议题的确定、会议的形式、人员的邀请等。论坛的成功举办也是对杨自俭先生的深情告慰。

本次论坛共收到论文和发言提纲47份。原定与会但由于论坛延期或临时有事等最终未能出席的有陈平、陈章云、方梦之、李亚舒、廖七一、刘靖之、吕俊、牛保义、钱冠连、屈承熹、邵志洪、Mrs Stella Sorby(洪兰星)、王克非、王寅、文旭、张春柏、张映先、仲伟合等诸位先生。在此对他们给予论坛的热心关注和大力支持表示由衷的感谢。经作者同意,本论文集收录了牛保义、屈承熹、邵志洪、洪兰星、文旭等先生当时提交的论文。

第二届英汉对比与翻译研究学科建设高层论坛 简报

2015年10月30日至11月1日,由中国英汉语比较研究会主办、上海海事大学外国语学院承办的"中国英汉语比较研究会第二届全国英汉对比与翻译研究学科建设高层论坛"在上海海事大学临港校区举行。

10月31日上午,上海海事大学党委副书记、副校长孔凡邨教授,中国英汉语比较研究会副会长、解放军外国语学院严辰松教授,华东师范大学潘文国教授,加拿大渥太华大学翻译学院院长Luise von Flotow教授,四川外国语大学王寅教授,广东外语外贸大学穆雷教授,华东师范大学傅惠生教授,上海海事大学王菊泉教授、左飚教授,扬州大学周领顺教授,中国英汉语比较研究会秘书长、中南大学杨文地副教授,新加坡南洋理工大学谭慧敏博士,宁波大学辛红娟教授,上海外国语大学查明建教授,河南大学牛保义教授,北京交通大学司显柱教授等70余位国内外知名专家与学者出席了论坛开幕式。开幕式由外国语学院院长尚新教授主持。党委副书记、副校长孔凡邨教授和中国英汉语比较研究会副会长、解放军外国语学院严辰松教授分别在开幕式上致欢迎辞和开幕辞。

在为期两天的会议中,围绕"文化自觉视域下的英汉对比与翻译研究学科建设"这一主题,本次高层论坛共进行了四场特邀专家报告,九场大会报告、三场分组讨论以及一场沙龙活动。在10月31日上午的特邀专家报告环节中,华东师范大学潘文国教授做了题为"文化自觉与学术范式转型"的演讲。潘文国教授援引习近平总书记近期的一系列讲话,提出我们不仅要"文化自觉"而且要"文化自信","文化自信"信念的确立必将带来学术研究范式的转型。加拿大渥太华大学翻译学院院长 Luise von Flotow 教授做了题为 From "Feminist Translation" to "Translation and Gender" to "Transnational Feminist Translation Studies"的演讲。Flotow 教授追溯了女性翻译研究的发展史,指出翻译及翻译研究都是社会活动,其范围和局限性都受到了社会文化变化和活动的影响。另外,10 月 3I 日还进行了 6 场专家报告。解放军外国语学院严辰松教授就十多年来英汉对比研究的进展和趋势进行了总结和探讨。北京交通大学司显柱教授从系统功能语言学的角度提出了一个新的翻译质量评估模式,即翻译质量评估二阶段论。华东师范大学傅惠生教授探讨了翻译的文化性。广东外语外贸大学穆雷教授探讨了翻译技术教学研究的问题与发展方向。宁波大学辛红娟教授围绕翻译硕士专业建设提出了一套值得借鉴的人才培养模式。复旦大学蔡基刚教授提出英汉对比研究应在国家走出去战略的指导下转移研究重点,切实帮助解决提高英文学术论文撰写水平等实际问题。

10 月 31 日下午,共 21 位专家学者分别就英汉对比与汉语研究、翻译研究、文化自觉视角下的翻译研究及学科建设等议题在三个分会场内发言并与其他与会代表展开了热烈讨论。10 月 31 日晚,王菊泉教授做了"心系学科建设,做人才培养的有心人"的主题沙龙演讲。沙龙由中国英汉语比较研究会秘书长杨文地副教授主持,中国英汉语比较研究会会长罗选民教授、副会长严辰松教授、上海海事大学外国语学院院长尚新教授等二十余位专家与学者参加了此次沙龙活动。

11 月 1 日上午首先进行了两场特邀专家报告。中国英汉语比较研究会会长罗选民教授做了题为"Cultural Awareness in Reconsidering Ezra Pound's Chinese Translation"的报告。罗教授指出了国内埃兹拉·庞德(Ezra Pound)翻译作品研究的不足之处,强调中国学术研究要走向国际,研究者不仅要了解本民族的文化还要了解其他民族的文化。"文化自觉"从一开始就应具有国际视野。四川外国语大学王寅教授做了题为"后现代哲学视野下的认知翻译学"的报告。王教授阐释了认知翻译的定义及其研究范式,并举例说明了将认知方式应用于翻译研究的具体方法。

接着进行了三场大会报告。上海外国语大学查明建教授在报告中探讨了 20 世纪中国翻译文化及其文化间性。河南大学牛保义教授分析和归纳了英汉对比研究方法的内容、目的、原则以及意义,指出英汉对比研究是一种语言研究的方法。扬州大学周领顺教授详细论述了翻译的各种形态及其本质。

论坛闭幕式由严辰松教授主持。湖北大学杨元刚教授首先对分组讨论的情况做了总结发言,充分肯定了分组讨论的发言以及讨论的热烈氛围。中国英汉语比较研究会会长罗选民教授在闭幕式上致闭幕辞,对上海海事大学外国语学院为论坛所做出的贡献,以及各位与会专家的精彩发言表示感谢。最后,上海海事大学外国语学院院长尚新教授对莅临本次论坛的各位专家、外国语学院荣休教授、参与论坛组织的外国语学院各部门及英汉对比与翻译创新团队表示感谢。本次论坛在热烈的掌声中圆满落幕。

图书在版编目(CIP)数据

英汉对比与应用.第二辑/尚新,王蕾编.—上海:上海三联书店,2018.1
ISBN 978-7-5426-6121-0

Ⅰ.①英… Ⅱ.①尚… ②王… Ⅲ.①英语-对比研究-汉语 Ⅳ.①H31②H1

中国版本图书馆 CIP 数据核字(2017)第 270611 号

英汉对比与应用(第二辑)

编　者 / 尚　新　王　蕾

责任编辑 / 郑秀艳
装帧设计 / 一本好书
监　制 / 姚　军
责任校对 / 张大伟

出版发行 / 上海三联书店
　　　　　(201199)中国上海市都市路 4855 号 2 座 10 楼
邮购电话 / 021-22895557
印　刷 / 上海展强印刷有限公司

版　次 / 2018 年 1 月第 1 版
印　次 / 2018 年 1 月第 1 次印刷
开　本 / 890×1240　1/32
字　数 / 450 千字
印　张 / 25.25
书　号 / ISBN 978-7-5426-6121-0/H·68
定　价 / 75.00 元

敬启读者,如发现本书有印装质量问题,请与印刷厂联系 021-66510725